Shobogenzo

(Tesoro del Verdadero Ojo del Dharma)

VOLUMEN 1

2ª edición revisada, 1ª impresión: junio 2022

Título original: GENDAIGO-YAKU-SHOBOGENZO
Diseño de portada: Editorial Sirio, S.A.
Traducción y revisión: Pedro Piquero

www.editorialsirio.com
sirio@editorialsirio.com

I.S.B.N.: 978-84-19105-42-4
Depósito Legal: MA-953-2022

Impreso en PIDIPRINT

Impreso en España

Puedes seguirnos en Facebook, Twitter, YouTube e Instagram.

El papel utilizado para la impresión de este libro está **libre de cloro** elemental (ECF) y su procedencia está certificada por una entidad independiente, no gubernamental, que promueve la sostenibilidad de los bosques.

Shobogenzo

(Tesoro del Verdadero Ojo del Dharma)

VOLUMEN 1

EIHEI DOGEN

Traducción y edición española de

Pedro Piquero y Gudo Wafu Nishijima

Apuntes sobre la vida de Eihei Dogen

Eihei Dogen (también conocido como Dogen Kigen, Dogen Zenji y Koso Joyo Daishi como título póstumo) nace en Kioto, en el seno de una familia aristocrática, el 19 de enero del año 1200 (el 26 de enero según el calendario solar). Su padre es asesinado cuando tiene dos años, y su madre, cinco años después, le insta en su lecho de muerte a hacerse monje. Siguiendo su consejo, a los trece años, en el templo Enryakuji del monte Hiei, recibe la ordenación en la secta[1] Tendai bajo el nombre de Dogen («Origen de la Vía»).

En 1217 se desplaza al monasterio Kenninji, en Kioto, para estudiar el budismo de la escuela Rinzai bajo la instrucción del Maestro Eisai, quien había muerto dos años antes. Por ello, finalmente lo hace con su sucesor, Myozen Ryonen; pasados cuatro años recibe de él la transmisión del Dharma[2] en dicho linaje.

En 1223 Dogen y Myozen parten hacia China con el propósito de aprender el verdadero budismo tal y como había hecho Eisai anteriormente. Decepcionado tras haber entrado en contacto con distintos monasterios y escuelas, cuando en 1225 considera seriamente regresar a Japón, Dogen se encuentra con su maestro definitivo, Tendo Nyojo (ch. Tiantong Rujing), quien le muestra el aspecto fundamental de la práctica budista en la escuela Soto, *shikantaza,*[3] y con quien realiza la liberación tras escucharle decir las palabras que adoptará de por vida como frase recurrente: «La práctica de zazen es dejar caer cuerpo-y-mente».[4] Dos años después, el Maestro Nyojo le hará entrega del certificado de sucesión.

Dogen regresa finalmente a Japón en 1227 o 1228, redacta el *Fukanzazengi* y se instala de nuevo en el monasterio Kenninji, cuyo entorno religioso intenta dominar la secta Tendai. Al poco tiempo, en 1230, las diferencias con esta por su falta de compromiso con la práctica de zazen y la excesiva importancia que da a los actos ceremoniales le obligan a abandonar el monasterio y establecerse en una pequeña ermita en las montañas llamada Anyoin, en la cual escribirá los primeros capítulos del *Shobogenzo*. Más tarde, debido a la masiva llegada de estudiantes que solicitan sus enseñanzas, se traslada a Uji, al sur de Kioto, donde, con el fin de alojar pertinentemente a los practicantes budistas, comienza a restaurar un antiguo monasterio que acabaría denominando Kannondorikoshohorinji y sería el primer templo en la tradición del linaje Soto del budismo zen japonés. Entre sus numerosos discípulos destaca el que fuera su más devoto seguidor, Koun Ejo, a quien conferiría posteriormente la transmisión del Dharma, convirtiéndole de esa manera en su legítimo sucesor, y quien le ayudaría, entre otras cosas, en la tarea de la recopilación y edición de textos y charlas.

Como a pesar de todo continúan las tensiones con la secta Tendai, en 1243 un alumno adinerado de Dogen, Hatano Yoshishige, le ofrece un terreno para edificar un monasterio en la provincia de Echizen, en la costa norte de Japón. Marcha sin dudarlo, y al año siguiente construye el que, junto a Sojiji, en Yokohama, es actualmente el templo budista del linaje Soto más importante de Japón: Eiheiji. Allí fijará definitivamente su residencia.

Gozando ya Dogen de una gran celebridad, en 1247 el sogún Hojo Tokiyori le solicita la ordenación laica, por lo que el maestro ha de viajar hasta Kamakura, lugar de donde regresa poco después. En 1252, año en el que nombra a Ejo abad del templo, comienza a padecer una enfermedad pulmonar. Bajo la invitación y el consejo de Hatano Yoshishige, Dogen viaja por última vez a Kioto en 1253 para encontrar un remedio a su afección, pero al poco de su llegada, el 28 de agosto, fallece dejando escrito, como era la costumbre, el siguiente poema de muerte:

Cincuenta y cuatro años iluminando el cielo.
Un estremecedor brinco destruye mil millones de mundos.
¡Ah! El cuerpo entero no busca nada.
Viviendo, me sumerjo en las primaveras amarillas.

Notas

1. Muchas veces en el budismo, aunque no sean exactamente lo mismo, las palabras «secta», «linaje» y «escuela» aparecen indistintamente. En cualquier caso, cabe puntualizar que «secta» no tiene un significado negativo en este contexto.
2. En la tradición budista, la transmisión del Dharma es una aprobación o reconocimiento de un maestro que certifica tanto que el discípulo ha realizado la naturaleza original como que en un futuro estará capacitado para orientar a otros hacia la consecución de dicha experiencia. En el *Shobogenzo,* Dogen trata este tema, por ejemplo, en el capítulo 16, «Shisho», y en el capítulo 57 (volumen 3), «Menju».
3. Las cinco antiguas sectas budistas chinas eran Soto, Igyo, Unmon, Hogen y Rinzai. Solo las escuelas Soto y Rinzai tuvieron al final un importante desarrollo en Japón, con Dogen y Keizan Jokin como los más destacados exponentes de la primera y Eisai, de la segunda. La secta Soto está fundamentada en la práctica de *shikantaza* («simplemente sentarse»), por la cual se explica que el cuerpo y la mente en el estado de equilibrio y quietud es la iluminación en sí misma, y *mushotoku* («sin provecho», «sin intención» o «sin expectativa»), es decir, la ausencia de propósito alguno en la práctica budista. Por el contrario, la secta Rinzai se basa en la búsqueda del *kensho* («ver la naturaleza», «iluminación» o «despertar») y la utilización de koanes (historias budistas que los practicantes deben resolver de algún modo trascendiendo la lógica convencional, y cuyo uso en esta escuela Dogen criticó abiertamente). Por otra parte, la secta Tendai, donde Dogen había sido iniciado en el budismo, se apoya en las enseñanzas del Sutra del Loto, y fue fundada en Japón en el siglo IX por el monje Dengyo Daishi, quien la trajo de China.
4. Zazen es el nombre dado a la práctica en el budismo zen. *Za* significa «sentarse». *Zen* procede de la palabra china *chan,* que proviene a su vez del término sánscrito *dhyāna,* comúnmente traducido como «absorción» o «meditación» (véase *dhyāna* en el Glosario de términos en sánscrito y el Apéndice II, *Fukanzazengi:* Guía universal para el método estándar de zazen).

   Según la apreciación de Nishijima Roshi, con «dejar caer nuestro cuerpo-y-mente» Dogen expresaba que en zazen nuestra mente y las sensaciones de nuestro cuerpo permanecen menos activas, y nuestro estado, por tanto, es más equilibrado y sereno (algo que sucede de manera natural, sin intención de logro, esfuerzo o control). Asimismo, es conveniente aclarar que en el pensamiento no dual budista del linaje Soto no hay división entre el cuerpo y la mente ni entre la práctica de zazen y la experiencia de la iluminación, por lo que en muchas ocasiones, como en esta frase, a lo largo del *Shobogenzo* aparecerán escritos como un solo término «cuerpo-y-mente» y «práctica-y-experiencia».

Notas al legado de Dogen y la lectura del *Shobogenzo*

No es de extrañar que en el mundo académico la filosofía de Eihei Dogen con frecuencia se equipare en profundidad y complejidad a la de relevantes pensadores occidentales como Heidegger, Hegel o Plotino, argumentando que sus ideas trascienden el propio contexto del budismo. Sin embargo, limitar su figura a su pensamiento pudiera ser un lamentable error, tal y como indican las valiosas palabras que escribió en el *Fukanzazengi*:

> El cambio del instante, por medio de un dedo, un poste, una aguja o un mazo de madera, y la experiencia del estado, a través de la manifestación de un espantamoscas, un puño, un bastón o un grito, nunca pueden comprenderse a través del pensamiento ni la discriminación.[1]

Esta cita recuerda indudablemente a la crítica del lenguaje de Ludwig Wittgenstein en su *Tractatus Logico-Philosophicus* («sobre lo que no podemos hablar debemos guardar silencio» o «los límites de mi lenguaje son los límites de mi mundo») y, aunque Dogen nunca refutara la importancia de la transmisión de las ideas ni el marco simbólico necesario para comunicarlas –como demuestran sus numerosos textos y charlas registradas–, ciertamente coincide de algún modo con el filósofo austríaco al manifestar que la última verdad o naturaleza original es completamente incognoscible a través de la palabra. Su pensamiento, por consiguiente, se fundamenta en la experimentación de la realidad absoluta mediante la verificación directa no lingüística. En ese sentido no puede considerarse a Dogen, pese al valor literario e intelectual que su legado escrito pueda tener, un filósofo propiamente dicho, puesto que sus ideas siempre están al servicio de la autentificación de dicha verdad, a través de zazen, y no al de la pura teoría o al placer de la conjetura especulativa. Por todo esto, parece conveniente no condicionar al lector, y recomendarle que, sin atenerse a prejuicios intelectuales, atraviese por sí mismo esta colosal obra únicamente con el apoyo del aparato crítico (determinante, en la mayoría de los casos, para una correcta comprensión hermenéutica, histórica, lingüística y referencial).

El *Shobogenzo*, conocido por ser no solo la obra más célebre de Dogen sino seguramente una de las más importantes de todo el budismo, abarca una ingente cantidad de temas tales como la epistemología, la ontología, la fenomenología, la ética, los usos y costumbres budistas, la naturaleza o el papel de la mujer en la sociedad, algo que dificulta notablemente la tarea de resumir su contenido en unas pocas líneas. Pese a ello, si hubiera que distinguir un solo concepto que vertebrara el texto, podría argumentarse que, junto con el *Mūlamadhyamakakārikā* (Versos sobre los fundamentos del Camino Medio) de Nāgārjuna, muy posiblemente sea uno de los libros budistas más insistentes en la condición no dual de la realidad. Para Dogen, y el budismo en general, dicha realidad, manifiesta en la práctica de zazen, solo se evidencia en el tiempo y el espacio presentes, algo que subrayará una y otra vez a lo largo de sus diversos escritos.[2]

Por último, señalar que, además del *Shobogenzo*, el legado de Dogen comprende también los siguientes títulos:

Eiheikoroku (Crónica extensa de Eihei): una recopilación de las conferencias de Dogen en diez volúmenes, registradas y editadas después de su muerte por Koun Ejo.

Eiheishingi (Puros criterios de Eihei): incluye el *Bendoho* (Métodos de la búsqueda de la verdad), el *Fushukuhanho* (Método de tomar las comidas), el *Tenzokyokun* (Instrucciones para el cocinero) y otros escritos –básicamente un compendio de textos que abordan la importancia de la vida comunal en el budismo y las reglas monásticas que Dogen estableció en Eiheiji.

Fukanzazengi (Guía universal para el método estándar de zazen): un breve escrito que resume los fundamentos de la práctica de zazen.

Gakudoyojinshu (Colección de asuntos sobre el aprendizaje de la verdad): un grupo de textos independientes, probablemente recopilados por el propio Dogen, que tratan algunos puntos que se han de tener en cuenta en la práctica del budismo.

Hogyoki (Crónica de la era Hogyo): una colección de preguntas y respuestas entre Dogen y su maestro Tendo Nyojo.

Shinji-shobogenzo (Tesoro del Verdadero Ojo del Dharma, en caracteres chinos originales): una recopilación de Dogen, en chino, de trescientos un koanes sin comentarios añadidos.

Shobogenzo Zuimonki (Tesoro del Verdadero Ojo del Dharma fácil de entender para los oídos): una colección de charlas informales impartidas por Dogen entre los años 1235 y 1237, transcritas, recopiladas y editadas por Koun Ejo.

NOTAS

1. Véase el Apéndice II.
2. Véase, por ejemplo, el capítulo 6, «Soku-shin-ze-butsu».

El significado de *Shobogenzo*

Sho quiere decir «correcto» o «verdadero»; *ho* (que aquí se lee *bo)*, «ley», representa al término sánscrito Dharma, que significa aquello a lo cual todos pertenecemos y que, siendo anterior a lo que podamos nombrar o pensar, ya está ahí;[1] *gen*, «ojo», se refiere a la facultad distinta del pensamiento que experimenta al Dharma (*shobogen*, «verdadero ojo del Dharma», quiere decir, por tanto, la experiencia directa y real de aquello que siempre está presente); por último, *zo*, «tesoro» o «almacén», sugiere algo que contiene y preserva esa verdadera experiencia de lo que ya está ahí. Por ello, Nishijima Roshi interpreta el *Shobogenzo*, «el tesoro del verdadero ojo del Dharma», como una expresión de zazen en sí mismo.

NOTAS

1. En el budismo, expresiones como «lo que ya está ahí», «este lugar» o «este mismo instante» sugieren una mayor concreción del momento presente.

Notas sobre la traducción

La fuente del presente libro es el *Gendaigo-yaku-shobogenzo*[1] (*Shobogenzo* en japonés moderno) del Maestro Gudo Wafu Nishijima. Este contiene el texto original de Dogen, las notas y la adaptación al japonés actual de Nishijima Roshi. Los números indicados entre corchetes al comienzo de algunos párrafos de esta traducción hacen referencia a la página correspondiente del *Gendaigo-yaku-shobogenzo* donde estos se encuentran.[2] Asimismo, gran parte del material de las notas a pie de página aquí utilizado proviene de él (algunas han sido revisadas y otras, añadidas o suprimidas). Esta fuente está basada a su vez en la edición de noventa y cinco capítulos del *Shobogenzo*, el cual fue reordenado cronológicamente por el Maestro Hangyo Kozen entre los años 1688 y 1703. Dicha versión es la más comprensible, e incluye capítulos fundamentales como «Bendowa» (capítulo 1) o «Hokke-ten-hokke» (capítulo 17) que no aparecen en otras publicaciones. Además, durante la era Bunka (1804-1818), se imprimió por primera vez en bloques de madera, por lo que el contenido definitivo quedó fijado en aquel momento (todavía se conservan en Eiheiji, el templo en la prefectura de Fukui que Dogen fundó).

Como regla general, los términos sánscritos tales como *samādhi* (estado de equilibrio), *prajñā* (verdadera sabiduría) y *bhikṣu* (monje) –que

Dogen reproduce fonéticamente con caracteres chinos y son leídos en japonés como *zanmai*, *hannya* y *biku*, respectivamente– se han conservado en su escritura original. Además de ello, algunos caracteres chinos que representan el significado de términos sánscritos ya conocidos por los lectores, o que lo serán en el transcurso de la lectura del *Shobogenzo*, han sido restituidos al sánscrito. Por ejemplo, *ho* («realidad», «ley», «método», «cosas y fenómenos») habitualmente se traducirá como «Dharma» o «*dharmas*»; *nyorai* («iluminado»), como *Tathāgata*, y *shomon* («escuchador de voces»), como *śrāvaka*. Hay lugares en el *Shobogenzo* donde incluso el mismo autor, confiando en su amplio conocimiento de los sutras chinos, devuelve los caracteres en este idioma a los originales en sánscrito. Un ejemplo importante se muestra en el párrafo primero del capítulo 70 (volumen 3), «Hotsu-bodaishin», en el cual Dogen explícitamente identifica *do* («vía» o «verdad») con el término sánscrito *bodhi*.

Por otra parte, el conocimiento del sánscrito puede ser de gran utilidad para la traducción de aquellos términos chinos cuya proveniencia de aquel Dogen no reconoce explícitamente. Un ejemplo temprano es el adjetivo *mui* que se usa en la primera frase del capítulo 1, «Bendowa», como epíteto de zazen. Los diccionarios japoneses definen *mui* como «ocioso» o «inactivo», pero Nishijima Roshi lo traduce como «natural» o «sin intención», es decir, algo tal y como es. En los sutras budistas, *mui* representa la palabra sánscrita *asaṃskṛta*, que se traduce en el diccionario sánscrito-inglés Monier-Williams como «no preparado, sin adornos, sin pulir, tosco (de habla)». Esta definición, por tanto, aunque en ningún caso sea un criterio absoluto, apoya la interpretación de Nishijima Roshi. Otro ejemplo es el carácter *ro*, «fuga», que aparece en las primeras frases del Sutra del Loto representando la palabra sánscrita *āsrava*. El diccionario sánscrito-inglés define este término como «la espuma del arroz hervido; una entrada abierta que permite a una corriente de agua descender a través de ella; (para los jainistas) la acción de los sentidos que impulsa al alma hacia los objetos externos; angustia, aflicción, dolor». De este modo, en el segundo párrafo del capítulo 10, «Shoaku-makusa», la palabra *muro*, «sin fugas», aparece para describir el estado emocional carente de angustia o estado satisfecho y equilibrado del cuerpo-y-mente. Esto no quiere decir que *muro* deba traducirse como «estado sin angustia emocional» o «estado satisfecho y equilibrado del cuerpo-y-mente», por lo que, en casos como estos, el significado se transmitirá mediante una traducción literal, tal y como «[el estado] sin exceso» o «[el estado] sin lo superfluo», apoyada por una nota y una referencia al Glosario de términos en sánscrito.

En general, los nombres propios chinos han sido romanizados de acuerdo con su pronunciación japonesa (tal y como Dogen los hubiera articulado para el público de su país). Por eso, como complemento, se ha añadido un apéndice comparativo entre las romanizaciones china y japonesa de los nombres de los maestros chinos. Para otros nombres propios chinos que en su versión original pudieran resultar familiares a los lectores, solo se utiliza la romanización china. Este es el caso del templo Shaolin, cuya romanización japonesa es Shorinji.

Dogen escribió el *Shobogenzo* en japonés, utilizando una combinación de ideogramas chinos y el alfabeto fonético nipón, que es más abreviado. En la fuente original, cuando menciona un pasaje o toma prestada una frase de un texto chino, algo que ocurre a menudo, llama la atención la utilización de caracteres chinos a los que les siguen ininterrumpidamente trazos japoneses. En esta edición intentamos reflejar dicho procedimiento, en la medida de lo posible, utilizando comillas para dichos pasajes y frases, aunque estas puedan también aparecer para otros usos convencionales.

Un modelo que frecuentemente sigue el *Shobogenzo* es la cita de una conversación entre dos maestros, o de un sutra, escrita en caracteres chinos que adoptan un nuevo significado en el comentario posterior de Dogen. Un ejemplo lo tenemos en el segundo párrafo del capítulo 2, «Maka-hannya-haramitsu», donde el autor hace referencia al Sutra de la Gran Sabiduría (*Mahāprajñāpāramitā-sūtra*). El sutra dice *«setsu sa ze nen»*, literalmente «[el monje] hace en secreto este pensamiento». Como frase común, su significado es «[el monje] piensa en secreto»; sin embargo, el símbolo de *setsu* («secreto») induce a algo más allá del pensamiento y la percepción sensorial, es decir, a algo real;[3] el carácter *sa* («hacer» o «trabajar») indica una acción; el carácter *ze* («este») denota una realidad concreta, y *nen* («idea», «atención plena») no solo sugiere un pensamiento, sino también el estado real de la mente del monje. Por eso, el comentario de Dogen acerca de la frase, ahora traducida como «la mente concreta que trabaja en secreto», señala que se trata de la verdadera sabiduría del monje. Este caso ejemplifica que las palabras de los sutras y los maestros a quienes él admira no tienen por qué comunicar un significado exclusivamente convencional, sino que podrían llevarnos a la realidad anterior a ellas mismas. Muy particularmente esto queda reflejado en sus menciones al Sutra del Loto, donde encontramos un buen ejemplo en los caracteres *zekyo*, comúnmente traducidos como «este sutra». En varios capítulos del *Shobogenzo* (específicamente en el capítulo 52 del volumen 3, «Bukkyo», pero también en el capítulo 17 de este volumen, «Hokke-ten-hokke»), dicho significado y «el universo real en el que vivimos» se solapan. Siendo así, parece que Dogen trate los caracteres del Sutra del Loto no como una corriente conceptual rígida, sino como una serie de espejos instantáneos o bloques independientes de la forma real, que trae a colación y readapta tal y como ve que podrían encajar.

NOTAS

1. Consúltese la Bibliografía.
2. El lector ha de advertir que en muchas ocasiones aparecen dos números de párrafos iguales seguidos, indicando que en el *Gendaigo-yaku-shobogenzo* están en la misma página.
3. Cuando en el budismo se habla de «realidad» o «realismo», como en el caso de Nishijima Roshi a lo largo de sus notas y comentarios introductorios a cada capítulo, se hace alusión a la última verdad o realidad absoluta. Para una comprensión apropiada del texto, es importante no confundir este significado con lo que convencionalmente pudiera entenderse como realidad.

Prefacio de Gudo Wafu Nishijima

El *Shobogenzo* fue escrito por Dogen en el siglo XIII. Considero que su lectura es la mejor manera de llegar a un entendimiento exacto de la filosofía budista, puesto que su autor destacó por su habilidad para comprender y explicar racionalmente el budismo.

Por supuesto, Dogen no partió de la filosofía budista tradicional. El pensamiento expresado por él en el *Shobogenzo* sigue su propio método de exposición. Si entendemos este procedimiento, no nos resultará complicado de leer, pero si no lo hacemos, nos será imposible comprenderlo.

Los budistas veneran a Buddha, Dharma y Sangha. Buddha quiere decir el Buddha Gautama. Sangha, aquella gente que busca la verdad del Buddha; Dharma, la realidad. El método particular de pensamiento utilizado por Dogen residía en su manera de explicar el Dharma.

Básicamente, Dogen se enfrenta a un problema desde dos perspectivas, para más tarde intentar sintetizarlas en una vía intermedia. Este procedimiento tiene similitudes con el método dialéctico de la filosofía occidental, particularmente el utilizado por Hegel y Marx. La dialéctica hegeliana está basada en la idea del espíritu, mientras que la de Marx lo está en la de la materia. Dogen, a través de la dialéctica budista, quiere liberarnos de pensamientos fundamentados en el espíritu o en la materia.

El método de pensamiento de Dogen se basa en la realidad de la acción, algo distinto tanto del pensamiento intelectual como de las percepciones de nuestros sentidos, y por ello presenta algunas características particulares.

En primer lugar, Dogen indica que las cosas que comúnmente separamos en nuestra mente son, en la acción, una sola realidad. Para expresar esta unicidad entre sujeto y objeto, por ejemplo, dice:

> Si un ser humano, incluso tan solo por un instante, manifiesta la postura del Buddha en las tres formas de conducta, mientras [esa persona] se sienta erguida en el *samādhi,* el mundo entero del Dharma asume la postura del Buddha y todo el vacío se convierte en el estado de realización.

Esta frase, tomada del capítulo 1, «Bendowa», no es ilógica sino que refleja un nuevo tipo de lógica.

Segundo, Dogen destaca que en la acción el único tiempo realmente existente es el tiempo presente y el único lugar que en verdad existe es este lugar. Por consiguiente, el momento presente y este lugar, el aquí y el ahora, son conceptos importantísimos para la filosofía de la acción de Dogen.

La filosofía de la acción no es exclusiva de él. Esta idea también se hallaba en el núcleo del pensamiento del Buddha Gautama. Todos los patriarcas budistas de la antigua India y China se basaban en ella y realizaban el budismo. Por tanto, también reconocían la unicidad de la realidad y la importancia del momento y el lugar presentes.

Pero las explicaciones sobre la realidad son tan solo explicaciones. En el *Shobogenzo,* después de manifestar el problema de base de la acción, Dogen quería situar al lector en el campo de la acción en sí misma. Para ello, a veces utilizaba poemas, antiguas historias budistas que ilustraban la realidad e incluso expresiones simbólicas.

Los capítulos del *Shobogenzo* siguen habitualmente un modelo de cuatro fases: en la primera, Dogen elige y destaca una idea budista; en la segunda, ejemplifica esta idea muy concreta u objetivamente[1] para desechar interpretaciones idealistas o intelectuales de ella; en la tercera fase, la expresión de Dogen se hace todavía más concreta, práctica y realista, basándose en la filosofía de la acción, y en la cuarta, intenta sugerir la realidad misma con palabras. En el fondo, estos intentos tan solo son intentos, pero cuando llegamos al final de cada capítulo, en sus sinceros intentos podemos percibir algo que puede llamarse realidad.

Creo que este modelo de cuatro fases está relacionado con las Cuatro Nobles Verdades[2] proclamadas por el Buddha Gautama en su primer discurso. Realizando el método de pensamiento de Dogen,[3] podemos comprender el verdadero significado de las Cuatro Nobles Verdades del Buddha Gautama. Por ello perseveramos en el estudio del *Shobogenzo*.

NOTAS

1. Cuando el Maestro Dogen y Nishijima Roshi hablan de «objetos concretos» o «realidades concretas», sugieren elementos o hechos físicos, específicos u objetivos como opuestos al idealismo del pensamiento, y también, a veces, la última realidad en sí misma de dichos elementos o hechos.
2. Las Cuatro Nobles Verdades del budismo son: *duḥkha* (la verdad del sufrimiento), *samudaya* (la verdad de la causa del sufrimiento: la acumulación), *nirodha* (la verdad del cese del sufrimiento) y *mārga* (la verdad del camino que detiene el sufrimiento: el Óctuple Noble Sendero).
3. Aunque se presuponga, es importante destacar que cuando en el budismo se habla de «realización», se hace referencia a llevar a cabo algo en la práctica (como en su acepción común) o al estado de comprensión o sabiduría de la última realidad o naturaleza original. Así, cuando Nishijima Roshi dice «realizando el método de pensamiento de Dogen», no se refiere a «pensar como Dogen» o «entender lo que Dogen piensa», sino a la práctica, en la acción misma y su comprensión, de dicho método.

Nota a la edición española

Esta publicación no hubiera sido posible sin el apoyo incondicional y el entusiasmo de Nishijima Roshi por difundir al público español la totalidad del *Shobogenzo*, el cual tardó cerca de veinte años en transcribir al japonés moderno y cuya edición, como se ha dicho, es la fuente original de la presente obra. El hecho de dar a conocer un texto tan complejo, vasto y relevante en la tradición budista supone un honor y una responsabilidad sin precedentes para cualquier traductor. El *Shobogenzo* despertará probablemente el interés de psicólogos, ecologistas, filólogos, historiadores, feministas, filósofos y literatos, quienes, en algunos casos, podrán incluso establecer un eje referencial en relación con escritos muy posteriores. Sin embargo, conviene reiterar que, ante todo, este es uno de los textos más representativos del budismo en particular y de la búsqueda de la última verdad en general.

Antes de desentrañar sus páginas, el lector ha de advertir que se enfrenta a una doble dificultad: por un lado, como así lo hace ver Nishijima Roshi en su prefacio, las palabras originales del Maestro Dogen tan solo pueden indicar dicha verdad, no mostrarla; y por otro, la propia traducción implica una interpretación y elección de términos, en este caso en castellano, que inevitablemente enturbian el alcance de la verdadera enseñanza, aunque jamás puedan llegar a deteriorarla. Recordemos, en cualquier caso, que el dedo que señala la luna, por muy preciso que este sea, no es la luna.

Agradecemos a la Editorial Sirio la colaboración, gentileza e interés que desde el comienzo mostró por el *Shobogenzo*, así como a todos los que de diversas formas nos ayudaron a realizar esta hermosa empresa.

PEDRO PIQUERO

Shobogenzo

(Tesoro del Verdadero Ojo del Dharma)

VOLUMEN 1

Capítulo 1

Bendowa

Charla sobre la búsqueda de la verdad

Comentario: *ben* significa «hacer un esfuerzo» o «buscar»; *do* «verdad», y *wa*, «charla» o «historia». El Maestro Dogen normalmente utilizaba la palabra *bendo* para sugerir la práctica de zazen, de modo que *Bendowa* quiere decir una charla sobre la búsqueda de la verdad, o una charla sobre la práctica de zazen. Este capítulo no estaba incluido en la primera edición del *Shobogenzo*. Fue encontrado en Tokio en la era Kanbun (1661-1673) y se añadió cuando el Maestro Hangyo Kozen publicó la versión de noventa y cinco capítulos en la era Genroku (1688-1704).

[11] Cuando los *buddha-tathāgatas*,[1] habiendo cada uno recibido la transmisión de uno-a-uno del espléndido Dharma, experimentan el estado supremo del *bodhi*,[2] poseen un sutil método que es supremo y sin intención. La razón por la que [este método] se transmite únicamente de *buddha* a *buddha*, sin excepción, es que el *samādhi* de recibir y usar el sí mismo[3] es su norma. Para gozar de este *samādhi*, la práctica de zazen, en la postura de sentarse erguido, se ha establecido como la puerta auténtica. Este Dharma[4] está abundantemente presente en cada ser humano, pero si no lo practicamos no se manifiesta, y si no lo experimentamos no puede ser realizado. Cuando nos dejamos ir, ya ha llenado las manos: ¿cómo podría ser definido como uno o muchos? Cuando hablamos, nos llena la boca: no tiene restricciones en ninguna dirección. Cuando los *buddhas* moran y permanecen en este estado, no dejan los reconocimientos y percepciones como aspectos separados [de la realidad], y cuando todos los seres vivos funcionan eternamente en este estado, los aspectos [de la realidad] no se les presentan como reconocimientos y percepciones separados.[5] El esfuerzo de buscar la verdad[6] que estoy enseñando hace una experiencia real la miríada de *dharmas*:[7] promulga la unidad de la realidad en el camino de la liberación.[8] En ese instante de liberar barreras y liberarse, ¿cómo podría ser este párrafo relevante?

[14] Después de establecer la voluntad para buscar el Dharma, visité [buenos] consejeros[9] en cada región de nuestra tierra. Conocí a Myozen[10] del [templo] Kennin. Nueve estaciones de heladas y flores[11] rápidamente pasaron mientras le seguía, aprendiendo un poco sobre las costumbres del linaje Rinzai. Solo Myozen había recibido la auténtica transmisión del Dharma del Buddha supremo como el más excelente discípulo del maestro fundador, el Maestro Eisai[12] –no pudiendo los otros discípulos compararse nunca con él–. Luego fui al gran reino de Song [China], visitando [buenos] consejeros al este y al oeste de Chekiang[13] y escuchando la tradición a través de las puertas de los cinco linajes.[14] Al fin, visité al Maestro Zen Nyojo,[15] de la montaña Daibyakuho,[16] y allí pude completar la gran tarea de una vida de práctica. Después de eso, al comienzo de la gran era Song de Shojo,[17] regresé con la determinación de promover el Dharma y salvar a los seres vivos –fue como si una pesada carga se hubiera colocado sobre mis hombros–. Sin embargo, esperando el momento durante el cual pudiera descargar el sentido de mi misión, pensé que estaría algún tiempo vagando como una nube, yendo de allá para acá como una mala hierba en el agua, al estilo de los antiguos sabios. Incluso si hubiera algunos practicantes auténticos que pusieran por encima de todo la voluntad para la verdad, siendo de manera natural indiferentes a la fama y el provecho, podrían ser infructuosamente engañados por falsos maestros y podrían arrojar innecesariamente un velo sobre la verdadera comprensión. Podrían llegar a emborracharse ociosamente de autoengaño, y hundirse para siempre en el estado de la ilusión. ¿Cómo podrían promover las semillas correctas del *prajñā*[18] o tener la ocasión de realizar la verdad? Si fuera yo ahora llevado a la deriva como una nube o una mala hierba en el agua, ¿qué montañas y ríos deberían ellos visitar?[19] Sintiendo que esto sería una lamentable situación, decidí escribir una recopilación de las costumbres y normas que experimenté de primera mano en los monasterios zen del gran reino de Song, junto con otro escrito sobre la profunda instrucción de [buenos] consejos que he recibido y conservado. Dejaré este escrito a la gente que aprende en la práctica y es honesta en la verdad, de manera que puedan conocer el verdadero Dharma del linaje del Buddha. Esto puede ser una verdadera misión.

[17] [Los sutras] dicen: el Gran Maestro Śākyamuni en la orden en el pico del Buitre[20] transmitió el Dharma a Mahākāśyapa.[21] [El Dharma] fue auténticamente transmitido de patriarca a patriarca y llegó al Venerable Bodhidharma.[22] El Venerable mismo fue a China y transmitió el Dharma al gran Maestro Eka.[23] Esta fue la primera transmisión del Dharma del Buddha en las Tierras del Este.[24] Transmitido de uno-a-uno de este modo, [el Dharma] llegó de manera natural al Maestro Zen Daikan,[25] el Sexto Patriarca. En ese momento, como el Dharma del Buddha se había extendido a través [de la tierra] del este de China, quedó claro que [el Dharma] está más allá de una mera expresión literaria. El Sexto Patriarca tuvo dos discípulos excelentes, Ejo de Nangaku[26] y Gyoshi de Seigen.[27] Ambos, habiendo recibido y conservado la postura del Buddha[28], fueron profesores guías de dioses y seres humanos por igual. [El Dharma] fluyó y se extendió en estas dos corrientes, y cinco linajes se establecieron. Estos son la llamada secta Hogen, la secta Igyo, la secta Soto, la secta Unmon y la secta Rinzai. En el gran Song de hoy en día, solo la secta Rinzai prevalece en todo el territorio. Aunque hay diferencias entre las cinco tradiciones, la postura con el sello de la mente del Buddha[29] es solo una. Incluso en el gran reino de Song, aunque desde la dinastía Han[30] Posterior en adelante los textos filosóficos se hayan dispersado por todo el país y hayan dejado cierta impresión, nadie podría decidir cuál fue inferior y cuál superior. Después de que el maestro ancestral viniera del oeste, cortó directamente la fuente de la confusión[31] y extendió el puro

Dharma del Buddha. Debemos esperar que lo mismo ocurra en nuestro país. [Los sutras] dicen que los muchos patriarcas y *buddhas*, quienes moraron y se mantuvieron en el Dharma del Buddha, confiaron todos en la práctica de sentarse erguidos en el *samādhi* de recibir y usar el sí mismo,[32] y consideraron [esta práctica] como la manera apropiada para revelar el estado de realización. Los seres humanos que realizaron la verdad en los Cielos del Oeste y las Tierras del Este siguieron este estilo de práctica. Esta [práctica] se basa en la mística y auténtica transmisión del sutil método de maestro a discípulo, y en la recepción y mantenimiento [por parte del discípulo] de la verdadera esencia de las enseñanzas.

[20] En la auténtica transmisión de [nuestra] religión, se dice que este Dharma del Buddha,[33] que ha sido auténtica y directamente transmitido de uno-a-uno, es lo supremo entre lo supremo. Después del encuentro con un [buen] consejero, nunca más necesitaremos quemar incienso, hacer postraciones, recitar el nombre del Buddha, practicar la confesión o leer los sutras: simplemente sentarnos y realizar el estado que está libre de cuerpo y mente. Si un ser humano, incluso por un solo instante, manifiesta la postura del Buddha en las tres formas de conducta,[34] mientras [esa persona] se sienta erguida en el *samādhi*, el mundo del Dharma al completo asume la postura del Buddha y la totalidad del espacio se convierte en el estado de realización. [La práctica,] por tanto, aumenta el júbilo del Dharma que es el estado original de los *buddha-tathāgatas* y renueva el esplendor de su realización de la verdad. Además, a través de los mundos del Dharma en las diez direcciones, los seres ordinarios de los tres y los seis estados[35] se clarifican y purifican en el cuerpo-y-mente inmediatamente: experimentan el estado de la gran liberación[36] y sus rasgos originales aparecen. Entonces todos los *dharmas* experimentan y comprenden la realización correcta y cada miríada de cosas pone su cuerpo budista en la práctica; en un momento transcienden los límites de la experiencia y el entendimiento; se sientan erguidos como reyes del árbol del *bodhi*;[37] en un instante giran la gran rueda del Dharma[38] que está en el inigualable estado de equilibrio,[39] y exponen el último, puro y profundo estado del *prajñā*. Estos estados correctos y equilibrados de realización también funcionan al revés,[40] siguiendo caminos de cooperación íntima y mística, de manera que la persona que se sienta en zazen firmemente se libera de cuerpo y mente, extirpa todo tipo de visiones y pensamientos impuros [acumulados] del pasado, y por tanto comprende y experimenta el puro y natural Dharma del Buddha. Por todos y cada uno de los infinitesimales e innumerables lugares de la verdad de los *buddha-tathāgatas,* [el practicante] promueve el trabajo del Buddha y extiende su influencia a lo largo y ancho sobre aquellos que tienen las hazañas ascendentes de un *buddha*, ensalzando así, vivamente, el verdadero estado ascendente de un *buddha*. En este momento, todo en el universo en las diez direcciones –cielo, tierra, hierba y árboles; vallas, muros, tejas y piedras– realiza el trabajo del Buddha. La gente que recibe el beneficio así producido por el viento y el agua es místicamente ayudada por la selecta e impensable influencia del Buddha y muestra el inmediato estado de realización. Todos los seres que reciben y utilizan esta agua y fuego extienden vivamente la influencia del Buddha en el estado original de la experiencia, así como también aquellos que viven y hablan con ellos son recíprocamente dotados con la ilimitada virtud de los *buddhas*. Expandiendo y promoviendo su actividad a lo largo y ancho, impregnan el interior y el exterior del universo con el ilimitado, incesante, impensable e incalculable Dharma del Buddha. Sin embargo, [el estado] no es atenuado por las visiones de estos individuos, puesto que el estado en la quietud, sin actividad intencional, es una experiencia directa. Si dividimos práctica-y-experiencia en dos estados, como es el pensamiento de la gente común, cada parte puede ser percibida y comprendida separadamente. [Pero] si la percepción y el entendimiento se mezclan, ese no es el estado de la experiencia, porque el estado normal de la experiencia está más allá de la emoción ilusoria. Aunque, en la quietud, la mente y el mundo exterior entran juntos en el estado de la experiencia y atraviesan juntos el estado de realización, [esos movimientos] son el estado de recibir y usar el sí mismo.[41] Por tanto, [los movimientos de la mente y el mundo exterior] ni agitan una sola molécula ni alteran una sola forma, sino que realizan el vasto y gran trabajo del Buddha y la profunda y sutil influencia del Buddha. La hierba, los árboles, el suelo y la tierra alcanzados por esta influencia orientativa, todos irradian gran luminosidad, y su proclamación del profundo y sutil Dharma no tiene fin. La hierba, los árboles, las vallas y los muros se vuelven capaces de predicar por todas las almas, [tanto por] la gente común como por los santos; y a la inversa, todas las almas, [tanto] la gente común como los santos, predican por la hierba, los árboles, las vallas y los muros. El mundo de la autoconciencia y [el mundo] de la conciencia de los objetos externos no carecen de nada –están ya provistos con la forma concreta de la experiencia real–. El estado normal de la experiencia real, cuando está activado, no permite un solo momento ocioso. Zazen, incluso si tan solo se trata de un ser humano sentándose por un instante, entra por tanto en cooperación mística con todos los *dharmas* y penetra completamente todos los tiempos, y por eso representa, desde dentro del universo ilimitado, el eterno trabajo de la influencia orientadora del Buddha en el pasado, futuro y presente. Para todos es completamente la misma práctica y la misma experiencia. La práctica no está limitada a tan solo sentarse: golpea el vacío y resuena, [como] el sonido que continúa antes y después de una campana. ¿Cómo podría [la práctica] ser limitada a este lugar? Todas las cosas concretas[42] poseen la práctica original como rasgo original: está más allá de la comprensión. Recuerda, incluso si los innumerables *buddhas* en las diez direcciones, tan numerosos como las arenas del Ganges, trataran con todas sus fuerzas y sabiduría búdica de calcular o comprender la virtud del zazen de una persona, no podrían siquiera acercarse.

[26] Ahora hemos escuchado cuán elevada y grandiosa es la virtud de zazen, [pero] alguna persona ignorante podría dubitativamente preguntar: «Muchas puertas llevan al Dharma del Buddha. ¿Por qué únicamente recomiendas sentarse en zazen?».[43]

Yo digo: porque es la verdadera puerta hacia el Dharma del Buddha.

[26] [Alguien] pregunta: «¿Por qué lo ves como la única puerta verdadera?».

Yo digo: el Gran Maestro Śākyamuni transmitió exactamente, como la auténtica tradición, este sutil método de asir el estado de la verdad, y todos los *tathāgatas* de los tres tiempos[44] realizaron la verdad a través de zazen. Por tanto, el hecho de que [zazen] sea la puerta auténtica se ha transmitido y recibido. Además, todos los patriarcas de los Cielos del Oeste y de las Tierras del Este realizaron la verdad a través de zazen. Por eso estoy ahora proclamando [zazen] a los seres humanos y dioses como la puerta auténtica.

[27] [Alguien] pregunta: «Aquel que confía en recibir la auténtica transmisión del sutil método del Tathāgata, o en seguir las sendas de antiguos maestros, está seguramente más allá del intelecto de la persona común. Leer los sutras y recitar los nombres de los *buddhas*, sin embargo, podrían de manera natural llegar a ser las causas y condiciones para la iluminación. Pero sentarse ociosamente sin hacer nada, ¿cómo puede ser ese el medio para lograr realizar la iluminación?».

Yo digo: si ahora piensas que el *samādhi* de los *buddhas*, el supremo y gran Dharma, es sentarse ociosamente sin hacer nada, eres una persona que insulta al Gran Vehículo.[45] [Ese] engaño es tan profundo que es como estar en el océano y decir que no hay agua. [En zazen] estamos ya sentados, estables y agradecidos, en el *samādhi* de los *buddhas* de recibir y usar el sí mismo. ¿No es esto el logro de la vasta y grandiosa virtud? Es lamentable que tus ojos todavía no estén abiertos y tu mente se encuentre en un sopor etílico. En general, el estado de los *buddhas* es impensable: la inteligencia no puede alcanzarlo. ¿Cuánto menos podría la desconfianza o la sabiduría inferior conocer el estado? Tan solo la gente de grandes hazañas y confianza apropiada puede entrar en él. Para la gente desconfiada, incluso aunque haya sido enseñada, es difícil recibir la enseñanza –incluso en el pico del Buitre había gente [sobre la que el Buddha dijo]: «Que se retiren también es correcto»[46]–. Como regla general, cuando la confianza apropiada emerja en nuestra mente, debemos instruirnos y aprender en la práctica. De lo contrario, deberíamos descansar por un tiempo. Lamenta este hecho si lo deseas, pero desde tiempos antiguos el Dharma ha sido árido. Más aún, ¿conoces por ti mismo alguna virtud que se obtenga mediante prácticas tales como leer los sutras o recitar nombres de *buddhas*? Es muy poco fiable pensar que tan solo mover la lengua o alzar la voz tienen la virtud del trabajo del Buddha. Cuando comparamos [esas prácticas] con el Dharma del Buddha, se desvanecen cada vez más en la distancia. Por otra parte, abrimos los sutras para clarificar los criterios de la práctica instantánea y la práctica gradual[47] que el Buddha enseñó, y aquellos que practican de acuerdo con la enseñanza son invariablemente llevados a realizar el estado de la experiencia real. Esto es completamente distinto de aspirar a la virtud de la realización del *bodhi* cansando en vano el intelecto. Intentar llegar al estado de la verdad del Buddha [solo] a través de la acción de la boca, cantando tontamente mil o diez miles de veces, es como intentar llegar a [la región del sur de] Etsu dirigiendo el carruaje hacia el norte. O como intentar meter una estaca cuadrada en un agujero redondo. Leer frases mientras permanecemos ignorantes sobre cómo practicar [es como] un estudiante de medicina olvidando cómo combinar tratamientos. ¿Para qué sirve eso? Aquellos que cantan sin fin son como ranas cantando en un arrozal en verano, croando día y noche. Al final todo es inútil. Abandonar estas cosas es todavía más difícil para la gente profundamente perturbada por la fama y el provecho. La mente que ansía beneficio es muy profunda, y por tanto debe haber estado presente en el pasado antiguo. ¿Cómo podría no estar presente en el mundo actual? Es muy lamentable. Solo recuerda, cuando un practicante sigue directamente a un maestro que ha realizado la verdad y clarificado su mente, y cuando el practicante iguala esa mente, y la experimenta y comprende, y por tanto recibe la auténtica transmisión del sutil Dharma de los Siete Buddhas,[48] entonces la enseñanza precisa aparece claramente y es recibida y mantenida. Esto está más allá de la comprensión de los profesores del Dharma que estudian palabras.[49] De manera que detén estas dudas e ilusiones y, siguiendo las enseñanzas de un verdadero maestro, realízate en el *samādhi* de los *buddhas* de recibir y usar el sí mismo, sentándote en zazen y buscando la verdad.

[32] [Alguien] pregunta: «La Flor del Dharma[50] y la enseñanza del [Sutra de] la Guirnalda,[51] que han sido ahora transmitidos a este país, son ambos la última expresión del Gran Vehículo. Por otra parte, en el caso de la secta Shingon,[52] [la transmisión] pasó directamente del Tathāgata Vairocana a Vajrasattva, y por tanto [la transmisión de] maestro a discípulo no es arbitraria. Citando los principios que tratan de que «la mente aquí y ahora es *buddha*» y «esta mente se convierte en *buddha*»,[53] [la secta Shingon] proclama que alcanzamos la realización de los cinco *buddhas*[54] de una sentada, sin someternos a muchos *kalpas*[55] de práctica. Podemos decir que este es el último refinamiento del Dharma del Buddha. Entonces, ¿qué es tan excepcional sobre la práctica, la cual tú recomiendas exclusivamente, como para excluir estas otras [prácticas]?

Yo digo: recuerda, entre budistas no discutimos sobre la superioridad o inferioridad de las filosofías, ni elegimos entre superficialidad y profundidad en el Dharma; solo necesitamos saber si la práctica es genuina o artificial. Algunos han entrado en la corriente de la verdad del Buddha invitados por hierbas, flores, montañas y ríos. Algunos han recibido y conservado el sello del Buddha tomando tierra, piedras, arena y guijarros. Además, el grandioso y vasto mundo[56] es incluso más abundante que la miríada de fenómenos, y el giro de la gran rueda del Dharma se contiene en cada molécula. Siendo esto así, las palabras «la mente aquí y ahora es *buddha*» tan solo son la luna en el agua,[57] y la idea de «simplemente sentarse es convertirse en un *buddha*» también es un reflejo en el espejo. No deberíamos ser atrapados por la habilidad de las palabras. Ahora, para recomendar la práctica en la que el *bodhi* se experimenta directamente, espero demostrar la sutil verdad que los patriarcas budistas han transmitido de uno-a-uno, y por tanto transformarte en gente del estado real de la verdad. Además, por la transmisión del Dharma del Buddha, debemos siempre tomar como profesor a una persona que haya experimentado el estado [del Buddha]. Nunca es suficiente tomar como profesor guía a un erudito que cuente palabras: eso sería como un ciego guiando a otro ciego. Aquí, en el linaje de la auténtica transmisión de los patriarcas budistas, todos veneramos a los sabios maestros que han realizado la verdad y experimentado el estado, y les hacemos morar y mantenerse en el Dharma del Buddha. Esto es por lo que, cuando los sintoístas de [los linajes del] yin y el yang[58] vienen con dedicación, y cuando los *arhats*[59] que han experimentado el fruto vienen a solicitar el Dharma, les damos a cada uno, sin falta, los medios de la clarificación del estado mental. Esto es algo que nunca se ha escuchado en otros linajes. Los discípulos del Buddha deberían simplemente aprender el Dharma del Buddha. Es más, deberíamos recordar que desde el comienzo nunca hemos carecido del estado supremo del *bodhi*, y lo recibiremos y usaremos por siempre. Al mismo tiempo, puesto que no podemos percibirlo directamente,[60] somos propensos a engendrar ideas intelectuales arbitrarias, y puesto que las perseguimos como si fueran cosas reales, vanamente pasamos por el gran estado de la verdad. Desde que se forman estas ideas intelectuales, emergen toda clase de flores en el vacío:[61] pensamos sobre el ciclo de las doce veces[62] y las veinticinco esferas de la existencia, y las ideas sobre los tres vehículos y los cinco vehículos[63] o sobre si tener [la naturaleza de] *buddha* o no tener [la naturaleza de] *buddha*, se hacen interminables. No deberíamos pensar que el aprendizaje de estas ideas intelectuales sea el camino correcto de la práctica budista. Únicamente cuando nos sentamos en zazen, por otro lado, basándonos exactamente en la misma postura que el Buddha, y dejando marcharse las miríadas de cosas, vamos entonces más allá de las zonas de la ilusión, realización, emoción y consideración, y no nos preocupan los caminos de lo común y lo sagrado. Inmediatamente vagamos fuera del marco [intelectual], aceptando, recibiendo y usando el gran estado del *bodhi*. ¿Cómo podrían aquellos atrapados en la trampa de las palabras compararse [con esto]?

[37] [Alguien] pregunta: «Entre las tres clases de aprendizaje[64] está la práctica en el estado de equilibrio, y entre las seis *pāramitās*[65] está la *dhyāna pāramitā*, ambas de las cuales todos los *bodhisattvas* aprenden desde el principio y ambas de las cuales todos los *bodhisattvas* practican, sin importar si son listos o tontos. El zazen [del que hablas] ahora es seguramente [solo] uno de estos. ¿Por qué dices que el Dharma correcto del Tathāgata está concentrado en esta [práctica de zazen]?».

Yo digo: la pregunta surge porque este tesoro del verdadero ojo del Dharma, el supremo y grandioso método, que es el único gran asunto[66] del Tathāgata, se ha llamado «secta Zen». Recuerda que este título, «secta Zen», se estableció en China y en el este: no se escucha hablar de él en la India. Cuando el Gran Maestro Bodhidharma estuvo primero en el templo Shaolin, en las montañas Songshan,[67] y se puso de cara al muro durante nueve años, los monjes y los laicos todavía ignoraban el Dharma correcto del Buddha, así que llamaron [Maestro Bodhidharma] a un brahmán que hizo una religión de zazen. A partir de entonces, todos los patriarcas de sucesivas generaciones se entregaron constantemente a zazen. Gente secular ignorante que vio esto, sin saber la realidad, hablaron arbitrariamente de una secta de zazen. Hoy en día, abandonando la palabra «*za*», solo hablan de la secta Zen.[68] Esta interpretación se ve clara desde los escritos que tenemos de los patriarcas.[69] [Zazen] no debería ser discutido como el estado equilibrado de *dhyāna* en las seis *pāramitās* y las tres clases de aprendizaje. Que este Dharma del Buddha es la legítima intención de la transmisión de uno-a-uno, nunca se ha ocultado a través de los tiempos. En la orden del pico del Buitre en los tiempos antiguos, cuando el Tathāgata daba el Dharma al Venerable Mahākāśyapa, tan solo a él, transmitiendo el tesoro del verdadero ojo del Dharma y la sutil mente del nirvana, el supremo y grandioso método, la ceremonia era presenciada directamente por seres celestiales que están presentes en el mundo de arriba, por lo que esto nunca debe dudarse. Es una regla universal que aquellos seres celestiales custodiarán y mantendrán el Dharma del Buddha eternamente: sus esfuerzos nunca han decaído. Tan solo recuerda que esta [transmisión de zazen] es toda la verdad del Dharma del Buddha: nada puede compararse con ella.

[40] [Alguien] pregunta: «¿Por qué al tratar el entrar en el estado de la experiencia los budistas nos recomiendan practicar el estado equilibrado de *dhyāna* solamente sentándose, lo cual es [tan solo] una de las cuatro formas de conducta?».[70]

Yo digo: es difícil saber todas las maneras por las que los *buddhas* han tenido éxito en la práctica, desde los tiempos antiguos, para penetrar en el estado de la experiencia real. Si quisiéramos encontrar una razón, deberíamos recordar que lo que los *buddhas* practican es una razón en sí misma. No deberíamos buscar más [razón] además de esa. Sin embargo, un maestro antiguo ha elogiado [el sentarse] diciendo: «Sentarse en zazen es la tranquila y feliz puerta del Dharma».[71] De manera que, en conclusión, la razón puede ser que, de las cuatro formas de conducta, [sentarse] es la más tranquila y feliz. Es más, [sentarse] no es la vía practicada por uno o dos *buddhas*. Todos los *buddhas* y patriarcas poseen esta vía.

[41] [Alguien] pregunta: «Respecto a esta práctica de zazen, una persona que todavía no haya experimentado ni comprendido el Dharma del Buddha sería capaz de adquirir tal experiencia buscando la verdad en zazen. [Pero] ¿qué puede esperar ganar una persona que ha clarificado ya el Dharma correcto del Buddha?».

Yo digo: no contamos nuestros sueños ante un loco, y es difícil poner remos en las manos de un montañero. Sin embargo, debo impartir la enseñanza. El pensamiento de que práctica y experiencia no son una sola cosa es la idea de los no-budistas. En el Dharma del Buddha, la práctica y la experiencia son completamente idénticas. [La práctica] ahora es también práctica en el estado de la experiencia; por tanto, la búsqueda de la verdad de un principiante es justamente el cuerpo entero del estado original de la experiencia. Esto es por lo que [los patriarcas budistas] enseñan, en las prácticas advertencias que nos han dejado como herencia, no esperar ninguna experiencia fuera de la práctica, y la razón puede ser que [la práctica en sí misma] es el estado original directamente accesible de la experiencia. Puesto que la práctica es justamente la experiencia, la experiencia es interminable, y debido a que la experiencia es la práctica, la práctica no tiene comienzo. Esto es por lo que tanto el Tathāgata Śākyamuni como el Venerable Patriarca Mahākāśyapa fueron recibidos y usados por la práctica que existe en el estado de la experiencia. El Gran Maestro Bodhidharma y el Patriarca Fundador Daikan[72] fueron igualmente arrastrados y conducidos por la práctica que existe en el estado de la experiencia. Los ejemplos de aquellos que moraron y mantuvieron el Dharma del Buddha son así. La práctica que nunca está separada de la experiencia ya existe: habiendo afortunadamente recibido la transmisión de uno-a-uno de una parte de la sutil práctica, nosotros, que somos principiantes en la búsqueda de la verdad, directamente poseemos, en el estado sin intención, un pedazo de la experiencia original. Recuerda, para prevenir manchar la experiencia que nunca está separada de la práctica, los patriarcas budistas nos han enseñado repetidamente a no ser indisciplinados en la práctica. Cuando olvidamos la sutil práctica, la experiencia original ha llenado nuestras manos. Cuando el cuerpo deja atrás la experiencia original, la sutil práctica está operando a través del cuerpo. Además, tal y como vi con mis propios ojos en la gran China Song, en todos los monasterios zen de muchas comarcas se habían construido salas para albergar a quinientas o seiscientas personas, o incluso mil o dos mil monjes, a quienes se animaba a sentarse día y noche. El líder de tal orden[73] era un verdadero maestro que había recibido el sello de la mente del Buddha. Cuando le pregunté sobre la gran intención del Dharma del Buddha, pude escuchar el principio de que la práctica y la experiencia nunca son dos estadios. Por tanto, de acuerdo con las enseñanzas de los patriarcas budistas, y siguiendo la vía de un verdadero maestro, animaba [a cada uno] a buscar la verdad en zazen: [animaba] no solo a los practicantes de su orden, sino a [todos] los nobles amigos que buscaban el Dharma, a [toda] la gente que esperaba encontrar la verdadera realidad en el Dharma del Buddha, sin elegir entre principiantes y aprendices tardíos, sin distinción entre gente común y gente sagrada. ¿No has escuchado las palabras del maestro ancestral[74] que dijo: «No es que no haya práctica-y-experiencia, sino que no puede mancharse»? Otro [maestro] dijo: «Alguien que ve la vía, practica la vía».[75] Recuerda que incluso en el estado de realizar la verdad debemos practicar.

[44] [Alguien] pregunta: «Todos los maestros que difundieron las enseñanzas por nuestro país en épocas anteriores habían entrado en la China Tang y recibido la transmisión del Dharma. ¿Por qué, en aquel entonces, negaron este principio y transmitieron solamente enseñanzas filosóficas?».

Yo digo: la razón por la cual los maestros pasados de los seres humanos no transmitieron este método fue que el momento no había llegado.

[45] [Alguien] pregunta: «¿Entendieron esos maestros de épocas antiguas este método?».

Yo digo: si lo hubieran entendido, lo hubieran hecho saber a todos.

[45] [Alguien] pregunta: «Se ha dicho que no debemos arrepentirnos de nuestra vida y nuestra muerte,[76] ya que existe una manera muy rápida de liberarse de la vida y la muerte. Esa es conocer la verdad de que la esencia mental es eterna. En otras palabras, este cuerpo físico, habiendo nacido, necesariamente va hacia la muerte, pero esta esencia mental no muere en absoluto. Una vez que hemos sido capaces de reconocer que la esencia mental, que no es afectada por el nacimiento ni el deterioro,[77] existe en nuestro propio cuerpo, vemos esto como la esencia original. Por tanto, el cuerpo es solo una forma temporal: muere aquí y nace allí, nunca manteniéndose constante. [Pero] la mente es eterna: es inmutable en el pasado, futuro o presente. Saber esto se llama «haberse liberado de la vida y la muerte». Aquellos que saben este principio detienen el pasado [ciclo de] la vida y la muerte para siempre y, cuando este cuerpo fallece, entran en el mundo del espíritu. Cuando se presentan en el mundo del espíritu,[78] ganan asombrosas virtudes como aquellas de los *buddha-tathāgatas*. Incluso si sabemos ahora [este principio], [nuestro cuerpo] es todavía el cuerpo que ha sido moldeado por comportamientos engañosos en épocas pasadas, y por tanto no somos iguales a los santos. Aquellos que no saben este principio caerán para siempre en el ciclo de la vida y la muerte. Por tanto, deberíamos apresurarnos a entender el principio de que la esencia de la mente es eterna. Incluso si pasamos toda nuestra vida sentados ociosamente, ¿qué podríamos esperar ganar? La doctrina que así he expresado es verdaderamente acorde con la verdad de los *buddhas* y los patriarcas, ¿no?».

Yo digo: la visión expresada ahora no es en absoluto el Dharma del Buddha: es la visión del no-budista Senika.[79] De acuerdo con esa visión no-budista, hay una inteligencia espiritual que existe dentro de nuestro cuerpo. Cuando esta inteligencia encuentra las condiciones, puede discriminar entre agradable y desagradable y discriminar entre correcto e incorrecto, y puede conocer el dolor y la irritación y conocer el sufrimiento y el placer –siendo todas [estas] habilidades de la inteligencia espiritual–. Cuando este cuerpo muere, en cambio, el espíritu se deshace de la piel y renace en el otro lado, así que incluso aunque aquí parezca morir, vive allí. Por tanto, lo llamamos inmortal y eterno. La visión de este no-budista es así. Pero si aprendemos esta visión como el Dharma del Buddha, estamos todavía más locos que la persona que agarra una teja o un guijarro pensando que es un tesoro de oro: el engaño por la comparación sería demasiado vergonzoso.

El Maestro Nacional Echu[80] de la gran China Tang profusamente advirtió contra [tal pensamiento]. Si comparamos la presente visión equivocada de que «la mente es eterna pero el cuerpo perece» con el espléndido Dharma de los Buddhas, pensando que hemos escapado de la vida y la muerte cuando estamos promoviendo la causa original de la vida y la muerte, ¿no estamos siendo ignorantes? Eso sería de lo más lamentable. Conociendo que esta [visión equivocada] es justamente la visión equivocada de los no-budistas, no deberíamos tocarla con nuestros oídos. Sin embargo, no puedo evitar quererte salvar de esta visión equivocada y simplemente es [para mí] un acto de compasión el ahora [intentarlo]. Así que recuerda, en el Dharma del Buddha, puesto que cuerpo y mente son originalmente una realidad, el dicho de que la esencia y la forma no son dos se ha comprendido igualmente en los Cielos del Oeste y las Tierras del Este, y nunca deberíamos osar ir contra él. Es más, en los linajes en los que se trata la existencia eterna, toda la miríada de *dharmas* es la existencia eterna: cuerpo y mente no están divididos.[81] Y en los linajes que discuten la extinción, todos los *dharmas* son la extinción: esencia y forma no están divididas.[82] ¿Cómo podríamos decir, por el contrario, que el cuerpo es mortal pero la mente es eterna? ¿No viola eso la razón correcta? Además, deberíamos darnos cuenta de que vida-y-muerte es justamente el nirvana.[83] [Los budistas] nunca han tratado el nirvana fuera de la vida-y-muerte. Es más, incluso si imaginamos equivocadamente que la comprensión de que «la mente se hace eterna liberándose del cuerpo» es la misma que la sabiduría búdica que está libre de vida y muerte, la mente que es consciente de esta comprensión todavía aparece y desaparece instantáneamente y, por tanto, no es eterna en absoluto. ¿No es entonces [esta comprensión] poco fiable? Deberíamos experimentar y reflexionar. Se habla constantemente en el Dharma del Buddha del principio de que el cuerpo y la mente son una realidad. De manera que ¿cómo podría ser, por el contrario, que mientras este cuerpo apareciera y desapareciera la mente independientemente dejara el cuerpo y no apareciera ni desapareciera? Si hay un momento en el que [cuerpo y mente] son una realidad, y otro momento donde no son una realidad, entonces se podría concluir naturalmente que la enseñanza del Buddha ha sido falsa. Es más, si pensamos que la vida y la muerte son algo de lo que deshacerse, cometeremos la falta de odiar el

Dharma del Buddha. ¿Cómo podríamos no protegernos de esto? Recuerda, el linaje del Dharma que [afirma que] «en el Dharma del Buddha el estado esencial de la mente incluye universalmente todas las formas» describe el gran mundo del Dharma al completo de forma inclusiva, sin dividir esencia y forma, y sin discutir aparición ni desaparición. No hay ningún [estado] –ni siquiera el *bodhi* o el nirvana– que sea diferente del estado esencial de la mente. Todos los *dharmas*, las miríadas de fenómenos y las cosas acumuladas son completamente la única mente, sin exclusión ni separación. Todos estos diversos linajes del Dharma afirman que [la miríada de cosas y fenómenos] son la uniforme y equilibrada mente no dividida sin la cual no hay nada, y esto es justamente como los budistas han comprendido la esencia de la mente. Siendo eso así, ¿cómo podríamos dividir esta única realidad en cuerpo y mente, o en vida-y-muerte y nirvana? Ya somos los discípulos del Buddha. No toquemos con nuestros oídos esos ruidos que provienen de lenguas de locos que hablan de visiones no-budistas.

[51] [Alguien] pregunta: «¿Debe una persona que se dedica a este zazen adherirse rigurosamente a los preceptos?»

Yo digo: mantener los preceptos y la pura conducta [84] son la norma de los linajes Zen y el hábito común de los patriarcas budistas. [Pero] aquellos que todavía no han recibido los preceptos, o que han incumplido los preceptos, no dejan de participar [de los beneficios de zazen].

[51] [Alguien] pregunta: «¿No hay nada que impida a una persona que practica este zazen el practicar también la recitación de mantras y la práctica de la reflexión tranquila?[85]

Yo digo: cuando estaba en China, escuché la verdadera esencia de las enseñanzas de un verdadero maestro. Él dijo que nunca había escuchado que alguno de los patriarcas que recibieron la auténtica transmisión del sello del Buddha hubiera realizado nunca alguna de esas prácticas adicionalmente, en los Cielos del Oeste o en las Tierras del Este, en el pasado o en el presente.

Ciertamente, a menos que nos dediquemos a una sola cosa, no realizaremos la completa sabiduría.

[52] [Alguien] pregunta: «¿Debería esta práctica ser también tomada por hombres y mujeres laicos, o solo por gente que ha abandonado el hogar?».[86]

Yo digo: a un maestro ancestral se le escuchó decir que, con respecto a la comprensión del Dharma del Buddha, no debemos elegir entre hombres y mujeres, altos o bajos.

[52] [Alguien] pregunta: «La gente que ha abandonado el hogar se libera de todas las distracciones inmediatamente, de manera que no tiene obstáculos para practicar zazen y buscar la verdad. ¿Cómo puede una ocupada persona laica practicar de manera dedicada y volverse uno con el estado no intencional de la verdad budista?

Yo digo: en general, el Patriarca Budista,[87] repleto de piedad, dejó abierta una puerta de compasión grande y ancha para que todos los seres vivos pudieran experimentar y penetrar [en el estado de la verdad]: ¿qué ser humano o dios no querría penetrar? Por tanto, cuando estudiamos el pasado y el presente, hay muchas confirmaciones de tal [experiencia y penetración]. Por ejemplo, Taiso[88] y Junso[89] estuvieron, como emperadores, muy ocupados con los asuntos del estado, [pero] buscaron la verdad sentándose en zazen y realizaron la gran verdad del Patriarca Budista. Tanto el ministro Ri (ch. Li) como el ministro Bo (ch. Fang), siendo lugartenientes [del emperador], fueron los brazos y las piernas de toda la nación, [pero] buscaron la verdad sentándose en zazen y experimentando y entrando en la verdad del Patriarca Budista.

Esta [práctica-y-experiencia] depende solo de si la voluntad está o no presente; no depende de si el cuerpo abandona o permanece en el hogar. Además, cualquier persona que discierne profundamente la superioridad o inferioridad de las cosas confiará de manera natural. Más aún, aquellos que piensan que los asuntos mundanos obstaculizan el Dharma del Buddha solo conocen que no hay Dharma del Buddha en el mundo; no saben que no hay *dharmas* mundanos en el estado del Buddha. Recientemente, en el gran Song, había [un hombre] llamado ministro Hyo (ch. Feng), un oficial de alta graduación que se había realizado en la verdad del Patriarca. En sus últimos años escribió un poema en el que se expresaba de la siguiente manera:

Cuando los asuntos oficiales lo permiten, me gusta sentarme en zazen.
Apenas he dormido tocando una cama.
Aunque ahora he llegado a ser primer ministro,
mi fama como practicante veterano se ha difundido a través de los cuatro mares.

Este era alguien sin tiempo libre por los deberes oficiales pero, puesto que su voluntad para la verdad del Buddha era profunda, fue capaz de realizar la verdad. Deberíamos reflexionar sobre nosotros [en comparación] con él, y deberíamos reflexionar sobre el presente [en comparación] con aquellos días. En el gran reino de Song, la presente generación de reyes y ministros, oficiales y plebeyos, hombres y mujeres, todos aplican su mente a la verdad del Patriarca, sin excepción. Tanto las clases militares como las literarias están decididas a practicar [za]zen y aprender la verdad. Aquellos que se deciden a ello, en muchos casos, clarificarán sin duda el estado de la mente. Por tanto, se puede deducir que los asuntos mundanos no obstaculizan el Dharma del Buddha. Cuando el verdadero Dharma del Buddha se expande por toda la nación, los *buddhas* y los dioses custodian [esa nación] sin cesar, para que el reino esté en paz. Cuando el reino imperial está en paz, el Dharma del Buddha se realiza. Más aún, cuando Śākyamuni estaba en el mundo, [incluso] la gente de graves faltas y visiones equivocadas pudo realizar la verdad, y en las órdenes de maestros ancestrales [incluso] los cazadores y viejos leñadores entraron en el estado de realización, por no hablar de otra gente. Tan solo necesitamos estudiar la enseñanza y el estado de la verdad de un verdadero maestro.

[56] [Alguien] pregunta: «¿Incluso en el presente mundo corrupto de estos últimos tiempos[90] es posible realizar el estado de la experiencia real cuando llevamos a cabo esta práctica?».

Yo digo: los filósofos se han entretenido con tales conceptos y formas, pero en la verdadera enseñanza del Gran Vehículo, sin discriminación entre Dharma «correcto», «imitativo» y «último», decimos que todos aquellos que practican realizan el estado de la verdad. Más aún, en este Dharma correcto directamente transmitido, tanto en el penetrar en el Dharma como en el salir del cuerpo, recibimos y usamos el tesoro de nosotros mismos. Aquellos que están practicando pueden saber de manera natural si han realizado o no el estado de la experiencia real, tanto como la gente que utiliza el agua puede decir si está fría o caliente.

[57] [Alguien] pregunta: «Se ha dicho que, en el Dharma del Buddha, una vez que hemos comprendido claramente el principio de que la mente aquí y ahora es *buddha*, incluso si nuestra boca no recita los sutras y nuestro cuerpo no practica la Vía del Buddha, no carecemos en absoluto del Dharma del Buddha. Simplemente saber que el Dharma del Buddha reside originalmente en cada uno de nosotros, es la completa realización de la verdad. No hay necesidad de buscar nada más de otra gente. ¿Cuánto menos necesitaríamos molestarnos en buscar la verdad en zazen?».

Yo digo: estas palabras son extremadamente poco fiables. Si es como dices, ¿cómo podría cualquier persona inteligente no comprender este principio una vez se le hubiese explicado? Recuerda, aprendemos el Dharma del Buddha justo cuando abandonamos las visiones del objeto y el sujeto. Si sabiendo que «nosotros mismos somos *buddhas*» pudiera ser llamado la realización de la verdad, Śākyamuni no se hubiera molestado en enseñar el camino moral en el pasado. Me gustaría probar esto a través del sutil criterio de los antiguos patriarcas:

> Hace tiempo, había un monje llamado Prior Sokko[91] de la orden del Maestro Zen Hogen.[92] El Maestro Zen Hogen le pregunta: «Prior Sokko, ¿cuánto tiempo has estado en mi orden?».
> Sokko dice: «Ya he servido en la orden del maestro durante tres años».
> El maestro zen dice: «Eres un miembro reciente de la orden. ¿Por qué nunca me preguntas sobre el Dharma del Buddha?».

Sokko dice: «No debo engañarte, maestro. Antes, cuando estaba en la orden del Maestro Zen Seiho, realicé el estado de la paz y la felicidad en el Dharma del Buddha».

El maestro zen dice: «¿Con qué palabras pudiste penetrar?».

Sokko dice: «Una vez le pregunté a Seiho: ¿Qué es el estudiante que soy yo?[93] Seiho dijo: Los hijos del fuego vienen buscando el fuego».[94]

Hogen dice: «Bonitas palabras, pero me temo que no has comprendido».

Sokko dice: «Los hijos del fuego pertenecen al fuego. [Así que] entendí que siendo ellos fuego que buscaba el fuego, ello representaba a mi ser buscándome a mí mismo».

El maestro zen dice: «Ahora estoy seguro de que no lo comprendiste. Si el Dharma del Buddha fuera así, nunca podría haber sido transmitido hasta hoy».

En esto, Sokko se sintió avergonzado y angustiado, y se levantó [para marcharse]. [Pero] por el camino pensó: «El maestro zen es [respetado] por todo el país [como] un buen consejero, y es un gran maestro guía de quinientas personas. Seguramente debe de haber alguna virtud en su crítica a mi error».

[Sokko] se vuelve hacia el maestro zen para confesarse y postrarse ante él como disculpa. Entonces pregunta: «¿qué es el estudiante que soy yo?».

El maestro zen dice: «Los hijos del fuego vienen buscando el fuego».

Bajo la influencia de estas palabras, Sokko grandiosamente realizó el Dharma del Buddha.

Claramente, el Dharma del Buddha nunca se conoce con la comprensión intelectual de que «nosotros mismos somos justamente *buddha*». Si la comprensión intelectual de que «nosotros mismos somos justamente *buddha*» fuera el Dharma del Buddha, el maestro zen no podría haber guiado [a Sokko] usando las antiguas palabras y no [le] habría amonestado como lo hizo. Exclusiva y directamente, desde nuestro primer encuentro con un buen consejero, deberíamos preguntarle las normas de la práctica, y deberíamos con determinación buscar la verdad sentándonos en zazen, sin permitir que permaneciera en nuestras mentes un solo reconocimiento o medio entendimiento. Entonces el sutil método del Dharma del Buddha no será [practicado] en vano.

[61] [Alguien] pregunta: «Cuando escuchamos hablar sobre la India y sobre China en el pasado y el presente, están aquellos que realizaron el estado de la verdad escuchando la voz de un bambú, o que clarificaron la mente viendo el color de las flores.[95] Más aún, el Gran Maestro Śākyamuni experimentó la verdad cuando vio la estrella luminosa; el Venerable Ānanda[96] realizó el Dharma cuando el asta de la bandera de un templo se cayó, y no solo eso: de entre los cinco linajes que siguieron al Sexto Patriarca,[97] mucha gente ha clarificado el estado mental bajo la influencia de una sola palabra o media línea de un verso. ¿Han perseguido todos ellos la verdad, sin excepción, sentándose en zazen?».

Yo digo: deberíamos saber que esta gente del pasado y el presente que clarificó la mente viendo formas y que realizó la verdad escuchando sonidos buscó la verdad sin dudas intelectuales, y justo en el instante presente no había ninguna segunda persona.

[62] [Alguien] pregunta: «En la India y China la gente es originariamente sencilla y honrada. Estar en el centro del mundo civilizado es lo que la hace así. Como resultado, cuando se les proclama el Dharma del Buddha lo comprenden y penetran en él muy rápidamente. En nuestro país, desde los tiempos antiguos la gente ha tenido poca benevolencia y sabiduría, y es difícil para nosotros acumular las semillas de la virtud. Ser los salvajes y bárbaros[98] [del sudeste] nos hace así. ¿Cómo podríamos no arrepentirnos de ello? Más aún, la gente que ha abandonado el hogar en este país es inferior incluso a los laicos de las grandes naciones: toda nuestra sociedad es ignorante, y nuestras mentes son estrechas y pequeñas. Estamos profundamente apegados a los resultados del esfuerzo intencional y nos gusta la cualidad superficial. ¿Puede la gente así esperar experimentar el Dharma del Buddha de inmediato, incluso si se sientan en zazen?».

Yo digo: tal y como dices, la gente de nuestro país todavía no es universalmente benevolente y sabia, y alguna gente es, en efecto, deshonesta. Incluso si les mostramos el Dharma correcto y verdadero, transformarán el néctar en veneno. Fácilmente tienden a la fama y el provecho, y es difícil para ellos disolver sus falsas ilusiones y apegos. Por otra parte, para experimentar y entrar en el Dharma del Buddha, uno no siempre necesita usar la sabiduría mundana de los seres humanos y de los dioses como medio para trascender el mundo.[99] Cuando el Buddha estaba en [el] mundo, [un antiguo monje] experimentó el cuarto efecto [al ser golpeado] por una bola,[100] y [una prostituta] clarificó el gran estado de la verdad después de ponerse un *kaṣāya*.[101] Ambos eran gente torpe, criaturas ignorantes y tontas, pero ayudados por la confianza correcta, tuvieron los medios para escapar de sus falsas ilusiones. Otro caso es el de una mujer devota que mientras preparaba la comida del mediodía reveló el estado de realización al ver a un viejo *bhikṣu*[102] ignorante sentado en silencio. Esto no provino de su sabiduría, no provino de escritos, no dependió de palabras y no dependió de una charla: únicamente fue ayudada por su correcta confianza. Además, las enseñanzas de Śākyamuni se han difundido a través de los tres mil mundos solo durante unos dos mil años. Hay países de todo tipo; no todos son naciones de benevolencia y sabiduría. ¿Cómo podría toda la gente, además, poseer solo inteligencia y sabiduría, agudeza [de oído] y claridad [visual]? Pero el Dharma correcto del Tathāgata está provisto originalmente de una impensable gran virtud y poder, y así, cuando llegue el momento, se difundirá por esos países. Cuando la gente simplemente practique con la confianza apropiada, el listo y el tonto realizarán por igual la verdad. Tan solo porque nuestro país no sea una nación de benevolencia o sabiduría y la gente sea poco brillante, no pienses que es imposible para nosotros asir el Dharma del Buddha. Aún más, todos los seres humanos tienen las semillas correctas del *prajñā* en abundancia. Puede ser simplemente que solo unos pocos hemos experimentado el estado directamente y por eso somos inmaduros para recibirlo y usarlo.

[65] Las preguntas y respuestas de arriba han ido y venido, y la alternancia entre público y orador ha sido desordenada. ¿Cuántas veces he hecho que las flores broten en un vacío sin flores?[103] Por otro lado, el principio fundamental de buscar la verdad sentándose en zazen nunca se ha transmitido a este país: cualquiera que hubiera esperado conocerlo se habría decepcionado. Por esto intento reunir las pocas experiencias que he tenido en el extranjero y recopilar los secretos de un maestro iluminado,[104] para que sean escuchadas por cualquier practicante que desee escucharlas. Además, hay normas y convenciones para monasterios y templos, pero no hay tiempo suficiente para enseñarlas ahora y no deben ser [enseñadas] con impaciencia.

[66] En general, fue muy afortunado para la gente de nuestro país el que, incluso aunque estemos situados al este del mar del Dragón y muy separados de las nubes y la niebla, desde los alrededores de los reinos de Kinmei[105] y Yomei,[106] el Dharma del Buddha del oeste se expandiera hacia nosotros en el este. Sin embargo, la confusión se ha multiplicado sobre conceptos y formas, y hechos y circunstancias, perjudicando la situación de la práctica. Ahora, puesto que nos contentamos con mantos harapientos y cuencos reparados, atando la paja para poder sentarnos y practicar en los acantilados azules y las rocas blancas, el asunto del estado ascendente de *buddha* aparece repentinamente, y rápidamente dominamos el gran asunto de una vida de práctica. Este es justo el edicto de [la montaña] Ryuge[107] y el legado de [la montaña de] Kukkuṭapāda.[108] Las formas y las normas para sentarse en zazen pueden practicarse siguiendo el *Fukanzazengi*, el cual recopilé en la era Karoku.[109]

[68] Ahora, expandiendo la enseñanza del Buddha por toda la nación, por una parte deberíamos aguardar al edicto del rey, pero, por otro lado, cuando recordamos el legado del pico del Buitre, los reyes, los nobles, los ministros y los generales que se manifiestan en cien miríadas de *koṭis*[110] de reinos han aceptado todos completamente el edicto del Buddha y, sin olvidar el propósito original de vidas pasadas de custodiar y conservar la enseñanza del Buddha, han nacido. [Dentro] de las fronteras de la extensión de esta enseñanza, ¿qué lugar no podría ser la tierra búdica? Por tanto, cuando queremos diseminar la verdad de los patriarcas budistas, no es siempre necesario seleccionar un lugar [particular] o esperar las circunstancias [favorables].

¿Vamos a considerar hoy mismo como punto de partida? Así, he recopilado esto y lo dejaré para los sabios maestros que aspiren al Dharma del Buddha y para la verdadera corriente de practicantes que quieran, como nubes errantes o malas hierbas de agua que deambulan, explorar el estado de la verdad.

Día de mediados de otoño, [en el tercer año de] Kanki.[111]
Escrito por el śramaṇa[112] *Dogen, que entró en Song y recibió la transmisión del Dharma.*

SHOBOGENZO BENDOWA

NOTAS

1. *Shonbutsu nyorai.* La expresión proviene del Sutra del Loto (véase SL 1.88. A lo largo de este libro, las referencias SL hacen mención a dicho texto. Para una explicación detallada, consúltese el Apéndice VI). *Nyorai* representa la palabra sánscrita *tathāgata,* que significa «el que ha llegado en el estado de la realidad». Este es el epíteto más elevado para un *buddha.* Véase el Glosario de términos en sánscrito.
2. *Anoku-bodai* es la abreviatura de la expresión *anokutara-sanmyaku-sanbodai.* Esta es una transliteración de la expresión sánscrita *anuttara samyaksaṃbodhi. Bodhi* significa «perfecta sabiduría», «la verdad» o «el estado de la verdad». Véase el Glosario de términos en sánscrito.
3. *Jijuyo-zanmai. Ji* significa «sí mismo»; *ju,* «recibir», y *yo,* «usar». *Zanmai* representa la palabra sánscrita *samādhi* (véase el Glosario de términos en sánscrito). *Samādhi* se explica desde muchos puntos de vista en el *Shobogenzo.* Por ejemplo, *jisho-zanmai, samādhi* como autoexperiencia; *hossho-zanmai, samādhi* como naturaleza del Dharma; *kaizin-zanmai, samādhi* como el estado parecido al mar, y *zanmai-o-zanmai,* el *samādhi* que es el rey de los *samādhis. Jijuyo-zanmai* sugiere el estado natural de equilibrio que experimentamos cuando hacemos un esfuerzo sin una meta intencionada.
4. *Ho* tiene muchos significados: Dharma, *dharmas* (véase el Glosario de términos en sánscrito), «ley», «cosas y fenómenos», «método», «realidad», etcétera. «Este Dharma» sugiere el método de zazen y al mismo tiempo la realidad de zazen.
5. En el estado de zazen nuestra conciencia es el todo.
6. «Esfuerzo» es *kufu*; «buscar la verdad» es *bendo,* como en este capítulo llamado «Bendowa». El Maestro Dogen usa las palabras *kufu-bendo* para expresar zazen en sí mismo.
7. *Banpo* significa literalmente «diez mil *dharmas*», es decir, todas las cosas y los fenómenos. Véase la nota 4.
8. *Shutsuro. Shutsu* significa «liberarse» y *ro,* «camino» o «carretera». El *Fukanzazengi* contiene la frase *shusshin no katsuro,* «el camino vigoroso de liberarnos del cuerpo», es decir, el estado de acción en el cual nuestro cuerpo se libera de las preocupaciones intelectuales y las ataduras sensoriales.
9. *Chishiki.* Abreviatura de *zenchishiki,* del sánscrito *kalyāṇamitra* (véase el Glosario de términos en sánscrito).
10. Zenko. Zen viene de Myozen. *Ko* es un tratamiento honorífico. El Maestro Myozen y el Maestro Dogen partieron juntos hacia China en 1223 para investigar el budismo. El Maestro Myozen murió el 5 de mayo de 1225 a la edad de cuarenta y un años en la residencia Ryonenryo, en Tendozan. Antes de ser discípulo del Maestro Eisai, el Maestro Myozen había aprendido las enseñanzas de la secta Tendai en el monte Hiei.
11. Las estaciones de otoño y primavera, respectivamente.
12. El Maestro Eisai (1141-1215) fue a China e introdujo la transmisión de la secta Rinzai en Japón.

13. Una provincia al este de China, que limita con el mar de China Oriental.
14. Las llamadas sectas Soto, Rinzai, Hogen, Igyo y Unmon. Véase el capítulo 49 (volumen 3), «Butsudo».
15. Jo Zenji, el Maestro Tendo Nyojo (1163-1228), sucesor del Maestro Setcho Chikan. Normalmente referido en el *Shobogenzo* como Senshi, «mi difunto maestro».
16. Daibyakuho significa literalmente «Gran Pico Blanco». Es otro nombre para Tendozan, donde el Maestro Tendo Nyojo dirigió la orden desde 1224 hasta su muerte.
17. La era Shojo transcurrió entre los años 1228 y 1233.
18. La verdadera sabiduría. Véase el capítulo 2, «*Maka-hannya-haramitsu*».
19. [Para encontrar un verdadero maestro].
20. El pico del Buitre, en sánscrito *Gṛdhrakūṭa*, se llama así por la silueta de la montaña, que recuerda a un buitre. El Buddha a menudo impartía ahí sus enseñanzas.
21. El Maestro Mahākāśyapa fue el primer patriarca de la India.
22. El Maestro Bodhidharma (siglo VI) fue el vigésimo octavo patriarca de la India y el Primer Patriarca en China.
23. El Maestro Taiso Eka fue el Segundo Patriarca de China.
24. *Tochi* (Tierras del Este): China. El Maestro Dogen se refiere comúnmente a la India y China como *saiten-tochi*, «los Cielos del Oeste y las Tierras del Este».
25. El Maestro Daikan Eno (638-713), el Sexto Patriarca de China.
26. El Maestro Nangaku Ejo (677-744).
27. El Maestro Seigen Gyoshi (muerto en el año 740) fue el Séptimo Patriarca chino en el linaje del Maestro Dogen.
28. *Butsu-in* literalmente significa «Buddha-sello». *In* puede ser interpretado como sello de aprobación, es decir, de certificación, o como forma concreta o postura.
29. *Butsu-shin-in* literalmente significa «Buddha-mente-sello». En el capítulo 72 (volumen 3), «Zanmai-o-zanmai», el Maestro Dogen dice que el sello de la mente del Buddha es la postura del loto completo en sí misma.
30. La dinastía Han Posterior fue del año 25 al 220.
31. Literalmente, «cortar las raíces del sagú y la glicinia». Estas dos plantas simbolizan algo complicado o confuso. Véase el capítulo 46 (volumen 3), «*Katto*».
32. *Jijuyo-zanmai* es el estado de equilibrio natural. Véase la nota 3.
33. *Buppo*, «Dharma del Buddha» o «método budista», en este caso quiere decir zazen en sí mismo.
34. *Sango*. Las tres clases de conducta o comportamiento (es decir, la conducta del cuerpo, el habla y la mente).
35. *Sanzu*, literalmente «tres cursos» o los tres estados o mundos miserables, son el infierno, el mundo de los fantasmas hambrientos (*pretas*) y el mundo de los animales. *Rokudo*, que literalmente significa «seis modos» o los seis estados humanos, son los tres mundos miserables más los mundos de los demonios (*asuras*), seres humanos y dioses (*devas*). Véase el Glosario de términos en sánscrito.
36. *Dai-gedatsu-chi*. *Dai* significa «gran»; *gedatsu* representa la palabra sánscrita *vimukti*, que indica liberarse de todos los obstáculos, y *chi* quiere decir «estado».

37. El término sánscrito *bodhi* significa «el estado de la verdad». El Buddha realizó la verdad sentándose bajo una higuera (*Ficus religiosa*). En los países budistas, a este árbol se le conoce como «el árbol del *bodhi*».
38. *Tenborin*, girar de la rueda del Dharma, simboliza la enseñanza budista. Véase el capítulo 74 (volumen 4), «Tenborin».
39. *Mutodo* significa literalmente «igualdad sin igual», del sánscrito *asamasama*. La expresión aparece en el Sutra del Corazón (véase el capítulo 2, «Maka-hannya-haramitsu») y en el Sutra del Loto (SL 3.270).
40. Hacia el practicante (la práctica influye tanto en el sujeto como en el objeto).
41. *Jijuyo no kyogai* significa literalmente «la zona de recibir y usar el sí mismo», es decir, el estado de equilibrio natural. Véase la nota 3.
42. *Hyakuto* literalmente significa «cientos de cabezas», sugiriendo una variedad de cosas concretas.
43. Preguntas y respuestas están unidas en el texto original. Aquí han sido separadas para facilitar la lectura.
44. *Sanze*. El pasado, el presente y el futuro: la eternidad.
45. *Daijo*. Budismo Mahayana. Véase el Glosario de términos en sánscrito.
46. *Taiyakukei*. Véase SL 1.86-88.
47. *Tonzen-shugyo*. *Tonzen* es sinónimo de *tongo*, «realización instantánea», y *zengo* «realización gradual». Estas representan las dos visiones de la realización en relación con el tiempo (tal y como ocurre en el instante de la práctica y como proceso que continúa durante una larga línea de instantes).
48. Los siete antiguos *buddhas* eran Vipaśyin, Śikhin, Viśvabhū, Krakucchanda, Kanakamuni, Kāśyapa y Śākyamuni (véase el capítulo 15, «Busso»). La creencia en los Siete Buddhas refleja que el Dharma es eterno y, por tanto, anterior al histórico Buddha Śākyamuni.
49. *Hosshi*. En tiempos del Maestro Dogen, algunos sacerdotes de la secta Tendai tenían este título.
50. *Hokkeshu*. *Hokke* representa *Hokkekyo* (Sutra de la Flor del Dharma) el Sutra del Loto. *Shu* significa religión o secta. *Hokkeshu* era el nombre antiguamente utilizado por la secta Tendai, establecida en China por el Maestro Tendai Chigi y basada en el Sutra del Loto. Fue introducida en Japón por el Maestro Saicho (767-822).
51. *Kegonkyo*, literalmente «enseñanza Kegon», quiere decir las enseñanzas de la secta Kegon, la cual también se estableció en China y se basó en el *Avataṃsaka-sūtra* (jp. *Kegonkyo*: Sutra de la Guirnalda). Fue introducido en Japón en el año 736. Véase la nota 79.
52. *Shingonshu*. La secta Shingon proviene del budismo Vajrayana. El Maestro Kukai fue a China y llevó las enseñanzas de la secta Shingon a Japón en 1806. El budismo Vajrayana venera a Vajrasattva, el Buddha del Diamante, de quien se dice haber recibido la transmisión de Vairocana, el Buddha del Sol.
53. «La mente aquí y ahora es *buddha*» es *soku-shin-ze-butsu* (el título del capítulo 6). «Esta mente se convierte en *buddha*» es *ze-shin-sa-butsu*.

54. Los cinco *buddhas* del mandala utilizados en el budismo esotérico de la secta Shingon. Un mandala es una representación pictórica con el Buddha Vairocana en medio, rodeado de *buddhas* al norte, sur, este y oeste.
55. *Go* o *ko* representa el sonido del término sánscrito *kalpa*, el cual quiere decir un tiempo infinitamente largo. Un *kalpa* se explicaba, por ejemplo, como el tiempo que llevaría transportar una gran roca si cada tres años un ser celestial la rozara ligeramente con una manga.
56. *Kodai no minji*, literalmente «los amplios y grandes caracteres», sugiere el Dharma no solo como acumulación de fenómenos materiales, sino también como algo que tiene sentido por sí mismo.
57. La imagen de la luna no es la luna en sí misma.
58. *Meiyo no shinto*. *Meiyo* significa «el yin y el yang». *Shinto*, literalmente «Vía de los dioses», es la religión étnica espiritual de Japón. La idea de dos linajes de sintoísmo, el yin y el yang, parece haber sido originada en un intento de la secta Shingon por reconciliar sus enseñanzas con las creencias étnicas japonesas.
59. Un *arhat* es una persona que ha realizado el último estado (el cuarto efecto) de un *śrāvaka* (véase el Glosario de términos en sánscrito), es decir, el último nivel de aprendizaje budista. El *arhat* es el tema del capítulo 34 (volumen 2), «Arakan».
60. «Percibirlo directamente» es *joto*, abreviatura de *joju-gatto*, literalmente «recibir un golpe». Por regla general, *joto* significa ser golpeado por la realidad directamente en una experiencia instantánea. En la última sección de su trabajo independiente *Gakudoyojinshu* (Colección de asuntos sobre el aprendizaje de la verdad), el Maestro Dogen explica *joto*, o «recibir un golpe», de la siguiente manera: «Usando este cuerpo-y-mente, experimentamos directamente el estado de *buddha*. Esto es recibir un golpe».
61. *Kuge*, «flores en el vacío», simboliza unas imágenes. Véase el capítulo 43 (volumen 3), «Kuge».
62. *Juni-rinden*, el ciclo de las doce veces de causa y efecto, proviene del sánscrito *dvādaśāṅga-pratītyasamutpāda*. Véase el Glosario de términos en sánscrito y, por ejemplo, SL 2.56.
63. *Sanjo*, «tres vehículos» o los tres tipos de budistas, se explican en el capítulo 24 (volumen 2), «Bukkyo». Son *śrāvakas*, que se basan en la teoría de las cuatro filosofías; *pratyekabuddha*, que se fundamenta en la teoría del origen dependiente (el ciclo de las doce veces de causa y efecto), y el *bodhisattva*, que se relaciona con las seis *pāramitās* (las seis habilidades). Los cinco vehículos son estos tres más los seres humanos y los dioses.
64. *Sangaku*, del sánscrito *tisraḥ śikṣāḥ*, son los preceptos (*śīla*), el estado de equilibrio (*dhyāna*, normalmente traducido como «meditación») y la sabiduría (*prajñā*). Véase el Glosario de términos en sánscrito.
65. La palabra sánscrita *pāramitā* quiere decir «haber llegado a la otra orilla: una habilidad». *Rokudo*, las seis *pāramitās*, son generosidad (*dāna*), mantener los preceptos (*śīla*), paciencia (*kṣānti*), diligencia (*vīrya*), la práctica de la meditación (*dhyāna*) y la verdadera sabiduría (*prajñā*). La palabra sánscrita *dhyāna* fue prestada al chino y más tarde al japonés como *chan* y *zen*, respectivamente.

66. *Ichidaiji* aparece en el Sutra del Loto. Véase SL 1.88-90 y el capítulo 17, «Hokketen-hokke».
67. Las montañas Songshan consisten en dos picos principales, Taishitsu al este y Shoshitsu al oeste. En estas montañas se encuentran multitud de templos budistas. El templo Shaolin se ubica en el pico Shoshitsu.
68. La secta Zazen es *zazenshu,* literalmente «la secta de sentarse en *dhyāna*». Dejando *za,* nos queda *zenshu,* literalmente «la secta de *dhyāna*» o secta Zen.
69. *Koroku* significa «crónicas extensas» y *goroku,* «crónicas de las palabras». Véase en la bibliografía los volúmenes que contienen estos términos.
70. *Shigi.* Caminar, levantarse, sentarse y tumbarse.
71. *Zazen wa sunawachi anraku no homon nari.* Estas palabras pueden ser originarias del Maestro Choro Sosaku, quien fue el editor del *Zenenshingi* (Puros criterios para monasterios zen). El Maestro Dogen cita las mismas palabras en el *Fukanzazengi* (véase el Apéndice II). El término *anraku,* «tranquila y feliz» o «estable y confortable», está contenido en el capítulo 14 del Sutra del Loto, «Anrakugyo» («Práctica tranquila y feliz»).
72. El Maestro Daikan Eno. Véase la nota 25.
73. El Maestro Tendo Nyojo.
74. El Maestro Nangaku Ejo. La conversación entre el Maestro Daikan Eno y el Maestro Nangaku Ejo está en el *Shinji-shobogenzo,* parte 2, nº 1. Véase también el capítulo 7, «Senjo», el capítulo 29 (volumen 2), «Inmo» y el capítulo 62 (volumen 3), «Hensan».
75. *Keitokudentoroku,* capítulo 5, en la sección acerca del Maestro Honjo.
76. «Shoji», literalmente «vida y muerte» o «vivir-y-morir», es el título del capítulo 92 (volumen 4).
77. *Shometsu. Sho* no solo significa «vida», sino también «nacimiento» y «aparición». En esta conversación, *shometsu* ha sido también traducido como «aparición y desaparición».
78. *Shokai* literalmente es «esencia-océano».
79. El *Avataṃsaka-sūtra* (jp. *Kegonkyo*: Sutra de la Guirnalda) contiene muchas preguntas hechas al Buddha por un brahmán llamado Senika. Véase el capítulo 6, «Soku-shin-ze-butsu».
80. El Maestro Nan`yo Echu (675?-775), sucesor del Maestro Daikan Eno. «Maestro Nacional Daisho» fue su título como profesor del emperador. Véase, por ejemplo, el capítulo 6, «Soku-shin-ze-butsu», el capítulo 18, «Shin-fukatoku», el capítulo 19, «Shin-fukatoku» y el capítulo 44 (volumen 3), «Kobusshin».
81. Por ejemplo, la escuela Sarvāstivāda, conocida como *setsu-issai-u-bu* o «la escuela que enseña la existencia de todas las cosas», mantenía que los *dharmas* tenían una existencia real en el pasado, presente y futuro. Esta escuela floreció en la India durante muchos siglos y fue extensamente estudiada en China y Japón.
82. «Extinción» es *jakumetsu,* que a veces se utiliza como traducción del sánscrito *nirvāṇa,* pero que aquí es el opuesto de *joju,* «existencia eterna». Por tanto, «los linajes que discuten la extinción» aproximadamente corresponden a la escuela

Śūnyatā o *kumon*, es decir, la escuela que promueve las enseñanzas de *śūnyatā*, la cual niega que pueda haber una existencia estática.

83. La palabra sánscrita *nirvāṇa* literalmente significa «extinción de una llama». Véase el Glosario de términos en sánscrito.
84. *Jikai-bongyo*. *Bongyo* representa el sánscrito *brahmacarya* (véase el Glosario de términos en sánscrito). «Gyoji», literalmente «conducta y cuidado» o «práctica y continuidad», es el título del capítulo 30 (volumen 2).
85. *Shingon-shikan no gyo*. *Shingon*, literalmente «verdad-mundo», significa mantra. El uso de mantras es característico en el budismo esotérico de la secta Shingon. *Shikan*, literalmente «cesar y reflejar», que representa las palabras sánscritas *śamatha* («quietud») y *vipaśyanā* («intuición», «reflexión»), es una práctica de la secta Tendai. Esta es casi idéntica al método de zazen explicado por el Maestro Dogen, pero en la secta Tendai no se considera suficiente.
86. *Shukke* significa «abandonar el hogar». Con *shukke* se hace referencia a los monjes. Véanse los capítulos 83, «Shukke»; 86, «Shukke-kudoku», y 94, «Jukai» (todos en el volumen 4).
87. «Busso» es el título del capítulo 15. Traducido como «los patriarcas budistas», se refiere a los patriarcas budistas en general. Cuando se pone en mayúsculas, como «Patriarca Budista», habitualmente se hace alusión al Buddha o al Maestro Bodhidharma.
88. Taiso, emperador de la dinastía Tang que reinó del año 763 al 779 y fue estudiante del Maestro Nan`yo Echu.
89. Junso, emperador de la dinastía Tang que reinó del año 805 al 806.
90. *Matsudai*. *Ma* viene de *mappo*, «último Dharma». Los años después de la muerte del Buddha se dividieron en tres periodos: *shobo*, «Dharma correcto», los primeros quinientos años durante los cuales el Dharma florecería; *zobo*, «Dharma imitativo», los siguientes mil años durante los cuales el Dharma comenzó a palidecer, y *mappo*, «último Dharma», los mil años siguientes durante los cuales el Dharma se degeneró. Véase el Glosario de términos en sánscrito (*saddharma*).
91. *Sokko-kan-in*. *Sokko* es el nombre del monje. *Ko* es un nombre honorífico utilizado tanto por sacerdotes como por laicos, que aproximadamente equivale a *san* en japonés moderno. *Kanin* o *kansu* es uno de los seis oficiales principales de un gran templo.
92. El Maestro Hogen Bun`eki (885-958), sucesor del Maestro Rakan Keichin y fundador de la secta Hogen.
93. *Gakunin no jiko*. *Gakunin*, «estudiante», era usado por un estudiante para referirse a sí mismo. *Jiko* significa «sí mismo». Así que la pregunta de Sokko era «¿qué soy?».
94. *Byojo-doji*. *Byo* o *hei* es el tercer signo del calendario, leído como *hinoe*, o «el hermano mayor de fuego». *Jo* o *tei* es el cuarto signo del calendario, leído como *hinoto*, o «el hermano menor de fuego». *Doji* significa «hijo». Las palabras «los hijos del fuego vienen buscando el fuego» sugieren el verdadero esfuerzo de un practicante en realizar lo que ya está ahí.
95. Estos ejemplos de maestros budistas realizando la verdad están reflejados detalladamente en el capítulo 9, «Keisei-sanshiki».

96. El Maestro Ānanda era el segundo patriarca de la India, el sucesor de Mahākāśyapa.
97. El Maestro Daikan Eno.
98. *Ban-i.* Como centro de la civilización, los chinos suponían la existencia de cuatro grupos de bárbaros que los rodeaban. Estos incluían a los *nan-ban,* los salvajes del sur, y a los *to-i,* los bárbaros del este. De manera que las palabras «salvajes y bárbaros» sugieren a la gente que vivía al sur y al este de China, incluyendo a los japoneses.
99. *Shusse* puede interpretarse como «trascender el mundo secular» o como «manifestarse en el mundo». En este último uso, las palabras habitualmente significan ser el maestro de un gran templo.
100. Un joven monje quería gastarle una broma a un viejo monje ignorante que vivía en la orden del Buddha, así que le llevó a una habitación oscura, le golpeó con una bola y le dijo: «Has realizado el primer efecto». Le golpeó de nuevo y dijo: «Has realizado el segundo efecto». A continuación le golpeó por tercera vez y dijo: «Has realizado el tercer efecto». Finalmente le golpeó por última vez y dijo: «Has realizado el cuarto efecto». Extrañamente, cuando el viejo monje salió de la oscura habitación, había de hecho experimentado el cuarto efecto. *Shika,* el cuarto efecto, se refiere al estado de un *arhat,* es decir, el último estado del budismo Hinayana.
101. La historia de la prostituta que se puso el *kaṣāya* (manto budista) como broma es recordada en el capítulo 12, «Kesa-kudoku».
102. Un monje budista (véase el Glosario de términos en sánscrito).
103. Aquí *kuge,* «flores en el vacío», representa las imágenes abstractas como oposición a la realidad (en el capítulo 43 [volumen 3], «Kuge», las flores en el vacío y las flores reales se identifican).
104. El Maestro Tendo Nyojo.
105. Es decir, 539-571.
106. Esto es, 585-587.
107. El Maestro Ryuge Kodon (835-923), sucesor del Maestro Tozan Ryokai, vivió en la montaña Ryuge y compuso muchos poemas en los que elogiaba la belleza de escenas naturales.
108. El Maestro Mahākāśyapa, sucesor del Buddha, se dice que murió en la montaña Kukkuṭapāda, en Magadha.
109. La era Karoku fue desde el año 1225 al 1227. El Maestro Dogen regresó a Japón al final del verano de 1227 y escribió el primer borrador del *Fukanzazengi* (Guía universal para el método estándar de zazen) poco después. La versión inicial se llamó *Shinpitsubon* (la edición original). Tras revisar dicha edición, el Maestro Dogen finalmente redactó el *Rufubon* (la edición popular). Véase el Apéndice II.
110. Un *koṭi* es un término sánscrito que significa diez miríadas, lo cual equivale a cien millones.
111. El decimoquinto día del octavo mes lunar de 1231.
112. Monje (véase el Glosario de términos en sánscrito).

Capítulo 2

Maka-hannya-haramitsu

Mahāprajñāpāramitā

Comentario: *maka* es un préstamo fonético de la palabra sánscrita *mahā*, que quiere decir «grande»; *hannya* lo es de *prajñā*, que se traduce como «verdadera sabiduría» o «reflexión intuitiva», y *haramitsu*, de *pāramitā*, que significa literalmente «haber llegado a la orilla opuesta», es decir, haber realizado la verdad. De modo que *maka-hannya-haramitsu* quiere decir «la realización que es la verdadera gran sabiduría». En este capítulo, el Maestro Dogen escribió su interpretación del *Mahāprajñāpāramitāhṛdaya-sūtra,* también llamado Sutra del Corazón por considerarse el núcleo de los seiscientos volúmenes del *Mahāprajñāpāramitā-sūtra (hṛdaya* significa «corazón»). Este breve sutra contiene el principio fundamental del budismo llamado *prajñā* o verdadera sabiduría: un tipo de facultad que se produce al equilibrar y armonizar el cuerpo y la mente. Aunque habitualmente pensamos que la sabiduría, en la cual basamos nuestras decisiones, está relacionada con el intelecto, para el budismo se trata de una capacidad intuitiva. Puesto que la decisión correcta proviene del estado apropiado del cuerpo y la mente, *mahāprajñāpāramitā* es la sabiduría que poseemos cuando estos se equilibran y armonizan, y zazen la práctica por la cual lo logran. *Mahāprajñāpāramitā*, por tanto, es la esencia de zazen.

[71] «Cuando el Bodhisattva Avalokiteśvara[1] practica la profunda *prajñāpāramitā*, el cuerpo entero[2] refleja que los cinco agregados[3] están completamente vacíos».[4] Los cinco agregados son forma, sentir, percepción, volición y conciencia. Son cinco casos de *prajñā*. La reflexión es el *prajñā* en sí. Cuando este principio es proclamado y realizado, se dice que «la materia es justamente inmaterial»[5] y lo inmaterial es justamente la materia. La materia es la materia, lo inmaterial es lo inmaterial.[6] Hay cientos de cosas[7] y miríadas de fenómenos. Doce casos de *prajñāpāramitā* son las doce entradas [de la percepción sensorial].[8] Hay también dieciocho casos de *prajñā*:[9] son los ojos, oídos, nariz, lengua, cuerpo y mente;[10] visiones, sonidos, olores, sabores, sensaciones y propiedades;[11] y además la conciencia de los ojos, oídos, nariz, lengua, cuerpo y mente. Hay cuatro casos más de *prajñā*: son sufrimiento, acumulación, cesación y la Vía.[12] Hay otros seis casos más de *prajñā*: son generosidad, puro [cumplimiento de] los preceptos, paciencia, diligencia, meditación y el *prajñā* [en sí mismo].[13] Un caso más de *prajñāpāramitā* se realiza como el momento presente. Es el estado de *anuttara samyaksaṃbodhi*.[14] Hay tres casos más de *prajñāpāramitā*: son el pasado, el presente y el futuro.[15] Hay seis casos más de *prajñā*: son la tierra, el agua, el fuego, el viento, el vacío y la conciencia.[16] Y hay otros cuatro casos más de *prajñā* que se practican constantemente en la vida diaria: son caminar, levantarse, sentarse y tumbarse.[17]

[74] En la orden del Tathāgata Śākyamuni hay un *bhikṣu*[18] que piensa en secreto: «Me inclinaré para venerar la profunda *prajñāpāramitā*. Aunque en este estado no hay aparición ni desaparición de los verdaderos *dharmas*,[19] hay todavía explicaciones comprensibles de todos los preceptos, todos los estados de equilibrio, todos los tipos de sabiduría y todas las visiones. Hay también explicaciones comprensibles del fruto de uno que ha entrado en la corriente, el fruto de [estar sujeto] a un regreso, el fruto de [no estar sujeto] a regresar, y el fruto del *arhat*.[20] Hay también explicaciones comprensibles de [gente de] despertar independiente[21] y [gente del] *bodhi*.[22] Hay también explicaciones comprensibles del supremo correcto y equilibrado estado del *bodhi*. También hay explicaciones comprensibles de los tesoros del Buddha, Dharma y Sangha. También hay explicaciones comprensibles del girar la maravillosa rueda del Dharma[23] para salvar a los seres sintientes». El Buddha, conociendo la mente del *bhikṣu*, le dice: «Así es como es. Así es como es. La profunda *prajñāpāramitā* es muy delicada y sutil de comprender».[24]

«La mente concreta que trabaja en secreto» del *bhikṣu*[25] está en este momento en el estado de inclinarse para venerar a los verdaderos *dharmas*, el *prajñā* mismo –tanto si los [verdaderos *dharmas*] tienen aparición y desaparición como si no–, y esto es una «inclinación de veneración» en sí misma. En este preciso momento de inclinarse para venerar, el *prajñā* se realiza como explicaciones que pueden comprenderse: [explicaciones] que van desde «los preceptos, el equilibrio y la sabiduría»,[26] hasta «salvar a los seres sintientes», etcétera. Este estado es descrito como «estar sin».[27] Explicaciones del estado de «estar sin» pueden por tanto comprenderse. Tal es la profunda, sutil e insondable *prajñāpāramitā*.

[76] El dios Indra[28] pregunta al venerable monje Subhūti:[29] «¡Oh Virtuoso! Cuando los *bodhisattva-mahāsattvas*[30] quieran estudiar[31] la profunda *prajñāpāramitā*, ¿cómo deberían estudiarla?».

Subhūti responde: «¡Kauśika![32] Cuando los *bodhisattva-mahāsattvas* quieran estudiar la profunda *prajñāpāramitā*, deberían estudiarla como el vacío».[33]

De manera que estudiar el *prajñā* es el vacío en sí. El vacío es el estudio del *prajñā*.

[77] El dios Indra posteriormente se dirige a Buddha: «¡Honrado por el Mundo! Cuando buenos hijos e hijas reciben y conservan, leen y recitan, piensan razonablemente sobre ello y exponen a otros esta profunda *prajñāpāramitā* que has proclamado, ¿cómo debería yo custodiarla? Mi único deseo, Honrado por el Mundo, es que me muestres tu compasión y me enseñes».

Entonces el venerable monje Subhūti dice al dios Indra: «¡Kauśika! ¿Ves algo que debas custodiar, o no?».

El dios Indra dice: «No, Virtuoso, no veo nada que deba custodiar».

Subhūti dice: «¡Kauśika! Cuando buenos hijos e hijas permanecen en la profunda *prajñāpāramitā* así proclamada, están justamente custodiándola. Cuando buenos hijos e hijas permanecen en la profunda *prajñāpāramitā* así proclamada, nunca se extravían. Recuerda, incluso si todos los seres humanos y no humanos estuvieran buscando una ocasión para dañarlos, al final sería imposible. ¡Kauśika! Si quieres custodiar a los *bodhisattvas* que permanecen en la profunda *prajñāpāramitā* así proclamada, eso no es diferente de querer custodiar el vacío».[34]

Recuerda, recibir y conservar, leer y recitar, y pensar razonablemente sobre el [*prajñā*] es justamente custodiar el *prajñā*. Y querer custodiarlo es recibirlo y conservarlo, leerlo y recitarlo, etcétera.

[78] Mi difunto maestro, el *buddha* eterno, dice:

> *El cuerpo entero como una boca, colgando en el vacío.*
> *Sin preguntar si el viento es del este, del oeste, del sur o del norte,*
> *para todos los otros igualmente, el* prajñā *habla.*
> Chin ten ton ryan chin ten ton.[35]

Este es el discurso del *prajñā* [transmitido] por los patriarcas budistas de legítimo sucesor a legítimo sucesor. Es el *prajñā* como el cuerpo entero, es el *prajñā* como todos los otros,[36] es el *prajñā* como todo el sí mismo, es el *prajñā* como todo el este, el oeste, el sur y el norte.

[79] El Buddha Śākyamuni dice: «¡Śāriputra![37] Todos estos seres sintientes deberían acatar esta *prajñāpāramitā* como *buddhas*. Cuando le realicen ofrendas, se inclinen para venerarla y examinen la *prajñāpāramitā*, deberían ser como si realizaran ofrendas y se inclinaran para venerar a los *buddha-bhagavats*.[38] ¿Por qué? [Porque] la *prajñāpāramitā* no es diferente de los *buddha-bhagavats*, y los *buddha-bhagavats* nos son diferentes de la *prajñāpāramitā*. La *prajñāpāramitā* es justamente los *buddha-bhagavats* mismos y los *buddha-bhagavats* son exactamente la *prajñāpāramitā* misma. ¿Por qué? Porque, Śāriputra, el apto, correcto y equilibrado estado de la verdad, que todos los *tathāgatas* tienen, siempre se realiza por la virtud de la *prajñāpāramitā*. Porque, Śāriputra, todos los *bodhisattva-mahāsattvas*, los despiertos independientemente, los *arhats*, aquellos que están más allá del regreso, aquellos recibidos dentro de la corriente, etcétera, siempre se realizan por la virtud de la *prajñāpāramitā*; y porque, Śāriputra, los diez virtuosos caminos de la acción[39] en el mundo, los cuatro estados de meditación,[40] los cuatro estados equilibrados inmateriales,[41] y los cinco poderes místicos,[42] siempre se realizan por la virtud de la *prajñāpāramitā*».

[80] Así que los *buddha-bhagavats* son la *prajñāpāramitā* y la *prajñāpāramitā* es «estos verdaderos *dharmas*». Estos «verdaderos *dharmas*» son «manifestaciones desnudas»; no son «ni aparecer ni desaparecer, ni suciedad ni pureza, ni crecimiento ni decrecimiento». La realización de esta *prajñāpāramitā* es la realización de los *buddha-bhagavats*. Deberíamos investigar dentro de ella y experimentarla. Realizarle ofrendas e inclinaciones para venerarla es justamente servir y asistir a los *buddha-bhagavats*, y es los *buddha-bhagavats* en el servicio y la asistencia.

Shobogenzo Maka-hannya-haramitsu

Proclamado a la asamblea en el templo Kannondori-in en un día del retiro de verano en el primer año de Tenpuku.[43]
Copiado en los aposentos del monje encargado en el templo Kippo en Etsu[44] *en el vigésimo primer día del tercer mes lunar en la primavera del segundo año de Kangen.*[45]

El Sutra del Corazón de *Mahāprajñāpāramitā*

El Bodhisattva Avalokiteśvara, cuando practica la profunda *prajñāpāramitā*, refleja que los cinco agregados están completamente vacíos, y supera todo dolor y acción errónea. Śāriputra, la materia no es diferente de lo inmaterial y lo inmaterial no es diferente de la materia. Sensación, percepción, volición y conciencia también son así. Śāriputra, estos verdaderos *dharmas* son manifestaciones desnudas. No aparecen ni desaparecen, ni son impuros ni puros, ni aumentan ni disminuyen. Por tanto, en el estado de la vacuidad, no hay forma, ni sensación, ni percepción, ni volición, ni conciencia. No hay ojos, ni oídos, ni nariz, ni lengua, ni cuerpo, ni mente; ni visiones, ni sonidos, ni olores, ni sabores, ni sensaciones, ni propiedades. No hay reino de los ojos ni ningún otro [reino elemental]; no hay reino de la mente-conciencia. No hay ignorancia, ni cese de la ignorancia, ni cualquier otro [proceso causal]; no hay vejez ni muerte, ni tampoco cese de la vejez ni de la muerte. No hay sufrimiento, acumulación, cesación, o camino. No hay sabiduría y no hay realización –porque [el estado] no puede realizarse–. Los *bodhisattvas* se apoyan en la *prajñāpāramitā* y por tanto sus mentes no tienen obstáculos. No tienen obstáculos y por tanto no tienen miedo. Dejan todas las confusas imágenes oníricas muy atrás, y realizan el último estado del nirvana. Los *buddhas* de los tres tiempos se basan en la *prajñāpāramitā* y por tanto realizan *anuttara samyaksaṃbodhi*. Así que recuerda: la *prajñāpāramitā* es un grandioso y místico mantra, es un grandioso y luminoso mantra, es el mantra supremo, es un mantra en el inigualable estado de equilibrio. Puede atrapar todo el sufrimiento. Es verdadero, no falso. Por eso invocamos el mantra de la *prajñāpāramitā*. Invocamos el mantra de la siguiente manera:

Gate, gate, pāragate, parāsamgate. Bodhi, svāhā.

El Sutra del Corazón del *Prajñā*

NOTAS

1. *Kanjizai bosatsu,* literalmente «Bodhisattva Libre de Reflejo», es una de las traducciones chinas del Bodhisattva Avalokiteśvara (véase el capítulo 33 [volumen 2], «Kannon», y el Sutra del Loto, capítulo 25, «Kanzeon-bosatsu-fumon»). Este párrafo comienza con las mismas palabras que el Sutra del Corazón.
2. El Maestro Dogen añadió a la primera línea del Sutra del Corazón la palabra *konshin,* «el cuerpo entero», como el sujeto de *shoken,* «reflejar».
3. *Go-un,* del sánscrito *pañca-skandha.* Véase el Glosario de términos en sánscrito, *skandha.*
4. *Ku,* «vacío», representa la palabra sánscrita *śūnyatā* (véase el Glosario de términos en sánscrito). Como adjetivo, *ku* significa «desprovisto», «liso», «desnudo», «vacío», «tal y como es».
5. «Lo inmaterial» es también *ku,* esta vez usado como sustantivo. En este caso, *ku* significa lo inmaterial, aquello que está vacío o desprovisto de sustancia física (es decir, la cara espiritual o mental de la realidad como opuesta a la materia). En otros casos, *ku* representa la vacuidad, es decir, el estado en el cual la realidad se manifiesta tal y como es. Véase el capítulo 22 (volumen 2), «Bussho».
6. El sutra dice *shiki-soku-ze-ku,* «la materia es justamente lo inmaterial», y *ku-sozu-ze-shiki,* «lo inmaterial es justamente la materia». El Maestro Dogen añadió *shiki-ze-shiki,* «la materia es la materia», y *ku-ze-ku,* «lo inmaterial es lo inmaterial».
7. *Hyakuso* literalmente es «cientos de malas hierbas».
8. *Juni-ju,* «las doce entradas», del sánscrito *dvādaśāyatanāni,* son los seis órganos y sus objetos.
9. *Juhachi-kai,* literalmente «dieciocho reinos», del sánscrito *aśṭādaśa dhātavaḥ,* son los sentidos, sus objetos y los seis correspondientes tipos de conciencia. Véase el Glosario de términos en sánscrito (*dhātu-loka*).
10. *Shin,* «cuerpo», del sánscrito *kāya,* significa el cuerpo o la piel como órgano del tacto. *I,* «mente», del sánscrito *manas,* quiere decir la mente como centro del pensamiento, el cual se coloca en el mismo nivel que los sentidos, debajo del *prajñā.*
11. *Shoku* y *ho,* «sensaciones» y «propiedades», del sánscrito *sparśa* y *dharma,* representa los objetos del cuerpo y la mente como órganos sensoriales.
12. *Shitai,* las cuatro filosofías o las Cuatro Nobles Verdades, son *ku, shu, metsu* y *do.* Estas palabras provienen del sánscrito *duḥkha-satya* (la verdad del sufrimiento), *samudaya-satya* (la verdad de la acumulación), *nirodha-satya* (la verdad de la disolución) y *mārga-satya* (la verdad de la vía correcta).
13. *Rokudo.* Las seis *pāramitās.* En sánscrito son de la siguiente manera: generosidad es *dāna,* explicada detalladamente en el capítulo 45 (volumen 3), «Bodaisatta-shishobo»; puro [cumplimiento de los] preceptos es *śīla;* paciencia, *kṣānti;* diligencia, *vīrya;* meditación, *dhyāna* (representada fonéticamente algunas veces en el *Shobogenzo* por los caracteres chinos *zen-na,* pero en este caso expresado como *jo-ryo,* literalmente «pensamiento silencioso»), y la sexta *pāramitā,* la verdadera sabiduría, es el *prajñā.*
14. La expresión sánscrita *anuttara samyaksaṃbodhi* (véase el capítulo 1, nota 2) es traducida al chino en el segundo párrafo de este capítulo como *mujo-shoto-*

bodai, «el supremo, correcto y equilibrado estado del *bodhi*». Las traducciones alternativas al chino son *mujo-shoto-gaku,* «el supremo, correcto y equilibrado estado de la verdad», y *mujo-tosho-gaku,* «el supremo, equilibrado y correcto estado de la verdad».

15. *Sanze.* Los tres tiempos.
16. *Rokudai,* los seis elementos. En sánscrito, *saḍ dhātavaḥ.* Véase el Glosario de términos en sánscrito (*dhātu*).
17. *Shigi,* las cuatro formas de conducta.
18. La palabra sánscrita *bhikṣu,* originalmente «mendigo», significa monje budista.
19. *Mu-shosho-shometsu,* o *shoho no shometsu nashi.* El Sutra del Corazón dice: «*Ze-shoho-kuso [...] Fusho fumetsu*» («Estos verdaderos *dharmas* son manifestaciones desnudas. Ni aparecen ni desaparecen»).
20. El *śrāvaka* («escuchador») pasa por estos cuatro estadios. En sánscrito, el primero es *srotāpanna;* el segundo, *sakṛdāgāmin;* el tercero, *anāgāmin,* y el cuarto, *arhat.*
21. *Doku-kaku,* literalmente «despertado independientemente», es *pratyekabuddha* en sánscrito (un *buddha* realizado por naturaleza). La distinción entre *śrāvakas, pratyekabuddhas, bodhisattvas* y *buddhas,* que el Buddha explica en el Sutra del Loto, se describe en el capítulo 24 (volumen 2), «Bukkyo».
22. *Bodai,* en este caso, parece sugerir una persona que posee el estado del *bodhi,* es decir, un *bodhisattva.*
23. *Tenmyohorin,* «girar la maravillosa rueda del Dharma», significa la enseñanza budista. Véase el capítulo 74 (volumen 4), «*Tenborin*».
24. Este pasaje proviene del *Daihannyakyo,* capítulo 291, «Apego y Desapego a la Forma».
25. *Setsu-sa-ze-nen.* En el sutra, estos caracteres literalmente significan «en secreto hizo este pensamiento». Pero *sa,* «hacer», también quiere decir «actuar» o «funcionar»; *ze,* «este», además significa «concreto», y *nen,* «pensamiento» o «imagen de la mente», puede traducirse asimismo como «atención plena» o «estado de la mente». El Maestro Dogen interpretó *nen* no como pensamiento sino como el estado de la mente del monje, el *prajñā* en sí mismo, que es el estado de la acción.
26. Los preceptos, el equilibrio y la sabiduría son *sangaku,* las tres clases de aprendizaje. Véase en el Glosario de términos en sánscrito *tisraḥ śikṣāḥ.*
27. *Mu, nashi,* expresa ausencia. En este párrafo, *mu-shometsu* se traduce como «no hay aparición ni desaparición» (véase la nota 19), y «sin aparición ni desaparición». El término *mu* se traduce a menudo como «nada» o «vacío». Como sustantivo, *mu* significa «el estado de estar sin» o «el estado de no tener», es decir, el estado que es libre. En castellano, el término «carecer» presupone un algo de lo que carecer. «Estar sin», en cambio, podría sugerir en algunos casos un estado absoluto en ausencia de un objeto del que carecer, por lo que, por aquellas ocasiones, se ha preferido mantener esta expresión a lo largo de la traducción (véase, por ejemplo, la nota 31 del capítulo 11, «Uji»). No obstante, tal locución también permite que dichos objetos puedan aparecer, como sucede en el capítulo 22 (volumen 2), «Bussho», donde este uso se explica especialmente con detalle. El carácter *mu* aparece unas veinte veces en el Sutra del Corazón.

28. *Tentai-shaku. Tentai* significa literalmente «dios-emperador» y *shaku* representa a Śakra-devānām-indra, que es el nombre sánscrito del dios Indra. Esta figura se incorporó al budismo como un guardián de las enseñanzas budistas. Véase el Glosario de términos en sánscrito.
29. *Guju-zengen. Guju,* o «venerable monje», proviene del sánscrito *āyuṣmat,* un término de veneración. Zengen, literalmente «buena manifestación», es la traducción china de Subhūti, uno de los discípulos del Buddha.
30. *Mahāsattva* literalmente significa «gran ser». Tanto *bodhisattva* como *mahāsattva* describen a un practicante budista.
31. *Gaku* incluye tanto el significado de «aprender» como de «practicar». El estudio del *prajñā* como el vacío sugiere la práctica de zazen en concreto.
32. Kauśika es otro nombre para Indra. Véase el Glosario de términos en sánscrito.
33. *Koku,* «espacio vacío» o «vacío», del sánscrito *ākāśa,* es el título del capítulo 77 (volumen 4), «Koku».
34. Esta historia también proviene del *Daihannyakyo,* capítulo 291.
35. Este poema sobre una campana de viento procede del *Nyojooshogoroku* (Crónica de las palabras del Maestro [Tendo] Nyojo). La última línea del poema, «*chin ten ton ryan chin ten ton*», representa onomatopéyicamente el sonido de la campana de viento. Los caracteres originales chinos pueden leerse de varias maneras en japonés. Por ejemplo, *teki cho to ryo teki cho to.* La pronunciación original china se desconoce.
36. «Otros» es *ta,* que a veces significa «otros» y en ocasiones, «el mundo exterior». En el comentario del Maestro Dogen se sugiere el último significado.
37. Śāriputra fue uno de los diez grandes discípulos del Buddha, y se decía que el más sabio. Murió mientras el Buddha todavía vivía. Gran parte del Sutra *Mahāprajñāpāramitā* se le otorga a Śāriputra.
38. Bhagavat es el término sánscrito para venerar. Véase el Glosario de términos en sánscrito.
39. *Ju-zengodo,* o los diez caminos de la buena acción, se deducen de abstenerse de las diez clases de mala conducta, que son: matar, robar, cometer adulterio, mentir, dar discursos con doble sentido, difamar, decir inútiles habladurías, codiciar, encolerizarse y venerar las visiones erróneas.
40. *Shi-joryo* o los «cuatro *dhyānas*». Véase el capítulo 90 (volumen 4), «Shizen-biku».
41. *Shi-mushiki-jo,* o «los cuatro estados equilibrados que transcienden el mundo de la materia», son los siguientes: *ku-muhen-sho-jo,* «equilibrio en el vacío infinito»; *shiki-muhen-sho-jo,* «equilibrio en la conciencia infinita»; *mu-sho-u-sho-jo* «equilibrio en no tener nada», y *hiso-hihiso-sho-jo,* «equilibrio en la transcendencia del pensamiento y el no-pensamiento». Esta enumeración de conceptos es característica del budismo Theravāda.
42. *Go-jinzu.* Los cinco poderes místicos se comentan en el capítulo 25 (volumen 2), «Jinzu».
43. Es decir, 1233.
44. Corresponde a la prefectura de Fukui de hoy en día.
45. Esto es, 1244.

Capítulo 3

Genjo-koan

El universo realizado

Comentario: *genjo* quiere decir «realizado» y *koan* es la abreviatura de *kofu-no-antoku*, que era una nota por la cual se anunciaba al público una nueva ley en la antigua China. *Koan*, por tanto, expresa una ley o principio universal. En el *Shobogenzo*, *genjo-koan* significa la ley realizada del universo, es decir, el Dharma o universo real, y en este capítulo el Maestro Dogen nos explica que confiar en él es la base fundamental del budismo. Cuando se recopiló la edición de setenta y cinco capítulos, este se encontraba en primer lugar, por lo cual podemos reconocer su importancia.

[83] Cuando todos los *dharmas* son [vistos como] el Dharma del Buddha, entonces hay ilusión y realización, hay práctica, hay vida y hay muerte, hay *buddhas* y seres ordinarios. Cuando la miríada de *dharmas* no es cada uno del sí mismo, no hay ilusión ni realización, ni *buddhas* ni seres comunes, no hay vida ni muerte. La verdad del Buddha originalmente transciende la abundancia y la escasez y, por tanto, hay vida y muerte, hay ilusión y realización, hay seres y *buddhas*. Y pese a ser así, se marchitan las flores aunque las amemos, y las malas hierbas crecen aunque se detesten.

[84] Conducirnos a nosotros mismos a practicar y experimentar la miríada de *dharmas* es una ilusión. Cuando la miríada de *dharmas* activamente nos practica y experimenta a nosotros mismos, ese es el estado de realización. Aquellos que enormemente realizan la ilusión,[1] son *buddhas*. Aquellos que están enormemente engañados sobre la realización son seres ordinarios. Hay gente que logra realizarse aún más basándose en la realización. Hay gente que en medio de la ilusión aumenta su ilusión. Cuando los *buddhas* son realmente *buddhas*, no necesitan reconocerse a sí mismos como *buddhas*. Sin embargo, son *buddhas* en el estado de la experiencia y continúan experimentando el estado de *buddha*.

[85] Cuando usamos todo el cuerpo-y-mente para mirar las formas, y cuando usamos todo el cuerpo-y-mente para escuchar los sonidos, incluso aunque los sentimos directamente, no es como el reflejo[2] de una imagen en el espejo, ni como el agua y la luna. Mientras experimentamos un lado, estamos ciegos para el otro.

[86] Aprender la verdad del Buddha es aprendernos a nosotros mismos. Aprendernos a nosotros mismos es olvidarnos de nosotros mismos. Olvidarnos de nosotros mismos es ser experimentados por la miríada de *dharmas*. Ser experimentados por la miríada de *dharmas* es dejar caer nuestro propio cuerpo-y-mente y el cuerpo-y-mente del mundo exterior. Hay un estado en el que las huellas de la realización se olvidan, y se manifiestan las huellas de la realización olvidada por mucho, mucho tiempo.

[87] Cuando la gente busca por primera vez el Dharma, estamos muy lejos de los límites del Dharma. [Pero] tan pronto como el Dharma se nos transmite auténticamente, somos un ser humano en [nuestro] estado original. Cuando un hombre navega en una barca y dirige sus ojos a la orilla, malinterpreta que la orilla se está moviendo. Si mantiene sus ojos fijos en la barca, sabe que es el barco el que se mueve hacia delante. Igualmente, cuando tratamos de comprender la miríada de *dharmas* basándonos en suposiciones equivocadas sobre el cuerpo y la mente, malinterpretamos que nuestra propia mente o nuestra propia esencia pueden ser permanentes. Si nos familiarizamos con la acción y regresamos a este sitio concreto, la verdad de que las miríadas de *dharmas* no son el sí mismo se hace evidente. La leña se hace cenizas; nunca puede volver a ser leña. Sin embargo, no deberíamos tener la visión de que la ceniza es el futuro y la leña el pasado. Recuerda, la leña tiene el lugar de la leña en el Dharma. Tiene un pasado y tiene un futuro. Aunque tiene un pasado y un futuro, el pasado y el futuro están separados. Las cenizas existen en el lugar de las cenizas en el Dharma. Tienen un pasado y un futuro. La leña, después de hacerse cenizas, no vuelve a ser leña. Igualmente, los seres humanos, después de morir, no vuelven a vivir. Al mismo tiempo, hay establecida en el Dharma del Buddha la costumbre de no decir que la vida lleva a la muerte. Por esto es por lo que hablamos de «no aparecer». Y es la enseñanza del Buddha, establecida en [el giro de] la rueda del Dharma, que la muerte no lleva a la vida. Por esto es por lo que hablamos de «no desaparecer».[3] La vida es una situación momentánea, y la muerte es también una situación momentánea. Es lo mismo, por ejemplo, con el invierno y la primavera. No pensamos que el invierno se convierte en primavera, y no decimos que la primavera se convierte en verano.

[89] La persona que se realiza es como la luna reflejándose en el agua:[4] la luna no se moja, y el agua no se rompe. Aunque la luz [de la luna] sea extensa e intensa, se refleja en un metro o centímetro de agua. Toda la luna y todo el cielo se reflejan en el rocío de una brizna de hierba y se reflejan en una sola gota de agua. La realización no destruye al individuo, justamente igual que la luna no penetra en el agua. El individuo no dificulta el estado de realización, justamente igual que el rocío no dificulta al cielo y la luna. La profundidad [de la realización] puede ser como la altura concreta [de la luna]. La extensión y brevedad de su instante debería investigarse en grandes [cantidades de] agua y pequeñas [cantidades de] agua, y observarse en la amplitud y la estrechez del cielo y la luna.[5]

[90] Cuando el Dharma no ha satisfecho todavía el cuerpo-y-mente, ya nos sentimos repletos por el Dharma. Cuando el Dharma llena el cuerpo-y-mente, sentimos que carecemos de una parte. Por ejemplo, navegando en el océano, más allá de las montañas, cuando miramos alrededor en las cuatro direcciones, [el océano] parece solamente redondo; no parece de ningún modo tener otra forma. Sin embargo, este gran océano no es redondo ni es cuadrado. Parece haber inagotablemente otras muchas cualidades del océano: [para los peces] es como un palacio y [para los dioses] como un collar de perlas.[6] Pero tan lejos como tus ojos pueden ver, parece redondo. Tal y como es para [el océano], así es para la miríada de *dharmas*. En el polvo y fuera del marco[7] [la miríada de *dharmas*] abarcan numerosas situaciones, pero vemos y comprendemos solo tan lejos como alcanzan nuestros ojos de aprender en la práctica. Si quisiéramos escuchar cómo son la miríada de *dharmas*[8] de manera natural, deberíamos recordar que, a pesar de su apariencia cuadrangular o redonda, las cualidades de los océanos y las cualidades de las montañas son numerosas e interminables, y que hay mundos en las cuatro direcciones. No solo el exterior es así: recuerda, el presente inmediato y una simple gota [de agua] son también así.

[91] Cuando el pez se mueve en el agua, por mucho que se mueva, el agua es ilimitada. Cuando los pájaros vuelan por el cielo, por mucho que vuelen, el cielo es ilimitado. Al mismo tiempo, los peces y los pájaros nunca han abandonado el agua o el cielo desde la antigüedad. Simplemente, cuando su actividad es grande, el uso es grande, y cuando la necesidad es pequeña, el uso es pequeño. Actuando en este estado, ninguno deja de realizar sus limitaciones en cada instante, y ninguno deja de dar libremente volteretas en cada lugar, pero si un pájaro abandona el cielo morirá inmediatamente, y si un pez abandona el agua morirá inmediatamente. Así que podemos comprender que el agua es la vida y podemos comprender que el cielo es la vida. Los pájaros son la vida y los peces son la vida. Puede ser que la vida sean los pájaros y que la vida sean los peces. Y más allá de esto, puede haber todavía más conclusiones. La existencia de [su] práctica-y-experiencia y la existencia de su vida y manera de vivir son de este modo. Siendo esto así, un pájaro o un pez que quisieran moverse en el agua o en el cielo [solo] después de llegar al fondo del agua o completamente habiendo penetrado en el cielo, nunca podrían encontrar su camino o su lugar en el agua o el cielo. Cuando encontramos este lugar, esta acción se realiza inevitablemente como el universo. Cuando encontramos esta vía, esta acción es inevitablemente el universo realizado [en sí mismo].[9] Esta vía y este lugar no son ni grandes ni pequeños, no son ni subjetivos ni objetivos, ni han existido desde el pasado ni aparecen en el presente, y por tanto están en el momento presente tal y como es. Cuando un ser humano practica y experimenta la verdad del Buddha en este estado, realizar un *dharma* es penetrar un *dharma*, y encontrarse con una acción es ejecutar esa acción. En este estado el lugar existe y la vía se realiza, y por eso la zona que debe conocerse no destaca. La razón por la que esto es así es que este conocimiento y la realización perfecta del Dharma del Buddha aparecen y se experimentan juntos. No asumas que lo que se realiza inevitablemente se volverá autoconsciente y reconocido por el intelecto. La experiencia del último estado se realiza inmediatamente. Al mismo tiempo, su misteriosa existencia no es necesariamente una realización manifiesta.[10] La realización es el estado de la ambigüedad en sí.[11]

[94] El Maestro Zen Hotetsu[12] de Mayokuzan utiliza un abanico. Un monje se acerca y pregunta: «La naturaleza del aire es estar siempre presente, y no hay lugar que [el aire] no pueda alcanzar. ¿Entonces por qué el maestro utiliza un abanico?».

El maestro dice: «Tan solo has comprendido que la naturaleza del aire es estar siempre presente, pero todavía no conoces la verdad[13] de que no hay lugar alguno que [el aire] no pueda alcanzar».

El monje dice: «¿Cuál es la verdad de que no haya lugar que [el aire] no pueda alcanzar?».

En esto el maestro simplemente [prosigue] utilizando el abanico. El monje hace postraciones.[14]

La experiencia verdadera del Dharma del Buddha, el camino vigoroso de la auténtica transmisión, es así. Alguien que dice que porque [el aire] está siempre presente no necesitamos usar un abanico, o que incluso cuando no usamos [el abanico] podemos sentir el aire, no conoce lo que está siempre presente, y no conoce la naturaleza del aire. Debido a que la naturaleza del aire es estar siempre presente, la conducta de los budistas[15] ha hecho que la Tierra se manifieste como oro y ha hecho madurar el Río Largo[16] en cuajada y suero de leche.[17]

SHOBOGENZO GENJO-KOAN

Esto fue escrito a mediados de otoño[18] en el primer año de Tenpuku,[19] y presentado al discípulo laico Yo Koshu de Chinzei.[20]
Editado en [el cuarto] año de Kencho.[21]

NOTAS

1. «Daigo», «gran realización», es el título del capítulo 26 (volumen 2). Aquí se usa como verbo, *daigo suru* («enormemente realizan»).
2. *Yadosu* literalmente significa «hospedar».
3. «No aparecer» es *fusho*. «No desaparecer» es *fumetsu*. Las palabras *fusho-fumetsu* (que se muestran, por ejemplo, en el Sutra del Corazón, citado en el capítulo 2, «Maka-hannya-haramitsu») expresan la instantaneidad del universo.
4. A lo largo de todo este párrafo, «reflejarse en» es originalmente *yadoru*, literalmente «morar en».
5. Deberíamos investigar la realización como hechos concretos.
6. Esta frase alude a una enseñanza budista tradicional que asegura que diferentes sujetos ven el mismo océano de maneras distintas: para un pez es un palacio; para los dioses, un collar de perlas; para los humanos, agua, y para los demonios, sangre o pus. *Yoraku*, «collar de perlas», representa la palabra sánscrita *muktāhāra*, nombre de un collar de perlas o de joyas llevado por la realeza y la nobleza en la antigua India.
7. *Jinchu-kakuge*, «dentro polvo, fuera el marco», quiere decir el mundo secular y el mundo de la experiencia en el estado budista.
8. *Banpo no kafu* quiere decir literalmente «las costumbres comunes de la miríada de *dharmas*». *Ka* significa «casa», «hogar» o «familia», y *fu*, «viento», «aire», «estilo», «comportamiento» o «costumbre».
9. *Genjo-koan* se usa primero como verbo, *genjo-koan su*, y segundo como sustantivo, *genjo-koan*.
10. «Realización manifiesta» y «realización» (en la siguiente frase) son originalmente los mismos caracteres: *genjo*.
11. «El estado de la ambigüedad» es *kahitsu*. Una frase china que comenzase con estos caracteres haría la pregunta: «¿Por qué necesariamente debería ser que...?» o: «¿Cómo puede determinarse de manera concluyente que...?».
12. Un sucesor del Maestro Baso Doitsu.
13. *Dori* significa «verdad», «principio» o «hecho». El monje estaba interesado en la teoría filosófica, pero el maestro le recomendó observar los hechos concretos.
14. *Shinji-shobogenzo*, parte 2, nº 23. De acuerdo con el *Shinji-shobogenzo*, después de las postraciones del monje, el maestro dice: «¡Inútil maestro de monjes! Si tuvieras mil estudiantes ¿qué beneficio habría allí?».
15. *Fu*. Los dos significados de *fu* son relevantes en esta sección. El primero es «viento» o «aire», como en la historia. El segundo es «costumbres», «maneras», «comportamientos» o «conductas», como en esta frase. Véase también la nota 8.
16. *Choga*, literalmente «Río Largo», es el nombre chino de la galaxia de la Vía Láctea.
17. El Maestro Goso Hoen dijo en su enseñanza formal: «Transformar la Tierra en oro y batir hasta convertir el Río Largo en suero de leche». *Soraku* o «cuajada y suero de leche» era algún tipo de alimento lácteo, como el yogur o el queso.

18. En el calendario lunar, el otoño es el séptimo, octavo y noveno mes lunar. Como el cielo de otoño normalmente está muy despejado, es un buen momento para ver la luna. Varios capítulos del *Shobogenzo* se escribieron alrededor del equinoccio de otoño en el décimo quinto día del octavo mes lunar.
19. Es decir, 1233.
20. Corresponde al Kyushu de hoy en día.
21. Esto es, 1252.

Capítulo 4

Ikka-no-myoju

La perla luminosa

Comentario: *ikka* significa «uno»; *myo*, «luminoso» o «claro», y *ju*, «perla». De modo que *ikka-no-myoju* se traduce como «una perla luminosa». En este capítulo el Maestro Dogen escribió sobre aquellas palabras que tanto le gustaban del Maestro Gensha Shibi, las cuales decían que el universo al completo, en todas las direcciones, es tan espléndido como una perla luminosa.

****

[97] En [este] mundo *sahā*,[1] en el gran reino de Song, en la provincia de Fuzhou, en Genshazan, [vivía] el Gran Maestro Shuitsu, cuyo nombre del Dharma [de monje] era Shibi y cuyo apellido secular era Sha.[2] Mientras todavía era un hombre laico, le encantaba pescar y navegar por el río Nantai en su barca siguiendo a otros pescadores. Pudiera ser que no estuviera esperando ni siquiera al pez de escamas doradas que mora en el fondo sin ser pescado.[3] Al comienzo de la era Kantsu[4] de la dinastía Tang, desea repentinamente dejar la sociedad secular; abandona su barca y se adentra en las montañas. Ya tiene treinta años, [pero] se ha dado cuenta de la precariedad del mundo superficial y la nobleza de la Vía del Buddha. Finalmente sube el Seppozan, entra en la orden del Gran Maestro Shinkaku[5] y busca la verdad[6] día y noche. Un día, para explorar extensamente los distritos colindantes, deja la montaña llevando una bolsa [de viaje]. Pero, en el momento de hacerlo, se golpea el dedo de un pie con una piedra. De repente, dolorido y sangrando, [el Maestro Gensha] seriamente reflexiona de la siguiente manera: «[Dicen que] este cuerpo no es la existencia real. ¿De dónde viene el dolor?». Acto seguido regresa a Seppo. Seppo le pregunta: «¿Que es eso, Bi del *dhūta*?».[7] Gensha dice: «Al final, no puedo ser engañado por otros».[8] Seppo, gustándole mucho esas palabras, dice: «¿Hay alguien que no tenga estas palabras [dentro de él]? [Y, sin embargo,] ¿hay alguien que pueda decir estas palabras?». Seppo vuelve a preguntar: «Bi del *dhūta* ¿por qué no vas a explorar?».[9] El Maestro [Gensha] dice: «Bodhidharma no llegó a las Tierras del Este, el Segundo Patriarca no fue a los Cielos del Oeste».[10] Seppo elogió mucho esto. En su vida común de pescador, [el Maestro Gensha] nunca había visto sutras o textos ni en sueños. Sin embargo, siendo lo primero la profundidad de la voluntad, su determinación fuera de lo común hizo aparecer esta sabiduría. Seppo mismo consideraba [a Gensha] fuera de lo común entre la *sangha*: elogiaba mucho [a Gensha] como miembro preeminente de la orden. [Gensha] utilizaba materiales vegetales para su único manto, el cual nunca cambió pero arregló cientos de veces. Junto a su piel vestía telas de papel o moxa.[11] Aparte de servir en la orden de Seppo, nunca visitó otro [buen] consejero. Sin embargo, definitivamente realizó el poder de realizar el Dharma del maestro. Finalmente, después de realizar la verdad, enseñó con palabras a la gente que todo el universo en las diez direcciones es una perla luminosa. Un día un monje le pregunta: «He escuchado de las palabras del maestro de que todo el universo en las diez direcciones es una perla luminosa. ¿Cómo debería el estudiante comprender [esto]?». El maestro dice: «Todo el universo en las diez direcciones es una perla luminosa. ¿Para qué sirve la comprensión?». Al día siguiente el maestro le pregunta de nuevo al monje: «Todo el universo en las diez direcciones es una perla luminosa. ¿Cómo se comprende [esto]?». El monje dice: «Todo el universo en las diez direcciones es una perla luminosa. ¿Para qué sirve la comprensión?».

El maestro dice: «Veo que luchas por adentrarte en la cueva del demonio en una montaña negra».[12]

[101] La expresión presente «todo el universo en las diez direcciones es una perla luminosa» proviene de Gensha. El asunto es que todo el universo en las diez direcciones no es ni vasto o grandioso, ni escaso o pequeño, ni cuadrado ni redondo, ni está centrado o recto, ni se halla en un estado de actividad vigorosa, ni es revelado en perfecta claridad. Debido a que está completamente más allá de vivir-y-morir, ir-y-venir,[13] es vivir-y-morir, ir-y-venir. Y puesto que así es, el pasado se ha ido de este lugar y el presente viene de este lugar. Cuando buscamos lo fundamental, ¿quién puede verlo como momentos completamente separados? Y ¿quién puede sostenerlo para examinarlo como un estado de quietud total? «Todo lo de las diez direcciones» describe el [proceso] incesante de buscar las cosas para convertirlas en el sí mismo y buscar el sí mismo para convertirlo en alguna cosa. El surgir de la emoción y las distinciones del intelecto que describimos como separación son en sí mismos [tan reales como] girar la cabeza y cambiar de rostro, o desarrollar cosas y arrojarse [uno mismo] al instante. Puesto que buscamos el sí mismo para convertirlo en algo, todas las diez direcciones están en el estado incesante. Y debido a que [todo lo de las diez direcciones] es un hecho antes del instante, a veces se desborda más allá de [nuestra] capacidad de control que es el núcleo del instante[14]. La «perla» no es todavía conocida, pero es una expresión de la verdad. Será célebremente reconocida. La «perla» atraviesa directamente diez mil años: el pasado eterno no ha acabado, pero el presente eterno ha llegado. El cuerpo existe ahora, y la mente existe ahora. Aun así, [todo el universo] es una perla luminosa. No es la hierba y los árboles aquí y allá. No es las montañas y los ríos en todos los puntos cardinales: es una perla luminosa. «¿Cómo debería el estudiante comprenderlo?» Incluso aunque parezca que el monje está jugando con su intelecto condicionado,[15] en el hablar de estas palabras está la clara manifestación de la gran actividad, que es justamente la gran norma en sí misma. Concluyendo más, deberíamos hacer evidente, de una manera destacada, que treinta centímetros de agua son una onda-de-treinta-centímetros; en otras palabras, un metro de la perla es un metro de luminosidad. Para darle voz a esta expresión de la verdad, Gensha dice: «Todo el universo en las diez direcciones es una perla luminosa. ¿Para qué sirve la comprensión?». Esta expresión es la expresión de la verdad por la cual un *buddha* sucede a un *buddha*, un patriarca sucede a un patriarca y Gensha sucede a Gensha. Si él quiere evitar esta sucesión –si bien no es cierto que no exista la posibilidad de hacerlo– justo cuando trate ardientemente de evitarlo, [el instante] en el que habla y vive es el instante total que se manifiesta visiblemente ante él. Gensha pregunta al monje al día siguiente: «Todo el universo en las diez direcciones es una perla luminosa. ¿Cómo se comprende [esto]?». Esto muestra que ayer [el Maestro Gensha] estaba proclamando la regla establecida, pero las explicaciones de hoy se apoyan en la segunda fase: hoy proclama una excepción a la regla establecida. Habiendo dejado a un lado el ayer, cabecea y se ríe. El monje dice: «Todo el universo en las diez direcciones es una perla luminosa. ¿Para qué sirve la comprensión?». Podríamos decirle: «Estás montando el caballo de tu adversario para perseguir a tu adversario. Cuando el *buddha* eterno te enseña, va entre distintas clases de seres[16]». Deberíamos hacer [retroceder] la luz y reflejar[17] por un tiempo: ¿cuántos casos de «para qué sirve la comprensión» hay aquí? Podemos decir tentativamente que mientras enseñar y practicar son siete pasteles de leche y cinco pasteles vegetales, también son «el sur del [río] Sho» y «el norte del [río] Tan».[18]

[105] Gensha dice: «Veo que luchas por adentrarte en la cueva del demonio en una montaña negra». Recuerda, la cara del sol y la cara de la luna nunca han ocupado el lugar del otro desde el pasado eterno. La cara del sol aparece junto a la cara del sol y la cara de la luna aparece junto a la cara de la luna. Por esta razón [el Maestro Yakusan Igen dijo]: «Incluso si yo dijera que la sexta luna[19] es una buena época del año, no debería decir que mi apellido es Caliente».[20] Por tanto, esta posesión de la realidad y ausencia de comienzo de la perla luminosa es ilimitada, y todo el universo en las diez direcciones es una perla luminosa. Sin que se trate como dos o tres perlas, el cuerpo entero[21] es un verdadero ojo del Dharma, el cuerpo entero es la sustancia verdadera, el cuerpo entero es una frase, el cuerpo entero es la luminosidad y el cuerpo entero es el cuerpo entero en sí. Cuando es el cuerpo entero, está libre de obstáculos del cuerpo entero, es la perfecta redondez[22] y redondamente rueda.[23] Ya que la virtud de la perla luminosa existe así en la realización, hay Avalokiteśvaras[24] y Maitreyas[25] en el presente, viendo visiones y escuchando sonidos, y hay viejos *buddhas* y nuevos *buddhas* manifestando sus cuerpos y proclamando el Dharma.[26] Solo en el momento presente, tanto si está suspendida en el vacío como colgando dentro de una prenda,[27] tanto si aguarda debajo de la barbilla [de un dragón][28] como en un moño,[29] [la perla luminosa] en todos los casos es una perla luminosa a lo largo de todo el universo en las diez direcciones. Estar colgada dentro de una prenda es su situación, de manera que no digas que estará colgando en la parte exterior. Estar dentro de un moño o debajo de la barbilla es su situación, de manera que no esperes jugar con ella en la parte exterior del moño o en la parte exterior de la barbilla. Cuando estamos ebrios, hay amigos cercanos[30] que nos dan una perla, y siempre deberíamos dar una perla a un amigo cercano. Cuando la perla se desprende de nosotros, estamos siempre ebrios. Eso que «ya es así»[31] es la perla luminosa que es el universo en las diez direcciones. De manera que, aunque parezca cambiar continuamente, la apariencia exterior de su cambio y no cambio, es simplemente la perla luminosa. El simple reconocimiento de que la perla ha estado existiendo así es justo la perla luminosa. La perla luminosa tiene sonidos y formas que pueden ser así escuchados. Ya «teniendo el estado así»,[32] aquellos que supongan que «no pueden ser la perla luminosa» no deberían dudar que son la perla. Los estados de conjeturar y dudar artificiales y no artificiales, aferrar y rechazar, son justamente la estrecha visión. No tratan nada más que de hacer que [la perla luminosa] se ajuste al estrecho intelecto. ¿Cómo podría no gustarnos la perla luminosa? Su luz y sus colores, tal y como son, son interminables. Cada color y cada rayo de luz en cada momento y en cada situación es la virtud de todo el universo en las diez direcciones: ¿quién querría saquearlo?[33] Nadie arrojaría una teja a un mercado. No te preocupes sobre caer o no caer[34] en los seis estados de causa y efecto.[35] Ellos son el estado original de estar bien de la cabeza a los pies, el cual nunca es confuso, y la perla luminosa es sus rasgos y sus ojos. Sin embargo, ni tú ni yo sabemos qué es la perla luminosa o qué no es la perla luminosa. Cientos de pensamientos y cientos de negaciones de pensamientos se han combinado para formar una idea muy clara.[36] Al mismo tiempo, por la virtud de las palabras del Dharma de Gensha, hemos escuchado, reconocido y clarificado la situación de un cuerpo-y-mente que ya se ha convertido en la perla luminosa. A partir de ahí, la mente no es personal; ¿por qué deberíamos apegadamente preocuparnos de si es o no es una perla luminosa, como si lo que surgiera y pasase fuera alguna persona?[37] Incluso hacer conjeturas y preocuparse no son diferentes de la perla luminosa. Ninguna acción ni ningún pensamiento han sido jamás causados por nada más que la perla luminosa. Por tanto, los pasos adelante y atrás en la cueva de la montaña negra de un demonio son exactamente la perla luminosa en sí misma.

Shobogenzo Ikka-no-myoju

Proclamado a la asamblea en Kannondo-rikoshohorinji en el distrito Uji de Yoshu[38] *en el décimo octavo día del cuarto mes lunar en el cuarto año de Katei.*[39]
Copiado en los aposentos del prior de Kippoji en el condado de Shibi, en el distrito Yoshida de Esshu,[40] *en el vigésimo tercer día del séptimo mes lunar bisiesto en el primer año de Kangen,*[41] *el* bhikṣu *encargado Ejo.*

NOTAS

1. *Shaba-sekai. Shaba* representa la palabra sánscrita *sahālokadhātu,* que quiere decir el mundo de los seres humanos.
2. El Maestro Gensha Shibi (835-907), sucesor del Maestro Seppo Gison. Cuando los monjes morían, no se referían a ellos por el nombre que usaban en vida. «Gran Maestro Shuitsu» es el título póstumo del Maestro Gensha. Shibi es su *hoki* o «[nombre del] Dharma a evitar». Véase también el capítulo 16, «Shisho», nota 33.
3. Incluso cuando era un hombre laico, el Maestro Gensha tenía una vida relajada y tranquila, sin preocupaciones por los resultados de sus esfuerzos.
4. Del año 860 al 873.
5. El Maestro Seppo Gison (822-907), sucesor del Maestro Tokusan Senkan. Gran Maestro Shinkaku es su nombre póstumo.
6. *Bendo* expresa la práctica de zazen.
7. Bizuda. *Bi* proviene del nombre Shibi y *Zuda,* de la palabra sánscrita *dhūta,* que significa práctica ascética. El Maestro Gensha era conocido por su práctica intensa, de manera que se le adjudicó el apodo de Bizuda. Los doce *dhūta* están enumerados en el capítulo 30 (volumen 2), «Gyoji». Véase también SL 2.310.
8. La expresión es irónica. El Maestro Gensha hace parecer como si le gustara poder aprender de otros, algo imposible pues no puede estar satisfecho con un conocimiento de segunda mano, sino únicamente experimentando las cosas por sí mismo.
9. «Hensan», o «exploración exhaustiva», es el título del capítulo 62 (volumen 3). Aquí se usa como verbo, *hensan suru.*
10. El Maestro Bodhidharma llegó de hecho a las Tierras del Este (China), pero «el Maestro Bodhidharma no llegó a las Tierras del Este» sugiere que fue a China de manera natural, sin intenciones personales. El Segundo Patriarca, el Maestro Taiso Eka, no fue a los Cielos del Oeste (India), de modo que «el Segundo Patriarca no fue a los Cielos del Oeste» sugiere de manera similar que para él era natural no ir.
11. Gruesa fibra vegetal.
12. *Shinji-shobogenzo,* parte 1, nº 15.
13. *Shoji-korai,* o «vivir-y-morir, ir-y-venir», es una expresión de la vida diaria que aparece frecuentemente en el *Shobogenzo.*
14. *Kiyo no kantoku. Kiyo* significa la parte central de un mecanismo. Al mismo tiempo, *ki* sugiere el instante presente. *Kantoku* quiere decir «ser capaz de controlar».
15. *Gosshiki* o «conciencia kármica». Este término se discute en el capítulo 22 (volumen 2), «Bussho».
16. *Irui-chu-gyo,* «ir entre distintas clases de seres» (en los cinco o seis destinos), es una expresión común del *Shobogenzo.* En este caso sugiere la total diferencia entre la comprensión verdadera del Maestro Gensha y la comprensión intelectual del monje.

17. *E-ko-hen-sho* describe el estado en zazen. La expresión aparece en el *Fukanzazengi* (Apéndice II).
18. El río Sho está al norte del río Tan, y el río Tan está al sur del río Sho. En China, la zona entre los dos ríos se usaba como símbolo de algo que puede expresarse de dos maneras. En esta frase, los pasteles simbolizan lo concreto, y «el sur del río Sho» y «el norte del río Tan» representan la visión subjetiva. En el budismo, enseñanza y práctica, reconocer los hechos concretos y comprender la teoría, son ambos importantes.
19. *Rokugatsu*, o «el sexto mes lunar», era una época molesta en el sur de China debido al calor.
20. Los monjes budistas habitualmente evitarían dar su apellido y contestarían, en su lugar, «es una buena época del año».
21. *Zenshin,* «el cuerpo entero», a veces quiere sugerir el universo como el cuerpo entero del Buddha. Véase el capítulo 71 (volumen 3), «Nyorai-zenshin».
22. «La perfecta redondez» es *en-da-da-chi,* literalmente «círculo diagonal-diagonal estado». *En* se traduce como «circular» o «perfecto». *Da,* repetido para enfatizar, quiere decir «diagonal» y al mismo tiempo sugiere la ausencia de esquinas, es decir, la redondez. *Chi* significa «estado».
23. *Ten-roku-roku. Ten* significa «girar» o «rodar». *Roku-roku* es una onomatopeya para un objeto redondo que está rodando.
24. El Bodhisattva Avalokiteśvara es el tema del capítulo 33 (volumen 2), «Kannon». Véase también el Sutra del Loto, capítulo 25, «*Kanzeon-bosatsu-fumon*».
25. Se espera que el Bodhisattva Maitreya nazca dentro de cinco mil seiscientos setenta millones de años, para salvar a todos los seres vivos que no fueron salvados por el Buddha. Véase, por ejemplo, SL 1.62. En esta frase los *bodhisattvas* Avalokiteśvara y Maitreya simbolizan los practicantes budistas de hoy.
26. Alude a la descripción de Avalokiteśvara («Escuchador de los Sonidos del Mundo») en el Sutra del Loto. Véase SL 3.252.
27. Véase SL 2.114.
28. Los dragones negros guardan una perla debajo de sus barbillas. La perla de un dragón negro es un símbolo de la verdad.
29. Véase SL 2.276.
30. Véase SL 2.114.
31. *Kize-inmo.* Al comienzo del capítulo 29 (volumen 2), «Inmo», el Maestro Ungo Doyo comenta *kize-inmo-nin,* o «una persona en el estado de ya ser así».
32. *Toku-inmo.* Estos caracteres también aparecen en el capítulo 29 (volumen 2), «Inmo».
33. El Maestro Gensha dijo: «Está prohibido para todo el mundo saquear un mercado». Véase *Shinji-shobogenzo,* parte 1, nº 38.
34. *Furaku,* «no caer», y *fumai,* «no estar confuso», representan las visiones contrarias a causa y efecto. Véase, por ejemplo, el capítulo 76 (volumen 4), «Daishugio».
35. *Rokudo no ingra* son los seis estados a través de los cuales pasamos de acuerdo con la ley de causa y efecto: el estado de los seres del infierno, el estado de los

fantasmas hambrientos, el estado de los animales, el estado de los demonios furiosos, el estado de los seres humanos y el estado de los dioses.

36. *Mei-mei no soryo*. *Soryo* significa «idea» o «pensamiento». En esta frase, el Maestro Dogen sustituyó *so*, «malas hierbas» (simbolizando lo concreto), por *so*, «idea», para aludir al dicho popular *mei-mei-taru hyaku-so-to*: «claros-claros son los cientos de malas hierbas». Véase el capítulo 22 (volumen 2), «Bussho».
37. La palabra original para «alguna persona» es *tare*, que significa «¿quién?».
38. Corresponde a la prefectura de Kioto de hoy en día.
39. Es decir, 1238.
40. Corresponde a la prefectura de Fukui de hoy en día.
41. Esto es, 1243.

Capítulo 5

Ju-undo-shiki

Reglas para la Sala de la Nube Densa

Comentario: *ju-undo*, o «Sala de la Nube Densa», era el nombre de la sala de zazen de Kannondorikoshohorinji. *Shiki* significa «reglas». De modo que *ju-undo-shiki* quiere decir «reglas para la Sala de la Nube Densa». Kannondorikoshohorinji, situado en Uji, en la prefectura de Kioto, fue el primer templo establecido por el Maestro Dogen en 1233 (poco después de regresar de China), y *ju-undo*, la primera sala de zazen construida en Japón, para la cual escribió estas reglas y las hizo públicas. Aunque en la edición de setenta y cinco capítulos este no estuviera, su inclusión es muy útil para comprender el *Shobogenzo*, puesto que lo aquí escrito representa de manera concreta la actitud sincera del Maestro Dogen en relación con la búsqueda de la verdad.

****

[111] La gente que tiene la voluntad para la verdad y desecha la fama y el provecho puede entrar. No deberíamos admitir arbitrariamente a aquellos que podrían ser deshonestos. Si alguien fuera admitido por error, deberíamos, después de considerarlo, hacer que se vaya. Recuerda, cuando la voluntad para la búsqueda de la verdad ha emergido en secreto, la fama y el provecho se evaporan inmediatamente. Generalmente, en [todo] el gran mundo de los mil mundos,[1] hay muy pocos ejemplos de la transmisión correcta y tradicional. En nuestro país, esta se verá como la fuente original. Sintiendo compasión por tiempos venideros, deberíamos valorar el presente.

[112] Los miembros de la sala deberían armonizarse como la leche y el agua, y deberían promover incondicionalmente entre ellos la práctica de la verdad. Por ahora estamos [como] invitados y anfitriones,[2] pero en el futuro seremos para siempre patriarcas budistas. De manera que ahora que cada uno de nosotros se encuentra con lo que es difícil encontrar y la práctica es lo difícil de realizar, no deberíamos perder nuestra sinceridad. Esta [sinceridad] se llama «el cuerpo-y-mente de los patriarcas budistas». Inevitablemente ella se convierte en *buddha* y en un patriarca. Ya hemos dejado a nuestras familias y nuestras ciudades natales, confiamos en las nubes y confiamos en las aguas.[3] La benevolencia de [los miembros de] esta *sangha*, promoviendo la salud [de cada uno] y la práctica [de cada uno], sobrepasa incluso a la de un padre y una madre. Un padre y una madre solo son padres por el corto periodo entre la vida y la muerte, pero [los miembros de] esta *sangha* serán amigos en la verdad del Buddha para siempre.

[113] No deberíamos aficionarnos a salir por ahí. Si es absolutamente necesario, se puede permitir una vez al mes. La gente antigua vivía en las montañas lejanas o practicaba en bosques remotos. No solo tenían poco trato humano, sino que descartaban completamente una miríada de distracciones. Deberíamos aprender el estado de su mente envolviendo su luz y siguiendo sus huellas. Ahora es justo el momento de [practicar como si] apagáramos un fuego en nuestra cabeza. ¿Cómo podríamos no arrepentirnos de dedicar este tiempo ociosamente a distracciones comunes? ¿Cómo podríamos no arrepentirnos de esto? Es difícil confiar en aquello de lo que no hay constancia, y nunca sabemos dónde, sobre la hierba del camino, caerá nuestra vida de gota de rocío. [Perder este tiempo] sería realmente lamentable.

[114] Mientras estemos en la sala, no deberíamos leer siquiera las palabras de los textos zen. En la sala deberíamos realizar los principios y buscar el estado de la verdad. Cuando estemos ante una ventana luminosa,[4] podremos iluminar la mente con las enseñanzas de los antiguos. No pierdas un momento. Con determinación, esfuérzate.[5]

[115] Debería ser una regla general el informar al líder de la sala[6] a dónde vamos, tanto si es de día como de noche. No deambules a voluntad. Esto podría infringir la disciplina de la *sangha*. Nunca sabemos cuándo acabará esta vida. Si la vida se acabara durante una excursión ociosa, ciertamente sería algo de lo que nos arrepentiríamos después.

[115] No deberíamos golpear a otra gente por sus errores. No deberíamos mirar los errores de otra gente con odio. En palabras de un antiguo,[7] «cuando no vemos las equivocaciones de los otros o nuestros propios aciertos, somos respetados de manera natural por los veteranos y admirados por los principiantes». Al mismo tiempo, no deberíamos imitar los errores de otros. Deberíamos practicar nuestra propia virtud. El Buddha previno la acción incorrecta, pero no con odio.

[116] Cualquier tarea, sea grande o pequeña, deberíamos hacerla solo después de haber informado al líder de la sala. La gente que hiciera cosas sin informar al líder de la sala debería ser expulsada de la sala. Cuando las formalidades entre los miembros y líderes se interrumpen, es difícil distinguir lo correcto de lo incorrecto.

[116] Dentro y alrededor de la sala no deberíamos alzar la voz o juntarnos para conversar. El líder de la sala debería detener esto.

[117] En la sala no deberíamos practicar el paseo ceremonial.[8]

[117] En la sala no deberíamos sostener abalorios para contar.[9] Y no deberíamos ir y venir con las manos colgando.[10]

[118] En la sala no deberíamos hacer cantos ni leer sutras. Si un donante[11] solicita la lectura de sutras para toda la orden, entonces es admisible.

[118] En la sala no deberíamos sonarnos la nariz muy fuerte, o escupir y rasgar cosas de manera ruidosa. Deberíamos arrepentirnos del hecho de que nuestro comportamiento moral aún sea [muy] imperfecto, y debería darnos rabia el hecho de que el tiempo se escape, robándonos la vida en la que practicar la verdad. Podría ser natural para nosotros tener mentes como la de un pez en un riachuelo.

[119] Los miembros de la sala no deberían llevar brocados. Deberíamos vestir [telas] de papel, algodón o similares. Desde los tiempos antiguos, toda la gente que clarificó la verdad ha sido así.

[119] No vayas ebrio a la sala. Si alguien en un descuido [entrase] por error, debería hacer postraciones y confesarse. Tampoco el alcohol debería llevarse [a la sala]. No vayas a la sala ni sofocado ni ebrio.[12]

[120] Si dos personas discutieran, ambas deberían ser enviadas a sus aposentos, porque no solo dificultan su propia práctica de la verdad sino que también dificultan la de los otros. Aquellos que ven llegar la disputa y no la previenen cometen una falta igualmente.

[120] Cualquiera que fuera indiferente a las instrucciones para [la vida] de la sala debería ser expulsado por el consenso común de todos los miembros. Aquel cuya mente está en simpatía con la transgresión, está [también] cometiendo una falta.

[121] No molestes a los otros miembros invitando huéspedes a la sala, tanto si son monjes como laicos. Cuando hables con los invitados cercanos [a la sala], no alces la voz. No presumas deliberadamente sobre tu propia práctica esperando codiciosamente elogios. [Un invitado] que ha tenido durante mucho tiempo la voluntad de participar en la práctica, y que quiere caminar por la sala y hacer postraciones,[13] puede entrar. En este caso también, el líder de la sala debe ser informado.

[121] Zazen debería practicarse como en las salas de los monjes [de China].[14] No seamos nunca ni siquiera un poco vagos en asistir y solicitar [la enseñanza formal e informal], mañana y tarde.

[122] Durante la comida del mediodía y las gachas de la mañana, una persona que dejara caer los accesorios del *pātra*[15] al suelo debería ser penalizada[16] de acuerdo con las normas del monasterio.

[122] En general, deberíamos incondicionalmente acatar las prohibiciones y preceptos de los patriarcas budistas. Los puros criterios de los monasterios deberían ser grabados en nuestros huesos y en nuestras mentes.

[123] Deberíamos rogar que toda nuestra vida fuera tranquila, y que nuestra búsqueda de la verdad permaneciera en el estado sin intención.

[123] Estas pocas reglas [enumeradas] arriba son el cuerpo-y-mente de los *buddhas* eternos. Deberíamos venerarlas y seguirlas.

El décimo quinto día del cuarto mes lunar en el segundo año de Rekinin.[17] *Expuesto por el fundador de Kannondorikoshogokokuji, śramaṇa Dogen.*

NOTAS

1. *Daisenkai* es la abreviatura de *sanzen-daisen-senkai* o, literalmente, «el mundo de los tres mil grandes mundos». Esta expresión, que deriva de la antigua creencia india de que el mundo se compone de muchos grupos de miles de mundos, aparece frecuentemente en el Sutra del Loto. Véase, por ejemplo, SL 2.218-20.
2. *Hinju*. Traducido en el párrafo 116 como «miembros y líderes».
3. En China y Japón a los monjes se los conoce como *unsui*, que significa «nubes y agua».
4. Sugiere un lugar, distinto de la sala de zazen, adecuado para leer.
5. *Sen-itsu ni kufu su*. Estas palabras también aparecen en el *Fukanzazengi*.
6. *Donshu*, «líder de la sala», habría sido el monje principal (no el propio Maestro Dogen).
7. El Maestro Hakuyo Hojun. Véase *Zokudentoroku*, capítulo 29.
8. *Gyodo*, paseo ceremonial, es una manera de realizar ofrendas a la imagen búdica, en la cual el practicante la circunda tres veces, caminando en sentido de las agujas del reloj, dejando esta a su derecha.
9. Algunas personas usan un tipo de rosario, normalmente con ciento ocho cuentas, para contar las recitaciones del nombre del Buddha. El término sánscrito es *akṣa-sūtra*. Véase el Glosario de términos en sánscrito.
10. En otras palabras, deberíamos tener las manos colocadas delante del pecho en *shashu*, con la mano derecha cubriendo el puño izquierdo.
11. «Donante» es originalmente *dāna*, «generosidad», la primera de las seis *pāramitās*. En este caso *dāna* proviene de *dānapati*, la palabra sánscrita para una persona que apoya a una orden budista. La lectura de sutras por petición de un donante se explica detalladamente en el capítulo 21, «Kankin». Véase el Glosario de términos en sánscrito.
12. «Sofocado y ebrio» es originalmente *niragi nokashi te*. Escrito en hiragana, el alfabeto fonético japonés, permite varias interpretaciones. La que aquí se hace es que *niragu* significa «templar el acero» o «enrojecer», y *nokashi te*, «envalentonado» o «ebrio». La interpretación tradicional en Japón es que *nira* quiere decir «goteras»; *gi*, «cebollas», y *no ka shi te*, «oler», de modo que la frase se traduciría como «no entres en la sala oliendo a goteras y cebollas».
13. *Junrei* viene de *jundo-raihai*, o «rodear la sala y hacer postraciones». El método se explica en el capítulo 21, «Kankin».
14. En los grandes templos de China, la sala de zazen se llamaba *sodo* o «sala de los monjes», ya que no solo era donde estos se sentaban, sino también donde comían y dormían.
15. *Pātra* es la palabra sánscrita para el bol budista de la comida. Véase el capítulo 78 (volumen 4), «Hatsu-u».
16. «Penalizado» es *batsu-yu*, literalmente «penalización de aceite». En los templos de China el aceite para las lámparas escaseaba, de manera que es probable que los monjes fueran penalizados pagando aceite de su ración.
17. Es decir, 1239.

Capítulo 6

Soku-shin-ze-butsu

La mente aquí y ahora es *buddha*

Comentario: *soku* significa «aquí y ahora»; *shin*, «mente»; *ze*, «es», y *butsu*, «*buddha*». El principio de *soku-shin-ze-butsu*, o «la mente aquí y ahora es *buddha*», es muy conocido en el budismo, pero mucha gente lo ha interpretado apoyándose en el naturalismo. Este último asegura que si nuestra mente aquí y ahora es *buddha*, nuestra conducta debe ser siempre la correcta y, por tanto, no necesitamos hacer ningún esfuerzo para comprender o realizar el budismo. Sin embargo, esa apreciación es un error grave. Dicho fundamento no debe entenderse desde el punto de vista del intelecto, sino desde el de la práctica. En otras palabras, no quiere decir que debamos creer en algo espiritual llamado «mente», sino que el tiempo «ahora» y el lugar «aquí» son la realidad misma. Este tiempo-y-lugar siempre es absoluto y correcto, y por ello lo llamamos la verdad o «*buddha*». En este capítulo, por tanto, el Maestro Dogen explica el significado de esa célebre frase.

****

[125] Lo que, sin excepción, cada *buddha* y cada patriarca ha mantenido y en lo que se ha basado es simplemente que «la mente aquí y ahora es *buddha*». Muchos estudiantes, en cambio, malinterpretan que en la India no existía «la mente aquí y ahora es *buddha*», sino que fue escuchado por primera vez en China. Como resultado, no reconocen su error como un error, cayendo muchos en el no-budismo. Cuando la gente ignorante oye hablar de «la mente aquí y ahora es *buddha*», interpreta que el intelecto y el sentido de la percepción de los seres comunes, los cuales nunca han establecido la mente del *bodhi*, son justamente *buddha*. Esto viene de no haberse encontrado nunca con un verdadero maestro. La razón por la que digo que se vuelven no-budistas es que había un no-budista en la India, llamado Senika, cuyo punto de vista se expresa de la siguiente manera:

> La gran verdad existe en nuestro propio cuerpo ahora, así que podemos fácilmente reconocer su situación. En otras palabras, [una inteligencia espiritual] distingue entre el dolor y el placer, de manera natural siente el frío y el calor, y reconoce la incomodidad y la irritación. [La inteligencia espiritual] no está restringida por la miríada de cosas ni conectada a las circunstancias: las cosas van y vienen y las circunstancias surgen y pasan, pero la inteligencia espiritual siempre permanece sin cambios. Esta inteligencia espiritual está por todos lados, impregnando todas las almas –comunes y sagradas– sin distinción. En medio de esto, las flores ilusorias del vacío existen durante el tiempo que duran, pero cuando la intuición instantánea ha aparecido y las cosas han desaparecido y las circunstancias han desaparecido, entonces la inteligencia espiritual sola, la esencia original, es claramente reconocible, serena y eterna. Aunque la forma física puede destruirse, la inteligencia espiritual parte intacta, justo como cuando en una casa en llamas el dueño se marcha. Esta presencia espiritual perfectamente clara y verdadera se llama «la esencia de la perfección y la inteligencia». Es también descrita como «*buddha*» y llamada «iluminación». Incluye tanto al sujeto como al objeto e impregna tanto a la ilusión como a la iluminación. [Así que] deja la miríada de *dharmas* y todas las circunstancias ser como son. La inteligencia espiritual no coexiste con circunstancias y no es lo mismo que las cosas. Permanece constantemente a través de los *kalpas*. Podríamos también llamar «reales» a las circunstancias

que existen en el presente, en la medida en que derivan de la existencia de la inteligencia espiritual; puesto que hay condiciones que surgen de la esencia original, hay cosas verdaderas. Aun así, no son eternas como es la inteligencia espiritual, puesto que existen y desaparecen. [La inteligencia espiritual] no tiene nada que ver con la luminosidad o la oscuridad, porque conoce espiritualmente. Llamamos a esto «inteligencia espiritual», también lo llamamos «el verdadero sí mismo», lo llamamos «la base del despertar», lo llamamos «esencia original» y lo llamamos «sustancia original». Alguien que se da cuenta de esta esencia original se dice que ha regresado a la eternidad y es llamado como un gran hombre que ha regresado a la verdad. Después de esto, no vuelve a divagar por el ciclo de la vida y la muerte; experimenta y entra en el océano esencial,[1] donde no hay ni aparición ni desaparición. No hay otra realidad que esta, pero en la medida que esta esencia no ha emergido, los tres mundos[2] y los seis estados,[3] como se dice, surgen en competencia.

Esta es, entonces, la visión del no-budista Senika.

[129] El Maestro Echu, Maestro Nacional Daisho,[4] del gran reino de Tang, le pregunta a un monje: «¿De qué dirección vienes?».

El monje le dice: «He venido desde el sur».

El maestro dice: «¿Qué [buenos] consejeros hay en el sur?».

El monje dice: «Los [buenos] consejeros son numerosos».

El maestro dice: «¿Cómo enseñan a la gente?».

El monje dice: «Los [buenos] consejeros de esa región enseñan a los estudiantes directamente que la mente aquí y ahora es *buddha*. Buddha significa la conciencia en sí misma. Tú estás ahora completamente dotado de la esencia de la vista, el oído, la conciencia y el reconocimiento. Esta esencia es capaz de levantar las cejas y guiñar los ojos, de ir y venir, y de moverse y actuar. Invade el cuerpo, de manera que cuando [algo] toca la cabeza, la cabeza lo sabe, y cuando algo toca el pie, el pie lo sabe. Por eso se llama "la verdadera inteligencia que lo invade todo". Además de esto, no hay *buddha* en absoluto. Este cuerpo debe aparecer y desaparecer, pero la esencia mental nunca ha aparecido ni desaparecido desde el pasado ilimitado. La aparición y la desaparición del cuerpo son como un dragón cambiando los huesos, una serpiente mudando su piel o una persona saliendo de una vieja casa. Este cuerpo es inconstante, la esencia es constante. Lo que enseñan en el sur es casi todo así».

El maestro dice: «Si es así, no son diferentes del no-budista Senika. Este dijo: "En nuestro cuerpo hay una única esencia espiritual. Esta esencia puede reconocer el dolor y la irritación. Cuando el cuerpo decae, el espíritu se marcha, justo como cuando en una casa en llamas el dueño se marcha. La casa es inconstante, el dueño de la casa es constante". Cuando examino a gente así, veo que no distingue lo falso de lo verdadero. ¿Cómo podemos decidir qué es lo correcto? Cuando estaba en mis viajes, vi a esta clase de gente a menudo. Recientemente se han hecho muy populares. Se reúnen en asambleas de trescientas o quinientas personas y, con los ojos mirando al cielo, dicen: "Esta es la enseñanza fundamental del sur"[5] Toman el Sutra del Estrado[6] y lo cambian, mezclándolo con historias populares y eliminando su significado sagrado. Engañan y molestan a los estudiantes primerizos. ¿Cómo podrían [sus enseñanzas] ser llamadas las enseñanzas orales?[7] Qué doloroso es que nuestra religión se esté perdiendo. Si el ver, el oír, la conciencia y el reconocimiento fueran equivalentes a la naturaleza búdica, Vimalakīrti[8] no habría dicho: "El Dharma transciende el ver, el oír, la conciencia y el reconocimiento. Cuando usamos el ver, el oír, la conciencia y el reconocimiento, es solo el ver, el oír, la conciencia y el reconocimiento; no es buscar el Dharma"».

[131] El Maestro Nacional Daisho es un discípulo excelente del *buddha* eterno de Sokei.[9] Es un magnífico buen consejero en el cielo y en el mundo humano. Deberíamos clarificar la enseñanza fundamental expuesta por el Maestro Nacional y considerarla como criterio[10] para aprender en la práctica. No sigas lo que sabes que es el punto de vista del no-budista Senika. Entre aquellos de las recientes generaciones que subsisten como maestros de las montañas en el gran reino de Song, no hay ninguno como el Maestro Nacional. Desde el pasado antiguo ningún consejero igual al Maestro Nacional se ha manifestado en el mundo. Sin embargo, la gente del mundo equivocadamente piensa que incluso Rinzai[11] o Tokusan[12] podrían igualarse al Maestro Nacional. Gente [que piensa] de esta manera hay mucha. Es una pena que no haya profesores con ojos clarificados. Este «la mente aquí y ahora es *buddha*» que los patriarcas budistas mantienen y sobre el que se basan no lo ven los no-budistas ni [la gente de] los dos vehículos ni en sus sueños. Los patriarcas budistas solos, junto con los patriarcas budistas,[13] poseen el oído, la acción y la experiencia que ha promulgado y realizado «la mente aquí y ahora es *buddha*». Los *buddhas*[14] han continuado arrancando y tirando cientos de malas hierbas, pero nunca se han representado a ellos mismos como el cuerpo dorado de cinco metros.[15] El universo «inmediato»[16] existe; no está esperando la realización[17] y no está evitando la destrucción. Este triple mundo[18] «concreto»[19] existe; ni retrocede ni aparece, y no es solo la mente.[20] La mente[21] existe como las vallas y los muros: nunca se ensucia o moja y nunca está construida artificialmente. Realizamos en la práctica que «la mente aquí y ahora es *buddha*»,[22] realizamos en la práctica que «la mente que es *buddha* es esto»,[23] realizamos en la práctica que «*buddha* realmente es justo la mente»,[24] realizamos en la práctica que «mente-y-*buddha* aquí y ahora es correcto»,[25] y realizamos en la práctica que «esta mente de *buddha* es aquí y ahora».[26]

[134] La realización en la práctica así es justamente «la mente aquí y ahora es *buddha*» tomándose y transmitiéndose auténticamente a sí misma a «la mente aquí y ahora es *buddha*». Auténticamente transmitida así, nos ha llegado hasta hoy en día. «La mente que ha sido auténticamente transmitida» significa una mente como todos los *dharmas*, y todos los *dharmas* como una mente. Por esta razón, un hombre de la antigüedad dijo: «Cuando una persona se hace consciente de la mente, no hay un centímetro de suelo sobre la Tierra».[27] Recuerda, cuando nos hacemos conscientes de la mente, todo el cielo cae y todo el suelo se queda hecho trizas. O, en otras palabras, cuando nos hacemos conscientes de la mente, la Tierra se vuelve tres centímetros más gruesa. Un antiguo patriarca dijo: «¿Qué es la mente perfecta, pura y luminosa? Es las montañas, los ríos y la Tierra, el sol, la luna y las estrellas».[28] Claramente, «la mente» es las montañas, los ríos y la Tierra, el sol, la luna y las estrellas. Pero lo que estas palabras dicen es que cuando avanzamos no es suficiente y cuando retrocedemos es demasiado. La mente como las montañas, los ríos y la Tierra no es otra cosa que las montañas, los ríos y la Tierra. No hay olas o espuma adicionales, ni viento, ni humo. La mente como el sol, la luna y las estrellas no es otra cosa que el sol, la luna y las estrellas. No hay niebla o bruma adicionales. La mente como vivir-y-morir, ir-y-venir no es otra cosa que vivir-y-morir, ir-y-venir. No hay ilusión o realización adicionales. La mente como las vallas, los muros, las tejas y los guijarros no es otra cosa que las vallas, los muros, las tejas y los guijarros. No hay lodo o agua adicionales. La mente como los cuatro elementos y los cinco agregados no es otra cosa que los cuatro elementos y los cinco agregados. No hay caballo o mono adicionales.[29] La mente como una silla o un espantamoscas[30] no es otra cosa que una silla o un espantamoscas. No hay bambú o madera adicionales. Debido a que el estado es así, «la mente aquí y ahora es *buddha*» es «la mente aquí y ahora es *buddha*» intacta. Todos los *buddhas* son *buddhas* intactos. Siendo esto así, «la mente aquí y ahora es *buddha*» es los *buddhas* [mismos] que establecen la voluntad, practican, [realizan el] *bodhi* y [experimentan] el nirvana. Si nunca hemos establecido la voluntad, practicado, [realizado] el *bodhi* y [experimentado] el nirvana, entonces [el estado] no es «la mente aquí y ahora es *buddha*». Si establecemos la mente y hacemos la práctica-y-experiencia incluso en un simple *kṣāṇa*,[31] esto es «la mente aquí y ahora es *buddha*». Si establecemos la voluntad y hacemos la práctica-y-experiencia en una sola molécula, esto es «la mente aquí y ahora es *buddha*». Si establecemos la voluntad y hacemos la práctica-y-experiencia durante incontables *kalpas*, esto es «la mente aquí y ahora es *buddha*». Si establecemos la voluntad y hacemos la práctica-y-experiencia en un instante de conciencia, esto es «la mente aquí y ahora es *buddha*». Si establecemos la voluntad y hacemos la práctica-y-experiencia dentro de medio puño, esto es «la mente aquí y ahora es *buddha*». Decir, por el contrario, que practicar para llegar a ser un *buddha* durante muchos *kalpas* no es «la mente aquí y ahora es *buddha*» es nunca haber visto, nunca haber conocido y nunca haber aprendido «la mente aquí y ahora es *buddha*». Es nunca haber encontrado un verdadero maestro que proclame «la mente aquí y ahora es *buddha*». El término «*buddhas*» significa el Buddha Śākyamuni. El Buddha Śākyamuni es justo «la mente aquí y ahora es *buddha*». Cuando todos los *buddhas* del pasado, presente y futuro sean *buddhas*, inevitablemente se convertirán en el Buddha Śākyamuni, es decir, «la mente aquí y ahora es *buddha*».

SHOBOGENZO SOKU-SHIN-ZE-BUTSU

Proclamado a la asamblea en Kannondorikoshohorinji en el distrito Uji de Yoshu,[32] *en el vigésimo quinto día del quinto mes lunar en el primer año de Eno.*[33]

NOTAS

1. *Shokai*. Véase el capítulo 1, «Bendowa».
2. *Sangai*, «tres mundos» o «triple mundo», son los mundos de la voluntad, la materia y lo inmaterial. Véase el capítulo 47 (volumen 3), «Sangai-yuishin».
3. *Rokudo*, los seis (miserables) estados, son el estado de los seres del infierno, el estado de los fantasmas hambrientos, el estado de los animales, el estado de los demonios furiosos, el estado de los seres humanos y el estado de los dioses.
4. El Maestro Nan`yo Echu (675?-775), sucesor del Maestro Daikan Eno. «Maestro Nacional Daisho» era su título como profesor del emperador. El Maestro Dogen a menudo se refiere a él simplemente como Maestro Nacional.
5. El Maestro Nan`yo Echu vivió en el norte de China, centro neurálgico en la época de la dinastía Tang (618-907), donde la filosofía budista era muy fuerte. En cambio, el budismo del sur de China se centraba menos en la filosofía y más en la práctica. El gobierno se trasladó al sur durante la dinastía Song (960-1279) como respuesta a la invasión del norte.
6. El *Rokusodaishihobodangyo* (Sutra del Estrado del Tesoro del Dharma del Sexto Patriarca) es una colección de las enseñanzas del Maestro Daikan Eno, el Sexto Patriarca de China y maestro de Nan`yo Echu.
7. *Gonkyo*, «enseñanza oral», sugiere la enseñanza original del Buddha, la cual no fue registrada hasta el siglo I a. de C., cuando el Canon Pali fue escrito en hojas de palma en los monasterios de Sri Lanka.
8. Jomyo, literalmente «Nombre Puro», es una traducción del chino de Vimalakīrti, un hombre laico de la época del Buddha que destacó en la filosofía budista. Muchas preguntas y respuestas entre Vimalakīrti y Buddha están reflejadas en el Sutra de Vimalakīrti (en sánscrito *Vimalakīrtinirdeśa-sūtra*).
9. El Maestro Daikan Eno.
10. «Criterio» es *kikan*, literalmente «espejo de tortuga». En la antigua China, los adivinos calentaban algunas veces un caparazón de tortuga y averiguaban el curso apropiado de una acción mirando sus grietas. Por tanto, dicho caparazón se utilizaba como un espejo, como criterio para tomar decisiones.
11. El Maestro Rinzai Gigen (muerto en el año 867), fundador de la secta Rinzai, sucesor del Maestro Obaku Kiun. Véase el capítulo 49 (volumen 3), «Butsudo».
12. El Maestro Tokusan Senkan (780-865), sucesor del Maestro Ryutan Soshin. Véase el capítulo 18, «Shin-fukatoku».
13. *Yui-busso-yo-busso* es una variación de *yui-butsu-yo-butsu*, «los *buddhas* solos, junto con los *buddhas*». El Sutra del Loto dice: «Los *buddhas* solos, junto con los *buddhas*, son directamente capaces de realizar perfectamente que todos los *dharmas* son la forma real». Véase SL 1.68.
14. *Butsu* significa «*buddha*». Las siguientes cuatro frases comienzan con *butsu*, «*buddha*»; *soku*, «aquí y ahora»; *ze*, «es», y *shin*, «mente», respectivamente.
15. El cuerpo dorado de cinco metros es la imagen idealizada del Buddha.
16. *Soku-koan* significa «el universo inmediato» o «el universo aquí-y-ahora». *Soku* se utiliza aquí como adjetivo, aunque puede funcionar como adjetivo («aquí y

ahora», «inmediato», «actual»); como cópula, es decir, un verbo para expresar la unicidad de dos factores (A *soku* B = «A que es B»); como adverbio («aquí y ahora», «justamente», «inmediatamente», «directamente», «realmente») y como conjunción expresando contingencia temporal (A *soku* B = «A inmediatamente seguido de B»).

Nota: aunque en castellano «aquí» y «ahora» sean adverbios, los casos en los que «aquí y ahora» funciona en el *Shobogenzo* como un solo adjetivo son aquellos en los que se hace referencia a la propiedad de la mente de manifestarse en la realidad de la acción. Así, esta expresión podría equipararse, en cierto modo, a «presente».

17. *Genjo*. *Genjo* y *koan* se asocian a menudo, como en el capítulo 3, «Genjo-koan».
18. *Zesangai* significa «este triple mundo» o «este triple mundo concreto». *Ze* aquí se utiliza como adjetivo.
19. *Ze* puede funcionar como adjetivo («este» [adjetivo determinativo], «concreto», «este concreto» [suma de adjetivo determinativo y adjetivo calificativo], o «correcto», «apropiado»); como cópula, de la misma manera que *soku* («es», «son», «es exactamente lo mismo que»); como adverbio («aquí y ahora», «realmente»), y como pronombre («esto»).
20. *Yuishin*. *Sangai yuishin* (El triple mundo es solo la mente), es el título del capítulo 47 (volumen 3), «Sangai-yuishin».
21. *Shin* significa mente.
22. *Soku-shin-ze-butsu* (como el título de este capítulo). En este caso, *soku* («aquí y ahora») funciona como adjetivo (aunque, como se ha explicado en la nota 16, en castellano sean adverbios) y *ze* («es») es la cópula. Las cuatro expresiones que siguen a esta frase representan más combinaciones de los cuatro caracteres de *soku-shin-ze-butsu*. Véanse las siguientes notas.
23. *Shin-soku-butsu ze*. En este caso, *soku* («que es») es la cópula y *ze* («esto»), el pronombre.
24. *Butsu soku ze shin*. En este caso, *soku* («realmente») es un adverbio y *ze* («es justo»), una cópula (la cual, como se explica en la nota 19, tiene un significado específico y en la que, por tanto, «justo» no se considera parte del atributo).
25. *Soku-shin-butsu ze*. En este caso, *soku* («aquí y ahora») y *ze* («correcto») funcionan ambos como adjetivos. Véase la nota 16.
26. *Ze-butsu-shin soku*. En este caso, *ze* («esta») y *soku* («aquí y ahora») funcionan ambos como adjetivos (el primero como determinativo y el segundo como calificativo). Véase la nota 16.
27. El Maestro Chorei Shutaku. Sus palabras quieren decir que conocer la mente es simplemente conocer la realidad, en la cual un centímetro de suelo no puede separarse de toda la Tierra.
28. El Maestro Isan Reiyu le hizo la pregunta a su discípulo el Maestro Kyozan Ejaku. Véase *Shinji-shobogenzo*, parte 2, nº 68.
29. El caballo y el mono aluden a la frase *i-ba shen-en*, o «voluntad de caballo, mente de mono». El caballo representa la voluntad de descanso y el mono, el intelecto activo.

30. El *hossu* es un espantamoscas ceremonial (un palo de madera con un largo penacho de pelo animal) que un maestro sostiene durante una lectura budista.
31. *Setsuna* representa al sánscrito *kṣāṇa,* «instante». Se dice que sesenta y cinco *kṣāṇas* pasan en un chasquido de los dedos.
32. Corresponde a la prefectura de Kioto de hoy en día.
33. Es decir, 1239.

Capítulo 7

Senjo

El aseo

Comentario: *sen* significa «lavar» y *jo*, «purificar». De modo que *senjo* quiere decir «lavarse y purificarse», o «asearse». El budismo no es idealismo ni materialismo, sino la realidad en sí misma, la cual tiene una vertiente espiritual y otra material. Por ello insiste en que limpiar nuestro cuerpo físico es limpiar nuestra mente y que, junto a tareas como cortarse las uñas o afeitarse la cabeza, se trata de una práctica religiosa fundamental. En este capítulo, el Maestro Dogen expone la importancia y el significado religioso de dichas actividades en el budismo.

[139] Hay una práctica-y-experiencia que los patriarcas budistas han custodiado y conservado: se llama «no ensuciarse».

[140] El Sexto Patriarca[1] le pregunta al Maestro Zen Daie,[2] del templo Kannon-in, en Nangakuzan: «¿Confías en la práctica y experiencia o no?».

Daie dice: «No es que no haya práctica-y-experiencia, sino que el estado nunca puede ensuciarse».

El Sexto Patriarca dice: «Justamente este estado sin mancha es lo que los *buddhas* cuidan y desean. Tú también eres así, yo soy también así y los antiguos maestros de la India[3] eran también así…».[4]

[140] El Sutra de las Tres Mil Formas Dignas para Monjes Ordenados[5] dice: «Purificar el cuerpo significa lavarse el ano y la uretra[6] y cortarse las uñas de los diez dedos». De manera que incluso aunque el cuerpo-y-mente no esté sucio, hay prácticas del Dharma de purificar el cuerpo y hay prácticas del Dharma de purificar la mente. No solo limpiamos el cuerpo-y-mente; también limpiamos la nación y limpiamos bajo los árboles.[7] Limpiar la nación, incluso aunque nunca se haya ensuciado, es «aquello que los *buddhas* custodian y desean», e incluso cuando han llegado al fruto del budismo, siguen sin retroceder ni cesar. Es difícil comprender este asunto. Promulgar el Dharma es el asunto. Realizar el estado de la verdad es promulgar el Dharma.

[141] En el capítulo de la «Pura conducta», del Sutra de la Guirnalda,[8] se dice: «Cuando nos liberemos a nosotros mismos, deberíamos rogar que los seres vivos se liberaran de la impureza y fueran libres de la codicia, la ira y la ilusión. Entonces, habiendo llegado al agua, deberíamos rogar que los seres vivos progresaran hacia el supremo estado de la verdad y realizaran el Dharma que transciende el mundo secular. Mientras limpiemos la impureza con el agua, deberíamos rogar que los seres vivos tuvieran una fortaleza pura y estuvieran finalmente libres de suciedad».

[142] El agua no es siempre ni originalmente pura ni originalmente impura. El cuerpo no es siempre ni originalmente puro ni originalmente impuro. Todos los *dharmas* son también así. El agua nunca es sintiente o no sintiente, el cuerpo nunca es sintiente o no sintiente y todos los *dharmas* son también así. La enseñanza del Buddha, el Honrado por el Mundo, es así. Al mismo tiempo, [lavarse] no es usar agua para limpiar el cuerpo. [Más bien], cuando nos mantenemos y confiamos en el Dharma del Buddha de acuerdo con el Dharma del Buddha, tenemos esta forma de comportamiento y la llamamos «lavarse». Es recibir la auténtica transmisión de un cuerpo-y-mente del Patriarca Budista inmediatamente, y es acatar y retener el estado de luminosidad del Patriarca Budista claramente. En resumen, es realizar incontables e ilimitadas virtudes. En el momento justo en el que dignificamos el cuerpo-y-mente con la práctica, la práctica original y eterna es realizada completa y perfectamente. Por tanto, el cuerpo-y-mente de la práctica se manifiesta en el estado original.

[144] Deberíamos cortarnos las uñas de los diez dedos. De «los diez dedos» significa las uñas tanto de la mano izquierda como las de la derecha. También deberíamos cortarnos las uñas de los pies. Un sutra dice: «Si las uñas crecen a la altura de un grano de trigo, nos desmerecemos». De manera que no deberíamos dejarnos las uñas largas. Las uñas largas son naturalmente un precursor del no-budismo. Deberíamos hacer del cortarnos las uñas un asunto importante. Sin embargo, entre los sacerdotes del gran reino de Song de hoy, muchos que no poseen los ojos de aprender en la práctica se dejan las uñas largas. Algunos tienen [uñas] de cinco o seis centímetros e incluso de diez o doce centímetros. Esto va contra el Dharma. No es el cuerpo-y-mente del Dharma del Buddha. La gente es así porque no venera las antiguas tradiciones[9] budistas: los venerables patriarcas que poseen el estado de la verdad nunca son así. Hay otros que se dejan crecer el cabello. Esto también va contra el Dharma. No supongas equivocadamente que porque estas sean costumbres de sacerdotes en una gran nación, puedan ser el Dharma correcto.

[145] Mi difunto maestro, el *buddha* eterno, pronunció duras palabras a los sacerdotes de todo el país que tenían el cabello o las uñas largas. Dijo: «Aquellos que no comprenden [la importancia de] afeitarse la cabeza[10] no son ni gente secular ni monjes: simplemente son animales. Desde los tiempos antiguos, ¿hubo algún patriarca budista que no se afeitara la cabeza? Aquellos que hoy no entienden [la importancia de] afeitarse la cabeza son verdaderos animales». Cuando proclamaba así a la asamblea, mucha gente que no se había afeitado la cabeza durante años, lo hacía. En la enseñanza formal, en la sala del Dharma o en su enseñanza informal, [el maestro] chasqueaba muy fuerte los dedos para reprenderlos.[11] «Al no saber qué es la verdad, dejan crecer a su suerte sus cabellos y uñas. Es lamentable que dediquen el cuerpo-y-mente a las maneras equivocadas en el [continente] sur de

Jambudvīpa.[12] Durante los últimos doscientos o trescientos años, puesto que la verdad del Patriarca Fundador ha muerto, ha habido mucha gente como esta. Las personas como estas llegan a ser líderes de templos y, firmando sus nombres con el título de "maestro", crean la apariencia de actuar por el bien de muchos, [pero] no tienen beneficios para seres humanos ni dioses. Hoy en día, en todas las montañas a lo largo del país, no hay ninguno en absoluto que tenga la voluntad para la verdad. Los que realizaron la verdad están extinguidos desde hace tiempo. Solo [quedan] grupos de corruptos y degenerados». Cuando hablaba así en su enseñanza informal, la gente de muchos distritos que había asumido arbitrariamente el título de «maestro veterano» no le guardaba rencor, y no tenían nada que decirse a ellos mismos. Recuerda, dejarse el pelo largo es algo de lo que los patriarcas budistas se mostraron en contra, y dejarse las uñas largas es algo que hacen los no-budistas. Como nietos y bisnietos de los patriarcas budistas, no deberíamos aficionarnos a tales violaciones del Dharma. Deberíamos limpiar el cuerpo-y-mente, y deberíamos cortarnos las uñas y afeitarnos la cabeza.

[147] «Lávate el ano y la uretra»: no dejes de hacer esto. Había un episodio en el que, a través de esta práctica, Śāriputra[13] causó la rendición de un no-budista. Esto no era la expectativa del no-budista ni la premeditada esperanza de Śāriputra, pero cuando la digna conducta de los patriarcas budistas se realiza, la falsa enseñanza sucumbe de manera natural. Cuando [los monjes] practican bajo un árbol o en campo abierto,[14] no tienen construidos aseos; se instalan en valles de ríos convenientemente situados, corrientes y demás, y se lavan con trozos de tierra. Esto se hace [cuando] no hay cenizas. Simplemente usan dos montones con siete bolas de tierra. El método de usar los dos montones con las siete bolas de tierra es el siguiente: primero se quitan los mantos del Dharma y los doblan. Entonces toman algo de tierra –no tierra negra sino amarilla– y la dividen en distintas bolas, cada una del tamaño aproximado de un haba grande de soja. Las colocan en filas de siete bolas, sobre una roca o cualquier otro sitio conveniente, haciendo dos filas de siete bolas cada una. Luego, preparan una piedra para usarla como piedra para frotarse y después de eso defecan. Tras defecar, usan un palo o a veces papel. Luego van a la zona del agua a limpiarse, llevando primero tres bolas de tierra con las que limpiarse. Toman cada bola particular de tierra en la palma de la mano y simplemente añaden un poco de agua de manera que, al mezclarse con el agua, [la tierra] se disuelve en forma de un amasijo más fino que el lodo –más o menos con la consistencia de una fina gacha de arroz–. Primero se limpian la uretra. Después, usan una bola de tierra, de la misma manera que antes, para lavarse el ano. Y después usan una bola de tierra, de la misma manera, para lavarse brevemente la mano impura.[15]

[149] Desde que [los monjes] comenzaron a vivir en los templos, han construido edificios de aseo. Estos se llaman *tosu* (oficina del este), o a veces *sei* (servicio), y otras veces *shi* (edificio lateral).[16] Estos son edificios que deberían estar presentes dondequiera que los monjes estén viviendo. La regla de ir al aseo es siempre tomar la toalla larga.[17] El método consiste en doblar la toalla en dos y después colocarla en el codo izquierdo de manera que cuelgue hacia abajo de la manga de tu chaqueta. Tras llegar al aseo, se cuelga la toalla en el poste de la ropa.[18] La manera de colgarla es tal y como se colgó de tu brazo. Si vas con un *kaṣāya* de nueve bandas, siete bandas, etcétera, cuelga [el *kaṣāya*] al lado de la toalla. Coloca [el *kaṣāya*] uniformemente de manera que no se caiga. No lo arrojes [al poste] apresuradamente. Estate atento de recordar la marca [del poste]. Con «recordar la marca» nos referimos a los caracteres escritos en el poste de la ropa. Estos están escritos dentro de círculos con forma de luna en hojas de papel blanco, que están adheridas en línea a lo largo del poste. Así que recordar la marca significa no olvidar en qué carácter has puesto tu propia toga[19] y no confundir [los sitios]. Cuando se presenten muchos monjes no equivoques tu propio lugar del poste con el de otros. Durante este tiempo, cuando [otros] monjes hayan llegado y esperen en fila, hazles una reverencia con las manos cruzadas.[20] Cuando se hace una reverencia, no es necesario tener al otro directamente enfrente, ni doblar el cuerpo: simplemente es una reverencia simbólica de saludo con las manos dobladas delante del pecho. En el aseo, incluso si no vistes una toga, haz una reverencia y saluda a los [otros] monjes. Si ninguna mano se ha vuelto impura, y ninguna mano sostiene nada, cruza las dos manos y haz una reverencia. Si una mano ya está manchada, o está sosteniendo algo, haz la reverencia con la otra mano. Para hacer la reverencia con una mano, gira la palma hacia arriba, tuerce la yema de los dedos suavemente como si tomaras agua y haz la reverencia como si inclinaras la cabeza ligeramente. Si alguien más [hace la reverencia] así, tú deberías hacerla. Cuando te quites la chaqueta[21] y la toga, cuélgalas cerca de la toalla. La manera de colgarlas es la siguiente: quítate la toga y pon las mangas juntas en la parte de atrás. Luego coloca juntas las axilas y levántalas de manera que las mangas estén una sobre la otra. Entonces, agarra el interior de la parte de atrás del cuello de la toga con la mano izquierda, sujeta los hombros con la mano derecha y dobla las mangas y las solapas derecha e izquierda sobre sí mismas. Habiendo doblado las mangas y las solapas sobre sí mismas, haz otra doblez a la mitad, de arriba abajo, y luego coloca el cuello de la toga sobre la parte superior del poste. El dobladillo de la toga y el final de las mangas deben colgar de la parte más cercana al poste. Por ejemplo, la toga colgará del poste por la costura de la cintura. Después cruza las puntas de la toalla que cuelgan de las partes más cercanas y lejanas del poste y tira de ellas a través del otro lado de la toga. [Ahí], en la parte de la toga donde la toalla no cuelga, cruza [las puntas] otra vez y haz un nudo. Hazlo de nuevo dos o tres veces, cruzando [las puntas] y haciendo un nudo, para asegurarte de que la toga no se cae del poste al suelo. De cara a la toga, junta las palmas de las manos.[22] Después, tira de la cuerda y úsala para plegar las mangas.[23] A continuación, ve al lavabo, llena el cubo con agua y luego, sujetando [el cubo] con la mano derecha, ve al retrete. La manera de poner el agua en el cubo no es llenarlo completamente, sino hacerlo normalmente al noventa por ciento. Delante de la entrada del retrete, cámbiate de zapatillas. Cambiarte de zapatillas quiere decir quitarte tus propias zapatillas delante de la entrada del retrete y colocarte las zapatillas de paja[24] [del retrete].

[153] El *Zenenshingi*[25] dice: «Cuando queramos ir al retrete, deberíamos ir con tiempo. No te pongas ansioso ni apresurado por llegar con el tiempo justo. En este momento, dobla el *kaṣāya*, y colócalo en la mesa de tus aposentos, o sobre el poste de la ropa».

[154] Habiendo entrado en el retrete, cierra la puerta con la mano izquierda. Después, pon un poco del agua del cubo en la taza del retrete. Luego, coloca el cubo en su sitio directamente enfrente del agujero. A continuación, mientras estás de pie enfrente de la taza del retrete, chasquea los dedos tres veces. Cuando chasquees los dedos, haz un puño con la mano izquierda y mantenlo en la cadera. Entonces coloca el dobladillo de tu faldón y los bordes de la ropa ordenadamente, ponte de cara a la entrada, coloca los pies en ambos bordes de la taza del retrete, ponte en cuclillas y defeca. No ensucies ningún lado de la taza ni manches la parte de delante o de atrás. Estate quieto durante este momento. No charles o bromees con la persona que está al otro lado del muro y no cantes canciones ni recites versos alzando la voz. No dejes todo hecho un desastre por lloriquear o babear y no estés malhumorado o impaciente. No escribas caracteres en los muros y no hagas líneas en la tierra con el palo de los excrementos. El palo se usa después de que te hayas aliviado. Otra manera es utilizar papel. El papel viejo no debería usarse y el papel con caracteres escritos tampoco debería usarse. Distingue los palos limpios de los sucios. Los palos son de ocho *sun*[26] de largo, sección triangular y el ancho de un dedo pulgar. Algunos están lacados y otros no. Los palos [sucios] se tiran a la caja de los palos. Los palos [limpios] están originalmente en el estante de los palos. El estante de los palos está situado cerca del tablón [que señala] la parte delantera de la taza del retrete. Después de usar el palo o el papel, el método de asearse es como sigue: sosteniendo el cubo con la mano derecha, sumerge bien la mano izquierda [en el agua] y luego, agarrando con la mano izquierda un cazo, toma agua. Primero enjuaga la uretra tres veces y luego lávate el ano. Purifícate y límpiate lavándote de acuerdo con el método. Durante este tiempo, no ladees el cubo de manera que repentinamente se derrame el agua fuera de la mano o salpique en el suelo, haciendo que el agua se gaste rápidamente. Después de que termines de lavarte, pon el cubo en su sitio y luego, tomando [otro] palo, sécate. O puedes usar papel. Tanto la uretra como el ano deberían secarse a fondo. Después, con la mano derecha, arregla el dobladillo del faldón y las esquinas de tus ropas y, sosteniendo el cubo con la mano derecha, abandona el retrete dejando las zapatillas de paja [del retrete] y colocándote tus propias zapatillas cuando pases por la entrada. A continuación, regresando al lavabo, pon el cubo de vuelta a su lugar original. Luego lávate las manos. Agarrando la cuchara para las cenizas con la mano derecha, primero vierte una cucharada [de cenizas] en una teja o piedra, suelta unas pocas gotas de agua en ella con la mano derecha y limpia la mano manchada. Restriega [los dedos] en la teja o la piedra como si se afilara una espada oxidada en una piedra de afilar. Lávate así, usando la ceniza, tres veces. Luego lávate otras tres veces poniendo la suciedad [en la piedra] y rociándola con agua. Después, toma una acacia[27] con la mano derecha, sumérgela en un pequeño balde de agua y restriégala entre las manos. Lávate [las manos] a fondo llegando también hasta los antebrazos. Lávate con cuidado y empeño, morando en la mente de la sinceridad. Tres partes de ceniza, tres partes de tierra y una acacia, hacen todas siete rondas. Esta es la norma. Después, lávate [las manos] en el balde grande. Esta vez los limpiadores de la piel,[28] la tierra, la ceniza y demás, no se usan. Simplemente lávate con agua fría o caliente. Después de haberte lavado una vez, tira el agua [usada] en el pequeño cubo y luego pon algo de agua fresca [en el balde] y lávate las manos otra vez.

[157] El Sutra de la Guirnalda dice: «Cuando nos lavemos las manos con agua, deberíamos rogar para que los seres vivos tuvieran unas manos excelentes y finas con las que recibir y conservar el Dharma del Buddha».[29]

[158] Para tomar el cazo de agua, utiliza siempre tu mano derecha. Mientras lo hagas, no traqueteees de manera ruidosa el cazo o el cubo. No salpiques con el agua, no desparrames las acacias, no dejes el lavabo húmedo y no seas generalmente impaciente o desordenado. Después, límpiate las manos con la toalla común o con tu propia toalla. Tras limpiarte las manos, ve bajo el poste de la ropa, delante de tu toga, y quita la cuerda y déjala colgada en el poste. Después, tras haber juntado las manos, desata la toalla, baja la toga y colócatela. Entonces, con la toalla colgando del brazo izquierdo, aplícate fragancia. En la zona común hay un aplicador de fragancia. Es una madera olorosa en forma de vasija del tesoro,[30] tan gruesa como un pulgar y tan larga como la anchura de cuatro dedos. Está colgada del poste de la ropa por un trozo de cuerda de treinta centímetros o más de largo, la cual se inserta en un agujero situado en cada extremo de la [madera] perfumada. Cuando esta se frota entre las palmas, de manera natural dispersa su esencia entre las manos. Cuando cuelgues tu cuerda en el poste, no lo hagas encima de otra, de manera que estas se confundan y se enreden. Acciones como estas «purifican la tierra del Buddha, y adornan el reino del Buddha», de manera que hazlas con cuidado y no seas impaciente. No tengas prisa por acabar pensando que te gustaría regresar. En la intimidad, podría considerarse el principio de que «no explicamos el Dharma del Buddha mientras estamos en el retrete».[31] No mires a los rostros de los otros monjes que han venido allí. El agua fría se considera mejor para lavarse cuando se va al retrete: se dice que el agua caliente aumenta las enfermedades intestinales. [Pero] no hay restricción en contra de usar el agua caliente para lavarse las manos. La razón por la que se provee una caldera es para poder hervir agua para lavarse las manos. El *Shingi* dice: «Al final de la tarde hierve agua y suministra aceite.[32] Asegura siempre [un] continuo [suministro de] agua caliente y fría, de manera que las mentes de los monjes no sean perturbadas». Por tanto, podemos ver que [es posible] usar tanto agua caliente como fría. Si el interior del retrete se ha ensuciado, cierra la puerta y cuelga la señal de «sucio». Si un cubo se ha derramado [en el cuenco del retrete] por error, cierra la puerta y cuelga la señal de «cubo caído». No entres[33] en un cubículo donde cualquiera de estas señales esté colgada. Si, cuando ya estás en el retrete, [escucharas a] alguien fuera chasqueando los dedos, deberías salir inmediatamente. El *Shingi* dice: «Sin lavarse no debemos sentarnos nunca en el estrado de los monjes, ni hacer reverencias a los Tres Tesoros, ni debemos recibir las postraciones de la gente». El Sutra de las Tres Mil Formas Dignas dice: «Si no nos lavamos el ano y la uretra, cometemos una *duṣkṛta*[34] y no debemos sentarnos en la tela pura para sentarse[35] del monje o hacer reverencias a los Tres Tesoros. Incluso si hacemos reverencias, no hay felicidad ni virtud».

[162] Por tanto, en un lugar de la verdad donde nos esforcemos en buscar la verdad,[36] deberíamos considerar este comportamiento como algo prioritario. ¿Cómo podríamos no venerar a los Tres Tesoros? ¿Cómo podríamos no recibir las postraciones de la gente? Y ¿cómo podríamos no venerar a otros? En el lugar de la verdad de un patriarca budista, esta digna conducta siempre se hace, y la gente en el lugar de la verdad de un patriarca budista siempre se comporta con esta digna conducta. No es nuestro propio esfuerzo intencional: es la expresión natural de la conducta digna en sí misma; es la conducta habitual de los *buddhas* y el día a día de los patriarcas; es la [conducta búdica] no solo de los *buddhas* de este mundo; es la conducta búdica a lo largo de las diez direcciones; es la conducta búdica en la Tierra Pura y en las tierras impuras. La gente de poco conocimiento no piensa que los *buddhas* tengan una conducta digna en el retrete, y no piensan que la conducta digna de los *buddhas* en el mundo *sahā*[37] sea como la de los *buddhas* en la Tierra Pura. Este no es el aprendizaje de la verdad del Buddha. Recuerda, pureza e impureza son [como] la sangre que gotea de un ser humano: a veces es caliente y otras veces desagradable. Los *buddhas* tienen retretes, y deberíamos recordarlo.

[163] El fascículo catorce de los Preceptos en diez partes[38] dice: «Śrāmaṇera Rāhula[39] pasó la noche en el servicio del Buddha. Cuando el Buddha se despertó, le dio unas palmaditas a Rāhula en la cabeza con su mano derecha y recitó los siguientes versos:

Nunca te ha afectado la pobreza.
Ni has perdido la riqueza ni la nobleza.[40]
Solo para buscar la verdad, has abandonado el hogar.
Serás capaz de soportar las penurias».

[164] En consecuencia, hay edificios de aseo en los lugares de la práctica de la verdad del Buddha, y la conducta digna hecha en el servicio del Buddha es asearse. Que la conducta del Buddha, habiendo sido transmitida de patriarca a patriarca, todavía sobreviva, es un deleite para aquellos que veneran a los antiguos. Hemos sido capaces de encontrarnos con lo que es difícil encontrar. Además, el Tathāgata proclamó el Dharma misericordiosamente para Rāhula dentro del edificio de aseo. El edificio de aseo era un [lugar de] reunión para que el Buddha girara la rueda del Dharma. El progreso y la quietud[41] de ese lugar de la verdad han sido auténticamente transmitidos por los patriarcas budistas.

[165] El fascículo treinta y cuatro de los Preceptos Mahāsaṃghika[42] dice: «El edificio de aseo no debería situarse en el este o en el norte; debería situarse al sur o al oeste. Lo mismo se aplica al urinario».

[166] Deberíamos seguir esta [designación de] instrucciones favorables. Esta era la disposición de los monasterios[43] en la India en los Cielos del Oeste, y el [método de] construcción durante la vida del Tathāgata. Recuerda, esto no es tan solo la forma budista seguida por un *buddha*: describe los lugares de la verdad, los monasterios, de los Siete Buddhas. Nunca fue iniciado. Es la forma digna de los *buddhas*. Antes de que hayamos clarificado estas [formas dignas], si esperamos establecer un templo y practicar el Dharma del Buddha, cometeremos muchos errores, no poseeremos las formas dignas del Buddha y el estado del *bodhi* del Buddha no se manifestará ante nosotros. Si esperáramos construir un lugar para practicar la verdad, o establecer un templo, deberíamos seguir la forma del Dharma que los patriarcas budistas han auténticamente transmitido. Tan solo deberíamos seguir la forma del Dharma que ha sido auténticamente transmitida como la tradición correcta. Puesto que es la auténtica transmisión tradicional, su virtud se ha acumulado una y otra vez. Aquellos que no son sucesores legítimos de la auténtica transmisión de los patriarcas budistas no conocen el cuerpo-y-mente del Dharma del Buddha. Sin conocer el cuerpo-y-mente del Dharma del Buddha, nunca clarifican las acciones búdicas del linaje del Buddha. Que el Dharma del Buddha del Gran Maestro Buddha Śākyamuni haya sido extensamente transmitido ahora a través de las diez direcciones es la realización del cuerpo-y-mente del Buddha. La realización del cuerpo-y-mente del Buddha, justo en el instante, es así.

Shobogenzo Senjo

Proclamado a la asamblea en Kannondorikoshohorinji en el distrito Uji de Yoshu,[44] en el vigésimo tercer día del décimo mes lunar en el invierno del primer año de Eno.[45]

NOTAS

1. El Maestro Daikan Eno (638-713), sucesor del Maestro Daiman Konin.
2. El Maestro Nangaku Ejo (677-744), sucesor del Maestro Daikan Eno. Maestro Zen Daie fue su título póstumo.
3. *Saiten*, «los Cielos del Oeste», significan la India.
4. *Shinji-shobogenzo*, parte 2, nº 1. Véase también el capítulo 29 (volumen 2), «Inmo», y el capítulo 62 (volumen 3), «Hensan».
5. El *Daibikusanzenyuigikyo*.
6. *Daishoben*. En japonés moderno, *daishoben* significa «heces y orina», pero en este capítulo las palabras sugieren las partes del cuerpo de donde salen las heces y la orina: el ano y la uretra. Aunque no es una práctica común hoy en día lavarse la uretra después de orinar, parece que el Maestro Dogen nos recomendaba hacerlo.
7. Es una tradición budista sentarse bajo un árbol. Se dice que el Buddha realizó la verdad bajo el árbol del *bodhi*.
8. El Sutra de la Guirnalda es *Kegonkyo* en japonés y *Avataṃsaka-sūtra* en sánscrito. Este sutra compara todo el universo con la realización del Buddha Vairocana. Su enseñanza principal es que la miríada de cosas y fenómenos son la unicidad del universo, y todo el universo es la miríada de cosas y fenómenos.
9. «Venerar las tradiciones budistas» es *keiko*, literalmente «consideración del pasado» o «imitación de los antiguos». En japonés moderno, *keiko* es el término usado generalmente para entrenar por los luchadores de sumo, practicantes de artes marciales, etcétera.
10. En la cita del Maestro Tendo Nyojo, «afeitarse la cabeza» es *johatsu*, literalmente «purificar el cabello». En el comentario del Maestro Dogen, las expresiones usadas son *teito*, literalmente «afeitarse la cabeza», y *teihatsu*, literalmente «afeitarse el cabello».
11. La primera cita de este párrafo está claramente definida en el texto original. Sin embargo, no está totalmente claro dónde acaban las palabras del Maestro Dogen y dónde comienza la segunda cita.
12. Jambudvīpa es el continente sur del monte Sumeru, en el cual, según la antigua cosmología india, viven los seres humanos. Véase el Glosario de términos en sánscrito.
13. Śāriputra fue uno de los diez grandes discípulos del Buddha. Hay una historia en el capítulo 35 del *Makasogiritsu* (Preceptos Mahāsaṃghika) que dice que un no-budista se convirtió al budismo viendo la manera de defecar de Śāriputra.
14. *Juge-roji*, «bajo los árboles o en campo abierto», sugiere la práctica del Buddha y los monjes de su tiempo. Sin embargo, el tiempo en japonés es el presente.
15. No está claro qué se hacía con las once bolas de tierra restantes.
16. Un templo común de China o Japón está mirando hacia el sur. Tal y como nos aproximamos a él por el sur, la sala del Buddha se encuentra directamente enfrente y la sala de zazen, a la izquierda (oeste). Un edificio de aseo situado al este estaría a la derecha del todo (lo más al este posible). En algunas épocas,

sin embargo, el edificio de aseo principal se situaba al oeste. Véase el Apéndice V, «Distribución de un templo budista tradicional».

17. *Shukin*. El *shukin* es un trozo de tela, que mide un *jo* y dos *shaku* (en total, 3,64 metros) de longitud, es usada como toalla y también como faja para sostener las mangas. Es uno de los dieciocho artículos que supuestamente debe tener un monje. El método de usar el *shukin* se explica detalladamente en el capítulo 56 (volumen 3), «Senmen».
18. *Jokan*, literalmente «poste puro», es un poste de bambú o madera colocado horizontalmente a la altura aproximada de la cabeza.
19. El significado literal de *Jikitotsu* es «cosido directamente». Tradicionalmente un monje de China llevaba un tipo de chaqueta negra de algodón, o *hensan*, y un faldón negro, o *kunzu*. En tiempos del Maestro Dogen, era costumbre coser juntos la chaqueta y el faldón, de ahí el nombre *jikitotsu* o «cosido directamente». El *jikitotsu* es la larga toga negra con las mangas anchas, comúnmente vestida por los sacerdotes en el Japón actual. Un monje en tiempos del Maestro Dogen vestiría la siguiente ropa: un taparrabo blanco, ropa interior blanca, una chaqueta negra (*hensan*) y un faldón negro (*kunzu*) y/o una toga negra (*jikitotsu*), y finalmente el *kaṣāya*. La forma habitual del *kaṣāya*, o manto budista, es universal (véase el capítulo 12, «Kesa-kudoku», y el capítulo 13, «Den-e»), pero las otras prendas llevadas por los monjes han cambiado de acuerdo con los climas y costumbres de los diferentes países y siglos.
20. *Shashu*. La mano izquierda se enrosca en forma de puño, los dedos cubren el pulgar y se coloca delante del pecho con la palma de la mano mirando hacia abajo. La mano derecha abierta descansa, con la palma hacia abajo, sobre la mano izquierda.
21. *Hensan*. Véase la nota 19.
22. *Gassho*. En *gassho* las palmas se colocan juntas delante del pecho, con las yemas de los dedos alineadas con los agujeros de la nariz.
23. Literalmente, «tomar el *banzu* y llevarlo en ambos brazos». El *banzu*, literalmente «cosa para envolver», es una cuerda larga atada alrededor de los hombros y las axilas de la ropa interior, de manera que las mangas puedan ser escondidas, dejando los brazos descubiertos.
24. *Ho-ai* significa literalmente «zapatillas de totora». *Ho*, «totora», es una planta de pantanos con grandes hojas lisas, utilizada a menudo para tejer.
25. Puros criterios para monasterios zen. La edición del *Zenenshingi* fue completada por el Maestro Choro Sosaku en el año 1103. Estaba basado en el *Koshingi* (Puros criterios antiguos) del Maestro Hyakujo.
26. Un *sun* equivale a tres centímetros aproximadamente.
27. Las acacias se producen en un árbol alto leguminoso que lleva el mismo nombre (*Gleditsia japonica*). Son grandes vainas enroscadas que contienen una pulpa dulce comestible y semillas que recuerdan a las judías.
28. *Menyaku* significa literalmente «medicinas para la cara».
29. Esta cita proviene de una antigua traducción del Sutra de la Guirnalda realizada por Buddhabhadra en sesenta fascículos entre los años 418 y 420. Una segunda traducción fue llevada a cabo por Śikṣānanda en ochenta fascículos

entre los años 695 y 699. Esta es conocida como la «nueva traducción», pero también hay una tercera traducción parcial hecha por Prajña en cuarenta fascículos entre los años 759 y 762.

30. Este tipo de vasija, habitualmente con joyas, tiene forma ovalada, un cuello largo y una tapa (de manera que la pieza de madera perfumada sería ovalada con los extremos afilados). En algunas ceremonias budistas, dichas vasijas se usaban para albergar agua destinada a rociar las cabezas de los practicantes.
31. Los caracteres nuestran el estilo de una cita de un texto chino, aunque la fuente no ha sido localizada.
32. Aceite para lámparas.
33. «Entres» es originalmente «asciendas». Los retretes se construían ligeramente por encima del nivel del suelo.
34. Las violaciones de algunos de los doscientos cincuenta preceptos de los monjes se clasificaban, de acuerdo con su importancia relativa, como *duṣkṛta*. Las faltas en esta categoría incluyen, por ejemplo, no observar los siete métodos de detener una disputa.
35. *Zagu* representa la palabra sánscrita *niṣīdana*. El *zagu* es una tela o esterilla usada para sentarse o hacer postraciones sobre ella.
36. «Un lugar de la verdad donde nos esforcemos en buscar la verdad» es *bendo kufu no dojo*. El Maestro Dogen a menudo usaba la expresión *bendo kufu*, «esfuerzo en buscar la verdad», para expresar zazen en sí mismo. «Un lugar de la verdad» es el *dojo*, literalmente «verdad-lugar», que representa al término sánscrito *bodhimaṇḍa*, «sede de la verdad». Véase el Glosario de términos en sánscrito.
37. El mundo *sahā* significa el mundo humano. Véase el Glosario de términos en sánscrito.
38. El *Jujuritsu*, una traducción en sesenta y un fascículos del Vinaya de la escuela Sarvāstivāda. Este libro enumera los doscientos cincuenta preceptos de un monje en el budismo Hinayana, y fue traducido al chino por Puṇyatara (Hannyatara) y Kumārajīva.
39. La palabra sánscrita *śrāmaṇera*, que significa «novicio», es una variación de *śramaṇa*, que quiere decir «monje». Rāhula era el hijo del Buddha de su matrimonio con Yaśodharā. Se dice que se ordenó monje completo cuando cumplió los veinte años y fue uno de los diez discípulos principales del Buddha en el meticuloso cumplimiento de los preceptos.
40. Antes de convertirse en monje, el Buddha era el heredero del trono de su padre, de manera que su hijo Rāhula nació en la nobleza.
41. *Shinshi*, «progreso y quietud», sugiere la conducta activa y pasiva, es decir, la conducta real en la vida diaria.
42. El *Makasogiritsu*: una traducción de cuarenta fascículos del Vinaya de la escuela Mahāsaṃghika del budismo Hinayana. Fue traducido al chino por Buddhabhadra durante la dinastía Jin del Este (317-420).
43. *Shoja* es la traducción a caracteres chinos del sánscrito *vihāra*.
44. Corresponde a la prefectura de Kioto de hoy en día.
45. Es decir, 1239.

Capítulo 8

Raihai-tokuzui

Postrarse ante el logro de la médula

Comentario: *raihai* significa «postrarse»; *toku*, «conseguir» o «lograr», y *zui*, «médula». De modo que *raihai-tokuzui* quiere decir «postrarse ante el logro de la médula» o, en otras palabras, venerar a aquel que ha realizado la verdad. En este capítulo el Maestro Dogen enseñó que el valor de un ser, tanto si es un niño, una mujer, un demonio o un animal, debe determinarse según si ha realizado la naturaleza original, en cuyo caso debemos honrarlo incondicionalmente. En esta actitud podemos encontrar su sincera veneración a la verdad y su visión sobre los hombres, las mujeres y los animales.

[169] En la práctica del estado de *anuttara samyaksaṃbodhi*, lo más difícil es encontrar a un profesor guía. Aunque esté más allá de aquellas apariencias como las de un hombre o una mujer, el profesor guía debería ser un gran individuo[1] y alguien inefable.[2] No es una persona del pasado ni del presente, pero puede ser un buen consejero con el espíritu de un zorro salvaje.[3] Estas son las características de [alguien que] ha logrado la médula.[4] Puede ser un guía y un benefactor. Nunca está confuso sobre causa y efecto. Podemos ser tú, yo, él o ella.[5]

[170] Habiéndonos encontrado con el profesor guía, deberíamos deshacernos de la miríada de distracciones y, sin perder un instante de nuestro tiempo,[6] afanarnos en realizar la verdad. Deberíamos practicar con conciencia, deberíamos practicar sin conciencia y deberíamos practicar con semiconciencia. Por tanto, deberíamos aprender a caminar sobre las puntas de los pies[7] para apagar el fuego de nuestra cabeza.[8] Cuando nos comportamos así, no somos perjudicados por demonios abusivos. El patriarca que se corta el brazo y logra la médula[9] nunca es otro, y el maestro que se libera del cuerpo-y-mente[10] ya somos nosotros mismos. Lograr la médula, y recibir el Dharma, invariablemente proviene de la sinceridad y la confianza. No hay ejemplo de sinceridad que venga de fuera y no hay manera de que la sinceridad surja de dentro. [La sinceridad] justamente significa dar peso al Dharma y pensar ligero sobre [nuestro propio] cuerpo. Es liberarse del mundo secular y hacer del estado de la verdad nuestro hogar. Si damos un poco más de peso para considerar el cuerpo más que el Dharma, el Dharma no se nos transmite y no realizamos la verdad. Aquellos espíritus resueltos que dan [más] peso al Dharma no son únicos y no dependen de la exhortación de otros. Pero vamos a tomar, por ahora, uno o dos casos. Se dice que aquellos que dan peso al Dharma pondrán el cuerpo en un asiento sobre el suelo,[11] y servirán durante innumerables *kalpas* a [cualquier cosa que] se mantenga y apoye en el gran Dharma, a [cualquiera] que «tenga mi médula»,[12] tanto si es una columna exterior como una linterna de piedra, como los *buddhas*, como si es un perro salvaje, un demonio o un dios, un hombre o una mujer. Los cuerpos y las mentes se reciben fácilmente: son [tan comunes] en el mundo como el arroz, el lino, el bambú y las cañas. El Dharma, raramente se encuentra. El Buddha Śākyamuni dice: «Cuando encuentres profesores que expongan el estado supremo del *bodhi*, no consideres su estirpe o su casta,[13] no mires su apariencia, no te disgustes por sus faltas y no examines sus actos. Solo porque veneras su *prajñā* déjales comer cientos y miles de libras de oro cada día, sírveles presentándoles comida de los cielos, sírveles esparciendo flores celestiales, haz postraciones y venéralos tres veces cada día, y nunca dejes que la ansiedad y el enojo surjan de tu mente. Cuando nos comportamos así, siempre hay un camino hacia el estado del *bodhi*. Desde que establecí la mente, he estado practicando así, y de este modo he sido hoy capaz de realizar *anuttara samyaksaṃbodhi*». Siendo esto así, deberíamos esperar que incluso árboles y rocas nos pudieran enseñar,[14] y deberíamos solicitar que incluso campos y pueblos nos enseñaran.[15] Deberíamos preguntar a las columnas exteriores e investigar incluso vallas y muros. Está el antiguo [ejemplo del] dios Indra[16] postrándose ante un perro salvaje como su maestro y preguntándole sobre el Dharma. Se ha transmitido su fama de gran *bodhisattva*. [La cuestión de la aptitud] no descansa en la relativa nobleza de la condición de uno. Sin embargo, la gente ignorante que no escucha el Dharma del Buddha piensa: «Soy un *bhikṣu* veterano. No puedo postrarme ante un principiante que haya realizado el Dharma»; «He aguantado un largo aprendizaje. No puedo postrarme ante un estudiante primerizo que haya realizado el Dharma»; «Firmo mi nombre con el título de maestro. No puedo postrarme ante alguien que no tenga el título de maestro»; «Soy un Administrador de los asuntos del Dharma.[17] No puedo postrarme ante monjes menores que hayan realizado el Dharma»; «Soy el Administrador Principal de los Monjes.[18] No puedo postrarme ante mujeres y hombres laicos que hayan realizado el Dharma»; «Soy [un *bodhisattva*] de los tres estadios hábiles y diez estadios sagrados. No puedo postrarme ante *bhikṣuṇīs*[19] y otras [mujeres], incluso aunque hayan realizado el Dharma»; «Provengo de un linaje regio. No puedo postrarme ante la familia de un criado o del linaje de un ministro, incluso aunque hayan realizado el Dharma». Gente ignorante como esta ha huido descuidadamente del reino de su padre y deambula en caminos de tierras extranjeras;[20] por tanto, ni ve ni escucha la verdad del Buddha.

[176] Hace tiempo, en la dinastía Tang, el Gran Maestro Shinsai de Joshu[21] estableció la mente y partió como un caminante.[22] En la historia, él dice: «Le preguntaré a cualquiera que sea superior a mí, incluso a un niño de siete años. Y enseñaré a cualquiera que sea inferior a mí, incluso a un hombre de cien años». El anciano[23] está dispuesto a postrarse ante un niño de siete años para preguntarle sobre el Dharma –este es un raro ejemplo de espíritu resuelto, y el trabajo de la mente de un *buddha* eterno–. Cuando una *bhikṣuṇī* que ha realizado la verdad y el Dharma se manifiesta en el mundo,[24] los *bhikṣus*[25] que buscan el Dharma y aprenden practicando se dedican a su orden postrándose y preguntando sobre el Dharma –este es un excelente ejemplo de aprendizaje en la práctica–. Por ejemplo, es como un sediento encontrando bebida.

[178] El Maestro Zen Shikan[26] es un venerable patriarca en el linaje Rinzai. Una vez, Rinzai ve al maestro viniendo [a visitarle] y se aferra a él. El maestro dice: «Se ha entendido».[27] Rinzai le deja ir y dice: «Te dejaré parar por un momento».[28] Desde ese instante, él ya se ha convertido en un discípulo de Rinzai. Deja a Rinzai y va a Massan,[29] momento en el cual Massan le pregunta: «¿De dónde vienes?». El maestro dice: «La entrada del camino». Massan dice: «¿Por qué has venido sin nada?».[30] El maestro no tiene palabras. Simplemente se postra haciendo una reverencia como un discípulo a un profesor. El maestro hace de nuevo una pregunta a Massan: «¿Simplemente qué es Massan?». Massan dice: «[Massan] nunca muestra un pico».[31] El maestro dice: «¿Quién es justamente la persona dentro de la montaña?». Massan dice: «Está más allá de las apariencias tales como aquellas de un hombre o una mujer». El maestro dice: «Entonces ¿por qué no cambias [tu forma]?». Massan dice: «No soy el fantasma de un zorro salvaje, ¿qué podría cambiar?». El maestro se postra ante ella. Finalmente, decide trabajar como encargado del huerto y trabaja allí en total durante tres años. Más tarde, cuando se ha manifestado en el mundo,[32] proclama a la asamblea: «Tengo la mitad de un cazo en el lugar del Viejo Papá Rinzai, y tengo la mitad de un cazo en el lugar de la Vieja Mamá Massan.[33] Haciendo un cazo con ambas [mitades], he acabado bebiendo y, habiendo llegado directamente al presente, estoy completamente satisfecho». Escuchando ahora estas palabras, miro las huellas de aquellos días con veneración por el pasado. Massan es una discípula excelente[34] de Koan Daigu. Ella tiene el poder en su elemento vital y por tanto se ha convertido en la «Ma» de Shikan. Rinzai es un auténtico sucesor de Obaku [Ki]un.[35] Él tiene el poder en sus esfuerzos y, por tanto, se ha convertido en el «Pa» de Shikan. «Pa» significa padre y «Ma» significa madre.[36] La postración del Maestro Zen Shikan y la búsqueda del Dharma bajo la dirección de la monja Massan Ryonen son un excelente ejemplo de espíritu resuelto e integridad que los discípulos de épocas posteriores deberían imitar. Podemos decir que rompió todas las barreras, grandes y pequeñas.

[180] La monja Myoshin es una discípula de Kyozan.[37] Kyozan, en una ocasión, está eligiendo al Jefe de la Oficina de Negocios,[38] así que pregunta a los oficiales retirados y a otros en el templo Kyozan: «¿Quién es la persona correcta?». Lo discuten de todas las maneras y finalmente Kyozan dice: «La discípula [Myo]sin del río Wai, pese a ser mujer, tiene el espíritu de un gran individuo.[39] Está cualificada para ser la Jefa de la Oficina de Negocios». Todos los monjes están de acuerdo. [De manera que], finalmente, Myoshin es elegida Jefa de la Oficina de Negocios. Los dragones y los elefantes en la orden de Kyozan no se ofenden por esto. Aunque de hecho la posición no sea tan prestigiosa, la elegida para ello podría necesitar amor propio. Mientras está destinada a la oficina de negocios, diecisiete monjes del distrito de Shoku[40] forman un grupo para visitar a profesores y buscar la verdad y, pretendiendo subir a la montaña Kyozan, se presentan al atardecer en la oficina de negocios. En una charla nocturna, mientras descansan, comentan la historia del Patriarca Fundador Sokei[41] del viento y la bandera.[42] Las palabras de cada uno de los diecisiete hombres son completamente inadecuadas. Mientras tanto, escuchando del otro lado del muro, la Jefa de la Oficina de Negocios dice: «¡Esos diecisiete burros ciegos! ¿Cuántas sandalias de paja habéis desgastado en vano? Nunca han visto el Dharma del Buddha ni en sueños». Un sirviente del templo, presente en el momento, escucha a la Jefa de la Oficina de Negocios criticando a los monjes e informa a los mismos diecisiete, pero ninguno se resiente por la crítica de la Jefa de la Oficina de Negocios. Avergonzados por su propia ineptitud para expresar la verdad, inmediatamente se preparan en la forma digna,[43] queman incienso, hacen postraciones y solicitan [su enseñanza]. La Jefa de la Oficina de Negocios (Myoshin) dice: «¡Venid!». Los diecisiete monjes se aproximan a ella, y mientras están todavía caminando, la Jefa de la Oficina de Negocios dice: «Esto no es el viento moviéndose, esto no es la bandera moviéndose y esto no es la mente moviéndose». Cuando les enseña así, los diecisiete monjes experimentan la reflexión. Se inclinan como agradecimiento ante ella y celebran la ceremonia para convertirse en sus discípulos. Luego van de regreso al oeste de Shoku. Al final, no suben a la montaña Kyozan. Verdaderamente el estilo [demostrado] aquí está más allá de [los *bodhisattvas* de] los tres estadios hábiles y los diez estadios sagrados:[44] es la acción en la verdad tal y como es transmitida por los patriarcas budistas de auténtico sucesor a auténtico sucesor. Por tanto, incluso hoy, cuando un puesto como maestro o maestro asistente[45] no está ocupado, una *bhikṣuṇī* que ha realizado el Dharma puede ser solicitada [para serlo]. Incluso si un *bhikṣu* es veterano en años y experiencia, si no ha realizado el Dharma ¿qué importancia tiene? Un líder de los monjes debe apoyarse siempre en ojos clarificados. Sin embargo, muchos [líderes] se ahogan en el cuerpo-y-mente de un patán pueblerino. Son tan ignorantes que son propensos a ser ridiculizados incluso en el mundo secular. ¿Cuánto menos merecen ser mencionados en el Dharma del Buddha? Además, pueden ser [hombres] que rechazarían postrarse ante mujeres monjas que son profesoras y han recibido el Dharma, y que son las hermanas mayores, tías, etcétera, [de los hombres].[46] Puesto que no saben y no aprenderán, están cerca de los animales y lejos de los patriarcas budistas. Cuando la dedicación exclusiva del cuerpo-y-mente al Dharma del Buddha es profundamente retenida en la conciencia [de una persona], el Dharma del Buddha siempre tiene compasión por la persona. Incluso los seres humanos y los dioses, en su ignorancia, tienen la simpatía de responder con sinceridad. De manera que, ¿cómo podrían los *buddhas*, en su justicia, carecer de compasión para devolver la sinceridad? El espíritu sublime que responde a la sinceridad existe incluso en el suelo, las piedras, la arena y los guijarros. En los templos del gran reino de Song de hoy en día, si una *bhikṣuṇī* residente es conocida por haber realizado el Dharma, el gobierno emite un edicto imperial para que sea la maestra del templo de las monjas e imparta la enseñanza formal en la sala del Dharma de su templo correspondiente. Todos los monjes, desde el maestro hacia abajo, asisten [a la enseñanza formal]. Escuchan el Dharma, estando de pie sobre el suelo, y las preguntas también [son realizadas] por los *bhikṣus*, los monjes hombres. Esta es una norma tradicional. Una persona que ha realizado el Dharma es un verdadero *buddha* eterno aquí y ahora y, como tal, no debería ser conocido como alguien del pasado. Cuando esa persona nos mira, nos encontramos con los demás en un estado nuevo y singular. Cuando miramos a esa persona, la relación mutua puede ser como «hoy teniendo que penetrar en hoy». Por ejemplo, cuando los *arhats*, *pratyekabuddhas* y [*bodhisattvas*[47] de] los tres estadios hábiles y los diez estadios sagrados van a una *bhikṣuṇī* que mantiene la transmisión del verdadero ojo del Dharma para postrarse y preguntarle por el Dharma, ella debe recibir esas postraciones. ¿Por qué los hombres deberían estar más arriba? El vacío es el vacío, los cuatro elementos son los cuatro elementos,[48] los cinco agregados son los cinco agregados[49] y las mujeres también son así. Con respecto a la realización de la verdad, ambos [hombres y mujeres] realizan la verdad, y deberíamos venerar profundamente a cada persona que ha realizado el Dharma. No discutas si son hombres o mujeres. Esta es una de las mejores normas del Dharma del budismo.

[187] En la dinastía Song, el término «cabeza de familia»[50] se refiere a los caballeros que no han dejado a sus familias.[51] Algunos de ellos viven en casas con sus esposas mientras otros están solteros y puros, pero, de todas maneras, podemos decir que están tremendamente ocupados en un denso bosque de labores polvorientas.[52] Sin embargo, si uno de ellos ha clarificado algo, los monjes con mantos remendados[53] se juntan para hacerle postraciones y para preguntarle por el beneficio [de su enseñanza], como a un maestro que ha abandonado el hogar. Nosotros también deberíamos ser así, incluso hacia una mujer o hacia un animal. Cuando [una persona] nunca ha visto las verdades del Dharma del Buddha ni en sueños, incluso aunque sea un *bhikṣu* de cien años, no puede llegar al nivel de un hombre o una mujer que ha realizado el Dharma, de manera que no deberíamos venerar [a esa persona] sino solo hacerle una reverencia como un principiante a un veterano. Cuando [una persona] practica el Dharma del Buddha y habla el Dharma del Buddha, incluso si es una niña de siete años, es justamente la profesora guía de los cuatro grupos[54] y el padre benevolente de todos los seres vivos. Deberíamos servirla y venerarla como hacemos con los *buddha-tathāgatas* y como fue, por ejemplo, cuando la hija del dragón se convirtió en un *buddha*.[55] Esta es justo la forma de honrar el tiempo en el budismo. Aquellos que no lo saben y que no han recibido su transmisión de uno-a-uno son lamentables.

[188] Otro caso: desde el pasado antiguo en Japón y China ha habido mujeres emperatrices. Todo el país es la posesión de dichas emperatrices y toda la gente son sus súbditos. No temen a su persona, sino a su posición. Igualmente, una *bhikṣuṇī* nunca ha sido venerada como persona, sino solamente por su realización del Dharma. Es más, a una *bhikṣuṇī* que se ha convertido en *arhat*,[56] le pertenecen todas las virtudes que acompañan a los cuatro efectos. Incluso [estas] virtudes le acompañan: ¿qué ser humano o dios esperaría superar estas virtudes del cuarto efecto? Los dioses del triple mundo son todos inferiores a ella. Mientras son abandonados [por los seres humanos], ella es venerada por todos los dioses. ¿Cuánto menos debería cualquiera dejar de venerar a aquellos que han recibido la transmisión del Dharma correcto del Tathāgata y que han establecido la gran voluntad de un *bodhisattva*?[57] Si dejamos de venerar a tal persona, es nuestra propia equivocación, y si dejamos de venerar a nuestro propio estado supremo del *bodhi*, somos gente ignorante que insulta al Dharma. Por otra parte, hay en nuestro país hijas de emperadores, o hijas de ministros que llegaron a reinas consortes,[58] o reinas cuyos títulos son nombres de templos.[59] Algunas se han afeitado la cabeza y otras no se la han afeitado. En cualquier caso, los sacerdotes que [solo] aparentan ser *bhikṣus*, y anhelan la fama y aman el provecho, nunca dejan de correr a la casa de tales [mujeres] y de golpearse la cabeza con sus zuecos. Son más inferiores que los sirvientes que siguen al señor. Además, muchos de ellos, de hecho, se hacen sirvientes de ellas por muchos años. Qué lamentables son. Habiendo nacido en una nación menor en una tierra remota, ni siquiera conocen por qué hay una mala costumbre como esta. [Esta ignorancia] nunca estuvo en la India ni en la China, sino solo en nuestro país. Es lamentable. Forzosamente, afeitarse la cabeza y a continuación violar el Dharma correcto del Tathāgata debe llamarse profunda y grave falta. Únicamente debido a que olvidan que los caminos mundanos son sueños e ilusiones, flores en el vacío, están vinculados a las mujeres como esclavos. Es lamentable. Hasta por el bien de la insignificante vida secular actúan así. ¿Por qué, por el bien del supremo *bodhi*, no veneran a los venerables que han realizado el Dharma? Es porque su admiración hacia el Dharma es superficial y su voluntad de buscarlo no lo impregna todo. Cuando [la gente] codicia un tesoro, no piensa en rechazarlo solo porque sea el tesoro de una mujer. Cuando queremos realizar el Dharma, tenemos que superar esta resolución. Si es así, incluso la hierba, los árboles, las vallas y los muros otorgarán el Dharma correcto, y los cielos y la tierra, la miríada de cosas y fenómenos también impartirán el Dharma correcto. Esta es una verdad que debemos siempre recordar. Antes de que busquemos el Dharma con esta determinación, incluso aunque nos encontremos con verdaderos buenos consejeros, no seremos mojados por el agua benevolente del Dharma. Deberíamos prestar una cuidadosa atención [a esto].

[192] Además, hoy en día gente extremadamente ignorante mira a las mujeres sin haber corregido el prejuicio de que sean objetos de codicia sexual. Los discípulos del Buddha no deben ser así. Si todo lo que puede llegar a ser el objeto de la codicia sexual es detestable, ¿no merecen todos los hombres ser también detestables? Considerando las causas y condiciones de contaminarse, un hombre puede ser el objeto, una mujer puede ser el objeto, lo que no es hombre ni mujer puede ser el objeto, y los sueños y las fantasías, flores en el vacío, pueden también ser el objeto. Se han hecho actos impuros con un reflejo en el agua como objeto y se han hecho actos impuros con el sol del cielo como objeto.[60] Un dios puede ser el objeto y un demonio puede ser el objeto. Es imposible contar todos los posibles objetos: dicen que hay ochenta y cuatro mil objetos. ¿Deberíamos descartarlos todos? ¿Deberíamos no mirarlos? Los preceptos[61] dicen: «[Abusar de] los dos órganos masculinos[62] o los tres órganos femeninos[63] es *pārājika*,[64] y [el que ofende] no debería permanecer en la comunidad». Siendo esto así, si detestáramos todo lo que pudiera llegar a ser objeto de codicia sexual, todos los hombres y mujeres se odiarían entre sí y nunca tendríamos ninguna oportunidad de lograr la salvación. Deberíamos examinar esta verdad detalladamente. Hay no-budistas que no tienen esposa. Incluso aunque no tengan esposa no han penetrado en el Dharma del Buddha, y por tanto tan solo son no-budistas con visiones erróneas. Hay discípulos del Buddha que, como las dos clases de laicos,[65] tienen un marido o una esposa. Incluso aunque tengan un marido o una esposa, son discípulos del Buddha y, por tanto, no hay otros seres iguales en el mundo humano ni en el cielo.

[194] Incluso en China había un monje ignorante que hizo el siguiente voto: «Durante cada vida, en cada época, nunca miraré a una mujer». ¿En qué moral se basa este voto? ¿Está basado en una moral secular? ¿Está basado en el Dharma del Buddha? ¿Está basado en la moralidad de los no-budistas? ¿O está basado en la moralidad de demonios celestiales?[66] ¿Qué hay de malo en una mujer? ¿Qué virtud hay ahí en un hombre? Entre mala gente, hay hombres que son mala gente. Entre buena gente, hay mujeres que son buena gente. Queriendo escuchar el Dharma, y lograr la liberación, nunca dependas de si somos hombres o mujeres. Cuando todavía tienen que cortar la ilusión, hombres y mujeres por igual todavía tienen que cortar la ilusión. Cuando cortan la ilusión y experimentan el principio, no hay que elegir en absoluto entre un hombre y una mujer. Además, si [un hombre] ha hecho el voto de no mirar nunca a una mujer, ¿debería descartar a las mujeres incluso habiendo hecho voto de salvar ilimitadamente a muchos seres vivos?[67] Si las descarta, no es un *bodhisattva*. ¿Cuánto menos [tendría] la compasión del Buddha? Este [voto] es solo una declaración etílica causada por la profunda intoxicación en el vino del *śrāvaka*. Ni los seres humanos ni los dioses deberían confiar en que este [voto] sea verdadero. Es más, si detestamos [a otros] por las equivocaciones que han cometido en el pasado, debemos detestar incluso a todos los *bodhisattvas*. Si detestamos así, descartaremos a cada uno, de manera que ¿cómo seremos capaces de realizar el Dharma del Buddha? Las palabras como aquellas [del voto del monje] son el discurso trastornado de un hombre ignorante que no conoce el Dharma del Buddha. Deberíamos sentir lástima por él. Si ese voto del monje[68] es verdadero, ¿estaban equivocados Śākyamuni y todos los *bodhisattvas* de su tiempo?[69] Y ¿fue su mente del *bodhi* menos profunda que la voluntad de ese monje? Deberíamos reflexionar [sobre esto] tranquilamente. Deberíamos aprender en la práctica si los maestros ancestrales que transmitieron el tesoro del Dharma y los *bodhisattvas* de los tiempos del Buddha tenían cosas que aprender en el Dharma del Buddha sin este voto. Si el voto de este monje fuera verdadero, no solo dejaríamos de salvar a las mujeres, sino que también, cuando una mujer que hubiera realizado el Dharma se manifestara en el mundo y proclamara el Dharma para los seres humanos y los dioses, se nos prohibiría ir y escucharla, ¿no? Cualquiera que no fuera y escuchara no sería un *bodhisattva*, sino simplemente un no-budista. Cuando miramos ahora al gran reino de Song, hay monjes que parecen haber estado practicando por mucho tiempo, [pero] que solo han estado vanamente contando las arenas del océano[70] y rodando como la espuma sobre el océano de la vida y la muerte.[71] También están aquellas que, aunque mujeres, han visitado [buenos] consejeros, han hecho el esfuerzo de buscar la verdad y, por tanto, han llegado a ser las profesoras guías de seres humanos y dioses. Hay [mujeres] tales como la anciana que no vendió sus pasteles de arroz [a Tokusan] y los tiró.[72] Fue lamentable que aunque [Tokusan] era un monje hombre, un *bhikṣu*, estuviera contando las arenas del océano de la filosofía y no hubiera visto el Dharma del Buddha ni en sueños. En general, deberíamos aprender a comprender claramente cualquier circunstancia que nos encontremos. Si solo aprendemos a temer y huir [de las circunstancias], esta es la teoría y práctica de un *śrāvaka* del Pequeño Vehículo. Cuando abandonamos el este y tratamos de escondernos en el oeste, el oeste también tiene sus circunstancias. Incluso aunque pensemos que hemos escapado de las circunstancias, a menos que las comprendamos claramente, aunque puedan estar lejos son todavía circunstancias, todavía no estamos en el estado de la liberación y las circunstancias distantes [nos molestarán] cada vez más profundamente.

[198] Por otra parte, en Japón hay una institución particularmente risible. A esta se la llama «santuario»[73] o «lugar para practicar la verdad del Gran Vehículo», donde a las *bhikṣuṇīs* y a otras mujeres no se les permite entrar. La costumbre equivocada ha sido transmitida durante mucho tiempo y, por tanto, la gente no puede reconocerla como lo que es. Las personas que imitan a los antiguos no lo rectifican y los hombres de gran conocimiento no piensan en ello. Llamándolo la promulgación de la gente de autoridad, o denominándolo el legado de los hombres de tradición, nunca discuten sobre ello. Si uno se riera, los intestinos de una persona se podrían dividir. ¿Quiénes son justamente los llamados gente de autoridad? ¿Son sabios o santos? ¿Son dioses o demonios? ¿Son [*bodhisattvas* en] los diez estadios sagrados o [*bodhisattvas* en] los tres estadios hábiles? ¿Son [*bodhisattvas* en] el estado equilibrado de la verdad o son [*bodhisattvas* en] el sutil estado de la verdad? Además, si las antiguas [maneras] nunca debieran reformarse, ¿deberíamos abstenernos de abandonar el incesante caminar a través de la vida y la muerte? Más aún, el Gran Maestro Śākyamuni es justamente el correcto y equilibrado estado de la verdad en sí mismo,[74] y clarificó todo lo que tenía que ser clarificado, practicó todo lo que tenía que ser practicado y liberó[75] todo lo que tenía que ser liberado. ¿Quién podría hoy siquiera aproximarse a su nivel? Con todo, la orden del Buddha, cuando él estaba en el mundo, incluía a todos los cuatro grupos: *bhikṣus, bhikṣuṇīs*, *upāsakas* y *upāsikās*, incluía las ocho clases de seres,[76] los treinta y siete tipos de seres y los ochenta y cuatro mil tipos de seres. La formación de la orden budista es claramente la orden budista en sí. De manera que, ¿qué tipo de orden no tiene *bhikṣuṇīs*, no tiene mujeres y no tiene a las ocho clases de seres? Nunca deberíamos esperar tener los llamados santuarios que sobrepasan en su pureza a la orden budista de la vida del Tathāgata, porque son la esfera de demonios celestiales.[77] No hay diferencias en la forma del Dharma de la orden budista, ni en este mundo ni en otras direcciones, y no las hay entre mil *buddhas* de los tres tiempos.[78] Deberíamos saber que [una orden] con un código diferente no es una orden budista. «El cuarto efecto»[79] es la categoría definitiva. Tanto en el Mahayana como en el Hinayana, las virtudes de la categoría definitiva no se diferencian. Con todo, muchas *bhikṣuṇīs* han experimentado el cuarto efecto. [De manera que], ¿a qué clase de lugar –tanto si está dentro del triple mundo como en las tierras búdicas de las diez direcciones– podría [una *bhikṣuṇī*] no ir? ¿Quién podría interponerse en su camino? Al mismo tiempo, el sutil estado de la verdad[80] es también la categoría definitiva. Cuando una mujer ya ha llegado [por tanto] a ser un *buddha*, ¿hay algo en todas las direcciones que no pueda realizar perfectamente? ¿Quién podría tener por objetivo bloquearla para que no pasara? Ella ya tiene la virtud que «ilumina extensamente las diez direcciones». ¿Qué significado podría tener un límite? Además, ¿se les prohibiría pasar a las diosas? ¿Se les prohibiría pasar a las ninfas? Incluso las diosas y las ninfas son seres que todavía no han cortado la ilusión: no hacen más que vagar sin rumbo por las cosas ordinarias. Cuando se equivocan, se equivocan; cuando no [se equivocan], no se equivocan. Las mujeres humanas y las mujeres bestias, también, cuando se equivocan, se equivocan; cuando no se equivocan, no se equivocan. [Pero]

¿quién se interpondría en la vía de los dioses o en la vía de las deidades? [Las *bhikṣuṇīs*] han asistido a la orden del Buddha de los tres tiempos; han aprendido en la práctica en el lugar del Buddha. Si [los lugares] difieren del lugar del Buddha y de la orden del Buddha, ¿quién puede confiar en ellos como el Dharma del Buddha? [Aquellos que excluyen a las mujeres] son simplemente locos muy ignorantes que defraudan y engañan a la gente secular. Son más ignorantes que un perro salvaje que se preocupa porque su escondrijo pueda ser robado por un ser humano. Los discípulos del Buddha, tanto *bodhisattvas* como *śrāvakas*, tienen las siguientes categorías: primero *bhikṣu*, segundo *bhikṣuṇī*, tercero *upāsaka* y cuarto *upāsikā*. Estas categorías son reconocidas tanto en el cielo como en el mundo humano, y se han oído desde hace mucho. Siendo esto así, aquellos que se clasifican como segundos entre los discípulos del Buddha son superiores a los sagrados reyes que giran la rueda,[81] y superiores a Śakra-devānām-indra.[82] No debería haber un lugar donde no pudieran ir. Todavía menos deberían [las *bhikṣuṇīs*] ser comparadas junto a reyes y ministros de una nación menor en una tierra remota. [Pero] cuando miramos a los actuales «lugares de la verdad» donde una *bhikṣuṇī* no puede entrar, cualquier aldeano, palurdo, granjero o viejo leñador puede entrar cuando quiera. Aún menos sería rechazado un rey, un señor, un oficial o un ministro. Comparando palurdos con *bhikṣuṇīs*, en términos de aprender la verdad o en términos de lograr posición, ¿quién es, en conclusión, superior y quién inferior? Tanto si se discute esto de acuerdo con las reglas seculares como de acuerdo con el Dharma del Buddha, [uno debería pensar que] a los aldeanos y los palurdos no se les debería permitir ir a donde las *bhikṣuṇīs* pudieran ir. [La situación en Japón] está completamente desquiciada. [Nuestra] nación inferior es la primera en dejar esta mancha [en su historia]. Es lamentable. Cuando las hijas mayores del padre compasivo del triple mundo llegaron a un país pequeño, encontraron lugares a donde se les prohibió ir. Por otro lado, los miembros que viven en esos lugares llamados «santuarios» no tienen miedo [de cometer] las diez equivocaciones[83] y violan los diez preceptos importantes[84] uno tras otro. ¿Es simplemente que, en su mundo de equivocaciones, odian a la gente que no se equivoca? Más todavía, una falta mortal[85] es, en efecto, un asunto serio;

aquellos que viven en santuarios pueden incluso haber cometido faltas mortales. Simplemente deberíamos eliminar tales mundos de demonios. Deberíamos aprender la enseñanza moral del Buddha y entrar en el mundo del Buddha. Esto naturalmente puede ser [el modo] de devolver la benevolencia del Buddha. ¿Han entendido estos tradicionalistas[86] el significado del santuario o no? ¿De quién han recibido su transmisión? ¿Quién los ha cubierto con el sello de la aprobación? Los que vengan en «este gran mundo santificado por los *buddhas*» –tanto si son los *buddhas*, los seres vivos, la Tierra o el vacío– se liberarán de grilletes y ataduras y regresarán al estado original que es el maravilloso Dharma de los *buddhas*. Siendo esto así, cuando los seres vivos pasan una vez [dentro de] este mundo, se cubren completamente de la virtud del Buddha. Tienen la virtud de abstenerse de la inmoralidad y la virtud de convertirse en puros y limpios. Cuando una dirección se santifica, todo el mundo del Dharma se santifica inmediatamente, y cuando un nivel se santifica, todo el mundo del Dharma se santifica. A veces los lugares se santifican usando agua, a veces los lugares se santifican usando la mente y a veces los lugares se santifican usando el vacío. En todos los casos hay tradiciones que han sido transmitidas y recibidas, y que deberíamos conocer.[87] Además, cuando santificamos un lugar, tras rociar néctar[88] y terminar las postraciones devocionales[89] –en otras palabras, tras purificar el lugar–, recitamos el siguiente poema:

Este mundo y todo el mundo del Dharma,
de manera natural están santificados, puros y limpios.

¿Han entendido este significado los tradicionalistas y veteranos que hoy en día normalmente proclaman en santuarios, o no? Creo que no pueden saber que todo el mundo del Dharma está santificado dentro [del acto de] la santificación en sí misma. Claramente, ebrios en el vino del *śrāvaka*, consideran un pequeño lugar como un gran mundo. Permitámonos esperar que espabilen de su habitual ilusión etílica y no violen la totalidad del gran mundo de los *buddhas*. Deberíamos postrarnos para venerar la virtud por la cual [los *buddhas*], a través de actos de salvación y aceptación, cubren a todos los seres vivos con su influencia. ¿Quién podría negar que esta [postración] es el logro de la médula de la verdad?

Shobogenzo Raihai-tokuzui

Escrito en Kannondorikoshohorinji en el día de la pureza y la luminosidad[90] *en [el segundo año de] Eno.*[91]

NOTAS

1. *Daijobu*, «gran individuo» (o «buen individuo»), era originalmente un concepto que sugería un hombre de virtud confuciana. La palabra se usó más tarde en el budismo chino para referirse a alguien que se ha formado perfectamente. En japonés moderno, *daijobu* se utiliza comúnmente como adjetivo que significa «completamente correcto».
2. *Inmonin*. El Maestro Ungo Doyo, citado en el capítulo 29 (volumen 2), «Inmo», dice: «Si quieres realizar la sustancia de lo inefable, debes llegar a ser alguien inefable».
3. *Yako-zei*, o «fantasma de un zorro salvaje», a menudo sugiere la crítica al estado demasiado místico de una persona que no es lo suficientemente práctica, pero, en este caso, indica la presencia de algo natural y místico.
4. «Lograr la médula» es *tokuzui*. El Maestro Taiso Eka hizo tres postraciones al Maestro Bodhidharma y regresó a su sitio. El Maestro Bodhidharma dijo: «Has logrado mi médula». La historia aparece en el capítulo 46 (volumen 3), «Katto».
5. «Él o ella» es *kare*, que normalmente significa «él» (pronombre personal), pero que en este contexto es claramente neutral.
6. *Sun-in* significa literalmente «tres centímetros de sombra», puesto que un *sun* es una medida equivalente a un poco más de tres centímetros.
7. *Gyosoku* significa literalmente «levantando los pies». La leyenda dice que el Buddha, de manera natural, caminó sobre las puntas de los pies. Aprender a caminar sobre las puntas de los pies, por tanto, quiere decir aprender a comportarse como el Buddha.
8. Un símbolo de comportamiento honesto.
9. El Maestro Taiso Eka se cortó parte del brazo para demostrar su sinceridad al Maestro Bodhidharma (véase el capítulo 30 [volumen 2], «Gyoji»), y varios años después el Maestro Bodhidharma confirmó el estado del Maestro Taiso Eka con las palabras «has logrado mi médula».
10. *Shinjin-datsuraku*, «liberarse de cuerpo y mente», era una expresión utilizada habitualmente por el Maestro Tendo Nyojo, el maestro del Maestro Dogen.
11. Una expresión figurativa que sugiere una actitud humilde.
12. *Gozui o nyotoku seru araba* significa literalmente «si tiene "tú-tienes" "mi-médula"». *Gozui* quiere decir la médula del Maestro Bodhidharma.
13. En tiempos del Buddha, la sociedad india tenía cuatro castas: *brāhmaṇa* (sacerdotes), *kṣatriya* (la nobleza dominante), *vaiśya* (trabajadores) y *śūdra* (sirvientes). En la escala social más baja se hallaba la gente sin ninguna casta.
14. *Nyakuju nyakuseki* alude a una historia del *Mahāparinirvāṇa-sūtra*. Un demonio le dijo a un niño *bodhisattva* las dos primeras líneas de un poema de cuatro versos: «Las acciones no tienen constancia./La existencia concreta es el surgir y el pasar de los *dharmas*». El demonio manifestó que estaba demasiado hambriento para decirle al niño las dos últimas líneas, de manera que este ofreció su propio cuerpo como comida si las recitaba. Finalmente, el demonio lo hizo, diciendo: «Después de que el surgir y el pasar han cesado,/la paz y la tranquilidad son el

placer en sí mismo». El niño guardó el poema para la posteridad escribiéndolo con su sangre en algunos árboles y rocas cercanos, antes de ser devorado por el demonio.

15. *Nyaku-den nyaku-ri*. Estas palabras se originan en el Sutra del Loto. Véase SL 3.72-74.
16. *Tentai-shaku*. Véase el capítulo 2, «Maka-hannya-haramitsu», nota 28.
17. *Homushi*. El título se halla en desuso y la naturaleza exacta de la posición no está clara. *Shi* significa «gobierno oficial». Un monje que tuviera esta posición también habría sido un oficial del gobierno.
18. *Sojoshi*. Este título también está en desuso.
19. *Bhikṣuṇī* significa monja. Véase la nota 54.
20. Alude a una parábola en el capítulo del Sutra del Loto «Shinge» («Confianza y comprensión»). Véase SL 1.236.
21. El Maestro Joshu Jushin, un sucesor del Maestro Nansen Fugan. También estudió con los maestros Obaku, Hoju, Enkan y Kassan. Murió en el 897 a la edad de ciento veinte años. Gran Maestro Shinsai es su título póstumo. Véase el capítulo 35 (volumen 2), «Hakujushi».
22. *Angya*, literalmente «ir a pie», significa viajar de un sitio a otro visitando maestros budistas o de peregrinaje a lugares sagrados.
23. Se dice que el Maestro Joshu Jushin tenía sesenta y cuatro años antes de convertirse en monje budista.
24. *Shusse*, literalmente «manifestarse en el mundo», normalmente significa llegar a ser el maestro de un gran templo.
25. *Biku-so*. *Biku* representa la palabra sánscrita *bhikṣu*, que significa hombre monje. *So*, traducido por regla general como monje, tiene originalmente género neutro. A veces representa la palabra sánscrita *sangha*, como en el caso de los Tres Tesoros, *bupposo*: Buddha, Dharma y Sangha.
26. El Maestro Kankei Shikan (muerto en el año 895), sucesor del Maestro Rinzai. A lo largo de este párrafo se refiere a él como «el maestro».
27. El Maestro Rinzai quería que el Maestro Kankei estuviera en su orden. El Maestro Kankei comprendió la intención del Maestro Rinzai y estuvo de acuerdo.
28. *Shinji-shobogenzo*, parte 3, nº 17: el Maestro Kankei Shikan va a visitar al Maestro Rinzai. Al verle, el Maestro Rinzai se aferra a él. El Maestro Kankei dice: «Entendido». El Maestro Rinzai le permite marchar y dice: «Te dejaré detenerte por un rato». Cuando el Maestro Kankei se convierte en el maestro de su propio templo, proclama a la asamblea: «Cuando me encontré con el Maestro Rinzai no hubo discusión. Llegando directamente al instante presente, estoy completamente satisfecho».
29. La Maestra-monja Massan Ryonen, sucesora del Maestro Koan Daigu.
30. Literalmente, «¿por qué no has venido aquí cubriéndote?». Esto sugiere que a veces es mejor ser gentil que dar una brusca «respuesta zen».
31. El nombre propio Massan significa literalmente «Última Montaña» o «Montaña Final».
32. *Shusse*, es decir, cuando se hizo el maestro de un gran templo. Véase la nota 24.
33. «Papá» es *ya-ya*. «Mamá», *jo-jo*.

34. *Jinsoku,* literalmente «pie místico», es un término tradicional para un miembro destacado de una orden. El comentario chino *Daichidoron* (basado en el *Mahāprajñāpāramitopadeśa*) explica el término *jinsoku* de la siguiente manera: «Sus buenas habilidades son difíciles de comprender, así que las llamamos místicas. Apoyan a muchos seres vivos, así que las llamamos pies».
35. El Maestro Obaku Kiun (datos exactos desconocidos, muerto entre los años 855 y 859), sucesor del Maestro Hyakujo Ekai.
36. El Maestro Dogen explicó el significado de los términos chinos *ya* y *jo* usando el alfabeto fonético japonés.
37. El Maestro Kyozan Ejaku (807-883), sucesor del Maestro Isan Reiyu. En el texto original, el mismo nombre de Kyozan se utiliza indistintamente para el maestro, su templo y la montaña donde este se ubicaba. En esta traducción se ha especificado cada uno para clarificar el texto.
38. *Kai-in.* Esta oficina servía para negociar con laicos tales como oficiales del gobierno, comerciantes y donantes. Estaba normalmente localizada más abajo de los edificios principales del templo, en la parte baja de la montaña.
39. *Daijobu.* Véase la nota 1. Sugiere que estaba sana y vigorosa, y que tenía autocontrol.
40. La provincia de Sichuan de hoy en día.
41. El Maestro Daikan Eno (638-713), sucesor del Maestro Daiman Konin.
42. Dos monjes tienen una discusión. Uno dice: «La bandera se mueve». El otro dice: «El viento se mueve». El Maestro Daikan Eno dice: «Ni el viento ni la bandera se mueven. Vuestra mente es la que se mueve» (*Keitokudentoroku,* capítulo 5. Véase también el capítulo 29 del *Shobogenzo* [volumen 2], «Inmo»).
43. *Igi o gu su,* literalmente «preparar la forma digna», significa vestir el *kaṣāya* y tomar el *zagu* (prenda para hacer postraciones).
44. Se dice que un *bodhisattva* pasa por cincuenta y dos estadios en el camino a la budeidad. El primer grupo de diez estadios lo forman los diez estadios de la confianza. Los siguientes tres grupos de diez estadios son los tres estadios hábiles. El quinto grupo de diez estadios son los diez estadios sagrados. El quicuagésimo primer estadio es *tokaku,* «iluminación pareja», y el quincuagésimo segundo estadio es *myokaku,* «iluminación maravillosa».
45. *Hanza* significa literalmente «medio asiento», una referencia a la historia que relata cómo el Buddha compartió su asiento con el Maestro Mahākāśyapa.
46. Hermana mayor y tía se refieren a una mujer que es mayor en años y más profunda en la experiencia, en comparación con uno mismo.
47. En el Sutra del Loto, el Buddha explica que hay cuatro clases de budistas: *śrāvaka* (literalmente «escuchador»), *pratyekabuddha* (literalmente «el iluminado independientemente»), *bodhisattva* (literalmente «ser iluminado») y *buddha.* Estas clases fueron además subdivididas. Un *arhat* es el cuarto y último estado de un *śrāvaka.* Para más explicaciones, véase el capítulo 24 (volumen 2), «Bukkyo».
48. Los cuatro elementos son la tierra, el agua, el fuego y el aire, los cuales representan el mundo material.
49. Los cinco agregados son forma, sentir, percepción, volición y conciencia, y representan el mundo fenoménico.

50. *Koji*, «cabeza de familia», representa la palabra sánscrita *gṛhapati*, que significa «el maestro de un cabeza de familia». En aquel tiempo, el concepto de *koji* también provenía del confucianismo: un hombre que no trabajaba para el gobierno imperial pero estudiaba el confucianismo como civil, era llamado *koji*.
51. *Shukke*. *Shutsu* quiere decir «salir de» o «trascender» y *ke*, «casa», «hogar» o «familia». Al mismo tiempo sugiere la red de relaciones sociales y económicas conectadas inevitablemente con la vida familiar. Como verbo, *shukke* significa «hacerse monje budista», y como sustantivo, «monje».
52. *Jinro*, «labores polvorientas», indica, en este contexto, el trabajo secular.
53. *Un-no-ka-bei* significa literalmente «nubes-parches-bruma-mangas». Las nubes y la niebla sugieren la vida libre y natural de un monje budista. Los parches y las mangas, por su parte, apuntan a los hábitos budistas y las togas con mangas anchas llevadas habitualmente por los monjes de China y Japón.
54. *Shinshu* o los cuatro grupos de seguidores budistas: *bhikṣus* (monjes), *bhikṣuṇīs* (monjas), *upāsakas* (hombres laicos) y *upāsikās* (mujeres laicas).
55. Véase SL 2.224.
56. Los cuatro estadios de un *śrāvaka* son: *srotāpanna* (el que entra en la corriente), *sakṛdāgāmin* (el que regresa una vez), *anāgāmin* (el que no retorna) y *arhat* (el último estadio que es el cuarto efecto). Un *arhat* es un *śrāvaka* que ha superado todos los obstáculos y no necesita aprender nada más. En el capítulo 34 (volumen 2), «Arakan», el Maestro Dogen identifica *arhat* y *buddha*.
57. La voluntad de salvar a otros antes de que nos salvemos a nosotros mismos. Véase el capítulo 69 (volumen 3), «Hotsu-mujoshin»; el capítulo 70 (volumen 3), «Hotsu-bodaishin», y el capítulo 93 (volumen 4), «Doshin».
58. El emperador tendría varias esposas. Los ministros estarían impacientes por hacer a sus hijas reinas consortes.
59. En aquellos días el budismo era altamente venerado en la sociedad japonesa, de manera que a las mujeres aristocráticas les gustaba tener una posición con título en un templo budista.
60. Referencias a viejas historias chinas y japonesas. En el *Kojiki* (Crónicas de asuntos antiguos), un libro de antiguas leyendas niponas, se cuenta la historia de una mujer que fue estimulada sexualmente por los rayos del sol.
61. Fascículo 1 del *Shibunritsu* (Vinaya en cuatro divisiones).
62. El órgano sexual masculino y el ano.
63. La uretra, el órgano sexual femenino y el ano.
64. La palabra sánscrita *pārājika* expresa una de las más serias violaciones de los preceptos que puede justificar la expulsión de la orden monástica.
65. *Upāsaka*, «hombre laico», y *upāsikā*, «mujer laica».
66. Los *tenma* son demonios del cielo que gobiernan el mundo de la volición y entorpecen el budismo. Simbolizan a la gente idealista. Las distintas clases de demonios se tratan en el capítulo 70 (volumen 3), «Hotsu-bodaishin».
67. Las palabras originales son *shujo-muhen-seigan-do*, o «los seres vivos son ilimitados: voto salvarlos». Este es el primero de *shi-gu-seigan*, los Cuatro Votos Universales: «Los seres vivos son ilimitados: voto salvarlos./Las ilusiones son

interminables: voto cesarlas./Las enseñanzas del Dharma son ilimitadas: voto aprenderlas./La verdad del Buddha es suprema: voto realizarla».

68. «Ese monje» es *nanji*, o «tú». El Maestro Dogen a menudo utiliza *nanji*, «tú» o «vosotros», para la tercera persona, «él» o «ellos», cuando critica la equivocación de alguien.
69. Quiere decir «¿por mirar a las mujeres?».
70. En el poema *Shodoka* (Canción sobre experimentar la verdad), del Maestro Yoka Genkaku, está el verso «entrando en el océano y contando las arenas, se estorban a sí mismos en vano». Contar las arenas del océano simboliza la dificultad de realizar el Dharma tan solo leyendo libros.
71. Simboliza la vida de la gente que no tiene un propósito significativo.
72. Véanse los capítulos 18 y 19, «Shin-fukatoku».
73. *Kekkai*, literalmente «área limitada», representa la palabra sánscrita *sīmābandha*, «un depositario de reglas de moralidad».
74. *Mujo-shoto-gaku*. Estos caracteres poseen el significado del sánscrito *anuttara samyaksaṃbodhi*. La palabra sánscrita *bodhi* está representada por *kaku*, literalmente «despertar» o «conciencia». Sugiere el estado que se experimenta en la mente y el cuerpo en zazen. *Bodhi* se representa comúnmente con el carácter *do*, literalmente «Vía», y a veces fonéticamente como *bodai*.
75. *Gedatsu su*. *Ge* significa «resolver» y *datsu*, «deshacerse de». Aquí *gedatsu su* se utiliza como verbo.
76. Las ocho clases de seres: *devas* (dioses), *nāgas* (dragones), *yakṣas* (demonios), *gandharvas* (músicos celestiales que se alimentan de fragancias), *asuras* (demonios beligerantes), *garuḍas* (aves que cazan dragones), *kiṃnaras* (seres medio caballo, medio hombres) y *mahoragas* (víboras). Estas criaturas fantásticas existían en las antiguas leyendas indias, de manera que fueron utilizadas en los sutras budistas para sugerir la diversidad de público que tuvo el Buddha. Véase el Glosario de términos en sánscrito y, por ejemplo, SL 2.140.
77. *Tenma*. Véase la nota 66.
78. *Sanze*, pasado, presente y futuro: la eternidad.
79. *Shika*, condición del *arhat*, el último estado en el budismo Hinayana. Véase la nota 56.
80. El último estado de un *bodhisattva* en el budismo Mahayana. Véase la nota 44.
81. *Terinjo-o*, del sánscrito *cakravarti-rāja*. En la antigua mitología india, hay cuatro reyes que gobiernan las cuatro tierras que rodean al monte Sumeru. Cada uno tiene una rueda preciosa o *cakra*.
82. El dios Indra. Véase el capítulo 2, «Maka-hannya-haramitsu», nota 28, y el Glosario de términos en sánscrito.
83. Según una de las posibles interpretaciones, las diez equivocaciones son: matar, robar, cometer adulterio, mentir, dar discursos con doble sentido, difamar, decir inútiles habladurías, codiciar, encolerizarse y dedicarse a las visiones erróneas.
84. Los diez preceptos importantes, o prohibiciones, son los siguientes: no arrebatar la vida, no robar, no lujuriar, no mentir, no vender ni consumir licores, no discutir los errores de otros budistas, no enorgullecerse de uno mismo, no

envidiar el Dharma o las posesiones de otro, no encolerizarse y no insultar a los Tres Tesoros. Véase el capítulo 94 (volumen 4), «Jukai».

85. Las cinco faltas mortales son matar al propio padre, matar a la propia madre, matar a un *arhat*, derramar la sangre del Buddha y desvertebrar la orden budista.
86. «Ellos» es originalmente *nanji* («vosotros»). Véase la nota 68.
87. Por ejemplo, es una tradición rociar con agua un lugar donde se va a celebrar una ceremonia de los preceptos.
88. *Kanro*, literalmente «dulce rocío» del sánscrito *amṛta*, significa «néctar del cielo». En este caso, «néctar» quiere decir «agua».
89. *Kimyo no rai* es una postración hecha como símbolo de dedicación de una vida. En una postración devocional, el practicante deja caer al suelo cinco partes del cuerpo: la rodilla izquierda, la rodilla derecha, el codo izquierdo, el codo derecho y la frente.
90. *Sei-mei no hi*. Este es el nombre dado al décimo quinto día posterior al equinoccio de primavera.
91. Es decir, 1240.

Capítulo 9

Keisei-sanshiki

Las voces del valle del río y la forma de las montañas

Comentario: *kei* quiere decir «valle del río»; *sei*, «sonido» o «voz»; *san*, «montaña», y *shiki*, «forma» o «color». De modo que *keisei-sanshiki* significa «las voces del valle del río y la forma de las montañas», es decir, la naturaleza. Para el budismo, este mundo es la verdad misma, y por ello la naturaleza, que es el lado material de la realidad, siempre manifiesta la ley del universo. Así, desde los tiempos antiguos, se dice que los sonidos de los ríos y la forma de las montañas son la enseñanza y el cuerpo del Buddha Gautama respectivamente. En este capítulo, por tanto, el Maestro Dogen enseñó el significado de la naturaleza en el budismo.

[209] En el supremo estado del *bodhi*, los patriarcas budistas que transmitieron la verdad y recibieron la conducta han sido muchos, y los ejemplos de ancestros pasados que redujeron sus huesos a polvo,[1] no pueden negarse. Aprende del patriarca ancestral que se cortó el brazo[2] y no difieras por el ancho de un cabello [del *bodhisattva* que] cubrió el barro.[3] Cuando cada uno de nosotros nos deshacemos de nuestra vaina, no estamos restringidos por las visiones anteriores ni por el entendimiento, y las cosas que no han estado claras durante vastos *kalpas* de repente aparecen ante nosotros. En el aquí y ahora de tal momento, el sí mismo no lo reconoce, nadie más es consciente de ello, no lo esperas e incluso los ojos del Buddha no lo vislumbran. ¿Cómo podría el intelecto humano desentrañarlo?

[210] En el gran reino de Song vivía el laico Toba, cuyo nombre era Sos-hoku y que también era llamado Shisen.[4] Parece haber sido un verdadero dragón en el mundo literario[5] y estudió a los dragones y elefantes del mundo budista.[6] Nadó felizmente en las profundidades más profundas y fluyó arriba y abajo a través de las capas de nubes.[7] Una vez visitó Lushan.[8] En la historia, escucha los sonidos de la corriente de una montaña fluyendo en la noche y realiza la verdad. Compone el siguiente poema y lo presenta al Maestro Zen Joso:[9]

> *Las voces del valle del río son la ancha y larga lengua [del Buddha],*[10]
> *la forma de las montañas no es otra que la de su cuerpo puro.*
> *A través de la noche, ochenta y cuatro mil versos.*
> *Otro día, ¿cómo puedo contárselo a otros?*

Cuando presenta este poema al Maestro Zen [Jo]so, el Maestro Zen [Jo]so lo confirma. [Jo]so quiere decir el Maestro Zen Shokaku Joso, un sucesor del Dharma del Maestro Zen Oryu Enan.[11] [E]nan es un sucesor del Dharma del Maestro Zen Jimyo Soen.[12] Una vez, cuando el laico [Toba] se encontró con el Maestro Zen Butsuin Ryogen,[13] Butsuin le dio un manto del Dharma, los preceptos budistas, etcétera, y el laico siempre llevó el manto budista para practicar la verdad. El laico regaló a Butsuin un valiosísimo cinturón de joyas. La gente de la época decía: «Su conducta está más allá de la gente común». De manera que la historia de realizar la verdad escuchando el valle del río puede ser beneficiosa para aquellos que se retrasan en la corriente. Es una pena que, tantas veces, la forma concreta de la enseñanza, proclamando el Dharma por la manifestación del cuerpo,[14] parezca haberse fugado. ¿Qué ha hecho que [el laico Toba] vea de una nueva manera la forma de las montañas y escuche las voces del valle del río? ¿Una simple frase?

¿Media frase? ¿U ochenta y cuatro mil versos? Es una pena que los sonidos y las formas se hayan estado escondiendo en las montañas y las aguas, pero deberíamos agradecer que haya momentos, causas y condiciones mediante los cuales [los sonidos reales y las formas] se aparezcan en las montañas y las aguas. La manifestación de la lengua nunca desfallece. ¿Cómo podría la forma del cuerpo existir y desaparecer? Al mismo tiempo, ¿deberíamos aprender que están cerca cuando se muestran o deberíamos aprender que están cerca cuando están ocultos? ¿Deberíamos verlos como unidad, o deberíamos verlos como una mitad?[15] En anteriores primaveras y otoños [el laico Toba] no ha visto ni escuchado las montañas ni las aguas, pero en los momentos «a través de la noche», es apenas capaz de ver y escuchar las montañas y las aguas. Los *bodhisattvas* que están aprendiendo ahora la verdad deberían también abrir la puerta del aprendizaje [comenzando] por las montañas que fluyen y el agua que no fluye.[16] El día anterior a la noche durante la que el laico ha realizado la verdad, ha visitado al Maestro Zen [Jo] so y le ha preguntado sobre las historias de «lo no-emocional proclamando el Dharma».[17] Bajo las palabras del maestro zen, la forma de su voltereta es todavía inmadura,[18] pero cuando las voces del valle del río se escuchan, las olas se rompen en ellas mismas y la espuma se choca en las alturas del cielo. Siendo esto así, ahora que las voces del valle del río han sorprendido al laico, ¿deberíamos achacarlo a las voces del valle del río o a la influencia de Shokaku? Sospecho que las palabras de Shokaku sobre «lo no-emocional proclamando el Dharma» no han dejado de hacerse eco, pero se están mezclando en secreto con los sonidos de la corriente de la montaña en la noche. ¿Quién podría afirmar empíricamente esta situación como un solo galón?[19] ¿Quién podría rendirle homenaje[20] como todo el océano? En conclusión, ¿está el laico realizando la verdad o son las montañas y las aguas las que realizan la verdad? ¿Cómo podría cualquiera que tiene ojos clarificados no ponerse inmediatamente en sus ojos [y mirar] a la manifestación de la larga lengua y el cuerpo puro?

[215] Otro caso: el Maestro Zen Kyogen Chikan[21] estaba aprendiendo la verdad en la orden del Maestro Zen Daii Daien.[22] En una ocasión, Daii dice: «Eres mordaz y brillante y tienes una gran comprensión. Sin citar ningún texto o comentario, dime una frase en el estado que tenías antes de que tus padres hubieran nacido».[23] Kyogen piensa varias veces qué decir pero no es capaz. Se arrepiente profundamente del estado de su cuerpo-y-mente y examina los libros que ha conservado durante años, pero todavía está sin habla. Al final, quema todos los escritos que ha coleccionado durante años y dice: «Un pastel de arroz que está pintado en un cuadro[24] no puede apartar el hambre. Bajo mi juramento, no desearé comprender el Dharma del Buddha en esta vida. Tan solo quiero ser el monje que sirve las gachas de la mañana y la comida del mediodía». Habiendo dicho esto, pasa años y meses como sirviente de las comidas. «El monje que sirve las gachas de la mañana y la comida del mediodía» significa uno que sirve a los otros monjes el desayuno y la comida del mediodía;[25] sería como un «camarero con librea»[26] en esta región. Mientras está así ocupado, le dice a Daii: «Chikan está embotado en el cuerpo-y-mente y no puede expresar la verdad. ¿Me diría algo el maestro?». Daii dice: «No me importaría decirte algo, [pero si lo hiciera] tal vez me guardarías rencor después». Tras años y meses en tal estado, [Chikan] entra en la montaña Butozan, siguiendo las huellas del Maestro Nacional Daisho,[27] y hace una choza de paja sobre los restos de la ermita del Maestro Nacional. Ha plantado bambú y lo ha hecho su amigo. Un día, mientras está barriendo el camino, un trozo de teja sale volando y golpea un bambú, haciendo un ruido. Escuchando este sonido, súbitamente realiza el gran estado de realización. Se baña y purifica y, de cara a Daiizan, quema incienso y hace postraciones. Entonces, dirigiéndose al [Maestro] Daii dice: «¡Gran Maestro Daii! Si me lo hubieras explicado antes, ¿cómo habría sido esto posible? La profundidad de tu bondad sobrepasa a la de un padre». Finalmente, compone el siguiente poema:

Perdí el reconocimiento con un simple golpe.
No necesito practicar más la autodisciplina.
Manifiesto [mi] comportamiento al modo de los antiguos,
sin caer nunca en el abatimiento.
No hay huellas por ningún lado:
[el estado] es el digno comportamiento más allá del sonido y la forma.
La gente de todos los lugares que ha realizado la verdad
elogiará [estas] hazañas supremas.

Enseña el poema a Daii. Daii dice: «Este discípulo está completo».[28]

[218] Otro caso: el Maestro Zen Raiun Shigon[29] busca la verdad durante treinta años. Un día, mientras pasea por las montañas, se detiene a descansar al pie de una colina y divisa los pueblos en la distancia. Es primavera y los melocotoneros están completamente florecidos. Viéndolos, repentinamente realiza la verdad. Compone el siguiente poema y se lo presenta a Daii:

Durante treinta años, un viajero buscando una espada.[30]
¿Cuántas veces han caído las hojas y germinado los brotes?
Tras una mirada a los melocotoneros en flor,
he llegado directamente al presente y no tengo más dudas.

Daii dice: «Uno que ha entrado confiando en los fenómenos externos nunca retrocederá o desfallecerá».[31] Esta es su confirmación. ¿Qué persona que ha penetrado no confiaría en los fenómenos externos? ¿Qué persona que ha penetrado podría retroceder o desfallecer? [Las palabras de Isan] no son tan solo sobre [Shi]gon. Finalmente, [Shigon] sucede en el Dharma a Daii. Si la forma de las montañas no es el cuerpo puro, ¿cómo podrían las cosas así ser posibles?

[220] Un monje le pregunta al Maestro Zen Chosha [Kei]shin:[32] «¿Cómo podemos hacer que las montañas, los ríos y la Tierra nos pertenezcan?». El maestro dice: «¿Cómo podemos hacer que pertenezcamos a las montañas, los ríos y la Tierra?».[33] Esto quiere decir que nosotros somos de manera natural nosotros, e incluso aunque somos las montañas, los ríos y la Tierra, no deberíamos ser restringidos por la propiedad.

[221] El Maestro Ekaku de Roya, [nombrado] Gran Maestro Kosho,[34] es un descendiente lejano de Nangaku.[35] Un día [Chosui] Shisen,[36] un orador de una secta filosófica, le pregunta: «¿Cómo es que la pura esencialidad repentinamente da lugar a las montañas, los ríos y la Tierra?». Cuestionado así, el maestro dice: «¿Cómo es que la pura esencialidad repentinamente da lugar a las montañas, los ríos y la Tierra?».[37] Aquí se nos dice que no confundamos las montañas, los ríos y la Tierra, que son justamente la pura esencialidad, con «las montañas, los ríos y la Tierra». Sin embargo, puesto que el profesor de los sutras nunca ha escuchado esto ni en sueños, no conoce las montañas, los ríos y la Tierra como las montañas, los ríos y la Tierra.

[222] Recuerda, si no fuera por la forma de las montañas y las voces del valle del río, tomar una flor no proclamaría nada[38] y el que lograra la médula no podría estar de pie en su sitio.[39] Confiando en la virtud de los sonidos del valle del río y la forma de las montañas, «la Tierra y todos los seres sintientes realizan la verdad simultáneamente»,[40] y hay muchos *buddhas* que realizan la verdad viendo la estrella luminosa. Sacos de piel en este estado son los sabios maestros del pasado, cuya voluntad de perseguir el Dharma era muy profunda. La gente del presente no debería dejar de estudiar sus huellas sin falta. Ahora, también los verdaderos practicantes que no se preocupen por la fama y el provecho deberían establecer una resolución similar. En [esta] remota esquina de la época reciente, la gente que busca sinceramente el Dharma del Buddha es muy escasa. No están ausentes, pero son difíciles de encontrar. Hay muchos que derivan en el monacato y que parecen haber dejado el mundo secular, pero que tan solo utilizan el budismo como puente para la fama y el provecho. Es patético y lamentable que no se arrepientan de su paso por esta vida[41] y sin embargo lleven a cabo vanamente sus tristes y oscuros asuntos. ¿Cuándo pueden esperar liberarse y realizar la verdad? Incluso aunque encuentren un verdadero maestro, podría no gustarles el verdadero dragón.[42] Mi difunto [maestro, el] *buddha* [eterno], llama a tales individuos «gente lamentable».[43] Son así debido al mal que han hecho en épocas pasadas. Aunque han recibido una vida, no tienen la voluntad para buscar el Dharma por el bien del Dharma, y así, cuando se encuentran al verdadero Dharma dudan del verdadero dragón, y cuando se encuentran con el verdadero Dharma no gustan al verdadero Dharma. Su cuerpo, mente, huesos y carne nunca han vivido siguiendo el Dharma y de este modo no están de mutuo acuerdo con el Dharma; no reciben y usan [en armonía] el Dharma. Los fundadores de sectas, profesores y discípulos han continuado una transmisión así durante mucho tiempo. Explican la mente del *bodhi* como si estuvieran relatando un viejo sueño. Qué lamentable es eso: habiendo nacido en el tesoro de la montaña, no saben qué tesoro es y no ven tesoro alguno. ¿Cuánto menos podrían [de hecho] conseguir el tesoro del Dharma? Después de que establezcan la mente del *bodhi*, incluso aunque pasen a través del ciclo de los seis estados[44] o los cuatro modos de nacimiento,[45] las causas y condiciones de ese curso cíclico serán todas las acciones y votos del estado del *bodhi*. Por tanto, aunque hayan desperdiciado un tiempo precioso en el pasado, tan pronto como su vida presente continúe, deberían, sin demora, hacer el siguiente voto: «Espero que, junto con todos los seres vivos, pueda escuchar el Dharma correcto durante esta vida y durante todas las vidas en el futuro. Si puedo escucharlo, nunca dudaré del Dharma correcto y nunca seré desconfiado. Cuando encuentre el Dharma correcto, descartaré las reglas seculares y recibiré y mantendré el Dharma del Buddha de manera que la Tierra y los seres sintientes puedan finalmente realizar la verdad juntos». Si hiciéramos un voto como este, se convertiría de manera natural en la causa y la condición para el auténtico establecimiento de la mente. No niegues ni descuides esta actitud de la mente. En este país de Japón, una esquina remota más allá de los océanos, la mente de la gente es extremadamente ignorante. Desde los tiempos antiguos, ningún santo ni ningún sabio por naturaleza ha nacido jamás [aquí]. No es necesario decir entonces que los verdaderos hombres que aprenden la verdad son muy escasos. Cuando [una persona] le habla acerca de la voluntad para la verdad a la gente que desconoce la voluntad para la verdad, el buen consejo ofende a sus oídos y por tanto no reflexionan sobre ellos mismos, sino que [solo] llevan el resentimiento hacia la otra persona. Como regla general sobre las acciones y votos que son la mente del *bodhi*, no deberíamos tener la intención de dejar saber a la gente mundana si hemos o no establecido la mente del *bodhi*, o si hemos o no practicado la verdad; deberíamos esforzarnos en ser desconocidos. ¿Cuánto menos podríamos alardear de nosotros mismos? Puesto que la gente de hoy raramente busca lo que es real, cuando los elogios de otros están disponibles parecen querer que alguien les diga que su práctica y comprensión se han armonizado, incluso aunque no haya práctica en su cuerpo ni realización en su mente. «En medio de la ilusión aumentar la ilusión»[46] describe esto exactamente. Deberíamos desechar esta mente errónea inmediatamente. Cuando se aprende la verdad, lo que es difícil de ver y escuchar es la actitud de la mente [basada en] el Dharma correcto. Esta actitud de la mente es la que ha sido transmitida y recibida por los *buddhas*, de *buddha* a *buddha*. Ha sido transmitida y recibida como la luminosidad del Buddha y la mente del Buddha. Desde el momento en el que el Tathāgata estaba en el mundo hasta hoy, mucha gente parece haber considerado que nuestro cometido en el aprendizaje de la verdad[47] es conseguir la fama y el provecho. Si, sin embargo, encontrándose con las enseñanzas de un verdadero maestro, regresaran y buscaran el Dharma correcto, realizarían de manera natural la verdad. Deberíamos tener en cuenta que la enfermedad descrita arriba podría estar hoy presente en el aprendizaje de la verdad. Por ejemplo, entre los primerizos y los novicios, y entre veteranos que han practicado durante mucho tiempo, algunos han conseguido la formación para recibir la transmisión de la verdad y transferir la conducta, y algunos no han conseguido la formación. Puede haber algunos que la tengan en su naturaleza de aprender, venerando a los antiguos. Puede también haber demonios insultantes que no aprendan. No deberíamos ni amar ni detestar a cualquiera de estos grupos. [Sin embargo], ¿cómo podemos no arrepentirnos? ¿Cómo podemos no tener resentimiento? Quizás ninguno tenga resentimiento porque casi ninguno ha reconocido los tres venenos como los tres venenos.[48] Por otra parte, no deberíamos olvidar la determinación que teníamos cuando comenzamos la preciosa búsqueda de la verdad del Buddha. Eso quiere decir que, cuando primero establecemos la voluntad, no estamos buscando el Dharma sin preocuparnos por otros y, habiendo descartado la fama y el provecho [ya], no estamos buscando la fama ni el provecho; simplemente estamos dirigiéndonos con determinación a la búsqueda de la verdad. Nunca estamos esperando la veneración y las ofrendas de reyes ni ministros. Sin embargo, tales causas y condiciones [para la voluntad de obtener fama y provecho] están hoy presentes. [Fama y provecho] no son un propósito original y no son [verdaderos] objetos de búsqueda. Ser atrapados por las cadenas que atan a los seres humanos y los dioses es [exactamente] lo que no esperamos. La gente loca, sin embargo, incluso aquella que tiene la voluntad para la verdad, pronto olvida su resolución original y equivocadamente espera las ofrendas de seres humanos y dioses, sintiéndose agradecida de que la virtud del Dharma del Buddha le haya llegado. Si las devociones de reyes y ministros son frecuentes, [la gente loca] piensa: «Eso es la realización de mi propio camino moral». Este es uno de los demonios [que entorpecen] el aprendizaje de la verdad. Aunque no debamos olvidar la mente de la compasión, no deberíamos regocijarnos [en recibir devociones]. Recuerda las palabras doradas del Buddha: «Incluso mientras el Tathāgata está vivo, hay muchos que han odiado y despreciado».[49] Tal es el principio de que el ignorante no reconoce al sabio y los pequeños animales hacen enemigos a los grandes santos.

[230] Además, muchos de los maestros ancestrales de los Cielos del Oeste han sido destruidos por no-budistas, por los dos vehículos,[50] por reyes, etcétera,[51] pero esto no se debe nunca a la superioridad de los no-budistas o a la ausencia de clarividencia de los maestros ancestrales. Después de que el Primer Patriarca[52] viniera del oeste, colgó su palo de viaje en las montañas Suzan,[53] pero ni Bu (ch. Wu) de la dinastía Liang ni el gobernante de la dinastía Wei sabían quién era.[54] En aquel tiempo, había un par de perros conocidos como Bodhiruci Sanzo[55] y el Profesor de los Preceptos Kozu. Temiendo que su fama vacía y su falso provecho pudieran ser frustrados por una persona correcta, se comportaron como si miraran al sol en el cielo y trataran de ocultarlo.[56] Son incluso más terribles que Devadatta,[57] quien [vivió cuando el Buddha] estaba en el mundo. Qué lamentables son. La fama y el provecho que ellos[58] aman tan profundamente es más repugnante que ensuciar al maestro ancestral. Que tales hechos ocurran no se debe a ninguna imperfección en el poder del Dharma del Buddha. Deberíamos recordar que hay perros que ladran a la buena gente. No te preocupes por los perros que ladran. No les guardes ningún rencor. Promete dirigirlos y guiarlos. Explícales: «Aunque seais animales, deberíais establecer la mente del *bodhi*». Un sabio maestro del pasado ha dicho: «Simplemente son animales con rostros humanos», pero puede también haber un cierto tipo de demonio que se consagre a ellos y les realice ofrendas. Un antiguo *buddha* ha dicho: «No te acerques a reyes, príncipes, ministros, gobernantes, brahmanes o gente secular».[59] Esta es verdaderamente la forma de comportamiento que la gente que quiere aprender la verdad del Buddha no debería olvidar. [Cuando] los *bodhisattvas* estén al comienzo del aprendizaje, su virtud, en consonancia con su progreso, se acumulará.

[232] Además, ha habido ejemplos, desde los tiempos antiguos, del dios Indra llegando a probar la determinación de un practicante, o de *mārapāpīyas*[60] dificultando el aprendizaje de un practicante. Estas cosas siempre suceden cuando [el practicante] no se ha deshecho de la fama y el provecho. Cuando [el espíritu] de la gran benevolencia y la gran compasión es profundo, y cuando el voto de extensamente salvar a los seres vivos es maduro, estos obstáculos no aparecen. Hay casos en los que el poder de la práctica de manera natural toma posesión de una nación. Hay casos en los que [un practicante] parece haber alcanzado la fortuna mundana. En tales momentos, reexamina el caso cuidadosamente. No te duermas sin considerar el caso particular. La gente loca se deleita [en la fortuna mundana], como perros ignorantes chupando un hueso seco. Lo juicioso y lo sagrado la detestan como la gente mundana detesta la inmundicia y el excremento.

[233] En general, el pensamiento sentimental de un principiante no puede imaginar la verdad del Buddha –[el principiante] lo intenta, pero no acierta–. Incluso aunque no penetremos [en la verdad] como principiantes, no deberíamos negar que hay en el último estado una realización perfecta. [Con todo], las profundidades interiores[61] del estado perfecto están más allá de la conciencia superficial del principiante. [El principiante] debe esforzarse, a través de la conducta concreta, en trazar el camino de los antiguos santos. En este momento, al visitar profesores y buscar la verdad, hay montañas que subir y océanos que cruzar. Mientras buscamos un profesor guía, o esperamos encontrar un [buen] consejero, uno baja de los cielos o brota de la tierra.[62] En el lugar donde lo encontramos, él hace a los seres sintientes decir la verdad y a los seres no-sintientes[63] decir la verdad, y escuchamos con el cuerpo y escuchamos con la mente. «Escuchar con los oídos» es el té y las comidas de cada día, pero «escuchar el sonido a través de los ojos»[64] es justamente la ambigüedad[65] o la indecisión[66] en sí mismas. Encontrándonos con el Buddha, nos encontramos a nosotros mismos como *buddhas* y a los otros como *buddhas*, y nos encontramos con grandes *buddhas* y pequeños *buddhas*. No te sorprendas o asustes de un gran *buddha*. No dudes o te preocupes por un pequeño *buddha*. Los grandes *buddhas* y los pequeños *buddhas* aquí referidos son reconocidos, en el presente, como la forma de las montañas y las voces del valle del río. Aquí existe la ancha y larga lengua, y existen los ochenta y cuatro mil versos. La manifestación es «mucho más transcendente» y la intuición es «única y excepcional».[67] Por esta razón, las [enseñanzas] seculares dicen: «Se hace cada vez más alto, y cada vez más difícil».[68] Y un *buddha* del pasado dice: «Impregna[69] el cielo e impregna los meridianos». Los pinos de primavera poseen una frescura constante y el crisantemo de otoño posee una belleza sublime, pero no son nada más que lo directo y lo concreto.[70] Cuando los buenos consejeros llegan a este campo de arroz,[71] pueden ser los grandes maestros de seres humanos y dioses. Alguien que casualmente afecta a las formas de enseñar a otros, sin llegar a este campo de arroz, es un gran perjuicio para los seres humanos y los dioses. ¿Cómo podría [la gente] que desconoce los pinos de primavera y no ve el crisantemo de otoño merecer el precio de sus sandalias de paja? ¿Cómo podrían cortar las raíces?

[236] Más aún, si la mente o la carne crecieran vagas y desconfiadas, deberíamos incondicionalmente confesarnos ante el Buddha. Cuando hacemos esto, el poder de la virtud de la confesión ante el Buddha nos salva y nos hace puros. Esta virtud puede promover sin obstáculos la pura confianza y la fortaleza. Una vez que la pura confianza se revela a sí misma, tanto el sí mismo como el mundo exterior se mueven [en la acción] y el beneficio universalmente cubre a los seres sintientes y a los no-sintientes. La intención general [de la confesión] es la siguiente:

> Ruego para que, aunque mis muchas malas acciones en el pasado se hayan acumulado una tras otra, y haya causas y condiciones que hayan obstruido la verdad, los *buddhas* y patriarcas que realizaron la verdad siguiendo la Vía del Buddha muestren compasión por mí, causen la disolución del karma acumulado y retiren los obstáculos para aprender la verdad. Que su virtud y sus puertas del Dharma llenen vastamente e impregnen el ilimitado mundo del Dharma [y me] permitan compartir su compasión. En el pasado, los patriarcas budistas eran [iguales] a nosotros, y en el futuro nosotros podemos llegar a ser patriarcas budistas. Cuando buscamos a los patriarcas budistas, son un solo patriarca budista, y cuando reflexionamos sobre el establecimiento de la mente,

es un único establecimiento de la mente. Cuando [los patriarcas budistas] irradian su compasión en todas las direcciones,[72] podemos asir oportunidades favorables y caemos en oportunidades favorables. Por tanto, en las palabras de Ryuge,[73] «si no realizáramos la perfección en vidas pasadas, deberíamos realizar la perfección en el presente. Con esta vida podemos liberar el cuerpo que es la acumulación de vidas pasadas. Los *buddhas* eternos, antes de realizar la verdad, eran igual que las personas de hoy. Después de realizar la verdad, las personas de hoy serán *buddhas* eternos».

Tranquilamente, deberíamos dominar este razonamiento. Esta es la experiencia directa de la realización del estado de *buddha*. Cuando nos confesamos así, la ayuda mística de los patriarcas budistas está invariablemente presente. Revelando los pensamientos en nuestra mente y la forma de nuestro cuerpo, deberíamos confesarnos ante el Buddha. El poder de la confesión causa la cesación de las raíces de las acciones equivocadas. Esta es la práctica correcta de un color;[74] es la confianza correcta en la mente y la confianza correcta en el cuerpo. En el momento de la práctica correcta, ni las voces del valle del río, ni la forma del valle del río, ni la forma de las montañas, ni las voces de las montañas envidian sus ochenta y cuatro mil versos. Cuando el sí mismo no envidia la fama ni el provecho, ni el cuerpo, ni la mente, el valle del río y las montañas, igualmente, no envidian nada. Incluso aunque las voces del valle del río y la forma de las montañas continúen durante la noche produciendo, y no produciendo, ochenta y cuatro mil versos, si no has comprendido con todo tu ser que los valles del río y las montañas se manifiestan como valles del río y montañas, ¿quién podría verte y escucharte como las voces del valle del río y la forma de las montañas?

SHOBOGENZO KEISEI-SANSHIKI

Proclamado a la asamblea en Kannondorikoshohorinji cinco días después del comienzo del retiro en el segundo año de Eno.[75]

NOTAS

1. Simboliza la obstinada perseverancia en buscar la verdad.
2. El Maestro Taiso Eka. Véase el capítulo 30 (volumen 2), «Gyoji».
3. En una vida pasada como *bodhisattva,* el Buddha extendió su cabello sobre un charco de fango para que su maestro, el Buddha Dīpaṃkara, pudiera caminar sobre él.
4. El poeta chino So Toba (1036-1101). Toba era su seudónimo. *Koji* es un título utilizado para un budista laico (véase el capítulo 8, «*Raihai-tokuzui*», nota 50). Soshoku era su nombre formal, aunque también utilizó el de Shisen. Como los monjes budistas, los escritores de China a menudo tenían distintos nombres.
5. *Hitsukai* significa literalmente «el océano del pincel».
6. Leyó los escritos de destacados maestros budistas.
7. El Maestro Dogen alaba su habilidad como poeta.
8. Una región de China célebre por sus hermosos paisajes.
9. El Maestro Shokaku Joso (1025-1091), sucesor del Maestro Oryu Enan.
10. La ancha y larga lengua es una de las treinta y dos marcas distintivas del Buddha.
11. El Maestro Oryu Enan (1002-1069), sucesor del Maestro Sekiso Soen. Vivió en el monte Oryu y fue considerado el fundador de la secta Oryu. Su título póstumo es Maestro Zen Fukaku.
12. El Maestro Jimyo (Sekiso) Soen (986-1039), sucesor del Maestro Fun`yo Zensho.
13. El Maestro Butsuin Ryogen (1032-1098). Maestro Zen Butsuin es su título póstumo.
14. *Genshin-seppo* significa «manifestando el cuerpo y proclamando el Dharma». La expresión deriva del capítulo 25 («Kanzeon-bosatsu-fumon») del Sutra del Loto, donde el Bodhisattva Avalokiteśvara se aparece en cuerpos diferentes para proclamar el Dharma a distintos seres. Véase SL 3.252.
15. ¿Deberíamos verlos como idea (como un todo inclusivo), o deberíamos verlos materialmente (como una mitad concreta)?
16. En otras palabras, el estudio de la naturaleza es una puerta para entrar en el budismo. *Sanryu-sui-furyu,* literalmente «las montañas fluyen, las aguas no fluyen», expresa la relatividad de la naturaleza.
17. «Mujo-seppo» es el título del capítulo 53 (volumen 3), que contiene varias historias sobre la proclamación del Dharma por lo no-emocional (es decir, la naturaleza).
18. Su cuerpo no hizo una voltereta para adentrarse en el estado de la acción bajo las palabras del maestro.
19. El *issho* es una medida de capacidad equivalente aproximadamente a 1`8 litros.
20. *Choshu* significa literalmente «homenaje matutino». La expresión deriva de la antigua costumbre china de tomar decisiones gubernamentales por la mañana ante el emperador. En esta frase y en la anterior, el Maestro Dogen niega las dos visiones extremas del materialismo y el idealismo: ver solo las cosas como aisladas y concretas, y únicamente venerar las abstracciones generales.

21. El Maestro Kyogen Chikan (muerto en el año 898), sucesor del Maestro Isan Reiyu. Tomó los preceptos originalmente bajo el maestro del Maestro Isan, Hyakujo Ekai, y más tarde fue estudiante del propio Maestro Isan. Escribió más de doscientos poemas.
22. El Maestro Isan Reiyu (771-853), sucesor del Maestro Hyakujo Ekai. Daii (o Isan) es el nombre de la montaña donde vivió (Daiizan). El emperador Senso de la dinastía Tang le dio el título póstumo de Maestro Zen Daien. Se hizo monje a los quince años y fue estudiante del Maestro Hyakujo cuando tenía veintitrés. Es conocido por ser el fundador de la secta Igyo.
23. En otras palabras, basándose en la realidad que transciende pasado, presente y futuro.
24. Véase el capítulo 40 (volumen 2), «Gabyo».
25. Los monjes solo ingerían ligeros refrigerios después la comida del mediodía, así que esta y las gachas del desayuno eran sus dos únicas comidas.
26. *Baisenekiso*. La labor del *baisenekiso* era esperar a alguien de alto rango.
27. El Maestro Nan`yo Echu (muerto en el año 775), sucesor del Sexto Patriarca (el Maestro Daikan Eno). Maestro Nacional Daisho era su título como profesor del emperador. Tras retirarse, construyó una cabaña en el monte Buto y vivió allí solo.
28. *Shinji-shobogenzo*, parte 1, nº 17. La versión registrada en el *Shinji-shobogenzo*, en caracteres chinos, es ligeramente distinta de la versión de este capítulo.
29. El Maestro Reiun Shigon (fechas desconocidas), también sucesor del Maestro Isan Reiyu.
30. Simboliza algo muy penetrante y definido o extremo.
31. *Shinji-shobogenzo*, parte 2, nº 55.
32. El Maestro Chosha Keishin (muerto en el año 868), sucesor del Maestro Nansen Fugan. Al principio enseñó budismo desplazándose de un sitio a otro sin un templo propio. Más tarde se fue a vivir a Choshazan. La gente de aquel momento le llamaba Shin Daichu o «Keishin el tigre», puesto que sus enseñanzas eran muy profundas y firmes. Citado varias veces en el capítulo 60 (volumen 3), «Juppo».
33. *Shinji-shobogenzo*, parte 1, nº 16.
34. El Maestro Roya Ekaku, sucesor del Maestro Fun`yo Zensho. Gran Maestro Kosho es su título póstumo. Roya es el nombre de una montaña y un distrito.
35. El Maestro Nangaku Ejo (677-744). El Maestro Roya Ekaku perteneció a la décimo primera generación posterior al Maestro Nangaku Ejo, quien fue el sucesor del Sexto Patriarca, el Maestro Daikan Eno.
36. Chosui Shisen (984-1038). Perteneció a la secta Kegon, la cual se basa en el estudio del *Avataṃsaka-sūtra* (Sutra de la Guirnalda). Antes de unirse a la secta Kegon, había estudiado el *Śūraṃgama-sūtra.*
37. La pregunta de Chosui Shisen y la del Maestro Roya son exactamente la misma. Shisen preguntaba sobre la relación entre la esencia abstracta y la realidad concreta. La pregunta retórica del maestro sugería que los dos factores no eran distintos. Véase *Shinji-shobogenzo*, parte 1, nº 6.

38. Se refiere a la historia de la transmisión entre el Buddha Gautama y el Maestro Mahākāśyapa. Véase el capítulo 68 (volumen 3), «Udonge».
39. Se refiere a la historia de la transmisión entre el Maestro Bodhidharma y el Maestro Taiso Eka, quien se postró tres veces y permaneció después de pie en su sitio. Véase el capítulo 46 (volumen 3), «Katto».
40. La descripción del Buddha de su propia realización de la verdad, tal y como se cita en varios sutras (por ejemplo, en el segundo volumen del *Shugyohongikyo*).
41. *Koin*, literalmente «luz y sombra», significa el paso del tiempo.
42. Shoko era un hombre que adoraba las imágenes de dragones. Viendo que su casa estaba repleta de estas imágenes, un verdadero dragón decidió hacerle una visita. Cuando este apareció, Shoko se quedó petrificado de miedo. La historia de Shoko y el verdadero dragón está contenida en el libro chino *Soji*.
43. Estas palabras originales del *Ryogonkyo*, la traducción china del *Śūraṃgama-sūtra*, son frecuentemente utilizadas por el Maestro Tendo Nyojo.
44. *Rokushu* son los seis miserables estados a través de los cuales pasamos de acuerdo con la ley de causa y efecto: el infierno (que simboliza el estado del sufrimiento), los fantasmas hambrientos (que representan el estado de la codicia), los animales, los *asuras* o demonios beligerantes, los seres humanos y los dioses.
45. *Shisho* significa los cuatro modos de nacimiento: del útero, de huevos, de la humedad y de la metamorfosis. En sánscrito son *jarāyuja, aṇḍaja, saṃsvedaja* y *upapāduka.*
46. *Mei-chu-yu-mei*. El Maestro Dogen usó la misma expresión en el segundo párrafo del capítulo 3, «Genjo-koan».
47. *Gakudo no yojin*, como en el *Gakudoyojinshu* (texto del Maestro Dogen).
48. *Sandoku* significa los tres venenos: la ira, la codicia y la ilusión.
49. Sutra del Loto, capítulo «Hosshi» («Un profesor del Dharma»). Véase SL 2.152.
50. *Nijo*, los dos primeros de los cuatro vehículos llamados *śrāvakas* (budistas intelectuales), *pratyekabuddhas* (budistas sensoriales), *bodhisattvas* (budistas prácticos) y *buddhas.*
51. Los Cielos del Oeste significa la India. Se dice que el Maestro Kāṇadeva, el décimo quinto patriarca, fue asesinado por no-budistas; Buddhamitra, el profesor del vigésimo primer patriarca Vasubandhu, fue derrotado por no-budistas en una discusión filosófica, y Siṃhabhikṣu, el vigésimo cuarto patriarca, fue ejecutado por el rey de Kaśmīra (Cachemira hoy en día).
52. El Maestro Bodhidharma. El vigésimo octavo patriarca de la India y el Primer Patriarca de China.
53. En chino Songshan. Las montañas Suzan tienen dos picos principales. El pico oriental se llama Taishitsu y el occidental, Shoshitsu. Había muchos templos budistas en estas montañas. El tempo de Shaolin (jp. Shorin), donde el Maestro Bodhidharma se encaró al muro para practicar zazen, estaba en el pico Shoshitsu.
54. Hay historias relacionadas en el capítulo 30 (volumen 2), «Gyoji».

55. Un indio del norte que llegó a Luoyang en el año 508 y tradujo muchos textos sánscritos al chino. «Sanzo» era el título dado a aquellos expertos en el Tripiṭaka.
56. Según se dice, trataron de envenenar al Maestro Bodhidharma.
57. Devadatta se ordenó monje para seguir las enseñanzas de su primo, el Buddha. Más tarde se volvió contra él y trató de destruir la orden budista junto con el rey Ajātaśatru (jp. Ajase).
58. *Nanji* significa literalmente «vosotros», una manera informal de dirigirse a alguien que el Maestro Dogen utiliza para la tercera persona cuando hace una crítica.
59. En el capítulo «Anrakugyo» («Práctica tranquila y feliz») del Sutra del Loto, el Buddha dice a Mañjuśrī: «Un *bodhisattva mahāsattva* no debería acercarse a los reyes, príncipes, ministros y administradores». Véase SL 2.244.
60. Demonios mortales. Véase el Glosario de términos en sánscrito y el capítulo 70 (volumen 3), «Hotsu-bodaishin».
61. *Do-o* significa literalmente «santuario interior».
62. «Ju-chi-yushutsu» (Brotar de la tierra), es el título del capítulo 15 del Sutra del Loto.
63. En general, *ujo* significa «seres sintientes» (por ejemplo, las aves, los animales, y los seres humanos). *Mujo*, «seres no-sintientes», o «lo no-emocional», se refiere, por ejemplo, a la hierba, los árboles y las piedras. Véase el capítulo 53 (volumen 3), «Mujo-seppo».
64. Referencias al poema del Maestro Tozan citado en el capítulo 53 (volumen 3), «Mujo-seppo»: «¡Qué maravilla! ¡Qué maravilla!/Lo no-emocional proclamado por el Dharma es un misterio./Si escuchamos con los oídos, en el fondo es difícil de comprender./Si escuchamos el sonido a través de los ojos, somos capaces de conocerlo».
65. *Kahitsu* o «¿Por qué necesariamente debería ser que...?». Véase el capítulo 3, «Genjo-koan», nota 11.
66. *Fuhitsu* o «no necesariamente».
67. Las palabras «mucho más trascendente» (*keidatsu*) y «única y excepcional» (*dokubatsu*) están tomadas de la enseñanza del Maestro Ungo Doyo en el *Rentoeyo*, capítulo 22: «Cuando una sola palabra es mucho más trascendente, y es única y excepcional, entonces muchas palabras son innecesarias y muchas son inútiles». *Datsu*, «trascendente», significa deshacerse de algo. Así que *keidatsu*, o «lo trascendente», sugiere el estado en el cual las cosas son tal y como son, quedando lejos de lo superfluo.
68. Tomado del *Rongo*, el texto fundamental del confucianismo. Ganen, un estudiante de Confucio, elogia a Confucio (o su enseñanza) como sigue: «Cuando le contemplo, se hace cada vez más alto, y cuando más profundizo en él, se hace cada vez más difícil».
69. «Cada vez más» e «impregna» son originalmente el mismo carácter, *mi*, *iyo-iyo*, usados en la primera cita como adverbio (*iyo-iyo*) y en la segunda como verbo (*mi*).

70. «Lo directo y lo concreto» es *sokuze*. Estos dos caracteres se explican detalladamente en el capítulo 6, «Soku-shin-ze-butsu».
71. *Denchi*, o «campo de arroz», es un símbolo del estado concreto.
72. *Shichitsu-hattatsu su* significa literalmente «convertirlo en siete partes y ocho destinos».
73. El Maestro Ryuge Kodon (835-923), un sucesor del Maestro Tozan Ryokai.
74. «De un color» significa puro o sin adulterar.
75. Es decir, 1240.

Capítulo 10

Shoaku-makusa

No cometer malas acciones

Comentario: *sho* significa «muchos» o «diversos»; *aku*, «equivocado» o «malo»; *maku*, «no» o «no cometer», y *sa*, «hacer». De modo que *shoaku-makusa* quiere decir «no cometer malas acciones».[1] Estas palabras son la cita de un corto poema llamado «El precepto universal de los Siete Buddhas»,[2] que dice: «No cometas malas acciones./Practicar las muchas clases de bien,/de manera natural purifica la mente./Esta es la enseñanza de los *buddhas*». El poema sugiere lo cercana que está la enseñanza del budismo a la moralidad. La moral y la ética son, por su naturaleza, un problema muy práctico, pero mucha gente solo las toma como teorías abstractas, sin comprender que hablar de moral no es lo mismo que ser moral. En este capítulo el Maestro Dogen explica la moralidad real en el budismo, citando, además de dicho poema, una interesante historia sobre el Maestro Choka Dorin y un célebre poeta chino llamado Haku Kyoi.

[3] El *buddha* eterno dice:

No cometas malas acciones.[3]
Practicar las muchas clases de bien[4]

de manera natural purifica la mente.[5]
Esta es la enseñanza de los buddhas.[6]

Esta [enseñanza], como el precepto universal de los patriarcas ancestrales, los Siete Buddhas, ha sido auténticamente transmitida de los antiguos *buddhas* a *buddhas* posteriores, y los *buddhas* posteriores han recibido su transmisión de los antiguos *buddhas*. No es solo de los Siete Buddhas: «es la enseñanza de todos los *buddhas*». Deberíamos considerar este principio y dominarlo en la práctica. Estas palabras del Dharma de los Siete Buddhas suenan siempre como las palabras del Dharma de los Siete Buddhas. Lo que ha sido transmitido y recibido de uno-a-uno es exactamente la clarificación de la situación real[7] en este lugar concreto. Esto ya «es la enseñanza de los *buddhas*»: es la enseñanza, práctica y experiencia de cientos y decenas de miles de *buddhas*.

[5] Respecto a las «malas acciones»[8] que ahora tratamos, entre «corrección», «incorrección» e «indiferencia», está la «incorrección». Su esencia[9] es justamente la no-aparición.[10] La esencia de lo correcto, la esencia de la indiferencia, etcétera, son también la no-aparición, son [el estado] sin exceso[11] y la forma real.[12] Al mismo tiempo, en cada lugar concreto, estas tres propiedades[13] incluyen innumerables tipos de *dharmas*. En las «malas acciones», hay similitudes y diferencias entre las malas acciones de este mundo y las malas acciones de otros mundos. Hay similitudes y diferencias entre los tiempos antiguos y los tiempos posteriores. Hay similitudes y diferencias entre las malas acciones en el cielo y las malas acciones en el mundo humano. Mucho más grande es la diferencia entre las malas acciones morales, la moral correcta y la moral indiferente en el budismo y en el mundo secular. El bien y el mal son el tiempo: el tiempo no es bueno ni malo. El bien y el mal son el Dharma: el Dharma no es ni el bien ni el mal. [Cuando] el Dharma está en equilibrio, el mal está en equilibrio.[14] Siendo esto así, cuando aprendemos [el estado supremo de] *anuttara samyaksaṃbodhi*, cuando escuchamos las enseñanzas, practicamos, y experimentamos el fruto, es profundo, distante y sutil.

[6] Oímos hablar de este supremo estado del *bodhi* «a veces siguiendo a [buenos] consejeros y a veces siguiendo a los sutras».[15] Al comienzo, su sonido es «no cometas malas acciones». Si no suena como «no cometas malas acciones», no es el verdadero Dharma del Buddha: puede ser la enseñanza de demonios. Recuerda, [la enseñanza] que suena como «no cometas malas acciones» es el verdadero Dharma del Buddha. Esta [enseñanza] de «no cometas malas acciones» no fue intencionadamente iniciada, y más tarde mantenida en su forma actual, por la persona común: cuando escuchamos la enseñanza que ha llegado a ser [de manera natural] la enseñanza del *bodhi*, suena así. Lo que suena así es el discurso que es el supremo estado del *bodhi* en palabras. Ya es el discurso del *bodhi*, de manera que habla el *bodhi*.[16] Cuando se convierte en la enseñanza del supremo estado del *bodhi*, y cuando somos cambiados al escucharlo, esperamos «no cometer malas acciones», continuamos promulgando «no cometer malas acciones» y las malas acciones siguen sin cometerse. En esta situación, el poder de la práctica se realiza instantáneamente. Esta realización se produce en la escala de toda la tierra, todo el mundo, todo el tiempo y todo el Dharma, y la escala de esta [realización] es la escala del «no cometer». Para la gente de exactamente esta realidad, justo en el instante de esta realidad[17] –incluso si vive en un lugar y va y viene de un sitio donde podría cometer malas acciones incluso si se enfrenta a circunstancias bajo las cuales podría cometer malas acciones, e incluso aunque parezca ir con amigos que cometen malas acciones–, las malas acciones jamás podrían cometerse. El poder de no cometerlas se realiza y, por tanto, las malas acciones no se pronuncian como malas acciones y las malas acciones carecen de un grupo de herramientas establecido.[18] Está la verdad budista de tomar en un instante y soltar en un instante.[19] Justo en este instante, se conoce la verdad de que las malas acciones no vulneran a una persona y se clarifica la verdad de que una persona no destruye las malas acciones.[20] Cuando entregamos toda nuestra mente a la práctica y cuando entregamos el cuerpo entero a la práctica, hay el ochenta o el noventa por ciento de la realización[21] [de no cometer malas acciones] justo antes del instante y hay el hecho de no haberlas cometido justo detrás del cerebro.[22] Cuando practicas cosechando tu propio cuerpo-y-mente y practicas cosechando el cuerpo-y-mente de «cualquiera»,[23] el poder de practicar con los cuatro elementos y los cinco agregados se realiza inmediatamente,[24] pero los cuatro elementos y los cinco agregados no manchan[25] el sí mismo. [Todas las cosas], incluso los cuatro elementos y los cinco agregados de hoy, continúan siendo practicadas, y el poder que los cuatro elementos y los cinco agregados tienen como práctica en el momento presente convierte a los cuatro elementos y los cinco agregados, tal y como se describe arriba, en la práctica.[26] Cuando incluso hacemos que las montañas, los ríos y la Tierra, y el sol, la luna y las estrellas practiquen, las montañas, los ríos y la Tierra, y el sol, la luna y las estrellas a su vez nos hacen practicar.[27] [Esto no es] un ojo de una sola vez; son ojos vigorosos muchas veces.[28] Puesto que [esos instantes] son momentos en los que el ojo se presenta como ojos vigorosos, hacen la práctica de los *buddhas* y los patriarcas, les hacen escuchar las enseñanzas y les hacen experimentar el fruto. Los *buddhas* y los patriarcas jamás han ensuciado las enseñanzas, la práctica y la experiencia y, por tanto, la enseñanza, la práctica y la experiencia nunca han obstaculizado a los *buddhas* ni a los patriarcas.[29] Por esta razón, cuando [las enseñanzas, la práctica y la experiencia] obligan a practicar a los patriarcas budistas, no hay *buddhas* o patriarcas que puedan escapar, antes o después del instante, en el pasado, presente o futuro.

[10] Al caminar, estar de pie, sentarnos y tumbarnos las doce horas,[30] deberíamos cuidadosamente considerar el hecho de que cuando los seres vivos se vuelven *buddhas* y se vuelven patriarcas, nos volvemos patriarcas budistas, incluso aunque esta [transformación] no obstaculice el [estado de un] patriarca budista que siempre nos ha pertenecido. Al llegar a ser un patriarca budista no destruimos al ser vivo, no suponemos un perjuicio para él y no lo perdemos. Sin embargo, nos hemos deshecho de él. Causamos bien-y-mal, causa-y-efecto, al practicar, pero esto no significa alterar o producir intencionalmente causa-y-efecto. La misma causa-y-efecto, a veces, nos hace practicar. El estado en el cual las características originales de esta causa-y-efecto han llegado ya a ser manifiestas es el «no cometer», es «[el estado] sin aparición», es «[el estado] sin constancia», es el «no estar confuso» y es el «no caer» –porque es el estado en el cual [cuerpo y mente] han caído.[31]

[11] Cuando las investigamos así, las malas acciones se realizan como habiendo llegado a ser por completo lo mismo que el «no cometer». Ayudados por esta realización, podemos penetrar[32] en el «no cometer» las malas acciones y decisivamente podemos realizarlo sentándonos.[33] Justo en ese instante –cuando la realidad se realiza como el «no cometer» las malas acciones al comienzo, la mitad y el final–, las malas acciones no surgen de las causas y condiciones; no son otra cosa que justo el «no cometer».[34] Las malas acciones no desaparecen debido a las causas y condiciones; no son otra cosa que justo el «no cometer». Si las malas acciones están equilibradas, todos los *dharmas* están equilibrados. Aquellos que reconocen que las equivocaciones surgen de las causas y condiciones, pero no ven que estas causas y condiciones y ellos mismos son [la realidad del] «no cometer», son gente lamentable. «Las semillas de la budeidad surgen de las condiciones» y, siendo esto así, «las condiciones surgen de las semillas de la budeidad». No es que las malas acciones no existan; no son otra cosa que el «no cometer». No es que las malas acciones existan; no son otra cosa que el «no cometer». Las malas acciones no son inmateriales; son el «no cometer». Las equivocaciones no son materiales; son el «no cometer». Las malas acciones no son el «no cometer»: no son otra cosa que el «no cometer».[35] [De manera similar], por ejemplo, los pinos de primavera no son ni inexistencia ni existencia; son el «no cometer».[36] Un crisantemo de otoño no es existencia ni inexistencia; es el «no cometer». Los *buddhas* no son existencia ni inexistencia: son el «no cometer». Tales cosas como una columna exterior, una linterna de piedra, un espantamoscas y un bastón no son existencia ni inexistencia; son el «no cometer». El sí mismo no es existencia ni inexistencia; es el «no cometer». Aprender en la práctica así es el universo realizado y la realización universal –lo consideramos desde el punto de vista del sujeto y lo consideramos desde el punto de vista del objeto–. Cuando el estado se convierte ya en esto, incluso el arrepentimiento de «he cometido lo que no debía cometerse» no es tampoco otra cosa que la energía surgiendo del esfuerzo del «no cometer». Pero pretender, en ese caso, que el «no cometer» sea que podríamos cometer [malas acciones] deliberadamente es como caminar hacia el norte y esperar llegar a [la región del sur de] Etsu. [La relación entre] «malas acciones» y el «no cometer» no es solo «un pozo mirando a un burro»;[37] es el pozo mirando al pozo, el burro mirando al burro, un ser humano mirando a un ser humano y una montaña mirando a una montaña. Puesto que hay «enseñanza de este principio de acuerdo mutuo», las «malas acciones» son el «no cometer».

El verdadero cuerpo del Dharma del Buddha[38]
es justamente como el vacío.
Manifiesta su forma de acuerdo a las cosas,
como la luna [reflejada] en el agua.[39]

Puesto que el «no cometer» está «conforme con las cosas», el «no cometer» tiene «forma manifiesta». «Es justamente como el vacío»; es el chocar de las manos a la izquierda y el chocar de las manos a la derecha.[40] «Es como la luna [reflejada] en el agua» y el agua limitada por la luna.[41] Tales casos del «no cometer» son la realización de la realidad de la que en absoluto debería nunca dudarse.

[14] «Practica las muchas clases de bien».[42] Estas muchas clases de bien se [clasifican], dentro de las tres propiedades,[43] como «lo correcto». Incluso aunque las muchas clases de bien se incluyan en «lo correcto», nunca ha habido ningún tipo de bien que se haya realizado de antemano y espere a que alguien lo haga.[44] Entre las muchas clases de bien no hay ninguna que deje de aparecer en el preciso instante de hacer el bien. La miríada de clases de bien no tiene establecida una forma, pero converge en el lugar de hacer el bien más rápido que el hierro a un imán[45] y con más fuerza que los vientos de *vairambhaka*.[46] Es absolutamente imposible para la Tierra, las montañas y los ríos, el mundo, una nación o incluso la fuerza del karma acumulado, obstaculizar [esto] uniéndose al bien.[47] Al mismo tiempo, el principio de que el reconocimiento respecto al bien difiere de un mundo a otro,[48] es el mismo [que respecto al mal]. A lo que puede reconocerse [como bien], se le llama bien y, por tanto, es «como la manera en la que los *buddhas* de los tres tiempos proclaman el Dharma». La semejanza es que su proclamación del Dharma cuando están en el mundo es simplemente temporal. Puesto que su tiempo de vida y el tamaño de su cuerpo continúan también basándose por completo en el instante, «proclaman el Dharma que no tiene distinción».[49]

Por tanto, es como la situación del bien como una característica de la práctica devocional[50] y el bien como una característica de la práctica del Dharma,[51] las cuales están muy lejos una de la otra y no son cosas diferentes. O, por ejemplo, es como que un *śrāvaka* mantenga los preceptos estando un *bodhisattva* violando los preceptos. Las muchas clases de bien no surgen de causas y condiciones, y no desaparecen por sus causas y condiciones. Las muchas clases de bien son verdaderos *dharmas*, pero los verdaderos *dharmas* no son las muchas clases de bien. Las causas y condiciones, surgiendo y desapareciendo, y las muchas clases de bien son similares en que si son correctas al comienzo, son correctas al final. Las muchas clases de bien son el «buen hacer»,[52] pero no son ni del hacedor ni conocidas por el hacedor, y no son del otro ni conocidas por el otro. Respecto al saber y el ver del sí mismo y del otro, en el saber está el sí mismo y está el otro, y en el ver está el sí mismo y está el otro, y por tanto los vigorosos ojos particulares existen en el sol y en la luna. Este estado es el «buen hacer» en sí mismo. Justo en este instante del «buen hacer» existe el universo realizado, pero no es «la creación del universo» y no es «la existencia eterna del universo». ¿Cuánto menos podríamos llamarlo «práctica original?».[53] Hacer lo correcto es el «buen hacer», pero no es algo que pueda ser desentrañado intelectualmente. El «buen hacer» en el presente es un ojo vigoroso, pero está más allá de la consideración intelectual. [Los ojos vigorosos] no se realizan con el propósito de considerar el Dharma intelectualmente. La consideración a través de los ojos vigorosos nunca es lo mismo que la consideración a través de otras cosas. Las muchas clases de bien están más allá de la existencia y la inexistencia, la materia y lo inmaterial, etcétera; no son otra cosa que el «buen hacer». Dondequiera que se realicen y cuandoquiera que se realicen, son, sin excepción, el «buen hacer». Este «buen hacer» incluye inevitablemente la realización de las muchas clases de bien. La realización del «buen hacer» es el universo en sí mismo, pero está más allá del surgir o el desaparecer, y más allá de las causas y condiciones. Entrar, quedarse, irse y otros [ejemplos concretos del] «buen hacer» son también así. En el lugar donde ya estamos haciendo, como «buen hacer», un simple bien entre los muchos tipos de bien, el Dharma al completo, el cuerpo entero,[54] la Tierra Real, etcétera, son todos promulgados como el «buen hacer». La causa-y-efecto de este bien, de manera similar, es el universo como realización del «buen hacer». No es que las causas estén antes y los efectos después. Más bien, las causas se satisfacen perfectamente a sí mismas y los efectos se satisfacen perfectamente a sí mismos: cuando las causas están equilibradas, el Dharma está equilibrado y cuando los efectos están equilibrados, el Dharma está equilibrado. Esperados por las causas, los efectos se sienten, pero no es una cuestión de antes y después; en verdad está presente que el [instante] antes y el [instante] después están equilibrados [tal y como están].

[19] El significado de «de manera natural purifica la mente» es el siguiente: lo que es «natural» es el «no cometer» y lo que «purifica» es el «no cometer». «El [estado concreto]»[55] es «natural» y la «mente»[56] es «natural». «El [estado concreto]» es el «no cometer», la «mente» es el «no cometer». La «mente» es el «buen hacer», lo que «purifica» es el «buen hacer», «el [estado concreto]» es el «buen hacer» y lo que es «natural» es el «buen hacer». Por tanto, se dice que «esta es la enseñanza de los *buddhas*». Aquellos que son llamados «*buddhas*» son, en algunos casos, como Śiva,[57] [pero] hay similitudes y diferencias incluso entre Śivas, y al mismo tiempo no todos los Śivas son *buddhas*. [Los *buddhas*] son, en algunos casos, como los reyes que giran la rueda,[58] pero no todos los reyes sagrados que giran la rueda son *buddhas*. Deberíamos considerar esta clase de hechos y aprenderlos en la práctica. Si no aprendemos cómo deberían ser los *buddhas*, incluso si parecemos estar infructuosamente soportando dificultades, tan solo somos seres ordinarios aceptando el sufrimiento, no estamos practicando la verdad del Buddha. El «no cometer» y el «buen hacer» son «los asuntos del burro sin haber desaparecido y los asuntos del caballo llegando».[59]

[20] Haku Kyoi,[60] de la China Tang, es un discípulo laico del Maestro Zen Bukko Nyoman[61] y un discípulo de segunda generación del Maestro Zen Daijaku.[62] Cuando era gobernador del distrito de Hangzhou,[63] practicó en la orden del Maestro Zen Choka Dorin.[64] En la historia, Kyoi pregunta: «¿Cuál es la gran intención del Dharma del Buddha?».

Dorin dice: «No cometer malas acciones. Practicar las muchas clases de bien».[65]

Kyoi dice: «Si es así, ¡incluso un niño de tres años puede expresarlo!».

Dorin dice: «Un niño de tres años puede decir la verdad, pero un anciano de ochenta no puede practicarla».

Informado de esta manera, Kyoi hace inmediatamente una postración de agradecimiento y luego se marcha.

[21] Kyoi, aunque descendiente del sogún Haku,[66] es verdaderamente un mago del verso excepcionalmente poco visto durante eras. La gente lo llama uno de los veinticuatro [grandes] hombres de las letras. Su nombre se iguala al de Mañjuśrī o al de Maitreya. En ninguna parte dejan de ser escuchados sus sentimientos poéticos y nadie podría dejar de rendirle homenaje a su autoridad en el mundo literario. Sin embargo, en el budismo es un principiante y un estudiante tardío. Además, parece que nunca ha visto el asunto de este «no cometer errores, practicar las muchas clases de bien» ni en sueños. Kyoi piensa que Dorin tan solo le está diciendo «¡no cometas malas acciones! ¡Practica las muchas clases de bien!» a través del reconocimiento de la meta consciente. Por tanto, nunca sabe ni escucha la verdad de que [la enseñanza] honrada por el tiempo[67] del «no cometer» malas acciones, el «buen hacer» del bien, ha estado en el budismo desde el pasado eterno hasta el presente eterno. No se ha asentado en la zona del Dharma del Buddha. No tiene el poder del Dharma del Buddha. Por eso habla así. Incluso aunque tomemos precauciones contra el cometer intencionadamente malas acciones, e incluso aunque alentemos la práctica deliberada del bien, esto debería estar en la realidad del «no cometer». En general, el Dharma del Buddha es [siempre] el mismo, tanto si es escuchado por primera vez bajo un [buen] consejero como si es experimentado en el estado que es el último efecto. A esto se le llama «correcto al comienzo, correcto al final», «la maravillosa causa y el maravilloso efecto» y «la causa budista y el efecto budista». Causa-y-efecto en el budismo está más allá de la discusión de [teorías] tales como «la maduración diferente» o «las corrientes iguales».[68] Siendo esto así, sin causas budistas, no podemos experimentar el efecto budista. Puesto que Dorin dice esta verdad, posee el Dharma del Buddha. Incluso aunque el mal sobre el mal impregne todo el universo, e incluso las malas acciones se hayan tragado todo el Dharma una y otra vez, todavía hay salvación y liberación en el «no cometer». Puesto que las muchas clases de bien son «buenas al comienzo, la mitad y el final»,[69] el «buen hacer» ha realizado «la naturaleza, la forma, el cuerpo y la energía», etcétera, «tal y como son».[70] Kyoi nunca ha pisado estas huellas en absoluto y por eso dice: «¡Incluso un niño de tres años podría expresarlo!». Habla así, sin haber sido en realidad capaz de manifestar una expresión de la verdad. Qué lamentable, Kyoi, eres. ¿Qué estás diciendo? Nunca has escuchado las costumbres del Buddha, así que ¿conoces o no a un niño-de-tres-años? ¿Conoces o no los hechos de un niño recién nacido? Alguien que conoce a un niño-de-tres-años debe también conocer a los *buddhas* de los tres tiempos. ¿Cómo podría alguien que nunca ha conocido a los *buddhas* de los tres tiempos conocer a un niño-de-tres-años? No pienses que haber encontrado cara-a-cara es haber conocido. No pienses que sin haber encontrado cara-a-cara uno no ha conocido. Alguien que llega a conocer una sola partícula, conoce el universo al completo, y alguien que ha penetrado un verdadero *dharma*, ha penetrado la miríada de *dharmas*. Alguien que no ha penetrado la miríada de *dharmas*, no ha penetrado un verdadero *dharma*. Cuando los estudiantes de la penetración penetran hasta el final, ven la miríada de *dharmas* y ven verdaderos *dharmas* sueltos; por tanto la gente que está aprendiendo de una sola partícula inevitablemente aprende de todo el universo. El pensar que un niño-de-tres-años no puede proclamar el Dharma del Buddha y el pensar que lo que un niño-de-tres-años dice debe ser fácil es muy ignorante. Esto es por lo que la clarificación de la vida[71] y la clarificación de la muerte son «el único gran asunto»[72] de los budistas. Un maestro del pasado[73] dice: «Justo en el momento de tu nacimiento tuviste tu parte del rugido del león».[74] «Una parte del rugido del león» significa la virtud del Tathāgata de girar la rueda del Dharma, o el giro de la rueda del Dharma en sí mismo. Otro maestro del pasado[75] dice: «Vivir-y-morir, ir-y-venir, son el cuerpo humano real». De manera que clarificar el verdadero cuerpo y tener la virtud del rugido del león pueden ser verdaderamente un gran asunto, el cual puede que nunca sea fácil. Por esta razón, la clarificación de los motivos y acciones de un niño-de-tres-años es también el gran asunto. Ahora, hay diferencias entre las acciones y motivos de los *buddhas* de los tres tiempos [y aquellas de los niños]; esto es por lo que Kyoi, en su ignorancia, nunca ha sido capaz de escuchar a un niño-de-tres-años diciendo la verdad y por lo que, sin sospechar incluso que [el hablar de la verdad de un niño] pueda existir, habla como lo hace. No escucha la voz de Dorin, que es más intensa que un rayo, y por eso dice: «¡Incluso un niño de tres años podría escucharla!», como diciendo que [el Maestro Dorin] no ha expresado la verdad en sus palabras. Así, [Kyoi] no escucha el rugido del león de un niño y pasa vanamente por el giro de la rueda del Dharma del maestro zen. El maestro zen, incapaz de contener su compasión, continuó diciendo: «Un niño de tres años puede decir la verdad, pero un anciano de ochenta no puede practicarla». Lo que estaba diciendo es esto:

> Un niño de tres años tiene palabras que expresan la verdad y deberías investigar esto de principio a fin. Los ancianos de ochenta años dicen: «No puedo practicarla», y tú deberías considerar esto con mucho cuidado. Te dejo decidir si un niño dice la verdad, pero no dejo que el niño decida. Te dejo decidir si un anciano puede practicar, pero no dejo que el anciano decida.[76]

El principio fundamental es buscar, pronunciar y honrar así el Dharma del Buddha.

Shobogenzo Shoaku-makusa

Proclamado a la asamblea en Koshohorinji en la tarde de la luna[77] en el segundo año de Eno.[78]

NOTAS

1. El significado de *shoaku-makusa* cambia en este capítulo de acuerdo con el contexto. Puede ser interpretado como el imperativo «no cometas malas acciones», como el ideal «no cometer malas acciones» o como la idea del Maestro Dogen de que la moralidad es solo un problema de la acción: «el no cometer malas acciones».
2. *Shichibutsu-tsukai. Shichibutsu* se refiere al Buddha Śākyamuni y a los seis legendarios *buddhas* que le precedieron. Véase el capítulo 15, «Busso».
3. *Shoaku-makusa* significa literalmente «no cometas malas acciones». *Sho* quiere decir «varios», «diversos», «todo», y a veces simplemente expresa pluralidad. *Aku* se traduce como «maldad», «mal», «malas acciones» o «equivocaciones». *Shoaku,* «malas acciones», sugiere casos particulares de acciones equivocadas como hechos concretos, más que «el mal» como problema abstracto. Por otra parte, *maku,* o *naka*[*re*], significa «no debes» o «¡no hagas!» y *sa,* o *tsuku*[*ru*], «hacer», «producir» o «cometer», incluyendo una sugerencia de intención. Es útil distinguir los caracteres *sa* y *gyo*: ambos representan el verbo «hacer», pero *sa* tiene más el sentido de hacer intencionadamente. Este capítulo contiene la idea de que, de manera natural, las malas acciones no ocurren (es decir, sin nuestro cometido intencional no hay mala acción).
4. *Shuzen-bugyo* significa literalmente «practicar devotamente las muchas clases de bien» o «el buen hacer de las muchas clases de bien». *Shu* quiere decir «muchos» o «muchos tipos de» y *zen,* «bien» o «correcto». *Shuzen* o «las muchas clases de bien» sugiere casos concretos de bien como lo opuesto a una abstracción. *Bu* es un prefijo que denota veneración o devoción. *Gyo* u *okona*[*u*] significa «hacer», «ejecutar», «promulgar» o «continuar moviéndose». *Bugyo,* o «buen hacer», tiene el sentido de hacer lo que es natural como opuesto al cometido intencional.
5. *Jijo-go-i.* De acuerdo con el contexto, *ji* puede interpretarse como «por uno mismo» o como «de manera natural». La interpretación que aquí se hace es que el verso no es una recomendación para ser moral, sino la proclamación de la enseñanza del Buddha de que la conducta moral es justamente la purificación de la mente. En consecuencia, *ji* se ha traducido como «de manera natural». *Jo* quiere decir «purificar». *Go* o *so*[*no*] significa «eso», sugiriendo algo concreto y específico. *I* se traduce habitualmente como «intención», pero aquí el sentido es más práctico: sugiere el estado de la mente (y el cuerpo) en la acción.
6. *Ze-shobutsu-kyo. Shobutsu* puede interpretarse como «los *buddhas*» o como «todos los *buddhas*». En pali el poema es: «*Sabba-pāpass akarṇam,/kuselassūpasampada, /sacittapariyodapanaṃ,/etam buddhana sasanaṃ*».
7. «La clarificación de la situación real» es *tsushosoku. Tsu* sugiere «penetración», «clarificación», «apertura», «correr a través de» (o «universalidad» como en *tsukai,* «precepto universal»). *Shosoku* originalmente significa exhalación e inhalación y, por extensión, algo que se escucha de alguien, noticias, circunstancias actuales o la situación real.
8. *Shoaku,* como en el poema original.

9. *Sho*. En la frase anterior, «correcto» es *zensho,* literalmente «buena esencia»; «incorrecto» es *akusho,* literalmente «mala esencia», e «indiferencia» es *mukisho,* literalmente «esencia no descrita».
10. En esta frase el Maestro Dogen comienza su explicación conceptual de lo correcto y lo incorrecto introduciendo la idea de la instantaneidad. La no-aparición (*musho*) describe el estado en el momento presente.
11. *Muro,* literalmente «sin fugas», proviene del término sánscrito *āsrava* (véase el Glosario de términos en sánscrito) y sugiere el estado de la existencia de las cosas tal y como son en la realidad.
12. El Maestro Dogen está explicando el bien y el mal como realidad. En las frases anteriores comenzó exponiéndolos como conceptos inclusivos en la fase primera o conceptual. Desde aquí, los define como hechos concretos, particulares y relativos en la fase segunda o concreta.
13. La corrección, la incorrección y la indiferencia.
14. *Hoto-akuto,* o «Dharma en equilibrio, mal en equilibrio», sugiere el estado de equilibrio en el que una mala acción es vista tal y como es.
15. *Waku-ju-chishiki* y *waku-ju-kyogan*. Estas frases aparecen frecuentemente en el *Shobogenzo.*
16. «Discurso del *bodhi*» es *bodai-go*. «Que habla el *bodhi*» es *go-bodai*. A esta frase el Maestro Dogen añade «no cometer malas acciones» como palabras de la verdad. Desde la siguiente frase, se centra en la práctica concreta de la realidad.
17. *Shoto-inmo-ji no shoto-inmo-nin. Shoto,* o «exacto», sugiere exactamente este tiempo y lugar. *Shoto-inmo-ji,* o «justo en este instante» es una expresión muy común en el *Shobogenzo.*
18. El Maestro Dogen enfatiza que si no cometemos malas acciones, no puede haber nunca equivocación.
19. *Ichinen-ippo* significa literalmente «un pellizco, una liberación». *Nen,* «retorcer», «pellizcar» o «asir», simboliza la acción positiva. *Ho,* «soltar», la acción pasiva.
20. El Maestro Dogen niega la idea de que exista algo que pueda ser llamado «equivocación», «malo» o «maldad» fuera de nuestra propia conducta.
21. *Hakkujo*. Véase el capítulo 33 (volumen 2), «Kannon».
22. *Nogo*. La expresión común, que aparece en la última frase de este párrafo, es *kisen-kigo,* «antes del instante, después del instante». La variación *nogo,* «detrás del cerebro», sugiere la zona en la que la acción ya ha tenido lugar.
23. *Tare,* literalmente «quién», sugiere alguien inefable, o una persona cuyo estado no puede ser descrito.
24. Los cuatro elementos y los cinco agregados simbolizan todas las cosas físicas y los fenómenos mentales.
25. *Zenna sezu,* «no manchado», expresa algo tal y como es. Cuando actuamos, tenemos que utilizar objetos físicos, pero ellos no nos hacen impuros.
26. En esta frase, el Maestro Dogen sugiere la unicidad de las circunstancias concretas y la práctica budista.
27. Esta frase también sugiere la relación mutua entre un practicante budista y la naturaleza, en un estilo más poético.

28. La visión budista no es una realización de una vez y para siempre, sino que aparece en numerosas ocasiones vigorosamente.
29. «Sin obstáculos» y «sin marcha» son expresiones de algo tal y como es en la realidad. En las enseñanzas budistas, la práctica y la experiencia existen tal y como son. Los *buddhas* y los patriarcas viven, por tanto, libre e independientemente.
30. *Juni-ji,* literalmente «doce horas», significa las veinticuatro horas del día. En aquel tiempo, el día se dividía en doce periodos. Véase el capítulo 11, «Uji».
31. «No cometer» es *makusa,* como en el poema. «El estado sin aparición» (*musho*) y «el estado sin constancia» (*mujo*) sugieren la realidad concreta del momento presente desde dos lados: la negación de la aparición instantánea y la negación de la existencia continua. «No estar confuso [sobre causa y efecto]» (*fumai*) y «no caer [en causa y efecto]» (*furaku*) representan puntos de vista opuestos sobre la realidad de causa-y-efecto (véase el capítulo 76 [volumen 4], «Daishugyo», y el capítulo 89 [volumen 4], «Shinjin-inga»). «Caer» es *datsuraku.* El Maestro Dogen citaba frecuentemente las palabras del Maestro Tendo Nyojo que decían que zazen es *shinjin-datsuraku,* «el caer de cuerpo y mente».
32. *Kentokutetsu* o «poder ver a través».
33. *Zatokudan* o «poder sentarse decisivamente». El Maestro Dogen usa a menudo la palabra *zadan,* «sentarse-separado» o «sentarse lejos», para referirse a trascender un problema al practicar zazen (véase, por ejemplo, el capítulo 73 [volumen 4], «Sanjushichi-bon-bodai-bunpo»). Pero, en este caso, *dan* es un adverbio: «decisivamente».
34. El Maestro Dogen rechaza la idea de que algo llamado equivocación se manifieste desde las circunstancias reales, como si la equivocación y la realidad pudieran ser dos cosas distintas. En este párrafo acentúa que no hay equivocación separada de la realidad de nuestra acción instantánea.
35. Las comillas del primer «no cometer» hacen referencia tanto al pensamiento idealista (el «no cometer» como idea) como a que la cita original está en chino. Las comillas del segundo «no cometer» se refieren exclusivamente al segundo uso (como en el resto de las ocasiones). Así, el Maestro Dogen resaltó que la mala acción es solo el problema de no cometer malas acciones y no una idea.
36. En otras palabras, los pinos en primavera existen tal y como son, sin ninguna actividad intencional.
37. Véase el *Shinji-shobogenzo,* parte 2, nº 25. «El Maestro Sozan le pregunta a Ācārya Toku: "Se dice que el verdadero cuerpo del Dharma del Buddha es justamente como el vacío y manifiesta su forma de acuerdo con las cosas, como la luna [reflejada] en el agua. ¿Cómo enseñas este principio de acuerdo mutuo?". Toku dice: "Es como un burro mirando a un pozo". El maestro dice: "Tus palabras son extremadamente buenas, pero tan solo expresan el ochenta o el noventa por ciento". Toku dice: "¿Qué diría el maestro?". El Maestro Sozan dice: "Es como el pozo mirando al burro"». La historia expresa la relación mutua entre sujeto y objeto.

38. *Hosshin* proviene del sánscrito *dharmakāya*. En este caso, el cuerpo del Dharma representa la cara espiritual o abstracta de la realidad y el vacío, su cara física u objetiva. El poema sugiere la unicidad de los dos.
39. Este poema proviene del *Konkomyokyo*, citado en la historia del Maestro Sozan y Ācārya Toku. También se cita en el capítulo 42 (volumen 3), «Tsuki».
40. En esta frase, el vacío significa el lugar donde se hace la acción.
41. La imagen de la luna y el agua que la rodea pueden compararse con un sujeto particular y sus circunstancias objetivas respectivamente. El agua que refleja la luna simboliza la unicidad de sujeto y objeto. La luna que limita el agua sugiere el mismo hecho con el objeto y el sujeto invertidos.
42. *Shuzen-bugyo*, literalmente «practica devotamente las muchas [clases de] bien», como en el poema original.
43. Las tres propiedades son corrección, equivocación e indiferencia, tal y como se explica en el segundo párrafo de este capítulo.
44. Incluso aunque consideremos lo correcto de manera abstracta, el bien en sí mismo solo puede realizarse por la acción en el instante presente.
45. Incluso aunque lo correcto no manifieste ninguna forma, en la acción lo correcto se puede manifestar súbitamente.
46. Vientos muy potentes mencionados en las antiguas leyendas indias.
47. En estas frases del comienzo del párrafo, el Maestro Dogen afirma la existencia del bien cuando es realizado por la acción. Desde la siguiente frase explica el bien como algo relativo.
48. El ejemplo común es el agua que los peces ven como un palacio, los dioses como un collar de perlas, los humanos como agua y los demonios como sangre o pus.
49. *Mufunbetsu* [*no*] *ho* [*o*] *toku*, del capítulo «Hoben» («Los medios hábiles») del Sutra del Loto: «De la misma manera que los *buddhas* de los tres tiempos/ Proclaman el Dharma,/así yo también/proclamo el Dharma que no tiene distinción» (SL 1.128.)
50. *Shingyo*, o «práctica basada en la confianza», sugiere, por ejemplo, la práctica devocional de la secta Tierra Pura.
51. *Hogyo*, o «práctica basada en la enseñanza del Dharma», sugiere, por ejemplo, la práctica de las llamadas sectas Zen.
52. *Bugyo* o «práctica devota», como en el poema original.
53. *Hongyo*, «práctica original», sugiere la acción realizada como situación inicial, en el pasado o, a veces, en vidas pasadas. Véase el capítulo 17, «Hokke-ten-hokke». En este caso, *hongyo* es un ejemplo de comprensión abstracta de la acción.
54. *Zenshin*. Véase el capítulo 71 (volumen 3), «Nyorai-zenshin».
55. «El» es *go* o *sono*, que significa «eso». Sugiere el estado real concreto. Véase la nota 5.
56. «Mente» es *i*, literalmente «intención». En general, la intención humana es opuesta a la vía natural, pero el mensaje de este capítulo es que la mente de la moralidad es natural.

57. Jizaiten representa a Śiva en sánscrito, el dios de la destrucción y la regeneración que forma la tríada hindú junto a Brahmā (creador) y Viṣṇu (conservador). Véase el Glosario de términos en sánscrito.
58. *Ten-rin-jo-o,* del sánscrito *cackravarti-rāja.* El Maestro Dogen nos urge a llegar a una comprensión realista de qué son los *buddhas.*
59. El Maestro Chokei Eryo le pregunta al Maestro Reiun Shigon: «¿Cuál es la gran intención del Dharma del Buddha?». El Maestro Reiun dice: «Los asuntos del burro sin haber terminado y los asuntos del caballo llegando». Véase el *Shinji-shobogenzo,* parte 2, nº 56.
60. Haku Kyoi murió en el 846 a los setenta y seis años. Haku era su apellido. Kyoi (literalmente, «Fácil Sentar») era uno de sus seudónimos como poeta. Era también llamado Haku Rakuten. Se dice que realizó la verdad con el Maestro Bukko Nyoman, después de lo cual fue gobernador de varios distritos.
61. Un sucesor del Maestro Baso Doitsu. Fechas desconocidas.
62. El Maestro Baso Doitsu (704-788), sucesor del Maestro Nangaku Ejo. Kozei (o Jiangxi en la pronunciación china) fue el nombre del distrito donde el Maestro Baso vivió. Maestro Zen Daijaku es su nombre póstumo.
63. La capital de Chekiang, situada en la punta de la bahía de Hangzhou (una entrada al mar de China Oriental).
64. El Maestro Choka Dorin, muerto en el 824 a la edad de ochenta y cuatro años. Recibió el Dharma del Maestro Kinzan Kokuitsu, el cual pertenecía a un linaje paralelo (por la línea del Cuarto Patriarca, Daii Doshin, pero sin pasar por el maestro Daikan Eno). *Choka* significa nido de pájaro. Se dice que el Maestro Choka practicaba zazen y vivía en la casa colgante de un árbol.
65. *Shoaku-makusa, shuzen-bugyo,* como en el poema original.
66. Haku, un general del fundador de la dinastía Jin (que reinó entre los años 255 y 250 a. de C.). Era conocido por su excelencia en la estrategia militar. En esta frase, la habilidad militar y la habilidad como poeta se oponen.
67. *Senko-banko* significa literalmente «miles de eras de edad, decenas de miles de eras de edad».
68. La teoría de que la conducta moral e inmoral producen distintos resultados es representada por la palabra *ijuku,* literalmente «maduración diferente», que expresa el punto de vista moral. La teoría opuesta es representada por la palabra *toru,* literalmente «corrientes iguales», que expresa la visión científica o no-subjetiva de causa y efecto.
69. *Shochugo-zen,* del capítulo introductorio («Jo») del Sutra del Loto: «El Dharma que ellos deberían proclamar es bueno al comienzo, a la mitad y al final». (SL 1.40. Véase también el capítulo 17, «Hokke-ten-hokke»).
70. Alude al capítulo «Hoben» («Los medios hábiles») del Sutra del Loto. Véase SL 1.68.
71. *Sho* significa tanto nacimiento como vida.
72. *Ichidaiji no innen.* Véase el capítulo 17, «Hokke-ten-hokke».
73. La cita está parafraseada del *Daichidoron,* la traducción china del *Mahāprajñāpāramitā-śāstra.* Este tratado fue recopilado en gran parte por el Maestro Nāgārjuna.

74. Se decía que la enseñanza del Buddha era como el rugido de un león.
75. El Maestro Engo Kokugon. Esta cita también aparece en el capítulo 50 (volumen 3), «Shoho-jisso».
76. Una expresión de la verdad de un niño y la capacidad de practicar de un anciano son simplemente la realidad; no se basan en la interpretación del sujeto.
77. El décimo quinto día del octavo mes lunar: con frecuencia el día del año en el que la luna sobresale más. Muchos capítulos del *Shobogenzo* fueron proclamados en este día.
78. Es decir, 1240.

Capítulo 11

Uji

Existencia-tiempo

Comentario: *U* significa «existencia» y *ji*, «tiempo». De modo que *uji* quiere decir «el tiempo existente» o «existencia-tiempo». Ya que, tal y como el Maestro Dogen explica en otros capítulos, el budismo es realismo, la visión de esta filosofía acerca del tiempo se fundamenta en la experimentación de la verdad. El tiempo siempre está en relación con la existencia y esta, con el instante. Así, en la realidad no existen el pasado ni el futuro sino solo el presente, que es el eje donde existencia y tiempo se unen aquí y ahora. La acción, en consecuencia, solo puede realizarse en el tiempo y el tiempo solo puede realizarse en la acción. En este capítulo, por tanto, el Maestro Dogen enseña el significado del tiempo en el budismo, que nos recuerda la filosofía existencialista del siglo XX.

[29] Un *buddha* eterno[1] dice:

A veces[2] estando de pie en la cima del pico más alto,
a veces avanzando por el fondo del océano más profundo,
a veces tres cabezas y ocho brazos,[3]
a veces [el cuerpo dorado[4]] de tres o cinco metros,
a veces un bastón o un espantamoscas,[5]

a veces una columna exterior o una linterna de piedra,[6]
a veces el tercer hijo de Chang o el cuarto hijo de Li,
a veces la Tierra y el vacío.

[30] En estas palabras «a veces», el tiempo es justamente la existencia, y toda la existencia es el tiempo. El cuerpo dorado de cinco metros es el tiempo en sí mismo. Puesto que es el tiempo, tiene la luminosidad resplandeciente del tiempo. Deberíamos aprenderlo como las doce horas[7] de hoy. Las tres cabezas y los ocho brazos son el tiempo en sí mismo. Puesto que son el tiempo, son exactamente lo mismo que las doce horas de hoy. Nunca podemos medir cómo de largas y distantes o cómo de cortas y comprimidas son las doce horas; al mismo tiempo, lo llamamos «doce horas».[8] El ir y venir de las direcciones y huellas [del tiempo] es claro y por eso la gente no lo duda. No lo dudan, pero eso no quiere decir que lo conozcan. Las dudas que todos los seres, por nuestra naturaleza, tenemos sobre todas las cosas y hechos que desconocemos son inconsistentes; por tanto, nuestra historia pasada de la duda no siempre corresponde exactamente a nuestra duda de ahora. Podemos decir por ahora, sin embargo, que la duda no es otra cosa que tiempo. Ponemos nuestro sí mismo en orden, y vemos [el estado resultante] como todo el universo. Cada individuo y cada objeto en este universo completo deberían ser vislumbrados como momentos particulares de tiempo.[9] El objeto no obstaculiza al objeto, de la misma manera que el instante del tiempo no obstaculiza el instante de tiempo. Por esta razón, hay mentes que están compuestas en el mismo instante de tiempo, y hay instantes del tiempo en los cuales está compuesta la misma mente. La práctica y la realización de la verdad son también así.[10] Ordenando el sí mismo, vemos lo que es. La verdad de que el sí mismo es tiempo es así. Deberíamos aprender en la práctica que, debido a esta verdad, toda la Tierra incluye la miríada de fenómenos y cientos de cosas, y cada fenómeno y cada cosa existe en toda la Tierra. Este ir y venir es un primer paso [en la vía] de la práctica. Cuando llegamos al campo de lo inefable,[11] hay solo una cosa [concreta] y un fenómeno [concreto], aquí y ahora, [más allá del] entendimiento de las cosas y el no-entendimiento de las cosas. Puesto que [la existencia real] es solo este instante exacto, todos los momentos de la existencia-tiempo son todo el tiempo, y todas las cosas existentes y los fenómenos existentes son tiempo. Toda la existencia, todo el universo, existe en instantes particulares de tiempo.[12] Detengámonos a reflexionar sobre si algo de toda la existencia o algo de todo el universo se ha fugado del tiempo del instante presente. Aun en el tiempo de la persona común que no aprende el Dharma del Buddha, hay visiones y opiniones; cuando escucha las palabras «existencia-tiempo», piensa: «A veces me convierto en [un demonio furioso con] tres cabezas y ocho brazos, y a veces me convierto en el [cuerpo dorado del Buddha] de tres o cinco metros. Por ejemplo, eso era como cruzar un río o cruzar una montaña. La montaña y el río pueden existir todavía, pero ahora que los he cruzado y vivo en un palacio precioso con torres carmesíes, la montaña y el río están [tan distantes] de mí como el cielo lo está de la Tierra». Pero el verdadero razonamiento no está limitado a esta única línea [de pensamiento]. Esto quiere decir que cuando yo estaba escalando una montaña o cruzando un río, estaba ahí en ese momento. Tiene que haber habido tiempo en mí. Y de hecho yo existo ahora, [de manera que] el tiempo no podría haberse ido. Si el tiempo no tiene la forma de ir y venir, el tiempo de escalar una montaña es el presente como existencia-tiempo.[13] Si el tiempo conserva la forma de ir y venir, tengo este instante presente de la existencia-tiempo, el cual es justo la existencia-tiempo en sí misma.[14] ¿Cómo podría ese tiempo de escalar una montaña y cruzar el río no tragar ni vomitar este tiempo [ahora] en el palacio precioso con las torres carmesíes?[15] Las tres cabezas y los ocho brazos eran tiempo ayer, el [cuerpo dorado] de tres o cinco metros es tiempo hoy. Aun así, este principio budista de ayer y hoy es simplemente sobre los instantes en los que vamos directamente a las montañas y miramos a través de mil o diez mil picos; no es sobre lo que ha pasado. Las tres cabezas y los ocho brazos pasan instantáneamente como mi existencia-tiempo: aunque parezcan estar en la distancia, son [instantes] del presente. Siendo esto así, los pinos son tiempo y los bambúes son tiempo. No deberíamos entender tan solo que el tiempo vuela. No deberíamos aprender que «volar» es la única habilidad del tiempo. Si solo dejamos que el tiempo vuele, algunas lagunas pueden aparecer. Aquellos que no experimentan y escuchan la verdad de la existencia-tiempo lo hacen así, porque entienden [el tiempo] solo como habiendo pasado. Para asir el núcleo y expresarlo: todo lo que existe a través de todo el universo se alinea en series y al mismo tiempo son instantes particulares de tiempo.[16] Puesto que [el tiempo] es la existencia-tiempo, ello es mi existencia-tiempo.[17] El tiempo existente tiene la virtud de pasar en series de instantes.[18] Esto quiere decir que desde hoy pasa a través de series de instantes hasta mañana; desde hoy pasa a través de series de instantes hasta ayer; desde ayer pasa a través de series de instantes hasta hoy; desde hoy pasa a través de series de instantes hasta hoy, y desde mañana pasa a través de series de instantes hasta mañana. Puesto que el paso a través de instantes separados es una virtud del tiempo, los instantes del pasado y el presente ni son apilados unos encima de los otros ni alineados en una fila, y, por la misma razón, Seigen[19] es tiempo, Obaku[20] es tiempo, y Kozei[21] y Sekito[22] son tiempo.[23] Debido a que sujeto-y-objeto ya es tiempo, práctica-y-experiencia es instantes de tiempo. Ir al barro e ir al agua,[24] igualmente, son tiempo. La visión de hoy de la persona común y las causas y condiciones de [esa] visión son lo que la persona común experimenta, pero no la realidad de la persona común.[25] Es simplemente que la realidad, por ahora, ha convertido a una persona común en sus causas y condiciones. Puesto que entiende que este tiempo y esta existencia son distintos de la realidad en sí misma, considera que «el cuerpo de cinco metros está más allá de mí». Los intentos de evitar [el asunto pensando] «nunca soy el cuerpo de cinco metros» son también destellos de la existencia-tiempo; son atisbos de él de una persona que todavía tiene que realizarlo en la experiencia y apoyarse en él. La [existencia-tiempo], que también causa que el caballo y la oveja[26] estén dispuestos como están hoy en el mundo, es un ascenso y caída, siendo algo inefable que permanece en su lugar en el Dharma. La rata es tiempo y el tigre es tiempo, los seres vivos son tiempo y los *buddhas* son tiempo. Este tiempo experimenta todo el universo usando tres cabezas y ocho brazos y experimenta todo el universo usando el cuerpo dorado de cinco metros. Realizar universalmente todo el universo usando todo el universo se llama «realizar perfectamente».[27] El promulgar del cuerpo dorado de cinco metros[28] usando el cuerpo dorado de cinco metros se realiza como el establecimiento de la mente, como el practicar, como el estado del *bodhi* y como el nirvana. Es decir, como la existencia en sí misma y el tiempo en sí mismo. No es otra cosa que la realización perfecta del tiempo completo como toda la existencia: no hay nada que sobre en absoluto.

Puesto que algo que sobra es simplemente algo que sobra, incluso un instante de la mitad de la existencia-tiempo realizada perfectamente es la realización perfecta de la mitad de la existencia-tiempo.[29] Incluso aquellas fases en las que parecemos ser descuidadamente ignorantes son también la existencia. Si lo dejamos completamente en manos de la existencia,[30] incluso aunque [los instantes] antes y después se manifiesten descuidadamente ignorantes, se mantienen en su sitio como existencia-tiempo. Mantenernos en nuestro sitio en el Dharma en el estado de actividad vigorosa es justamente la existencia-tiempo. No deberíamos enturbiarlo [interpretándolo] como «estar sin»[31] y no deberíamos forzadamente llamarlo «existencia». En relación con el tiempo, luchamos por comprender cómo pasa ralentizadamente; no lo comprendemos intelectualmente como lo que está por venir. Incluso aunque la comprensión intelectual sea tiempo, ninguna circunstancia está jamás influenciada por él. Los sacos de piel [humanos] reconocen [el tiempo] como ir y venir. Nadie lo ha penetrado como existencia-tiempo permaneciendo en su sitio; ¿cuánto menos podría cualquiera experimentar el tiempo habiendo pasado a través de la puerta?[32] Incluso [entre aquellos que] son conscientes de mantenerse en su sitio, ¿quién puede expresar el estado de haber realizado ya lo inefable? Incluso [entre aquellos que] han estado afirmando durante mucho tiempo que son así, no hay ninguno que no esté todavía buscando a tientas la manifestación, [que está] ante ellos, de las características reales. Si dejamos [incluso el *bodhi* y el nirvana] tal y como son en la existencia-tiempo de la persona común, incluso el *bodhi* y el nirvana son –[aunque] simplemente una forma que va y viene– la existencia-tiempo.[33]

[38] En resumen, sin ninguna cesación de restricciones ni obstáculos,[34] la existencia-tiempo se realiza. Los reyes celestiales y las multitudes celestiales, que ahora aparecen a la derecha y aparecen a la izquierda, son la existencia-tiempo en la cual nos estamos esforzando. En otra parte, los seres de la existencia-tiempo de tierra y mar [también] se realizan ahora a través de nuestro propio esfuerzo. Las muchas clases de ser y los muchos seres particulares que [viven] como existencia-tiempo en la oscuridad y la claridad son todos la realización de nuestro propio esfuerzo y la continuidad instantánea de nuestro esfuerzo. Deberíamos aprender en la práctica que sin la continuidad instantánea de nuestro propio esfuerzo en el presente, ni un solo *dharma* ni una única cosa podrían ser nunca realizados o nunca continuar desde un instante al siguiente.[35] No deberíamos nunca aprender que el paso de un instante al siguiente es como el movimiento del este y el oeste del viento y la lluvia. Todo el universo no está ni más allá del movimiento y el cambio ni más allá del progreso o el retroceso: él es el paso de un momento al siguiente. Un ejemplo de paso instantáneo del tiempo es la primavera. La primavera tiene innumerables aspectos diferentes que llamamos «un paso del tiempo».[36] Deberíamos aprender en la práctica que el paso instantáneo del tiempo continúa sin haber allí nada externo. El paso instantáneo de la primavera, por ejemplo, pasa inevitablemente, de instante a instante, a través de la primavera misma.[37] No es que «el paso instantáneo del tiempo» sea la primavera; más bien, puesto que la primavera es el paso instantáneo del tiempo, el paso del tiempo ha realizado la verdad ya en el aquí y ahora de la primavera.[38] Deberíamos estudiar [esto] detenidamente, regresando a ello y dejándolo una y otra vez. Si pensamos, al tratar el paso momentáneo del tiempo, que las circunstancias son [solo] cosas particulares del exterior, mientras algo que pueda pasar de instante a instante vaya hacia el este a través de cientos de miles de mundos y a través de cientos de miles de *kalpas*, no nos estaremos dedicando exclusivamente al aprendizaje budista en la práctica.[39]

[40] El Gran Maestro Yakusan Kodo,[40] según cuenta la historia, por sugerencia del Gran Maestro Musai,[41] visita al Maestro Zen Kozei Daijaku.[42] Le pregunta: «Tengo más o menos claro el sentido de los tres vehículos y las doce divisiones de las enseñanzas,[43] pero ¿cuál es justamente la intención del maestro ancestral al venir desde el oeste?».[44]

Así cuestionado, el Maestro Zen Daijaku dice: «A veces[45] le hago[46] levantar una ceja o guiñar un ojo y a veces no le hago levantar una ceja ni guiñar un ojo. A veces hacerle levantar una ceja o guiñar un ojo es correcto y a veces hacerle levantar una ceja o guiñar un ojo no es correcto».

Escuchando esto, Yakusan realiza la gran realización y le dice a Daijaku: «En la orden de Sekito he sido como un mosquito que trepaba por un buey de hierro».

[42] Lo que dice Daijaku no es lo mismo [que] otros [puedan decir]. [Sus] «cejas» y «ojos» pueden ser las montañas y los mares, porque las montañas y los mares son [sus] «cejas» y «ojos». En su «hacer que él levante [una ceja]», podemos mirar a las montañas y en su «hacer que él guiñe un ojo» podemos estar presidiendo los mares. «A él» se le ha hecho familiar «ser correcto», y «él» ha sido guiado por «la enseñanza».[47] Ni «no ser correcto» es lo mismo que «no hacerse a él mismo [actuar]», ni «no hacerse a él mismo [actuar]» es lo mismo que «no ser correcto».[48] Todas estas [situaciones] son «la existencia-tiempo». Las montañas son tiempo y los mares son tiempo. Sin tiempo, las montañas y los mares no podrían existir; no debemos rechazar que el tiempo exista en las montañas y los mares aquí y ahora. Si el tiempo se desmorona, las montañas y los mares se desmoronan. Si el tiempo no es el sujeto que se desmorona, las montañas y los mares no son el sujeto que se desmorona. De acuerdo con esta verdad, la estrella luminosa aparece, el Tathāgata aparece, el ojo aparece y el tomar una flor aparece,[49] y esto es justo el tiempo. Sin tiempo, eso no sería así.

[44] El Maestro Zen Kisho[50] de la región de Shoken es un descendiente del Dharma de Rinzai y el legítimo sucesor de Shuzan.[51] En una ocasión proclamó a la asamblea:

> *A veces[52] la voluntad está presente pero las palabras están ausentes,*
> *a veces las palabras están presentes pero la voluntad está ausente,*
> *a veces tanto la voluntad como las palabras están presentes,*
> *a veces tanto la voluntad como las palabras están ausentes.*[53]

[44] La voluntad y las palabras son ambas la existencia-tiempo. Presencia y ausencia son ambas la existencia-tiempo. El instante de presencia todavía no ha terminado, pero el momento de ausencia ha llegado –la voluntad es el burro y las palabras, el caballo:[54] los caballos han sido transformados en palabras y los burros en la voluntad.[55] La presencia no está relacionada con el haber llegado, y la ausencia no está relacionada con el no haber llegado.[56] La existencia-tiempo es así. La presencia se restringe por la presencia misma; no está restringida por la ausencia.[57] La ausencia se restringe por la ausencia misma; no está restringida por la presencia. La voluntad obstaculiza la voluntad y se encuentra con la voluntad.[58] Las palabras obstaculizan las palabras y se encuentran con las palabras. La restricción obstaculiza la restricción y se encuentra con la restricción. La restricción restringe la restricción. Esto es el tiempo. Los *dharmas* objetivos utilizan la restricción, pero la restricción que restringe a los *dharmas* objetivos nunca ha ocurrido.[59] Me encuentro con un ser humano, un ser humano se encuentra con un ser humano, me encuentro conmigo mismo y la manifestación se encuentra con la manifestación. Sin tiempo, estos [hechos] no podrían ser así. Es más, «la voluntad» es el tiempo del universo realizado,[60] «las palabras» son el tiempo del núcleo que es el estado ascendente,[61] «la presencia» es el tiempo poniendo al descubierto la sustancia[62] y la «ausencia» es el tiempo de «adherirse a esto y partir de esto».[63] Deberíamos delimitar las distinciones y promulgar la existencia-tiempo[64] así. Aunque los venerables patriarcas hasta el día de hoy hayan hablado cada uno como lo han hecho, ¿cómo podrían no tener nada más que decir? Me gustaría decir lo siguiente:

> *La mitad de la presencia de la voluntad y las palabras es la existencia-tiempo.*
> *La mitad de la ausencia de la voluntad y las palabras es la existencia-tiempo.*

Debería ser estudiado así en la experiencia.

> *Hacer que uno mismo*[65] *levante una ceja o guiñe un ojo es la mitad de la existencia-tiempo.*
> *Hacer que uno mismo levante una ceja o guiñe un ojo es la existencia-tiempo confuso.*
> *No hacer que uno mismo levante una ceja o guiñe un ojo es la mitad de la existencia-tiempo.*
> *No hacer que uno mismo levante una ceja o guiñe un ojo es la existencia-tiempo confusa.*

Cuando experimentamos el ir y experimentamos el venir, y cuando experimentamos la presencia y experimentamos la ausencia así, ese tiempo es la existencia-tiempo.

SHOBOGENZO UJI

Escrito en Koshohorinji en el primer día de invierno en el primer año de Ninji.[66]
Copiado durante el retiro de verano en el [primer] año de Kangen[67]*-Ejo.*

NOTAS

1. El Maestro Yakusan Igen. *Keitokudentoroku*, capítulo 18.
2. *Uji* o *aru toki*, como en el título del capítulo. En este caso, *uji* es un adverbio leído como *a[ru]toki*, que significa «a veces». En el título del capítulo, *uji* es una palabra compuesta, «existencia-tiempo».
3. Esta frase se refiere a las imágenes iracundas de las deidades guardianas budistas tales como Aizenmyoo, el Rey del Amor (en sánscrito *Rāgarāja*), cuya figura tiene generalmente tres caras coléricas y seis brazos.
4. *Joroku-hasshaku*. Un *jo* equivale a diez *shaku* y un *shaku* es un poco menos de treinta centímetros. *Joroku* sugiere el cuerpo dorado de cinco metros, la imagen idealizada del Buddha de pie. *Hasshaku* puede ser interpretado como la representación de la imagen de equilibrio del Buddha sentado.
5. El *shujo* es un bastón utilizado por los monjes budistas en sus viajes y también en sus ceremonias. El *hossu* era originalmente un espantamoscas, pero su función se ha vuelto ceremonial. Se trata de objetos concretos que presentan un significado religioso.
6. En China y Japón los tejados de los templos tienen grandes alerones apoyados en columnas que se yerguen en el exterior. Las columnas del templo y las linternas de piedra son, por tanto, objetos muy comunes.
7. *Juni-ji* significa literalmente «doce tiempos». En la época del Maestro Dogen, un día se dividía en doce periodos. El Maestro Dogen sugiere que el tiempo real en el estado de equilibrio no es diferente del tiempo ordinario de la vida diaria concreta.
8. Cuando estamos esperando, veinticuatro horas es mucho, y cuando estamos presionados por el tiempo, veinticuatro horas es poco. De modo que la duración de un día es relativa aunque la consideremos como «veinticuatro horas».
9. «Cada individuo» es *zu-zu*, literalmente «cabeza-cabeza». «Cada objeto» es *butsu-butsu*, literalmente «cosa-cosa». «Instantes particulares de tiempo» es *ji-ji*, literalmente «tiempo-tiempo».
10. Como la voluntad para la verdad, la práctica y la realización budistas son ambas la existencia real y el tiempo real.
11. *Inmo no denchi*. *Inmo* significa algo inefable (véase el capítulo 29 [volumen 2], «Inmo»), *den* quiere decir «campo» y *chi*, «tierra». *Denchi* sugiere una zona concreta o estado real.
12. «Instantes particulares de tiempo» es *ji-ji*.
13. «El tiempo que no tiene la forma de ir y venir» quiere decir el presente instantáneo como opuesto a la progresión del tiempo lineal. Si lo comprendemos de esta manera, incluso un proceso continuo (como cruzar una montaña) es instantes del presente.
14. «El tiempo que conserva la forma de ir y venir» significa el tiempo lineal. Si lo vemos de este modo, incluso aunque el instante llegue y se marche, existe ahora en el momento presente. El Maestro Dogen abraza, por tanto, la visión del tiempo real como punto, como línea y también como la realidad en sí misma.

15. El tiempo pasado tragándose el tiempo presente sugiere el carácter inclusivo del tiempo. El tiempo pasado vomitando el tiempo presente sugiere la independencia del pasado y del presente.
16. «Instantes particulares de tiempo» es *ji-ji*. Véanse las notas 9 y 12.
17. *Go-uji*, «mi existencia-tiempo», enfatiza que la existencia-tiempo no es solo un concepto sino nuestra propia vida real.
18. *Kyoryaku* o *keireki*. *Kyo* o *kei*, «atravesar», «experimentar» o «el paso del tiempo», representa el aspecto lineal de este. *Ryaku* o *reki* sugiere un proceso a través de sucesivos estados separados, por lo cual representa el aspecto instantáneo del tiempo. Nota de pronunciación: en japonés un carácter chino se lee en su forma *kun-yomi* (la lectura nativa japonesa) o en la *on-yomi* (imitando la pronunciación china). Sin embargo, la pronunciación de los caracteres en China variaba de época a época, de manera que son posibles diferentes lecturas en la forma *on-yomi*. *Kyoryaku* se aproxima más a la pronunciación utilizada en la dinastía Wu (222-258) y *keireki*, a la empleada en la dinastía Han (206 a. de C.-25 d. de C.). Los sutras budistas en Japón se leen normalmente de acuerdo con la primera.
19. El Maestro Seigen Gyoshi, muerto en el año 740.
20. El Maestro Obaku Kiun, muerto entre los años 855 y 859. Un descendiente de segunda generación del Maestro Baso.
21. El Maestro Baso Doitsu (704-788). Véase la nota 42.
22. El Maestro Sekito Kisen (700-790), un sucesor del Maestro Seigen Gyoshi. Véase la nota 41.
23. Las vidas de todos los maestros budistas son justamente instantes del presente.
24. Símbolos de vicisitudes diarias.
25. *Ho* o Dharma.
26. Las doce horas del día chino estaban representadas por doce animales: rata (12 de la noche), buey (2 de la mañana), tigre (4 de la mañana), conejo (6 de la mañana), dragón (8 de la mañana), serpiente (10 de la mañana), caballo (12 del mediodía), oveja (2 de la tarde), mono (4 de la tarde), pollo (6 de la tarde), perro (8 de la tarde) y jabalí (10 de la noche). Estos animales también se utilizaban para representar las direcciones. Así, por ejemplo, la rata indicaba el norte, el caballo el sur, etcétera.
27. La frase original está construida por combinaciones de solo tres caracteres chinos: *jin*, *kai*, *gu*. «Todo el universo» es *jinkai*; *jin*, «todo», funciona como adjetivo y *kai*, «mundo», como sustantivo. «Realizar universalmente» es *kai-jin su*; *kai*, «universalmente», funciona como adverbio y *jin su*, «realizar», como verbo. «Realizar perfectamente» es *gujin su*; *gu*, «perfectamente», funciona como adverbio; y *jin*, «realizar», como verbo. *Gujin* aparece en una frase clave del Sutra del Loto (1.68): «Los *buddhas* solos, junto con los *buddhas*, pueden realizar perfectamente que todos los *dharmas* son la forma real».
28. *Joroku-konjin suru* significa literalmente «el cuerpear dorado de cinco metros» (un sintagma nominal utilizado como verbo).
29. *Han-uji*. El Maestro Dogen a veces utiliza «la mitad» para sugerir algo concreto, particular o real, como opuesto a un ideal (como en el poema del párrafo final de este capítulo).

30. Literalmente, «si lo dejamos completamente a ella», es decir, si dejamos marchar las preocupaciones subjetivas. «Ella» se refiere a la existencia en la frase anterior.
31. *Mu* significa «inexistencia». *U* y *mu*, «existencia e inexistencia», son normalmente opuestos. Véase, por ejemplo, el capítulo 24 (volumen 2), «Bussho».
32. La puerta sugiere el dualismo de las ilusiones y su negación, o el idealismo y el materialismo.
33. El hecho de que todas las cosas (incluso el *bodhi* y el nirvana) sean la existencia-tiempo no cambia por más que se interprete.
34. *Raro* significa literalmente «redes y jaulas». En China, las redes de seda (*ra*) y las jaulas de bambú (*ro*) se usan para cazar y albergar respectivamente a pequeños pájaros.
35. «Continuidad instantánea» y «continuar de un instante al siguiente» son traducciones de *kyoryaku*. Véase la nota 18.
36. «El paso instantáneo del tiempo» y «un paso del tiempo» son también traducciones de *kyoryaku*. La primavera tiene aspectos separados en instantes: el aire es caliente, las flores están abiertas, los pájaros cantan, etcétera. Al mismo tiempo, la vemos como un proceso inclusivo continuo.
37. Cuando pensamos acerca de «pasar», imaginamos normalmente a un sujeto moviéndose a través de un objeto exterior, pero esto no se aplica al paso del tiempo instantáneo ya que este es completo por sí mismo.
38. En la primera oración, el paso del tiempo y la primavera están separados. «El paso instantáneo del tiempo» quiere decir el concepto de la estación de la primavera, y «primavera» significa las situaciones particulares concretas de esta (las flores abriéndose, los pájaros cantando, etcétera). En la segunda oración, el Maestro Dogen sugería el tiempo real de la primavera como la unicidad entre lo conceptual y lo concreto.
39. El tiempo no es un factor dentro del universo: es el universo mismo.
40. El Maestro Yakusan Igen (745-828). Se hizo monje a los diecisiete años y al final sucedió al Maestro Sekito Kisen. Gran Maestro Kodo es el título póstumo.
41. El Maestro Sekito Kisen (700-790). El Maestro Daikan Eno le afeitó la cabeza, pero finalmente sucedió al Maestro Seigen Gyoshi. Escribió el poema *Sandokai* (Experimentar el estado), que a menudo se recita en los templos de la secta Soto. Gran Maestro Musai es su título póstumo.
42. El Maestro Baso Doitsu (704-788), sucesor del maestro Nangaku Ejo. Kozei era el nombre del distrito donde vivía y Daijaku, su nombre póstumo. La propagación del budismo en China en el siglo VIII surgió de los esfuerzos del Maestro Sekito y el Maestro Baso.
43. Los tres vehículos son los vehículos de *śrāvaka, pratyekabuddha* y *bodhisattva,* como destacó el Buddha en el Sutra del Loto. Las doce divisiones de las enseñanzas son las siguientes: *sūtra,* textos originales, sutras; *geya,* poemas que resumen los contenidos en prosa de los sutras; *vyākaraṇa,* la confirmación del Buddha de que un practicante se convertirá en un *buddha; gāthā,* poemas independientes; *udāna,* enseñanza espontánea (la enseñanza del Buddha era habitualmente inspirada por preguntas de sus seguidores); *nidāna,* informes

históricos de causas y condiciones; *avadāna,* parábolas; *itivṛttaka,* historias de sucesos pasados (especialmente historias de vidas pasadas de discípulos del Buddha); *jātaka,* historias de las vidas pasadas del Buddha; *vaipulya,* extensiones de la filosofía budista; *adbhuta-dharma,* crónicas de sucesos milagrosos, y *upadeśa,* discursos teóricos. Véase también el Glosario de términos en sánscrito y el capítulo 24 (volumen 2), «Bukkyo».

44. El maestro ancestral es el Maestro Bodhidharma, quien introdujo el verdadero budismo a China desde la India. Véase el capítulo 67 (volumen 3), «Soshi-sairai-no-i».
45. *Arutoki.* Véase la nota 2.
46. *Kare* literalmente significa «a él» o «ese». El Maestro Baso pensó sobre su propia conducta objetivamente.
47. «La enseñanza» es *kyo.* En las palabras del Maestro Baso, *kyo* se usa como verbo causal auxiliar (pronunciado *seshimuru*). El Maestro Dogen afirmó que el comportamiento del Maestro Baso era moral y que siguió las enseñanzas. Al mismo tiempo, combinando los caracteres *ze, i* y *kyo* («correcto», «a él» y «hacer/enseñar»), el Maestro Dogen sugirió la unicidad de las palabras del Maestro Baso y su estado.
48. La inmoralidad no es solo inacción (la acción positiva también puede ser inmoral) y la inacción no es siempre inmoral (no hacer nada es a veces moralmente correcto).
49. Los elementos de la frase sugieren situaciones reales de la vida del Buddha. Se dice, por ejemplo, que realizó la verdad viendo el lucero del alba y que transmitió la verdad al Maestro Mahākāśyapa tomando una flor de *uḍumbara.* Véase el capítulo 68 (volumen 3), «Udonge».
50. El Maestro Shoken Kisho (fechas desconocidas), un sucesor del Maestro Shuzan Shonen. El Maestro Shoken fue el cuarto maestro en la sucesión desde el Maestro Rinzai y el noveno en la sucesión desde el Maestro Nangaku Ejo. Se dice que realizó la verdad en la orden del Maestro Shuzan cuando comentaba una historia sobre un *shippei* (palo de bambú). Shoken es hoy en día la provincia de Hunan, al este del centro de China.
51. El Maestro Shuzan Shonen, muerto en el 993 a la edad de sesenta y ocho años. Un sucesor del Maestro Fuketsu Ensho.
52. *Arutoki.* Véase la nota 2.
53. «Presente» es *to, ita[rite],* que quiere decir «llegar» o «haber llegado»: estar presente. «Ausente» es *futo, ita[ra]zu,* que significa «no llegar» o «no haber llegado»: estar ausente.
54. El Maestro Chokei Eryo le pregunta al Maestro Reiun Shigon: «¿Cuál es la gran intención del Dharma del Buddha?». El Maestro Reiun dice: «Los asuntos del burro sin haber terminado, y los asuntos del caballo llegando». Véase *Shinji-shobogenzo,* parte 2, nº 56.
55. El poema parece ser abstracto en el contenido, tratando solo las palabras y la voluntad, pero el Maestro Dogen interpreta que también trata sobre la realidad concreta.

56. La presencia, o «haber llegado», y la ausencia, o «no haber llegado», son estados en el momento presente. No necesitan ser vistos como resultados de procesos pasados.
57. La presencia restringida por sí misma significa la presencia real tal y como es (es decir, la presencia que no está restringida por la preocupación sobre la ausencia).
58. Ambas expresiones, «la voluntad obstaculiza la voluntad» y «la voluntad se encuentra con la voluntad», sugieren la voluntad real tal y como es.
59. «Restricción» significa aquí un ser tal y como es. Es el estado que las cosas reales ya tienen, no algo separado que pueda obstaculizarlas.
60. *Genjo-koan*. Véase el capítulo 3, «Genjo-koan».
61. *Kojo-kanrei*. *Kojo*, «ascendente», describe el estado que es más real que pensar y sentir. Véase el capítulo 28 (volumen 2), «*Butsu-kojo-no-ji*».
62. *Dattai*. *Datsu* significa «liberarse de» o «quitarse» y *tai*, «cuerpo», «sustancia» o «realidad concreta».
63. *Soku-shi-ri-shi* sugiere el comportamiento real en la vida budista. Esta y las otras tres expresiones precedentes pueden interpretarse de acuerdo con cuatro fases: una expresión general de la realidad, el estado concreto que es más real que una generalización, el claro establecimiento de los hechos concretos en la realidad y la acción real en la vida diaria.
64. «Promulgar la existencia-tiempo» es *uji su* (*uji* es utilizado como verbo).
65. *Kare*, como en las palabras del Maestro Baso. Véase la nota 46.
66. El primer día del décimo mes lunar, 1240.
67. Es decir, 1243.

Capítulo 12

Kesa-kudoku

La virtud del *kaṣāya*

Comentario: *kesa* representa la palabra sánscrita *kaṣāya*, o manto budista, y *kudotu* quiere decir «virtud» o «mérito». De modo que *kesa-kudotu* significa «la virtud del *kaṣāya*». Al ser una religión realista, el budismo venera nuestra vida en relación con la verdad, es decir, nuestra conducta en la vida diaria, y por ello considera muy importantes actividades como vestirse y comer. En especial el *kaṣāya* y el *pātra* son los símbolos principales de la vida budista. En este capítulo, el Maestro Dogen explica y elogia particularmente la virtud del *kaṣāya*.

[49] La auténtica transmisión a China de los mantos y el Dharma, que son auténticamente transmitidos de *buddha* a *buddha* y de patriarca a patriarca, fue hecha por el Patriarca Fundador del pico Sugaku.[1] El Patriarca Fundador fue el vigésimo octavo patriarca posterior al Buddha Śākyamuni, habiendo pasado la transmisión veintiocho veces en la India de legítimo sucesor a legítimo sucesor. El vigésimo octavo patriarca fue a China en persona y se convirtió [allí] en el Primer Patriarca. Luego, la transmisión pasó a través de cinco [maestros] chinos y llegó a Sokei,[2] el trigésimo tercer patriarca, al cual llamamos «el Sexto Patriarca». El Maestro Zen Daikan, el trigésimo tercer patriarca, recibió la auténtica transmisión de este manto y del Dharma en Obaizan[3] a medianoche, después de la cual custodió y conservó [el manto] a lo largo de su vida. Este todavía está depositado en Horinji, en Sokeizan. Muchas generaciones sucesivas de emperadores pidieron devotamente que [el manto] se llevara a la corte imperial, donde le realizaban ofrendas y hacían postraciones, custodiándolo como un objeto sagrado. Los emperadores Chuso (ch. Zhongzong), Shukuso (ch. Suzong) y Taiso[4] (ch. Daizong), de la dinastía Tang,[5] llevaban a menudo [el manto] a la corte y le realizaban ofrendas. Cuando lo solicitaban y enviaban de vuelta, enviaban un emisario imperial y emitían un edicto. El emperador Taiso una vez devolvió el manto del *buddha* a Sokeizan con el siguiente edicto: «Ahora envío al Gran General Ryu Shukei,[6] pacificador de la nación, para recibir [el manto] con cortesía[7] y entregarlo. Lo considero un tesoro nacional. Venerables sacerdotes,[8] deposítenlo de acuerdo con el Dharma en su templo original. Dejemos que sea solemnemente custodiado solo por monjes que hayan recibido íntimamente la enseñanza fundamental. No dejemos nunca que caiga en el olvido». Verdaderamente, mejor que gobernar un reino de tres mil grandes mundos multiplicados por mil tan incontables como las arenas del Ganges,[9] ver y escuchar, y realizar ofrendas al manto del Buddha como el rey de un pequeño país donde el manto del Buddha esté presente, puede ser la mejor vida entre [todas] las buenas vidas [vividas] en la vida-y-muerte. ¿Dónde, en un mundo de tres mil que haya sido alcanzado por la influencia del Buddha, podría no existir el *kaṣāya*? Al mismo tiempo, el que pasó la auténtica transmisión del *kaṣāya* del Buddha, habiendo recibido la transmisión cara-a-cara de legítimo sucesor a legítimo sucesor, es solamente el patriarca ancestral del pico Sugaku. El *kaṣāya* del Buddha no fue transmitido a través de linajes paralelos.[10] La transmisión al Bodhisattva Bhadrapāla, un descendiente colateral del vigésimo séptimo patriarca,[11] llegó debidamente al profesor del Dharma Jo,[12] pero no hubo auténtica transmisión del *kaṣāya* del Buddha. Por otra parte, el Gran Maestro [Doshin], el Cuarto Patriarca de China,[13] liberó al Maestro Zen Hoyu[14] de Gozusan pero no le pasó la auténtica transmisión del *kaṣāya* del Buddha. De manera que incluso sin la transmisión de legítimos sucesores, el Dharma correcto del Tathāgata –cuya virtud nunca está vacía– confiere su grande y ancho beneficio a través de miles de eras y miríadas de eras. [Al mismo tiempo], aquellos que han recibido la transmisión de legítimos sucesores no pueden compararse con aquellos que carecen de la transmisión. Por tanto, cuando los seres humanos y los dioses reciban y mantengan el *kaṣāya*, deberían recibir la auténtica transmisión transmitida entre patriarcas budistas. En la India y China, en las épocas del Dharma correcto y el Dharma imitativo,[15] incluso los laicos recibían y mantenían el *kaṣāya*. En esta tierra distante y remota en la presente época degenerada, aquellos que se afeitan la barba y el cabello y se llaman a sí mismos discípulos del Buddha no reciben ni conservan el *kaṣāya*. Nunca han creído, conocido o clarificado que debieran recibir y conservar [el *kaṣāya*]. Es lamentable. Cuánto menos conocen el material, el color y las medidas [del *kaṣāya*]. Cuánto menos saben cómo vestirlo.

[54] El *kaṣāya* se ha llamado, desde tiempos antiguos, «la vestimenta de la liberación». Puede liberarnos[16] de todas las dificultades tales como los obstáculos kármicos, obstáculos del sufrimiento y obstáculos de retribución. Si un dragón consigue un solo hilo [del *kaṣāya*], evita las tres clases de calor.[17] Si un toro toca [un *kaṣāya*] con uno de sus cuernos, sus faltas se extinguirán de manera natural. Cuando los *buddhas* realizan la verdad, siempre están vistiendo el *kaṣāya*. Recuerda, [vestir el *kaṣāya*] es la virtud más elevada y noble. Verdaderamente, hemos nacido en una tierra remota en [la época] del último Dharma, y debemos arrepentirnos de ello. Pero al mismo tiempo, ¿cómo deberíamos medir el júbilo de encontrarnos con el manto y el Dharma que han sido transmitidos de *buddha* a *buddha*, de legítimo sucesor a legítimo sucesor? ¿Qué [otro] linaje ha auténticamente transmitido tanto el manto como el Dharma de Śākyamuni en la forma de nuestra auténtica transmisión? Habiéndolos encontrado, ¿quién podría no venerarlos y servirles ofrendas? Incluso si cada día [tuviéramos que] rechazar cuerpos y vidas tan incontables como las arenas del Ganges, deberíamos realizarles ofrendas. De hecho deberíamos inclinarnos para encontrarlos, para recibirlos humildemente sobre la cabeza,[18] para realizarles ofrendas y para venerarlos cada día y cada época. Entre nosotros y el país de nacimiento del Buddha, hay más de cien mil kilómetros de montañas y océanos, y está demasiado lejos para que podamos viajar allí. Sin embargo, promovidos por la buena conducta pasada, no hemos sido excluidos por las montañas y los océanos y no hemos sido despreciados como los ignorantes de una [tierra] remota. Habiéndonos encontrado con este Dharma correcto, deberíamos practicarlo persistentemente día y noche. Habiendo recibido y conservado este *kaṣāya*, deberíamos perpetuamente recibirlo sobre la cabeza con humildad y preservarlo. ¿Cómo podría esto ser solamente por haber practicado todos los tipos de virtudes bajo uno o dos *buddhas*? Podría ser que el haber practicado todos los tipos de virtudes bajo los *buddhas* equivaliera a las arenas del Ganges. Incluso si [la gente que recibe y conserva el *kaṣāya*] fuéramos nosotros, deberíamos venerarlo y regocijarnos. Deberíamos, de corazón, devolver la profunda benevolencia del maestro ancestral en la transmisión del Dharma. Incluso los animales devuelven la bondad, así que ¿cómo podrían los seres humanos no reconocer la bondad? Si no reconociéramos la bondad, podríamos scr más ignorantes que los animales. Las virtudes de este manto budista y este Dharma del Buddha nunca fueron clarificadas o conocidas por nadie más que el maestro ancestral que transmitió el Dharma correcto del Buddha. Si quisiéramos agradecidamente seguir las huellas de los *buddhas*, deberíamos simplemente estar agradecidos de esta [transmisión]. Incluso después de cientos de miles de miríadas de generaciones, deberíamos estimar esta auténtica transmisión como la auténtica transmisión. Esta [transmisión] puede ser el Dharma del Buddha en sí mismo; la prueba a su debido tiempo se hará evidente. No deberíamos comparar [la transmisión] con la disolución de la leche en el agua. Es como un príncipe heredero sucediendo al trono. Cuando queramos utilizar leche, si no hay otra leche que esta leche diluida [descrita arriba], aunque sea leche diluida deberíamos usarla. Incluso cuando no la diluimos en el agua, no debemos usar aceite, no debemos usar laca y no debemos usar vino. Esta auténtica transmisión puede también ser así. Incluso un seguidor mediocre de un maestro ordinario, proporcionando la auténtica transmisión presente, puede estar en una buena situación para utilizar leche. [Pero] centrándonos más, la auténtica transmisión de *buddha* a *buddha* y de patriarca a patriarca es como la sucesión de un príncipe heredero. Incluso la [enseñanza] secular dice: «Uno no viste ropas distintas al uniforme oficial del reinado anterior».[19] ¿Cómo podrían los discípulos del Buddha vestir [mantos] distintos del manto del Buddha?

[58] Desde el décimo año de la era Eihei,[20] durante el reinado del emperador Komei (ch. Mingdi) de la dinastía Han Posterior,[21] los monjes y los laicos yendo y viniendo entre los Cielos del Oeste y las Tierras del Este se han seguido los talones sin descanso, pero ninguno ha proclamado haber encontrado en los Cielos del Oeste un maestro ancestral de la auténtica transmisión de *buddha* a *buddha* y de patriarca a patriarca: ninguno tiene una crónica del linaje de la transmisión cara-a-cara del Tathāgata. Solo han seguido a profesores de los sutras y comentarios, y trajeron a su vuelta los libros sánscritos de los sutras y la filosofía. Ninguno habla de haber encontrado un maestro ancestral que sea un legítimo sucesor del Dharma del Buddha y ninguno menciona que haya maestros ancestrales que hayan recibido la transmisión del *kaṣāya* del Buddha. Claramente, no han entrado más allá del umbral del Dharma del Buddha. La gente así no ha clarificado el principio de la auténtica transmisión de los patriarcas budistas. Cuando el Tathāgata Śākyamuni[22] pasó a Mahākāśyapa el verdadero ojo del Dharma y el estado supremo del *bodhi*, se los transmitió junto a un *kaṣāya* recibido en la auténtica transmisión del Buddha Kāśyapa.[23] Recibido de legítimo sucesor a legítimo sucesor, [el *kaṣāya*] alcanzó al Maestro Zen Daikan de Sokeizan, la trigésima tercera generación. El material, el color y las medidas [del *kaṣāya*] habían sido transmitidos íntimamente. Desde entonces, los descendientes del Dharma de Seigen y Nangaku[24] han transmitido íntimamente el Dharma, vistiendo el Dharma de los patriarcas ancestrales y manteniendo el Dharma de los patriarcas ancestrales en orden. El método de lavar [el *kaṣāya*] y el método de recibir y conservar [el *kaṣāya*] no pueden conocerse sin ser aprendidos en la práctica, en el santuario interior de la legítima transmisión cara-a-cara de estos métodos.

> **[60]** Se dice que el *kaṣāya* incluye tres mantos. Estos son el manto de cinco bandas, el manto de siete bandas y el gran manto de nueve o más bandas. Los practicantes excelentes solo reciben estos tres mantos y no conservan otros mantos. Usar solamente los tres

mantos sirve más que de sobra al cuerpo. Cuando atendemos asuntos o hacemos tareas, y cuando venimos y vamos hacia el servicio, vestimos el manto de cinco bandas. Para hacer buenas prácticas entre la *sangha*, vestimos el manto de siete bandas. Para enseñar a los seres humanos y los dioses, y hacerlos devotos, deberíamos vestir el gran manto de nueve o más bandas. O cuando estamos en un lugar privado, vestimos el manto de cinco bandas; cuando vamos a estar entre la *sangha*, vestimos el manto de siete bandas, y cuando fuéramos a un palacio real o a ciudades y pueblos, deberíamos vestir el gran manto. O cuando hace buen tiempo y es cálido, vestimos el manto de cinco bandas; cuando hace frío, nos ponemos también el manto de siete bandas, y cuando el frío es extremo, nos ponemos también el gran manto. Una vez, en los tiempos antiguos, el tiempo en una noche en la mitad del invierno era tan frío como para partir el bambú. Conforme esa noche caía, el Tathāgata se puso el manto de cinco bandas. En tanto la noche pasaba y hacía más frío, se puso el manto de siete bandas también. Al final de la noche, cuando el frío alcanzó su pico más alto, también se puso el gran manto. En ese momento el Buddha pensó: «En las épocas venideras, cuando el frío supere lo soportable, los buenos hijos deberían poder vestir sus cuerpos adecuadamente con estos tres mantos».[25]

[62] El método de vestir el *kaṣāya* «descubriendo tan solo el hombro derecho»[26] es el método habitual. Hay un método de vestir [el *kaṣāya*] de manera que vaya sobre los dos hombros, una forma [que siguieron] el Tathāgata y los veteranos que son mayores en años y experiencia: ambos hombros se cubren mientras el pecho puede estar descubierto o cubierto. [El método de] cubrir los dos hombros es para un gran *kaṣāya* de sesenta o más bandas. [Habitualmente], cuando vestimos el *kaṣāya*, llevamos ambos lados sobre el hombro y el brazo izquierdos. El extremo frontal va sobre el lado izquierdo [del *kaṣāya*] y cuelga sobre [la parte superior del] brazo [izquierdo].[27] En el caso del gran *kaṣāya*, [este] extremo frontal pasa sobre el hombro izquierdo y cuelga hacia abajo detrás de la espalda. Hay varios métodos de vestir el *kaṣāya* además de estos; deberíamos tomarnos tiempo para estudiarlos e indagar sobre ellos.

[64] Durante cientos de años, una dinastía tras otra –Liang, Zhen, Sui, Tang y Song–,[28] muchos eruditos, tanto del Gran Vehículo como del Pequeño Vehículo, han abandonado el trabajo de leer sutras, admitiendo que no es lo esencial, y han progresado en aprender el Dharma auténticamente transmitido de los patriarcas budistas. Cuando así lo hacen, inevitablemente se despojan de sus mantos raídos y reciben y conservan el *kaṣāya* auténticamente transmitido de los patriarcas budistas. Esto es de hecho el abandono de lo falso y el regreso a la verdad. [Al tratar] el Dharma correcto del Tathāgata, [vemos] los Cielos del Oeste como la verdadera raíz del Dharma. Muchos profesores de seres humanos, pasados y presentes, han establecido estrechas visiones basadas en el pensamiento sentimental y localista de la persona común. Puesto que el mundo de *buddha* y el mundo de los seres vivos está más allá de ser limitado o ilimitado, las enseñanzas, la práctica y las verdades humanas del Mahayana y el Hinayana nunca pueden encajar dentro de los estrechos pensamientos de la gente común de hoy. Sin embargo, [la gente común] de China, actuando arbitrariamente, ha dejado de ver a los Cielos del Oeste como raíz, y ha considerado que sus nuevamente inventadas, limitadas y pequeñas visiones son el Dharma del Buddha. Tales hechos no deberían nunca ocurrir. Por tanto, si la gente de hoy que ha establecido la mente quiere recibir y conservar el *kaṣāya*, debe recibir y conservar un *kaṣāya* de la auténtica transmisión. No debe recibir y conservar un *kaṣāya* nuevamente creado de acuerdo con las ideas del momento. El *kaṣāya* de la auténtica transmisión quiere decir el *kaṣāya* que ha sido auténticamente transmitido desde [el templo] Shaolin y [la montaña] Sokei;[29] el que ha sido recibido por los legítimos sucesores del Tathāgata sin perder una sola generación. El *kaṣāya* vestido por sus hijos del Dharma y sus nietos del Dharma es el *kaṣāya* tradicional. Lo que ha sido nuevamente creado en China no es tradicional. Ahora, los *kaṣāya*s llevados por los monjes que han venido de los Cielos del Oeste, en el pasado y en el presente, son todos vestidos como el *kaṣāya* auténticamente transmitido por los patriarcas budistas. Ninguno de estos monjes [ha vestido un *kaṣāya*] como el nuevo *kaṣāya* que es producido hoy en China por las reglas de los eruditos: aquellos que están clarificados tiran [tales mantos]. En general, es obvio y es fácil confiar en la virtud del *kaṣāya* transmitido de *buddha* a *buddha* y de patriarca a patriarca. Su auténtica transmisión se ha recibido exactamente, su forma original ha sido transmitida personalmente y existe realmente en el presente. [Los patriarcas budistas] lo han recibido y conservado, y sucedieron al Dharma de cada uno hasta hoy. Los maestros ancestrales que han recibido y conservado [el *kaṣāya*] son todos maestros y discípulos que experimentaron el estado[30] y recibieron la transmisión del Dharma. Siendo esto así, deberíamos hacer [el *kaṣāya*] apropiadamente, de acuerdo con el método de hacer el *kaṣāya* que ha sido auténticamente transmitido por los patriarcas budistas. Solo esta es la auténtica tradición y, por tanto, ha sido mucho tiempo experimentada y reconocida por todos los seres comunes y los sagrados, los seres humanos y los dioses, y los dragones y los espíritus. Habiendo nacido para encontrarnos con la difusión de este Dharma, si cubrimos nuestro cuerpo con el *kaṣāya* tan solo una vez, recibiéndolo y conservándolo por tan solo un *kṣāṇa* o *muhūrta*,[31] esa [experiencia] servirá seguramente como un talismán para protegernos[32] en la realización del estado supremo del *bodhi*. Cuando teñimos el cuerpo-y-mente con una sola frase o un solo poema, se convierte en una semilla de luminosidad eterna que finalmente nos conduce al supremo estado del *bodhi*. Cuando teñimos el cuerpo-y-mente con un *dharma* real o un buen acto puede también ser así. Las imágenes mentales surgen y desaparecen instantáneamente: eso tampoco tiene morada. El cuerpo físico también surge y desaparece instantáneamente. Sin embargo, la virtud que practicamos siempre tiene su momento de maduración y desprendimiento. El *kaṣāya*, igualmente, está más allá de la elaboración o la no-elaboración, está más allá de tener morada o no tener morada: es aquello que «los *buddhas* solos, junto con los *buddhas*, realizan perfectamente».[33] Sin embargo, los practicantes que reciben y conservan [el *kaṣāya*] siempre cumplen la virtud que por tanto ha de ganarse y llegan a lo definitivo. Aquellos sin una buena conducta pasada –incluso si atraviesan una, dos o incontables vidas– no pueden nunca encontrarse con el *kaṣāya*, no pueden nunca vestir el *kaṣāya*, no pueden nunca confiar en el *kaṣāya* y no pueden nunca conocer claramente el *kaṣāya*. En la China y el Japón de hoy, vemos que están aquellos que han tenido la ocasión de vestir su cuerpo una vez con el *kaṣāya* y los que no lo han hecho. [La diferencia] no depende del estatus alto o bajo, ni de la ignorancia o la sabiduría; se determina claramente por la buena conducta pasada. Siendo esto así, si hemos recibido y conservado el *kaṣāya*, deberíamos sentirnos agradecidos por nuestra buena conducta pasada y no deberíamos dudar de la acumulación de mérito y virtud. Si todavía no tenemos [el *kaṣāya*], deberíamos esperar tenerlo. Deberíamos luchar, sin demora, por sembrar las primeras semillas [de recibir y conservar el *kaṣāya*] en esta vida. Aquellos a los que algún obstáculo les impidiese recibir y conservar [el *kaṣāya*] deberían arrepentirse y confesarse ante los *buddha-tathāgatas* y los Tres Tesoros de Buddha, Dharma y Sangha. Cómo deben desear los seres vivos de otros países: «¡Ojalá el manto y el Dharma del Tathāgata hubieran sido transmitidos y estuvieran íntimamente presentes en nuestro país tal y como están en China!». Su pena debe de ser profunda y su tristeza, teñida de resentimiento, porque la auténtica tradición no ha pasado a su propio país. ¿Por qué somos tan afortunados de haber encontrado el Dharma en el que el manto y el Dharma del Tathāgata, el Honrado por el Mundo, han sido auténticamente transmitidos? Es la influencia de la gran virtud del *prajñā* alimentado en el pasado. En la presente época corrupta del último Dharma, [algunos] no se han avergonzado de no tener la auténtica transmisión y desprecian a otros que poseen la auténtica transmisión. Creo que pueden ser una panda de demonios. Sus posesiones y moradas presentes, las cuales son influidas por su conducta anterior, no son reales ni verdaderas. Simplemente dedicarse a ellos mismos[34] y venerar el Dharma del Buddha auténticamente transmitido: este puede ser el verdadero refugio de aprender [el estado] de *buddha*. En resumen, recuerda que el *kaṣāya* es el objeto de la veneración de los *buddhas* y la devoción. Es el cuerpo del Buddha y la mente del Buddha. Lo llamamos «la vestimenta de la liberación»,[35] «el manto de un campo de felicidad»,[36] «el manto sin forma»,[37] «el manto supremo», «el manto de la resistencia»,[38] «el manto del Tathāgata», «el manto de la gran benevolencia y la gran compasión», «el manto que es el estandarte de la excelencia» y «el manto de *anuttara samyaksaṃbodhi*». Deberíamos recibirlo y conservarlo así, recibiéndolo humildemente sobre la cabeza. Puesto que es así, no deberíamos nunca cambiarlo conforme a [nuestra propia] mente.

[71] Como material para el manto, utilizamos seda o algodón, de acuerdo con la conveniencia. No siempre es el caso que el algodón sea puro y la seda impura. No hay un punto de vista desde el cual se pueda detestar el algodón y preferir la seda: esto sería irrisorio. El método común[39] de los *buddhas*, en todos los casos, es ver los trapos[40] como el mejor material. Hay diez clases y cuatro clases de trapos: los llamados quemados, masticados por un buey, roídos por las ratas, los de las ropas de los muertos,[41] etcétera. «La gente de las cinco zonas de la India[42] se deshicieron de trapos como estos en las calles y los campos como si fueran inmundos, así que los llamaron "trapos inmundos".[43] Los practicantes los tomaron, los lavaron y los cosieron para cubrirse el cuerpo».[44] Entre esos [trapos] los hay de varios tipos de seda y de varios tipos de algodón. Deberíamos deshacernos de la visión [que discrimina entre] seda y algodón, y estudiar los trapos en la práctica. Cuando, en los tiempos antiguos,[45] [el Buddha] estaba lavando un manto de trapos en el lago Anavatapta,[46] el Rey Dragón le alabó con una lluvia de flores e hizo postraciones de reverencia. Algunos profesores del Pequeño Vehículo tienen la teoría del hilo transformado,[47] la cual no puede tener fundamento. La gente del Gran Vehículo podría reírse de ello. ¿Qué tipo [de hilo] no es un hilo transformado? Cuando esos profesores escuchan hablar sobre la «transformación», confían en sus oídos, pero cuando ven la transformación en sí misma, dudan de sus ojos. Recuerda, al tomar trapos puede haber algodón que parezca seda y seda que parezca algodón. Habiendo miríadas de diferencias entre las costumbres locales, es difícil profundizar en la creación [de la naturaleza] –los ojos de la carne no pueden saberlo–. Habiendo obtenido tal material, no deberíamos discutir si es seda o algodón, sino que deberíamos llamarlos simplemente trapos. Incluso si hay seres humanos o dioses en el cielo que han sobrevivido como trapos, nunca son seres sintientes, sino simplemente trapos. Incluso si hay pinos o crisantemos que han sobrevivido como trapos, nunca son seres no-sintientes, sino simplemente trapos. Cuando confiamos en el principio de que los trapos no son ni seda, ni algodón, ni oro, ni plata, ni perlas, ni joyas, los trapos están realizados. Antes de habernos deshecho de las visiones y opiniones acerca de la seda y el algodón, no hemos visto nunca trapos ni en sueños. En una ocasión un monje le pregunta al *buddha* eterno:[48] «¿Deberíamos ver el manto que recibiste en [la montaña] de Obai a medianoche como algodón, o deberíamos verlo como seda? En resumen, ¿como qué material deberíamos verlo?». El *buddha* eterno dice: «No es algodón ni es seda». Recuerda: que el *kaṣāya* está más allá de la seda y el algodón es una profunda enseñanza[49] de la verdad del Buddha.

[74] El venerable Śāṇavāsa[50] es el tercero en la transmisión del tesoro del Dharma. Ha sido dotado con un manto desde que nació. Mientras es un hombre laico, este manto es una prenda secular, pero cuando abandona el hogar[51] se vuelve un *kaṣāya*. En otro caso, la *bhikṣuṇī* Śukra,[52] tras establecer la voluntad y ser vestida con el manto de algodón, ha nacido con un manto en cada vida y existencia media. En el día que se encuentra al Buddha Śākyamuni y abandona el hogar, el manto secular que ha tenido desde el nacimiento se transforma instantáneamente en un *kaṣāya*, como en el caso del venerable Śāṇavāsa. Claramente, el *kaṣāya* está más allá de la seda, el algodón, etcétera. Además, el hecho de que la virtud del Dharma del Buddha puede transformar el cuerpo-y-mente y todos los *dharmas* es como en esos ejemplos. Es una verdad evidente que cuando abandonamos el hogar y recibimos los preceptos, cuerpo-y-mente, objeto-y-sujeto cambian inmediatamente; solo porque somos ignorantes no lo sabemos. No es verdad que el método común[53] de los *buddhas* se aplique solo a Śāṇavāsa o a Śukra y no a nosotros. No deberíamos dudar que el beneficio [se acumula] de acuerdo con la posición particular. Deberíamos considerar tales verdades detalladamente y aprenderlas en la práctica. El *kaṣāya* que convierte el cuerpo [de los monjes, a los cuales el Buddha] da la bienvenida[54] para tomar los preceptos, no es necesariamente ni algodón ni seda: la influencia del Buddha es difícil de considerar. La perla preciosa que hay dentro del manto[55] está más allá de aquellos que cuentan granos de arena.[56] Deberíamos clarificar y aprender en la práctica aquello que tiene cantidad y lo que no tiene cantidad, lo que tiene forma y lo que no tiene forma, en el material, el color y las medidas del *kaṣāya* de los *buddhas*. Esto es todo lo que los maestros ancestrales de los Cielos del Oeste y las Tierras del Este, pasados y presentes, aprendieron en la práctica y transmitieron como la auténtica tradición. Si alguien es capaz de ver y escuchar [a un maestro] de quien no hay nada que dudar –siendo evidente la auténtica transmisión de patriarca a patriarca– pero fracasa, sin razón alguna, al recibir la auténtica transmisión de este maestro ancestral, dicha presunción sería difícil de perdonar. La extensión de [esta] ignorancia podría deberse a la desconfianza. Sería abandonar lo real y buscar lo falso, descartar la raíz y buscar las ramas. Sería ofender al Tathāgata. La gente que quisiera establecer la mente del *bodhi* debería recibir siempre la auténtica transmisión de un maestro ancestral. No solo hemos encontrado el Dharma del Buddha que es tan difícil de encontrar; también, como descendientes del Dharma en la auténtica transmisión del *kaṣāya* del Buddha, hemos sido capaces de ver y escuchar, de aprender y practicar, y de recibir y conservar [la auténtica transmisión del *kaṣāya* del Buddha]. Esto es justamente ver al Tathāgata mismo, es escuchar el Dharma enseñado por el Buddha, es ser iluminado por la luminosidad del Buddha, es recibir y usar lo que el Buddha recibió y usó, es recibir la transmisión de uno-a-uno de la mente del Buddha, es poseer la médula del Buddha, es ser cubierto directamente por el *kaṣāya* del Buddha Śākyamuni y es el mismo Buddha Śākyamuni colocando directamente el *kaṣāya* sobre nosotros. Puesto que seguimos al Buddha, hemos recibido devotamente[57] este *kaṣāya*.

[78] El método de lavar el *kaṣāya*: pon el *kaṣāya*, desplegado, en un balde limpio. Luego sumerge el *kaṣāya* en fragancia, con agua completamente hirviendo, y déjalo en remojo durante dos horas aproximadamente.[58] Otro método es remojar el *kaṣāya* en pura agua de cenizas[59] completamente hervida y esperar a que el agua se enfríe. Hoy en día usamos [el método] del agua de cenizas caliente. Agua de cenizas caliente es lo que llamamos *aku-no-yu* aquí [en Japón].[60] Cuando el agua de cenizas se haya enfriado, enjuaga [el *kaṣāya*] una y otra vez en agua caliente limpia y clara. Durante el enjuague no uses ambas manos para restregar [el *kaṣāya*] y no lo pises. Continúa hasta que la suciedad o la grasa se hayan quitado. Después de eso, mezcla aloe, sándalo[61] u otros inciensos en un poco de agua fría y enjuaga [el *kaṣāya*]. Entonces cuélgalo en un poste de lavado[62] para que se seque. Después de que esté completamente seco, pliégalo y colócalo en un lugar alto, quema incienso y esparce pétalos, rodéalo varias veces [con el *kaṣāya*] a la derecha[63] y realiza postraciones. Después de hacer tres postraciones, seis postraciones o nueve postraciones, arrodíllate y junta las manos,[64] luego sostén el *kaṣāya* arriba con las dos manos y recita con la boca el poema [de alabanza del *kaṣāya*].[65] Después de esto, levántate y colócate [el *kaṣāya*] de acuerdo con el método.

[80][66] El Honrado por el Mundo se dirige a la gran asamblea: «en el pasado antiguo, cuando estaba en la orden del Buddha Tesoro de Joyas,[67] yo era el Bodhisattva Gran Compasión.[68] En aquel tiempo, el Bodhisattva-Mahāsattva Gran Compasión hizo el siguiente voto ante el Buddha Tesoro de Joyas:

«¡Honrado por el Mundo! Si después de que llegara a ser un *buddha*, hubiera seres vivos que hubieran entrado en mi Dharma y abandonado su hogar, y hubieran vestido el *kaṣāya* –incluso si fueran *bhikṣus*, *bhikṣuṇīs*, *upāsakas* y *upāsikās*[69] que hubieran acumulado faltas mortales por violar las graves prohibiciones, promulgar falsos puntos de vista o descreer desdeñosamente de los Tres Tesoros–, y por un solo instante de conciencia la reverencia se alzara en sus mentes para honrar al manto *saṃghāṭi*,[70] y la reverencia se alzara en sus mentes para honrar al Honrado por el Mundo (el Buddha) o al Dharma o la Sangha pero, Honrado por el Mundo, incluso uno solo entre aquellos seres vivos no pudiera, en uno [de los] tres vehículos,[71] recibir la confirmación,[72] y como resultado retrocediera o se descarriara, significaría que yo habría decepcionado a los *buddhas* que ahora están presentes en los mundos de las diez direcciones y en incontables, infinitos *kalpas asaṃkheya*, y seguramente no realizaría *anuttara samyaksaṃbodhi*.

»¡Honrado por el Mundo! Después de haberme convertido en un *buddha*, si los dioses, dragones y demonios, y seres humanos y no humanos son capaces de vestir este *kaṣāya* para venerarlo, servirle ofrendas, honrarlo y elogiarlo, siempre que aquella gente sea capaz de ver una pequeña parte de este *kaṣāya*, podrán no retroceder mientras estén dentro de los tres vehículos.

»Cuando los seres humanos están afligidos por el hambre o la sed –tanto si son malos demonios, gente miserable o seres vivos en el estado de los fantasmas hambrientos–, si son capaces de obtener un pedazo del *kaṣāya* tan pequeño como doce centímetros,[73] podrán inmediatamente comer y beber hasta llenarse y realizar rápidamente lo que deseen. Cuando los seres vivos se ofenden unos a otros, provocando mala voluntad para alzarse y propiciando peleas para desarrollarse –o cuando los dioses, dragones, demonios, *gandharvas*, *asuras*, *garuḍas*, *kiṃnaras*, *mahoragas*, *kumbhāṇḍas*, *piśācas*[74] y seres humanos y no humanos están luchando entre ellos–, si recuerdan a este *kaṣāya*, a su debido tiempo, por la virtud del poder del *kaṣāya* engendrarán la mente de la compasión, la mente suave y flexible, la mente libre de enemigos, la mente serena, la mente regulada de la virtud y volverán al estado de la pureza.

»Cuando la gente está en un conflicto armado, un conflicto civil o una acción criminal, si mantienen un pequeño trozo de este *kaṣāya* mientras van entre estos combatientes, y si para protegerse le sirven ofrendas, le veneran y le honran, estas [otras] personas serán incapaces de lesionarlos, molestarles o volverlos locos. Podrán siempre vencer a sus adversarios y superar tales dificultades.

»¡Honrado por el Mundo! Si mi *kaṣāya* fuera incapaz de realizar estas cinco virtudes sagradas,[75] significaría que habría defraudado a los *buddhas* que ahora están presentes en el mundo de las diez direcciones y en incontables *kalpas asaṃkheya*, y en el futuro no debería realizar *anuttara samyaksaṃbodhi* o hacer obras budistas. Habiendo perdido el virtuoso Dharma, ciertamente sería incapaz de destruir el no-budismo».

¡Buenos hijos![76] En ese momento, el Tathāgata Tesoro de Joyas extendió su brazo derecho dorado y le dio unas palmaditas en la cabeza al Bodhisattva Gran Compasión, elogiándole con estas palabras:

«¡Muy bien! ¡Muy bien! ¡Buen individuo! Lo que acabas de decir es un gran e infrecuente tesoro, y es una gran sabiduría y virtud. Cuando hayas realizado *anuttara samyaksaṃbodhi*, este manto, el *kaṣāya*, podrá realizar estas cinco virtudes sagradas y producir un gran beneficio».

¡Buenos hijos! En ese momento, el Bodhisattva-Mahāsattva Gran Compasión, después de escuchar la enseñanza de ese *buddha*, saltó infinitamente de alegría. Entonces el Buddha [de nuevo] extendió su brazo dorado con su mano de grandes dedos palmeados[77] tan suaves como el manto de una diosa. Cuando dio las palmaditas en la cabeza [del *bodhisattva*], el cuerpo [del *bodhisattva*] cambió súbitamente a una juvenil figura de un hombre de veinte años. ¡Buenos hijos! En esa orden la gran asamblea de dioses, dragones, deidades, *gandharvas* y seres humanos y no humanos, con las manos juntas[78] veneraron al Bodhisattva Gran Compasión, le realizaron ofrendas de todo tipo de flores, incluso hicieron música y se la ofrecieron, y también le elogiaron de todas las maneras posibles, después de lo cual permanecieron en silencio.[79]

[86] Desde la época en la que el Tathāgata estaba en el mundo hasta hoy, cuando las virtudes del *kaṣāya* se citan del Sutra y el Vinaya[80] de *bodhisattvas* y *śrāvakas*, estas cinco virtudes sagradas siempre son consideradas fundamentales. Verdaderamente, los *kaṣāya*s son los mantos de *buddha* de los *buddhas* de los tres tiempos. Sus virtudes no se pueden medir. Al mismo tiempo, conseguir el *kaṣāya* en el Dharma del Buddha Śākyamuni puede ser incluso mejor que conseguir el *kaṣāya* en el Dharma de otros *buddhas*. La razón, si se pregunta, es que en el pasado antiguo, cuando el Buddha Śākyamuni estaba en el estado causal[81] como el Bodhisattva-Mahāsattva Gran Compasión, al ofrecer sus quinientos grandes votos ante el Buddha Tesoro de Joyas, intencionalmente hizo esos votos en los términos de las virtudes del *kaṣāya*. Sus virtudes pueden ser absolutamente inconmensurables e impensables. Siendo esto así, la auténtica transmisión al presente de la piel, la carne, los huesos y la médula del Honrado por el Mundo es el manto del *kaṣāya*. Los maestros ancestrales que han auténticamente transmitido el tesoro del verdadero ojo del Dharma han auténticamente transmitido, sin excepción, el *kaṣāya*. Los seres vivos que recibieron y conservaron este manto, y lo recibieron humildemente sobre sus cabezas, han realizado, sin excepción, la verdad dentro de dos o tres vidas. Incluso si la gente se ha puesto [el *kaṣāya*] en su cuerpo como una broma o para obtener provecho, este se ha convertido inevitablemente en las causas y condiciones para su realización de la verdad.

[87] El Maestro Ancestral Nāgārjuna[82] dice: «Además, en el Dharma del Buddha, la gente que ha abandonado la vida familiar,[83] incluso aunque rompa los votos y caiga en faltas, después de haber expiado sus faltas puede realizar la liberación. Como la *bhikṣuṇī* Utpalavarṇā explica en el *Jātaka-sūtra:*[84] cuando el Buddha está en el mundo, esta *bhikṣuṇī* realiza los seis poderes místicos[85] y el estado de una *arhat*.[86] Ella va a las casas de los nobles y constantemente elogia el método de abandonar la vida familiar, diciendo a todas las mujeres aristocráticas: "¡Hermanas! ¡Deberíais abandonar la vida familiar!".

Las mujeres nobles dicen: "Somos jóvenes y nuestras figuras están llenas de vida y belleza. Sería difícil para nosotras mantener los preceptos. A veces podríamos incumplir los preceptos".

La *bhikṣuṇī* dice: "Si incumplís los preceptos, los incumplís. ¡Simplemente abandonad la vida familiar!".

Ellas preguntan: "Si incumplimos los preceptos caeremos al infierno. ¿Por qué deberíamos querer imcumplirlos?".

Ella responde: "Si caéis en el infierno, caéis".

Todas las mujeres nobles se ríen de esto diciendo: "En el infierno, tendríamos que recibir el justo castigo por nuestras faltas. ¿Por qué deberíamos querer caer [al infierno]?".

La *bhikṣuṇī* dice: "Recuerdo en mi propia vida pasada una vez que me hice prostituta, vestía toda clase de ropas y hablaba un lenguaje antiguo.[87] Un día me puse un manto de *bhikṣuṇī* como una broma y, debido a esto como causa directa e indirecta, en el tiempo del Buddha Kāśyapa[88] me hice una *bhikṣuṇī*. Todavía estaba orgullosa entonces de mi noble linaje y mis buenos modales: la vanidad y la arrogancia surgieron en mi mente e incumplí los preceptos. Por la equivocación de incumplir los preceptos caí al infierno y sufrí por mis varias faltas, pero después de haber sufrido el castigo finalmente encontré al Buddha Śākyamuni, trascendí la vida familiar y realicé los seis poderes místicos y la verdad de un *arhat*. Por tanto, sé que cuando abandonamos la vida familiar y recibimos los preceptos, incluso si los incumplimos, debido a los preceptos como causas directas e indirectas, podemos realizar la verdad de un *arhat*. Si solamente hubiera hecho el mal, sin los preceptos como causas directas e indirectas, no podría haber realizado la verdad. En el pasado, caía en el infierno época tras época. Cuando salía del infierno, me convertía en una mala persona, y cuando la mala persona moría, regresaba al infierno y no había ningún beneficio en absoluto. Ahora, por tanto, sé por experiencia que cuando abandonamos la vida familiar y recibimos los preceptos, incluso si los incumplimos, con esto como una causa directa e indirecta, podemos obtener el efecto del *bodhi*"».[89]

[90] La causa primordial de que esta *bhikṣuṇī* Utpalavarṇā[90] realizara la verdad como un *arhat* es simplemente la virtud de que pusiera el *kaṣāya* en su cuerpo como una broma. Debido a esta virtud, y a ningún otro mérito, ha realizado ahora la verdad. En su segunda vida se encuentra el Dharma del Buddha Kāśyapa y se hace *bhikṣuṇī*. En su tercera vida se encuentra con el Buddha Śākyamuni y se convierte en un gran *arhat* dotado con las tres clases de conocimiento y los seis poderes. Las tres clases de conocimiento son intuición sobrenatural, [conocimiento de] las vidas pasadas y acabar con lo superfluo. Los seis poderes son el poder de la transmutación mística, el poder de conocer las mentes de otros, el poder de la vista sobrenatural, el poder del oído sobrenatural, el poder de conocer las vidas pasadas y el poder de acabar con lo superfluo.[91] En verdad, cuando era solamente una persona malhechora, moría y entraba en el infierno en vano, saliendo del infierno y volviendo a ser malhechora de nuevo. [Pero] cuando tiene los preceptos como causas directas e indirectas, aunque haya incumplido los preceptos y caído en el infierno, estos son finalmente las causas directas e indirectas de su realización de la verdad. Ahora, incluso aunque alguien haya vestido un *kaṣāya* como broma, puede realizar la verdad en su tercera vida. ¿Cómo, entonces, podría alguien que ha establecido la confianza pura y que viste el *kaṣāya* por el bien del supremo estado del *bodhi* no realizar esa virtud? Más aún, si recibimos y mantenemos [el *kaṣāya*] durante toda nuestra vida, recibiéndolo humildemente sobre la cabeza, la virtud podría ser universal y grandiosa más allá de cualquier medida. Cualquier ser humano que quisiera establecer la mente del *bodhi* debería recibir y conservar el *kaṣāya*, y recibirlo humildemente sobre la cabeza sin demora. Haber encontrado esta época favorable pero no haber sembrado una semilla budista sería deplorable. Habiendo recibido un cuerpo humano en el continente del sur,[92] habiendo encontrado el Dharma del Buddha Śākyamuni y habiendo nacido para encontrarse un maestro ancestral que es un sucesor perfectamente legitimado para el Dharma del Buddha, si ociosamente desperdiciáramos la oportunidad de recibir el *kaṣāya* que ha sido transmitido de uno-a-uno y que es accesible directamente, sería deplorable. Ahora, en relación con la auténtica transmisión del *kaṣāya*, la auténtica transmisión desde el maestro ancestral es la correcta y tradicional; otros maestros no pueden igualarse a él hombro con hombro. Incluso recibir y conservar el *kaṣāya* siguiendo a un maestro que no haya recibido la transmisión todavía es una virtud muy profunda. Pero mucho más que eso, si recibimos y mantenemos [el *kaṣāya*] de un verdadero maestro que ha recibido con completa legitimidad la transmisión cara-a-cara, podemos realmente ser los hijos del Dharma y los nietos del Dharma del Tathāgata mismo, y podemos de hecho haber recibido la auténtica transmisión de la piel, la carne, los huesos y la médula del Tathāgata. El *kaṣāya*, en conclusión, ha sido auténticamente transmitido por los *buddhas* de los tres tiempos y las diez direcciones sin interrupción: es lo que los *buddhas*, *bodhisattvas*, *śrāvakas* y *pratyekabuddhas* de los tres tiempos y las diez direcciones, de igual manera, han custodiado y conservado.

[93] La tela de algodón gruesa es [el material] habitual para hacer el *kaṣāya*. Cuando no hay tela de algodón gruesa, usamos tela de algodón fina. Cuando no hay tela de algodón ni gruesa ni fina, utilizamos seda natural. Cuando no hay seda [natural] ni tela de algodón, pueden usarse materiales como tela estampada[93] o seda pura: [todos estos materiales] están aprobados por el Tathāgata. Para los países donde no hay seda natural, algodón, tela estampada, seda pura o nada parecido, el Tathāgata también permite el *kaṣāya* de cuero. Generalmente, deberíamos teñir el *kaṣāya* de azul, amarillo, rojo, negro o púrpura. Cualquiera que sea el color, deberíamos convertirlo en un color secundario.[94] El Tathāgata siempre vestía un *kaṣāya* color carne: este era el color del *kaṣāya*. El *kaṣāya* del Buddha transmitido por el Primer Patriarca era azul y negro, y estaba hecho de crespones de algodón de los Cielos del Oeste. Ahora está en Sokeizan. Fue transmitido veintiocho veces en los

Cielos del Oeste y transmitido cinco veces en China. Ahora, los discípulos supervivientes del *buddha* eterno de Sokei[95] que han recibido y conservado todas las antiguas costumbres del manto del Buddha están más allá de otros monjes. En general, hay tres tipos de manto: 1) «el manto de trapos», 2) «el manto de piel» y 3) «el manto remendado». Los «trapos» son tal y como se ha explicado anteriormente. En «el manto de piel», el fino [plumón de las aves] y pelo de las bestias es lo que se llama «piel». «Cuando los practicantes no pueden obtener trapos, toman estas [pieles] y las convierten en el manto. "El manto remendado" describe nuestra [tela] cosida y remendada, y vestida, que con el tiempo se ha gastado y vuelto andrajosa. Nosotros no vestimos las finas ropas del mundo secular».[96]

[95][97] El venerable monje[98] Upāli[99] pregunta al Honrado por el Mundo: «¡Bhadanta Honrado por el Mundo![100] ¿Cuántas bandas tiene el manto *saṃghāṭi*?».

El Buddha dice: «Hay nueve clases. ¿Cuáles son las nueve clases? Son [el manto *saṃghāṭi*] de nueve bandas, once bandas, trece bandas, quince bandas, diecisiete bandas, diecinueve bandas, veintiuna bandas, veintitrés bandas y veinticinco bandas. Las tres primeras clases de manto *saṃghāṭi* tienen dos largos segmentos y un segmento corto [en cada banda], y deberíamos mantener [la norma] así. Las siguientes tres clases tienen tres [segmentos] largos y uno corto, y las tres últimas clases, cuatro largos y uno corto. Cualquiera con más [segmentos por] banda que esto se convierte en un manto no-ortodoxo».[101]

Upāli de nuevo se dirige al Honrado por el Mundo: «¡Bhadanta Honrado por el Mundo! ¿Cuántas clases de manto *saṃghāṭi* hay?».

El Buddha dice: «Hay tres clases: largos, medianos y cortos.[102] Los más largos son de tres codos de largo por cinco de ancho.[103] Los más cortos son de dos codos y medio de largo por cuatro y medio de ancho. A cualquiera entre estos dos se le llama mediano».

Upāli de nuevo se dirige al Honrado por el Mundo: «¡Bhadanta Honrado por el Mundo! ¿Cuántas bandas tiene el manto *uttarasaṃghāṭi?*».[104]

El Buddha dice: «Tan solo tiene siete bandas, cada una con dos largos segmentos y un segmento corto».

Upāli de nuevo se dirige al Honrado por el Mundo: «¡Bhadanta Honrado por el Mundo! ¿Cuántas clases de [manto] de siete bandas hay?».
El Buddha dice: «Hay tres clases: largos, medianos y cortos. Los más largos son de tres codos de largo por cinco, los más cortos son de medio codo más corto por cada lado y a cualquiera entre estos dos se le llama mediano».
Upāli de nuevo se dirige al Honrado por el Mundo: «¡Bhadanta Honrado por el Mundo! ¿Cuántas bandas tiene el manto *antarvāsa*?».[105]
El Buddha dice: «Tiene cinco bandas, cada una con un segmento largo y un segmento corto».
Upāli de nuevo se dirige al Honrado por el Mundo: «¿Cuántas clases de manto *antarvāsa* hay?».
El Buddha dice: «Hay tres clases: largos, medianos y cortos. Los más largos son de tres codos por cinco. El mediano y el pequeño son como antes».[106] El Buddha dice: «Hay otros dos tipos más de mantos *antarvāsa*. ¿Cuáles son esos dos? El primero es de dos codos de largo por cinco codos de ancho y el segundo es de dos codos de largo por cuatro codos de ancho».
El *saṃghāṭi* se traduce como «el manto de dos capas», el *uttarasaṃghāṭi* se traduce como «el manto superior» y el manto *antarvāsa* como «el manto inferior» o «el manto interior». Al mismo tiempo, el manto *saṃghāṭi* es llamado «el gran manto» y también «el manto para entrar en los palacios reales» o «el manto para proclamar el Dharma». El *uttarasaṃghāṭi* es llamado «el manto de siete bandas», o «el manto mediano» o «el manto para ir con la *sangha*». El *antarvāsa* es llamado «el manto de cinco bandas», o «el pequeño manto» o «el manto para practicar la verdad y trabajar».

[98] Deberíamos custodiar y conservar estos tres mantos sin falta. Entre los mantos *saṃghāṭi* está el *kaṣāya* de sesenta bandas, que también merece ser recibido y conservado sin falta. En general, la longitud del cuerpo [de un *buddha*] depende de la duración de su vida, la cual está entre ocho mil años[107] y cien años.[108] Algunos dicen que hay diferencias entre ocho mil años y cien años, mientras otros dicen que son equivalentes. Nosotros estimamos la insistencia de que puedan ser iguales como la auténtica tradición.[109] Las medidas del cuerpo de los *buddhas* y de los seres humanos son muy distintas: el cuerpo humano puede medirse; el cuerpo de los *buddhas* en última instancia no puede medirse.[110] Por tanto, en el instante presente en el que el Buddha Śākyamuni se coloca el *kaṣāya* del Buddha Kāśyapa,[111] [el *kaṣāya*] no es ni largo ni ancho. Y en el instante presente en el que el Tathāgata Maitreya se coloca el *kaṣāya* del Buddha Śākyamuni, este no es ni corto ni estrecho. Deberíamos reflexionar con claridad sobre esto, decidir conclusivamente, comprender completamente y observar cuidadosamente que el cuerpo de *buddha* no es ni largo ni corto. El rey Brahmā,[112] aunque elevado en el mundo material, no ve la corona de la cabeza del Buddha. Maudgalyāyana,[113] habiendo llegado lejos en el Mundo del Estandarte Luminoso, no discierne la voz del Buddha; es verdaderamente un misterio que [la forma y la voz del Buddha] sean la misma tanto si son vistas o escuchadas de lejos como de cerca. Todas las virtudes del Tathāgata son así,[114] y deberíamos tener en cuenta estas virtudes

[100] En lo concerniente a los [métodos de] cortar y coser el *kaṣāya*, están el manto de bandas separadas,[115] el manto de bandas añadidas,[116] el manto de bandas plegadas[117] y el manto de una sola capa,[118] cada uno de los cuales es un método apropiado. Deberíamos recibir y conservar [la clase de manto] que está acorde con el [material] obtenido. El Buddha dice: «El *kaṣāya* de los *buddhas* de los tres tiempos está invariablemente pespunteado». Para obtener el material, además, consideramos que es bueno el material puro y consideramos que el llamado «trapos sucios» es el más puro de todos. Todos los *buddhas* de los tres tiempos consideran que [los trapos] son puros. Además, la tela ofrecida por donantes devotos es también pura. Por otro lado, [la tela] comprada en un mercado con dinero puro es también pura. Hay límites sobre el [número de] días durante los cuales el manto debe hacerse,[119] pero en la presente época degenerada del último Dharma, en un país remoto, puede ser mejor para nosotros recibir y conservar [el manto] cortando y cosiendo cuandoquiera que la confianza nos motive. Es un profundo secreto del Gran Vehículo que la gente laica, tanto si son seres humanos como dioses, recibe y conserva el *kaṣāya*. El rey Brahmā y el rey Śakra[120] ahora han recibido y conservado el *kaṣāya*, y estos son precedentes excelentes en [los mundos de] la volición y la materia. [Los precedentes] excelentes en el mundo humano son incalculables. Todos los *bodhisattvas* laicos han recibido y conservado [el *kaṣāya*]. En China, tanto el emperador Bu[121] de la dinastía Liang como el emperador Yang[122] de la dinastía Sui recibieron y conservaron el *kaṣāya*. Los emperadores Taiso y Shukuso[123] vistieron el *kaṣāya*, aprendieron en la práctica de los monjes, y recibieron y conservaron los preceptos del *bodhisattva*. Otra gente como los cabezas de familia y sus esposas que recibieron el *kaṣāya* y recibieron los preceptos budistas son excelentes ejemplos en el pasado y en el presente. En Japón, cuando el príncipe Shotoku[124] recibió y conservó el *kaṣāya*, e impartió conferencias sobre los sutras como el Sutra del Loto y el Sutra de Śrīmalā,[125] experimentó el presagio milagroso de flores preciosas lloviendo desde los cielos. Desde ese momento, el Dharma del Buddha se extendió por todo nuestro país. Aunque [el príncipe Shotoku] era el regente de todo el país, fue justamente un profesor guía de seres humanos y dioses. Como emisario del Buddha, era padre y madre de muchos seres vivos. Actualmente en nuestro país, aunque los materiales, colores y medidas del *kaṣāya* han sido todos malinterpretados, el que podamos ver y escuchar la palabra *kaṣāya* solamente se debe al poder del príncipe Shotoku. Estaríamos hoy en un lamentable estado si, en aquel tiempo, él no hubiera destruido la falsedad y establecido la verdad. Más tarde, el emperador Shomu[126] también recibió y conservó el *kaṣāya* y recibió los preceptos del *bodhisattva*. Por tanto, si fuéramos emperadores o súbditos, deberíamos recibir y conservar el *kaṣāya* y deberíamos recibir los preceptos budistas sin demora. No puede haber una felicidad mayor para un cuerpo humano.

[104] Se ha dicho que «los *kaṣāya*s recibidos y conservados por los laicos son llamados o "de una sola puntada" o "mantos seculares". Esto quiere decir que no están cosidos con pespuntes». También se dice que «cuando los laicos fueran al lugar de [practicar] la verdad, deberían proveerse de los tres mantos del Dharma, una rama de sauce,[127] agua para enjuagarse,[128] un bol para las comidas y una tela para sentarse:[129] deberían practicar las mismas prácticas puras que los *bhikṣus*».[130]

[105] Tales fueron las tradiciones de un maestro del pasado.[131] Sin embargo, [la tradición] que ha sido ahora recibida de uno-a-uno desde los patriarcas budistas es que todos los *kaṣāya*s transmitidos a los reyes, ministros, cabezas de familia[132] y gente común tienen pespuntes. Un excelente precedente es que [el Maestro Daikan Eno] ya había recibido la auténtica transmisión del *kaṣāya* del Buddha como el sirviente del templo Ro[133] (ch. Lu). En general, el *kaṣāya* es el estandarte de un discípulo del Buddha. Si ya hemos recibido y conservado el *kaṣāya*, deberíamos humildemente recibirlo sobre la cabeza todos los días. Colocándolo en la coronilla de la cabeza, juntamos las manos y recitamos el siguiente poema:

> *Daisai-gedatsu-fuku* [¡Qué grande es la vestimenta del liberación],
> *Muso-fukuden-e* [manto sin forma, campo de la felicidad!]
> *Hibu-nyorai-kyo* [Devotamente vistiendo la enseñanza del Tathāgata],
> *Kodo-shoshujo* [salvaré a los seres vivos de todos los lugares].

Después de eso, nos lo colocamos. En el *kaṣāya*, deberíamos sentirnos como [nuestro] maestro y deberíamos sentirnos como una torre.[134] Recitamos también este poema cuando recibimos humildemente [el *kaṣāya*] sobre la cabeza después de lavarlo.

[107] El Buddha dice:

> *Cuando nos afeitamos la cabeza y vestimos el* kaṣāya,
> *somos protegidos por los buddhas.*
> *Cada persona que transciende la vida familiar*
> *es servida por dioses y humanos.*

Claramente, una vez que nos hemos afeitado la cabeza y colocado el *kaṣāya*, estamos protegidos por todos los *buddhas*. Confiando en esta protección de los *buddhas* [una persona] puede realizar perfectamente las virtudes del supremo estado del *bodhi*. Multitudes celestiales y multitudes humanas realizan ofrendas a tal persona.

[135]El Honrado por el Mundo dice al *bhikṣu* Sabiduría-Luminosidad:[136] «El manto del Dharma tiene diez virtudes excelentes: 1) es capaz de cubrir el cuerpo, desterrar la deshonra, llenarnos de humildad y [hacernos practicar] las buenas maneras;[137] nos mantiene lejos del calor y el frío, así como de mosquitos, criaturas dañinas e insectos venenosos, [para que podamos] practicar la verdad en la tranquilidad; manifiesta la forma de un *śramaṇa*[138] que ha abandonado la vida familiar, proporcionando deleite a aquellos que lo poseen y alejando los estados equivocados de la mente; el *kaṣāya* es justamente la manifestación de una bandera preciosa ante los seres humanos y los dioses: aquellos que lo honran y veneran son capaces de nacer en un cielo de Brahmā;[139] 5) cuando vestimos el *kaṣāya* sentimos que es una bandera preciosa: es capaz de extinguir las faltas y producir todos los tipos de felicidad y virtud; 6) una regla fundamental para hacer un *kaṣāya* es teñirlo de un color secundario,[140] de manera que nos mantenga libres de los pensamientos de los cinco deseos[141] y no incremente la lujuria; 7) el *kaṣāya* es la ropa pura del Buddha; por ello erradica las aflicciones[142] para siempre y nos convierte en un campo fértil; 8) cuando el *kaṣāya* cubre el cuerpo, extingue el karma de las faltas y promueve en todo momento la práctica de los diez tipos de bien;[143] 9) el *kaṣāya* es como un campo fértil; por ello es muy capaz de nutrir la vía del *bodhisattva*; 10) el *kaṣāya* es también como un traje de armadura; por ello hace que las flechas envenenadas de la aflicción no causen daño. ¡Sabiduría-Luminosidad! Recuerda, a través de estas causas, cuando los *buddhas* de los tres tiempos, y los *pratyekabuddhas* y *śrāvakas*, y los puros monjes y monjas se cubren el cuerpo con el *kaṣāya*, [estos] tres grupos de seres sagrados se sientan como uno en el precioso estrado de la liberación, levantan la espada de la sabiduría para destruir los demonios de la aflicción y entran juntos en las muchas esferas del nirvana que tienen un solo sabor».

Entonces el Honrado por el Mundo habla de nuevo en verso:

Bhikṣu Sabiduría-Luminosidad, ¡escucha bien!
El manto budista tradicional tiene diez virtudes excelentes:

las ropas seculares aumentan la corrupción del deseo,
la indumentaria del Dharma del Tathāgata no es así.
La indumentaria del Dharma elude la deshonra social,
pero nos llena con la humildad que produce un campo de felicidad.
Aleja el frío y el calor, e insectos venenosos.
Reafirmando nuestra voluntad para la verdad,
nos capacita para llegar a lo esencial.
Manifiesta [la forma] de un monje y aleja la codicia.
Erradica las cinco visiones[144] *y promueve la práctica [correcta].*
Mirar e inclinarse ante la forma de un estandarte precioso del kaṣāya,
y venerarlo, produce la felicidad del rey Brahmā.
Cuando un discípulo del Buddha viste el manto y se siente como una torre,
esto produce felicidad, extingue las faltas
e impresiona a seres humanos y dioses.
Verdaderos śramaṇas de modesta apariencia, mostrando respeto,
no son contaminados en sus acciones por deshonras seculares.
Los buddhas elogian [el kaṣāya] como un campo fértil,
lo llaman supremo en proporcionar beneficio y júbilo a los seres vivos.
El poder místico del kaṣāya es impensable,
puede hacernos practicar obras que siembren las semillas del bodhi,[145]
hace que los brotes de la verdad crezcan como semilleros de primavera,
siendo el maravilloso efecto del bodhi como una fruta de otoño.
[El kaṣāya] es un verdadero traje de armadura, tan duro como el diamante:
las flechas envenenadas de la aflicción no pueden causarle daño.
Ahora he elogiado brevemente las diez virtudes excelentes.
Si tuviera kalpas sucesivos para exponerlos extensamente, no habría fin.
Si un dragón viste un solo hilo [del kaṣāya],
escapará [del destino] de ser comida para un garuḍa.[146]
Si la gente conserva este manto cuando cruza el océano,
no tiene por qué temer las amenazas de un pez-dragón o de los demonios.
Cuando un trueno ruge, los rayos golpean y el cielo está furioso,
alguien que viste el kaṣāya no tiene miedo.
Si uno que viste de blanco[147] *es personalmente capaz*
de sostener y conservar [el kaṣāya],

todos los malos demonios son incapaces de aproximarse.
Si [una persona] es capaz de establecer la voluntad
y busca abandonar el hogar,
evitando el mundo y practicando la verdad del Buddha,
todos los palacios demoníacos de las diez direcciones
se estremecerán y temblarán,
y esa persona experimentará rápidamente el cuerpo del Rey del Dharma.[148]

[113] Estas diez virtudes excelentes incluyen extensamente todas las virtudes de la verdad del Buddha. Deberíamos aprender explícitamente en la práctica las virtudes presentes en [estas] largas líneas y [cortos] versos de alabanza, no tan solo mirándolos por encima y rápidamente dejándolos de lado, sino estudiándolos frase por frase durante mucho tiempo. Estas virtudes excelentes son justamente las virtudes del *kaṣāya* mismo: no son el efecto de la feroz [búsqueda] del provecho del practicante a través de la práctica continua. El Buddha dice: «El poder místico del *kaṣāya* es impensable»; no puede ser pretendido arbitrariamente por la persona común o por sabios y santos. En general, cuando «experimentamos rápidamente el cuerpo del Rey del Dharma», siempre estamos vistiendo el *kaṣāya*. Nunca ha habido nadie, desde los tiempos antiguos, que experimentara el cuerpo del Rey del Dharma sin vestir el *kaṣāya*.

[114] Los mejores y más puros materiales para el manto son los trapos, cuyas virtudes son universalmente evidentes en los sutras, preceptos y comentarios[149] del Gran Vehículo y el Pequeño Vehículo. Deberíamos indagar en [estas virtudes] bajo aquellos que los han estudiado extensamente. Al mismo tiempo, deberíamos también ser claros acerca de otros materiales para el manto. [Estas cosas] se han clarificado y auténticamente transmitido por los *buddhas* y patriarcas. Están más allá de los seres inferiores.

[115] El Sutra Āgama Medio[150] dice:

> Además, ¡sabios amigos![151] Supongamos que hay un hombre cuyo comportamiento corporal es puro pero cuyo comportamiento de boca

y mente es impuro. Si la gente sabia ve [la impureza] y siente ira, debe disiparla. ¡Sabios amigos! Supongamos que hay un hombre cuyo comportamiento corporal es impuro pero cuyo comportamiento de boca y mente es puro. Si la gente sabia ve [la impureza] y siente ira, debe disiparla. ¿Cómo podrían disiparla? ¡Sabios amigos! Deberían ser como un *bhikṣu* del bosque,[152] buscando entre los trapos para vestir tela que fuera desechada y [tela] ensuciada por heces y orina, o por lágrimas y escupitajos, o manchada por otras impurezas. Tras inspeccionar [un trapo, el *bhikṣu*] lo agarra con la mano izquierda y lo extiende con la mano derecha.[153] Si hubiera algunas partes que no estuvieran ensuciadas por las heces, la orina, las lágrimas, los escupitajos u otras impurezas, y que no tuvieran agujeros, [el *bhikṣu*] las arranca y las toma. De la misma manera, sabios amigos, si el comportamiento corporal de un hombre es impuro pero el comportamiento de boca y mente es puro, no pienses sobre su comportamiento corporal impuro. Tan solo ten en cuenta su comportamiento puro de boca y mente. Si la gente sabia siente ira hacia lo que ve, debe disolverla así.

[117] Este es el método por el cual un *bhikṣu* del bosque toma los trapos. Hay cuatro clases de trapos y diez clases de trapos. Cuando se juntan esos trapos, primero tomamos las partes que no tienen agujeros. Deberíamos también descartar [las partes] que no puedan quedar limpias al lavarse, por estar demasiado sucias con manchas acumuladas de heces y orina durante mucho tiempo. Deberíamos seleccionar [aquellas partes] que puedan quedar limpias al lavarse.

[117] Las diez clases de trapos: 1) trapos masticados por un buey, 2) trapos roídos por las ratas, 3) trapos quemados por el fuego, 4) trapos [ensuciados por] la menstruación, 5) trapos [ensuciados por] el nacimiento de los niños, 6) trapos [ofrecidos] en un santuario, 7) trapos [abandonados] en los sepulcros, 8) trapos [ofrecidos] en plegarias de peticiones, 9) trapos [desechados por] los oficiales de un rey,[154] 10) trapos traídos a la vuelta de un funeral.[155] La gente tira estas diez clases; no se utilizan en la sociedad humana. Nosotros los tomamos y los convertimos en el puro material del *kaṣāya*. Los trapos han sido elogiados y han sido usados por los *buddhas* de los tres tiempos; por tanto, estos trapos son valorados y defendidos por los seres humanos, los dioses, los dragones, etcétera. Deberíamos tomarlos para hacer el *kaṣāya*: son el más puro material y la pureza definitiva. Hoy en día, en Japón no hay tales trapos. Incluso si buscamos, no podemos encontrar ninguno. Es para arrepentirse el que [esta] sea una nación menor en una tierra remota. Sin embargo, podemos usar el material puro ofrecido por un donante y podemos usar el material puro donado por seres humanos y dioses. Alternativamente, podemos hacer el *kaṣāya* de [tela] comprada en un mercado con ganancias de una vida pura. Tales trapos y [tela] obtenidos de una vida pura no son seda ni algodón, ni son oro, plata, perlas, tela estampada, seda pura, brocados, bordados, etcétera: son simplemente trapos. Estos trapos no son ni para un manto humilde ni para una bonita prenda: simplemente son para el Dharma del Buddha. Vestirlos es justo haber recibido la auténtica transmisión de la piel, la carne, los huesos y la médula de los *buddhas* de los tres tiempos, y haber recibido la auténtica transmisión del tesoro del verdadero ojo del Dharma. Nunca deberíamos preguntar a los seres humanos ni a los dioses sobre la virtud de esta [transmisión]. Deberíamos aprenderla de los patriarcas budistas en la práctica.

Shobogenzo Kesa-kudoku

[120] Durante mi estancia en la China Song, cuando me esforzaba en el gran estrado, vi que mi vecino al final de cada sentada[156] levantaba su *kaṣāya* y lo colocaba sobre su cabeza. Entonces, colocando las manos juntas para venerar, silenciosamente recitaba un poema. El poema era:

Daisai-gedatsu-fuku [¡Qué grande es la vestimenta del liberación],
Muso-fukuden-e [manto sin forma, campo de la felicidad!]
Hibu-nyorai-kyo [Devotamente vistiendo la enseñanza del Tathāgata],
Kodo-shoshujo [salvaré a los seres vivos de todos los lugares].

En ese momento, surgió en mí un sentimiento que jamás había experimentado. [Mi] cuerpo estaba abrumado de júbilo. Las lágrimas de gratitud caían en secreto y me empapaban las solapas. La razón era que cuando había leído los sutras Āgama anteriormente, había percibido frases sobre recibir humildemente el *kaṣāya* sobre la cabeza, pero no había clarificado las normas para este comportamiento. Verlo hecho ahora, delante de mis propios ojos, me llenó de alegría. Pensé para mí mismo: «Es una pena que cuando estuve en mi tierra no hubo maestro que enseñara esto ni ningún buen amigo que lo recomendara. ¿Cómo podría no arrepentirme? ¿Cómo podría no deplorar haber pasado tanto tiempo en vano? Ahora que lo veo y escucho, puedo regocijarme por la buena conducta pasada. Si hubiera estado vanamente en mi país, ¿cómo podría haberme sentado cerca de este tesoro de un monje,[157] que ha recibido la transmisión del manto y viste el manto mismo del Buddha?». La tristeza y el gozo no eran parciales. Mil miríadas de lágrimas de gratitud corrían. Entonces, en secreto hice el siguiente voto: «De una manera u otra, aunque soy indigno, seré un legítimo sucesor del Dharma del Buddha. Recibiré la auténtica transmisión del Dharma correcto y, por compasión por los seres vivos de mi tierra, haré que vean y escuchen el manto y el Dharma que ha sido auténticamente transmitido por los patriarcas budistas». El voto que entonces hice no ha sido ahora en vano: muchos *bodhisattvas*, dentro y fuera de las familias,[158] han recibido y conservado el *kaṣāya*. Esto es algo de lo que regocijarse. La gente que haya recibido y conservado el *kaṣāya* debería recibirlo humildemente sobre la cabeza cada día y cada noche. La virtud [de esto] puede ser especialmente excelente y supremamente excelente. El ver y escuchar una frase o un poema puede ser como en la historia de «en los árboles y en las rocas»,[159] y el ver y escuchar puede no estar limitado a lo largo y ancho de los nueve estados.[160] La virtud de la auténtica transmisión del *kaṣāya* es apenas encontrada a través de las diez direcciones. [Encontrar esta virtud], incluso solo por un día o por una noche, puede ser la cosa más elevada y excelente.

[123] En el décimo mes lunar en el invierno del décimo séptimo año de Kajo,[161] en el gran Song, dos monjes coreanos[162] llegaron a la ciudad de Keigenfu.[163] Uno se llamaba Chigen y el otro se llamaba Keiun. Este par siempre estaba discutiendo el significado de los sutras budistas. Al mismo tiempo, eran hombres de letras, pero no tenían ni *kaṣāya* ni *pātra*, como la gente secular. Era lamentable que aunque tenían la forma exterior de *bhikṣus* no tenían el Dharma de los *bhikṣus*.[164] Esto puede haber sido porque eran de una nación menor de una tierra remota. Cuando los japoneses que tienen la forma exterior de *bhikṣus* viajan al extranjero, es probable que sean como Chigen y similares. El Buddha Śākyamuni recibió [el *kaṣāya*] sobre su cabeza durante doce años sin dejarlo nunca a un lado.[165] Ya somos sus descendientes lejanos, y deberíamos imitar esto. Es gozoso rechazar el hacer inútilmente postraciones por la fama y el provecho a los dioses, a los espíritus, a los reyes y a los sirvientes, y girarse en cambio hacia la humilde recepción sobre la cabeza del manto del Buddha.

Proclamado a la asamblea en Kannondorikoshohorinji, en el primer día de invierno,[166] *en el primer año de Ninji.*[167]

NOTAS

1. El Maestro Bodhidharma, el vigésimo octavo patriarca de la India y el Primer Patriarca de China. Vivió en el templo Shaolin, uno de los muchos monasterios budistas que ya existían en las montañas Songshan, en la parte central del norte de China.
2. El Maestro Daikan Eno (638-713), sucesor del Maestro Daiman Konin. Sokei es el nombre de la montaña donde vivía.
3. La montaña Obai era donde el Maestro Daiman Konin tenía su orden.
4. Chuso (que reinó, con varios años de interrupción, entre los años 684 y 710) fue el cuarto emperador de la dinastía Tang. Los emperadores Shukuso (regente del año 756 al 763) y Taiso (regente del año 763 al 780) eran estudiantes del Maestro Nan`yo Echu (muerto en el 775). Véase, por ejemplo, el capítulo 80 (volumen 4), «Tashintsu».
5. La dinastía Tang (618-907).
6. Chingoku Dai Sogún Ryu Shukei. *Chingoku,* que quiere decir literalmente «pacificador de la nación», era un título otorgado a generales. *Dai shogun* significa «gran general».
7. *Chodai. Cho* es la parte alta de la cabeza y *dai,* «recibir humildemente». De modo que *chodai* quiere decir literalmente «recibir humildemente algo sobre la cabeza» como signo de respeto.
8. *Kei,* «ustedes», es un término para dirigirse respetuosamente a los señores, los oficiales de algo rango, etcétera.
9. *Muryo-goga-sha.* Variaciones de esta expresión aparecen en muchos lugares del Sutra del Loto. Véase, por ejemplo, SL 2.166 y 3.214.
10. *Boshutsu. Bo,* literalmente «lado», describe a un espectador o algo de importancia secundaria. *Shutsu* significa «salir» o «brotar». De manera que *boshutsu* quiere decir descendientes colaterales o linajes colaterales. El Maestro Dogen veneraba la línea que estimaba auténtica y, por tanto, hasta cierto punto consideraba a todos los otros linajes de una importancia secundaria. La línea del Maestro Dogen va a través del sucesor del Maestro Daikan Eno: el Maestro Seigen Gyoshi. Al mismo tiempo, el Maestro Dogen veneraba a los otros sucesores del Maestro Daikan Eno, el Maestro Nan`yo Echu y el Maestro Nangaku Ejo. Los Maestros Baso Doitsu, Nansen Fugan, Joshu Jushin, Hyakujo Ekai, Obaku Kiun, Rinzai Gigen, Isan Reiyu, Kyogen Chikan, Kyozan Ejaku y Reiun Shigon fueron algunos de los descendientes de Maestro Nangaku Ejo.
11. El Maestro Prajñātara, sucesor del Maestro Puṇyamitra y maestro del Maestro Bodhidharma. La imagen de un *bodhisattva* llamado Bhadrapāla (literalmente, «Buen Guardián») se tiene a veces como vigilante de la casa de baños del templo.
12. Jo Hosshi, muerto en el año 414 a la edad de treinta y un años. *Hosshi* («Un profesor del dharma») era un título utilizado por los eruditos sacerdotes budistas y los profesores de filosofía. Como hombre laico, Jo trabajó como escriba y estudió los pensamientos de Laozi y Zhuangzi, pero tras leer el Sutra de

Vimalakīrti comenzó a confiar en el budismo y asistió a Kumārajīva en la traducción de los sutras budistas.

13. El Maestro Daii Doshin, muerto en el año 651. Véase el capítulo 15, «Busso».
14. El Maestro Gozu Hoyu, muerto en el 657 a la edad de sesenta y cuatro años. Fue un sucesor colateral del Maestro Daii Doshin (cuyo sucesor directo fue el Maestro Daiman Konin). Se dice que tras vivir en la montaña Gozu y entregarse a la práctica de zazen, el Maestro Daii Doshin le visitó y acto seguido realizó la verdad.
15. Los eruditos budistas dividían el tiempo posterior a la muerte del Buddha en tres periodos: *shobo,* «Dharma correcto», los primeros quinientos años en los que el Dharma floreció; *zobo,* «Dharma imitativo», un periodo intermedio de mil años durante los cuales el Dharma comenzó a palidecer, y *mappo,* «último Dharma» los siguientes mil años en los que el budismo se degenera. Véase el Glosario de términos en sánscrito (*saddharma*).
16. *Gedatsu,* usado aquí primero como sustantivo y luego como verbo, representa la palabra sánscrita *vimukti* («poniendo en libertad», «liberar», «salvación», «emancipación final»).
17. *Sannetsu* significa los tres calores o tres clases de ardor. Una explicación posible es la siguiente: el dolor provocado por el viento caliente y la arena soplando contra la piel; el dolor producido por un viento violento que arranca las ropas y los ornamentos preciosos; y el dolor al ser devorado por un *garuḍa,* un ave que caza dragones.
18. *Chodai.* Véase la nota 7.
19. Esta cita aparece en el *Kokyo* (Libro de la piedad filial), un texto del confucianismo. Se cita como un ejemplo de veneración a la tradición en la sociedad secular.
20. El año 67 d. de C.
21. La dinastía Han Posterior (o dinastía del Han del Este) duró desde el año 25 hasta el 220 d. de C. Se dice que los sutras budistas fueron por primera vez traducidos al chino y llevados a China en el año 67 d. de C.
22. *Shakamuni-nyorai. Shakamuni* es la traducción fonética de los caracteres chinos de la palabra sánscrita *Śākyamuni* (saga del clan Śākya). *Nyorai,* literalmente «así-venido», representa al término sánscrito *Tathāgata.*
23. El Buddha Kāśyapa es el sexto de los siete antiguos *buddhas,* y el séptimo es el Buddha Śākyamuni.
24. El Maestro Seigen Gyoshi y el Maestro Nangaku Ejo. Véase la nota 10.
25. Este párrafo es una cita del *Daijogisho.*
26. *Hentan-uken.* Estos cuatro caracteres aparecen en varios lugares del Sutra del Loto. Véase, por ejemplo, el párrafo primero del capítulo «Shinge» («Confianza y comprensión»). SL 1.222.
27. El *kaṣāya* plegado (doblado longitudinalmente en ocho partes) se coloca primero en el hombro izquierdo con la parte superior, incluyendo una de las cuerdas, colgando por delante del cuerpo. Las dos esquinas de la parte superior están juntas. La mano izquierda toma la esquina superior izquierda y la mano derecha, la esquina superior derecha. El *kaṣāya* se despliega entonces detrás de

la espalda y la mano derecha lleva la esquina superior derecha bajo el brazo derecho por la parte delantera. Después, se cuelga sobre el hombro y la parte superior del brazo izquierdo. De modo que «ambos lados» quiere decir los lados izquierdo y derecho de la parte superior del *kaṣāya*, y «el extremo frontal» se refiere al borde superior del lado del *kaṣāya* que se sostiene en la mano derecha antes de colocarlo.

28. La dinastía Liang (502-556), la dinastía Zhen (557-589), la dinastía Sui (589-618), la dinastía Tang (618-907) y la dinastía Song (960-1279).
29. El Maestro Bodhidharma vivía en el templo Shaolin, y el Maestro Daikan Eno en la montaña Sokei.
30. «Experimentar el estado» es *shokai*. *Sho* significa «experimentar» y *kai* «estar de acuerdo» o «encajar». *Shokai* quiere decir experimentar el mismo estado que el Buddha.
31. Medidas de tiempo de la India. Según una explicación posible, sesenta y cuatro *kṣāṇas* pasan en un chasquido de los dedos, y treinta *muhūrtas* en un día. Véase el Glosario de términos en sánscrito.
32. *Goshin-fushi* significa literalmente «una tarjeta para custodiar el cuerpo». Las tarjetas de la buena suerte, llamadas *o-mamori* en japonés, se venden frecuentemente como talismanes en santuarios y templos.
33. El Sutra del Loto dice que los *buddhas* solos, junto con los *buddhas*, son directamente capaces de realizar perfectamente que todos los *dharmas* son la forma real. El Maestro Dogen enfatiza que el *kaṣāya* es instantáneo y real, por lo que está más allá del entendimiento.
34. *Onore* significa igualmente «nuestro» o «nosotros mismos». Estas dos frases también se aplican a nosotros.
35. *Gedatsu-fuku.*
36. *Fukuden-e.*
37. *Muso-e.* El *kaṣāya* no tiene forma en el sentido de que es un simple fragmento de tela rectangular. Estas tres primeras citas provienen del poema que se recita para venerar el *kaṣāya*. Véase el párrafo 105 de este capítulo.
38. *Ninniku-e* significa literalmente «el manto de la humillación permanente». *Ninniku* representa al término sánscrito *kṣānti*, que quiere decir «resistencia» o «paciencia».
39. «Método común» es *Joho*. *Jo* significa «constante» o «eterno» y al mismo tiempo «usual» o «común». *Ho*, «método» o «Dharma».
40. «Trapos» es *funzo-e*. *Fun* significa «excremento»; *so* (pronunciado *zo*), «barrer» o «ser barrido», y *e*, «manto», «telas» o «ropas». *Funzo* representa al término sánscrito *pāṃsu-kūla*, que quiere decir un montón de polvo o un grupo de trapos del polvo utilizados por los monjes budistas para sus mantos. *Funzo-e* ha sido traducido como «trapos» o «manto de trapos», de acuerdo con el contexto.
41. Las diez clases de trapos se muestran en el párrafo 117 de este capítulo. Los primeros cuatro son también conocidos como las cuatro clases de trapos.
42. Literalmente, «la gente de las cinco Indias». Se dice que la antigua India se dividía en cinco regiones: este, oeste, central, sur y norte.
43. *Funzo-e*. Véase la nota 40.

44. Aquí la sección que comienza con «la gente de las cinco Indias» se halla en el estilo de la cita de un texto chino.
45. Muchas leyendas, como la referida en esta frase, aparecen en historias de las vidas pasadas del Buddha como un *bodhisattva*.
46. Se pensaba que el lago Anavatapta estaba localizado al norte de los Himalayas y era la fuente de los cuatro grandes ríos de la India. También se decía que era el hogar del rey de los dragones y lo llamaban «el lago donde no hay sufrimiento por el calor».
47. *Keshi* significa «hilo procesado». El proceso de crear seda implica cocer el huevo mientras el gusano de seda todavía está vivo. Puesto que la producción de seda podría violar el precepto de no arrebatar la vida en vano, algunas personas pensaban que la seda no debía utilizarse como material para el *kaṣāya*.
48. El *buddha* eterno se refiere al Maestro Daikan Eno, que recibió el *kaṣāya* del Maestro Daiman Konin, a medianoche, en la montaña Obai. Véase el capítulo 30 (volumen 2), «Gyoji».
49. *Genkun* significa literalmente «instrucción negra».
50. Nacido alrededor de cien años después de la muerte del Buddha, el Maestro Śāṇavāsa llegó a ser el tercer patriarca indio, sucediendo al Maestro Ānanda. La palabra sánscrita *śaṇavāsa* significa literalmente «ropa de lino».
51. *Shukke,* literalmente «abandonar el hogar», significa hacerse monje. Véase el capítulo 83 (volumen 4), «Shukke».
52. *Senbyaku-bikuni. Senbyaku,* «fresco-blanco», representa la palabra sánscrita *śukra,* que significa «luminoso», «claro», «puro», «blanco» o «inmaculado». El volumen 8 del *Senjuhyakuenkyo* dice que la *bhikṣuṇī* Śukra nació vistiendo un puro manto blanco que nunca necesitó lavar, y que al hacerse monja éste se convirtió en un *kaṣāya*.
53. *Joho.* Véase la nota 39.
54. «Bienvenido» es *zenrai,* que representa al término sánscrito *svāgata,* «¡bienvenido!». El Canon Pali dice que el Buddha aceptó a sus seguidores en el monacato simplemente diciendo «*Ehi bhikkhu*» («Bienvenido, monje»).
55. La perla dentro del manto alude al capítulo Gohyaku-deshi-juki («Confirmación de quinientos discípulos») del Sutra del Loto, que cuenta la historia de un borracho cuyo amigo coloca una perla preciosa en su ropa. Quinientos *arhats,* entonces, se comparan a sí mismos con el hombre que lleva la perla sin saberlo, puesto que se han conformado con una sabiduría inferior en lugar de obtener la sabiduría búdica (SL 2.114).
56. «Aquellos que cuentan granos de arena» significa eruditos. Los caracteres originales *sansa,* «arena contada», vienen del poema *Shodoka,* del Maestro Yoka Genkaku. Este dijo: «No tienen tregua a la hora de analizar conceptos y formas; habiendo entrado en el océano, vanamente se quedan exhaustos por contar granos de arena».
57. El término japonés traducido como «devotamente» es la forma honorífica *tatematsuru,* utilizado por el Maestro Dogen para expresar veneración por el Buddha, pero habitualmente ignorado en esta traducción debido a la ausencia de un equivalente.

58. El día se dividía en doce periodos. Los caracteres originales *hito-toki* indican uno de tales periodos. De ahí las dos horas.
59. *Aku*. La ceniza debía haberse usado para hacer el agua más alcalina. En este caso, la palabra *aku* es escrita con los caracteres chinos para ceniza (*kai*) y para agua (*sui*), pero el término *aku* es japonés y no chino.
60. «Agua de cenizas caliente» es *kaito,* un vocablo chino formado por el carácter para ceniza (*kai*) y el carácter para agua caliente (*to*). *Aku-no-yu* son palabras japonesas escritas en kana, el alfabeto fonético nipón. *Aku* significa «agua de cenizas» (véase la nota anterior) y *yu,* «agua caliente».
61. *Sedan* se traduce como «margosa». Al mismo tiempo, representa originalmente el término sánscrito *candana,* «sándalo».
62. *Jokan,* literalmente «poste puro», es un bambú o poste de madera suspendido horizontalmente a la altura de la cabeza. Véase el capítulo 7, «Senjo».
63. Una ancestral costumbre india realizada con el fin de mostrar veneración por gente u objetos sagrados.
64. *Koki-gassho. Ko* significa «extranjero» y *ki* es arrodillarse extendiendo la cadera, tal y como los chinos se fijaron en que los extranjeros a veces lo hacían. Juntar las manos (*gassho*) quiere decir mantener las palmas juntas, los dedos apuntando hacia arriba y las yemas enfrente de los agujeros de la nariz.
65. El verso es: *Daisai-gedatsu-fuku/muso-fukuden-e/hibu-nyorai-kyo/kodo-shoshujo,* libremente traducido como: «¡Qué grande es la vestimenta de la liberación, /manto sin forma, campo de la felicidad!/Devotamente vistiendo la enseñanza del Tathāgata,/salvaré a los seres vivos de todos los lugares». Véase el párrafo 105.
66. La siguiente cita extensa del *Higekyo* (en sánscrito *Karuṇāpuṇḍarīka-sūtra*) es originalmente un párrafo. Se ha dividido en esta traducción para facilitar la lectura.
67. *Hozo* proviene del sánscrito *ratnagarbha*. El Buddha Ratnagarbha es un legendario *buddha* del pasado que aparece en el *Higekyo*. Él animó al Buddha Śākyamuni y al Buddha Amitābha (un símbolo de vida eterna) a establecer la voluntad para la verdad.
68. *Daihi,* literalmente «Gran Compasión», viene del sánscrito *mahākaruṇā*. Este es otro nombre del Bodhisattva Avalokiteśvara. Véase el capítulo 33 (volumen 2), «Kannon».
69. Los cuatro grupos de budistas: monjes, monjas, hombres laicos y mujeres laicas.
70. La raíz sánscrita *saṃghāṭ* quiere decir juntar o sujetar juntos, sugiriendo que el *kaṣāya* es un manto compuesto por una mezcla de trapos. El manto *saṃghāṭi* (jp. *sogyari-e*) significa «gran manto».
71. Esto es como *śrāvaka* (budista intelectual), *pratyekabuddha* (budista sensorial) o *bodhisattva* (budista práctico).
72. «Confirmación» es *kibetsu,* del sánscrito *vyākaraṇa*. *Vyākaraṇa* es la confirmación del Buddha de que un practicante se convertirá en un *buddha* en el futuro. Esta frase incluye la primera de las cinco virtudes sagradas mencionadas más tarde en el párrafo. La primera virtud es que todos aquellos que veneren el *kaṣāya* y los Tres Tesoros pueden recibir la confirmación.
73. Originalmente, cuatro *sun*. Un *sun* equivale a un poco más de tres centímetros.

74. Los antiguos cuentistas indios inventaron estos pintorescos seres que más tarde encontraron su lugar en los sutras budistas. Los *gandharvas* son seres celestiales que se alimentan de fragancias; los *asuras* son demonios que se oponen a los dioses; los *garuḍas* son aves que cazan dragones; los *kiṃnaras* son medio caballo, medio hombre; los *mahoragas* son serpientes; los *kumbhāṇḍas*, literalmente «los que tienen testículos como jarras», son demonios que se alimentan de energía humana, y los *piśācas* son demonios que comen carne.
75. Las cinco virtudes sagradas consisten en que aquellos que visten, veneran y conservan un trozo del *kaṣāya*: podrán recibir la confirmación, no retrocederán, podrán saciar el hambre, la sed y otros deseos, podrán mantener la calma en situaciones hostiles, y serán protegidos en los tiempos de conflicto.
76. *Zen-nanshi* representa la palabra sánscrita *kulaputra*, con la cual el Buddha se dirigía comúnmente a su público.
77. Dedos de las manos y dedos de los pies palmeados son la quinta de las treinta y dos marcas distintivas de un *buddha*.
78. *Shashu*. En *shashu* los dedos de la mano izquierda están juntos alrededor del pulgar y esta se encuentra situada contra el pecho, manteniendo el antebrazo horizontal. La mano derecha está colocada, con la palma hacia abajo, sobre el dorso de la izquierda, manteniendo también el antebrazo horizontal.
79. El *Higekyo*, capítulo 8 (el capítulo que trata sobre cómo los *bodhisattvas* recibieron su confirmación en vidas pasadas).
80. El Sutra y el Vinaya son dos de las tres «cestas» (*piṭakas*) o clases de enseñanzas budistas. *Vinaya* quiere decir «guía», «disciplina», «instrucción» o «enseñanza», significando en el budismo, por tanto, los preceptos y los escritos relacionados con ellos. El Tripiṭaka (tres cestas) consiste en Sutra, Vinaya (preceptos) y Abhidharma (comentarios).
81. *Inchi*, «estado causal», quiere decir el estado que causó que el Buddha llegara a ser un *buddha*.
82. El Maestro Nāgārjuna fue el décimo cuarto patriarca de la India, el sucesor del Maestro Kapimala y el profesor del Maestro Kāṇadeva. Vivió en algún momento entre el año 150 y el 250 d. de C. Este pasaje es una traducción china del *Mahāprajñāpāramitā-śāstra*, el cual se piensa que fue escrito y recopilado por el Maestro Nāgārjuna mismo.
83. *Shukken in* o «gente que ha abandonado el hogar»: monjes y monjas.
84. *Honshokyo* significa literalmente «Sutra de las Vidas Pasadas». Historias legendarias de las vidas pasadas del Buddha como un *bodhisattva*.
85. Véase la explicación en el siguiente párrafo.
86. El último estado de un *śrāvaka*, o budista intelectual, el cual se identifica con el estado de *buddha*. Véase el capítulo 34 (volumen 2), «Arakan».
87. Una antigua costumbre de las casas de placer asiáticas era que las prostitutas usaran un lenguaje antiguo. Esta costumbre se mantuvo en Japón hasta el final de la era Edo (1868).
88. Véase la nota 23.
89. *Daichidoron*, capítulo 30. Esta sección está también citada al comienzo del capítulo 86 (volumen 4), «Shukke-kudoku».

90. En la traducción china del *Mahāprajñāpāramitopadeśa,* el nombre sánscrito Utpalavarṇā, que significa «color del loto azul», es representado como Ubarake. *Ubara* es una traducción fonética de *utpala,* «loto azul», y *ke,* «flor». Aquí el nombre es Renge-shiki, «Color de la Flor de Loto».
91. Véase el capítulo 25 (volumen 2), «Jinzu», y el término *abhijñā* en el Glosario de términos en sánscrito.
92. Los antiguos indios imaginaron un universo de cuatro continentes que rodeaban una gran montaña, con seres celestiales al norte y seres humanos al sur. De modo que el continente del sur quiere decir el mundo humano.
93. *Ryo, aya.* La *aya* tiene un patrón cosido en un tejido diagonal.
94. *E-jiki* significa literalmente «color roto». Es decir, un color que no destaque, por lo que están excluidos los luminosos y los primarios. El *kaṣāya* no se tiñe de un color primario.
95. El Maestro Daikan Eno, el Sexto Patriarca de China.
96. La sección que comienza desde «cuando los practicantes no puede obtener trapos» hasta aquí está escrita solamente en caracteres chinos, indicando que se trata de una cita en ese idioma.
97. Desde aquí hasta el párrafo 98 es un pasaje del *Konponissaiubuhyakuichikatsuma* (Ciento una costumbres de la escuela Mūlasarvāstivāda). En los caracteres chinos la Escuela Sarvāstivāda es *setsu-issai-u-bu,* «la escuela que enseña que todas las cosas existen». El Maestro Dogen tenía en muy alta estima sus enseñanzas. Véase el Glosario de términos en sánscrito y el capítulo 87 (volumen 4), «Kuyo-shobutsu».
98. «Venerable monje» es *guju,* literalmente «poseyendo longevidad», que representa el significado del término sánscrito *āyuṣmat,* utilizado como veneración por los discípulos del Buddha. *Āyuṣmat* quiere decir una persona vital o vigorosa, una persona de larga vida.
99. Upāli era uno de los diez grandes discípulos del Buddha, de quien se decía que era el primero en mantener el Vinaya. Antes de hacerse monje, era barbero en el palacio real.
100. *Daitoku-seson* significa literalmente «Gran Virtuoso Honrado por el Mundo». *Daitoku* representa el sánscrito *bhadanta,* un epíteto del Buddha. Véase el Glosario de términos en sánscrito.
101. *Hano* significa literalmente «[manto] roto parcheado». *No,* «parches», sugiere el manto budista en sí mismo.
102. *Jo, chu, ge* significa literalmente «superior, medio, inferior».
103. Codo es *chu,* literalmente «codo del cuerpo», que representa al término sánscrito *hasta,* que significa antebrazo o codo. El codo, o *nobechu* en japonés, es la unidad básica de medida para marcar un *kaṣāya.* No es fijo: se obtiene midiendo la distancia entre el codo y el borde del puño, o la distancia del codo a la punta del dedo corazón de la persona que vestirá el *kaṣāya.*
104. La palabra sánscrita *uttarasaṃghāṭi* significa prenda exterior o ropa de calle. Este manto se vestiría para hacer postraciones, para escuchar charlas formales y para la confesión.
105. El término sánscrito *antarvāsa* significa prenda interior o ropa interior.

106. Como en el caso del manto *uttarasaṃghāṭi*, el más pequeño es medio codo más corto por cada lado, y a cualquiera entre esos dos se lo considera mediano.
107. Se dice que el Buddha Maitreya se manifestará en este mundo cuando tenga ocho mil años de edad.
108. El *Fuyokyo*, del sánscrito *Lalitavistara-sūtra*, dice que el Buddha vivió cien años.
109. El Maestro Dogen no negaba la existencia de diversas longitudes, pero al mismo tiempo sugería que, en la fase de la acción, las diferencias relativas no son importantes.
110. El cuerpo de un *buddha* es un estado real en el momento presente, no solo materia física.
111. Véase la nota 23.
112. La deidad creadora en la mitología hindú.
113. Maudgalyāyana era uno de los diez grandes discípulos del Buddha. Se decía que él y Śāriputra, hijos de brahmanes de pueblos vecinos, eran buenos amigos. También se decía que Maudgalyāyana era el más importante en las habilidades místicas. El Mundo del Estandarte Luminoso es un reino imaginario del oeste donde viven los *buddhas*. El *Daihoshakkyo* (del sánscrito *Mahāratnakūṭa-sūtra*), capítulo 10, contiene una historia en la que Maudgalyāyana va al Mundo del Estandarte Luminoso.
114. Esto es, que las virtudes del Buddha están más allá de las consideraciones relativas.
115. Estos nombres son aclaratorios, más que traducciones precisas de los caracteres chinos originales. «El manto de bandas separadas» es *katsu-setsu-e*, literalmente «manto cortado y dividido». Para este manto, se cosen juntos los segmentos de cada banda, luego las bandas y finalmente los bordes, y se añaden las cintas de atar.
116. *Zetcho-e* significa literalmente «[carácter desconocido]-manto de hoja». Este es básicamente una lámina larga de tela sin cortar encima de la cual se cosen finas tiras para crear las bandas y los bordes.
117. *Sho-yo-e* significa literalmente «manto de hojas juntas». Este es de nuevo una lámina larga de tela sin cortar, pero plegada para crear las bandas.
118. *Man-e*. El significado del carácter antiguo es desconocido. Este es una lámina larga de tela con solo las cintas de atar añadidas y cosida únicamente alrededor de los bordes.
119. El tiempo límite era cinco días para el manto *saṃghāṭi*, cuatro para el manto de siete bandas y dos para el manto de cinco bandas.
120. Las leyendas indias dicen que el rey Brahmā es el rey del mundo de la volición y el rey Śakra (es decir, Śakra-devānām-indra), el del mundo de la materia.
121. El emperador Bu, o Wu (464-549), reinó del año 502 al 549. Su conversación con el Maestro Bodhidharma cuando el último llegó a China está registrada en el capítulo 30 (volumen 2), «Gyoji».
122. El emperador Yang (569-617), reinó del año 605 al 617.
123. Los emperadores de la dinastía Tang (618-907) Taiso y Shukuso vivieron durante el mismo tiempo que el Maestro Nan`yo Echu.

124. El príncipe Shotoku (573-620) fue el organizador principal del temprano estado japonés. Promovió el budismo como religión estatal.
125. El nombre completo del sutra es el *Śrīmālādevīsiṃhanāda-sūtra*. Véase el Glosario de términos en sánscrito.
126. El emperador Shomu reinó en Japón entre el año 724 y el 749.
127. El uso de la rama de sauce para limpiar los dientes se explica en el capítulo 56 (volumen 3), «Senmen».
128. El agua potable podía conservarse en una pequeña botella de corcho, tanto para beber como para enjuagarse la boca.
129. La tela para sentarse, o *zagu*, se extiende en el suelo para las postraciones formales.
130. Ambas citas provienen del *Makashikanhogyodenguketsu*, un comentario chino del *Makashikan*, que es una crónica de las charlas del Maestro chino Tendai Chigi, fundador de la secta Tendai.
131. «Maestro del pasado» es *ko-toku*, literalmente «antigua virtud» o «persona virtuosa del pasado». Estas palabras aparecen frecuentemente en el *Makashikan*.
132. «Cabeza de familia» es *koji*. Véase el capítulo 8, «Raihai-tokuzui».
133. Ro era el nombre del Maestro Daikan Eno antes de hacerse monje. La historia de su trabajo como sirviente del templo en la orden del Maestro Daiman Konin se narra en el capítulo 30 (volumen 2), «Gyoji».
134. Estas representan las dos primeras de las ocho imágenes venerativas o sentimientos asociados con vestir el *kaṣāya*: sentirse como una torre (por sentarse erguido), sentirse como el Buddha, sentir soledad y paz, sentir compasión, sentir veneración, sentir humildad, sentir arrepentimiento y sentirse como si uno hubiera disuelto la codicia, la ira y la ignorancia, y obtenido todas las enseñanzas de un monje.
135. El siguiente pasaje es del volumen 5 del *Daijohonshoshinchikankyo*.
136. Chiko. El nombre sánscrito de este monje es desconocido.
137. «Buenas maneras» es *zenho*, literalmente «buena ley». El cumplimiento de *zenho*, o la regla moral del universo, es el segundo de los tres preceptos universales del *bodhisattva* (véase el capítulo 94, [volumen 4], «*Jukai*»).
138. El término sánscrito *śramaṇa* significa «luchador», «mendigo» o «monje budista».
139. Se dice que el primero de los cuatro cielos *dhyāna* en el mundo de la materia consiste, a su vez, en tres cielos: Brahma-pāriṣadya, Brahma-purohita y Mahā-brahman. Los seres de estos cielos, al haber dejado el mundo de la volición, no son molestados por el deseo sexual.
140. *E-jiki*. Véase la nota 94.
141. Los cinco deseos son los asociados a la vista, el oído, el olfato, el gusto y el tacto.
142. *Bonno*, que representa la palabra sánscrita *kleśa*. Véase el Glosario de términos en sánscrito.
143. Los diez tipos de bien son la abstención de los diez tipos de mal: matar, robar, cometer adulterio, mentir, dar discursos con doble sentido, difamar, decir inútiles habladurías, codiciar, encolerizarse y venerar las visiones erróneas.
144. *Goken*, «las cinco visiones», representa al término sánscrito *Pañca dṛṣṭayaḥ*. Véase el Glosario de términos en sánscrito.

145. Los caracteres chinos *bodai*, «*bodhi*», y el carácter *do*, «verdad», se usan intercambiablemente en la siguiente línea.
146. Literalmente, «el rey de las aves de alas doradas», es decir, un *garuḍa*. Véase el Glosario de términos en sánscrito.
147. *Byaku-e*, literalmente «un manto blanco», representa al término sánscrito *avadāta-vāsana*.
148. *Ho-o*, «Rey del Dharma», es un epíteto del Buddha.
149. El Tripiṭaka (tres cestas) de las enseñanzas budistas. Véanse la nota 80 y el Glosario de términos en sánscrito.
150. *Chuagongyo* (en sánscrito, *Madhyamāgama*; en pali, *Majjhima-nikāya*). Los sutras Āgama relatan información concreta sobre el comportamiento y los sermones del Buddha y sus discípulos en sus vidas diarias.
151. *Shoken*, «sabios» o «(señoras y) señores», es un término de respeto utilizado al dirigirse a una asamblea.
152. *Arannya-biku*. *Arannya* representa al término sánscrito *araṇya*, que significa «bosque». Un *bhikṣu* del bosque sugiere un monje que lleva una vida solitaria en uno de ellos. Véase también el capítulo 90 (volumen 4), «Shizen-biku».
153. Tradicionalmente, la mano derecha se mantiene pura.
154. Sugiere los uniformes desechados por los oficiales ascendidos.
155. *Okan-e* significa literalmente «mantos de ida y vuelta», esto es, la tela usada como sudario funerario y traída de vuelta tras la ceremonia.
156. «El final de sentarse» es *kaijo*, literalmente «liberar la quietud». Tradicionalmente, al toque de la tabla de madera cuando finaliza zazen se lo llama *sho-kaijo*, «pequeña liberación de la quietud», y al tañido de la campana, *dai-kaijo*, «gran liberación de la quietud».
157. *Sobo* o «tesoro de la *sangha*».
158. *Zaike-shukke*. Gente laica y monjes.
159. *Nyakuju-nyakuseki*, «árboles y rocas», alude a la historia de la vida pasada del Buddha registrada en el *Mahāparinirvāṇa-sūtra*. Véase la nota 14 del capítulo 8, «Raihai-tokuzui».
160. Los nueve estados quiere decir China.
161. 1223. El décimo séptimo año de la era Kajo es 1224. Sin embargo, la frase original también identifica el año bajo el sistema del calendario chino en el que los caracteres de dos listas separadas se combinan. Estos dos caracteres (*ki*, *mizunoto*, el hermano menor de agua, o el décimo signo del calendario, y *mi*, *hitsuji*, la oveja, o el octavo signo horario) identifican el año como 1223.
162. «Coreano» es *korai* o *koma*. En aquel tiempo, la península coreana se dividía en tres estados. El estado llamado Korai existió entre el año 918 y el 1353.
163. Ningbo de hoy en día. Ciudad situada al este de China.
164. No tenían el *kaṣāya* ni el *pātra*.
165. Alude a la historia originalmente contada en los sutras Āgama. Véase el capítulo 13, «Den-e», párrafo 143.
166. El primer día de invierno significa el primer día del décimo mes lunar.
167. Es decir, 1240.

Capítulo 13

Den-e

La transmisión del manto

Comentario: *den* significa «transmisión» y *e*, «manto». De modo que *den-e* quiere decir «la transmisión del manto». El contenido de este capítulo es muy similar al del capítulo anterior, «Kesa-kudoku». La fecha de redacción de ambos es la misma, pero mientras en la nota final de «Kesa-kudoku» aparece la frase «proclamado a la asamblea en Kannondorikoshohorinji», aquí dice «escrito en Kannondorikoshohorinji...». Es probable, por tanto, que «Den-e» fuera el borrador de la charla que el Maestro Dogen tenía que dar el primer día de octubre y «Kesa-kudoku», su transcripción.

[125] La auténtica transmisión a China del manto y el Dharma, que son auténticamente transmitidos de *buddha* a *buddha*,[1] fue hecha solamente por el Patriarca Fundador del [templo] Shaolin. El Patriarca Fundador era el vigésimo octavo maestro ancestral después del Buddha Śākyamuni. [El manto] había pasado de legítimo sucesor a legítimo sucesor a través de veintiocho generaciones en la India, y fue personal y auténticamente transmitido a través de seis generaciones en China: en total, fue [transmitido a través de]

treinta y tres generaciones en los Cielos del Oeste y las Tierras del Este. El trigésimo tercer patriarca, el Maestro Zen Daikan, recibió la auténtica transmisión de este manto y del Dharma a medianoche en Obaizan, y custodió y conservó [el manto] hasta su muerte.[2] Todavía está depositado en Horinji, en Sokeizan. Muchas generaciones de emperadores sucesivos solicitaron que fuera llevado a palacio, donde le realizaban ofrendas: custodiaban [el manto] como un objeto sagrado. Chuso, Shukuso y Taiso, los emperadores de la dinastía Tang, a menudo llevaban [el manto] a la corte y le realizaban ofrendas. Cuando lo solicitaban y cuando lo devolvían, mandaban a un emisario imperial y emitían un edicto: esta es la manera en la que honraban [el manto]. El emperador Taiso una vez devolvió el manto del Buddha a Sokeizan con el siguiente edicto: «Ahora envío al Gran General Ryu Shukei, Pacificador de la Nación, para recibir [el manto] con cortesía y entregarlo. Lo considero un tesoro nacional. Los venerables sacerdotes lo depositan de acuerdo con el Dharma en su templo original. Dejemos que sea solemnemente custodiado solo por monjes que hayan recibido íntimamente la enseñanza fundamental. No dejemos que caiga en el olvido».

[127] Por tanto, los emperadores de varias generaciones estimaron [el manto] como un importante tesoro nacional. Verdaderamente, conservar este manto del Buddha en el país de uno es un superlativo gran tesoro que sobrepasa incluso el dominio sobre [mundos] tan incontables como las arenas del Ganges en un mundo de tres mil grandes miles de mundos. Nunca deberíamos compararlo con la gema de Benka.[3] [Una gema] puede convertirse en el sello nacional de un estado, pero ¿cómo puede ella convertirse en la excepcional joya que transmite el estado del Buddha? Desde la dinastía Tang,[4] todos los monjes y hombres laicos[5] que admiraron y veneraron [el *kaṣāya*] fueron, sin excepción, gente de grandes hazañas que confiaron en el Dharma. Si no somos ayudados por la buena conducta del pasado, ¿de qué otra manera podríamos postrar este cuerpo como admiración ante el manto del Buddha que ha sido directa y auténticamente transmitido de *buddha* a *buddha*? La piel, la carne, los huesos y la médula que reciben y confían [en el manto] deberían regocijarse. Aquellos que no pueden recibir y confiar [en el manto] deberían arrepentirse –incluso aunque la situación se deba a su propio hacer– de no ser embriones de *buddhas*. Incluso [la enseñanza] secular dice que mirar el comportamiento de una persona es justamente mirar a esa persona. Haber admirado y venerado el manto del Buddha es justamente estar mirando al Buddha. Deberíamos levantar cientos, miles y decenas de miles de estupas y realizar ofrendas a este manto budista. En los cielos y en las profundidades del océano, cualquiera que tuviera mente debería valorar [el manto]. También en el mundo humano, los reyes sagrados que giran la rueda,[6] y otros que saben que es verdadero y saben que es superior, deberían valorar [el manto]. Es lamentable que la gente que llegó a ser, generación tras generación, gobernante de la tierra nunca supiera que un tesoro importante existía en su propio país. Engañados por las enseñanzas de los taoístas, muchos de ellos abolieron el Dharma del Buddha. En aquellos tiempos, en lugar de vestir el *kaṣāya*, cubrían sus redondas cabezas con capuchones[7] [taoístas]. Las charlas [que escuchaban] versaban sobre cómo extender la duración de la vida y prolongar los años de uno. Hubo [emperadores así] tanto durante la dinastía Tang como durante la dinastía Song. Estos individuos eran gobernantes de la nación, pero deben de haber sido más vulgares que la gente común. Deberían haber reflexionado tranquilamente sobre que el manto del Buddha había permanecido, y de hecho estaba presente, en su propio país. Podrían incluso haber considerado que [su país] era la tierra búdica del manto. [El *kaṣāya*] puede superar incluso a los huesos[8] [sagrados], etcétera. Los reyes que giran la rueda tienen huesos, tal y como los leones, los seres humanos, los *pratyekabuddhas* y similares, pero los reyes que giran la rueda no tienen el *kaṣāya*, los leones no tienen el *kaṣāya* y los seres humanos no tienen el *kaṣāya*. Solo los *buddhas* tienen un *kaṣāya*. Deberíamos confiar en esto profundamente. La gente ignorante de hoy a menudo venera los huesos, pero fracasa en conocer el *kaṣāya*. Pocos saben que deberían custodiar y conservar [su propio *kaṣāya*]. Esta situación ha surgido debido a que poca gente ha oído alguna vez hablar de la importancia del *kaṣāya*, e [incluso estos pocos] nunca han oído hablar de la auténtica transmisión del Dharma del Buddha. Cuando pensamos atentamente en la época en la que el Buddha Śākyamuni estaba en el mundo, han pasado poco más de dos mil años: muchos tesoros nacionales y objetos sagrados han sido transmitidos al presente por más tiempo que este. Este Dharma del Buddha y manto budista son recientes y nuevos. El beneficio de su propagación a través de «campos y pueblos», incluso si ha habido «cincuenta propagaciones», es maravilloso.[9] Las cualidades de esas cosas[10] son evidentes, [pero] este manto budista no puede nunca ser como esas cosas. Esas cosas no son recibidas en la auténtica transmisión de los legítimos sucesores, pero este [manto] ha sido recibido en la auténtica transmisión de los legítimos sucesores. Recuerda, realizamos la verdad cuando escuchamos un poema de cuatro versos y realizamos el estado de la verdad cuando escuchamos una sola frase. ¿Cómo es que un poema de cuatro versos y una sola frase pueden tener tal efecto místico? Porque son el Dharma del Buddha. Ahora, cada manto y [todas] las nueve clases de mantos[11] han sido recibidos en la auténtica transmisión del Dharma del Buddha mismo; [el manto] no podría nunca ser inferior a un poema de cuatro versos y no podría nunca ser menos efectivo que una simple frase del Dharma. Esto es por lo que, por más de dos mil años, todos los seguidores del Buddha –aquellos con las acciones de la práctica devocional y la práctica del Dharma– han custodiado y conservado el *kaṣāya* y lo han considerado como su cuerpo-y-mente. Aquellos que son ignorantes del Dharma correcto de los *buddhas* no adoran el *kaṣāya*.

[132] Ahora, tales seres como Śakra-devānām-indra y el Rey Dragón Anavatapta, aunque son el gobernante celestial de hombres laicos y el rey de los dragones, han custodiado y conservado el *kaṣāya*. A pesar de eso, la gente que se afeita la cabeza, gente que se llama a sí misma discípula del Buddha, no sabe que debería recibir y conservar el *kaṣāya*. ¿Cuánto menos podrían conocer su material, color y medidas?, ¿cuánto menos podrían conocer el método de vestirlo? y ¿cuánto menos podrían haber visto las dignas convenciones [que se hacen] por él ni en sueños?

[133] El *kaṣāya* se ha llamado, desde los tiempos antiguos, «la vestimenta que protege del sufrimiento del calor» y «la vestimenta de la liberación». En conclusión, su virtud está más allá de toda medida. A través de la virtud del *kaṣāya*, las escamas de un dragón pueden liberarse de las tres clases de ardor. Cuando los *buddhas* realizan la verdad, están siempre vistiendo este manto. Verdaderamente, aunque nacimos en una tierra remota en [la época del] último Dharma, si tuviéramos la ocasión de elegir entre lo que ha sido transmitido y lo que no ha sido transmitido, deberíamos confiar en recibir, custodiar y conservar [el manto] cuya transmisión es auténtica y tradicional. ¿En qué linaje tanto el manto como el Dharma de Śākyamuni mismo han sido auténticamente transmitidos como en nuestra auténtica tradición? Ellos solo existen en el budismo. Al encontrar este manto y el Dharma, ¿quién podría ser perezoso a la hora de venerarlos y realizarles ofrendas? Incluso si cada día [tuviéramos que] deshacernos de cuerpos y vidas tan incontables como las arenas del Ganges, deberíamos realizarles ofrendas. Además, deberíamos prometer encontrar [el manto] y recibirlo humildemente sobre la cabeza en cada época. Somos la gente ignorante de una parte remota, nacidos con unos cien mil kilómetros de montañas y océanos que nos separan de la tierra de nacimiento del Buddha. Incluso así, si escuchamos el Dharma correcto, si recibimos y conservamos este *kaṣāya*, incluso por un solo día o una sola noche, y si dominamos una sola frase o un solo poema, eso no solo será la buena fortuna de haber realizado ofrendas a un *buddha* o dos *buddhas*: será la buena fortuna de haber realizado ofrendas y rendido homenaje a incontables cientos de miles de *koṭis* de *buddhas*. Incluso si [los sirvientes] fuéramos nosotros mismos, deberíamos respetarlos, deberíamos amarlos y deberíamos valorarlos.

[135] Deberíamos devolver de corazón la gran benevolencia del maestro ancestral al transmitir el Dharma.[12] Incluso los animales devuelven la bondad; ¿cómo podrían los seres humanos no reconocer la bondad? Si no reconociéramos la bondad, debiéramos ser inferiores a los animales; más ignorantes que los animales. La gente distinta de los maestros ancestrales que transmitieron el Dharma correcto del Buddha nunca ha conocido la virtud de este hábito budista ni en sueños. ¿Cuánto menos podría clarificar su material, color y medidas? Si anheláramos seguir las huellas de los *buddhas*, deberíamos justamente anhelar esta [transmisión]. Incluso después de cien mil miríadas de generaciones, la auténtica recepción de esta auténtica transmisión [todavía] será justamente el Dharma del Buddha en sí mismo. La evidencia de esto está clara. Incluso las [enseñanzas] seculares dicen: «Uno no viste una ropa distinta de la ropa del rey pasado y uno no sigue leyes distintas de aquellas del rey pasado». El budismo es también así. No deberíamos vestir lo que es distinto de la ropa del Dharma de los *buddhas* pasados. Si [nuestras ropas] fueran diferentes de la ropa del Dharma de *buddhas* pasados, ¿qué podríamos vestir para practicar el budismo y servir a los *buddhas*? Sin vestir esta ropa, podría ser difícil entrar en la orden del Buddha.

[136] Desde los años del periodo Eihei,[13] durante el reinado del emperador Komei de la dinastía Han Posterior, los monjes llegaban a las Tierras del Este desde los Cielos del Oeste habiéndose seguido los talones sin descanso. A menudo oímos hablar de monjes que van de China a la India, pero nunca se dice que hayan encontrado a alguien que les dé la transmisión cara-a-cara del Dharma del Buddha. Tan solo [tienen] nombres y formas, aprendidos en vano de profesores de los comentarios y eruditos del Tripiṭaka.[14] No han escuchado la auténtica tradición del Dharma del Buddha. Esto es por lo que no pueden ni informar de que deberíamos recibir la auténtica transmisión del manto del Buddha, por lo que nunca reclaman haber conocido a una persona que haya recibido la auténtica transmisión del manto del Buddha y por lo que nunca mencionan haber visto o escuchado a una persona que haya recibido la transmisión del manto. Claramente, nunca han penetrado más allá del umbral de la casa del Buddha. Que estos individuos reconozcan [el manto] solamente como adorno, sin saber que es el Dharma del Buddha [un objeto de] honor y culto, es verdaderamente lamentable. Los legítimos sucesores de la transmisión del tesoro del Dharma del Buddha también transmiten y reciben el manto del Buddha. El principio de que los maestros ancestrales que reciben la auténtica transmisión del tesoro del Dharma nunca se han ido sin ver ni escuchar[15] el manto del Buddha es extensamente conocido entre los seres humanos y en los cielos. Siendo esto así, el material, el color y las medidas del *kaṣāya* del Buddha han sido auténticamente transmitidos y auténticamente vistos y escuchados: las grandes virtudes del *kaṣāya* del Buddha han sido auténticamente transmitidas, y el cuerpo, la mente, los huesos y la médula del *kaṣāya* del Buddha han sido auténticamente transmitidos solo en las costumbres del linaje tradicional. [Esta auténtica transmisión] no se conoce en las diversas escuelas que siguen las enseñanzas de los Āgamas.[16] Los [mantos] que los individuos han establecido independientemente, de acuerdo con las ideas del momento, no son tradicionales ni legítimos. Cuando nuestro Gran Maestro el Tathāgata Śākyamuni transmitió el verdadero ojo del Dharma y el supremo estado del *bodhi* a Mahākāśyapa, se los transmitió con el manto budista. Entre ese momento y el Maestro Zen Daikan de Sokeizan pasaron treinta y tres generaciones, pasando la transmisión de legítimo sucesor a legítimo sucesor. La íntima experiencia y la íntima transmisión del material, el color y las medidas [del manto] han sido por mucho tiempo transmitidas por los linajes, y su recepción y conservación son evidentes en el presente. Eso es decir que lo que fue recibido y conservado por cada uno de los patriarcas fundadores de las cinco sectas[17] es la auténtica tradición. Igualmente evidentes son el vestir [del manto], de acuerdo con los métodos de los antiguos budistas, y la fabricación [del manto], de acuerdo con los métodos de los antiguos budistas que «los *buddhas* solos, junto con los *buddhas*», a través de generaciones han transmitido y experimentado como el mismo estado –en algunos casos durante cincuenta generaciones y en algunos casos durante cuarenta generaciones– sin confusión alguna entre maestro y discípulo. La instrucción del Buddha, como la auténticamente trasmitida de legítimo sucesor a legítimo sucesor, es de la siguiente manera:

Manto de nueve bandas,
tres [segmentos] largos, un [segmento] corto;[18] *o cuatro largos, uno corto.*
Manto de siete bandas,
tres largos, uno corto; o cuatro largos, uno corto.
Manto de trece bandas,
tres largos, uno corto; o cuatro largos, uno corto.
Manto de quince bandas,
tres largos, uno corto.
Manto de diecisiete bandas,
tres largos, uno corto.
Manto de diecinueve bandas,
tres largos, uno corto.
Manto de veintiuna bandas,
cuatro largos, uno corto.
Manto de veintitrés bandas,

cuatro largos, uno corto.
Manto de veinticinco bandas,
cuatro largos, uno corto.
Manto de doscientas cincuenta bandas,
cuatro largos, uno corto.
Manto de ochenta y cuatro mil bandas,[19]
ocho largos, uno corto.

[140] Esta es una lista abreviada. Hay muchas otras clases de *kaṣāya* además de estas, todas las cuales pueden ser el manto *saṃghāṭi*. Algunos como los laicos reciben y conservan [el *kaṣāya*], y algunos como los monjes y monjas reciben y conservan [el *kaṣāya*]. Recibir y conservar [el *kaṣāya*] significa vestirlo, no tenerlo inútilmente doblado. Incluso si la gente se afeita la barba y la cabeza, si no reciben y conservan el *kaṣāya*, si detestan el *kaṣāya* o temen el *kaṣāya*, son demonios celestiales[20] y no-budistas. El Maestro Zen Hyakujo Daichi[21] dice: «Aquellos que no han acumulado buenas semillas durante el pasado detestan el *kaṣāya* y odian el *kaṣāya*, temen y odian el Dharma correcto».

> **[142]** El Buddha dice: «Si cualquier ser vivo, habiendo penetrado en mi Dharma, comete graves faltas o cae en visiones equivocadas, pero en un solo instante de conciencia [esta persona] con una mente reverente honra el manto *saṃghāṭi*, los *buddhas* y yo confirmaremos, sin falta, que esta persona podrá ser un *buddha* en los tres vehículos. Los dioses, o los dragones, o los seres humanos, o los demonios, si son capaces de venerar la virtud de incluso una pequeña parte del *kaṣāya* de esta persona, de inmediato realizarán los tres vehículos y nunca regresarán o se extraviarán. Si los fantasmas y seres vivos pudieran obtener tan solo diez centímetros del *kaṣāya*, comerían y beberían hasta saciarse. Cuando los seres vivos se ofenden unos a otros y caen en las visiones equivocadas, si recuerdan el poder del *kaṣāya*, a través del poder del *kaṣāya* debidamente sentirán compasión y retornarán al estado de pureza. Si la gente en el campo de batalla mantiene una pequeña parte del *kaṣāya*, venerándolo y honrándolo obtendrán la salvación».[22]

[143] Por tanto, hemos visto que las virtudes del *kaṣāya* son supremas e impensables. Cuando confiamos en él, lo recibimos, custodiamos y mantenemos, de manera segura realizamos el estado de la confirmación y realizamos el estado de no regresar. No solo el Buddha Śākyamuni, sino que todos los *buddhas* también lo enseñaron así. Recuerda, la sustancia y la forma de los *buddhas* mismos es justamente el *kaṣāya*. Esto es por lo que el *buddha* dice: «Aquellos que van a caer en caminos equivocados detestan el [manto] *saṃghāṭi*». Siendo esto así, si surgieran pensamientos repletos de odio cuando viéramos y escucháramos el *kaṣāya*, deberíamos lamentar que nuestro propio cuerpo fuera a caer en las visiones equivocadas, y deberíamos arrepentirnos y confesarnos. Además, cuando el Buddha Śākyamuni abandonó por primera vez el palacio real e iba a penetrar en las montañas, un dios árbol, según cuenta la historia, sostiene un manto *saṃghāṭi* y le dice al Buddha Śākyamuni: «Si recibes este manto sobre tu cabeza, evitarás las perturbaciones de los demonios». Entonces el Buddha Śākyamuni acepta este manto, recibiéndolo humildemente sobre su cabeza, y durante doce años no lo deja a un lado ni por un instante. Esta es la enseñanza de los sutras Āgama. Por otra parte, se dice que el *kaṣāya* es la prenda de la buena fortuna y que aquellos que lo visten alcanzan siempre un alto rango. En general, nunca ha habido un momento en el que este manto *saṃghāṭi* no se haya manifestado ante nosotros en el mundo. La manifestación ante nosotros de un instante es un asunto eterno,[23] y los asuntos eternos llegan en un instante. Obtener el *kaṣāya* es obtener el estandarte del Buddha. Por esta razón, ninguno de los *buddha-tathāgatas* ha dejado jamás de recibir y conservar el *kaṣāya*, y ninguna persona que ha recibido y conservado el *kaṣāya* ha fracasado en convertirse en un *buddha*.

[145] El método de vestir el *kaṣāya* «descubriendo solo el hombro derecho» es el método común. También está el método de vestir [el *kaṣāya*] de manera que cubra ambos hombros. Cuando vestimos ambos lados sobre el brazo y el hombro izquierdos, llevamos el extremo frontal en el exterior y el extremo posterior en el interior.[24] Este es un ejemplo de digno comportamiento budista. Este comportamiento no es ni visto ni oído, ni transmitido ni recibido por los diversos grupos de *śrāvakas*: sus escrituras sobre la enseñanza de los Āgamas no lo mencionan en absoluto. En general, el digno comportamiento de vestir el *kaṣāya* en el budismo ha sido inequívocamente recibido y conservado por los maestros ancestrales que recibieron la transmisión del Dharma correcto y que están presentes ante nosotros aquí y ahora. Cuando se reciba y conserve [el *kaṣāya*], deberíamos inequívocamente recibirlo y conservarlo bajo tal maestro ancestral. El *kaṣāya* tradicional de los patriarcas budistas ha sido auténticamente transmitido de *buddha* a *buddha* sin irregularidades: es el *kaṣāya* de los *buddhas* pasados y los *buddhas* posteriores, el *kaṣāya* de los *buddhas* antiguos y los *buddhas* recientes. Cuando transforman[25] el estado de la verdad, cuando transforman el estado de *buddha*, cuando transforman el pasado, cuando transforman el presente y cuando transforman el futuro, transmiten la auténtica tradición del pasado al presente, transmiten la auténtica tradición del presente al futuro, transmiten la auténtica tradición del presente al pasado, transmiten la auténtica tradición del pasado al pasado, transmiten la auténtica tradición del presente al presente, transmiten la auténtica tradición del futuro al futuro, transmiten la auténtica tradición del futuro al presente y transmiten la auténtica tradición del futuro al pasado, y esta es la auténtica transmisión de «los *buddhas* solos, junto con los *buddhas*». Por esta razón, durante varios cientos de años después de que el maestro ancestral viniera del oeste, desde [las dinastías del] gran Tang al gran Song, muchos de aquellos realizados en la lectura de sutras pudieron ver a través de sus propias conductas, y cuando la gente de las escuelas filosóficas, los preceptos, etcétera, entraron en el Dharma del Buddha, se deshicieron de los lamentables viejos mantos que tenían, que habían sido antiguamente sus *kaṣāya*s, y recibieron auténticamente el *kaṣāya* tradicional del budismo. Sus historias aparecen una tras otra en las Crónicas de la antorcha tales como el *Den*[*toroku*], el *Zoku*[*toroku*], el *Futoroku*,[26] etcétera. Cuando fueron liberados de la pequeña visión, que es el limitado pensamiento sobre la filosofía y los preceptos, y veneraron la gran verdad auténticamente transmitida por los patriarcas budistas, se convirtieron todos en patriarcas budistas. La gente de hoy debería también aprender de los maestros ancestrales del pasado. Si quisiéramos recibir y conservar el *kaṣāya*, deberíamos recibir la auténtica transmisión del *kaṣāya* tradicional y confiar en el *kaṣāya* tradicional. No deberíamos recibir y conservar el falso *kaṣāya*. El *kaṣāya* tradicional quiere decir el *kaṣāya* ahora auténticamente transmitido del [templo] Shaolin y [la montaña] Sokei;[27] su recepción desde el Tathāgata en la transmisión de legítimo sucesor a legítimo sucesor no ha sido nunca interrumpida ni por una sola generación. Por esta razón hemos recibido exactamente la práctica de la verdad y hemos obtenido íntimamente, en nuestras propias manos, el manto del Buddha, y esta es la razón [por la que deberíamos recibir la auténtica transmisión]. [El estado de] la verdad del Buddha es auténticamente transmitido en [el estado de] la verdad del Buddha; no se deja recibir por la gente perezosa desocupada. Un proverbio secular dice: «Escuchar mil veces no es tan bueno como ver una vez, y ver mil veces no es tan bueno como experimentar una vez». Reflexionando sobre esto, [podemos decir que] incluso si vemos [el *kaṣāya*] mil veces y oímos hablar de él diez mil veces, no es tan bueno como tenerlo una vez y nunca tan bueno como haber recibido la auténtica transmisión del manto del Buddha. Si pudiéramos dudar sobre aquellos que tienen auténticas tradiciones, deberíamos dudar mucho más sobre aquellos que nunca han visto las auténticas tradiciones ni en sueños. Recibir la auténtica transmisión del manto del Buddha puede estar más cerca [en la experiencia] que recibir y escuchar sutras budistas. Incluso mil experiencias y diez mil logros no son tan buenos como una realización en la experiencia. Un patriarca budista es la realización del mismo estado de la experiencia; no deberíamos nunca clasificar [a un patriarca budista] junto a los comunes seguidores de la filosofía y los preceptos. En conclusión, respecto a las virtudes del *kaṣāya* del linaje del Patriarca, [podemos decir que] su auténtica transmisión se ha recibido exactamente, [que] su configuración original ha sido transmitida personalmente, y [que] ha sido recibido y conservado, junto con la sucesión del Dharma, sin interrupción hasta hoy. Los auténticos receptores son todos los maestros ancestrales que han experimentado el mismo estado y recibido la transmisión del Dharma. Son superiores incluso a [los *bodhisattvas* en] los diez estadios sagrados y los tres estadios hábiles: deberíamos servirles y venerarlos, y deberíamos inclinarnos ante ellos y humildemente recibirlos sobre nuestras cabezas. Si este cuerpo-y-mente confía tan solo una vez en este principio de la auténtica transmisión del manto del Buddha, esto es una señal de encontrar a *buddha* y es la manera de aprender el estado de *buddha*.

[Una vida] en la cual no pudiéramos aceptar este Dharma sería una vida triste. Deberíamos afirmar profundamente que si cubrimos el cuerpo físico, tan solo una vez, con este *kaṣāya*, será un talismán que proteja el cuerpo y asegure la realización del estado del *bodhi*. Se dice que cuando teñimos la mente que confía con una sola frase o un solo poema, nunca nos falta la luminosidad de los largos *kalpas*. Cuando teñimos el cuerpo-y-mente con un *dharma* real, [el estado] puede ser «también así». Esas imágenes mentales[28] no tienen morada y son irrelevantes para lo que el sí mismo posee; incluso así, sus virtudes son de hecho como se describe arriba. El cuerpo físico no tiene morada; incluso así, es como se describe arriba. El *kaṣāya* tampoco tiene origen ni destino, no es ni nuestra posesión ni la posesión de nadie más; incluso así, permanece de hecho en el lugar en el que se mantiene y cubre a la persona que lo recibe y conserva. Los méritos adquiridos [por la virtud del *kaṣāya*] pueden también ser así. Cuando hacemos el *kaṣāya*, la fabricación no es la elaboración[29] de lo común, lo sagrado y similares. El significado de esto no está realizado perfectamente por [los *bodhisattvas* en] los diez [estadios] sagrados o los tres [estadios] hábiles. Aquellos que no han acumulado las semillas de la verdad en el pasado no ven el *kaṣāya*, no oyen hablar del *kaṣāya* y no conocen el *kaṣāya*, ni en una vida, ni en dos vidas, ni aunque pasen incontables vidas. ¿Cuánto menos podrían recibir y conservar [el *kaṣāya*]? Están aquellos que realizan y aquellos que no realizan la virtud de tocar [el *kaṣāya*] una vez con el cuerpo. Aquellos que han realizado [esta virtud] deberían regocijarse. Aquellos que no la han realizado deberían esperar hacerlo. Aquellos que nunca pueden realizarla deberían lamentarlo. Todos los seres humanos y dioses han visto, escuchado y reconocido universalmente que el manto del Buddha se transmite –tanto dentro como fuera del mundo de los grandes miles de mundos– solo en el linaje de los patriarcas budistas. La clarificación de la configuración del manto del Buddha también está presente solo en el linaje de los patriarcas. Es desconocida en otros linajes. Aquellos que no lo conocen y [todavía] no se culpan a sí mismos son gente ignorante. Incluso si conocen ochenta y cuatro mil *samādhi-dhāraṇīs*,[30] sin recibir la auténtica transmisión del manto y el Dharma de los patriarcas budistas, sin clarificar la auténtica transmisión del *kaṣāya*, nunca pueden ser los legítimos sucesores de los *buddhas*. Cómo deben añorar los seres vivos de otras regiones el recibir exactamente la transmisión del manto del Buddha tal y como ha sido auténticamente recibido en China. Deben de estar avergonzados. La pena en sus corazones debe de ser profunda por no haber recibido la auténtica transmisión en su propio país. Verdaderamente, encontrar el Dharma en el cual el manto y el Dharma del Tathāgata Honrado por el Mundo han sido auténticamente transmitidos es el resultado de las semillas de la gran virtud del *prajñā* alimentado del pasado. Ahora, en esta época corrupta del último Dharma, hay muchos grupos de demonios que no se avergüenzan por carecer de la auténtica transmisión y que desprecian la auténtica transmisión [de otros]. Nuestras propias posesiones y moradas no son nuestras identidades reales. Simplemente recibir auténticamente la auténtica transmisión: esta es la forma directa de aprender el estado de *buddha*.

[153] En resumen, recuerda que el *kaṣāya* es el cuerpo del Buddha y la mente del Buddha. Además, es llamado «la ropa de la liberación», «el manto del campo de la felicidad», «el manto de la resistencia», «el manto sin forma», «el manto de la compasión», «el manto del Tathāgata» y «el manto de *anuttara samyaksaṃbodhi*». Debemos recibirlo y conservarlo como tal. En el actual gran reino de Song, la gente que se llama a sí misma estudiante de los preceptos, puesto que está ebria por el vino del *śrāvaka*, no está ni avergonzada, ni arrepentida, ni se da cuenta de que ha recibido la transmisión de un linaje ajeno a su propio clan. Habiendo cambiado el *kaṣāya* que ha sido transmitido desde los Cielos del Oeste y dictado a través de las épocas de la China Han a la China Tang, siguen pequeños pensamientos. Se debe a la pequeña visión el que sean así, y deberían estar avergonzados de [su] pequeña visión. Puesto que ahora visten un manto [basado en] su propio pequeño pensamiento, probablemente carecen de muchas de las [otras] formas dignas budistas. Tales cosas ocurren porque su aprendizaje y recepción de la transmisión de las formas budistas son incompletos. Es evidente el hecho de que el cuerpo-y-mente del Tathāgata ha sido auténticamente transmitido solamente por el linaje de los patriarcas, y no se ha difundido entre las costumbres de otros linajes. Si solo conocieran una forma budista entre diez mil, nunca destruirían el manto del Buddha. No habiendo clarificado siquiera [el significado de] frases, nunca han sido capaces de escuchar lo fundamental.

[155] Además, decidir que el algodón grueso es el único material para el manto va profundamente contra el Dharma del Buddha; por encima de todo, eso arruina el manto budista. Los discípulos del Buddha no deberían vestir [un manto de acuerdo con esta regla]. ¿Por qué? [Porque] defender una visión sobre la tela arruina el *kaṣāya*. Es lamentable que las visiones del *śrāvaka* del Pequeño Vehículo sean tortuosas. Después de que sus visiones sobre la tela se hayan demolido, el manto del Buddha se realizará. Lo que estoy diciendo sobre el uso de la seda y el algodón no es la enseñanza de un *buddha* o dos *buddhas*: es el gran Dharma de todos los *buddhas* el ver los trapos como el mejor y más puro material para el manto. Cuando por ahora nombramos las diez clases de trapos, entre esos [trapos] se incluyen los de seda, algodón y también otras clases de tela.[31] ¿No debemos tomar los trapos de seda? Si somos así, vamos contra la verdad del Buddha. Si detestábamos la seda, también tenemos que detestar el algodón. ¿Dónde está la razón para detestar la seda o el algodón? Detestar el hilo de seda porque se produce matando es muy risible. ¿No es el algodón el hábitat de los seres vivos? El sentir acerca de la sensibilidad y la insensibilidad no está libre del sentir de lo común y sentimental; ¿cómo podría este conocer el *kaṣāya* del Buddha? Hay más habladurías sin sentido de aquellos que tienen discusiones sobre el hilo transformado.[32] Esto también es risible. ¿Qué [material] no es una transformación? Esta gente cree a los oídos que oyen hablar de «transformación», pero dudan de los ojos que ven la transformación misma. Parecen no tener oídos en sus ojos, ni ojos en sus oídos. ¿Dónde están sus oídos y ojos en el momento presente?[33] Ahora recuerda, mientras tomamos los trapos, estos pueden ser algodón que parezca seda y pueden ser seda que parezca algodón. Cuando los usemos, no deberíamos llamarlos seda ni deberíamos llamarlos algodón; deberíamos simplemente llamarlos trapos. Puesto que son trapos, están, como trapos, más allá de la seda y más allá del algodón. Incluso aunque haya seres humanos o dioses que hayan sobrevivido como trapos, no deberíamos llamarlos sintientes, [sino] que pueden ser trapos. Incluso si fueran pinos o crisantemos que se hubieran convertido en trapos, no deberíamos llamarlos no-sintientes, [sino que] pueden ser trapos. Cuando reconocemos la verdad de que los trapos no son ni de seda ni de algodón y que están más allá de las perlas y las joyas, los trapos se realizan y nos encontramos con los trapos por primera vez. Antes de que las visiones sobre la seda y el algodón se hayan marchitado y caído, jamás hemos visto un trapo ni en sueños. Si mantenemos las visiones sobre la tela –incluso si hemos desperdiciado una vida recibiendo y conservando la tela de algodón grueso como *kaṣāya*–, esa no es la auténtica transmisión del manto del Buddha. Al mismo tiempo, las distintas clases de *kaṣāya* incluyen el *kaṣāya* de algodón, el *kaṣāya* de seda y el *kaṣāya* de cuero: todos estos han sido vestidos por *buddhas*. Tienen las virtudes budistas del manto del Buddha y poseen el principio fundamental que ha sido auténticamente transmitido sin interrupción, pero la gente que no se ha liberado del sentir común toma a la ligera el Dharma del Buddha; sin confiar en las palabras del Buddha, tienen por meta seguir ciegamente el sentir de la persona común. Deben ser llamados no-budistas que se han unido al Dharma del Buddha: son gente que destruye el Dharma correcto. Algunos pretenden haber cambiado el manto budista de acuerdo con la enseñanza de seres celestiales. En ese caso, deben aspirar a la budeidad celestial. O ¿se han transformado en los descendientes de dioses? Los discípulos del Buddha exponen el Dharma del Buddha a los seres celestiales: no deberían preguntar a los seres celestiales sobre la verdad. Es lamentable que aquellos que carecen de la auténtica transmisión del Dharma del Buddha sean así. La visión de las multitudes celestiales y la visión de los discípulos del Buddha son muy diferentes en grandeza, pero los dioses bajan a buscar la instrucción en el Dharma de los discípulos del Buddha. La razón es que la visión budista y la visión celestial son muy diferentes. Desecha, y no aprendas, las pequeñas visiones de los *śrāvakas* de las sectas de los preceptos. Recuerda que ellos son el Pequeño Vehículo. El Buddha dice: «Uno puede arrepentirse por matar al padre de uno o la madre de uno, pero uno no puede arrepentirse por insultar el Dharma».

[160] En general, las formas de las pequeñas visiones y sospechas zorrunas no son las intenciones originales del Buddha. La gran verdad del Dharma del Buddha está más allá del Pequeño Vehículo. Nadie fuera del estado de la verdad del Patriarca, que es transmitido con el tesoro del Dharma, ha conocido la auténtica transmisión de los grandes preceptos de los *buddhas*. Hace tiempo, [según cuenta la historia], a medianoche en Obaizan, el manto y el

Dharma del Buddha se transmiten auténticamente sobre la cabeza del Sexto Patriarca.[34] Esta es verdaderamente la auténtica tradición de la transmisión del Dharma y la transmisión del manto. Esto es [posible] porque el Quinto Patriarca conoce a una persona.[35] Los individuos del cuarto efecto y los tres estadios hábiles, así como los similares [*bodhisattvas* en] los diez estadios sagrados[36] y similares profesores de los comentarios y profesores de los sutras de escuelas filosóficas, darían el [manto y el Dharma] a Jinshu;[37] no los transmitirían auténticamente al Sexto Patriarca. Sin embargo, cuando los patriarcas budistas seleccionan a los patriarcas budistas, transcienden el camino del sentir común, y así el Sexto Patriarca ya se ha convertido en el Sexto Patriarca. Recuerda, la verdad de conocer a una persona y conocerse a uno mismo, que los patriarcas budistas transmiten de legítimo sucesor a legítimo sucesor, no se supone fácilmente. Más tarde, un monje le pregunta al Sexto Patriarca: «¿Deberíamos ver el manto que recibiste a medianoche en Obai[zan] como algodón, deberíamos verlo como seda o deberíamos verlo como seda en bruto?[38] En resumen, ¿como qué material deberíamos verlo?». El Sexto Patriarca dice: «No es algodón, no es seda y no es seda en bruto». Las palabras del Patriarca Fundador Sokei son así. Recuerda, el manto del *buddha* no es seda, ni es algodón, ni es crespón de algodón. Aquellos que, por el contrario, descuidadamente reconocen [el manto] como seda, algodón o crespón de algodón son de la clase que insulta al Dharma del Buddha. ¿Cómo podrían conocer el *kaṣāya* del Buddha? Además, hay episodios de recibir los preceptos con el «¡Bienvenido!» del Buddha. Que el *kaṣāya* adquirido por esos [monjes] está absolutamente más allá de la discusión de la seda y el algodón es la instrucción del Buddha en la verdad budista. En otro caso, el manto de Śaṇavāsa, cuando es un hombre laico, es una prenda secular, pero cuando deja a la familia se convierte en un *kaṣāya*. Deberíamos tranquilamente considerar este hecho. No deberíamos apartarlo a un lado como si no lo viéramos o escucháramos. Además, hay un principio fundamental que ha sido auténticamente transmitido de *buddha* a *buddha* y de patriarca a patriarca, y que la clase de gente que cuenta las palabras en las frases no puede sentir ni penetrar. Verdaderamente, ¿cómo podrían los mil cambios y la miríada de transformaciones de la verdad del Buddha pertenecer a la zona limitada de la gente ordinaria? El [estado real del] *samādhi* existe y [las prácticas reales de] *dhāraṇī*[39] existen, [pero] aquellos que cuentan granos de arena nunca pueden encontrar [estas] perlas valiosas dentro de sus ropas. Deberíamos estimar, como la norma correcta del *kaṣāya* de todos los *buddhas*, el material, el color y las medidas del *kaṣāya* presente que ha sido recibido en la auténtica transmisión de los patriarcas budistas. Los precedentes de él, en los Cielos del Oeste y las Tierras del Este, viniendo de los tiempos antiguos y llegando al presente, son de gran antigüedad, y la gente que ha distinguido los [precedentes] correctos de los equivocados ya ha transcendido el estado de la iluminación. Incluso aunque fuera del budismo de los patriarcas estén aquellos que reclamen [tener] el *kaṣāya*, ningún patriarca original ha afirmado jamás que [sus mantos] sean las ramas y hojas [del *kaṣāya* original]. ¿Cómo podrían [sus mantos] hacer germinar las semillas de las buenas raíces?[40] ¿Cuánto menos podrían llevar el fruto real? Nosotros ahora no solo estamos viendo y escuchando el Dharma del Buddha que no hemos encontrado en vastos *kalpas*: [también] somos capaces de ver y escuchar el manto del Buddha, aprender sobre el manto del Buddha, y recibir y conservar el manto del Buddha. Esto quiere decir exactamente que nos hemos encontrado con el Buddha, que escuchamos la voz del Buddha, que radiamos la luminosidad del Buddha, que recibimos y usamos el estado recibido y usado por el Buddha, que recibimos la transmisión de uno-a-uno de la mente del Buddha y que logramos la médula del Buddha.

[165] Como material para hacer el *kaṣāya*, invariablemente utilizamos aquello que es puro. Puro describe el material ofrecido por un donante que tiene pura confianza, o traído de un mercado, o enviado por seres celestiales, o donado por dragones, o donado por demonios, o donado por reyes y ministros, o [incluso] puro cuero. Podemos usar cualquiera de estos materiales. Al mismo tiempo, estimamos las diez clases de trapos como puros. Las diez clases de trapos son:

1. Trapos masticados por un buey.
2. Trapos roídos por las ratas.
3. Trapos quemados por el fuego.
4. Trapos [ensuciados por] la menstruación.

5. Trapos [ensuciados por] el nacimiento de los niños.
6. Trapos [ofrecidos] en un santuario.
7. Trapos [abandonados] en un sepulcro.
8. Trapos [ofrecidos] en plegarias de peticiones.
9. Trapos [desechados por] los oficiales de un rey.
10. Trapos traídos a la vuelta [de un funeral].

[166] Nosotros estimamos estas diez clases como material especialmente puro. En la sociedad secular los tiran, [pero] en el budismo los usamos. Por estas costumbres, podemos saber la diferencia entre el mundo secular y el budismo. De manera que cuando queramos [material] puro, deberíamos buscar esas diez clases. Encontrándolas, podemos saber lo que es puro y podemos intuir y afirmar lo que no es puro. Podemos conocer la mente y podemos intuir y conformar el cuerpo. Cuando obtengamos estas diez clases, tanto si son seda como si son algodón, deberíamos considerar su pureza e impureza. Si entendemos que la razón por la que usamos estos trapos es para hacernos inútilmente andrajosos con ropas raídas, eso sería extremadamente tonto. Los trapos [siempre] han sido usados en el budismo por su esplendor y belleza. En el budismo, lo que hace nuestra indumentaria andrajosa son las ropas que han provenido de la impureza –[ropas de] brocados, seda bordada, sarga de seda y seda pura, [ropas de] oro, plata, gemas preciosas, etcétera. Este es el significado del aspecto andrajoso. En general, en el budismo de esta tierra o de otros mundos, cuando usemos [tela] pura y hermosa debería ser de estas diez clases. Esta no solo ha trascendido las limitaciones de la pureza e impureza, sino que también está más allá de la esfera limitada de lo superfluo y la ausencia de lo superfluo.[41] No lo discutas como materia o mente. No está conectado al provecho ni a la pérdida. [El hecho] es tan solo que aquellos que reciben y conservan la auténtica transmisión son patriarcas budistas, pues cuando estamos en el estado de un patriarca budista recibimos la auténtica transmisión. Recibir y conservar esta [transmisión] como un patriarca budista no depende de la manifestación o no manifestación del cuerpo y no depende de defender o no defender la mente, [pues] la auténtica transmisión continúa recibiéndose. Absolutamente, podríamos arrepentirnos de que en este país, Japón, los monjes y las monjas de los últimos tiempos hayan ido, durante mucho tiempo, sin vestir el *kaṣāya*, y deberíamos agradecer que podamos recibir y conservar ahora [el *kaṣāya*]. Incluso los hombres y mujeres laicos que mantengan los preceptos budistas deberían vestir el *kaṣāya* de cinco bandas, el de siete bandas y el de nueve bandas. ¿Cómo entonces podría la gente que ha abandonado la vida familiar no vestir [el *kaṣāya*]? Se dice que [todos], desde el rey Brahmā y los dioses de los seis cielos,[42] bajando a los hombres seculares, las mujeres seculares, los esclavos y las esclavas, deberían recibir los preceptos budistas y vestir el *kaṣāya*: ¿cómo podrían *bhikṣus* y *bhikṣuṇīs* no vestirlo? Se dice que incluso los animales deberían recibir los preceptos budistas y vestir el *kaṣāya*: ¿cómo podrían los discípulos del Buddha no vestir el manto del Buddha? Así que aquellos que quieran ser discípulos del Buddha, sin tener en cuenta si son los dioses de arriba, seres humanos, reyes de naciones u oficiales del gobierno, y con independencia de si son laicos, monjes, esclavos o animales, deberían recibir y conservar los preceptos budistas y deberían recibir la auténtica transmisión del *kaṣāya*. Esta es justamente la manera de entrar auténticamente en el estado de *buddha*.

[170] «Cuando laves el *kaṣāya*, deberías mezclar incienso en polvo en el agua. Tras secar [el *kaṣāya*] al sol, dóblalo y colócalo en un lugar alto, realízale ofrendas de incienso y flores, y haz tres postraciones. Después, arrodillándote, recíbelo humildemente sobre la cabeza y, con las manos juntas, ríndele devoción recitando el siguiente poema:

> *¡Qué grande es la vestimenta de la liberación,*
> *manto sin forma, campo de la felicidad!*
> *Devotamente vistiendo la enseñanza del Tathāgata,*
> *salvaré a los seres vivos de todos los lugares.*

Tras recitar [este poema] tres veces, levántate del suelo y viste [el *kaṣāya*] devotamente».[43]

[170] Durante mi estancia en la China Song, cuando me esforzaba en el largo estrado, vi que mi vecino cada mañana, al final de liberar la quietud, levantaba su *kaṣāya* y lo colocaba sobre su cabeza. Luego, colocando las manos juntas para venerar, silenciosamente recitaba el poema. En ese momento, surgió en mí un sentimiento que jamás había experimentado. [Mi] cuerpo estaba abrumado de júbilo y lágrimas de gratitud caían en secreto y empapaban las solapas de mi toga. La razón era que cuando había leído los sutras Āgama anteriormente, había percibido frases sobre recibir humildemente el *kaṣāya* sobre la cabeza, pero no había clarificado las normas para este comportamiento con claridad. Verlo hecho ahora, delante de mis propios ojos, me llenó de alegría. Pensé para mí mismo: «Es una pena que cuando estaba en mi tierra no había maestro que [me] enseñara esto ni ningún buen amigo que [me] hablara de ello. ¿Cómo podría no arrepentirme? ¿Cómo podría no deplorar haber pasado tanto tiempo en vano? Ahora que lo veo y escucho, puedo regocijarme por la buena conducta pasada. Si hubiera estado codeándome inútilmente con los templos de mi país de nacimiento, ¿cómo podría haberme sentado hombro con hombro con este tesoro de un monje que está de hecho vistiendo el manto del Buddha?». La tristeza y el gozo no eran parciales. Lágrimas de gratitud corrían a miles y decenas de miles. Entonces, en secreto hice el siguiente voto: «De una manera u otra, indigno que soy, recibiré la auténtica transmisión de las correctas tradiciones del Dharma del Buddha y, por compasión por los seres vivos de mi tierra natal, haré que vean y escuchen el manto y el Dharma que ha sido auténticamente transmitido de *buddha* a *buddha*». El voto que entonces hice no ha sido ahora en vano: los *bodhisattvas*, dentro y fuera de las familias, que han recibido y conservado el *kaṣāya*, son muchos. Esto es algo de lo que regocijarse. La gente que haya recibido y conservado el *kaṣāya* debería recibirlo humildemente sobre la cabeza cada día y cada noche. La virtud [de esto] puede ser especialmente excelente y supremamente excelente. El ver y escuchar de una frase o un poema pueden ser como en la historia de «en los árboles y en las rocas», [pero] la virtud de la auténtica transmisión del *kaṣāya* es apenas encontrada a través de las diez direcciones. En el décimo mes lunar, en el invierno del décimo séptimo año de Kajo, en el gran Song, dos monjes coreanos[44] llegaron a la ciudad de Keigenfu. Uno se llamaba Chigen y el otro Keiun. Ambos estaban siempre discutiendo el significado de los sutras budistas y también eran hombres de letras, pero no tenían ni *kaṣāya* ni *pātra*: eran como la gente secular. Era lamentable que aunque tenían la forma exterior de *bhikṣus* no tenían el Dharma de los *bhikṣus*. Esto puede haber sido porque eran de una nación menor de una tierra remota. Cuando la gente de nuestro país que tiene la forma exterior de *bhikṣus* viaja al extranjero, es probable que sea como esos dos monjes. El Buddha Śākyamuni mismo recibió [el *kaṣāya*] sobre su cabeza durante doce años, sin dejarlo nunca a un lado. Como ya sus descendientes lejanos, deberíamos imitar esto. Rechazar hacer inútilmente postraciones por la fama y el provecho a los dioses, a los espíritus, a los reyes y a los sirvientes, y girarse en cambio hacia la humilde recepción sobre la cabeza del manto del Buddha, es gozoso y un gran evento feliz.

SHOBOGENZO DEN-E

El primer día de invierno, en el primer año de Ninji.[45]
Escrito en Kannondorikoshohorinji –un śramaṇa que entró en Song [China] y recibió la transmisión del Dharma, Dogen.

NOTAS

1. El capítulo 12, «Kesa-kudoku», empieza *butsu-butsu so-so,* «de *buddha* a *buddha* y de patriarca a patriarca». La diferencia surgió presumiblemente del sentir del día que tuvo el Maestro Dogen.
2. «Hasta su muerte» es *shozen,* literalmente «vida-antes». En el capítulo «Kesa-kudoku» la expresión es *issho,* literalmente «a lo largo de su vida». De nuevo, la diferencia es incidental.
3. Benka fue un hombre de la antigua China que encontró una gema de treinta centímetros de diámetro. Se la ofreció a tres reyes pero ninguno la apreció. En este contexto, la gema de Benka simplemente se utiliza como ejemplo de algo valioso, pero no tanto como el *kaṣāya.*
4. Es decir, 618-907.
5. «Monjes y laicos» es originalmente «blanco y negro», lo que simboliza las ropas de los monjes y los laicos respectivamente.
6. «Los reyes sagrados que giran la rueda» es *ten-rin-jo-o,* del sánscrito *cakravarti-rāja.* Se decía que estos reyes legendarios gobiernan los cuatro continentes (este, oeste, norte y sur) del monte Sumeru. El rey de la rueda de oro gobierna los cuatro continentes; el rey de la rueda de plata, todos menos el del norte; el rey de la rueda de cobre, el del este y el del sur, y el rey de la rueda de hierro, solo el del sur.
7. *Yokin* significa literalmente «hojas-tela».
8. *Shari* representa al término sánscrito *śarīra,* que significa literalmente «huesos» pero que a menudo sugiere las reliquias del Buddha.
9. *Nyakuden-nyakuri,* «campos y pueblos», y *goju-tenden,* «cincuenta propagaciones», aluden al pasaje en el décimo octavo capítulo del Sutra del Loto, «Zuiki-kudoku». Véase SL 3.72-74.
10. Tesoros nacionales y reliquias u objetos sagrados.
11. Las nueve clases de mantos son los de nueve, once, trece, quince, diecisiete, diecinueve, veintiuna, veintitrés y veinticinco bandas.
12. Se refiere a la transmisión del Dharma en China del Maestro Bodhidharma.
13. Del año 58 al 76 d. de C.
14. *Sanzo,* literalmente «tres almacenes», representa al término sánscrito Tripiṭaka, o tres cestas. Estas son: los preceptos (Vinaya), Sutra y los comentarios (Abhidharma).
15. «Ver» significa conocer la forma concreta, y «escuchar» quiere decir comprender los principios.
16. Muchas tradiciones budistas Hinayana se basan en las enseñanzas de los sutras Āgama.
17. El Maestro Tozan, el Maestro Rinzai, el Maestro Hogen, el Maestro Isan y el Maestro Unmon. Véase el capítulo 49 (volumen 3), «Butsudo».
18. Es decir, tres segmentos largos y uno corto en cada banda.
19. En los sutras budistas, ochenta y cuatro mil significa un gran número.

20. *Tenma,* «demonios celestiales», simboliza a la gente idealista que entorpece el budismo.
21. El Maestro Hyakujo Ekai (749-814), un sucesor del Maestro Baso Doitsu. Maestro Zen Daichi es su título póstumo.
22. Esta es una lista resumida de las cinco virtudes sagradas del *kaṣāya,* contenida en el capítulo 8 del *Higekyo* (*Karuṇāpuṇḍarīka-sūtra*). Una enumeración más larga, proveniente del mismo sutra, aparece en el capítulo 12, «Kesa-kudoku», párrafo 80.
23. *Chogo no ji* significa literalmente «un asunto en largos *kalpas*».
24. Al abrir el *kaṣāya* detrás de la espalda y atar las cuerdas, con la mano derecha e izquierda sujetando las esquinas superiores, el extremo que verticalmente cae desde la mano derecha es *zento,* «el extremo frontal», y el que cae verticalmente desde la mano izquierda es *koto,* «el extremo posterior». La mano derecha lleva la parte superior del «extremo frontal» alrededor del cuerpo y la coloca sobre el hombro izquierdo.
25. «Transformar» es *ke.* El carácter a menudo aparece en el compuesto *kyoke,* literalmente «enseñar-transformar», es decir, «enseñar», «educar» o «instruir».
26. Se refiere al *Gotoroku* (Cinco crónicas de la antorcha), recopilado durante el periodo de la dinastía Song (960-1279) y dividido en: *Dentoroku* o *Keitokudentoroku* (Crónicas de la transmisión de la antorcha de la era Keitoku), completado por un monje llamado Dogen en el año 1004, el primer año de la era Keitoku, que contiene las historias de mil setecientos un budistas, desde los siete antiguos *buddhas* hasta el Maestro Hogen Bun`eki (855-958); *Kotoroku* o *Tenshokotoroku* (Crónicas de la amplia expansión de la antorcha de la era Tensho), recopilado por el laico Ri Junkyoku durante la era Tensho (1023-1031); *Zokutoroku* (Crónica complementaria de la antorcha), completado por el Maestro Ihaku del templo Bukkoku en el año 1101, durante la era Kenchu-seikoku; *Rentoeyo* (Colección de fundamentos para la continuación de la antorcha), completado en el año 1183 y publicado en 1189, y *Futoroku* o *Kataifutoroku* (Crónicas de la antorcha universal de la era Katai), recopilado por el Maestro Shoju del templo Raian durante la era Katai (1201-1204).
27. Es decir, del Maestro Bodhidharma y el Maestro Daikan Eno.
28. De la mente que confía descrita arriba.
29. *Sa,* «producir», «fabricar» o «hacer», a veces representa al término sánscrito *saṃskṛta,* que describe elaboración o artificialidad. *Sa,* por tanto, incluye la connotación de esfuerzo intencionado. Véase el capítulo 10, «Shoaku-makusa». El Maestro Dogen describe zazen como *musa,* «sin elaboración» o «sin adornos», es decir, natural.
30. *Samādhi* significa el estado de equilibrio y *dhāraṇī* es una fórmula mística. De modo que *samādhi-dhāraṇīs* son prácticas místicas, que supuestamente llevarán al practicante al estado de equilibrio.
31. Las diez clases de trapos se muestran al final del párrafo 165 de este capítulo. El punto de la clasificación es aclarar que los trapos no eran descartados por su material original.

32. Alguna gente pensaba que la seda era el resultado de un proceso artificial y, por tanto, no natural.
33. Escuchar con los ojos y ver con los oídos sugiere una intuición inclusiva como opuesto al reconocimiento discriminatorio intelectual y a la percepción sensorial.
34. La historia de la transmisión entre el Maestro Daiman Konin y el Maestro Daikan Eno está contenida en el capítulo 30 (volumen 2), «Gyoji». *Chojo ni*, «sobre la cabeza», sugiere la manera de colocar el *kaṣāya* para venerarlo.
35. La habilidad de conocer a una persona verdadera se trata al final del capítulo 52 (volumen 3), «Bukkyo». En el momento de la transmisión, el Maestro Daikan Eno era un trabajador de su templo.
36. Un *śrāvaka* pasa por cuatro estadios: *srotāpanna* (entrar en la corriente), *sakṛdāgāmin* (el estadio de estar sujeto a un regreso), *anāgāmin* (el estadio que no está sujeto a retorno) y *arhat* (el cuarto efecto que es el cuarto estadio del *śrāvaka*). Un *bodhisattva* pasa por cincuenta y dos estadios o estados: los diez estadios de la confianza, treinta estadios clasificados como los tres estadios hábiles, los diez estadios sagrados, el estadio equilibrado de la verdad (*tokaku*) y finalmente el estadio sutil de la verdad (*myokaku*).
37. Ācārya Jinshu era el monje más inteligente en la orden del Maestro Daiman Konin, experto en poesía y venerado por los emperadores. Véase el capítulo 20, «Kokyo».
38. «Seda en bruto» significa seda que todavía no se ha teñido.
39. El Maestro Dogen interpretó *dhāraṇīs* como prácticas concretas que tenían un poder real. Véase el capítulo 55 (volumen 3), «Darani».
40. *Zenkon* quiere decir la buena conducta como raíz de la felicidad.
41. *Ro* y *muro*, que representan las palabras sánscritas *āsrava* y *anāsrava*, sugieren la presencia y ausencia de angustia emocional respectivamente.
42. *Rokuten* o *roku-yoku-ten* son los seis cielos del mundo de la volición o, como en este caso, los dioses que allí están.
43. Este párrafo tiene la forma de una cita de un sutra en chino. El contenido es el mismo que el de la segunda mitad del párrafo 78 del capítulo anterior, «Kesa-kudoku», pero aquel está escrito en japonés, mientras que este lo está en caracteres chinos solamente.
44. «Coreano» es *sankan*, «tres Coreas». En el capítulo 12, «Kesa-kudoku», la palabra es Korai, el nombre de uno de los tres estados que comprendían la península coreana en ese momento.
45. El primer día del décimo mes lunar, 1240.

Capítulo 14

Sansuigyo

El Sutra de las Montañas y el Agua

Comentario: *san* significa «montañas» y *sui*, «agua» (ríos, lagos, etcétera). *Sansui*, por tanto, sugiere un paisaje natural o la naturaleza misma. *Kyo* o *gyo* quiere decir «sutras budistas». De modo que *sansuigyo* representa las montañas y el agua, o la naturaleza, como sutras budistas. El budismo es básicamente una religión de confianza en el universo, y la naturaleza es este mostrando su forma real. Puesto que mirar la naturaleza es observar la verdad en sí misma, el Maestro Dogen identificaba a la primera justamente con los sutras budistas. En este capítulo nos explica la forma real de la naturaleza, dando un énfasis particular a la relatividad en ella.

[175] Las montañas y el agua del presente son la realización de las palabras de los *buddhas* eternos. Ambas [montañas y agua] permanecen en su lugar en el Dharma habiendo realizado la virtud definitiva. Puesto que están en el estado anterior al *kalpa* de la vacuidad, son una actividad vigorosa en el presente. Puesto que son el sí mismo antes del brotar de la creación, son la liberación real. Las virtudes de las montañas son tan elevadas y extensas que siempre realizamos la virtud moral que puede surcar las nubes confiando en las montañas e infaliblemente liberamos la sutil efectividad que sigue al viento al confiar en las montañas.

[176] El Maestro Kai[1] de Taiyozan proclama a la asamblea: «Las Montañas Azules caminan constantemente. La Mujer de Piedra pare a los hijos por la noche». Las montañas no carecen de ninguna de las virtudes que las montañas deberían tener. Por este motivo, constantemente permanecen en la quietud y constantemente caminan. Debemos cuidadosamente aprender en la práctica la virtud de este caminar. El caminar de las montañas debe ser como el caminar de los seres humanos; por tanto, incluso aunque no parezca un caminar humano,[2] no dudes sobre el caminar de las montañas. Las palabras ahora proclamadas por el Patriarca Budista señalan ya el «caminar», y esta es la realización de lo fundamental. Deberíamos seguir hasta el final su enseñanza a la asamblea sobre el «constante caminar»: puesto que [las montañas] están caminando, son «constantes».[3] El caminar de las Montañas Azules es más ligero que el viento, pero los seres humanos en las montañas ni lo sienten ni lo saben. Estar «en las montañas»[4] describe la «apertura de las flores» en el «mundo [real]».[5] La gente fuera de las montañas nunca lo percibe ni lo sabe –la gente que no tiene ojos para ver las montañas no percibe, no sabe, no ve y no escucha este hecho concreto–. Si dudamos del caminar de las montañas, tampoco conocemos todavía nuestro propio caminar. No es que no tengamos nuestro propio caminar, sino que no lo sabemos todavía y no hemos clarificado nuestro própio caminar. Cuando conozcamos nuestro propio caminar, seguramente entonces también conoceremos el caminar de las Montañas Azules. Las Montañas Azules están ya más allá de lo sintiente y más allá de lo no-sintiente. El sí mismo ya está más allá de lo sintiente y más allá de lo no-sintiente. No podemos dudar el presente caminar de las Montañas Azules. [Aunque] no sepamos cuántos mundos del Dharma deberíamos usar como escala para abarcar las Montañas Azules, deberíamos investigar detalladamente el caminar de las Montañas Azules tanto como nuestro propio caminar. Debería haber investigación tanto de los pasos hacia atrás[6] como del retroceso.[7] Deberíamos investigar el hecho de que justo en el momento anterior al brotar de la creación, y desde antes del

Rey de la Vacuidad,[8] caminar –hacia delante y hacia atrás– nunca ha cesado ni por un momento. Si el caminar cesara, los patriarcas budistas no podrían manifestarse en la realidad. Si hubiera un final del caminar, el Dharma del Buddha no podría llegar al día de hoy. Caminar hacia delante nunca cesa y caminar hacia atrás nunca cesa. El instante de caminar hacia delante no es el opuesto de caminar hacia atrás y el instante de caminar hacia atrás no es el opuesto de caminar hacia delante.[9] Llamamos a esta virtud «el fluir de las montañas», y lo llamamos «las montañas que fluyen». Las Montañas Azules dominan en la práctica el acto de caminar y la Montaña del Este aprende en la práctica el acto de moverse en el agua. Por tanto, este aprender en la práctica es el aprender de las montañas en la práctica. Las montañas, sin cambiar su cuerpo-y-mente, con el rostro y los ojos de montañas, han estado viajando aprendiendo en la práctica. Nunca las insultes diciendo que las Montañas Azules no pueden caminar o que la Montaña del Este no se puede mover en el agua. Se debe a la grosería del punto de vista vulgar el que duden la frase «las Montañas Azules están caminando». Debido a la pobreza de sus escasas experiencias, están sorprendidos por las palabras «montañas que fluyen». Ahora, ni comprendiendo completamente[10] las palabras «agua que fluye» dejarán de estar ahogados en el prejuicio y la ignorancia. Siendo esto así, estiman como conceptos definidos, y estiman como elemento vital, su enumeración de las virtudes acumuladas [por las montañas].[11] El acto de caminar existe, el acto de fluir existe y los instantes en los que las montañas paren a las montañas hijas existen. Por la virtud del hecho de que las montañas se conviertan en patriarcas budistas, los patriarcas budistas se han manifestado así en la realidad.[12] Aunque puede haber ojos en los que la hierba, los árboles, la tierra, las piedras, las vallas y los muros se realicen, ese instante está más allá de dudas y perturbaciones: no es la «realización total». Aunque hay momentos realizados en los que [las montañas] son vistas para adornarse con los siete tesoros, [esos momentos] no son el «verdadero refugio». Aunque hay visiones realizadas [de las montañas] como la zona en la que los *buddhas* practican la verdad, [esas visiones] no tienen que gustarnos necesariamente. Aunque algunos tienen los cerebros para realizar la visión [de las montañas] como la impensable virtud de los *buddhas*, la realidad no es simplemente eso.[13] Cada «realización» es un ejemplo de objeto y sujeto.

No estimamos tales [«realizaciones»] como las acciones de los patriarcas budistas en el estado de la verdad: son visiones estrechas y parciales.[14] El movimiento de las circunstancias y el movimiento de la mente son criticados por el Gran Santo.[15] Las explicaciones de la mente y las explicaciones de la naturaleza[16] no son confirmadas por los patriarcas budistas. Ver la mente y ver la naturaleza[17] es la animada actividad de los no-budistas. Estar en las palabras y estar en frases no es el discurso de la liberación. Hay [un estado] que permanece libre de estados como estos: se expresa con «las Montañas Azules están caminando constantemente» y «la Montaña del Este se mueve en el agua». Deberíamos comprenderlo detalladamente.

[182] [En las palabras] «la Mujer de Piedra pare a los hijos por la noche», el momento en el que la Mujer de Piedra pare a los hijos es llamado noche. En general, hay piedras masculinas y piedras femeninas –y no son ni piedras masculinas ni femeninas– cuya función práctica apoya a los cielos y apoya a la tierra. Hay piedras celestiales y piedras terrenales –como dice el hombre secular pero poca gente sabe–.[18] Deberíamos conocer los hechos del nacimiento: en el momento del nacimiento, ¿son ambos, madre e hijo, transformados? ¿Cómo podríamos aprender en la práctica solo que el nacimiento del hijo se realiza como [la madre] llegando a ser la madre del hijo? Deberíamos aprender en la práctica, y deberíamos penetrar hasta el final, que el momento [del hijo] convirtiéndose en hijo de la madre es la práctica-y-experiencia de la realidad del nacimiento.

[183] El Gran Maestro Unmon Kyoshin[19] dice: «La Montaña del Este se mueve en el agua». El asunto realizado en estas palabras es que todas las montañas son una Montaña del Este, y cada Montaña del Este se mueve en el agua.[20] Por tanto, [las montañas] tales como las nueve montañas del monte Sumeru se han realizado, y han practicado y experimentado.[21] Este estado se llama «la Montaña del Este». Sin embargo, ¿cómo podría Unmon ser liberado en la piel, la carne, los huesos y la médula, la práctica-y-experiencia y la actividad vigorosa de la Montaña del Este?[22]

[184] En la época presente en el gran reino de Song, hay un grupo de individuos poco fiables[23] que han formado ahora tal multitud que no pueden ser vencidos por unas pocas [personas] verdaderas. Dicen que la presente charla de la Montaña del Este moviéndose en el agua e historias tales como las de la hoz de Nansen[24] son historias que van más allá del entendimiento. Su idea es la siguiente: «Una historia que relaciona imágenes y pensamientos no es una historia zen de los patriarcas budistas. Las historias más allá de la comprensión racional son las historias de los patriarcas budistas. Esto es por lo que estimamos el uso del palo de Obaku y el grito de Rinzai,[25] los cuales están más allá de la comprensión racional y no relacionan imágenes y pensamientos, como la gran realización antes del brotar de la creación. La razón por la que muchos maestros del pasado emplean enmarañadas[26] frases cortantes como medios hábiles es porque [esas frases] están más allá del entendimiento racional». Estos individuos que hablan así nunca han encontrado un verdadero maestro y no tienen los ojos para aprender en la práctica: son perros pequeños que no merecen ser comentados. Durante los últimos doscientos o trescientos años, en la tierra de Song ha habido muchos demonios y jóvenes [como aquellos] de la banda de los seis.[27] Es lamentable que la gran verdad del Patriarca Budista vaya a arruinarse. La comprensión de estos [jóvenes] es inferior incluso a aquella de los *śrāvakas* del Pequeño Vehículo: son más ignorantes que los no-budistas. No son laicos, no son monjes, no son seres humanos y no son dioses: son más ignorantes que los animales aprendiendo la verdad del Buddha. Lo que los jóvenes llaman «historias más allá del entendimiento racional» está más allá de la comprensión racional solo para ellos:[28] los patriarcas budistas no son así. Incluso aunque [los caminos racionales] no sean comprendidos racionalmente por aquellos [jóvenes], no deberíamos dejar de aprender en la práctica los caminos del entendimiento racional de los patriarcas budistas. Si en última instancia no hay entendimiento racional, el razonamiento que aquellos [jóvenes] han establecido no puede tampoco acertar. Hay muchos de este tipo por todas las direcciones de la China Song, y los he visto y escuchado ante mis propios ojos. Son lamentables. No saben que las palabras y las frases trascienden las imágenes y los pensamientos. Cuando estaba en China, me reía de ellos, pero no tenían nada que decirse a ellos mismos y simplemente se quedaban sin palabras.

Su negación presente del conocimiento racional no es sino una noción falsa. ¿Quién se lo ha enseñado? Aunque carecen de un profesor natural, tienen la visión no-budista del naturalismo. Recuerda, este «la Montaña del Este se mueve en el agua» es los huesos y la médula de los patriarcas budistas. Las aguas se realizan al pie de la Montaña del Este;[29] acto seguido las montañas surcan las nubes y caminan a través del cielo. Las coronas de las aguas son las montañas, cuyo caminar, hacia delante y hacia atrás, es siempre «en el agua».[30] Puesto que los dedos de los pies de las montañas pueden caminar sobre todas las clases de agua, haciendo a las aguas danzar, el caminar es libre en todas las direcciones[31] y «la práctica-y-experiencia no es inexistente[32]». El agua no es ni fuerte ni débil, ni húmeda ni seca, ni se mueve ni está quieta, ni es fría ni cálida, ni existente ni inexistente, ni ilusión ni realización. Cuando está sólida, es más dura que un diamante: ¿quién podría romperla? Derretida, es más suave que la leche diluida: ¿quién podría romperla? Siendo esto así, es imposible dudar de las virtudes que [el agua] posee. Por ahora, deberíamos aprender en la práctica los momentos en los que es posible colocar en los ojos y mirar en las diez direcciones el agua de las diez direcciones. Esto no es solo aprender en la práctica el momento en el que los seres humanos y los dioses ven el agua: hay aprendizaje en la práctica del agua viendo el agua.[33] Puesto que el agua practica y experimenta el agua, hay investigación en la práctica del agua hablando el agua. Deberíamos manifestar en realidad el camino en el que el sí mismo se encuentra al sí mismo. Deberíamos avanzar y retroceder a lo largo del camino vigoroso en el que el mundo exterior se cansa de practicar el mundo exterior, y deberíamos brotar libres.

[189] En general, las maneras de ver las montañas y el agua difieren de acuerdo con el tipo de ser [que las ve]: hay seres que ven lo que llamamos agua como un collar de perlas,[34] pero esto no quiere decir que vean un collar de perlas como agua. Probablemente vean su agua como una forma que nosotros vemos como algo más. Nosotros vemos su collar de perlas como agua. Hay [seres] que ven el agua como flores maravillosas, pero esto no significa que usen las flores como agua. Los demonios ven el agua como llamas furiosas y la ven como pus y sangre. Los dragones y los peces la ven como un palacio y la ven como una torre. Algunos ven [el agua] como los siete tesoros de la gema *maṇi*;[35] algunos la ven como árboles y bosques, y vallas y muros; algunos la ven como la pura y liberada naturaleza del Dharma; algunos la ven como el cuerpo humano real,[36] y algunos la ven como [la unicidad de] la forma física y la naturaleza mental. Los seres humanos la ven como agua, las causas y condiciones de la vida y la muerte. Por tanto, lo que se ve difiere de hecho conforme a la clase de ser [que lo ve]. Ahora, seamos cautelosos con esto. ¿Es que hay varias maneras de ver un objeto? ¿O es que hemos asumido por error que las diferentes imágenes son un objeto? En la cima del esfuerzo, deberíamos todavía esforzarnos más. Si lo de antes es así, entonces la práctica-y-experiencia y la búsqueda de la verdad no pueden tampoco ser [solamente] de una clase o dos, y el estado definitivo también puede ser de miles de clases y una miríada de variedades. Cuando mantenemos este asunto en la mente, aunque hay muchas clases de agua, parece que no hay agua original, y ningún agua de muchas clases. Al mismo tiempo, las diferentes aguas de acuerdo con los tipos de seres [que ven el agua] no dependen de la mente, no dependen del cuerpo, no nacen del karma, no son autosuficientes y no dependen de los demás: tienen el estado liberado de la confianza en el agua misma. Siendo esto así, el agua está más allá de la tierra, el agua, el fuego, el viento, el vacío, la conciencia, etcétera. El agua está más allá del azul, el amarillo, el rojo, el blanco o el negro y más allá de visiones, sonidos, olores, gustos, sensaciones o propiedades. Al mismo tiempo, como la tierra, el agua, el fuego, el viento, el vacío, etcétera, el agua se realiza de manera natural. Puesto que las naciones y los palacios del presente son así, puede ser difícil establecer por qué y dentro de qué están creados. Aseverar que se aferran al círculo del vacío y al círculo del viento[37] no es cierto para nosotros y no es cierto para otros: es especular basándose en las suposiciones de la pequeña visión. La gente hace esta aseveración porque piensa que, sin un lugar al que aferrarse, [los *dharmas*] no podrían permanecer.[38]

[193] El Buddha dice: «Todos los *dharmas* son al final liberados: no tienen morada».[39] Recuerda, aunque estén en el estado de la liberación, sin ninguna atadura, todos los *dharmas* permanecen en su sitio.[40] Incluso así, cuando los seres humanos miramos el agua, de la única manera que la vemos es fluyendo incesantemente. Este fluir toma muchas formas, cada una de las cuales es un ejemplo de visión humana: [el agua] fluye a través de la tierra, fluye a través del cielo, fluye hacia arriba y fluye hacia abajo. Fluye en un arroyo sinuoso y fluye en las nueve [grandes] profundidades.[41] Se levanta para formar nubes y baja para formar charcos. El *Bunshi*[42] dice: «La vía del agua es ascender al cielo formando lluvia y rocío, y descender a la tierra formando ríos y arroyos». Ahora, incluso las palabras de una persona secular son así. Ser más ignorante que la gente secular sería lo más avergonzante para la gente que se llamara a sí misma descendiente del Patriarca Budista. Podemos decir que la vía del agua está más allá del reconocimiento del agua, pero el agua realmente puede fluir. El agua está [también] más allá del no-reconocimiento, pero el agua realmente puede fluir.

[195] «Asciende al cielo y forma la lluvia y el rocío». Recuerda, el agua se eleva inconmensurablemente en las alturas del cielo para formar la lluvia y el rocío. La lluvia y el rocío son de diversas clases, correspondiendo a [los diversos tipos de] mundos. Decir que no hay lugares alcanzados por el agua es la enseñanza de los *śrāvakas* del Pequeño Vehículo o la enseñanza equivocada de los no-budistas. El agua llega a las llamas, llega a la mente y sus imágenes, a la inteligencia y a la discriminación, y llega a la realización de la naturaleza búdica.[43]

[195] «Desciende a la tierra formando ríos y arroyos». Recuerda, cuando el agua desciende a la tierra, forma ríos y arroyos. La vitalidad de los ríos y los arroyos puede llegar a ser sabia. El pueblo común e ignorante asume que el agua está siempre en los ríos, los arroyos y los océanos. Esto no es así. Los ríos y los océanos se realizan en el agua.[44] Por tanto, el agua también existe en los lugares que no son ni ríos ni océanos. Es justamente cuando el agua desciende a la tierra cuando toma la forma de ríos y océanos. Además, no debemos entender que los mundos sociales no pueden existir o que las tierras búdicas no pueden existir en un lugar donde el agua haya formado ríos y océanos.[45] Incluso dentro de una sola gota, incontables tierras búdicas se realizan. Esto no quiere decir que haya agua dentro de las tierras búdicas y no quiere decir que haya tierras búdicas dentro del agua. El lugar donde el agua existe ya está más allá de los tres tiempos y más allá del mundo del Dharma. Aun así, es en el universo en donde el agua se ha realizado. A dondequiera que los patriarcas budistas van, el agua va, y a dondequiera que el agua va, los patriarcas budistas se realizan. Esto es por lo que los patriarcas budistas sin excepción, cuando toman agua, la han tratado como [su] cuerpo-y-mente y la han tratado como [su] pensamiento. Siendo esto así, que el agua ascienda nunca se ha negado en ningún texto, dentro o fuera [del budismo]. La forma del agua empapa hacia arriba y hacia abajo, vertical y horizontalmente. Al mismo tiempo, en los sutras budistas, «el fuego y el viento ascienden hacia arriba, la tierra y el agua descienden hacia abajo». Hay algo que aprender en la práctica en este «hacia arriba» y «hacia abajo». Es decir, [debemos] aprender en la práctica la enseñanza del Buddha de «hacia arriba» y «hacia abajo» como sigue: el lugar donde la tierra y el agua van, lo pensamos como «hacia abajo».[46] No pensamos «hacia abajo» como el lugar hacia donde la tierra y el agua van.[47] El lugar a donde el fuego y el viento van es «hacia arriba». El «mundo del Dharma» no debería siempre relacionarse con mediciones hacia arriba, hacia abajo y en las cuatro diagonales.[48] Al mismo tiempo, los cuatro elementos, los cinco elementos, los seis elementos, etcétera, confiando en el lugar concreto al que van, justo instantáneamente establecen el mundo del Dharma de las cuatro esquinas.[49] No es asumir que el Cielo de la Irreflexión[50] esté encima y el Infierno Avīci[51] esté debajo. El Avīci es todo el mundo del Dharma y la Irreflexión es todo el mundo del Dharma. Sin embargo, cuando los dragones y los peces ven el agua como un palacio, probablemente son como la gente mirando a un palacio, absolutamente incapaces de reconocer que está fluyendo. Si un observador estuviera para explicarles «tu palacio es el agua que fluye», los dragones y los peces estarían tan sorprendidos como ahora lo estamos nosotros al escuchar la afirmación de que las montañas están fluyendo. Es más, también sería posible mantener y apoyarse en [la afirmación] de que hay tal enseñanza en [cada] reja, escalera y columna exterior de un palacio o mansión. Tranquilamente, deberíamos haber estado considerando este razonamiento y deberíamos continuar considerándolo.

[199] Si no aprendemos el estado de la liberación en el rostro de este lugar, no nos hemos liberado del cuerpo y mente de la persona común, no hemos realizado perfectamente la tierra de los patriarcas budistas y no hemos realizado perfectamente los palacios de la persona común. Aunque los seres humanos están ahora profundamente seguros de que el contenido interior de los mares y el contenido interior de los ríos es agua, todavía no sabemos lo que los dragones, los peces y otros seres ven como agua y utilizan como agua. No asumas ignorantemente que cada clase de ser utiliza como agua lo que vemos como agua. Cuando la gente que hoy está aprendiendo el budismo quiera aprender sobre el agua, no deberíamos tan solo dar palos de ciego en la esfera humana: deberíamos ir hacia delante y aprender el agua en el estado de la verdad del Buddha. Deberíamos aprender en la práctica cómo vemos el agua que utilizan los patriarcas budistas. Es más, deberíamos aprender en la práctica si hay agua o si no hay agua en las casas de los patriarcas budistas.

[200] Las montañas han sido el lugar donde han vivido grandes santos desde más allá del pasado y el presente. Todos los sabios y todos los santos han hecho de las montañas su santuario interior y han hecho de las montañas su cuerpo-y-mente, y por la virtud de los sabios y los santos las montañas se han realizado. Tendemos a suponer, respecto a las montañas en general, que los incontables grandes santos y grandes sabios pueden reunirse allí, pero después de haber penetrado en las montañas no hay ni una persona que encontrar. Solo está la realización de la actividad vigorosa de las montañas. Ni siquiera las huellas de nuestro haber penetrado permanecen. Cuando estamos en el mundo secular contemplando las montañas, y cuando cstamos en las montañas encontrándonos con las montañas, sus cabezas y ojos son muy diferentes. Nuestra noción de que [las montañas] no están fluyendo y nuestra visión de que [las montañas] no están fluyendo pueden no ser las mismas que las de los dragones y los peces.[52] Mientras los seres humanos y los dioses, en nuestro propio mundo, están en nuestro elemento, otros seres dudan de esta [noción y visión nuestra], o puede que ni duden de ella. Siendo esto así, deberíamos estudiar la frase «las montañas fluyen» bajo los patriarcas budistas; no deberíamos dejarla abierta a la duda.[53] Actuar una vez[54] es justamente «fluir»; actuar una vez [más] es justamente «no fluir». Un momento exacto es «fluir»; un momento exacto es «no fluir». Sin esta investigación en la práctica, eso no es la correcta rueda del Dharma del Tathāgata. Un *buddha* eterno[55] dice: «Si quieres poder no invitar al incesante karma del [infierno],[56] no insultes la correcta rueda del Dharma del Tathāgata». Deberíamos grabar estas palabras en la piel, la carne, los huesos y la médula; deberíamos grabarlas en el cuerpo-y-mente, en el sujeto-y-objeto; deberíamos grabarlas en lo inmaterial, y deberíamos grabarlas en la materia. [Ya] están grabadas «en los árboles y en las rocas»[57] y [ya] están grabadas «en campos y pueblos».[58] Generalmente decimos que las montañas pertenecen a un país, pero [las montañas] pertenecen a la gente a la que le gustan las montañas. A las montañas siempre les gustan sus ocupantes, a consecuencia de lo cual santos y sabios, gente de elevada virtud, penetran en las montañas. Cuando los santos y los sabios viven en las montañas, puesto que las montañas pertenecen a estos [santos y sabios], las rocas y los árboles abundan y florecen, y los pájaros y los animales son misteriosamente excelentes. Esto se debe a que los sabios y los santos los han cubierto con la virtud. Deberíamos recordar el hecho de que a las montañas les gusten los sabios y el hecho de que [a las montañas] les gusten los santos. Que muchos emperadores hayan ido a las montañas a inclinarse ante los sabios y a cuestionar a grandes santos es un ejemplo excelente en el pasado y en el presente. En tales momentos, [los emperadores] honran [a los sabios y a los santos], con las formalidades debidas a un profesor, nunca conforme a las reglas seculares. La autoridad imperial no ejerce control alguno sobre los sabios de la montaña. Claramente, las montañas están más allá del mundo humano. En [la montaña] Kodo[59] en los días pasados de Kaho,[60] el Emperador Amarillo[61] visitó a Kosei, arrastrándose sobre sus rodillas y doblegándose para rogar la [instrucción]. El Buddha Śākyamuni abandonó el palacio de su padre, el rey, para penetrar en las montañas, pero su padre, el rey, no se sintió ofendido por las montañas. El regio padre no desconfió de aquellos en las montañas que enseñarían al príncipe, cuyos doce años de aprendizaje en la verdad fueron en su mayoría en las montañas. La revelación del destino [del príncipe] como el Rey del Dharma también tuvo lugar en las montañas. Verdaderamente, ni los reyes [que giran la] rueda tienen gran influencia sobre las montañas. Recuerda, las montañas están más allá de las fronteras del mundo humano y más allá de las fronteras de los cielos: nunca podemos conocer las montañas con el intelecto humano. Si [su fluir] no se puede comparar con el fluir en el mundo humano, ¿quién puede dudar del fluir, del no-fluir y de las otras actividades de las montañas?

[205] Por otra parte, desde el pasado antiguo, ha habido, de época en época, sabios y santos que vivieron por el agua. Cuando viven por el agua, hay aquellos que pescan peces, aquellos que pescan seres humanos y aquellos que pescan el estado de la verdad. Cada uno de estos está en la corriente tradicional de aquellos que están «en el agua». Yendo más allá, pudiera haber aquellos que se pescan a sí mismos, aquellos que pescan el pescar, aquellos que son pescados por la pesca y aquellos que son pescados por el estado de la verdad.[62] En los viejos tiempos, cuando el Maestro Tokujo[63] súbitamente abandonó la montaña Yakusan para vivir en medio de la mente del río, se encontró al sabio del río Katei.[64] ¿No era esto pescar peces? ¿No era pescar seres humanos? ¿No era pescar agua? ¿No era pescarse a sí mismo? Una persona que es capaz de encontrarse con Tokujo es Tokujo[65] y «la enseñanza a la gente»[66] de Tokujo es [un ser humano] recibiendo a un ser humano. No solo es que haya agua en el mundo: hay mundos en el mundo del agua. Y no solo es que existan en el agua esos [mundos]: hay mundos de seres sintientes en las nubes, hay mundos de seres sintientes en el viento, hay mundos de seres sintientes en el fuego, hay mundos de seres sintientes en la tierra, hay mundos de seres sintientes en el mundo del Dharma, hay mundos de seres sintientes en un tallo de hierba y hay mundos de seres sintientes en un bastón. Dondequiera que haya mundos de seres sintientes, el mundo de los patriarcas budistas existe inevitablemente en ese lugar. Deberíamos aprender cuidadosamente en la práctica la verdad que es así. En conclusión entonces, el agua es el palacio de los verdaderos dragones: está más allá del fluir y el caer. Si la reconocemos solo como el fluir, la palabra «fluir» insulta al agua, porque, por ejemplo, [la palabra] fuerza [al agua] a ser otra cosa que el fluir en sí mismo. El agua no es otra cosa que «la forma real tal y como es» del agua. El agua es justamente las virtudes del agua en sí misma: está más allá del «fluir». Cuando dominamos el fluir y dominamos el no fluir de un simple cuerpo de agua, la realización perfecta de la miríada de *dharmas* se realiza inmediatamente. Con las montañas también, hay montañas contenidas en un tesoro, hay montañas contenidas en pantanos, hay montañas contenidas en el vacío, hay montañas contenidas en las montañas[67] y hay aprendizaje en la práctica en el que las montañas están contenidas en la contención.[68] Un *buddha* eterno[69] dice: «Las montañas son las montañas. El agua es agua». Estas palabras no dicen que «las montañas» sean «las montañas»: dicen que las montañas son las montañas. Siendo esto así, deberíamos dominar las montañas en la práctica. Cuando estamos dominando las montañas en la práctica, ese es el esfuerzo «en las montañas». Las montañas y el agua así producen de manera natural sabios y producen santos.

Shobogenzo Sansuigyo

Proclamado a la asamblea en Kannondorikoshohorinji en el décimo octavo día del décimo mes lunar en el primer año de Ninji.[70]

NOTAS

1. El Maestro Fuyo Dokai (1043-1118), el cuadragésimo quinto patriarca desde el Buddha en el linaje del Maestro Dogen. Tras suceder al Maestro Tosu Gisei, enseñó el budismo en el monte Taiyo y otros lugares, hasta que el rechazo de un título y un manto púrpura obsequios del emperador le llevó al destierro. Cuando fue perdonado, construyó una choza de paja en el monte Fuyo y vivió allí al estilo de los antiguos patriarcas.
2. *Gyoho* o «pasos que van». En la cita y en otros lugares del comentario del Maestro Dogen, la expresión es *unpo* o «pasos que transportan». Ambos términos significan «caminar».
3. *Jo* quiere decir tanto «constante» como «eterno». Ambos significados son relevantes aquí: la acción hace las cosas constantes y equilibradas, y les da un sentido eterno.
4. *Sanchu*. *Chu* significa «en» o «en el estado de», y el Maestro Dogen a veces utiliza este carácter para expresar «en el estado de la realidad». Así que *sanchu* se traduce como «en las montañas» o «en la realidad de las montañas».
5. *Sekari no kekai*. Esto alude a las palabras del Maestro Prajñātara, *kekai-sekai-ki*, «la apertura de las flores es la existencia del mundo», sugiriendo que el mundo real en sí mismo es justamente la aparición de los fenómenos. Véase, por ejemplo, el capítulo 43 (volumen 3), «Kuge».
6. *Taiho*. En el *Fukanzazengi* el Maestro Dogen describe zazen como *taiho*, un paso atrás (respecto a nuestro estado original). *Taiho* quiere decir «pasos atrás concretos».
7. *Hotai* significa ir hacia atrás como un principio de la acción. La frase sugiere que no solo deberíamos investigar los pasos hacia atrás concretos (por ejemplo, sentándonos en zazen, levantando pesas, haciendo postraciones, tomando un baño, etcétera), sino también investigar el significado de ir hacia atrás (por ejemplo, leyendo el *Shobogenzo*, siguiendo las inferencias de ensayo y error en la vida diaria, etcétera).
8. Ku-o se identifica con Bhīṣmagarjitasvararāja o el Rey de Voz Majestuosa, quien fue el primer *buddha* que apareció durante el *kalpa* de la vacuidad. Véase el Sutra del Loto, capítulo 20, «Jofugyo-bosatsu» («el Bodhisattva Nunca Despreciar»).
9. Cada acción se hace en un momento independiente del presente.
10. «Completa comprensión» es *shichitsu-hattatsu*, literalmente «atravesar siete direcciones y llegar a ocho destinos», lo que sugiere un conocimiento profundo desde muchos puntos de vista.
11. La gente vulgar no valora la realidad no pensable de las montañas, pero estima las características de las montañas que es capaz de enumerar.
12. *Kakunogotoku*, «así», indica lo que ya está presente aquí y ahora. *Kakunogotoku* en caracteres chinos es *nyoze*, utilizado por el Maestro Dogen como expresión de la realidad tal y como es. Véase el capítulo 17, «Hokke-ten-hokke».
13. Negando las cuatro visiones, el Maestro Dogen enfatiza el hecho de que la realidad no puede asirse por el conocimiento intelectual.

14. *Ichigu no kanken* significa literalmente «visión de tubo de una esquina».
15. «Gran Santo» quiere decir el Buddha. Las circunstancias en movimiento (como una vasija) y la mente que se mueve (como el agua) es el tema de la historia del Maestro Nansen Fugan y el Maestro Godai Impo (véase el capítulo 81 [volumen 4] «O-saku-sendaba»). Aunque las palabras de la historia y las empleadas aquí sean ligeramente distintas, el punto es el mismo: la separación entre sujeto y objeto puede trascenderse por la acción en el momento presente.
16. *Sesshin-sessho,* o «exponer la mente y exponer la naturaleza», es el título del capítulo 48 (volumen 3), «Sesshin-sessho».
17. *Kenshin-kensho.* La gente en Japón que busca la iluminación pensando en koanes (historias budistas) a menudo llama a esa iluminación *kensho,* «ver la naturaleza».
18. Subjetivamente, asignamos el género u otras características humanas a elementos de la naturaleza. Objetiva o científicamente, no lo hacemos. El punto de vista del Maestro Dogen está más allá de la visión subjetiva y la objetiva. Un conocimiento budista de las piedras es más real que las descripciones subjetivas que se encuentren, por ejemplo, en la literatura china secular.
19. El Maestro Unmon Bun`en (864-949), un sucesor del Maestro Seppo Gison. Se dice que nunca había menos de mil estudiantes en la orden del Maestro Unmon, y que en sus treinta años de expansión del budismo tuvo más de noventa sucesores. Gran Maestro Kyoshin es su título póstumo como fundador de la secta Unmon.
20. Una Montaña del Este quiere decir una montaña real.
21. El Maestro Dogen ilustró el principio, en la frase anterior, con el ejemplo concreto del monte Sumeru y las ocho montañas que lo rodean.
22. El Maestro Dogen critica al Maestro Unmon, por ejemplo, en el capítulo 52 (volumen 3), «Bukkyo».
23. «Poco fiable» es *zusan,* literalmente «editado por Zu (o To)». Se dice que los poemas editados por To Moku de la dinastía Song eran muy irregulares y poco fiables. Por tanto, la gente de aquel tiempo utilizaba las palabras «editado por Zu (o To)» para representar lo poco fiable.
24. El Maestro Gan del monte Nansen en el distrito de Chishu (el Maestro Nansen Fugan [748-834]) está haciendo sus tareas en la montaña. Un monje se acerca y le pregunta: «¿A dónde lleva el camino de Nansen?». El maestro levanta su hoz y dice: «Conseguí esta hoz por treinta céntimos». El monje dice: «No te pregunté si pagaste treinta céntimos por la hoz. ¿A dónde lleva el camino de Nansen?». El maestro dice: «Y ahora que puedo usarla, es muy útil» (*Shinjishobogenzo,* parte 2, nº 54). El monje quería saber lo que el Maestro Nansen pensaba que era la meta de su vida, pero le hizo su pregunta como buscando indicaciones. El Maestro Nansen le recomendó no ser solo consciente de la meta idealista, sino también reconocer los hechos concretos. El monje insistió en que quería saber cuál era la meta real de nuestra vida. La respuesta del Maestro Nansen fue que estaba actuando en la realidad.
25. El Maestro Obaku Kiun (muerto en el año 855) era conocido por sorprender a sus discípulos, entre ellos al Maestro Rinzai Gigen (815-867), para

impresionarlos indicándoles que la realidad es diferente del pensamiento y el sentimiento (véase por ejemplo *Shinji-shobogenzo,* parte 1, nº 27). El Maestro Rinzai solía lograr el mismo resultado gritando «¡katsu!» (ibídem).

26. *Katto,* «arruruz y glicinia», «maraña» o «lo complejo», es el título del capítulo 46 (volumen 3), «Katto».
27. *Rokugon-tokushi.* La banda de los seis jóvenes en la orden del Buddha eran Nanda, Upananda, Kālodāyin, Chanda, Aśvaka y Punarvasu. Se dice que su mala conducta causó la formulación de los preceptos. *Tokushi,* «joven» (literalmente «niño calvo»), quiere decir alguien que se hace monje formalmente, pero que no tiene voluntad para la verdad.
28. La palabra original, *nanji,* quiere decir «vosotros». El Maestro Dogen utiliza normalmente esta forma cuando dirige la crítica a alguien con quien no necesita ser cortés. Véase la nota 68 del capítulo 8, «*Raihai-tokuzui*».
29. Los ríos, los arroyos, los lagos, etcétera, no son solamente una abstracción, sino que se realizan al pie de una montaña real.
30. En otras palabras, basándose en la realidad.
31. *Shichiju-hachi-o* significa literalmente «siete horizontales y ocho verticales».
32. *Shusho-soku-fu-mu.* La expresión del Maestro Nangaku Ejo de la práctica-y-experiencia en zazen. Véase el capítulo 7, «Senjo»; el capítulo 29 (volumen 2), «Inmo»; y el capítulo 62 (volumen 3), «Hensan».
33. El Maestro Dogen utiliza la fórmula A ve a A, A se encuentra a A, A restringe a A, A sucede a A, etcétera, para sugerir la existencia real de A.
34. Alude la metáfora de *issui-shiken,* «un agua, cuatro visiones». Las diosas, representadas a veces flotando en el cielo en los antiguos cuadros budistas, ven el agua como un collar de perlas. Los peces ven el agua como un palacio o como hermosas flores. Los demonios detestan el agua como el pus y la sangre, porque apaga sus fuegos y limpia sus impurezas. Los seres humanos ven el agua como agua. Véase también el capítulo 3, «Genjo-koan».
35. El término sánscrito *maṇi,* que significa «gema», sugiere en este caso particular el *cintāmaṇi,* una legendaria joya capaz de realizar cualquier deseo, la cual se decía que podía obtenerse del Rey Dragón del Mar.
36. *Shinjitsu-nintai* son las palabras del Maestro Chosha Keishin. Véase el capítulo 37 (volumen 2), «Shinjin-gakudo»; el capítulo 47 (volumen 3), «Sangai-yuishin»; el capítulo 50 (volumen 3) «Shoho-jisso»; el capítulo 62 (volumen 3), «Hensan»; y el capítulo 91 (volumen 4), «Yui-batsu-yo-butsu».
37. Para la antigua cosmología india, el mundo físico está construido por cinco elementos llamados cinco ruedas o cinco círculos (*pañca-maṇḍalaka* en sánscrito): los de la tierra, el agua, el fuego, el viento (aire) y el vacío.
38. Véase también la discusión del peso de las cosas en el capítulo 38 (volumen 2), «Muchu-setsumu».
39. Del *Daihoshakkyo,* fascículo 87.
40. *Ju-i,* «permanecen en su lugar en el Dharma», aparece en la segunda frase de este capítulo.
41. *Kyu-en* se refiere a las nueve célebres pozas profundas de China.

42. *Bunshi* es un libro taoísta de diez volúmenes. Se dice que se escribió durante la dinastía Sui (581-618), pero algunos eruditos sospechan que fue redactado más tarde y datado antes equivocadamente.
43. Ejemplos tales como la humedad de una llama, la sequedad de la inteligencia o la realización a través de los sonidos de los arroyos van contra lo que el sentido común entiende como ámbito del agua.
44. Los ríos y el agua, o la entidad y la sustancia, son uno.
45. La realidad (los ríos y los océanos) incluye lo material (el agua) y lo significativo (los mundos humanos, las tierras búdicas).
46. Los conceptos como «hacia abajo» se originan con los hechos concretos, como la ubicación de la tierra y el agua (véase el capítulo 42 [volumen 3], «Tsuki»).
47. Recordamos que «hacia abajo» es solo un concepto, no un lugar físico.
48. *Shi-i*, o «cuatro esquinas»: noroeste, suroeste, sureste y noreste.
49. *Hogu-hokkai*. *Ho* sugiere *shiho*, las cuatro direcciones o puntos cardinales: norte, sur, este y oeste. *Gu* proviene de *shigu*, las cuatro esquinas. *Hogu-hokkai*, por tanto, representa la realidad concreta.
50. *Musoten*, del sánscrito *asaṃjñi-sattvāḥ*, se explica como un grupo de cielos del mundo de la materia.
51. Avīci es el nombre sánscrito para la peor clase de infierno.
52. En la visión de los dragones y los peces, las montañas pueden estar fluyendo.
53. Puesto que incluso las cosas que damos por sentado están abiertas a la duda, deberíamos apoyarnos en las enseñanzas de los patriarcas budistas.
54. *Nen-itsu* significa literalmente «elegir una». *Nen* quiere decir «pellizcar» o «tomar», sugiriendo una acción, e *itsu*, «una».
55. El Maestro Yoka Genkaku en su poema *Shodoka*.
56. *Mugen-jigoku*, «infierno incesante», o «infierno sin respiro», representa al término sánscrito Avīci.
57. *Nyakuju-nyakuseki*, «árboles y rocas», alude a la historia de la vida pasada del Buddha que aparece en el *Mahāparinirvāṇa-sūtra*. Véase la nota 14 del capítulo 8, «Raihai-tokuzui».
58. *Nyakuden-nyakuri*. Alude al Sutra del Loto (3.72-74). Véase la nota 9 del capítulo 13, «Den-e».
59. El nombre de una montaña en la actual provincia de Kansu, en China. El sabio taoísta Kosei vivió en una cueva en la montaña Kodo.
60. Kaho, literalmente «Feudo de la Flor», era un legendario reino utópico.
61. Kotei, el Emperador Amarillo, fue el tercero de cinco regentes en el periodo legendario de la historia china (fechas estimadas entre los años 2852 y 2205 a. de C.). Visitó a Kosei para preguntarle por el secreto de la inmortalidad. La historia aparece en el volumen 4 del texto taoísta *Soshi*, atribuido a Zhuangzi.
62. La acción de pescar conecta al sujeto (el pescador) con el objeto (el pez), de manera que el Maestro Dogen utiliza la pesca para sugerir el principio de la mutua relación entre sujeto y objeto en la acción.
63. El Maestro Sensu Tokujo (fechas desconocidas), un sucesor del Maestro Yakusan Igen (745-828). Tras recibir el Dharma del Maestro Yakusan, se fue a vivir cerca de un río en el valle Katei, del distrito de Shushu, trabajando de barquero

(*sensu* significa «barquero») y esperando encontrar entre sus pasajeros un ser humano con la voluntad para la verdad. El hermano discípulo del Maestro Tokujo, el Maestro Dogo Enchi (769-835), recomendó al Maestro Kassan Zenne (805-881) ir a visitar a este al río. Allí tuvieron una viva conversación, al término de la cual el Maestro Tokujo le explicó que si pescaran todas las olas del río (es decir, si hicieran lo imposible), podrían encontrarse con el pez de escamas doradas (es decir, realizar su ideal) por primera vez. El Maestro Kassan se cubrió los oídos y por ello recibió la confirmación del Maestro Tokujo. Finalmente, el Maestro Tokujo le recomendó adentrarse en las montañas y enseñar el Dharma a un estudiante o medio estudiante. El Maestro Dogen citó en profundidad esta historia en el *Shinji-shobogenzo*, parte 1, nº 90.

64. El Maestro Kassan Zenne.
65. En el capítulo 61 (volumen 3), «Kenbutsu», el Maestro Dogen enseña que una persona en el estado de *buddha* se encuentra con *buddha*. En esta frase, sustituye Tokujo por *buddha*.
66. *Hito o sessuru* significa literalmente «recibir a la gente». La historia en el *Shinji-shobogenzo* dice *zaike kosen sho setsu jin*, «recibió a la gente en la barca en el río Katei».
67. Los tesoros (valor), los pantanos (naturaleza), el vacío (el estado de la acción) y las montañas (la realidad) corresponden a las cuatro caras de la realidad indicadas en las Cuatro Nobles Verdades del Buddha.
68. En zazen las montañas existen tal y como son.
69. El Maestro Unmon Bun`en dice: «¡Venerables monjes! No tengáis ilusiones. El cielo es el cielo. La tierra es la tierra. Las montañas son las montañas. El agua es el agua. Los monjes son los monjes. Los laicos son los laicos» (*Unmonkoroku*, volumen 1).
70. Es decir, 1240.

Capítulo 15

Busso

Los patriarcas budistas

Comentario: *butsu* significa «*buddha*» o «budista», y *so*, «patriarca». De modo que *busso* quiere decir «los patriarcas budistas». El Maestro Dogen veneraba a los *buddhas* del pasado y estimaba profundamente la transmisión de *buddha* a *buddha*. Por ello, los sucesivos líderes de la orden, en cuya continuidad confiaba, tuvieron un lugar importante en su pensamiento. En este capítulo, enumera los nombres de los patriarcas budistas y, haciéndolo, confirma la tradición que ellos conservaron.

[209] La realización de los patriarcas budistas[1] es el ocupar[nos] de los patriarcas budistas y rendirles homenaje. Esto no es solo del pasado, el presente y el futuro, y puede incluso ser superior a la [realidad] ascendente de *buddha*.[2] Justamente enumerar a aquellos que se mantuvieron y apoyaron en las características[3] de los patriarcas budistas es hacerles postraciones y encontrarse con ellos. Haciendo la virtud de los patriarcas budistas manifiesta y sosteniéndola, hemos morado en ella y la hemos conservado, y nos hemos inclinado ante ella y la hemos experimentado.

[210] (1) El Gran Maestro[4] Buddha Vipaśyin
–aquí[5] llamado Kosetsu [Proclamación Universal][6]
(2) El Gran Maestro Buddha Śikhin
–aquí llamado Ka [Fuego]
(3) El Gran Maestro Buddha Viśvabhū
–aquí llamado Issaiji [Todo Benévolo]
(4) El Gran Maestro Buddha Krakucchanda
–aquí llamado Kinsennin [Mago de Oro]
(5) El Gran Maestro Buddha Kanakamuni
–aquí llamado Konjikisen [Mago Dorado]
(6) El Gran Maestro Buddha Kāśyapa
–aquí llamado Onko [Beber Luminosidad]
(7) El Gran Maestro Buddha Śākyamuni
–aquí llamado Noninjakumoku [Benevolencia y Serenidad]

[1] El Gran Maestro Mahakaśyapa[7]

[2] El Gran Maestro Ānanda[8]

[3] El Gran Maestro Śāṇavāsa[9]

[4] El Gran Maestro Upagupta[10]

[5] El Gran Maestro Dhītika[11]

[6] El Gran Maestro Micchaka[12]

[7] El Gran Maestro Vasumitra[13]

[8] El Gran Maestro Buddhanandhi

[9] El Gran Maestro Buddhamitra

[10] El Gran Maestro Pārśva[14]

[11] El Gran Maestro Puṇyayaśas[15]

[12] El Gran Maestro Aśvaghoṣa[16]

[13] El Gran Maestro Kapimala[17]

[14] Gran Maestro Nāgārjuna[18]
–también [llamado] Ryuju [Árbol Dragón] o Ryusho [Excelencia Dragón] o Ryumo [Poderoso Dragón]

[15] El Gran Maestro Kāṇadeva[19]

[16] El Gran Maestro Rāhulabhadra[20]

[17] El Gran Maestro Saṃghanandi[21]

[18] El Gran Maestro Geyāśata

[19] El Gran Maestro Kumāralabdha[22]

[20] El Gran Maestro Gayata[23]

[21] El Gran Maestro Vasubandhu[24]

[22] El Gran Maestro Manura[25]

[23] El Gran Maestro Hakulenayasas[26]

[24] El Gran Maestro Siṃha[27]

[25] El Gran Maestro Vaśasuta[28]

[26] El Gran Maestro Puṇyamitra[29]

[27] El Gran Maestro Prajñātara[30]

[28] [1] El Gran Maestro Bodhidharma[31]

[29] [2] El Gran Maestro Eka[32]

[30] [3] El Gran Maestro Sosan[33]

[31] [4] El Gran Maestro Doshin[34]

[32] [5] El Gran Maestro Konin[35]

[33] [6] El Gran Maestro Eno[36]

[34] [7] El Gran Maestro Gyoshi[37]

[35] [8] El Gran Maestro Kisen[38]

[36] [9] El Gran Maestro Igen[39]

[37] [10] El Gran Maestro Donjo[40]

[38] [11] El Gran Maestro Ryokai[41]

[39] [12] El Gran Maestro Doyo[42]

[40] [13] El Gran Maestro Dohi[43]

[41] [14] El Gran Maestro Kanshi[44]

[42] [15] El Gran Maestro Enkan[45]

[43] [16] El Gran Maestro Kyogen[46]

[44] [17] El Gran Maestro Gisei[47]

[45] [18] El Gran Maestro Dokai[48]

[46] [19] El Gran Maestro Shijun[49]

[47] [20] El Gran Maestro Seiryo[50]

[48] [21] El Gran Maestro Sokaku[51]

[49] [22] El Gran Maestro Chikan[52]

[50] [23] El Gran Maestro Nyojo[53]

[222] Dogen, durante el retiro de verano del primer año de la era Hogyo[54] del gran reino de Song, conocí y serví a mi difunto maestro, el *buddha* eterno Tendo, el Gran Maestro. Realicé perfectamente el acto de postrarme y humildemente recibir sobre mi cabeza a este Patriarca Budista. Ello fue [la realización de] los *buddhas* solos, junto con los *buddhas*.[55]

Shobogenzo Busso

Escrito en Kannondorikoshohorinji en el distrito Uji de Yoshu,[56] Japón, y proclamado allí a la asamblea en el tercer día del primer mes lunar en el segundo año de Ninji.[57]

NOTAS

1. *Busso. So,* «patriarca» o «ancestro», originalmente tiene género neutro. El Maestro Dogen a menudo utiliza el término *so* tanto para la gente del presente como para la gente del pasado, por lo cual, para una alternativa más neutral, la traducción «patriarca» se ha preferido a lo largo del presente volumen.
2. *Butsu-kojo.* Véase el capítulo 28 (volumen 2), «Butsu-kojo-no-ji».
3. *Menmoku* o «cara y ojos».
4. «Gran Maestro» es *daiosho.* El término honorífico *osho* se usaba en China para dirigirse a un maestro directamente. El correspondiente término sánscrito es *upādhyāya* (literalmente, «preceptor», «abad», «profesor»). En la recitación de los nombres de los patriarcas budistas en Japón, la palabra *daiosho* da un ritmo natural. El Apéndice III muestra la forma común de dicha recitación.
5. En China y Japón.
6. Los nombres de los siete antiguos *buddhas* y los primeros veintiocho patriarcas (con la excepción del décimo segundo, el Maestro Aśvaghoṣa), están representados por caracteres chinos que transliteran la pronunciación del nombre sánscrito original. En general, las fuentes para los nombres sánscritos y las palabras son el *Zengaku-daijiten* y el diccionario sánscrito-inglés Monier-Williams. Estas dos fuentes no tienen equivalencias en sánscrito para los nombres del vigésimo, el vigésimo segundo, el vigésimo tercero y el vigésimo quinto patriarca. Dichos nombres fueron traducidos al sánscrito en el *Gendaigo-yaku-shobogenzo* (*Shobogenzo* en japonés moderno), de Nishijima Roshi, apoyándose en otras diversas fuentes. Los nombres de los siete antiguos *buddhas* y del Maestro Nāgārjuna se dan tanto en caracteres chinos que representan la pronunciación sánscrita como en los caracteres chinos convencionales.
7. Uno de los diez grandes discípulos del Buddha. Se dice que era el más importante en relación con el desapego y al *dhūta,* la práctica de la austeridad. Nació en una familia brahmán a las afueras de Rājagṛha y se hizo discípulo del Buddha tres años después de que este realizara la verdad. Se dice también que entró en el estado de un *arhat* tan solo después de ocho días. Tras la muerte del Buddha, el Maestro Mahākāśyapa le sucedió como líder de la orden budista y organizó el Primer Concilio en Rājagṛha. Durante el Primer Concilio, en el año 483 a. de C., el Canon Pali [consistente en los Vinaya (preceptos) y Sutra (discursos del Buddha)] se codificó para ser transmitido a las generaciones futuras a través de la recitación. Cien años después, en el 383 a. de C., un Segundo Concilio se llevó a cabo para discutir la revisión del Vinaya. Aquí dos tradiciones emergieron: la Escuela de los Antiguos (*theravādines*) y los miembros de la Gran Comunidad (Mahāsaṃghika, más tarde convertida en Mahayana). Un Tercer Concilio se llevó a cabo en Patna en el año 253 a. de C. bajo el patronazgo del rey Aśoka. Aquí, el Vinaya y el Sutra fueron complementados con comentarios que más tarde serían conocidos como Abhidharma. El Tripiṭaka (tres cestas) del Vinaya, el Sutra y el Abhidharma fueron más tarde escritos en hojas de palma en los monasterios de Sri Lanka durante el primer siglo a. de C. El Maestro Mahākāśyapa, tras

elegir a Ānanda como sucesor, se retiró a la montaña Kukkuṭapāda y falleció sentado en zazen. Véase, por ejemplo, el capítulo 30 (volumen 2), «Gyoji».

8. También uno de los diez grandes discípulos del Buddha (el más importante a la hora de recordar sus enseñanzas). Hermanastro de este, y solo unos pocos días más joven que él, le sirvió de monje encargado. Pese a ejercer el monacato durante cuarenta y cuatro años, no había realizado la verdad al morir el Buddha. Sin embargo, se dice que se convirtió en un *arhat* poco antes del Primer Concilio en Rājagṛha, donde rememoró los discursos de este para la posteridad.
9. Véase, por ejemplo, el capítulo 12, «Kesa-kudoku».
10. Véase, por ejemplo, el capítulo 86 (volumen 4), «Shukke-kudoku», y el capítulo 90 (volumen 4), «Shizen-biku».
11. Nativo del antiguo estado indio de Magadha. Véase, por ejemplo, el capítulo 86 (volumen 4), «Shukke-kudoku».
12. Nativo de la India central. Su nombre se escribe tanto Micchaka como Miccaka.
13. Nativo del norteño estado indio de Gandhāra, nacido al final del primer siglo d. de C. Se dice que organizó, en el reino de Kaniṣka, el Cuarto Concilio, donde recopiló el *Abhidharmamahāvibhāṣa-śāstra*. Véase, por ejemplo, el capítulo 77 (volumen 4), «Koku».
14. Nativo de la India central. Se dice que presidió el Cuarto Concilio. Fue llamado Lado Santo porque hizo el voto de nunca dormirse, como un cadáver, sobre su espalda. Véase, por ejemplo, el capítulo 30 (volumen 2), «Gyoji».
15. Nativo del antiguo estado indio de Kośala.
16. El término sánscrito *aśvaghoṣa* literalmente significa «relincho de caballo» y en la fuente del texto el nombre no es representado fonéticamente, sino por los caracteres chinos *memyo*, «relincho de caballo». Nativo de Śrāvastī, destacó en la música y la literatura. Sus escritos budistas incluyen el *Buddhacarita*, una biografía del Buddha en forma poética.
17. Nativo del estado de la India central de Magadha. Se dice que al principio condujo un grupo no budista de tres mil discípulos, pero más tarde se encontró a Aśvaghoṣha, realizó la verdad y difundió el Dharma por el oeste de la India.
18. Los tres nombres chinos del Maestro Nāgārjuna son Ryuju, Ryusho y Ryumo. En todos los casos, *ryu* representa el significado del término sánscrito *nāga*, «dragón». En el caso de Ryuju, el carácter chino de «árbol», *ju*, puede representar la fonética o el significado de *arjuna*, que es el nombre de un árbol. El Maestro Nāgārjuna vivió durante el segundo o el tercer siglo d. de C. Nació en una familia de brahmanes al sur de la India. Cuando se hizo monje, estudió primero el Canon Hinayana, pero más tarde viajó a los Himalayas y aprendió las enseñanzas del Mahayana de un venerable *bhikṣu* anciano. Finalmente, sucedió al Maestro Kapimala y recopiló muchos textos fundamentales del Mahayana, incluyendo el *Madhyamaka-kārikā*. El *Mahāprajñāpāramitopadeśa* también se le atribuye. Véase, por ejemplo, el capítulo 12, «Kesa-kudoku»; el capítulo 70 (volumen 3), «Hotsu-bodaishin»; el capítulo 85 (volumen 4), «Shime»; el capítulo 89 (volumen 4), «Shinjin-inga», y el capítulo 90 (volumen 4), «Shizen-biku».

19. Se le llama Kāṇadeva porque perdió un ojo (el término sánscrito *kāṇa* significa «tuerto»). También es llamado Āryadeva. Vivió al sur de la India en el siglo III y se dice que fue asesinado por un no budista. Véase, por ejemplo, el capítulo 22 (volumen 2), «Bussho».
20. Nativo de Kapilavastu, actualmente situado en Nepal.
21. Nativo de la ciudad de Śrāvastī, la capital del antiguo estado de Kośala.
22. Véase, por ejemplo, el capítulo 84 (volumen 4), «Sanji-no-go», y el capítulo 89 (volumen 4), «Shinjin-inga».
23. Nativo del norte de la India. Véase, por ejemplo, el capítulo 84 (volumen 4), «Sanji-nogo», y el capítulo 89 (volumen 4), «Shinji-inga».
24. Nacido en el siglo V en Puruṣapura (cercano al actual Peshawar), la capital de Gandhāra. Sus cuantiosos trabajos incluyen el *Abhidharmakośa-bhāṣya*. Los hermanos del Maestro Vasubandhu, Asaṅga y Buddhasiṃla, también fueron prominentes filósofos budistas de su época. Sus enseñanzas formaron la base de la escuela Yogācāra. La escuela Yogācāra y la escuela Madhyamaka del Maestro Nāgārjuna se consideran las dos corrientes principales del budismo Mahayana en la India.
25. El hijo del rey Nadai (equivalente sánscrito desconocido). Se hizo monje a los treinta años.
26. Nacido en una familia brahmán. Difundió el Dharma en la India central.
27. Nacido en una familia de brahmanes de la India central. Difundió el Dharma en el estado del norte de Kaśmīra (la actual Cachemira). Se dice que fue ejecutado por el rey de Kaśmīra. Véase el capítulo 84 (volumen 4), «Sanji-no-go».
28. Nativo del oeste de la India.
29. Nativo del sur de la India.
30. Nacido en una familia brahmán al este de la India. Véase, por ejemplo, el capítulo 21 (volumen 2), «Kankin», y el capítulo 42 (volumen 3), «Kuge».
31. El tercer hijo de un rey del sur de la India. Tras suceder al Maestro Prajñātara, navegó hacia China durante el reinado del emperador Bu de la dinastía Liang (regente del año 502 al 549) y fue el Primer Patriarca budista de China (indicado en el texto por los segundos corchetes). Se fue a las montañas Songshan, en la parte central del norte de China, a practicar zazen y transmitió el Dharma al Maestro Taiso Eka. Véase, por ejemplo, el capítulo 30 (volumen 2), «Gyoji»; el capítulo 46 (volumen 3), «Katto»; el capítulo 49 (volumen 3), «Butsudo», y el capítulo 72 (volumen 3), «Zanmai-o-zanmai».
32. El Maestro Taiso Eka (ch. Dazu Huike). Véase, por ejemplo, el capítulo 30 (volumen 2), «Gyoji»; el capítulo 46 (volumen 3), «Katto», y el capítulo 48 (volumen 3), «Sesshin-sessho».
33. El Maestro Kanchi Sosan (ch. Jianzhi Sengcan). Se dice que fue al tener cuarenta años cuando se hizo discípulo del Maestro Taiso Eka. Escribió el *Shinjinmei* (Inscripción sobre la mente que confía). Para escapar de la persecución del emperador Bu de la dinastía Zhou del Norte (regente del año 561 al 578), se retiró a las montañas durante diez años.

34. El Maestro Daii Doshin (ch. Dayi Daoxin). Se hizo discípulo del Maestro Kanchi Sosan a la edad de catorce años y le sucedió después de nueve. Murió en el año 651.
35. El Maestro Daiman Konin (ch. Daman Hongren), 688-761. Véase por ejemplo el capítulo 22 (volumen 2), «Bussho».
36. El Maestro Daikan Eno (ch. Daijan Huineng), 638-713. Estuvo ocho meses trabajando como sirviente del templo del Maestro Daiman Konin, donde recibió de él la confirmación y la auténtica transmisión del manto budista. Después vivió en Sokeizan y difundió desde allí el budismo durante cuarenta años. El Maestro Dogen veneraba profundamente al Maestro Daikan Eno al referirse a él como «el Patriarca Fundador» y «el *buddha* eterno». Véase, por ejemplo, el capítulo 1, «Bendowa»; el capítulo 7, «Senjo»; el capítulo 22 (volumen 2), «Bussho»; el capítulo 30 (volumen 2), «Gyoji»; el capítulo 44 (volumen 3), «Kobusshin», y el capítulo 49 (volumen 3), «Butsudo».
37. El Maestro Seigen Gyoshi (ch. Qingyuan Xingsi). Murió en el año 740. Véase, por ejemplo, el capítulo 49 (volumen 3), «*Butsudo*».
38. El Maestro Sekito Kisen (ch. Shitou Xiqian), 700-790. Le afeitó la cabeza el anciano Maestro Daikan Eno, quien le aconsejó que siguiera al Maestro Seigen Gyoshi. Se dice que después de suceder al Maestro Seigen, construyó una choza en una roca, por lo que se le dio el nombre de Sekito (En la Cima de la Roca). Escribió el *Sekitosoan-no-uta* (Canciones de la choza de paja de Sekito) y el *Sandokai* (Experimentar el estado). Véase, por ejemplo, el capítulo 49 (volumen 3), «*Butsudo*».
39. El Maestro Yakusan Igen (ch. Yueshan Weiyan), 745-828. Tras convertirse en monje a la edad de diecisiete años, aprendió los sutras y los comentarios, tomó los preceptos y se encontró con el Maestro Sekito Kisen, quien le sugeriría más tarde visitar al Maestro Baso Doitsu. Finalmente, fue el sucesor del Maestro Sekito. Véase, por ejemplo, el capítulo 27 (volumen 2), «Zazenshin».
40. El Maestro Ungan Donjo (ch. Yunyan Tansheng), 782-841. Practicó durante veinte años con el Maestro Hyakujo Ekai, tras cuya muerte se hizo discípulo del Maestro Yakusan. Véase, por ejemplo, el capítulo 53 (volumen 3), «Mujoseppo», y el capítulo 63 (volumen 3), «Ganzei».
41. El Maestro Tozan Ryokai (ch. Dingshan Liangjie), 807-869. Se hizo monje a la edad de veintiún años y viajó visitando a diversos maestros budistas, entre ellos el Maestro Nansen Fugan y el Maestro Isan Reiyu. Por sugerencia del último, se hizo discípulo y más tarde fue sucesor del Maestro Ungan. Escribió el *Hokyozanmai* (*Samādhi*, el estado de un espejo precioso). Véase, por ejemplo, el capítulo 48 (volumen 3), «Sesshin-sessho»; el capítulo 53 (volumen 3), «Mujo-seppo»; el capítulo 63 (volumen 3), «Ganzei», y el capítulo 66 (volumen 3), «Shunju».
42. El Maestro Ungo Doyo (ch. Yunju Daoying), 835?-902. Después de suceder al Maestro Tozan, difundió el Dharma desde Ungozan durante treinta años. Se dice que sus discípulos siempre eran al menos quince mil.
43. El Maestro Doan Dohi (ch. Tongan Daopi). Vivió en Hoseizan en el distrito Koshu, pero la historia de su vida es desconocida.

44. El Maestro Doan Kanshi (ch. Tongan Guanzi). La historia de su vida no está clara.
45. El Maestro Ryozan Enkan (ch. Liangshan Yuanguan). La historia de su vida tampoco está clara.
46. El Maestro Taiyo Kyogen (ch. Dayang Jingxuan), 942-1027. Se hizo monje bajo un tal Maestro Chitsu. Después viajó aprendiendo el budismo bajo diversos maestros antes de hacerse discípulo y finalmente sucesor del Maestro Ryozan. Cuando estaba a punto de morir, confió su manto, *pātra*, etcétera, al Maestro Fuzan Hoen para que se lo diera al discípulo del Maestro Fuzan, Tosu Gisei, haciendo de este último, por tanto, su sucesor. Véase *Shinji-shobogenzo*, parte 3, nº 43.
47. El Maestro Tosu Gisei (ch. Touzi Yiqing), 1032-1083. Se hizo monje a la edad de siete años. Más tarde estuvo unos seis años en la orden del Maestro Fukan Hoen (un miembro del linaje del Maestro Rinzai). Al recibir el retrato, los zapatos y otros objetos personales confiados por el Maestro Taiyo al Maestro Fuzan, el Maestro Tosu sucedió al Maestro Taiyo como el descendiente de la décima generación en el linaje del Maestro Seigen Gyoshi. El *Goroku*, una crónica de sus palabras, consta de dos volúmenes. Véase, por ejemplo, el capítulo 53 (volumen 3), «Mujo-seppo» y el capítulo 64 (volumen 3), «Kajo».
48. El Maestro Fuyo Dokai (ch. Furong Daokai), 1043-1118. Tras realizar el Dharma bajo el Maestro Tosu, enseñó en Taiyozan y en otros templos. Kiso, emperador Song regente del año 1101 al 1126, le otorgó un manto púrpura y el título de Maestro Zen Josho, pero el Maestro Fuyo se negó a aceptarlos y consecuentemente fue desterrado. Más tarde fue perdonado y él mismo construyó una choza de paja en Fuyozan, donde vivió al estilo de los antiguos. Véase, por ejemplo, el capítulo 14, «Sansuigyo», y el capítulo 64 (volumen 3), «Kajo».
49. El Maestro Tanka Shijun (ch. Danxia Zichun), 1064-1117. Habiendo sucedido al Maestro Fuyo, vivió en Tankazan con discípulos tales como el Maestro Wanshi Shogaku y el Maestro Shinketsu Seiryo. El *Goroku*, una crónica de sus palabras, consta de dos volúmenes. El *Kidoshu* (Colección Kido), en seis volúmenes, es también una crónica de las palabras del Maestro Tanka Shijun. Kido (literalmente «Sala Vacía») era probablemente uno de los nombres del Maestro Tanka.
50. El Maestro Shinketsu Seiryo (ch. Zhenxie Qingliao), 1089-1151. El *Goroku*, una crónica de sus palabras, consta de dos volúmenes.
51. El Maestro Tendo Sokaku (ch. Tiantong Zongjue). Aunque en el budismo fue el abuelo del Maestro Tendo Nyojo, la historia de su vida no es conocida de una manera clara.
52. El Maestro Setcho Chikan (ch. Xuedou Zhijian), 1105-1192. Véase, por ejemplo, el capítulo 51 (volumen 3), «Mitsugo».
53. El Maestro Tendo Nyojo (ch. Tiantong Rujing), 1163-1228. Tras realizar el Dharma en la orden del Maestro Chikan, viajó y enseñó en los templos de diversos distritos durante cuarenta años. Mientras vivía en Jyojiji en 1224, recibió un edicto imperial para ser el maestro de Keitokuzenji en Tendozan, donde enseñó al Maestro Dogen. Véase, por ejemplo, el capítulo 30 (volumen 2), «Gyoji»;

el capítulo 59 (volumen 3), «Baike», y el capítulo 72 (volumen 3), «Zanmai-o-zanmai».

54. Es decir, 1225.
55. «Realizar perfectamente» es *gujin*. «Los *buddhas* solos, junto con los *buddhas*» es *yui-butsu-yo-butsu*. Estas palabras están tomadas de una frase del Sutra del Loto que el Maestro Dogen citaba a menudo: «Los *buddhas* solos, junto con los *buddhas*, son directamente capaces de realizar perfectamente que todos los *dharmas* son la forma real» (SL 1.68).
56. Yoshu era la pronunciación japonesa del nombre de un distrito de China. La gente de aquel tiempo tomó prestado ese nombre probablemente para el distrito entonces llamado Yamashiro-no-kuni. La zona corresponde a la prefectura de Kioto de hoy en día.
57. Es decir, 1241.

Capítulo 16

Shisho

El certificado de sucesión

Comentario: *shi* significa «sucesión» o «transmisión», y *sho*, «certificado». De modo que *shisho* quiere decir «el certificado de sucesión». El budismo tiene una parte teórica, pero sobre todo se apoya en la práctica o experiencia, lo cual explica la imposibilidad de realizar la verdad solamente leyendo los sutras o escuchando charlas. En el budismo, un discípulo que ha realizado la naturaleza original después de haber vivido con un maestro y estudiado su comportamiento recibe de este un certificado llamado *shisho* que confirma la transmisión de la verdad. Desde un punto de vista materialista tan solo es una tela y tinta, por lo que no posee un sentido religioso ni puede ser venerado como tal, pero, al ser una filosofía realista, el budismo valora muchas tradiciones concretas, entre las cuales se encuentra esta. En este capítulo, el Maestro Dogen enseña por qué los budistas veneran los certificados de sucesión y escribe sus propias experiencias al verlos en China.

****

[3] Los *buddhas*, sin excepción, reciben el Dharma de los *buddhas*, *buddha* a *buddha*, y los patriarcas, sin excepción, reciben el Dharma de los patriarcas, patriarca a patriarca: esta es la experiencia del estado[1] [del Buddha], esta es la transmisión de uno-a-uno y por esta razón es «el supremo estado del *bodhi*». Es imposible certificar a un *buddha* sin ser un *buddha* y nadie se convierte en un *buddha* sin recibir la certificación de un *buddha*. ¿Quién sino un *buddha* puede estimar este estado como el más honroso y aprobarlo como lo supremo? Cuando recibimos la certificación de un *buddha*, realizamos el estado independientemente, sin un maestro,[2] y realizamos el estado independientemente, sin nuestro sí mismo.[3] Por esta razón, hablamos de *buddhas* realmente experimentando la sucesión y de patriarcas realmente experimentando el mismo estado. El significado de esta verdad no puede clarificarse por nadie más que los *buddhas*. ¿Cómo podría ser ello el pensamiento de [los *bodhisattvas* en] los diez estadios o el estadio de conciencia equilibrada?[4] ¿Cuánto menos podría suponerse por profesores de los sutras, profesores de los comentarios y similares? Incluso si se lo explicamos, no podrán escucharlo, porque se transmite entre *buddhas*, *buddha* a *buddha*.

[5] Recuerda, el estado de la verdad del Buddha es la realización perfecta solo de los *buddhas*, y sin *buddhas* esto no tiene lugar. El estado es como, por ejemplo, unas piedras sucediéndose a otras como piedras, unas joyas sucediéndose unas a otras como joyas, unos crisantemos sucediéndose unos a otros y unos pinos certificándose unos a otros, en cuyo momento el primer crisantemo y el último crisantemo son tan reales como son, y el primer pino y el último pino son tan reales como son. La gente que no clarifica el estado así, incluso si encuentra la verdad auténticamente transmitida de *buddha* a *buddha*, no puede ni sospechar qué clase de verdad es expresada: no posee la comprensión de que los *buddhas* se suceden entre ellos y que los patriarcas experimentan el mismo estado. Es lamentable que aunque aparenten ser los descendientes del Buddha, no sean los hijos del Buddha y no sean los nietos del Buddha.

[6] Sokei,[5] en una ocasión, proclama a la asamblea: «Desde los Siete Buddhas hasta Eno hay cuarenta *buddhas* y desde Eno hasta los Siete Buddhas hay cuarenta patriarcas».[6] Esta verdad es claramente la enseñanza fundamental a la cual los patriarcas budistas han sucedido auténticamente. Entre estos «Siete Buddhas», algunos han aparecido durante el pasado *kalpa* del resplandor[7] y algunos aparecieron en el presente *kalpa* del sabio.[8] Al mismo tiempo, conectar en una línea las transmisiones cara-a-cara de los cuarenta patriarcas es la verdad del Buddha y es la sucesión del Buddha. Siendo esto así, ascendiendo desde el Sexto Patriarca hasta los Siete Buddhas, hay cuarenta patriarcas que son los *buddhas* sucesores, y descendiendo desde los Siete Buddhas hasta el Sexto Patriarca, los cuarenta *buddhas* deben ser los *buddhas* sucesores. La verdad de los *buddhas* y la verdad de los patriarcas es así. Sin experimentar el estado, sin ser un patriarca budista, no tenemos la sabiduría de un *buddha* y no tenemos la realización perfecta de un patriarca. Sin la sabiduría de un *buddha*, carecemos de la confianza en el estado de un *buddha*. Sin la realización perfecta de un patriarca, no experimentamos el mismo estado que el de un patriarca. Hablar de cuarenta patriarcas, por ahora, es justamente citar a aquellos que están cerca. Así, la sucesión de *buddha* a *buddha* es profunda y eterna: está sin regresión ni desviación y sin interrupción ni cesación. El asunto fundamental es este: aunque el Buddha Śākyamuni realiza la verdad antes que los Siete Buddhas, le ha llevado mucho tiempo suceder al Dharma del Buddha Kāśyapa.[9] Aunque realiza la verdad durante el octavo día del décimo segundo mes, treinta años después de su descenso y nacimiento, [esta] es la realización de la verdad antes que los Siete Buddhas; es la misma realización de la verdad hombro-con-hombro, y en el instante, con los muchos *buddhas*, y es la realización de la verdad después de los muchos *buddhas*. También está el principio que debe ser dominado en la práctica de que el Buddha Kāśyapa sucede al Dharma del Buddha Śākyamuni. Aquellos que no conocen este principio no clarifican el estado de la verdad del Buddha. Sin clarificar el estado de la verdad del Buddha, no son sucesores del Buddha. Los sucesores del Buddha quiere decir los hijos del Buddha. El Buddha Śākyamuni, en una ocasión, hace que Ānanda pregunte:[10] «¿Qué discípulos son los *buddhas* del pasado?». El Buddha Śākyamuni dice: «Los *buddhas* del pasado son los discípulos del Buddha Śākyamuni». La doctrina budista de todos los *buddhas* es así.

[9] Servir a estos *buddhas* y realizar la sucesión del Buddha es justamente la verdad del Buddha [practicada por] cada *buddha*. Esta verdad del Buddha siempre es transmitida en la sucesión del Dharma, en cuyo momento inevitablemente hay un certificado de sucesión. Sin la sucesión del Dharma seríamos no-budistas del naturalismo. Si la verdad del Buddha no dictaba la sucesión del Dharma, ¿cómo podría haber llegado hasta el día de hoy? Por tanto, en [la transmisión] que es [de] *buddha* [a] *buddha*, un certificado de sucesión, de un *buddha* sucediendo a un *buddha*, está inevitablemente presente, y se recibe un certificado de sucesión de un *buddha* sucediendo a un *buddha*. En lo referente a la situación concreta del certificado de sucesión, algunos suceden el Dharma clarificando el sol, la luna y las estrellas, y algunos suceden el Dharma estando hechos para lograr la piel, la carne, los huesos y la médula;[11] algunos reciben un *kaṣāya*, algunos reciben un bastón, algunos reciben una ramita de pino, algunos reciben un espantamoscas;[12] algunos reciben una flor de *uḍumbara;*[13] y algunos reciben un manto de brocado dorado.[14] Ha habido sucesiones con sandalias de paja[15] y sucesiones con un palo de bambú.[16] Cuando tales sucesiones del Dharma son recibidas, algunos escriben un certificado de sucesión con sangre de un dedo, algunos escriben un certificado de sucesión con sangre de una lengua, y algunos realizan la sucesión del Dharma escribiendo [un certificado] con aceite y leche: todos estos son certificados de sucesión. Aquel que ha realizado la sucesión y aquel que la ha recibido son ambos sucesores del Buddha. Verdaderamente, cuando [los patriarcas budistas] se realizan como patriarcas budistas, la sucesión del Dharma se realiza inevitablemente. Cuando [la sucesión] se realiza, muchos patriarcas budistas [encuentran que] aunque no lo esperaban, ha llegado, y aunque no lo buscaban, han conseguido el Dharma. Aquellos que tienen la sucesión del Dharma son, sin excepción, los *buddhas* y los patriarcas.

[12] Desde que el vigésimo octavo patriarca[17] vino del oeste, se ha escuchado correctamente en las Tierras del Este el principio fundamental de que en el budismo existe la sucesión del Dharma. Antes de ese momento, nunca escuchamos eso en absoluto. [Incluso] en los Cielos del Oeste, no es ni realizado ni conocido por profesores de los comentarios, profesores del Dharma y similares. También está más allá de los [*bodhisattvas* de] los diez estadios sagrados y los tres estadios hábiles. Los profesores de las técnicas mántricas que estudian intelectualmente el Tripiṭaka[18] no son capaces ni de sospechar que existe. Deplorablemente, aunque hayan recibido el cuerpo humano que es un recipiente para el estado de la verdad, se han enredado inútilmente en la red de la teoría, y por ello desconocen el método de la liberación y no esperan la oportunidad de brotar libres. Por tanto, deberíamos aprender el estado de la verdad detalladamente y deberíamos concentrar nuestra resolución para realizar el estado en la práctica.

[13] Dogen, estando en Song, tuvo la ocasión de inclinarse ante certificados de sucesión, y había muchos tipos de certificados. Uno de ellos era aquel del veterano Maestro Iichi Seido,[19] que había llevado su bastón de viaje al [templo] Tendo. Era un hombre del distrito de Etsu y el antiguo abad de Kofukuji. Era un nativo de la misma zona que mi difunto maestro. Mi difunto maestro solía decir: «Para familiarizarte con el estado, ¡pregunta a Iichi Seido!». Un día Seido dijo: «Los admirables antiguos trazos [caligráficos] son posesiones valiosas para el mundo humano. ¿Cuántos de ellos has visto?». Dogen dijo: «He visto pocos». Entonces Seido dijo: «Tengo un rollo de caligrafía antigua en mi habitación. Es una lista. Te dejaré verla, venerable hermano». Diciendo esto la buscó, y vi que era un certificado de sucesión. Era un certificado de sucesión del linaje de Hogen,[20] y había sido obtenido de entre los mantos y el *pātra*[21] de un antiguo monje veterano: no era el del mismo venerable Iichi. El modo en que estaba escrito era el siguiente: «El primer patriarca Mahākāśyapa realizó la verdad bajo el Buddha Śākyamuni, el Buddha Śākyamuni realizó la verdad bajo el Buddha Kāśyapa...». Estaba escrito así. Viéndolo, Dogen confió decisivamente en la sucesión del Dharma de legítimo sucesor a legítimo sucesor. [El certificado] era el Dharma que nunca antes había visto. Fue un momento en el que los patriarcas budistas místicamente respondieron y protegieron a sus descendientes. El sentimiento de gratitud estuvo más allá de lo soportable.

[15] El veterano monje Shugetsu, mientras estaba asignado con el cargo de monje principal[22] en Tendo, enseñó a Dogen un certificado de sucesión del linaje de Unmon. El maestro estaba directamente sobre la persona que recibía el certificado, y los patriarcas budistas de las Tierras del Este y los Cielos del Oeste estaban dispuestos en columnas, y bajo aquellas estaba el nombre de la persona que recibía el certificado. Todos los patriarcas budistas eran alineados directamente con el nombre de este nuevo maestro ancestral. Así, más de cuarenta generaciones desde el Tathāgata convergían en el nombre del nuevo sucesor. Por ejemplo, era como si cada uno de ellos hubiera transmitido directamente [el Dharma] al nuevo patriarca. Mahākāśyapa, Ānanda, etcétera, estaban alineados como si [pertenecieran a] linajes separados.[23] En aquel momento, Dogen preguntó al Monje Principal Shugetsu: «Maestro, hoy en día hay pequeñas diferencias entre la alineación [de los nombres] de las cinco sectas.[24] ¿Cuál es la razón? Si la sucesión de los Cielos del Oeste ha pasado de legítimo sucesor a legítimo sucesor, ¿cómo puede haber diferencias?». Shugetsu dijo: «Incluso si la diferencia fuera grande, deberíamos simplemente estudiar que los *buddhas* de Unmonzan son así. ¿Por qué es el Anciano Maestro Śākyamuni honrado por otros? Es honrado porque realizó la verdad. ¿Por qué es el Maestro Unmon honrado por otros? Es honrado porque realizó la verdad». Dogen, escuchando estas palabras, tuvo una comprensión un poco [más clara]. Hoy en día muchos líderes de grandes templos[25] en Kososho y Setsukosho,[26] son sucesores del Dharma de Rinzai, Unmon, Tozan, etcétera. Sin embargo, entre los individuos que reclaman ser descendientes lejanos de Rinzai, a veces se da una cierta equivocación forzada. Concretamente, atienden a la orden de un buen consejero y cordialmente solicitan un retrato y un rollo de palabras del Dharma,[27] los cuales guardan como modelos de su sucesión en el Dharma. Al mismo tiempo, hay un grupo de perros que, [rondando] en la vecindad de un venerable patriarca, solicitan cordialmente las palabras del Dharma, retratos, etcétera, los cuales acumulan hasta el exceso. Después, cuando se hacen mayores, pagan dinero a los oficiales del gobierno y buscan conseguir un templo, [pero] cuando son asignados como abades no reciben el Dharma del maestro [que les dio] las palabras del Dharma y el retrato. Reciben el Dharma de individuos célebres y reputados de la presente generación o de viejos veteranos que son íntimos de reyes y ministros, y cuando así hacen no tienen interés en realizar el Dharma, sino tan solo codicia de fama y reputación. Es deplorable que haya malas costumbres como esta en la edad corrupta del último Dharma. Entre gente así, ni una sola persona ha visto o escuchado nunca la verdad de los patriarcas budistas ni en sueños. En general, respecto a la concesión de las palabras del Dharma, retratos, etcétera, pueden darse a profesores de la doctrina y hombres y mujeres laicos, y pueden ser concedidos a sirvientes del templo, comerciantes y similares. Este principio está claro desde las crónicas de muchos maestros. A veces, cuando una persona de poca virtud, en un imprudente deseo por la evidencia de la sucesión del Dharma, quiere conseguir un certificado, [un maestro] tomará de mala gana el pincel de escribir, aunque aquellos que posean la verdad detesten hacerlo. En tal caso, el certificado no sigue la forma tradicional; [el maestro] simplemente escribe una breve nota diciendo «me sucedió». El método de los últimos tiempos es simplemente suceder el Dharma tan pronto como uno obtenga la capacidad en la orden de un maestro particular, teniendo a ese maestro como el maestro de uno. [Es decir, hay] gente que aunque no haya recibido la certificación de su antiguo maestro, ocupa el largo estrado [de otro templo] que tan solo ha visitado para entrar en la habitación [del maestro] y para la enseñanza formal en la sala del Dharma, [pero] cuando abren de par en par el gran asunto mientras están en [este otro] templo, no tienen tiempo de confirmar la transmisión de su maestro [original]. En cambio, muy a menudo toman a este [nuevo] maestro como su maestro. Otro asunto: había un cierto Jefe de Biblioteca[28] Den, un descendiente lejano del Maestro Zen Butsugen, es decir, el Maestro Seion de Ryumon.[29] Este Jefe de Biblioteca Den también tenía en posesión un certificado de sucesión. En los primeros años de la era Kajo,[30] cuando este Jefe de Biblioteca Den cayó enfermo, el Venerable Anciano[31] Ryuzen, aunque era japonés, cuidó al Jefe de Biblioteca Den con afecto, así que [el Jefe de Biblioteca Den] sacó el certificado de sucesión y le permitió [a Ryuzen] inclinarse ante él para agradecerle sus cuidados, puesto que sus labores habían sido incesantes. [En aquel momento el Jefe de Biblioteca Den] dijo: «Esto es algo apenas visto. Te dejaré inclinarte ante él». Ocho años más tarde, en el otoño del décimo sexto año de Kajo,[32] cuando Dogen paró por primera vez en Tendozan, el Venerable Anciano Ryuzen le pidió amablemente al Jefe de Biblioteca Den que dejara a Dogen ver el certificado de sucesión. La forma del certificado era la siguiente: los cuarenta y cinco patriarcas desde los Siete Buddhas hasta Rinzai estaban escritos en columnas, mientras que los maestros que seguían a Rinzai formaban un círculo en el cual estaban transcritos los nombres del Dharma originales de los maestros[33] y sus sellos escritos.[34] El [nombre del] nuevo sucesor estaba escrito al final, bajo la fecha. Deberíamos saber que los venerables patriarcas del linaje de Rinzai tenían este tipo de distinción.

[21] Mi difunto maestro, el abad de Tendo, profundamente precavió a la gente de presumir sobre suceder el Dharma. Verdaderamente, la orden de mi difunto maestro era la orden de un *buddha* eterno: era el resurgimiento del monasterio.[35] Él mismo no vestía un *kaṣāya* estampado. Tenía un manto del Dharma remendado transmitido por el Maestro Zen Dokai de Fuyozan,[36] pero no lo vestía [ni] para subir al asiento de la enseñanza formal en la sala del Dharma. En resumen, nunca vistió un manto del Dharma estampado durante toda su vida como abad. Todos aquellos que tuvieron la mente y aquellos que no sabían cosas lo elogiaban y lo honraban como un verdadero buen consejero. Mi difunto maestro, el *buddha* eterno, en la enseñanza formal en la sala del Dharma amonestaba constantemente a los monjes en todas las direcciones diciendo: «Recientemente, mucha gente que ha tomado prestado el nombre de la verdad del Patriarca, arbitrariamente viste el manto del Dharma y gusta [tener] el pelo largo, y firma su nombre con el título de maestro como un recipiente de promoción. Son lamentables. ¿Quién los salvará? Es lamentable que los antiguos veteranos de todas las direcciones no tengan la voluntad para la verdad y, por tanto, no aprendan el estado de la verdad. Hay pocos incluso que hayan visto y escuchado las causas y condiciones del certificado de sucesión y la sucesión del Dharma. ¡Entre cien mil personas no hay ni uno! Esto [se debe a] la decadencia de la verdad del Patriarca». Siempre estaba amonestando así a los viejos veteranos de todo el país, pero no le guardaban resentimiento. En conclusión, dondequiera que [la gente] sea sincera en la búsqueda de la verdad, es capaz de ver y escuchar la existencia del certificado de sucesión. «Haber visto y escuchado» puede ser «aprender el estado de la verdad» mismo. En el certificado de sucesión de Rinzai, primero el [maestro] escribe el nombre [del sucesor], después escribe «el discípulo tal-y-tal me sirvió», o escribe «ha atendido a mi orden», o escribe «entró en mi santuario interior», o escribe «me sucedió», y después enumera a los patriarcas antiguos en orden. [De este modo,] ello muestra una huella de instrucción tradicional[37] del Dharma, siendo el asunto para el sucesor el simplemente encontrarse con un verdadero buen consejero, sin tener en cuenta si el encuentro es al final o al comienzo: este es el inviolable principio fundamental.[38] Entre [los certificados del linaje] Rinzai, hay algunos escritos como los descritos anteriormente –los vi con mis propios ojos, y por eso he escrito sobre ellos.

[24] «El Jefe de Biblioteca Ryoha[39] es una persona del distrito de Ibu[40] y ahora es mi discípulo. [Yo,] Tokko,[41] servía a Ko[42] de Kinzan. Kinzan sucedió a Gon[43] de Kassan. Gon sucedió a En[44] de Yogi. En sucedió a Tan[45] de Kaie. Tan sucedió a E[46] de Yogi. E sucedió a En[47] de Jimyo. En sucedió a Sho[48] de Fun`yo. Sho sucedió a Nen[49] de Shuzan. Nen sucedió a Sho[50] de Fuketsu. Sho sucedió a Gyo de Nan`in.[51] Gyo sucedió a Sho[52] de Koke. Sho fue el excelente legítimo sucesor del Patriarca Fundador Rinzai».[53]

[27] El Maestro Zen Bussho Tokko de Aikuozan[54] escribió esto y lo presentó a Musai [Ryo]ha. Cuando [Musai Ryoha] era el abad de Tendo, mi monje hermano[55] Chiyu lo trajo en secreto a la Residencia de la Quietud[56] para enseñárselo a Dogen. Esa fue la primera vez que lo vi, el vigésimo primer día del primer mes lunar del décimo séptimo año de la gran era Song de Kajo [1224]. ¡Cuán lleno de alegría me sentí! Esta fue justamente la respuesta mística de los patriarcas budistas. Quemé incienso e hice postraciones. Luego lo abrí y lo leí. Mi petición para que se me mostrara este certificado de sucesión [ocurrió de la siguiente manera]: sobre el séptimo mes lunar del año anterior [1223], en la Sala de la Luz Serena, el Primer Oficial[57] Shiko había hablado con Dogen sobre él en secreto. Dogen había preguntado accidentalmente al oficial: «Hoy en día, ¿qué persona tendría uno en su posesión?». El oficial dijo: «Parece que el venerable abad tiene uno en su habitación. Si cordialmente le pides que lo saque, seguramente [te] lo enseñará». Dogen, tras escuchar estas palabras, nunca dejó de esperar, día y noche. Así que en aquel año (1224), expuse mi humilde petición al monje hermano Chiyu. Lo hice con todo mi corazón y la petición fue concedida. La base sobre la cual [el certificado] estaba escrito era un forro de seda blanca, y la cubierta era de brocado rojo. La barra era una piedra preciosa, de unos veinticuatro centímetros[58] de largo. [El rollo] extendido era de más de dos metros.[59] Nunca se mostró a una persona ociosa. Dogen le dio las gracias a Chiyu inmediatamente y fue directo a visitar al abad para quemar incienso e inclinarse para agradecer al Maestro Musai. En ese momento Musai dijo: «Esta clase de cosa es raramente vista o conocida. Ahora, venerable hermano, has podido conocerla. Este es justamente el verdadero refugio del aprendizaje de la verdad». En esto, la alegría de Dogen era incontenible. Más tarde, en la era Hogyo,[60] mientras viajaba como una nube entre Tendaizan,[61] Ganzan, etcétera, Dogen llegó a Mannenji,[62] en el distrito de Heiden. El maestro del templo en aquel momento era el Maestro Genshi de la provincia de Fukushu. El Maestro [Gen]shi había sido asignado tras el retiro del veterano patriarca Sokan y había revitalizado el templo por completo. Mientras yo hacía saludos personales, tuvimos una conversación sobre las costumbres tradicionales de los patriarcas budistas y mientras citaba la historia de la sucesión desde Daii[63] hasta Kyozan,[64] el veterano maestro dijo: «¿Has visto alguna vez el certificado de sucesión [que tengo] en mi habitación?». Dogen dijo: «¿Cómo podría tener la ocasión de verlo?». El veterano maestro inmediatamente se levantó y, sosteniendo en el aire el certificado de sucesión,[65] dijo: «No he enseñado esto ni a mis íntimos ni a aquellos que han estado años como monjes encargados. Esa es la instrucción del Dharma de los patriarcas. Sin embargo, mientras estaba en la ciudad, en mi habitual visita a la ciudad para encontrarme con el gobernador del distrito, Genshi tuvo el siguiente sueño: un eminente monje, quien supongo que era el Maestro Zen Hojo de Daibaizan,[66] apareció sosteniendo una rama de flores de ciruelo y dijo: "Si hay una persona real que haya cruzado por la borda de una barca, no desprecies [estas] flores". Diciendo esto, me dio las flores del ciruelo. Inconscientemente, Genshi soñó que cantaba: "Incluso antes de que pasara por la borda de la barca, ¡me gustaría darle treinta golpes!". En cualquier caso, no han pasado ni cinco días y te encuentro, venerable hermano. Lo que es más, tú has cruzado por la borda de una barca y este certificado de sucesión está escrito en tela estampada con flores de ciruelo. Debes de ser de quien Daibai me hablaba. Coincides exactamente con la imagen del sueño y por ello he sacado [el certificado]. Venerable hermano, ¿te gustaría recibir el Dharma de mí? Si lo deseas, no me arrepentiré». Dogen no podía contener su entusiasmo ni su crédito. Aunque había dicho que yo podría haber solicitado el certificado de sucesión, tan solo le veneré y serví, quemando incienso y realizando postraciones. Presente en aquel momento estaba [un monje] llamado Honei, un asistente de la quema de incienso. Dijo que era la primera vez que había visto el certificado de sucesión. Dogen pensó para sí: «Sería de hecho muy difícil ver y escuchar esta clase de cosa sin la ayuda mística de los patriarcas budistas. ¿Por qué un individuo ignorante de una tierra remota debería ser tan afortunado como para verlo varias veces?». Mis solapas se humedecieron con lágrimas de gratitud. En aquel tiempo, la Habitación de Vimalakīrti, la Gran Sala,[67] y las otras habitaciones estaban vacías y en silencio: no había nadie allí. Este certificado de sucesión estaba escrito en seda blanca estampada con flores de ciruelo tomadas del suelo. Tenía más de veinte centímetros de ancho y tenía una longitud de más de una braza. La barra era una piedra preciosa amarilla y la cubierta era de brocado. En el camino de regreso de Tendaizan a Tendo, Dogen se presentó en los alojamientos para la noche de Goshoji en Daibaizan. [Aquí] tuve un sueño místico en el que el maestro ancestral Daibai venía y me daba una rama de flores de ciruelo en flor. El espejo de un patriarca es la cosa más fiable que existe. Las flores de esa rama tenían más de treinta centímetros de diámetro. ¿Cómo podrían las flores de ciruelo no haber sido las flores de *uḍumbara*? Pudiera ser que el estado en sueños y el estado en la conciencia despierta fueran igualmente reales. Dogen, mientras estaba en Song y desde su regreso a este país, no ha relatado [lo anterior] a ninguna persona.

[33] Hoy, en nuestro linaje desde Tozan, [la forma] en la que el certificado de sucesión está escrito es distinta de [la forma en la] que está escrita en el Rinzai y otros [linajes]. El Patriarca Fundador Seigen,[68] delante de la mesa de Sokei, escribió personalmente con pura sangre de su dedo para copiar [el certificado] que el Patriarca Budista había conservado dentro de su manto y [así] recibió la auténtica transmisión. La leyenda dice que [el certificado] fue escrito y transmitido utilizando una mezcla de la sangre de su dedo y la sangre del dedo de Sokei. La leyenda dice que en el caso del Primer Patriarca y también en el del Segundo Patriarca, se realizó un rito de mezclar sangre.[69] Nosotros no escribimos palabras tales como «mi discípulo» o «me sirvió». Esta es la forma del certificado de sucesión escrito y transmitido por los muchos *buddhas* y por los Siete Buddhas. Así que recuerda que Sokei refinadamente mezcló su propia sangre con la sangre pura de Seigen y Seigen mezcló su propia sangre pura con la propia sangre de Sokei, y que el Patriarca Fundador, el Maestro Seigen, fue, por tanto, el único que recibió la certificación directa: eso estaba más allá de otros patriarcas. La gente que sabe esto asevera que el Dharma del Buddha fue auténticamente transmitido solamente a Seigen.

[34] Mi difunto maestro, el *buddha* eterno, el gran maestro y abad de Tendo, proclamó lo siguiente: «Los *buddhas*, sin excepción, han experimentado la sucesión del Dharma. Es decir, el Buddha Śākyamuni recibió el Dharma del Buddha Kāśyapa, el Buddha Kāśyapa recibió el Dharma del Buddha Kanakamuni y el Buddha Kanakamuni recibió el Dharma del Buddha Krakucchanda.[70] Deberíamos confiar en que la sucesión haya pasado así, de *buddha* a *buddha*, hasta el presente. Esta es la manera de aprender el budismo». Entonces Dogen dijo: «Fue después de que el Buddha Kāśyapa entrara en el nirvana cuando el Buddha Śākyamuni apareció por primera vez en el mundo y realizó la verdad. Así que, ¿cómo podrían los *buddhas* del *kalpa* de la sabiduría recibir el Dharma de los *buddhas* del *kalpa* del resplandor?[71] ¿Qué [piensas] de este principio?». Mi difunto maestro dijo: «Lo que acabas de expresar es la comprensión [basada en] escuchas de teorías. Es la vía de [los *bodhisattvas* en] los diez estadios sagrados o los tres estadios hábiles. No es el camino [transmitido por] los patriarcas budistas de legítimo sucesor a legítimo sucesor. Nuestra vía, transmitida de *buddha* a *buddha*, no es así. Hemos aprendido que el Buddha Śākyamuni recibió definitivamente el Dharma del Buddha Kāśyapa. Aprendemos en la práctica que el Buddha Kāśyapa entró en el nirvana después de que el Buddha Śākyamuni sucediera el Dharma. Si el Buddha Śākyamuni no hubiera recibido el Dharma del Buddha Kāśyapa, seríamos iguales que un naturalista no-budista. ¿Quién podría entonces confiar en el Buddha Śākyamuni? Puesto que la sucesión ha pasado así de *buddha* a *buddha*, y ha llegado hasta el presente, los *buddhas* particulares son todos auténticos sucesores y no son ni puestos en fila ni reunidos en un grupo. Aprendemos simplemente que la sucesión pasa de *buddha* a *buddha* así. No necesita ser relacionada con la duración de los *kalpas* ni con la duración de las vidas mencionadas en las enseñanzas de los Āgamas. Si decimos que [la sucesión] fue establecida solamente por el Buddha Śākyamuni, ella ha existido como poco unos dos mil años, [de manera que] no es antigua, y [el número de] sucesiones es poco más de cuarenta, [de manera que] podrían llamarse recientes. Esta sucesión budista no es para ser estudiada así. Aprendemos que el Buddha Śākyamuni sucedió al Dharma del Buddha Kāśyapa y aprendemos que el Buddha Kāśyapa sucedió al Dharma del Buddha Śākyamuni. Cuando lo aprendemos así, verdaderamente es la sucesión del Dharma de los *buddhas* y los patriarcas». Entonces Dogen no solo aceptó, por primera vez, la existencia de la sucesión del Dharma de los patriarcas budistas, sino que también se deshizo de un antiguo nido.[72]

Shobogenzo Shisho

Escrito en Kannondorikoshohorinji en el séptimo día del tercer mes lunar en el segundo año de la era Ninji de Japón,[73] por [un monje] que entró en Song y recibió la transmisión del Dharma, śramaṇa Dogen.

El vigésimo cuarto día del noveno mes lunar en [el primer año de] Kangen.[74] Colgando nuestros bastones de viaje en el viejo Kippoji, una cabaña con techo de paja en el distrito de Yoshida de Echizen.[75] (sello escrito)[76]

NOTAS

1. *Shokai*. *Sho* quiere decir «experiencia». *Kai* significa «compromiso», «promesa», «acuerdo» o «acuerdo vinculante» y, por extensión, exactamente el mismo estado que el del Buddha Gautama.
2. *Mushi-dokugo*. Esta expresión aparece repetidamente en el *Shobogenzo*.
3. *Muji-dokugo*. Se trata de una variación del Maestro Dogen.
4. *Juchi-togaku*. Se dice que los *bodhisattvas* atraviesan cincuenta y dos estadios en el camino hacia la budeidad. De los estadios cuadragésimo primero al quincuagésimo son *juchi*, los diez estadios sagrados. El quincuagésimo primer estadio es *tokaku*, o «conciencia equilibrada», y el último es *myokaku* o «conciencia sutil».
5. El Maestro Daikan Eno (638-713), sucesor del Maestro Daiman Konin.
6. El Maestro Daikan Eno era el Sexto Patriarca, contando desde el Maestro Bodhidharma como el Primer Patriarca de China; era el trigésimo tercer patriarca, contando desde el sucesor del Buddha, el Maestro Mahākāśyapa, como el primer patriarca, y era el cuadragésimo patriarca partiendo del Buddha Vipaśyin, el primero de los siete antiguos *buddhas*.
7. *Shogonko*. La era pasada que se extiende desde el pasado eterno hasta el Buddha Viśvabhū (el tercero de los Siete Buddhas), en la cual aparecieron mil *buddhas*.
8. *Kengo* proviene del término sánscrito *bhadra kalpa*, la edad en la que vivimos actualmente.
9. El Buddha Kāśyapa es el sexto de los Siete Buddhas.
10. El Maestro Ānanda es el segundo patriarca de la India. Véase el capítulo 15, «Busso».
11. Se refiere a la transmisión entre el Maestro Bodhidharma y el Maestro Taiso Eka. Véase el capítulo 46 (volumen 3), «Katto».
12. El *hossu* (en sánscrito, *vyajana*) es un espantamoscas que habitualmente tiene un penacho largo de pelo blanco de animal, sostenido por un maestro budista durante una lectura o ceremonia. Se utilizaba originalmente para apartar los insectos del camino.
13. El *uḍumbara* es una especie de higuera cuyas flores no parecen serlo puesto que forman una especie de corteza. La flor de *uḍumbara* es un símbolo de la transmisión del Dharma. Véase el capítulo 68 (volumen 3), «Udonge».
14. Se refiere a la transmisión entre el Buddha y el Maestro Mahākāśyapa. Véase el capítulo 68 (volumen 3), «Udonge».
15. Por ejemplo, la sucesión entre el Maestro Taiyo Kyogen y el Maestro Tosu Gisei (véanse las notas del capítulo 15, «Busso»).
16. *Shippei*. Un palo de un metro de largo aproximadamente, hecho de bambú partido, con una empuñadura ceremonial. Se usa, por ejemplo, en la ceremonia para nombrar a un monje principal.
17. El Maestro Bodhidharma, el Primer Patriarca de China.
18. *Sanzo*, literalmente «tres almacenes», representa al término sánscrito Tripiṭaka, o tres cestas: los preceptos (Vinaya), Sutra y los comentarios (Abhidharma).

19. Seido, literalmente «Sala Oeste», es un título respetuoso para un veterano maestro que se ha retirado en su propio templo y vive ahora como invitado en dicha sala de otro templo.
20. El Maestro Hogen Bun`eki (885-958), el sucesor del Maestro Rakan Keichin, quien sucedió a su vez al Maestro Gensha Shibi.
21. Un *pātra* es el bol budista de la comida. El manto y el *pātra* simbolizan las posesiones de un monje.
22. *Shuso* significa literalmente «asiento principal». El *shuso* era el líder del cuerpo principal de los monjes en un templo. Era el más alto en graduación de los seis *choshu* u oficiales asistentes. Por encima de ellos estaban los seis *chiji* u oficiales principales.
23. Es decir, los nombres del primer y el segundo patriarca estaban ordenados no en una línea vertical, sino uno junto a otro en la parte superior de sus respectivas columnas de patriarcas históricos.
24. Las sectas Rinzai, Igyo, Soto, Unmon y Hogen. Véase el capítulo 49 (volumen 3), «Butsudo».
25. *Daisetsu*. *Setsu* proviene de la palabra sánscrita *kṣetra,* que significa un «lugar o distrito sagrado» (véase el Glosario de términos en sánscrito). Al mismo tiempo, el carácter aparece en los sutras budistas en el compuesto *sekkan* o «poste *kṣetra*», es decir, el asta de la bandera de un templo. Esto llevó a los eruditos a interpretar *setsu* como una transliteración de *yaṣṭi,* que quiere decir «asta de una bandera». En la antigua India una bandera anunciaba la enseñanza budista. Por eso, los eruditos chinos interpretaron el asta de una bandera como símbolo del lugar donde se producía la enseñanza budista y, por consiguiente, un templo.
26. Las provincias del este de China que lindaban con el mar Amarillo y el mar de China Oriental respectivamente.
27. *Hogo* es la caligrafía que contiene una palabra o frase de la enseñanza budista.
28. *Zosu* es el monje encargado de guardar los sutras. Este era uno de los seis *choshu* u oficiales asistentes.
29. El Maestro Ryumon Butsugen (muerto en el año 1120), un sucesor del Maestro Goso Hoen. Recibió el título de Maestro Zen Butsugen, junto con un manto púrpura, del emperador. El *Goroku,* una crónica de sus palabras, consta de ocho volúmenes.
30. Es decir, 1208-1224.
31. *Joza* proviene del término honorífico sánscrito *sthavira,* o *thera* en pali (como en Theravāda, la Escuela de los Ancianos). Véase el Glosario de términos en sánscrito.
32. Esto es, 1223.
33. «Nombre del Dharma original» es *hoki*. *Ho* significa «Dharma» o «budista» y *ki,* «el nombre que se debe evitar». Tras la muerte de un monje, era costumbre evitar el nombre que había tenido en vida y en su lugar utilizar un título póstumo. Mientras vivían, los monjes de China y Japón tenían a menudo al menos dos nombres, cada uno escrito con dos caracteres chinos. Uno es el *hogo,* «título del Dharma», y otro el *homyo,* «nombre del Dharma». Un *homyo* es siempre un

hoki, mientras que un *hogo* puede ser un nombre utilizado durante la vida de un monje o un nombre póstumo.

34. *Kaji*. Este sello no estaba estampado, sino que era escrito con pincel.
35. *Sorin*, literalmente «árboles del bosque», proviene del término sánscrito *piṇḍavana*, que significa un gran grupo de monjes o un monasterio.
36. El Maestro Fuyo Dokai (1043-1118), el Decimoctavo Patriarca de China y un sucesor del Maestro Tosu Gisei. Véase por ejemplo el capítulo 14, «Sansuigyo»; el capítulo 29 (volumen 2), «Inmo», y el capítulo 64 (volumen 3), «Kajo».
37. «Tradicional» es *ii kitare ru*, literalmente «habiendo sido dicho».
38. En otras palabras, el asunto más importante de la transmisión es la relación entre el maestro y el discípulo. Esto se refleja en la forma del certificado de la secta Rinzai.
39. El Maestro Musai Ryoha. Era el maestro de Keitokuji en Tendozan cuando el Maestro Dogen llegó a China. Cuando se acercaba la muerte del Maestro Ryoha, envió una carta al futuro maestro del Maestro Dogen, el Maestro Tendo Nyojo, pidiéndole que se convirtiera en el maestro del templo.
40. El actual Fukien, provincia al sureste de China que limita con el estrecho de Formosa.
41. El Maestro Bussho Tokko (1121-1203). Autor del *Sotairoku* (Crónica de respuestas a un emperador).
42. El Maestro Daie Soko (nacido en 1089 y muerto en 1163, treinta y siete años antes del nacimiento del Maestro Dogen). Se piensa que fue el fundador del llamado koan zen de la secta Rinzai y como tal fue criticado por el Maestro Dogen varias veces en el *Shobogenzo*. Véase por ejemplo el capítulo 75 (volumen 4), «Jisho-Zanmai».
43. El Maestro Engo Kokugon (1063-1135). Editó el *Hekiganroku* (Crónicas del Acantilado Azul). El Maestro Engo se cita en el capítulo 66 (volumen 3), «Shunju», y el capítulo 74 (volumen 4), «Tenborin».
44. El Maestro Goso Hoen (1024-1104). El *Goroku*, una crónica de sus palabras, consta de cuatro volúmenes. Era el tercer patriarca del templo Yogizan, fundado por el Maestro Yogi Hoe. El Maestro Hoen se cita en el capítulo 74 (volumen 4), «Tenborin».
45. El Maestro Kaie Shutan (1025-1072). También llamado Maestro Hakkun Shutan (Kaie y Hakkun son ambos *hogo*, «títulos del Dharma». Véase la nota 33).
46. El Maestro Yogi Hoe (992-1049). Vivió y difundió el Dharma desde Yogizan. El *Goroku* y el *Koroku*, crónicas de sus palabras, constan de un volumen cada uno.
47. El Maestro Jimyo Soen (986-1039). Se hizo monje a la edad de veintidós años.
48. El Maestro Fun`yo Zensho (947-1024). El *Goroku*, una crónica de sus palabras, se divide en tres volúmenes.
49. El Maestro Shuzan Shonen (926-993). El *Goroku*, una crónica de sus palabras, está formado por un volumen.
50. El Maestro Fuketsu Ensho (896?-973).
51. El Maestro Nan`in Egyo (muerto alrededor del año 930).
52. El Maestro Koke Sonsho (830-888).

53. El Maestro Rinzai Gigen (815?-867), un sucesor del Maestro Obaku Kiun. El *Goroku*, una crónica de sus palabras, consta de un volumen. Entre sus discípulos estaban el Maestro Koke Sonsho, el Maestro Sansho Enen y el Maestro Kankei Shikan. Véase, por ejemplo, el capítulo 49 (volumen 3), «Butsudo». En este certificado, los nombres de Ryoha y Tokko son *homyo* («nombres del Dharma»), mientras que Rinzai es un *hogo* («título del Dharma»). Para los otros nombres solo está escrito el primer carácter del *homyo*. Cuando el nombre de un maestro está escrito por completo, el nombre del templo o la montaña del maestro a menudo preceden al *homyo*. Por tanto, E de Yogizan es el Maestro Yogi Hoe, Nyojo de Tendozan es el Maestro Tendo Nyojo, Dogen de Eiheiji es el Maestro Eihei Dogen, etcétera. Véase la nota 33.
54. Aikuo significa el rey Aśoka. En el año 282 un sacerdote llamado Ryusaku descubrió una vieja estupa en esta montaña y pensó que era una de las ochenta y cuatro mil estupas que se creía que el rey Aśoka de la antigua India había construido. De este modo, a la montaña se le dio el nombre del rey Aśoka. Más tarde se convirtió en una de las cinco montañas: el monte Kin, el monte Hoku, el monte Taihaku, el monte Nan y el monte Aikuo. El gobierno de la dinastía Song, promoviendo el budismo como parte de su estrategia política, consideró a los templos de estas cinco montañas como los más importantes de China.
55. *Sho-shi-so*. El término se usaba para un monje que no había pasado diez retiros de verano desde que recibía los preceptos.
56. La Residencia de la Quietud (*ryonen-ryo*) y la Sala de la Luz Serena (*jakko-do*) eran los nombres propios de estos edificios particulares en el monte Tendo.
57. *Tsusu*, el más importante de los seis oficiales del templo. Los seis oficiales principales son: *tsusu*, primer oficial, principal de la oficina del templo, interventor; *kansu*, prior; *fusu*, prior asistente; *dosu* o *ino*, supervisor de los monjes en la sala de zazen, rector; *tenzo*, cocinero principal, y *shisui*, vigilante.
58. Literalmente, «unos ocho *sun*». Un *sun* equivale a un poco más de tres centímetros.
59. Literalmente, «más de siete *shaku*». Un *shaku* son diez *sun*.
60. Es decir, 1225-1227.
61. Abreviado como Daizan en el texto original. La secta Tendai toma su nombre de esta montaña de la provincia de Chekiang, al este de China, donde vivió el Maestro Tendai Chigi (538-597). El Maestro Dogen se hizo monje de la secta Tendai en Japón cuando era un adolescente.
62. Un templo establecido en el monte Tendai, en el lugar donde el Maestro Tendai Fugan murió. El Maestro Fugan fue el sucesor del Maestro Hyakujo Ekai.
63. El Maestro Isan Reiyu (771-853), un sucesor del Maestro Hyakujo Ekai. Tuvo muchos discípulos excelentes, tales como el Maestro Kyozan Ejaku, el Maestro Kyogen Chikan y el Maestro Reiun Shigon. El *Goroku*, una crónica de sus palabras, está formado por un volumen.
64. El Maestro Kyozan Ejaku (807-883). El *Goroku*, una crónica de sus palabras, consta de un solo volumen. La historia de la sucesión del Maestro Kyozan está contenida en el capítulo 8 del *Gotoegen*.

65. Es común colocar objetos venerados en las palmas de las manos y mantenerlos en alto.
66. El Maestro Daibai Hojo (752-839), un sucesor del Maestro Baso Doitsu. Vivió recluido en Daibaizan. Véase el capítulo 30 (volumen 2), «Gyoji».
67. Nombres propios de estas salas particulares.
68. El Maestro Seigen Gyoshi (660-740) era uno de los sucesores del Maestro Daikan Eno de la montaña Sokei, el Sexto Patriarca de China. El Maestro Tozan pertenece al linaje del Maestro Seigen Gyoshi. El Maestro Rinzai proviene de un linaje distinto perteneciente a otro de los sucesores del Maestro Daikan Eno: el Maestro Nangaku Ejo.
69. La del Maestro Bodhidharma y el Maestro Taiso Eka.
70. El Buddha Krakucchanda, el Buddha Kanakamuni, el Buddha Kāśyapa y el Buddha Śākyamuni fueron el cuarto, quinto, sexto y séptimo de los siete antiguos *buddhas* respectivamente.
71. El *kalpa* de la sabiduría quiere decir la edad actual. El *kalpa* del resplandor indica el pasado eterno. Véase la nota 7.
72. El tiempo de la frase japonesa original es el presente histórico. Cuando el Maestro Dogen utiliza este estilo para una historia, generalmente intentamos utilizar el presente en la traducción, pero en los diversos lugares de este capítulo donde lo usa para describir sus propias experiencias, así como en la descripción de su difunto maestro, se ha preferido emplear el pasado para clarificar el texto.
73. Es decir, 1241.
74. Esto es, 1243. El año está indicado, utilizando el sistema del calendario chino, por los caracteres *kibo*. *Ki* es el décimo signo del calendario (el hermano menor de agua) y *bo*, el cuarto signo del horario (el conejo). El año al final de cada capítulo está normalmente expresado de dos maneras: utilizando el sistema del calendario japonés y el sistema del calendario chino (ignorado en la traducción), como comprobación. Sin embargo, en esta frase la palabra *gannen*, «primer año», fue suprimida.
75. Corresponde a la prefectura actual de Fukui.
76. Es probable que el Maestro Dogen escribiera su propio sello cuando llegó a Kippoji, después de lo cual el Maestro Koun Ejo, al copiar el texto original, escribió *kaji*, «sello escrito» (véase la nota 34).

Capítulo 17

Hokke-ten-hokke

La Flor del Dharma gira la Flor del Dharma

Comentario: *ho* significa «Dharma», «la ley del universo» o el universo en sí mismo, y *ke*, «flores». Por tanto, *hokke* quiere decir «el universo que es como las flores». El título completo del Sutra del Loto, *Myohorenge-kyo* (Sutra de la Flor del Loto del Maravilloso Dharma), habitualmente se abrevia como *Hokkekyo*, de modo que *hokke* también sugiere el maravilloso universo tal y como se manifiesta en dicho sutra. *Ten*, por su parte, simboliza el verbo «girar» o «mover». Por todo ello, *hokke-ten-hokke*, que representa la visión budista de la realidad, se traduce como «el maravilloso universo que es como las flores, mueve el maravilloso universo que es como las flores». Compartiendo el mismo punto de vista, el Maestro Dogen explica en este capítulo tal expresión, tomando prestadas muchas citas del Sutra del Loto, cuyo mensaje principal es «¡qué maravilloso es el universo en el que ahora vivimos!».

****

[39] «El contenido de las tierras búdicas de las diez direcciones»[1] es la «sola existencia»[2] de la «Flor del Dharma».[3] En este, «todos los *buddhas* de las diez direcciones y los tres tiempos»[4] y los seres de *anuttara samyaksaṃbodhi*,[5] hay [momentos de] girar la Flor del Dharma[6] y hay [momentos del] girar de la Flor del Dharma.[7] Este es justamente el estado en el que «la práctica original de la vía del *bodhisattva*»[8] ni regresa ni se desvía. Es «la sabiduría de los *buddhas*, profunda e insondable».[9] Es «el estado calmado y claro del *samādhi*»[10] el cual es «difícil de comprender y difícil de penetrar».[11] Como el Buddha Mañjuśrī,[12] tiene «la forma tal y como es»[13] de «los *buddhas* solos, junto con los *buddhas*»[14] que es «el gran océano» o «la tierra búdica». O como el Buddha Śākyamuni,[15] es la «aparición en el mundo»[16] en el estado de «solo yo conozco la forma concreta, y los *buddhas* de las diez direcciones son también así».[17] Es la «vez»[18] en la que él «desea hacer que los seres vivos»[19] «revelen, muestren, realicen y penetren»[20] [diciendo] «yo y los *buddhas* de las diez direcciones somos directamente capaces de saber estas cosas».[21] O es Virtud Universal[22] «realizando» el girar de la Flor del Dharma cuya «virtud es impensable»[23] y «propagando por todo Jambudvīpa»[24] la «profunda y eterna»[25] [verdad de] *anuttara samyaksaṃbodhi*, en cuyo momento la tierra es capaz de producir las tres clases de plantas, los dos tipos de arbustos y «grandes y pequeños árboles»,[26] y la lluvia puede mojarlos. En el estado en que «un objeto no puede ser reconocido»,[27] él está únicamente «realizando la práctica total»[28] del girar de la Flor del Dharma. Mientras la expansión [de la verdad] de Virtud Universal está inacabada, la «gran orden del pico del Buitre»[29] se reúne. Śākyamuni experimenta, como la «manifestación de la luz desde su círculo de pelo blanco»,[30] la ida y venida de Virtud Universal.[31] La Flor del Dharma gira cuando, antes de que la «asamblea budista esté a mitad de camino» de Śākyamuni, la «consideración»[32] de Mañjuśrī «ligeramente» dé «la confirmación»[33] a Maitreya. Virtud Universal, los muchos *buddhas*, Mañjuśrī y la gran asamblea, pueden todos ser la «*pāramitā* del saber»[34] el girar de la Flor del Dharma, el cual es «bueno al comienzo, a la mitad y al final».[35] Esto es por lo que [el *buddha*] se «ha manifestado en la realidad», llamando a la «confianza exclusiva»[36] en el «Único Vehículo»[37] «el único gran asunto».[38] Puesto que esta manifestación es en realidad «el único gran asunto» en sí mismo, están [las palabras] «los *buddhas* solos, junto con los *buddhas*, son directamente capaces de realizar perfectamente que todos los *dharmas* son la forma real».[39] El método[40] para ello es inevitablemente «el Único Vehículo del Buddha» y «los *buddhas* solos» enseñan necesariamente su «realización perfecta» a «los *buddhas* solos». «Los muchos *buddhas*» y «los Siete Buddhas»[41] enseñan su «realización perfecta» a cada *buddha* particular, *buddha* a *buddha*, y hacen que el Buddha Śākyamuni lo «realice».[42] [Cada lugar desde] el oeste de la India al este de China está «en las tierras búdicas de las diez direcciones». [Para cada patriarca] hasta el trigésimo tercer patriarca, el Maestro Zen Daikan,[43] [este método] es el método que es «el Único Vehículo de los *buddhas* solos» y que es justamente «la realización perfecta» en sí misma. Es el «Único Vehículo del Buddha» en el cual «la confianza exclusiva» es decisivamente «el único gran asunto». Ahora «se manifiesta en el mundo».[44] Se está manifestando en este lugar.[45] Que las costumbres budistas de Seigen[46] se hayan transmitido al presente, y que la puerta del Dharma de Nangaku[47] se haya abierto y proclamado por todo el mundo [se debe] por completo a la «verdadera sabiduría del Tathāgata».[48] Verdaderamente, esta [verdadera sabiduría] es la «realización perfecta de los *buddhas* solos, junto con los *buddhas*». El giro de la Flor del Dharma puede estar proclamándola como «el revelar, el mostrar, la realización y el penetrar» de los *buddhas* que son legítimos sucesores, y de los legítimos sucesores de los *buddhas*. Esta [verdadera sabiduría] también se llama Sutra de la Flor del Loto del Maravilloso Dharma[49] y es el «método de enseñar a los *bodhisattvas*».[50] Puesto que esta [verdadera sabiduría] ha sido llamada «todos los *dharmas*», el «pico del Buitre» existe, el «vacío»[51] existe, el «gran océano»[52] existe y la «gran tierra»[53] existe, con la Flor del Dharma como su «tierra nacional».[54] Esta es justo «la forma real»; es «la realidad tal y como es»;[55] es «la sabiduría del Buddha»; es «la constancia de la manifestación del mundo»;[56] es «lo real»;[57] es «la vida del Tathāgata»;[58] es «lo profundo e insondable»;[59] es «la inconstancia de todas las acciones»;[60] es «el *samādhi* como [el estado de] la Flor del Dharma»;[61] es el Buddha Śākyamuni»; es «girar la Flor del Dharma»;[62] es «el girar de la Flor del Dharma»;[63] es «el tesoro del verdadero ojo del Dharma y la sutil mente del nirvana»;[64] y es «la manifestación del cuerpo para salvar a los seres vivos».[65] Como «confirmación y convertirse en *buddha*»,[66] es mantenida y apoyada, y habitada y retenida.

[47] A la orden del Maestro Zen Daikan[67] en Horinji, en Sokeizan, en el distrito Shoshu de Guangdong,[68] en el gran reino de Tang, llegó un monje llamado Hotatsu.[69] Este alardea: «He recitado ya tres mil veces el Sutra del Loto».

El patriarca dice: «Incluso si [lo recitas] diez mil veces, si no comprendes el sutra no serás capaz de reconocer ni [tus propios] errores».

Hotatsu dice: «El estudiante es un necio. Hasta ahora he estado solo leyendo [el sutra] en voz alta siguiendo los caracteres. ¿Cómo podría haber esperado clarificar el significado?».

El patriarca dice: «Intenta recitar una vez [el sutra] y yo lo interpretaré para ti».

Hotatsu recita de inmediato el sutra. Cuando llega el capítulo de «Los medios hábiles»[70] el patriarca dice: «¡Detente! El asunto fundamental de este sutra es el propósito de la aparición [de los *buddhas*] en el mundo.[71] Aunque expone muchas metáforas, [el sutra] no va más allá de esto. ¿Cuál es el propósito? Solo el único gran asunto. El único gran asunto es justamente la sabiduría misma del Buddha: es revelar, mostrar, realizar y penetrar [la sabiduría del Buddha]. [El único gran asunto] es naturalmente la sabiduría del Buddha, y alguien provisto con la sabiduría ya es un *buddha*. Debes ahora confiar en que la sabiduría del Buddha es simplemente tu propio estado natural de la mente». A continuación, proclama en el siguiente poema:

Cuando la mente está en la ilusión, la Flor del Dharma gira.
Cuando la mente está en la realización, giramos la Flor del Dharma.
A menos que nos clarifiquemos a nosotros mismos, cualquiera que sea el tiempo que recitemos [el sutra],
se volverá un enemigo debido a sus significados.
Sin intención, la mente está correcta.
Con intención, la mente se vuelve equivocada.
Cuando trascendemos tanto «con» como «sin»,
montamos eternamente en el carro del buey blanco.[72]

Hotatsu, al escuchar este poema, se dirige de nuevo al patriarca: «El sutra dice que incluso si todos en la gran [orden], desde *śrāvakas* a *bodhisattvas*, agotaran su intelecto en suponerla,[73] no podrían penetrar en la sabiduría del Buddha. Si ahora dices que el esfuerzo de hacer que la persona común realice su propia mente es justamente la sabiduría del Buddha, a menos que seamos de hazañas excelentes apenas podemos ayudar dudando de ella y negándola. Además, el sutra explica las tres clases de carros, pero ¿qué tipo de distinción hay entre el gran carro del buey y el carro del buey blanco? Por favor, maestro, imparte tu enseñanza de nuevo».

El patriarca dice: «La intención del sutra está clara. Te estás apartando de ti mismo y yendo contra ti. Cuando la gente de los tres vehículos no puede penetrar en la sabiduría del Buddha, el problema está en su suposición misma. Incluso si juntos agotan sus intelectos en considerarla,[74] se alejarán cada vez más.[75] El Buddha enseña originalmente solo por el beneficio de la persona común: no enseña por el beneficio de los *buddhas*. Algunos no se ajustan a confiar en este principio y se retiran de sus asientos:[76] no saben que ya están sentados en el carro del buey blanco y aun así buscan fuera de la puerta[77] los tres tipos de carros. Las palabras del sutra están claramente diciéndote: "No hay un segundo ni un tercero".[78] ¿Por qué no te das cuenta? Los tres carros son ficticios porque pertenecen al pasado. El Único Vehículo es real porque existe en el presente. Solo [deseo] hacer que te liberes de la ficción y regreses a la realidad. Cuando regresamos a la realidad, la realidad no es un concepto. Recuerda, todas tus posesiones son tesoros[79] y te pertenecen por completo. Cómo las recibes y utilizas depende de ti. [La realidad del sutra] no es ni las ideas del padre ni las ideas de los hijos.[80] De hecho, no depende de las ideas en absoluto: más bien se llama el Sutra de la Flor del Dharma. De *kalpa* a *kalpa*, de mediodía a la noche, [nuestras] manos no sueltan el sutra y no hay tiempo en el que no lo estemos leyendo». Hotatsu, ya iluminado y saltando de alegría,[81] expone el siguiente poema de alabanza:

Tres mil recitaciones del sutra
con una frase de Sokei, olvidadas.
Antes de clarificar el sentido de la aparición [de los buddhas] en el mundo,
¿cómo podríamos detener las vidas recurrentes de la locura?
[El sutra] explica la cabra, el ciervo y el buey como un medio,
[pero] proclama que el comienzo, la mitad y el final son buenos.
¿Quién sabe que [incluso] dentro de la casa en llamas,
originalmente somos reyes en el Dharma?

Cuando expone este poema, el patriarca dice: «Desde ahora, puedes llamarte el Monje que lee el Sutra».[82]

[54] La historia[83] de cómo el Maestro Zen Hotatsu visitó a Sokei es así. Después de esto, la Flor del Dharma comenzó a exponerse como el giro de la Flor del Dharma y el girar de la Flor del Dharma. [Estos términos] no se habían escuchado anteriormente. Verdaderamente, la clarificación de la sabiduría del Buddha debería siempre tener lugar bajo un patriarca budista que pueda ser el verdadero ojo del Dharma mismo. [La sabiduría del Buddha] no puede ser conocida por eruditos literarios que cuentan arena y guijarros en vano, tal y como podemos ver aquí de nuevo en la experiencia de Hotatsu. Para clarificar el verdadero significado de la Flor del Dharma, «realizar perfectamente», como «el único gran asunto», es lo que el maestro ancestral «reveló y mostró». No intentes estudiar otros vehículos. El presente es la realidad[84] como lo es de la forma real, la naturaleza real, el cuerpo real, la energía real, las causas reales y los efectos reales del girar de la Flor del Dharma.[85] Esto nunca se escuchó en China y nunca estuvo presente [en China] antes de la época del maestro ancestral. «La Flor del Dharma está girando» significa «la mente está en la ilusión», la mente disolviéndose es justamente el girar de la Flor del Dharma. Por tanto, cuando la mente está en la ilusión somos girados por la Flor del Dharma. Esto significa que incluso cuando la ilusión mental está en una miríada de fenómenos, «la forma tal y como es»[86] está todavía siendo girada por la Flor del Dharma. Este ser girado no es para regocijarse ni esperarse, no es merecido y no llega. Incluso así, cuando la Flor del Dharma está girando «no hay ni un segundo ni un tercero». Puesto que [el girar de la Flor del Dharma] es la «sola existencia del Único Vehículo del Buddha», y puesto que es la Flor del Dharma con «la forma tal y como es», tanto si es el que gira como el girado, es «el Único Vehículo del Buddha» y «el único gran asunto».[87]

Ello es justamente instante a instante de mente roja,[88] sobre la cual únicamente confiamos. De manera que no te preocupes sobre engañar a la mente. Tus acciones son el camino mismo del *bodhisattva*:[89] ellas están para servir a los *buddhas*,[90] lo cual es la práctica original de la vía del *bodhisattva*.[91]

Lo que revelas, muestras, realizas y penetras es, en cada caso, un ejemplo del girar de la Flor del Dharma.[92]

Hay ilusión mental en la casa en llamas, hay ilusión mental en la puerta misma, hay ilusión mental delante de la puerta y hay ilusión mental dentro de la puerta.[93] La ilusión mental ha creado «dentro de la puerta» y «fuera de la puerta», e incluso «la puerta misma», «la casa en llamas», etcétera. Por tanto, revelar, mostrar, realizar y penetrar pueden tener lugar incluso en el carro del buey blanco.[94] Cuando pensemos sobre el penetrar como «adorno»[95] en este carro, ¿deberíamos esperar un «campo abierto»[96] como el lugar donde penetrar, o deberíamos reconocer «la casa en llamas» como el lugar que abandonar?[97] ¿Deberíamos llegar a la conclusión[98] de que la puerta misma apenas es un lugar de paso momentáneo?[99] Recuerda, dentro del carro hay un giro [de la Flor del Dharma] que nos hace revelar, mostrar, realizar y penetrar en la casa en llamas, y en el campo abierto hay un giro que nos hace revelar, mostrar, realizar y penetrar en la casa en llamas.[100] Hay casos en los que el giro activa la revelación, la muestra, la realización y la penetración a través de toda la puerta, como la puerta aquí y ahora,[101] y hay casos en los que el giro activa la revelación, la muestra, la realización y la penetración a través de una sola puerta, la cual es [un ejemplo de] puerta universal.[102] Hay giro que revela, muestra, realiza y penetra la puerta universal en cada ejemplo de revelación, muestra, realización y penetración;[103] hay casos en los que el giro activa la revelación, la muestra, la realización y la penetración dentro de la puerta;[104] y hay casos en los que el giro activa la revelación, la muestra, la realización y la penetración fuera de la puerta.[105] Hay casos de revelación, muestra, realización y penetración en el campo abierto en la casa en llamas.[106]

[107]Por tanto, la casa en llamas está «más allá del entendimiento»[108] y el campo abierto está «más allá del conocer».[109] ¿Quién podría convertir el giro de la rueda del triple mundo[110] en un carro y montarlo como «el Único Vehículo»? ¿Quién podría marcharse y entrar en la revelación, la muestra, la realización y penetración como si fueran una puerta? Si buscamos el carro desde la casa en llamas, ¡cuántas veces debe girar la rueda! Cuando consideramos la casa en llamas desde el campo abierto, ¡qué «profunda en la distancia»[111] está! ¿Deberíamos llegar a la conclusión de que el pico del

Buitre existió «en la tranquilidad»[112] sobre el campo abierto? ¿O deberíamos estudiar en la acción que el campo abierto está «equilibrado e igualado»[113] en el pico del Buitre? «El lugar donde los seres vivos disfrutan»[114] se ha convertido en «presencia eterna»[115] como «mi Tierra Pura que es inmortal»,[116] y esto también deberíamos realizarlo meticulosamente como «la práctica original».[117]

¿Realizamos en la práctica que «incondicionalmente querer encontrarse con Buddha»[118] va sobre nosotros mismos, o realizamos en la práctica que eso va sobre otros? Hay veces en las que la verdad se realiza como un «cuerpo particular»[119] y hay veces en las que la verdad se realiza como «el cuerpo entero».[120]

«Aparecer juntos en el pico del Buitre»[121] viene de «no escatimar el propio cuerpo y vida de uno».[122] Hay revelación, muestra, realización y penetración en «permanecer constantemente aquí proclamando el Dharma»,[123] y hay revelación, muestra, realización y penetración en «como un medio hábil manifestando el nirvana».[124] En el estado de «estar cerca y aun así no ver»,[125] ¿quién podría no confiar en comprender la no-comprensión mediante «la incondicionalidad?».[126]

El lugar que está «siempre repleto de dioses y seres humanos»[127] es justamente la tierra del Buddha Śākyamuni y Vairocana,[128] «la tierra luminosa y eternamente en paz»[129] misma. Nosotros que de manera natural pertenecemos a las «cuatro tierras»,[130] vivimos justamente en «la tierra del Buddha» que es «la unicidad real».[131] Cuando vemos los «átomos»,[132] eso no significa que no veamos «el mundo del Dharma». Cuando experimentamos el mundo del Dharma,[133] no quiere decir que no experimentemos los átomos. Cuando los *buddhas* experimentan el mundo del Dharma, no nos excluyen de la experiencia, la cual es «buena al comienzo, a la mitad y al final».

Siendo esto así, el presente es «la forma tal y como es» del estado de la experiencia, e incluso «alarma, duda y miedo»[134] no son otra cosa que la realidad tal y como es. Con la sabiduría del Buddha, este [miedo] solo es la diferencia entre ver los átomos y sentarse en los átomos. Cuando nos sentamos en el mundo del Dharma, este no es extenso y cuando nos sentamos en los átomos no hay confinamiento. Por tanto, sin mantenernos ni apoyarnos [en la realidad tal y como es], no nos podemos sentar, pero cuando mantenemos y nos apoyamos [en la realidad tal y como es], no hay alarma o duda sobre la extensión ni el confinamiento. Por esto hemos «realizado perfectamente» el «cuerpo» y la «energía» de la Flor del Dharma. De manera que, ¿deberíamos pensar que nuestra propia «forma» y «naturaleza» están ahora «originalmente practicando» en este mundo del Dharma, o deberíamos pensar que están «originalmente practicando» en los átomos? No están alarmadas, ni tienen dudas, ni miedo: simplemente son el profundo y eterno estado que es la práctica original como el girar de la Flor del Dharma. Este ver átomos y ver el mundo del Dharma está más allá de la acción consciente y la consideración consciente. La consideración consciente, y la acción consciente también, deberían aprender la consideración de la Flor del Dharma y deberían aprender la acción de la Flor del Dharma. Cuando oigamos hablar de «revelación, muestra, realización y penetración», deberíamos comprenderlas en términos del «deseo [del Buddha] de hacer que los seres vivos [...]».[135] En otras palabras, aquello que, como el girar de la Flor del Dharma, revela la sabiduría del Buddha, deberíamos aprenderlo mostrando la sabiduría del Buddha; eso que, como el girar de la Flor del Dharma, realiza la sabiduría del Buddha, deberíamos aprenderlo penetrando en la sabiduría del Buddha; eso que, como el girar de la Flor del Dharma, muestra la sabiduría del Buddha, deberíamos aprenderlo realizando la sabiduría del Buddha. Por cada ejemplo de girar de la Flor del Dharma, como revelación, muestra, realización y penetración, podemos tener formas de realización perfectas. En resumen, esta *pāramitā* de la sabiduría[136] de los *buddha-tathāgatas* es el girar de la Flor del Dharma que es extenso, grande, profundo y eterno. La «confirmación»[137] es justamente nuestra propia revelación de la sabiduría del Buddha: es el girar de la Flor del Dharma que nunca es impartido por otros. Esto, entonces, es [la realidad de] «cuando la mente está en el estado de la ilusión, la Flor del Dharma gira».

[62] «Cuando la mente está en el estado de realización, giramos la Flor del Dharma» describe nuestro girar la Flor del Dharma. Es decir, cuando la Flor del Dharma haya «agotado perfectamente»[138] la energía con la que nos gira, la «energía tal y como es»[139] con la cual nos giramos a nosotros mismos, a su vez, se realizará. Esta realización es girar la Flor del Dharma. Aunque el antiguo giro está, incluso ahora, sin cesar, nosotros, inversamente, giramos de manera natural la Flor del Dharma. Aunque no hemos acabado los asuntos del burro, los asuntos del caballo, sin embargo, llegarán.[140] [Aquí] existe la «única confianza en el único gran asunto» como «aparición real en este lugar».[141] Las multitudes del mundo de los mil mundos que «brotan de la tierra»[142] han sido siempre grandes santos honrados de la Flor del Dharma,[143] pero brotan de la tierra girados por ellos mismos y brotan de la tierra girados por las circunstancias.[144] Al girar la Flor del Dharma no solo deberíamos realizar el brotar de la tierra; al girar la Flor del Dharma deberíamos también realizar el brotar del vacío.[145] Deberíamos conocer con la sabiduría del Buddha no solo la tierra y el vacío, sino también el brotar mismo de la Flor del Dharma. En general, en el momento de la Flor del Dharma, inevitablemente, «el padre es joven y el hijo viejo».[146] Eso no es ni que el hijo no sea el hijo ni que el padre no sea el padre: deberíamos simplemente aprender que el hijo es viejo y el padre joven. No imites «la desconfianza del mundo»[147] y sorpréndete. [Incluso] la desconfianza del mundo es el momento de la Flor del Dharma. Siendo esto así, al girar la Flor del Dharma deberíamos realizar la «vez» en la que «el Buddha está viviendo».[148] Girados por la revelación, la muestra, la realización y la penetración, brotamos de la tierra, y girados por la sabiduría del Buddha, brotamos de la tierra. En el momento de este girar la Flor del Dharma, «la realización mental»[149] existe como la Flor del Dharma y la Flor del Dharma existe como la realización mental.[150] Como otro ejemplo, el significado de «la dirección hacia abajo» es justamente «el interior del vacío».[151] Este «hacia abajo» y este «vacío» son justamente el girar de la Flor del Dharma y son justamente toda la vida del Buddha. Deberíamos darnos cuenta, al girar la Flor del Dharma, de que toda la vida del Buddha, la Flor del Dharma, el mundo del Dharma y el estado incondicional son realizados como «hacia abajo» y también como «vacío». Por tanto, «vacío hacia abajo» describe justamente la realización de girar la Flor del Dharma. En resumen, en este instante, al girar la Flor del Dharma podemos hacer que existan las tres clases de hierbas y girando la Flor del Dharma podemos hacer que existan las dos clases de árboles. No deberíamos esperar que [esto] fuera un estado de conciencia y no deberíamos preguntarnos si eso es un estado sin conciencia. Cuando nos giramos a nosotros mismos e «iniciamos el *bodhi»*,[152] eso es justamente «la región del sur».[153] Esta realización de la verdad está originalmente presente en el pico del Buitre, el cual se convoca como orden en la región del sur. El pico del Buitre siempre está presente en nuestro girar la Flor del Dharma. Hay tierras búdicas de las diez direcciones que se convocan como una orden en el vacío y esto es un cuerpo particular[154] girando la Flor del Dharma. Cuando nos damos cuenta de ello, al girar la Flor del Dharma, ya como las tierras búdicas de las diez direcciones, no hay un lugar dentro del cual un átomo pueda entrar. Hay girar la Flor del Dharma como «lo material siendo justamente lo inmaterial»,[155] lo cual está más allá de «la desaparición o la aparición».[156] Hay girar la Flor del Dharma como «lo inmaterial justamente siendo materia»,[157] lo cual puede ser «ausencia de vida y muerte».[158] No podemos llamarlo «ser en el mundo»[159] y ¿cómo podría estar solo en proceso de «extinción?».[160] Cuando [una persona] es para nosotros un «amigo cercano»,[161] también somos un «amigo cercano» para esa persona. No debemos olvidar trabajar para un «amigo cercano» e inclinarnos ante él; por tanto, debemos tener cuidado de realizar perfectamente instantes de dar «la perla en el moño»[162] y de dar «la perla en la ropa».[163] Hay girar la Flor del Dharma en la presencia «anterior al Buddha» de una «estupa preciosa»,[164] cuya «altura es de quinientos *yojanas».*[165] Hay girar la Flor del Dharma en el «Buddha que se sienta dentro de la estupa»,[166] cuya extensión es de «doscientos cincuenta *yojanas*». Hay girar la Flor del Dharma en el brotar de la tierra y permanecer en la tierra, [en cuyo estado] la mente no tiene restricciones y la materia no tiene restricciones. Hay girar la Flor del Dharma en el brotar del cielo y permanecer en la tierra, el cual es restringido por los ojos y restringido por el cuerpo.[167] El pico del Buitre existe dentro de la estupa y la estupa preciosa existe en el pico del Buitre. La estupa preciosa es una estupa preciosa en el vacío y el vacío hace vacío para la estupa preciosa.[168] El *buddha* eterno dentro de la estupa toma su asiento junto al *buddha* del pico del Buitre y el *buddha* del pico del Buitre experimenta el estado de la experiencia como el *buddha* dentro de la estupa.[169] Cuando el *buddha* del pico del Buitre entra en el estado de la experiencia dentro de la estupa, mientras objeto y sujeto en el pico del Buitre [permanecen] simplemente como son, él entra en el giro de la Flor del Dharma. Cuando el *buddha* dentro de la estupa surge en el pico del Buitre, brota siendo todavía de la tierra de los *buddhas* eternos, siendo todavía «extinguido hace mucho».[170] «Brotar» y «entrar en el giro» no son para ser aprendidos bajo la gente común ni bajo los dos vehículos, [sino que] deberían seguir el girar de la Flor del Dharma. La «extinción eterna» es un ornamento de la experiencia real que adorna el estado de *buddha*. «Dentro de la estupa», «ante el Buddha», «la estupa preciosa» y el «vacío» no son del pico del Buitre, no son del mundo del Dharma, no son una etapa a mitad de camino y no son de todo el mundo. Tampoco están preocupados con solo un «lugar concreto en el Dharma».[171] Son simplemente «diferentes del pensamiento».[172] Hay girar la Flor del Dharma tanto en «manifestar el cuerpo del Buddha y proclamar el Dharma para otros»[173] como en manifestar este cuerpo y proclamar el Dharma para otros. O girar la Flor del Dharma es la manifestación de Devadatta.[174] O hay girar la Flor del Dharma en la manifestación de «retirarse también es correcto».[175] No siempre midas «la espera, con las palmas juntas y [las caras] mirando hacia arriba»[176] como «sesenta *kalpas* menores».[177] Incluso si la duración de «la espera incondicional»[178] está condensada en simplemente unos pocos incontables *kalpas*, será todavía imposible profundizar en la «sabiduría búdica».[179] ¿Como cuánta sabiduría búdica deberíamos ver a una mente incondicional que está esperando? No veas este girar la Flor del Dharma como solo «la vía del *bodhisattva* practicada en el pasado».[180] Dondequiera que la Flor del Dharma sea una orden completa, la virtud es aquello de girar la Flor Dharma [y es expresada] como «el Tathāgata proclama hoy el Gran Vehículo».[181] [Cuando] la Flor del Dharma justamente ahora es la Flor del Dharma, no es «ni sentida ni reconocida,[182] y al mismo tiempo está «más allá del conocer» y «más allá del entendimiento».[183] Siendo esto así, «quinientas gotas de tinta [*kalpas*]»[184] son una concisa milésima parte [de un instante] de girar la Flor del Dharma: ellas son la vida del Buddha siendo proclamada por cada instante de mente roja.

[70] En conclusión, desde los cientos de años que este sutra fue transmitido a China, para ser girado como la Flor del Dharma, muchas personas, aquí y allí, han mostrado sus comentarios e interpretaciones. Algunos, además, han realizado el estado del Dharma de una persona eminente confiando en este sutra. Pero ninguno ha asido el asunto de «el girar de la Flor del Dharma», o dominado el asunto de «girar la Flor del Dharma» a la manera de nuestro Patriarca Fundador, el *buddha* eterno Sokei. Ahora que hemos escuchado estos [puntos] y ahora que lo hemos encontrado, hemos experimentado el encuentro del *buddha* eterno con el *buddha* eterno: ¿cómo podría [esta] no ser la tierra de los *buddhas* eternos? ¡Qué gozoso es! De *kalpa* a *kalpa* está la Flor del Dharma y de mediodía a la noche está la Flor del Dharma. Puesto que la Flor del Dharma está de *kalpa* a *kalpa* y puesto que la Flor del Dharma está de mediodía a la noche, incluso aunque nuestro propio cuerpo-y-mente crezca fuerte y crezca débil, es justamente la Flor del Dharma en sí misma. La realidad que existe «tal y como es» es «un tesoro»,[185] es «luminosidad»,[186] es una «sede de la verdad»,[187] es «extensa, grande, profunda y eterna»,[188] es «profunda, grande y eterna»,[189] es «la mente en la ilusión, el giro de la Flor del Dharma» y es «la mente en la realización girando la Flor del Dharma», que justo es realmente la Flor del Dharma girando la Flor del Dharma.

[72] *Cuando la mente está en el estado de la ilusión, la Flor del Dharma gira.*
Cuando la mente está en el estado de realización, giramos la Flor del Dharma.
Si la realización perfecta puede ser así,
la Flor del Dharma gira la Flor del Dharma.

Cuando «le servimos ofrendas, veneramos, honramos y alabamos»[190] así, la Flor del Dharma es la Flor del Dharma.

Shobogenzo Hokke-ten-hokke

He escrito esto y lo he presentado a la persona zen Etatsu, en un día de retiro de verano del segundo año de Ninji[191]. Estoy profundamente agradecido de que vaya a abandonar el hogar para practicar la verdad. Simplemente afeitarse la cabeza es un hecho hermoso en sí mismo. Afeitarse la cabeza y afeitarse la cabeza de nuevo: esto es ser un verdadero hijo del trascender la vida familiar.[192] Abandonar el hogar hoy es «los efectos y resultados tal y como son» de «la energía tal y como es», lo cual ha girado la Flor del Dharma hasta ahora. La Flor del Dharma hoy llevará inevitablemente a los frutos de la Flor del Dharma de la Flor del Dharma. No es la Flor del Dharma de Śākyamuni y no es la Flor del Dharma de los *buddhas*: es la Flor del Dharma de la Flor del Dharma. Aunque la «forma» sea «tal y como es», nuestro habitual girar de la Flor del Dharma se ha suspendido en el estado de «ni sentir ni reconocer». Pero la Flor del Dharma se manifiesta ahora de nuevo en el estado «más allá del conocer y más allá del entendimiento». El pasado era exhalación e inhalación y el presente es exhalación e inhalación. Deberíamos mantener y confiar en esto, como la Flor del Dharma que es «demasiado sutil como para pensarla».[193]

Escrito por el fundador de Kannondorikoshohorinji, un śramaṇa que entró en Song y recibió la transmisión del Dharma.

Dogen (su sello escrito).

La copia fue completada en Hogyoji al comienzo de la primavera[194] *en el tercer año de Kagen.*[195]

NOTAS

1. *Juppo-butsudo-chu*. Véase SL 1.106.
2. *Yui-i*. Véase SL 1.106.
3. *Hokke*, más libremente traducido como «el Universo del Loto».
4. «Todos los *buddhas*» es *issai-shobutsu*; «diez direcciones», *juppo*, y «los tres tiempos» (pasado, presente y futuro, es decir, la eternidad), *sanze*. Estas expresiones derivan todas del Sutra del Loto. Véase SL 1.90 y SL 1.128.
5. *Anokutara-sanmyaku-sanbodai*. Estos caracteres, que representan el sonido del sánscrito *anuttara samyaksaṃbodhi*, aparecen frecuentemente por todo el Sutra del Loto. Véase SL 2.156.
6. *Tenhokke*. *Ten* significa literalmente «girar», «mover» o «cambiar». Utilizado aquí como verbo transitivo, implica tanto girar un rollo sobre el que el Sutra del Loto está escrito, como actuar dentro o sobre el universo que se identifica con el Sutra del Loto. El contenido de este capítulo sugiere que leer el Sutra del Loto y realizar el universo real son lo mismo.
7. *Hokketen*. Usado aquí como verbo intransitivo, *ten* sugiere por una parte un rollo del Sutra del Loto que se desenrosca de manera natural, y por otra, la actividad del universo independiente de un sí mismo subjetivo.
8. *Hongyo-bosatsudo*. *Hon* significa «original» y al mismo tiempo sugiere el pasado. *Hongyo* aparece en varios lugares del Sutra del Loto refiriéndose a las acciones de los *bodhisattvas* en el pasado eterno. Véase SL 2.172 y SL 3.20.
9. *Shobutsu-chie-shinjin-muryo*. Véase SL 1.66.
10. *Ansho-zanmai*. Véase SL 1.66.
11. *Nange-nannyu*. Véase SL 1.66.
12. Monjushiri. Un símbolo de la sabiduría budista. En Japón la estatua de la sala de zazen es normalmente una imagen de Mañjuśrī. El Sutra del Loto le describe como surgiendo del gran océano. Véase SL 2.212-214 y SL 2.218.
13. *Nyozeso*. Véase SL 1.68.
14. *Yuibutsu-yobutsu*. Véase SL 1.68.
15. Shakamuni. El Buddha histórico que nació en el clan Śākya. El término sánscrito Śākyamuni significa «Saga de los Śākyas». Véase SL 2.186-88.
16. *Shutsugen-o-se*. Véase SL 1.88-90.
17. *Yui-ga-chi-ze-sho, juppo-butsu-yaku-nen*. Véase SL 1.74.
18. *Ichiji* significa «una vez» (así escrito tanto en la fuente original del *Shobogenzo* como en la referencia original del Sutra del Loto). En esta traducción se ha suprimido «una» por cuestiones estilísticas. Véase SL 1.8 y la nota 148.
19. *Yoku-rei-shujo*. Véase SL 1.88-90.
20. *Kai-ji-go-nyu*. Véase SL 1.88-90.
21. *Ga-gyu-juppo-butsu, nai-no-chi-ze-ji*. Véase SL 1.70.
22. Fugen, el Bodhisattva llamado Samantabhadra en sánscrito. El último capítulo del Sutra del Loto es «Fugen-bosatsu-kanpotsu» («Aliento del Bodhisattva Virtud Universal»). La traducción al castellano de los caracteres chinos que representan los nombres de *bodhisattvas* generalmente ha seguido la traducción del Sutra del Loto.

23. *Fukashigi no kudoku*. Véase SL 3.210 y SL 3.328-30.
24. *Enbudai ni rifu se shimuru*. Véase SL 3.328-30. *Enbudai* representa el sonido del término sánscrito Jambudvīpa, el continente del sur donde, de acuerdo con la antigua cosmología india, viven los seres humanos.
25. *Shindai-ku-on*. Véase SL 3.18 y SL 3.328-30.
26. *Daisho-shoju*. Véase SL 1.274.
27. *Sho-fu-no-chi*. Véase SL 1.66.
28. *Jingyo-joju*. Los caracteres *joju*, «realizar», aparecen a menudo en el Sutra del Loto (véase SL 1.66 y SL 3.328-30). *Jingyo* significa «práctica total» o «acción completa» (véase SL 1.66). En este contexto, *jingyo* sugiere la labor de Virtud Universal de realizar la realidad del Sutra del Loto. Véase SL 3.326.
29. *Ryozen no dai-e*. El pico del Buitre es una plataforma natural en la ladera sur del monte Chatha, con vistas al valle Rājagṛha. Se llamó así porque la silueta de la montaña recordaba a un buitre. El Buddha histórico a menudo enseñaba allí. Véase SL 3.30.
30. *Byakugo-koso*. El círculo de pelo, *ūrṇā* en sánscrito, es una de las treinta y dos marcas distintivas atribuidas al Buddha. El Sutra del Loto describe muchas ocasiones en las que el Buddha proyectaba un rayo de luz de entre sus cejas. Véase SL 1.18, 2.176.
31. El capítulo final del Sutra del Loto, «Fugen-bosatsu-kanpotsu», describe al Bodhisattva Virtud Universal yendo desde el este hasta el pico del Buitre para escuchar las enseñanzas de Śākyamuni sobre este mismo sutra, y prometiendo ir a cualquier lugar donde la gente lo lea y recite para servirles y protegerlos.
32. *Yuijun*. Véase SL 1.38.
33. *Juki* proviene del término sánscrito *vyākaraṇa*, que significa «confirmación». El sexto capítulo del Sutra del Loto y el capítulo 32 (volumen 2) del *Shobogenzo* tienen el título «Juki». Aquí, *juki* se refiere a la confirmación de Mañjuśrī por parte de Maitreya, es decir, la predicción de Mañjuśrī de que Maitreya se convertiría en un *buddha* en el futuro. Véase SL 1.62.
34. *Chiken-haramitsu*. El Maestro Dogen eligió estos caracteres del Sutra del Loto (véase SL 1.68), donde se usan como sustantivo, y los utilizó como un verbo transitivo. *Chi* significa «saber» y *ken*, «ver». *Chiken* quiere decir «conocimiento» o «el saber». El Maestro Dogen a veces utiliza la palabra *chiken* para representar las facultades intelectuales y sensoriales (por ejemplo, en el *Fukanzazengi*: «¿Cómo podría [el digno comportamiento] ser otra cosa que los criterios que preceden al conocer y al ver?»), pero en este capítulo y en el Sutra del Loto, *chiken* sugiere la sabiduría intuitiva de la mente en la acción. *Haramitsu* proviene del sánscrito *pāramitā*, que se traduce como «ido a la orilla opuesta» o «realización». *Chiken-haramitsu* quiere decir el *prajñā* o la verdadera sabiduría experimentada a través del cuerpo-y-mente cuando el sistema nervioso se establece correctamente en zazen (véase el capítulo 2, «Maka-hannya-haramitsu»).
35. *Sho-chu-ko-zen*. Véase SL 1.40.
36. *Yui-i*. En el Sutra del Loto estos caracteres tienen el significado de «solo por la [razón de…]». Véase SL 1.88-90.
37. *Ichijo*, abreviatura de *ichi-butsujo*. Véase SL 1.90.

38. *Ichidaiji*. Véase SL 1.88-90.
39. *Yuibutsu-yobutsu-naino-gujin-shoho-jisso*. O leído en japonés, *yuibutsu-yo-butsu, sunawachi yoku hoho-jisso o guijin su*. Véase SL 1.68.
40. El método natural de zazen.
41. *Shichibutsu*. Véase SL 2.96 y también el capítulo 15, «Busso».
42. *Joju su*. Véase la nota 28.
43. El Maestro Daikan Eno (638-713), un sucesor del Maestro Daiman Konin. Fue el trigésimo tercer patriarca desde el Maestro Mahākāśyapa y el Sexto Patriarca de China. Tuvo excelentes discípulos incluyendo al Maestro Seigen Gyoshi, el Maestro Nangaku Ejo y el Maestro Nan`yo Echu.
44. *Shutsugen-o-se*. Esta expresión aparece muchas veces en el Sutra del Loto con «*buddhas*» como sujeto (véase SL 1.88-90). Aquí el Maestro Dogen la usa con el método budista, zazen, como sujeto.
45. *Shutsugen-o-shi*. Esta es la variación del Maestro Dogen de la expresión del Sutra del Loto.
46. El Maestro Seigen Gyoshi (600?-740). Los linajes de las sectas Soto, Unmon y Hogen surgieron de los descendientes del Maestro Seigen.
47. El Maestro Nangaku Ejo (677-744). Su historia está descrita en el capítulo 62 (volumen 3), «Hensan». Los linajes de las sectas Rinzai e Igyo surgieron de los descendientes del Maestro Nangaku y su sucesor, el Maestro Doitsu.
48. *Nyorai* [*no*] *nyojitsu-chiken*. Véase SL 3.18.
49. *Myohorengekyo,* el título completo del Sutra del Loto, del sánscrito *Saddharmapuṇḍarīka-sūtra*. Véase SL 1.52.
50. *Kyo-bosatsu-ho*. Véase SL 1.52.
51. *Koku*. Véase SL 2.286. Véase también el capítulo 77 (volumen 4), «Koku».
52. *Daikai*. Véase SL 2.212-214.
53. *Daichi*. Véase SL 2.196-98.
54. *Kokudo*. Véase SL 2.286. En este caso, *kokudo* sugiere un reino unificado. Puesto que la verdadera sabiduría del Buddha se identifica con todas las cosas y los fenómenos de este mundo, las cosas concretas como el pico del Buitre, el vacío, los océanos y la tierra forman un todo.
55. *Nyoze*. Véase SL 1.68.
56. *Seso-joju*. Véase SL 1.120.
57. *Nyojitsu* (como en *nyojitsu-chiken*). Véase SL 1.68.
58. *Nyorai-juryo,* el título del décimo sexto capítulo del Sutra del Loto.
59. *Shinjin-muryo*. Véase SL 1.66.
60. *Shogyo-mujo*. Esta es la primera línea del poema de cuatro versos del *Mahāparinirvāṇa-sūtra,* en el que un demonio hambriento le dice al niño *bodhisattva* de los Himalayas: «Las acciones no tienen constancia./La existencia concreta es el surgir y el pasar de los *dharmas*./Después de que el surgir y el pasar hayan cesado./La paz y la tranquilidad son el placer en sí mismo».
61. *Hokke-zanmai*. Véase SL 3.214.
62. *Tenhokke*. Véase la nota 6.
63. *Hokketen*. Véase la nota 7.

64. *Shobogenzo-nehan-myoshin*. El Buddha dijo: «Tengo el tesoro del verdadero ojo del Dharma y la sutil mente del nirvana. Yo los transmito a Mahākāśyapa». Véase por ejemplo el capítulo 68 (volumen 3), «Udonge».
65. *Genshin-dosho*. Véase SL 3.252.
66. *Juki-sabutsu*. Véase por ejemplo SL 1.134 y SL 1.322.
67. El Maestro Daikan Eno (638-713).
68. Konantoro. Este era el nombre de una zona administrativa (cercana a la provincia de Guangdong de hoy en día) creada en el sureste de China durante el reinado del emperador Song Kinei (1068-1077).
69. Hotatsu se hizo monje a la edad de siete años, y hasta encontrarse con el Maestro Daikan Eno, de quien finalmente recibiría la confirmación, se dedicó a recitar el Sutra del Loto.
70. «Hoben», el segundo capítulo del Sutra del Loto.
71. *Innen-shusse*. Véase SL 1.88-90. *In* significa «causas directas o intrínsecas», y *en*, «causas indirectas o externas», «conexiones» o «condiciones». Al mismo tiempo, *innen* representa al término sánscrito *hetu-pratyaya*, que en ocasiones quiere decir «causas» o «propósitos».
72. *Byakugosha*. Símbolo del estado de la sabiduría budista. Véase SL 1.166. El tercer capítulo el Sutra del Loto, «Hiyu» («Una parábola»), es la parábola de un padre rico que persuade a sus hijos para que salgan de una casa en llamas, diciéndoles que en el exterior hay tres clases de carros para que jueguen con ellos (carros de cabras, de ciervos, y de bueyes). Cuando los niños escapan de la casa, el padre les da un gran carro con un yugo de bueyes blancos, que es más de lo que esperaban. Del mismo modo, que los *buddhas* utilicen los medios hábiles quiere decir hacer que los seres vivos realicen la sabiduría del Buddha (incluso aunque discriminen y expliquen los tres vehículos por los que *śrāvakas*, *pratyekabuddhas* y *bodhisattvas* deberían transcender el triple mundo, los *buddhas* saben que en realidad solo existe el Único Vehículo del Buddha, el cual es la verdadera sabiduría de zazen).
73. *Jinji-doryo*. Véase SL 1.72.
74. *Jinshi-gusui*. Véase SL 1.72.
75. *Ken-on*. Véase SL 1.128.
76. Véase SL 1.86.
77. *Monge*. Véase SL 1.164.
78. *Muni-yaku-musan*. Véase SL 1.106.
79. *Chinpo*. Véase SL 1.224.
80. La metáfora del padre (el Buddha) y los hijos (sus seguidores) aparece en la parábola de la casa en llamas y en otros diversos capítulos del Sutra del Loto.
81. *Yuyaku-kanki*. Esta expresión aparece repetidamente en el Sutra del Loto. Véase SL 1.134.
82. Esta es la confirmación del Maestro Daikan Eno.
83. «Historia» es *innen*, literalmente «causas y condiciones». En este caso representa al término sánscrito *nidāna*, que significa una causa primordial o un acontecimiento histórico. Véase el Glosario de términos en sánscrito y la nota 71.
84. *Nyoze*. Véase SL 1.68.

85. *Hokketen*. Desde aquí hasta el final de este largo párrafo, el Maestro Dogen explica *hoketten*, «el girar de la Flor del Dharma». En el siguiente párrafo (62) explica *tenhokke*, «nuestro girar la Flor del Dharma».
86. *Nyozeso*. Véase SL 1.68.
87. Hasta aquí en este párrafo, el Maestro Dogen ha subrayado en términos generales el significado de «el girar de la Flor del Dharma» (*hokketen*). La corta sección que sigue introduce la fase concreta u objetiva. La división en subpárrafos se ha hecho para facilitar la lectura. No hay divisiones en la fuente del texto.
88. *Sekishin* significa «mente desnuda», «mente sincera» o «mente tal y como es».
89. *Nanjira-shogyo, ze bosatsudo*. Véase SL 1.286.
90. *Shobutsu* [*ni*] *bugon* [*suru*], «rendir homenaje a los *buddhas*». Véase SL 1.300.
91. *Hongyo-bosatsudo*. Véase SL 2.172 y SL 3.20.
92. A partir de aquí, el Maestro Dogen considera la analogía de la casa en llamas basada en la realidad objetiva como opuesta al idealismo. En general, la casa en llamas simboliza la ilusión; el campo abierto el estado de realización; la puerta de la casa el proceso que lleva de la ilusión a la realización; los tres carros, los métodos de la práctica budista y el carro del buey blanco, la práctica en el estado de la sabiduría budista: zazen.
93. Negación del pensamiento idealista de que la ilusión existe solamente en la casa en llamas.
94. Incluso la gente que se encuentra en el estado de la sabiduría budista puede experimentar la realización reconociendo sus pensamientos como pensamientos.
95. *Shokyo*. Véase SL 1.166.
96. *Roji*. Véase SL 1.166.
97. Negación de las interpretaciones idealistas de entrar y salir (la realidad está donde ya estamos y, por tanto, no hay ningún lugar donde entrar y ningún lugar del que salir).
98. *Gujin*. En otras partes traducido como «realizar perfectamente». Véase SL 1.68.
99. Negación de la visión idealista de que el proceso budista es solo un medio para un fin.
100. La enseñanza budista siempre confirma la realidad de la situación no idealista, incluso para aquellos que poseen la verdadera sabiduría y viven en el estado de calma.
101. *Tomon no zenmon* sugiere todo el proceso budista como este mismo instante del proceso budista (el momento presente).
102. *Fumon no ichimon* sugiere el proceso budista de un individuo en un tiempo y lugar determinados. Los caracteres *ichimon* aparecen en la parábola de la casa en llamas. Véase SL 1.162. Los caracteres *fumon* están contenidos en el título del vigésimo quinto capítulo del Sutra del Loto, «Kanzeon-bosatsu-fumon» («La puerta universal del Bodhisattva Contemplador de los Sonidos del Mundo»). *Mon* significa tanto «puerta» como «aspecto» y *fu*, «universal» o «toda clase de». El capítulo describe cómo el Bodhisattva Avalokiteśvara se manifiesta de muy diversas formas (*fumon*), para salvar a los seres vivos. Véase SL 3.252 y *samantamukha* en el Glosario de términos en sánscrito

103. Habitualmente pensamos que varios procesos nos conducen a la realización. Esto sugiere, a la inversa, que la realización misma nos lleva a realizar el proceso budista.
104. La sabiduría budista puede ocurrir instantáneamente, incluso antes de que el proceso budista esté acabado.
105. La sabiduría budista puede todavía realizarse incluso después de que el proceso esté completo.
106. Podemos a veces realizar el estado de calma en circunstancias dolorosas o emocionales.
107. La parte que sigue considera la analogía de la casa en llamas sobre la base práctica de la vida diaria.
108. *Fue*. El Maestro Daikan Eno dijo: «No comprendo el Dharma del Buddha» (*gabue buppo*). Véase *Shinji-shobogenzo*, parte 1, nº 59.
109. *Fushiki*. Alude a las palabras del Maestro Bodhidharma. Véase el capítulo 30 (volumen 2), «Gyoji», párrafo 188, y el capítulo 20, «Kokyo», párrafo 162.
110. *Rinden-sangai*. *Rinden* representa la palabra sánscrita *samsāra*, literalmente «vagar por» o «ciclo de existencia mundana». *Sangai*, «triple mundo», significa el mundo tal y como está dividido en las mentes de la gente ordinaria: el mundo ordinario. El Sutra del Loto nos enseña a ver el triple mundo como es realmente: como el triple mundo en sí mismo. Véase SL 3.18.
111. *Shin-on*. Véase SL 1.68.
112. *Anon*. Sugiere una situación ideal. Véase SL 1.146.
113. *Heitan*. Sugiere el estado de equilibrio concreto realizado en la práctica. Estos caracteres no provienen del Sutra del Loto. Aunque sea una expresión ligeramente más abstracta, un equivalente, *heisho*, aparece en muchas ocasiones (a menudo junto con *anon*). Véase SL 1.146.
114. *Shujo-sho-yuraku*. Véase SL 3.32.
115. *Jozai*. Véase SL 3.32.
116. *Waga-jodo-fuki*. Véase SL 3.32.
117. *Hongyo*. Véanse las notas 8, SL 2.172 y SL 3.20.
118. *Isshin-yoku-kenbutsu*. Véanse SL 3.30 y el capítulo 61 (volumen 3), «Kenbutsu».
119. *Bunshin* significa «vástago», y se refiere a los cuerpos de *buddhas* particulares como descendientes del Buddha. Véase SL 2.176.
120. *Zenshin* a veces sugiere el universo como el cuerpo entero del Buddha (como en el capítulo 71 [volumen 3], «Nyorai-zenshin»). Véase SL 2.154.
121. *Gushutsu-ryojusen*. Véase SL 3.30.
122. *Shinmyo o jishaku se zaru*. Véase SL 3.30.
123. *Joju-shi-seppo*. Véanse SL 3.30 y el capítulo 61 (volumen 3), «Kenbutsu».
124. *Hoben-gen-nehan*. Véase SL 3.30.
125. *Shi-fuken no sui-gon*. Véase SL 3.30.
126. *Ishin* significa, literalmente, «una mente», y es utilizado en el Sutra del Loto como adverbio («incondicionalmente»). Véase SL 3.30.
127. *Tennin-jo-juman*. Véase SL 3.32.
128. Birushana. Vairocana es el Buddha del Sol, no mencionado en el Sutra del Loto directamente, pero sí en el *Kanfugenbosatsugyohokyo* (Sutra de la Reflexión en

la Práctica del Dharma por el Bodhisattva Virtud Universal), incluido como la tercera parte del Triple Sutra del Loto.

129. *Jo-jaku-ko-do*. Esta frase está relacionada con la enseñanza de la secta Tendai sobre las cuatro tierras (véase la nota siguiente).
130. *Shido* son las cuatro tierras que simbolizan los cuatro procesos de la vida budista. Estas son *bonsho-dogo-do,* la tierra donde conviven los seres sagrados y la gente ordinaria; *hoben-uyo-do,* la tierra de los medios hábiles donde todavía algo permanece (es decir, la tierra de aquellos que son conducidos por las enseñanzas del Buddha, pero que todavía no las han realizado por sí mismos); *jippo-muge-do,* la tierra de los verdaderos resultados y sin obstáculos (es decir, la tierra de los *bodhisattvas* que han realizado perfectamente la enseñanza), y *jo-jaku-ko-do,* la tierra luminosa y eternamente en paz, que es la morada de aquellos que han realizado la verdad.
131. *Nyoitsu no butsudo*. Véase SL 3.158.
132. *Mijin*. Derivado del sánscrito *paramāṇu,* que indica una porción infinitesimal o átomo. Véase SL 3.130.
133. *Hokkai* significa la realidad inclusiva.
134. *Kyogi-fu-i*. Véase SL 2.156-58.
135. *Yoku-rei-shujo*. Véase SL 1.88-90.
136. *Chiken-haramitsu*. Véase la nota 34.
137. *Juki*. Véase la nota 33.
138. «Agotado perfectamente» es otra expresión de *gujin,* traducido comúnmente como «realizado perfectamente». Véase SL 1.68.
139. *Nyozeriki*. Véase SL 1.68.
140. El Maestro Chokei Eryo le pregunta al Maestro Reiun Shigon: «¿Cuál es la gran intención del Dharma del Buddha?». El Maestro Reiun dice: «Los asuntos del burro sin haber terminado y los asuntos del caballo llegando». Véase *Shinji-shobogenzo,* parte 2, nº 56.
141. *Shutsugen-o-shi*. Véase la nota 45.
142. *Chi-yu*. El título del capítulo del Sutra del Loto es «Ju-chi-yushutsu» («Brotar de la tierra»). Véase SL 2.286.
143. En el capítulo «Brotar de la tierra», se le solicita al Buddha, quien recientemente ha realizado la naturaleza original, que explique por qué los *bodhisattvas* que han buscado la verdad durante mucho tiempo brotan ahora de la tierra y se convierten en sus seguidores. Véase SL 2.318.
144. «Circunstancias» es *ta*. Esto puede interpretarse como «circunstancias» (como opuesto a sí mismo), como «otros» o como «él» (el Buddha en el Sutra del Loto. Véase SL 2.286).
145. *Koku*. Véase SL 2.286. El Triple Sutra del Loto dice que la palabra original en sánscrito en esta parte del Sutra del Loto es *ākāśa* («vacío», «éter»), a menudo utilizada como sinónimo de *śūnyatā* («vacuidad»). En el *Shobogenzo* el carácter chino *ku* incluye ambos significados, esto es, vacío concreto o el cielo, y *śūnyatā*, es decir, el estado en el que no hay nada en nuestra mente. Pero *koku* a menudo tiene un énfasis más concreto («vacío»). Véase el capítulo 77 (volumen 4), «Koku».

146. *Fusho-ji-shiro*. Véase SL 2.318.
147. *Yo no fushin*. Véase SL 2.318.
148. *Ichiji-butsu-ju*, tomado de las primeras palabras del Sutra del Loto. Recordamos que *ichiji* significa «una vez» y no solo «vez». Véase SL 1.8.
149. *Shingo* (como en el poema del Maestro Daikan Eno).
150. En este párrafo en general, el Maestro Dogen repetidamente sugiere la síntesis de dos factores: lo real y lo mental, lo objetivo y lo subjetivo, lo concreto y lo abstracto, la tierra sustancial y el cielo vacuo, la dirección particular hacia abajo y el vacío que lo incluye todo, el objetivo pico del Buitre y la estupa preciosa, el Buddha histórico y el legendario Tathāgata, etcétera.
151. El Sutra del Loto dice *kaho-kuchu-ju*, «abajo, viven en el vacío». Véase SL 2.310. El Maestro Dogen interpretó los caracteres *kaho* y *kuchu* literalmente como frases nominales: «la dirección hacia abajo» y «el interior del vacío». Enfatizó que deberíamos darnos cuenta de que la realidad incluye tanto lo específico (la dirección hacia abajo) como lo inclusivo (el vacío).
152. *Hotsu-bodai*, abreviatura de *hotsu-bodaishin*, «establecer la mente del *bodhi*». Véase SL 2.218.
153. *Nanpo* es un mundo libre de impureza. Véase SL 2.224.
154. *Bunshin*. Véase la nota 119.
155. *Shiki-soku-ze-ku*. Citado del Sutra del Corazón. Véase el capítulo 2. «Makahannya-haramitsu».
156. *Nyaku-tai-nyaku-shutsu*. Véase SL 3.18.
157. *Ku-soku-ze-shiki*. También citado del Sutra del Corazón.
158. *Mu-u-shoji*. Véase SL 3.18.
159. *Zaise*. Véase SL 3.18.
160. *Metsudo*. Véase SL 3.18.
161. *Shin-yu*. Véase SL 2.118.
162. *Keiju*. Véase SL 2.276.
163. *Eju*. Véase SL 2.118.
164. *Butsuzen ni hoto aru*. Tomado de las primeras palabras del décimo primer capítulo del Sutra del Loto, «Ken-hoto» («Visión de la Estupa Preciosa»). Véase SL 2.168.
165. *Ko-gohyaku-yujun*. Véase SL 2.168. Se dice que un *yojana* es el equivalente a la distancia que un buey arrastrando un carro puede recorrer en un día (alrededor de catorce kilómetros y medio. Véase el Glosario de términos en sánscrito). El Maestro Dogen enfatizó que incluso una estupa preciosa tiene su altura concreta.
166. *Tochu ni butsuza*. Véase SL 2.186-88.
167. El Sutra del Loto habla de una estupa brotando de la tierra y permaneciendo en el cielo, lo que sugiere la realización fenoménica basada en lo concreto (véase SL 2.168). El Maestro Dogen consideró dos casos más: la realización concreta que está basada en lo concreto (y que es, por tanto, una realización sin restricción) y la realización concreta que está basada en los fenómenos mentales (es decir, una realización restringida por los ojos y el cuerpo).
168. Sugiere la unicidad de una entidad y el espacio que ocupa.

169. El legendario *buddha* eterno llamado Buddha Abundantes Tesoros (en sánscrito, Prabhūtaratna) y el Buddha Śākyamuni, que existieron históricamente en el pico del Buitre, se hallan al mismo nivel: cuando los veneramos, estamos honrando el mismo estado. Véase SL 2.186-88.
170. *Kumetsudo*. Véase SL 2.190.
171. *Ze-ho-i*. Véase SL 1.120.
172. *Hishiryo* describe el estado en zazen. Véase por ejemplo el capítulo 27 (volumen 2), «Zazenshin»; el capítulo 58 (volumen 3), «Zazengi», y el *Fukanzazengi*. Los caracteres también aparecen en el capítulo «Hoben» («Los medios hábiles») del Sutra del Loto. Véase SL 1.88-90.
173. *Gen-busshin-ji-i-seppo*. Véase SL 3.252.
174. Devadatta era un primo del Buddha y durante una época su discípulo, pero se volvió contra él y causó una escisión dentro de la *sangha*. Por tanto, Devadatta es un símbolo de mal comportamiento. Véase SL 3.282-84. Sin embargo, en el décimo segundo capítulo del Sutra del Loto, «Devadatta», el Buddha afirmó que se convertiría en un *buddha* en el futuro. Véase SL 2.208.
175. *Tai-yaku-ke-i*. Véase SL 1.86-88.
176. *Gassho-sengo-tai* proviene de las palabras de Śāriputra en el Sutra del Loto, capítulo «Hoben», que describen la actitud de los discípulos del Buddha esperándole para que proclame el Dharma. Véase SL 1.80. En estas frases, el Maestro Dogen elogia la actitud de la espera paciente.
177. *Rokuju-shoko*. Véase SL 1.46.
178. *Isshin-tai*. Véase SL 1.64.
179. *Fu-no-soku-bucchi*. Véase SL 1.72.
180. *Hongyo-bosatsudo*. Véanse las notas 8, SL 2.172 y SL 3.20.
181. *Konnichi-nyorai-setsu-daijo*. Véase SL 1.52.
182. *Fukaku-fuchi*. Véase SL 1.160.
183. *Fushiki, fue*. Véanse las notas 108 y 109.
184. *Jinten*, abreviatura de *jintenko*. Véase SL 2.12-14.
185. *Chinpo*. Véase SL 1.224.
186. *Komyo*. Véanse SL 2.286 y el capítulo 36 (volumen 2), «Komyo».
187. *Dojo*. Véase SL 1.120.
188. *Kodai-shinnon*. Véase SL 1.68.
189. *Shindai-ku-on*. Véase SL 3.18-20 y SL 3.328-30.
190. *Kuyo, kugyo, sonju, sandan*. Esta frase aparece en muchas ocasiones en el Sutra del Loto. Véase SL 1.300.
191. Es decir, 1241.
192. *Shon* [*no*] *shukke-ji* significa un verdadero monje.
193. *Myonashi*. Véase SL 1.82.
194. El primer mes del calendario lunar.
195. Es decir, 1305.

Capítulo 18

Shin-fukatoku

La mente no puede asirse (versión antigua)

Comentario: *shin* significa «mente», *fu* y *ka* expresan negación y posibilidad respectivamente, y *toku* quiere decir «asir». *Shin-fukatoku*, o «la mente no puede asirse», es una cita del Sutra del Diamante. El sentido común y la filosofía nos indican que nuestra mente puede ser asida por el intelecto y que debe existir sustancialmente en algún lugar. Por ejemplo, tanto los idealistas alemanes Fichte, Schelling y Hegel como René Descartes, que encabezó su pensamiento con la premisa «*cogito ergo sum*», o «pienso, luego existo», basaron sus filosofías en la existencia de una mente independiente. El budismo no lo cree así, puesto que es una filosofía de la acción, del aquí y ahora, donde toda la existencia es el contacto instantáneo interdependiente de la mente y el mundo externo. En este capítulo, el Maestro Dogen enseñó que la mente no puede asirse, explicando una célebre conversación entre el Maestro Tokusan Senkan y una anciana que vendía pasteles de arroz.

****

[75] El Buddha Śākyamuni dice: «La mente pasada no puede asirse, la mente presente no puede asirse y la mente futura no puede asirse».[1]

Esto es lo que el Patriarca Budista ha dominado en la práctica. El interior «no puede asirse» ha excavado y traído aquí las cuevas[2] del pasado, el presente y el futuro. Al mismo tiempo, ha utilizado la cueva del mismo [Patriarca Budista] y aquí el significado de «sí mismo» es «la mente no puede asirse». El presente pensamiento y la presente discriminación es «la mente no puede asirse». El cuerpo entero utilizando las doce horas es justamente «la mente no puede asirse».

[76] Después de entrar en la habitación de un patriarca budista, comprendemos que «la mente no puede asirse». Antes de entrar en la habitación de un patriarca budista no tenemos preguntas sobre ello, no tenemos aseveraciones sobre ello y ni vemos ni escuchamos «la mente no puede asirse». Los profesores de los sutras y los profesores de los comentarios, *śrāvakas* y *pratyekabuddhas*, nunca lo han visto ni en sueños. La evidencia de esto la tenemos a mano: el Maestro Zen Tokusan Senkan,[3] en los primeros días, se jacta de haber dilucidado el Sutra del Diamante del *Prajñā*.[4] A veces se llama a sí mismo «Shu, Rey del Sutra del Diamante».[5] Es muy célebre por ser especialmente versado en los Comentarios Seiryu,[6] además de los cuales ha editado textos que pesan diez *tan*.[7] Parece ser que no hay otro profesor que pueda equiparársele. [De hecho,] sin embargo, es el último de una línea de profesores literarios del Dharma. Una vez, escucha que hay un supremo Dharma del Buddha recibido por un legítimo sucesor de un legítimo sucesor y, enojado más allá de lo soportable, cruza montañas y ríos llevando sus sutras y comentarios con él, hasta llegar a la orden del Maestro Zen Shin de Ryutan.[8] De camino a esa orden, a la cual pretende unirse, se detiene a descansar. Entonces una anciana se presenta y se detiene [también] a descansar a un lado del camino.

Luego el profesor [Sen]kan pregunta: «Qué clase de persona eres tú?».

La anciana dice: «Soy la anciana que vende pasteles de arroz».

Tokusan dice: «¿Me venderás algunos pasteles de arroz?».

La anciana dice: «¿Por qué le gustaría al maestro comprar pasteles de arroz?».

Tokusan dice: «Quisiera comprar pasteles de arroz para refrescar mi mente».[9]

La anciana dice: «¿Cuál es esa gran carga que lleva el maestro?».

Tokusan dice: «¿No lo has oído? Soy Shu, Rey del Sutra del Diamante. He dominado el Sutra del Diamante. No hay parte de él que no comprenda. Esta [carga] que llevo son los comentarios del Sutra del Diamante».

Escuchando su insistencia, la anciana dice: «La anciana tiene una pregunta. ¿Me permitirá el maestro [preguntar], o no?».

Tokusan dice: «Te doy permiso inmediatamente. Puedes preguntar lo que quieras».

La anciana dice: «He escuchado que en el Sutra del Diamante se dice que la mente pasada no puede asirse, la mente presente no puede asirse y la mente futura no puede asirse. ¿Qué mente ahora pretendes de alguna manera refrescar con los pasteles de arroz? Si el maestro es capaz de decir algo, le venderé los pasteles de arroz. Si el maestro es incapaz de decir nada, no le venderé los pasteles de arroz».

Tokusan se queda con esto estupefacto: no sabe cómo podría responder cortésmente. La anciana simplemente se coloca las mangas[10] y se marcha. Al final, no le vende a Tokusan los pasteles de arroz. Qué lamentable es para un comentarista de cientos de rollos [de texto], un orador durante decenas de años, ser vencido de inmediato y ni siquiera poder dar una respuesta gentil. Tales cosas se deben a la gran diferencia entre [alguien] que ha encontrado un verdadero profesor y ha sucedido a un verdadero profesor y escuchado el Dharma correcto, y [alguien] que nunca ha escuchado el Dharma correcto o encontrado a un verdadero profesor. Ahí es cuando Tokusan por primera vez dice: «Un pastel de arroz pintado en un cuadro no puede matar el hambre». Ahora, según dicen, ha recibido el Dharma de Ryutan.

[81] Cuando consideramos cuidadosamente esta historia del encuentro entre la anciana y Tokusan, la carencia de claridad de Tokusan en el pasado se escucha [aun] ahora. Incluso tras encontrarse con Ryutan podría estar todavía asustado por la anciana. Es simplemente un aprendiz tardío, no un *buddha* eterno que ha trascendido la iluminación. La anciana en esta ocasión calla la boca de Tokusan, pero es difícil determinar que sea una verdadera persona.[11] La razón es que cuando ella escucha las palabras «la mente no puede asirse», solo piensa que la mente no puede obtenerse, o que la mente no existe, y por eso pregunta como lo hace. Si Tokusan fuera un buen individuo, podría haber tenido la fuerza de examinar y vencer a la anciana. Si la hubiera examinado y vencido ya, también sería evidente si la mujer es de hecho una verdadera persona. Tokusan todavía no ha llegado a ser Tokusan y por eso si la anciana es una verdadera persona tampoco es evidente todavía.

[82] Podría ser muy poco fiable y torpe el que los monjes de la montaña del actual gran reino de Song, con sus mantos remendados y amplias mangas,[12] ociosamente se rieran de la incapacidad de Tokusan de responder y se enorgullecieran del inspirado ingenio de la anciana. Puesto que no hay ausencia de razones para dudar de la anciana, en el punto en el que Tokusan es incapaz de decir nada, por qué no dice la anciana a Tokusan: «Ahora el maestro es incapaz de decir nada, [así que] adelante y pregunta [a esta] anciana. La anciana dirá en cambio algo al maestro». Si ella hablara así, y si lo que dijera a Tokusan tras recibir su pregunta fuera expresado correctamente, parecería que la anciana fuera una verdadera persona. Ella tiene preguntas, pero no tiene afirmaciones. Nadie, desde los tiempos antiguos, ha sido llamado una verdadera persona sin haber afirmado nunca una sola palabra. Podemos ver desde [la experiencia] pasada de Tokusan que jactarse ociosamente es inútil, desde el comienzo hasta el final. Podemos saber por el ejemplo de la anciana que alguien que nunca ha expresado nada no puede ser confirmado. Veamos si podemos decir algo en el lugar de Tokusan. Justo cuando la anciana está a punto de preguntarle como lo hace, Tokusan debería decirle inmediatamente: «Si eres así, ¡entonces no me vendas tus pasteles de arroz!». Si Tokusan hablara así, podría ser un practicante inspirado. Tokusan podría preguntar a la anciana: «La mente presente no puede asirse, la mente pasada no puede asirse y la mente futura no puede asirse. ¿Qué mente pretendes ahora refrescar con pasteles de arroz?». Si le preguntara así, la anciana debería decirle inmediatamente a Tokusan: «El maestro solo sabe que los pasteles de arroz no pueden refrescar la mente. No sabe que la mente refresca a los pasteles de arroz y no sabe que la mente refresca a la mente». Si ella dijera esto, Tokusan seguramente dudaría. Justo en ese momento, ella debería tomar tres pasteles de arroz y entregárselos a Tokusan. Cuando Tokusan fuera a tomarlos, la anciana debería decir: «¡La mente pasada no puede asirse!

¡La mente presente no puede asirse! ¡La mente futura no puede asirse!», o si Tokusan no extendiera sus manos para tomarlos, ella debería tomar uno de los pasteles de arroz y golpear a Tokusan con él, diciendo: «¡Tú, cuerpo sin espíritu! ¡No seas tan lerdo!». Cuando ella hablara así, si Tokusan tuviera algo que decir[se], perfecto. Si no tuviera nada que decir, la anciana debería hablar de nuevo con Tokusan. [Pero] ella simplemente se coloca las mangas y se marcha. No podemos suponer que haya una abeja en su manga tampoco. Tokusan no dice: «No puedo decir nada. Por favor, anciana, háblame». De manera que no solo no le dice lo que debería decirle, sino que tampoco le pregunta lo que debería preguntarle. Es lamentable que la anciana y Tokusan, la mente pasada y la mente futura, preguntas y afirmaciones, estén solamente en el estado de «la mente futura no puede asirse». Generalmente, incluso después de esto, Tokusan no parece haber experimentado ninguna gran iluminación, sino solo el extraño instante de una conducta violenta.[13] Si él hubiera estudiado bajo Ryutan durante mucho tiempo, los cuernos de su cabeza hubieran tocado algo y se hubieran roto,[14] y podría haber encontrado el instante en el que la perla bajo la barbilla [del dragón negro][15] es auténticamente transmitida. Simplemente vemos que su vela de papel fue soplada,[16] lo que no es suficiente para la transmisión de la antorcha.[17] Siendo esto así, los monjes que ahora aprenden en la práctica deben siempre ser diligentes en la práctica. Aquellos que se lo toman tranquilamente no hacen lo correcto. Aquellos que fueron diligentes en la práctica son patriarcas budistas. En conclusión, «la mente no puede asirse» significa comprar alegremente un pastel de arroz pintado[18] y masticarlo de un solo bocado.

Shobogenzo Shin-fukatoku

Proclamado a la asamblea en Kannondorikoshohorinji, en el distrito Uji de Yoshu,[19] durante el retiro de verano en el segundo año de Ninji.[20]

NOTAS

1. Esta cita del Sutra del Diamante describe exactamente la vida de los *buddhas* del pasado, presente y futuro. El nombre original del texto es *Kongohannyaharamitsukyo* o Sutra del Diamante *Prajñāpāramitā*, que a su vez proviene del sánscrito *Vajracchedikāprajñāpāramitā-sūtra*. En japonés, se abrevia habitualmente como *Kongokyo* o Sutra del Diamante.
2. *Kutsuro*, literalmente «cueva-jaula», sugiere las condiciones concretas de la vida diaria de un *buddha* (este uso también se encuentra en el capítulo 79 [volumen 4], «Ango»).
3. El Maestro Tokusan Senkan (780-865). Después de viajar desde el sur de China, se encontró con el Maestro Ryutan Soshin, un descendiente de tercera generación del Maestro Seigen Gyoshi. Se dice que el Maestro Tokusan recibió primero el Dharma del Maestro Ryutan y más tarde se encontró con el Maestro Isan Reiyu. Vivió durante treinta años en el distrito de Reiyo para luego huir a la montaña Dokufuzan escapando de la persecución del emperador Bu de la dinastía Tang (regente entre los años 841 y 846), quien intentó abolir el budismo. Finalmente, en la era Daichu (847-860), el gobernador de Buryo le invitó a que fuera el maestro del templo Kotokuzenin. Entre sus sucesores se encuentra el Maestro Seppo Gison.
4. La traducción china más popular del Sutra del Diamante es una versión en un solo volumen de Kumārajīva. El sutra proclama que todos los *dharmas* están desnudos y sin sí mismo. Muchos maestros chinos citaron este sutra en sus enseñanzas, y fue especialmente venerado después de la época del Maestro Daikan Eno.
5. Shu era el apellido del Maestro Tokusan Senkan. Al mismo tiempo, el carácter *shu* significa un ciclo completo y, por tanto, sugiere la completa comprensión del Sutra del Diamante por parte del Maestro Tokusan.
6. Los Comentarios Seiryu fueron escritos en Seiryoji por un monje llamado Doin, bajo las órdenes del emperador Genso (regente entre los años 713 y 755) de la dinastía Tang.
7. Un *tan* son cien *kin*. Un *kin* equivale aproximadamente a seiscientos gramos.
8. El Maestro Ryutan Soshin. Un sucesor del Maestro Tenno Dogo, el cual sucedió a su vez al Maestro Sekito Kisen. Se dice que la familia del Maestro Ryutan vendía pasteles de arroz como medio de vida, pero su biografía no se conoce claramente. Pasó su vida como profesor en el distrito de Reiyo.
9. «Refrescar mi mente» es *tenjin*, utilizado originalmente no como verbo sino como sustantivo (literalmente «me gustaría comprar un pastel de arroz y utilizarlo como refrigerio»). *Ten* significa «iluminar» como una candela; *shin, jin*, «mente», y *tenjin*, «refrigerio» (pasteles, fruta o una taza de tallarines).
10. Un signo de desprecio.
11. *Sono hito* significa, literalmente, «esa persona», «esa misma persona» o «una persona de hechos».

12. *Un-no-ka-bei* significa literalmente «nubes-remiendos-niebla-mangas». Las palabras sugieren la vida natural y las ropas habituales de un monje budista. Por tanto, simbolizan a los monjes mismos.
13. Véase, por ejemplo, *Shinji-shobogenzo*, parte 2, nº 45. «Tokusan proclama al público: "Si haces una pregunta, te equivocas. Si no haces la pregunta, también es un error". Entonces un monje da un paso adelante y se postra. El maestro le golpea inmediatamente...».
14. Los cuernos sobre la cabeza puede interpretarse como símbolos de la alta opinión que el Maestro Tokusan tenía de sí mismo.
15. *Ganju*, literalmente «perla de la barbilla», quiere decir la perla que un dragón retiene bajo su barbilla. La perla de un dragón negro simboliza la verdad.
16. Una tarde Tokusan entra en la habitación del Maestro Ryutan y se queda allí esperando hasta pasada la noche. El Maestro Ryutan le pregunta: «¿Por qué no te retiras?». Tokusan se marcha, pero regresa diciendo: «Está oscuro afuera». El Maestro Ryutan enciende una vela de papel y se la da. Tan pronto como Tokusan la toca, el Maestro Ryutan sopla y la apaga. Entonces el Maestro Tokusan tiene una repentina gran realización y se postra. La historia, que sugiere que una persona no puede encontrar su camino apoyándose en la iluminación de otra, está registrada en el *Shinji-shobogenzo*, parte 2, nº4, y en una versión más simple, en el *Keitokudentoroku*, capítulo 15.
17. *Dento* significa «transmisión de la antorcha», como en el *Dentoroku* («Crónicas de la transmisión de la antorcha»), y simboliza la transmisión del Dharma de patriarca budista a patriarca budista.
18. *Gabyo*. Véase el capítulo 40 (volumen 2), «Gabyo».
19. Corresponde a la prefectura de Kioto de hoy en día.
20. Es decir, 1241.

Capítulo 19

Shin-fukatoku

La mente no puede asirse (última versión)

Comentario: en la edición de noventa y cinco capítulos del *Shobogenzo* hay dos de ellos con el mismo título, «Shin-fukatoku» o «La mente no puede asirse», discriminados habitualmente con la especificación «versión antigua» y «última versión». Aunque su contenido sea distinto, su significado es casi idéntico y están datados en la misma fecha: en el retiro de verano del año 1241. Sin embargo, mientras la versión antigua finaliza con «proclamado a la asamblea», esta termina diciendo «escrito». De este modo, parece que el capítulo antiguo fuera un registro taquigráfico de las enseñanzas del Maestro Dogen y la presente versión, el borrador de su conferencia.

****

[89] «La mente no puede asirse» es los *buddhas*: ellos lo han conservado y se han apoyado en ello como su propio estado de *anuttara samyaksaṃbodhi*.

[90] El Sutra del Diamante dice: «La mente pasada no puede asirse, la mente presente no puede asirse y la mente futura no puede asirse».

Esto es justamente el estado realizado de mantenerse y apoyarse en «la mente no puede asirse», el cual es los *buddhas* en sí mismos. Ellos han confiado en eso y lo han mantenido como «la mente del triple mundo no puede asirse» y como «la mente de todos los *dharmas* no puede asirse». El estado de confianza y mantenimiento que hace esto claro no se experimenta a menos que se aprenda de los *buddhas* y no es auténticamente transmitido a menos que se aprenda de los patriarcas. Aprender de los *buddhas* significa aprender del cuerpo de cinco metros[1] y aprender de un simple tallo de hierba.[2] Aprender de los patriarcas significa aprender de la piel, la carne, los huesos y la médula,[3] y aprender de un rostro que se ilumina con una sonrisa.[4] El sentido de esto es que cuando buscamos [la verdad] bajo [un maestro que] ha recibido evidentemente la auténtica transmisión del tesoro del verdadero ojo del Dharma, el cual ha recibido la legítima transmisión de uno-a-uno del estado en el que el sello de la mente de los *buddhas* y los patriarcas es directamente accesible, entonces, sin falta, los huesos, la médula, el rostro y los ojos [del profesor] se transmiten y recibimos el cuerpo, el pelo y la piel. Aquellos que no aprenden la verdad del Buddha y no entran en la habitación de un patriarca, ni ven, ni escuchan, ni entienden esto. El método de preguntar sobre esto está más allá de ellos. Nunca han realizado los medios para expresarlo ni en sueños.

[92] Tokusan, en tiempos pasados, cuando no era un buen individuo, era una autoridad en el Sutra del Diamante. La gente de aquel tiempo le llamaba Shu, Rey del Sutra del Diamante. De entre más de ochocientos eruditos, él es el rey. No solo está especialmente versado en los Comentarios Seiryu, sino que también ha editado textos que pesan doce *tan*. No hay orador que se le pueda comparar hombro con hombro. En la historia, él escucha que en el sur una verdad suprema de un legítimo sucesor ha sido recibida por un legítimo sucesor, y así, llevando sus textos, viaja a través de montañas y ríos. Hace un descanso a la izquierda del camino que lleva a Ryutan y una anciana se le acerca.

Tokusan pregunta: «¿Qué clase de persona eres?».

La anciana dice: «Soy la anciana que vende pasteles de arroz».

Tokusan dice: «¿Me venderás algunos pasteles de arroz?».

La anciana dice: «¿Para qué le gustaría al maestro comprar pasteles de arroz?».

Tokusan dice: «Quisiera comprar pasteles de arroz para refrescar mi mente».

La anciana dice: «¿Qué es todo eso que lleva el maestro?».

Tokusan dice: «¿No lo has oído? Soy Shu, Rey del Sutra del Diamante. He dominado el Sutra del Diamante. No hay parte de él que no comprenda. Esta [carga] que llevo son los comentarios del Sutra del Diamante».

Escuchando esto, la anciana dice: «La anciana tiene una pregunta. ¿Me permitirá el maestro [preguntar], o no?».

Tokusan dice: «Te doy permiso. Puedes preguntar lo que quieras».

La anciana dice: «He escuchado que en el Sutra del Diamante se dice que la mente pasada no puede asirse, la mente presente no puede asirse y la mente futura no puede asirse. ¿Qué mente ahora pretendes refrescar con mis pasteles de arroz? Si el maestro es capaz de decir algo, le venderé los pasteles de arroz. Si el maestro es incapaz de decir nada, no le venderé los pasteles de arroz».

En esto, Tokusan se queda estupefacto: no podía encontrar ninguna respuesta apropiada. La anciana simplemente se coloca las mangas y se marcha. Al final, no le vende a Tokusan los pasteles de arroz. Qué lamentable fue que un comentarista de cientos de rollos [de texto], un orador durante decenas de años, cayera pronto en la derrota al simplemente recibir una mera pregunta de una humilde anciana. Tales cosas se deben a la gran diferencia entre aquellos que han recibido la transmisión de un maestro y aquellos que no han recibido la transmisión de un maestro; entre aquellos que visitan la habitación de un verdadero profesor y aquellos que no entran en la habitación de un verdadero profesor. Escuchando las palabras «no puede asirse», [algunos] simplemente han comprendido que asir es igualmente imposible tanto para el primer grupo como para el último grupo. Ellos carecen completamente del camino vigoroso.[5] Por otra parte, hay gente que piensa que decimos que no podemos asirlo porque estamos dotados con eso originalmente. Tal [pensamiento] no acierta de ninguna manera. Ahí fue cuando Tokusan por primera vez supo que los pasteles de arroz pintados en un cuadro no pueden matar el hambre y comprendió que para la práctica budista también es necesario encontrarse con una verdadera persona. También comprendió que una persona que ha sido inútilmente atrapada solo por sutras y textos no es capaz de adquirir el verdadero poder. Finalmente visitó a Ryutan y realizó la vía de maestro y discípulo, después de lo cual se convirtió de hecho en una verdadera persona. Hoy no solo es un Patriarca Fundador de las [sectas] Unmon y Hogen,[6] [sino también] un profesor guía en el mundo humano y en los cielos.

[95] Cuando consideramos esta historia, se hace ahora evidente que Tokusan en el pasado no estaba iluminado. Incluso aunque la anciana haya callado ahora la boca de Tokusan, es difícil también decidir que sea una verdadera persona. En resumen, parece que al escuchar las palabras «la mente no puede asirse», ella tan solo considera que la mente no puede existir y por eso pregunta como lo hace. Si Tokusan fuera un buen individuo, podría tener el poder de la interpretación. Si fuera capaz de interpretar [la situación], también se habría hecho evidente si la anciana era una verdadera persona, pero puesto que este es un tiempo en el que Tokusan no era Tokusan, si la anciana es una verdadera persona tampoco se sabe ni es evidente. Es más, no estamos sin razones para dudar ahora de la anciana. Cuando Tokusan es incapaz de decir nada, por qué no dice a Tokusan: «Ahora el maestro es incapaz de decir nada, así que adelante por favor y pregunta a [esta] anciana. La anciana le dirá en cambio algo al maestro». Entonces, tras recibir la pregunta de Tokusan, si ella hubiera tenido algo que decir a Tokusan, la anciana podría mostrar alguna habilidad real. Alguien que tiene el estado del esfuerzo común a los huesos y la médula y a los rostros y los ojos de los ancestros, y [común] a la luminosidad y la forma manifiesta de los *buddhas* eternos, en tal situación no tiene problema no solo en afianzarse, sino también en desprenderse de Tokusan, de la anciana, de lo inasible, de lo asible, de los pasteles de arroz y de la mente. La «mente búdica» es justamente los tres tiempos.[7] La mente y los tres tiempos no están separados por una milésima ni una centésima, sino que cuando se separan y comentamos su separación, entonces la distancia profunda [entre ellos] se ha ido [ya] entre ochenta y cuatro mil.[8] Si [alguien] dice: «¿Qué es la mente pasada?», deberíamos decir a esa persona: «No puede asirse». Si [alguien] dijera: «¿Qué es la mente presente?», deberíamos decir a esa persona: «no puede asirse». Si [alguien] dijera: «¿Qué es la mente futura», deberíamos decir a esa persona: «No puede asirse». El asunto aquí no es decir que hay mente, la cual provisionalmente llamamos inasible: simplemente estamos diciendo, por ahora, «no puede asirse». No decimos que sea imposible asir la mente: tan solo decimos «no puede asirse». No decimos que sea posible asir la mente: tan solo decimos «no puede asirse». Además, si [alguien] dijera: «¿Qué es el estado de "la mente pasada no puede asirse"?», deberíamos decir: «vivir-y-morir, ir-y-venir». Si [alguien] dijera: «¿Qué es el estado de "la mente presente no puede asirse"?», deberíamos decir: «vivir-y-morir, ir-y-venir». Si [alguien] dijera: «¿qué es el estado de "la mente futura no puede asirse"?», deberíamos decir: «Vivir-y-morir, ir-y-venir». En resumen, hay mente búdica como vallas, muros, tejas y guijarros, y todos los *buddhas* de los tres tiempos experimentan esto como «no puede asirse». Solo hay vallas, muros, tejas y guijarros, los cuales son la mente búdica misma, y los *buddhas* experimentan esto en los tres tiempos como «no puede asirse». Además, está el estado de «no puede asirse» en sí mismo, existiendo como montañas, ríos y la Tierra. Hay [veces en las que] el estado de «no puede asirse» como hierba, árboles, viento y agua es justamente la mente. También hay [veces en las que] «la mente a la que deberíamos dar lugar mientras no tengamos morada»[9] es el estado de «no puede asirse». Todavía más, la mente en el estado de «no puede asirse», que está proclamando ochenta mil puertas del Dharma a través de todas las épocas de todos los *buddhas* de las diez direcciones, es así.

[99] Un ejemplo más: en la época del Maestro Nacional Daisho,[10] Daini Sanzo[11] llegó a la capital[12] desde los lejanos Cielos del Oeste,[13] proclamando haber realizado el poder de conocer las mentes de otros.[14] En la historia, el emperador Tang Shukuso[15] ordena al Maestro Nacional examinar [a Sanzo]. Tan pronto como Sanzo se encuentra con el Maestro Nacional, inmediatamente se postra y se sitúa a la derecha [del maestro].

Poco después, el Maestro Nacional pregunta: «¿Has obtenido el poder de conocer las mentes de otros, o no?».

Sanzo dice: «No sería tan atrevido [como para decirlo]».[16]

El Maestro Nacional dice: «Dime, ¿dónde está ahora [este] viejo monje?».

Sanzo dice: «Maestro, eres el profesor de todo el país. ¿Por qué estás en el Río del Oeste mirando una carrera de barcas?».

El Maestro Nacional, después de un rato, pregunta por segunda vez: «Dime, ¿dónde está ahora el viejo monje?».

Sanzo dice: «Maestro, eres el profesor de todo el país. ¿Por qué estás en el puente Tianjin[17] mirando [a alguien] jugar con un mono?».

El Maestro Nacional pregunta de nuevo: «Dime, ¿dónde está ahora el viejo monje?».

Sanzo se toma un tiempo, pero ni sabe nada ni ve nada. Entonces el Maestro Nacional le regaña diciendo: «Tú, fantasma de un zorro salvaje,[18] ¿dónde está tu poder de conocer las mentes de otros?».

Sanzo no responde más.[19]

[101] Si no conociéramos tal episodio, sería malo, y si no estuviéramos informados sobre él, podríamos tener dudas. Los patriarcas budistas y los eruditos del Tripiṭaka[20] nunca pueden ser iguales: están tan lejos como cielo y tierra. Los patriarcas budistas han clarificado el Dharma del Buddha. Los eruditos del Tripiṭaka nunca lo han clarificado en absoluto. Respecto al [título] «erudito del Tripiṭaka», de hecho, hay incluso casos de gente secular siendo «un erudito del Tripiṭaka». Ello representa, por ejemplo, la adquisición de un puesto en la cultura literaria. Siendo esto así, incluso si [Sanzo] no solo ha entendido todos los lenguajes de la India y de China sino que también ha realizado el poder de conocer la mente de otros, nunca ha visto el cuerpo-y-mente de la verdad budista ni en sueños. Por esta razón, en su audiencia con el Maestro Nacional, el cual ha experimentado el estado de los patriarcas budistas, [Sanzo] es reconocido inmediatamente. Cuando aprendemos la mente en el budismo, la miríada de *dharmas* son la mente misma[21] y el triple mundo es justamente la mente sola.[22] Puede ser que la mente sola sea justamente la mente sola[23] y que el *buddha* concreto sea la mente aquí y ahora.[24] Tanto si es el sí mismo como si es el mundo externo, no debemos equivocarnos sobre la mente de la verdad de Buddha. Nunca podría flotar inútilmente en el Río del Oeste o caminar sobre el puente

Tianjin. Si queremos mantener y apoyarnos en el cuerpo-y-mente de la verdad del Buddha, debemos aprender el poder que es la sabiduría de la verdad del Buddha. Es decir, en la verdad del Buddha toda la tierra es la mente, la cual no cambia a través del surgir y el desaparecer, y todo el Dharma es la mente. También deberíamos aprender toda la mente como el poder de la sabiduría. Sanzo, no habiendo visto esto todavía, no es nada más que el fantasma de un zorro salvaje. Así que, incluso las dos primeras veces, [Sanzo] nunca ve la mente del Maestro Nacional y nunca penetra[25] en la mente del Maestro Nacional en absoluto. Es un cachorro de zorro salvaje jugando ociosamente con nada más que el Río del Oeste, el puente Tianjin, una carrera de barcas y un mono: ¿cómo podría esperar ver al Maestro Nacional? Además, es evidente el hecho de que [Sanzo] no pueda ver el lugar donde está el Maestro Nacional. A él se le pregunta tres veces: «Dime dónde está ahora el viejo monje», pero no escucha esas palabras. Si pudiera escuchar, podría investigar [más allá], [pero] puesto que no escucha, erra progresivamente sin prestar atención. Si Sanzo hubiera aprendido el Dharma del Buddha, habría escuchado las palabras del Maestro Nacional y podría haber visto el cuerpo-y-mente del Maestro Nacional. Puesto que no aprende el Dharma del Buddha en su vida diaria, incluso aunque había nacido para encontrarse con un profesor guía del mundo humano y de los cielos, ha desperdiciado [la oportunidad] en vano. Es lamentable y es deplorable. En general, ¿cómo podría un erudito del Tripiṭaka acatar la conducta de un patriarca budista y conocer los límites del Maestro Nacional? Es innecesario decir que los profesores de los comentarios de los Cielos del Oeste y los eruditos indios del Tripiṭaka nunca podrían conocer la conducta del Maestro Nacional en absoluto. Los reyes y dioses pueden saber, y los profesores de los comentarios pueden saber, lo que los profesores del Tripiṭaka saben. ¿Cómo puede ser que los profesores de los comentarios y los dioses sepan estar más allá de la sabiduría de los [*bodhisattvas* en] el lugar de la asignación, o más allá de los [*bodhisattvas* en] los diez estadios sagrados y los tres estadios hábiles? Los dioses no pueden conocer, y [los *bodhisattvas* en] el lugar de la asignación[26] nunca han clarificado, el cuerpo-y-mente del Maestro Nacional. La discusión del cuerpo-y-mente entre los budistas es así. Deberíamos saberlo y confiar en ello.

[105] El Dharma de nuestro gran profesor Śākyamuni nunca es similar a los fantasmas de zorros salvajes –los dos vehículos, no-budistas y similares–. A pesar de todo, cada uno de los venerables patriarcas, a través de las épocas, ha estudiado esta historia, y su comentario ha sobrevivido:[27]

> Un monje le pregunta a Joshu:[28] «¿Por qué Sanzo no ve dónde está el Maestro Nacional la tercera vez?». Joshu dice: «No le ve porque el Maestro Nacional está exactamente en los agujeros de la nariz de Sanzo».
> Otro monje pregunta a Gensha:[29] «Si [el Maestro Nacional] ya está en los agujeros de la nariz [de Sanzo], ¿por qué [Sanzo] no le ve?». Gensha dice: «Simplemente por estar tremendamente cerca».
> Kaie Tan[30] dice: «Si el Maestro Nacional está justamente en los agujeros de la nariz de Sanzo, ¿qué dificultad podría tener [Sanzo] en verle? Por encima de todo, no se ha reconocido que el Maestro Nacional esté dentro de los ojos de Sanzo».
> En otra ocasión, Gensha desafía[31] a Sanzo con estas palabras: «¡Tú! ¡Di! ¿Has visto algo, incluso las dos primeras veces?». Setcho Ken[32] dice: «He sido vencido. He sido vencido».
> Todavía en otra ocasión, un monje le pregunta a Kyozan:[33] «¿Cómo es que la tercera vez, aunque Sanzo tarda un tiempo, no ve dónde está el Maestro Nacional?». Kyozan dice: «Las dos primeras veces la mente [del maestro] se pasea por circunstancias externas. Luego entra en el *samādhi* de recibir y usar el sí mismo,[34] y por eso [Sanzo] no le ve».

Todos estos cinco venerables patriarcas están en lo cierto, pero pasaron por alto la conducta del Maestro Nacional: comentando solo el error de conocimiento [de Sanzo] la tercera vez, parecen admitir que las dos primeras veces supo. Esta es una equivocación de los ancestros y los estudiantes de épocas posteriores deberían saberlo.

[108] Las dudas presentes de Kosho (Dogen)[35] sobre los cinco venerables patriarcas son dobles. Primero, no conocen la intención del Maestro Nacional al examinar a Sanzo. Segundo, no conocen el cuerpo-y-mente del Maestro Nacional.

[109] Ahora, la razón por la cual digo que desconocen la intención del Maestro Nacional al examinar a Sanzo es la siguiente: primero el Maestro Nacional dice: «Dime dónde está ahora el viejo monje». La intención expresada [aquí] es probar si Sanzo ha conocido el Dharma del Buddha alguna vez, o no. En este momento, si Sanzo hubiera escuchado el Dharma del Buddha, habría estudiado de acuerdo con el Dharma del Buddha la pregunta «¿dónde está ahora el viejo monje?». Habiendo estudiado de acuerdo con el Dharma del Buddha, el «dónde está ahora el viejo monje» del Maestro Nacional se preguntaría: «¿Estoy en este lugar?», «¿estoy en ese lugar?», «estoy en el supremo estado del *bodhi*?», «¿estoy en la *prajñāpāramitā*?», «¿estoy suspendido en el vacío?», «¿estoy de pie sobre la tierra?», «¿estoy en una choza de paja?» y «¿estoy en el lugar del tesoro?». Sanzo no reconoce esta intención y, por tanto, vanamente ofrece las visiones y opiniones de la persona común, los dos vehículos y similares. El Maestro Nacional pregunta de nuevo, «dime dónde está ahora este viejo monje». Aquí de nuevo Sanzo ofrece palabras inútiles. El Maestro Nacional pide todavía una vez más: «Dime dónde está ahora este viejo monje», después de lo cual Sanzo se toma un momento pero no dice nada: su mente está desconcertada. Entonces el Maestro Nacional regaña a Sanzo diciendo: «Tú, fantasma de un zorro salvaje, ¿dónde está tu poder de conocer las mentes de otros?». Así reprendido, Sanzo todavía no tiene nada que decir[se]. Habiendo considerado este episodio cuidadosamente, todos los ancestros piensan que el Maestro Nacional reprende ahora a Sanzo porque, incluso si [Sanzo] supiera dónde estaba el Maestro Nacional las dos primeras veces, no lo sabe la tercera vez. Eso no es así. El Maestro Nacional reprende completamente a Sanzo por no ser nada más que el fantasma de un zorro salvaje y nunca haber visto el Dharma del Buddha ni en sueños. [El Maestro Nacional] nunca ha dicho que [Sanzo] supiera las dos primeras veces pero no la tercera. Su crítica es una rotunda crítica a Sanzo. La idea del Maestro Nacional es, primero, considerar si es posible llamar al Dharma del Buddha «el poder de conocer las mentes de otros», o no. Además, piensa: «Si hablamos de "el poder de conocer las mentes de otros", debemos tomar a "otros" de acuerdo con la verdad del Buddha, debemos tomar "la mente" de acuerdo con la verdad del Buddha y debemos tomar "el poder de conocer" de acuerdo con la verdad del Buddha, pero lo que ahora está diciendo Sanzo no encaja con la verdad del Buddha en absoluto. ¿Cómo podría ello llamarse el Dharma del Buddha?». Estos son los pensamientos del Maestro Nacional. El significado de esta prueba es el siguiente: incluso si [Sanzo] dice algo la tercera vez, si es como las dos primeras veces –contrario a los principios del Dharma del Buddha y contrario a la intención fundamental del Maestro Nacional–, debe criticarse. Cuando [el Maestro Nacional] pregunta tres veces, está preguntando una y otra vez si Sanzo ha sido capaz de comprender las palabras del Maestro Nacional.

[112] La segunda [duda] –que [los cinco venerables patriarcas] no conocen el cuerpo-y-mente del Maestro Nacional– es que el cuerpo-y-mente del Maestro Nacional no puede ser conocido y no puede ser penetrado[36] por los eruditos del Tripiṭaka. Eso está más allá de la realización de [los *bodhisattvas* en] los diez estadios sagrados y los tres estadios hábiles, y está más allá de la clarificación de [los *bodhisattvas* en] el lugar de la asignación o [en] el estado de la conciencia equilibrada,[37] así que ¿cómo podría la persona común Sanzo conocerlo? Debemos determinar claramente [la verdad de] este principio. Si [la gente] afirma que incluso Sanzo podría conocer, o podría realizar, el cuerpo-y-mente del Maestro Nacional, es porque ellos mismos no conocen el cuerpo-y-mente del Maestro Nacional. Si decimos que la gente que ha adquirido el poder de conocer las mentes de otros puede conocer al Maestro Nacional, entonces ¿pueden también los dos vehículos conocer al Maestro Nacional? Eso es imposible: la gente de los dos vehículos no puede nunca llegar ni a la periferia del Maestro Nacional. Hoy en día, mucha gente de los dos vehículos ha leído los sutras del Gran Vehículo, [pero] ni ellos incluso pueden conocer el cuerpo-y-mente del Maestro Nacional. Además, no pueden ver el cuerpo-y-mente del Dharma del Buddha ni en sueños. Incluso si parecieran leer y recitar los sutras del Gran Vehículo, deberíamos claramente saber que son completamente gente de los Pequeños Vehículos. En resumen, el cuerpo-y-mente del Maestro Nacional no puede ser conocido por la gente que adquiere poderes místicos, ni consiguiendo práctica y experiencia. Podría ser difícil incluso para el Maestro Nacional profundizar en el cuerpo-y-mente del Maestro Nacional. ¿Por qué? [Porque] su conducta ha sido desde hace mucho liberada de la meta de convertirse en un *buddha* y, por tanto, incluso el ojo del Buddha no podría vislumbrarlo. Su ir-y-venir ha trascendido de lejos el nido y no puede contenerse por nidos ni jaulas.

[114] Ahora me gustaría examinar y vencer a cada uno de los cinco venerables patriarcas. Joshu dice que, puesto que el Maestro Nacional está exactamente en los agujeros de la nariz de Sanzo, [Sanzo] no le ve. ¿Qué significa este comentario? Tales errores suceden cuando discutimos detalles sin clarificar la sustancia. ¿Cómo podría el Maestro Nacional estar exactamente en los agujeros de la nariz de Sanzo? Sanzo no tiene agujeros de la nariz. Por otra parte, aunque parezca que los medios están presentes para que el Maestro Nacional y Sanzo se miren el uno al otro, no hay manera de que se acerquen el uno al otro. Los ojos clarificados afirmarán con seguridad [que esto es así].[38]

Gensha dice: «Simplemente por estar tremendamente cerca». Ciertamente, su «tremendamente cerca» puede dejarse tal y como está, [pero] se equivoca. ¿Qué estado describe él como «tremendamente cerca»? ¿Qué objeto cree que está «tremendamente cerca»? Gensha no ha reconocido «la tremenda cercanía» y no ha experimentado «la tremenda cercanía». Respecto al Dharma del Buddha, es el que más lejos está.

Kyozan dice: «Las dos primeras veces la mente [del maestro] vaga en circunstancias externas. Luego entra en el *samādhi* de recibir y usar el sí mismo, y por eso [Sanzo] no le ve». Aunque lo que dice [Kyozan] como un pequeño eco en las alturas de Śākyamuni resuena mucho en los Cielos del Oeste, no está exento de error. Si está diciendo que cuando [la gente] se ve una a otra inevitablemente vaga por circunstancias externas, entonces parecería que los patriarcas budistas en ningún caso se ven los unos a los otros y parecería no haber estudiado las virtudes de la confirmación y de convertirse en un *buddha*. Si dice que Sanzo, las dos primeras veces, era realmente capaz de conocer el lugar donde estaba el Maestro Nacional, debo decir que [Kyozan] no conoce la virtud de un solo pelo del cabello del Maestro Nacional.

Gensha increpa: «¿Has visto algo incluso las dos primeras veces?». Esta declaración «¿has visto algo?» parece decir lo que tiene que decirse, pero no es correcta porque sugiere que la vista [de Sanzo] es como no ver.[39]

Escuchando lo de arriba, el Maestro Zen Setcho Myokaku[40] dice: «He sido vencido, he sido vencido». Cuando veamos las palabras de Gensha como la verdad, deberíamos hablar así. Cuando no las veamos como la verdad, no deberíamos hablar así.

Kaie Tan dice: «Si el Maestro Nacional está exactamente en los agujeros de la nariz de Sanzo, ¿qué dificultad podría tener [Sanzo] en verle? Por encima de todo, no se ha reconocido que el Maestro Nacional esté dentro de los ojos de Sanzo». Esto, de nuevo, [solo] trata la tercera vez. No critica [a Sanzo] como debería criticarlo por no ver tampoco las dos primeras veces. ¿Cómo podría saber [Kaie] si el Maestro Nacional está en los agujeros de la nariz [de Sanzo] o dentro de los ojos [de Sanzo]?

[117] Cada uno de los cinco venerables patriarcas está ciego a la virtud del Dharma del Buddha. Recuerda, el Maestro Nacional es justamente un *buddha* a lo largo de todas las épocas. Ha recibido definitivamente la auténtica transmisión del tesoro del verdadero ojo del Dharma del Buddha. Los eruditos del Tripiṭaka, profesores de los comentarios y otros de los Pequeños Vehículos desconocen completamente los límites del Maestro Nacional, y la prueba de ello está aquí. «El poder de conocer las mentes de otros», como se comenta en los Pequeños Vehículos, debería llamarse «el poder de conocer las ideas de otros». Haber pensado que un erudito del Tripiṭaka del Pequeño Vehículo con el poder de conocer las mentes de otros pudiera ser capaz de conocer un simple pelo o la mitad de un pelo del cabello del Maestro Nacional es un error. Debemos solamente aprender que un erudito del Tripiṭaka del Pequeño Vehículo es completamente incapaz de ver la situación de la virtud del Maestro Nacional. Si [Sanzo] conocía dónde estaba el Maestro Nacional las dos primeras veces pero no lo sabía la tercera vez, poseería la habilidad que es dos tercios del todo y no merecería ser criticado. Si fuera criticado, no sería por una total carencia [de habilidad]. Si [el Maestro Nacional] acusara a tal persona, ¿quién podría confiar en el Maestro Nacional? La intención [del Maestro Nacional] es criticar a Sanzo por carecer completamente del cuerpo-y-mente del Dharma del Buddha. Los cinco venerables patriarcas tienen tal incorrección porque no reconocen en absoluto la conducta del Maestro Nacional. Por esta razón, he permitido que se escuche la enseñanza de «la mente no puede asirse». Es difícil de creer que la gente que no es capaz de penetrar este único *dharma* pueda haber penetrado otros *dharmas*. Sin embargo, deberíamos saber que incluso los ancestros han [cometido] tales errores que deben verse como errores.

[118] En una ocasión, un monje le pregunta al Maestro Nacional: «¿Cuál es la mente de los *buddhas* eternos?».[41] El Maestro Nacional dice: «Las vallas, los muros, las tejas y los guijarros». Esto también es «la mente no puede asirse». En otra ocasión, un monje le pregunta al Maestro Nacional: «Cuál es la mente constante y perdurable de los *buddhas*?». El Maestro Nacional dice: «Afortunadamente te has encontrado la visita de palacio de un viejo monje».[42] Esto también es dominar el estado de «la mente no puede asirse». El dios Indra, en otra ocasión, le pregunta al Maestro Nacional: «¿Cómo podemos liberarnos del devenir?».[43] El Maestro Nacional dice: «¡Celestial! Puedes liberarte del devenir practicando la verdad». El dios Indra pregunta de nuevo: «¿Qué es la verdad?». El Maestro Nacional dice: «La mente en el instante es la verdad». El dios Indra dice: «¿Qué es la mente en el instante?». Apuntando con su dedo, el Maestro Nacional dice: «Este lugar es el estado del *prajñā*. Ese lugar es el nido de perlas». El dios Indra hace postraciones.

[120] En conclusión, en las órdenes de los *buddhas* y los patriarcas, a menudo hay discusiones sobre el cuerpo y sobre la mente en la verdad del Buddha. Cuando aprendemos ambos juntos en la práctica, el estado está más allá del pensamiento y la percepción de la persona común, y de los sabios y los santos. [Así] debemos dominar en la práctica «la mente no puede asirse».

SHOBOGENZO SHIN-FUKATOKU

Escrito en Koshohorinji en un día del retiro de verano en el segundo año de Ninji.[44]

NOTAS

1. El cuerpo dorado de cinco metros del Buddha: una imagen del estado perfecto.
2. Una cosa concreta.
3. El Maestro Bodhidharma les dijo a sus cuatro discípulos que tenían su piel, su carne, sus huesos y su médula. Véase el capítulo 46 (volumen 3), «Katto».
4. El rostro del Maestro Mahākāśyapa se iluminó con un sonrisa cuando el Buddha le mostró una flor de *uḍumbara*. Véase el capítulo 68 (volumen 3), «Udonge». El Maestro Dogen frecuentemente utilizaba las palabras «piel», «carne», «huesos» y «médula», y la expresión «un rostro iluminándose con una sonrisa», como símbolos de la transmisión de patriarca budista a patriarca budista.
5. *Katsuro*. El *Fukanzazengi* contiene las palabras *shusshin no katsuro*, «el camino vigoroso de liberarnos del cuerpo».
6. La secta Unmon recorre su linaje a partir del Maestro Unmon Bun`en (864-949), un sucesor del Maestro Seppo Gison, quien a su vez sucedió al Maestro Tokusan. La secta Hogen, por otra parte, recorre su linaje desde el Maestro Hogen Bun`eki (885-958), un sucesor del Maestro Rakan Keichin, el cual sucedió al Maestro Gensha Shibi, quien a su vez había sucedido al Maestro Seppo Gison.
7. Pasado, presente y futuro: la existencia eterna.
8. La realidad incluye todas las cosas y los fenómenos sin separación, pero si intentamos comprenderlo intelectualmente, perdemos por completo el estado de la realidad.
9. *O-mu-shoju-ji-sho-shin*, o en la pronunciación japonesa *masani jusho naku shi te sono kokoro o shozu beshi*, literalmente significa «mientras todavía no tengamos morada, deberíamos hacer que la mente surgiera». Estas palabras provienen del Sutra del Diamante. Cuando el Maestro Daikan Eno las escuchó recitar en la plaza de un mercado, decidió inmediatamente abandonar el hogar y hacerse monje. Véase el capítulo 30 (volumen 2), «Gyoji».
10. El Maestro Nan`yo Echu (675?-775), un sucesor del Maestro Daikan Eno. Póstumamente el emperador le otorgó el título de «Maestro Nacional Daisho».
11. *Sanzo* representa el significado del sánscrito Tripiṭaka, las tres cestas de Sutra (escrituras), Vinaya (preceptos) y Abhidharma (comentarios). El título Sanzo se le daba a una persona que era experta en el estudio del Tripiṭaka.
12. La antigua capital de la provincia de Luoyang de hoy en día.
13. *Saiten* (Cielos del Oeste): India.
14. *Tashintsu*. Véase el capítulo 80 (volumen 4), «Tashintsu».
15. El tercer hijo del emperador Genso (regente desde el año 756 hasta su muerte en el 762). También mencionado en el capítulo 1, «*Bendowa*», y en el capítulo 86 (volumen 4), «Shukke-kudoku».
16. Sanzo sugirió que tenía la habilidad, pero la modestia le previno de atreverse a decirlo.
17. Tianjin es una gran ciudad y puerto en la provincia de Hopeh, al sudeste de Pekin.

18. *Yakozei.* En el capitulo 8, «Raihai-tokuzui», «el fantasma de un zorro salvaje» simboliza la cualidad natural y mística de una persona que ha realizado el Dharma. En este caso se refiere a las pretensiones místicas de Sanzo.
19. Esta historia, junto con los comentarios de los cinco venerables patriarcas, también aparece en el capítulo 80 (volumen 4), «Tashintsu». En el presente capítulo el Maestro Dogen la escribió en japonés, pero en el «Tashintsu» aparece solo en caracteres chinos. La cita proviene originalmente del *Keitokudentoroku,* capítulo 5.
20. «Eruditos del Tripiṭaka» es *sanzo*. Véase la nota 11.
21. *Banpo-sokushin.*
22. *Sangai-yuishin.* Véase el capítulo 47 (volumen 3), «Sangai-yuishin». Las dos expresiones de esta frase son tradicionales.
23. *Yuishin kore yuishin.*
24. *Zebutsu-soku-shin.* Las dos partes de esta frase son variaciones del Maestro Dogen de expresiones tradicionales. En el capítulo 6, «*Soku-shin-ze-butsu*», el Maestro Dogen utiliza los cuatro caracteres *soku-shin-ze-butsu* en diversas combinaciones. Sin embargo, la combinación utilizada aquí, *zebutsu-soku-shin,* no aparece en el capítulo 6.
25. *Tsuzu.* El mismo carácter, como nombre, aparece en la expresión *jintsu,* «poderes místicos», uno de los cuales es *tashintsu,* «el poder de conocer las mentes de otros».
26. *Hosho,* abreviatura de *issho-hosho no bosatsu,* literalmente significa «un *bodhisattva* en el lugar de la asignación en una vida», es decir, un *bodhisattva* que va a convertirse en un *buddha.* En la imaginería de la antigua India, los *bodhisattvas* viven sus últimas vidas en el Cielo Tuṣita antes de descender al mundo para convertirse en *buddhas.*
27. Las cinco historias siguientes se contienen en un solo párrafo en la fuente original.
28. El Maestro Joshu Jushin (778-897), sucesor del Maestro Nansen Fugan. Véase por ejemplo el capítulo 35 (volumen 2), «Hakujushi».
29. El Maestro Gensha Shibi (835-907), sucesor del Maestro Seppo Gison. Véase por ejemplo el capítulo 4, «Ikka-no-myoju».
30. El Maestro Kaie Shutan (1025-1072), sucesor del Maestro Yogi Hoe.
31. *Cho su* significa «solicitar [una opinión]». Al mismo tiempo, *cho* se utiliza a veces intercambiablemente con otro carácter pronunciado *cho,* el cual quiere decir «castigar».
32. El Maestro Setcho Juken (980-1052), un sucesor del Maestro Chimon Koso. Sus palabras elogian el comentario del Maestro Gensha. El Maestro Setcho es conocido por promover las enseñanzas de la secta Unmon (fundada por el Maestro Unmon Bun`en [864-949]), y por recopilar cien historias o koanes del *Keitokudentoroku* y elogiarlos con poemas. El Maestro Engo Kokugon (1063-1135) más tarde basó su popular comentario, el *Hekiganroku* (Crónicas del Acantilado Azul), en el texto original del Maestro Setcho. El Maestro Daie Soko (1089-1163), aunque fuera el creador del llamado koan zen, era un estudiante del Maestro Engo Kokugon. Los discípulos del Maestro Setcho, tras su muerte, recopilaron sus obras en el *Iroku* (Crónicas legadas, en siete volúmenes).

33. El Maestro Kyozan Ejaku (803-887), un sucesor del Maestro Isan Reiyu. El *Goroku,* una crónica de sus palabras, está en un solo volumen.
34. *Jijuyo-zanmai.* Es decir, el estado de equilibrio natural. Véase el capítulo 1, «Bendowa».
35. Kosho. En aquella época el Maestro Dogen era el maestro de Koshohorinji.
36. *Tsuzu.* Véase la nota 25.
37. Se dice que un *bodhisattva* pasa por cincuenta y dos estadios en el camino a la budeidad: los diez estadios de la confianza, treinta estados clasificados como los tres estadios hábiles, los diez estadios sagrados, el penúltimo estado (*tokaku* o «conciencia equilibrada») y finalmente el último estado (*myokaku* o «iluminación sutil»). El último estado también es llamado *hosho.* Véase la nota 26.
38. Los cinco cortos párrafos que siguen critican a los cinco maestros y están contenidos en uno solo en la fuente original.
39. El Maestro Dogen se preocupaba por el lugar más allá de ver y no ver (es decir, la realización del estado práctico).
40. Otro nombre del Maestro Setcho Juken. Mientras todavía vivía, fue galardonado con el título de Maestro Zen Myokaku.
41. Véase el capítulo 44 (volumen 3), «Kobusshin». *Kobutsu* literalmente quiere decir «pasados/antiguos *buddhas*», pero en ese capítulo el Maestro Dogen indica que significa *buddhas* que transcienden el pasado y el presente, y pertenecen directamente a la eternidad.
42. En otras palabras, «afortunadamente, te has encontrado con el viejo monje que se convirtió en el maestro de este templo». *Sandai,* «visita de palacio», significa ir a palacio a recibir el permiso del emperador para convertirse en el maestro de un templo.
43. *U-i,* del término sánscrito *saṃskṛta.* Véase el Glosario de términos en sánscrito.
44. Es decir, 1241.

Capítulo 20

Kokyo

El espejo eterno

Comentario: *ko* significa «antiguo» o «eterno» y *kyo*, «espejo». De modo que *kokyo* quiere decir «el espejo eterno». En este capítulo, el Maestro Dogen citó las palabras del Maestro Seppo Gison «cuando un extranjero llega frente al espejo, el espejo refleja al extranjero», de donde puede deducirse que el espejo es un símbolo de alguna capacidad mental humana. Al insinuar la importancia del reflejo en este, suponemos que se trata de la facultad intuitiva llamada *prajñā* o verdadera sabiduría. En ella basamos todas las decisiones que determinan nuestra vida, y por eso el budismo la estima más que a la razón o al sentido de la percepción. Asimismo, el Maestro Seppo Gison dijo: «Cada mono lleva un espejo eterno a su espalda», y «Cuando el mundo tiene tres metros de ancho, el espejo eterno tiene tres metros de ancho. Cuando el mundo tiene treinta centímetros de ancho, el espejo eterno tiene treinta centímetros de ancho». Mientras la primera frase sugiere que dicha facultad la poseen tanto hombres como animales, las últimas palabras dan a entender que el espejo simboliza, además, el mundo en sí mismo, con lo cual no solo se refiere a una facultad particular, sino también a algo universal. Desde los tiempos antiguos los budistas han tratado el espejo eterno, y en este capítulo el Maestro Dogen lo explica citando a diversos maestros.

[123] Lo que todos los *buddhas* y todos los patriarcas han recibido y conservado, y transmitido de uno-a-uno, es el espejo eterno. Ellos[1] tienen la misma visión y el mismo rostro, la misma imagen[2] y el mismo molde:[3] comparten el mismo estado y realizan la misma experiencia. Un extranjero aparece, un extranjero se refleja –cien y ocho mil de ellos–; un chino aparece, un chino se refleja –por un instante y por diez mil años–; el pasado aparece, el pasado se refleja; el presente aparece, el presente se refleja; un *buddha* aparece, un *buddha* se refleja; un patriarca aparece, un patriarca se refleja.

[125] El décimo octavo patriarca, el Venerable Geyāśata, es un hombre del reino de Magadha en las regiones del oeste. Su apellido es Uzuran, el nombre de su padre es Tengai y el nombre de su madre es Hosho.[4] Su madre tiene una vez un sueño en el que ve un gran dios acercándose a ella y sosteniendo un gran espejo. Después se queda embarazada. Siete días más tarde da a luz al maestro. Incluso recién nacido, la piel del cuerpo del maestro es como un lapislázuli pulido, e incluso antes de bañarse huele a fragancia y está limpio. Desde su infancia, le gusta la tranquilidad. Sus palabras son diferentes de aquellas de los niños ordinarios. Desde su nacimiento, un claro y luminoso espejo redondo ha estado de manera natural viviendo con él. «Un espejo redondo» significa un espejo redondo.[5] Es una cosa infrecuente a través de los tiempos. Que haya vivido con él no significa que el espejo redondo haya también nacido del útero de su madre.[6] El maestro nació del útero y, tal y como el maestro apareció del útero, el espejo redondo llegó y de manera natural se manifestó ante el maestro, y se convirtió como en una herramienta de cada día. La forma de este espejo redondo no es ordinaria: cuando el niño se aproxima, parece sostener el espejo redondo ante él con ambas manos, a pesar de lo cual el rostro del niño no se oculta. Cuando el niño se marcha, parece irse con el espejo redondo a su espalda, a pesar de lo cual el cuerpo del niño no se oculta. Cuando el niño se duerme, el espejo redondo le cubre como un dosel de flores. Cuando el niño se sienta erguido, el espejo redondo está ahí, frente a él. En resumen, sigue [todos sus] movimientos y maneras, activas y pasivas. Es más, es capaz de ver todos los hechos budistas del pasado, el futuro y el presente mirando dentro del espejo redondo. Al mismo tiempo, todos los problemas y cuestiones de los cielos y el mundo humano llegan despejadamente a la superficie del espejo redondo. Por ejemplo, el ver mirando en el interior de este espejo redondo es más claro incluso que realizar la iluminación del pasado y la iluminación del presente leyendo sutras y textos. Sin embargo, una vez que el niño ha abandonado el hogar y recibido los preceptos, el espejo redondo nunca se aparece de nuevo ante él.[7] Por tanto, [la gente de] pueblos vecinos y regiones distantes unánimemente elogian esto como excepcional y maravilloso. En verdad, aunque haya pocos ejemplos similares en este mundo *sahā* no deberíamos sospechar, sino que deberíamos abrir nuestras mentes en torno al hecho de que, en otras palabras, las familias puedan producir tal descendencia. Recuerda, hay sutras que se han transformado en árboles y rocas,[8] y hay [buenos] consejeros que están extendiendo [el Sutra del Loto] en campos y pueblos:[9] ellos también pueden ser un espejo redondo. Papel amarillo en una caña roja[10] aquí y ahora es un espejo redondo. ¿Quién podría pensar que solo el maestro era prodigioso?

[129] Un día en una excursión, encontrándose al Venerable Saṃghanandi,[11] [el Maestro Geyāśata] se coloca directamente ante el Venerable [Saṃgha] nandi. El Venerable le pregunta: «¿[Eso que] tienes en tus manos, qué expresa?[12] Deberíamos escuchar «¿qué expresa?» no como una pregunta[13] y deberíamos aprenderlo como tal en la práctica.

El maestro dice:

El gran espejo redondo de los buddhas
no tiene defectos ni manchas, ni dentro ni fuera.
[Nosotros], dos personas, somos capaces de ver lo mismo.
[Nuestras] mentes y [nuestros] ojos son completamente iguales.

De manera que, ¿cómo podría el gran espejo redondo de los *buddhas* haber nacido junto con el maestro? El nacimiento del maestro era la luminosidad del gran espejo redondo. Los *buddhas* [experimentan] el mismo estado y la misma visión en este espejo redondo. Los *buddhas* son la imagen fundida del gran espejo redondo. El gran espejo redondo no es ni sabiduría ni razón, ni esencia ni forma. Aunque el concepto de un gran espejo aparece en las enseñanzas de [los *bodhisattvas* en] los diez estadios sagrados, los tres estadios hábiles, etcétera, no es el presente «gran espejo redondo de los *buddhas*». Puesto que «los *buddhas*» pueden estar más allá de la sabiduría, los *buddhas* tienen la verdadera sabiduría, [pero] no vemos la verdadera sabiduría como *buddhas*. Los practicantes deberían recordar que predicar acerca de la sabiduría nunca es la última enseñanza de la verdad del Buddha. Incluso si sentimos que el gran espejo redondo de los *buddhas* está ya viviendo con nosotros, todavía es un hecho el que no podemos ni tocar el gran espejo redondo en esta vida ni tocarlo en otra vida: no es ni un espejo precioso ni un espejo de cobre, ni un espejo de carne ni un espejo de médula. ¿Es [el poema] un poema dicho por el espejo redondo mismo o un poema recitado por el niño? Incluso si es el niño quien proclama este poema de cuatro versos, no lo ha aprendido de [otra] gente, ni «siguiendo a los sutras» ni «siguiendo a [buenos] consejeros». Él sostiene el espejo redondo y enseña así, simplemente [porque] estar frente al espejo ha sido el comportamiento común del maestro desde su más tierna infancia. Parece poseer una elocuencia y sabiduría inherentes. ¿Nació el gran espejo redondo con el niño, o nació el niño con el gran espejo redondo? Podría ser posible que los nacimientos tuvieran lugar antes o después [de cada uno de ellos]. «El gran espejo redondo» es justamente una virtud de «los *buddhas*». Decir que este espejo «no tiene manchas ni dentro ni fuera» no describe un interior que dependa del exterior ni un exterior manchado por un interior. No habiendo ahí cara ni espalda, «dos individuos[14] son capaces de ver lo mismo». Las mentes y los ojos son iguales. «Igualdad» describe «un ser humano» encontrándose con «un ser humano». Respecto a las imágenes de dentro, ellas tienen mente y ojos, y son capaces de ver lo mismo. Respecto a las imágenes de fuera, ellas tienen mente y ojos, y son capaces de ver lo mismo. Objeto y sujeto que ahora se manifiestan ante nosotros son uno como el otro dentro y uno como el otro fuera –no son ni yo ni nadie más–. Tal es el encuentro de «dos seres humanos» y la similitud de «dos seres humanos». A esa persona se le llama «yo» y yo soy esa persona. «Las mentes y los ojos son completamente iguales» significa que la mente y la mente son idénticas, y los ojos y los ojos son idénticos. La similitud es de las mentes y de los ojos: esto significa, por ejemplo, que la mente y los ojos de cada uno son idénticos. ¿Qué quiere decir que la mente y la mente sean idénticas?: el Tercer Patriarca y el Sexto Patriarca.[15] ¿Qué quiere decir que los ojos y los ojos sean idénticos?: el ojo de la verdad siendo restringido por el ojo mismo.[16] El principio que el maestro está expresando ahora es así. Así es como [el Maestro Geyāśata] presenta primero sus respetos al Venerable Saṃghanandi. Tomando su principio, deberíamos experimentar en la práctica los rostros de los *buddhas* y los rostros de los patriarcas en el gran espejo redondo, el cual es similar al espejo eterno.

[134] El trigésimo tercer patriarca, el Maestro Zen Daikan, en los días antiguos, cuando trabajaba en la orden del Dharma en Obaizan, presentó el siguiente poema al maestro ancestral[17] escribiéndolo en un muro:[18]

> *En el estado del* bodhi *no hay originalmente ningún árbol,*
> *ni el espejo claro necesita un pedestal.*
> *Originalmente no tenemos ni una sola cosa,*
> *¿dónde podrían existir el polvo y la suciedad?*

[134] Debemos, entonces, estudiar estas palabras. La gente en el mundo llama al Patriarca Fundador Daikan «el *buddha* eterno». El Maestro Zen Engo[19] dice: «Inclino mi cabeza hasta el suelo ante Sokei,[20] el verdadero *buddha* eterno».[21] Así que recuerda [las palabras] con las que el Patriarca Fundador Daikan muestra el espejo claro: «Originalmente no tenemos ni una sola cosa, ¿en dónde podrían existir el polvo y la suciedad?». «El espejo claro no necesita un pedestal»: esto contiene el elemento vital. Deberíamos esforzarnos [en comprenderlo]. Todas [las cosas en] el estado claro-claro[22] son el espejo mismo, y así decimos: «Cuando una cabeza despejada llegue, una cabeza despejada hará».[23] Puesto que [el espejo claro] está más allá de «cualquier lugar», no tiene «cualquier lugar».[24] Es más, a través del universo en las diez direcciones, ¿permanece alguna partícula de polvo que no sea el espejo? En el espejo mismo, ¿permanece alguna partícula de polvo que no sea el espejo? Recuerda, todo el universo no es tierras de polvo[25] y así es el rostro del espejo eterno.

[136] En la orden del Maestro Zen Nangaku Daie[26] un monje pregunta: «Si un espejo se funde para hacer una imagen,[27] ¿a qué lugar regresa su lustre?».

El maestro dice: «Venerable monje, ¿a qué lugar han partido las características que tenías antes de convertirte en un monje?».

El monje dice: «Después de la transformación, ¿por qué no brilla como un espejo?».

El maestro dice: «Incluso aunque no esté brillando como un espejo, no puede engañar a otros ni un poco».[28]

[137] No estamos seguros de qué están hechas estas miríadas de imágenes[29] del presente, pero si queremos saber, la evidencia de que están proyectadas desde un espejo está justo [aquí], en las palabras del maestro. Un espejo no está hecho de oro ni de piedras preciosas, ni de luminosidad ni de una imagen, pero que se puede fundir instantáneamente en una imagen es verdaderamente la investigación definitiva de un espejo.[30] «¿A qué lugar regresará el lustre?» es la afirmación de que «la posibilidad[31] de que un espejo se funda para hacer una imagen» es justamente «la posibilidad de que un espejo se funda para hacer una imagen». [Ello quiere decir], por ejemplo, [que] una imagen regresa al lugar de una imagen y [que] la fundición puede fundir un espejo.[32] Las palabras «Venerable monje, ¿a qué lugar han partido las características que tenías antes de convertirte en un monje?» sostienen un espejo para reflejar el rostro [del monje].[33] En este momento, ¿qué rostro instantáneo[34] pudiera ser «mi propio rostro»? El maestro dice: «Incluso aunque no esté brillando como un espejo, no puede engañar a otros ni un poco». Esto significa que no puede brillar como un espejo y no puede despistar a otros. ¡Aprende en la práctica que el mar que se está secando no puede nunca revelar el fondo del mar![35] ¡No te escapes y no te muevas! Al mismo tiempo, aprende más en la práctica: hay un principio de tomar una imagen y fundirla para hacer un espejo. Justo este instante es pedazos diversos de la ilusión absoluta[36] en cien mil miríadas de brillantes reflejos de un espejo.[37]

[139] El Gran Maestro Seppo Shinkaku[38] en una ocasión proclama a la asamblea: «Si queréis comprender este asunto,[39] mi estado concreto es como un rostro del espejo eterno. [Cuando] un extranjero llega, un extranjero aparece. [Cuando] un chino llega, un chino aparece».

Entonces Gensha[40] da un paso hacia delante y pregunta: «Si repentinamente un espejo claro se presenta, ¿entonces qué?».

El Maestro dice: «El extranjero y el chino se hacen ambos invisibles».

Gensha dice: «Yo no soy así».

Seppo dice: «¿Cómo es en tu caso?».

Gensha dice: «Por favor, maestro, pregunta».

Seppo dice: «Si repentinamente un espejo claro se presenta, ¿cómo sería entonces?».

Gensha dice: «¡Quebrado en cientos de pedazos!».

[141] Ahora el significado de las palabras «este asunto» de Seppo debería aprenderse en la práctica como «esto es algo inefable».[41] Permitámonos ahora aprender el espejo eterno de Seppo. En las palabras «como un rostro del espejo eterno...», «un rostro» significa que los límites [del espejo] se han eliminado para siempre y está absolutamente más allá de dentro y fuera: es el sí mismo como una perla girando en un cuenco.[42] El presente «[cuando] un extranjero llega, un extranjero aparece» es sobre un barba roja[43] particular. «[Cuando] un chino llega, un chino aparece»: aunque se haya dicho desde el caos primordial,[44] desde [el reino de] Banko (ch. Panku),[45] que este «chino» fue creado a partir de los tres elementos y los cinco elementos,[46] en las palabras de Seppo ha aparecido ahora un chino cuya virtud es el espejo eterno. Puesto que el presente chino no es «un chino», «el chino aparece».[47] A las palabras presentes de Seppo «el extranjero y el chino se hacen ambos invisibles» bien pudiera él añadir: «Y el espejo mismo también se vuelve invisible». Las palabras de Gensha «quebrado en cientos de pedazos» significan «la verdad debería expresarse así, pero ¿por qué cuando acabo de pedirte que me devuelvas un fragmento concreto, me devuelves un espejo claro?».

[142] En la época del Emperador Amarillo hay doce espejos.[48] De acuerdo con la conocida leyenda, son regalos del cielo, o bien se dice que fueron donados por [el sabio] Kosei de Kodozan.[49] La regla para usar[50] los doce espejos es utilizar un espejo cada hora a lo largo de las doce horas, y utilizar cada espejo durante un mes a lo largo de los doce meses, [y de nuevo] utilizar los espejos uno por uno, año tras año, durante doce años. Dicen que los espejos son los sutras de Kosei. Cuando él los transmite al Emperador Amarillo, las doce horas y demás son espejos con los cuales iluminar el pasado e iluminar el presente. Si las doce horas no fueran espejos, ¿cómo sería posible iluminar el pasado? Si las doce horas no fueran espejos, ¿cómo sería posible iluminar el presente? Las doce horas, en otras palabras, son doce láminas concretas [de espejo] y las doce láminas concretas [de tiempo] son doce espejos. El pasado y el presente son lo que utilizan las doce horas.[51] [La leyenda] sugiere este principio. Incluso aunque sea un dicho secular, está en [la realidad de] las doce horas durante las que aparece «el chino».

[144] Kenen (ch. Xuanyuan),[52] el Emperador Amarillo, sube [la montaña] de Kodo y le pregunta a Kosei sobre la Vía. Acto seguido Kosei dice: «Los espejos son el origen del yin y el yang: regulan el cuerpo eternamente. Hay naturalmente tres espejos: estos son los cielos, la tierra y los seres humanos.[53] Estos espejos no tienen vista ni oído.[54] Tranquilizarán tu espíritu, de forma que tu cuerpo de manera natural se corregirá. Provisto de tranquilidad y de pureza, tu cuerpo no se someterá y tu espíritu no se agitará. Podrás vivir, por tanto, mucho tiempo».[55]

[145] En los tiempos antiguos, estos tres espejos se utilizan para regular todo el país y para regular la gran orden. A uno que está clarificado sobre esta gran orden se le llama el gobernador de los cielos y la Tierra. Un [libro][56] secular dice: «El Emperador Taiso[57] ha tratado a los seres humanos como un espejo y, por tanto, ilumina completamente [todos los problemas de] la paz y el peligro, la razón y el desorden». Él utiliza uno de los tres espejos. Cuando escuchamos que trata a los seres humanos como un espejo, pensamos que al preguntarle a la gente de amplio conocimiento sobre el pasado y el presente, ha podido saber cuándo emplear y satisfacer a santos y sabios –como, por ejemplo, cuando tuvo a Gicho (ch. Weizheng) y tuvo a Bogenrei (ch. Fang Xuanling).[58] Comprenderlo así no es [verdaderamente comprender] el principio que asevera que el emperador Taiso ve a los seres humanos como un espejo. Ver a los seres humanos como un espejo significa ver a un espejo como un espejo, verse a uno mismo como un espejo, ver los cinco elementos[59] como un espejo o ver a las cinco virtudes constantes[60] como un espejo. Cuando vemos el ir y venir de los seres humanos, el ir no tiene dirección y el venir no deja huellas: llamamos a esto el principio de los seres humanos como un espejo.[61] La miríada diversa de sagacidad e ineptitud es semejante a los fenómenos astrológicos. Verdaderamente, podría ser como la latitud y la longitud.[62] Es los rostros de la gente, los rostros de los espejos, los rostros del sol y los rostros de la luna. La vitalidad de los cinco picos y la vitalidad de los cuatro grandes ríos atraviesan el mundo en el camino que purifica los cuatro océanos, y esto es la práctica ordinaria del espejo mismo.[63] Dicen que la vía de Taiso es profundizar en la red universal comprendiendo a los seres humanos, [pero esto] no se refiere [solo] a la gente de amplio conocimiento.

[147] «Japón, desde la edad de los dioses, ha tenido tres espejos. Han sido transmitidos al presente junto con las joyas sagradas y la espada.[64] Un espejo está en el Gran Santuario de Ise,[65] uno está en el Santuario de Hinokuma, en Kii-no-kuni[66] y uno está en el depósito de la Corte Imperial».[67]

[148] Por tanto, está claro que cada nación transmite y conserva un espejo. Poseer el espejo es poseer la nación. La gente cuenta la leyenda de que los tres espejos fueron transmitidos junto con el trono divino y fueron transmitidos por los dioses. Incluso así, el cobre refinado perfectamente [de estos espejos] es también la transformación del yin y el yang.[68] Pudiera ser que [cuando] el presente llegara el presente apareciera [en ellos], y que [cuando] el pasado llegara el pasado apareciera [en ellos]. [Los espejos] que por tanto iluminan el pasado y el presente pueden ser espejos eternos. El asunto de Seppo pudiera también expresarse: «[Cuando] un coreano llega, un coreano aparece. [Cuando] un japonés llega, un japonés aparece». O: «[Cuando] un dios llega, un dios aparece. [Cuando] un ser humano llega, un ser humano aparece». Aprendemos la aparición-y-llegada así, en la práctica, pero no hemos reconocido la sustancia y los detalles de esta aparición: tan solo nos encontramos directamente con la aparición misma. No deberíamos aprender siempre que la llegada-y-aparición es [una cuestión de] reconocimiento o [una cuestión] de comprensión. ¿Es el asunto aquí que un extranjero llegando es un extranjero apareciendo? [No,] un extranjero llegando debería ser un ejemplo de un extranjero llegando. Un extranjero apareciendo debería ser un ejemplo de un extranjero apareciendo. El llegar no es por el bien del aparecer. Aunque el espejo eterno sea [justamente] el espejo eterno, debería haber tal aprendizaje en la práctica.

[149] Gensha da un paso adelante y pregunta: «¿Qué pasa si repentinamente se encuentra con la llegada de un espejo claro?».[69] Deberíamos estudiar y clarificar estas palabras. ¿Cuál podría ser la escala de la expresión de esta palabra «claro»? En estas palabras, la «llegada» no significa necesariamente aquella de «un extranjero» o de «un chino». Este es el espejo claro, el cual [Gensha] dice que no puede nunca realizar «como un extranjero» o como «un chino». Aunque «un espejo claro llegando» es «un espejo claro llegando», nunca hace una dualidad.[70] Aunque no hay dualidad, el espejo eterno todavía es el espejo eterno y el espejo claro es todavía el espejo claro. El testimonio de la existencia de [tanto] el espejo eterno como del espejo claro se ha expresado directamente en las palabras de Seppo y Gensha. Deberíamos ver esto como la verdad del Buddha de esencia-y-forma. Deberíamos reconocer que el presente discurso de Gensha sobre la llegada del espejo eterno es completamente penetrante[71] y deberíamos reconocer que es brillante en todos los aspectos.[72] Puede ser que en sus encuentros con los seres humanos [Gensha] se manifieste directamente y que al manifestar franqueza pueda llegar a otros. De manera que, ¿deberíamos ver lo claro del espejo claro y lo eterno del espejo eterno como lo mismo, o deberíamos verlos como diferentes? ¿Hay eternidad en el espejo claro, o no? ¿Hay claridad en el espejo eterno, o no? No captes de las palabras «espejo eterno» que debe necesariamente ser claro. El punto importante es que «yo soy así y tú también eres así». Deberíamos practicar sin demora, puliendo el hecho de que «todos los patriarcas de la India eran también así».[73] Una expresión de la verdad[74] de un maestro ancestral dice que, debido al espejo eterno, hay pulimiento. ¿Podría ser lo mismo cierto para el espejo claro? ¿Qué [dices tú]? Debe haber aprendizaje en la práctica que cubra extensamente las enseñanzas de todos los *buddhas* y todos los patriarcas.

[151] Las palabras de Seppo «el extranjero y el chino se hacen ambos invisibles» significan que el extranjero y el chino, cuando es el instante del espejo claro, son «ambos invisibles». ¿Cuál es el principio de «ser ambos invisibles»? Que el extranjero y el chino ya hayan llegado-y-aparecido no obstaculiza al espejo eterno, así que ¿por qué ahora deberían «ser ambos invisibles»? En el caso del espejo eterno, «[cuando] un extranjero llega, un extranjero aparece» y «[cuando] un chino llega, un chino aparece», pero «el llegar del espejo eterno» es de manera natural «el llegar del espejo eterno» mismo; por tanto, el extranjero y el chino que se reflejan en el espejo eterno son «ambos invisibles».[75] Así que incluso en las palabras de Seppo hay un rostro del espejo eterno y un rostro del espejo claro.[76] Deberíamos confirmar definitivamente el principio de que justo en el instante de «llegar el espejo claro», [el espejo claro] no puede obstaculizar al extranjero ni al chino reflejados en el espejo eterno.[77] La afirmación presente [de Seppo] acerca del espejo eterno de que «[cuando] un extranjero llega, un extranjero aparece» y «[cuando] un chino llega, un chino aparece» no quiere decir que [el extranjero y el chino] lleguen-y-aparezcan «en el espejo eterno», no quiere decir que lleguen-y-aparezcan «dentro del espejo eterno», no quiere decir que lleguen-y-aparezcan «en el exterior del espejo eterno» y no quiere decir que lleguen-y-aparezcan «en el mismo estado que el espejo eterno». Deberíamos escuchar estas palabras. En el momento en el que el extranjero y el chino llegan-y-aparecen, el espejo eterno está haciendo en realidad que el extranjero y el chino lleguen. Insistir en que incluso cuando «el extranjero y el chino sean ambos invisibles» el espejo permanecerá es estar ciego a la aparición y ser negligente respecto al llegar. Llamarlo absurdo no sería ir lo suficientemente lejos.

[153] Luego Gensha dice: «Yo no soy así». Seppo dice: «¿Cómo es en tu caso?». Gensha dice: «Por favor, maestro, pregunta». No deberíamos pasar vagamente por las palabras «por favor, maestro, pregunta» dichas ahora por

Gensha. Sin que el padre ni el hijo se hubieran lanzado al instante, ¿cómo podían ser así la llegada de la pregunta del maestro y la petición de la pregunta del maestro? Cuando [alguien] solicita la pregunta del maestro, puede ser que «alguien inefable»[78] haya comprendido ya[79] decisivamente el estado en el que se ha realizado la pregunta. Mientras el estado del que pregunta se está imponiendo, no hay lugar al que escapar.

[154] Seppo dice: «Si repentinamente un espejo claro se presenta, ¿cómo estaría entonces?». Esta pregunta es un espejo eterno que padre e hijo están dominando juntos.

[155] Gensha dice: «¡Quebrado en cientos de pedazos!». Estas palabras significan quebrado en cien mil miríadas de pedazos. Lo que llama «el instante[80] cuando repentinamente un espejo claro se presenta», está «¡quebrado en cientos de pedazos!». Eso que puede experimentar el estado de «quebrado en cientos de pedazos» puede ser el espejo claro. Cuando el espejo claro está hecho para expresarse, [la expresión] puede ser «quebrado en cientos de pedazos». Por tanto, el lugar donde los pedazos quebrados están colgando es el espejo claro. No tomes la visión estrecha de que anteriormente había un momento de no ser quebrado en cientos de pedazos y que más tarde puede haber un instante de no estar más quebrado en cientos de pedazos. [La expresión] es simplemente «¡quebrado en cientos de pedazos!». La confrontación con los cientos de pedazos quebrados es una solitaria y empinada unidad.[81] Siendo esto así, ¿describe este «quebrado en cientos de pedazos» al espejo eterno, o describe al espejo claro? –me gustaría pedir más palabras de transformación–.[82] Al mismo tiempo, ni describe al espejo eterno ni describe al espejo claro: aunque [hasta ahora] hemos podido preguntar sobre el espejo eterno y el espejo claro, cuando comentamos las palabras de Gensha, ¿pudiera ser que lo que se manifiesta ante nosotros como simplemente arena, guijarros, vallas y muros se hubiera convertido en la punta de una lengua y, por tanto, estuviera «quebrado en cientos de pedazos»? ¿Qué forma toma «quebrado»? Azules profundidades eternas. La luna en el vacío.

[157] El Gran Maestro Shinkaku de la montaña Seppo y el Maestro Zen Enen del templo Sanshoin[83] están caminando cuando ven un grupo de simios. Acto seguido Seppo dice: «Cada uno de estos simios lleva un espejo eterno a su espalda».[84]

[157] Debemos diligentemente aprender estas palabras en la práctica. «Simio» quiere decir mono.[85] ¿Cómo son los simios que ve Seppo? Deberíamos hacer preguntas así y esforzarnos más, sin notar el paso de los *kalpas*. «Cada uno lleva un espejo eterno a su espalda»: aunque el espejo eterno es el rostro de los patriarcas budistas, al mismo tiempo, el espejo eterno, incluso en el estado ascendente, es el espejo eterno. Que esté de espaldas a cada simio particular no quiere decir que haya grandes espejos y pequeños espejos de acuerdo con las diferencias particulares: es «un espejo eterno». En cuanto al significado de «llevar a la espalda» decimos, por ejemplo, que una imagen pintada de un *buddha* «lleva a la espalda» lo que pegamos detrás de ella. Cuando las espaldas de los simios llevan algo en la espalda, llevan a la espalda el espejo eterno. «¿Qué clase de pegamento podría haberse utilizado?».[86] Hablando cautelosamente, los monos podrían llevar a la espalda el espejo eterno. ¿Lleva el espejo eterno los monos a la espalda? El espejo eterno lleva a la espalda al espejo eterno y los monos llevan a la espalda a los monos. Las palabras «cada espalda tiene una cara»[87] nunca son una enseñanza vacía: son la verdad expresada como la verdad debería expresarse. Así que, ¿simios o espejos eternos? En última instancia, ¿qué podemos decir? ¿Somos nosotros mismos originalmente simios? ¿O somos distintos de los simios? ¿A quién podemos preguntar? Si somos simios está más allá de nuestro conocimiento y más allá del conocimiento de otros. Si somos nosotros mismos está más allá de nuestra tentativa [intelectual].

[159] Sansho dice: «Ha sido innombrable durante *kalpas* sucesivos. ¿Por qué lo expresarías como el espejo eterno?». Esto es un espejo, un ejemplo concreto, con el cual Sansho ha certificado su realización del espejo eterno. «Durante *kalpas* sucesivos» quiere decir antes de que una mente o un instante de conciencia haya aparecido: significa el interior de un *kalpa* sin haber mostrado su cabeza. «Innombrable» describe los rostros del sol de «los *kalpas* sucesivos», los rostros de la luna de «los *kalpas* sucesivos» y los rostros del espejo eterno de «los *kalpas* sucesivos», y describe el rostro del espejo claro. Cuando «lo innombrable» es realmente «lo innombrable», «los *kalpas* sucesivos» nunca son «los *kalpas* sucesivos».[88] Dado que «los *kalpas* sucesivos» nunca son «los *kalpas* sucesivos», la expresión de Sansho no puede ser una expresión de la verdad. En cambio, «antes de que un instante de conciencia haya aparecido» quiere decir hoy. Deberíamos practicar y pulirnos sin permitir que el día de hoy pase en vano. Francamente, aunque la fama de este «innombrable durante *kalpas* sucesivos» se escuche en las alturas, ¿como qué expresa al espejo eterno? ¡La cabeza de un dragón con la cola de una serpiente![89]

[161] Seppo pudiera ahora decir a Sansho: «¡El espejo eterno! ¡El espejo eterno!». Seppo no dice eso. Lo que añade es: «Ha aparecido un defecto» o en otras palabras, «ha salido un rayón».[90] Nos inclinamos a pensar: «¿Cómo podría un defecto aparecer en el espejo eterno?». Al mismo tiempo, [al decir que] el espejo eterno ha generado un defecto, [Seppo] puede estar llamando a la expresión «ha sido innombrable durante *kalpas* sucesivos» un defecto. El espejo eterno descrito como «ha aparecido un defecto» es el espejo eterno entero. Sansho no ha salido de la cueva de un defecto que aparece en el espejo eterno, y así la comprensión que él ha expresado es absolutamente un defecto en el espejo eterno. Siendo esto así, aprendemos en la práctica que los defectos aparecen incluso en el espejo eterno y que incluso [los espejos] sobre los que los defectos han aparecido son el espejo eterno. Esto es aprender el espejo eterno en la práctica.

[162] Sansho dice: «¿Qué es tan urgente que no eres consciente de la historia?».[91] El sentido de estas palabras es «¿por qué [tienes] tanta prisa?». ¿Deberíamos considerar detalladamente y aprender en la práctica si esta «urgencia» es [un asunto de] hoy o de mañana, del sí mismo o del mundo externo, de todo el universo en las diez direcciones o [de un lugar concreto] dentro del gran reino de Tang?[92] En cuanto al significado de «historia», en las palabras «no eres consciente de la historia» hay historias que han continuado siendo dichas, hay historias que nunca se han dicho y hay historias que ya han sido dichas por completo. Ahora, las verdades que están en «la historia» están siendo realizadas. Por ejemplo, ¿ha realizado la verdad la historia misma, junto con la Tierra y todos los seres sintientes?[93] Nunca es un brocado restaurado.[94] Por tanto ella es «inconsciente»; es la «inconsciencia» de «el hombre que se enfrenta al personaje regio»;[95] es estar cara-a-cara sin ser conscientes el uno del otro. No es que no haya historias: es simplemente que la situación está «más allá de la conciencia». La «inconsciencia» es la mente roja en cada situación[96] y, además, no ver con total claridad.[97]

[163] Seppo dice: «Es el error del viejo monje». A veces la gente dice estas palabras queriendo decir «me expreso muy mal», pero [estas palabras] no deben comprenderse así. «El viejo monje» significa el anciano que es el maestro en su casa.[98] Es decir, [alguien] que únicamente aprende en la práctica al mismo viejo monje, sin aprender nada más. Aunque experimente mil cambios y diez mil transformaciones, las cabezas de los dioses y los rostros de los demonios, lo que él aprende en la práctica es simplemente un movimiento[99] del viejo monje. Aunque aparezca como un *buddha* y aparezca como un patriarca, en cada momento y durante diez mil años, lo que aprende en la práctica es simplemente un movimiento del viejo monje. Los «errores» son sus «abundantes trabajos como maestro del templo».[100] Tras reflexionar, Seppo es un miembro excepcional[101] de [la orden de] Tokusan, y Sansho es un discípulo excelente[102] de Rinzai. Ninguno de los dos venerables patriarcas es de ascendencia humilde: [Seppo] es un descendiente lejano de Seigen y [Sansho] es un descendiente lejano de Nangaku.[103] Que han estado morando en el espejo eterno y conservándolo es [evidente] tal y como se describe arriba. Pueden ser un criterio[104] para estudiantes de épocas posteriores.

[165] Seppo proclama a la asamblea: «[Si] el mundo tiene tres metros[105] de ancho, el espejo eterno tiene tres metros de ancho. [Si] el mundo tiene treinta centímetros[106] de ancho, el espejo eterno tiene treinta centímetros de ancho».

En esto, Gensha, apuntando al horno, dice: «Dime, entonces ¿cómo de ancho es el horno?».

Seppo dice: «Tan ancho como el espejo eterno».

Gensha dice: «Los tacones del viejo maestro no han pisado el suelo».[107]

[166] Él llama al mundo tres metros: el mundo es tres metros. Él ve treinta centímetros como el mundo: el mundo es treinta centímetros. Él describe los tres metros del presente y describe los treinta centímetros del presente, nunca ningún otro metro poco conocido o decenas de metros. Cuando [la gente] estudia esta historia, habitualmente piensa en el ancho del mundo en términos de incontables e ilimitados tres mil grandes miles de mundos o en el ilimitado mundo del Dharma, pero eso solo es como ser un pequeño sí mismo y señalar por encima más lejos del siguiente pueblo. Al ocuparnos de este mundo [aquí y ahora], lo vemos como tres metros. Esto es por lo que Seppo dice: «El ancho del espejo eterno es de tres metros y el ancho del mundo es de tres metros». Cuando aprendemos estos tres metros [aquí y ahora], somos capaces de ver una parte concreta de «el ancho del mundo». En otros casos, cuando [la gente] escucha las palabras «espejo eterno», se imagina una lámina de hielo fino. Pero no es así.[108] Los tres metros de ancho [del espejo eterno] son uno con los tres metros de ancho del mundo, pero ¿son la forma y el contenido [del espejo eterno y el mundo] necesariamente iguales, y son uno, cuando el mundo es ilimitado?[109] Deberíamos considerar esto diligentemente. El espejo eterno nunca es como una perla. Nunca defiendas visiones y opiniones sobre si es brillante u opaco y nunca lo mires como cuadrado o redondo. Incluso aunque «todo el universo en las diez direcciones es una perla luminosa»,[110] esto no puede igualar al espejo eterno. De manera que el espejo eterno, independientemente del llegar y el aparecer de extranjeros o chinos, es cada cosa [que sucede] a lo largo y lo ancho de [este estado] de luminosidad,[111] [pero] no es ni numeroso ni extenso. «Ancho» se refiere a esta cantidad [real], no quiere decir extensión. «Ancho» quiere decir lo que se expresa como cinco o seis centímetros comunes y lo que se cuenta, por ejemplo, como siete u ocho. Al calcular la verdad del Buddha, cuando la calculamos en términos de la gran realización o no-realización, clarificamos [un peso de] uno o dos kilos, y cuando la calculamos en términos de *buddhas* y patriarcas, realizamos cinco o diez cosas.[112] Una unidad de tres metros es el ancho del espejo eterno y el ancho del espejo eterno es una cosa.[113] Las palabras de Gensha «¿cómo de ancho es el horno?» son una expresión evidente de la verdad, la cual deberíamos aprender en la práctica durante mil eras y durante diez mil eras. Mirar ahora dentro del horno es mirar dentro [del horno] habiéndose convertido en una persona que es «¿quién?».[114] Cuando miramos dentro del horno no es de dos metros ni de dos metros y medio. Esta [historia] no es un cuento de agitación y apego: va sobre la realización de un estado singular en una situación nueva –[expresada], por ejemplo, como «¿qué es eso que llega así?»–.[115] Cuando el [significado de] las palabras «qué cantidad de anchura...» nos ha llegado, el «qué cantidad de [anchura]» puede ser diferente del «cómo [de ancho]» [tal y como lo hemos entendido] hasta ahora.[116] No debemos dudar del hecho de la liberación en este lugar concreto. Debemos escuchar en las palabras de Gensha el asunto fundamental de que el horno está más allá de los aspectos y dimensiones. No permitas inútilmente que la bola guisada caiga ahora al suelo. ¡Rómpela! Este es el esfuerzo.

[170] Seppo dice: «Tan ancho como el espejo eterno». Deberíamos reflexionar tranquilamente sobre estas palabras. Sin querer decir «el horno tiene tres metros de ancho», él habla así. No es verdad que decir tres metros sería la expresión exacta de la verdad, en tanto que «tan ancho como el espejo eterno» es una expresión inexacta. Deberíamos estudiar las acciones que son «tan anchas como el espejo eterno». Mucha gente ha pensado que no decir «el horno tiene tres metros de ancho» era una expresión imprecisa. Deberían diligentemente considerar la independencia de «ancho», deberían reflexionar sobre que el espejo eterno sea una cosa concreta y no deberían dejar que la acción que es la «realidad» les pase de largo.[117] [Seppo] puede estar «manifestando un comportamiento al modo de los antiguos, sin caer nunca en el abatimiento».[118]

[171] Gensha dice: «Los tacones del viejo maestro no han pisado el suelo».[119] El asunto aquí es, tanto si lo llamamos «el Anciano» como si lo llamamos «el Viejo Maestro», que no siempre es Seppo mismo, porque Seppo puede ser «un Anciano [real]». En cuanto al significado de «tacones», deberíamos simplemente preguntarnos dónde están.[120] Deberíamos dominar en la práctica simplemente lo que significa «tacones». ¿Se refiere dominar [los tacones] en la práctica al tesoro del verdadero ojo del Dharma, o al vacío, o a todo el suelo, o al elemento vital? ¿Cuántos [tacones] hay ahí? ¿Hay uno? ¿Hay medio? ¿Hay cien mil miríadas? Deberíamos hacer un estudio diligente así. «No han tocado el suelo»: ¿qué clase de cosa es «el suelo»?[121] Llamamos provisionalmente a la Tierra presente «suelo», de acuerdo con la visión de nuestra propia especie. Hay otras especies que lo ven, por ejemplo, como «la puerta del Dharma para la salvación impensable»[122] y hay una especie que ve [la Tierra] como las muchas promulgaciones de la verdad de los *buddhas*. Así que, en el caso del «suelo» sobre el que los tacones deberían pisar, ¿qué ve [Gensha] como «suelo»? ¿Es el «suelo» el estado real de ser, o es el estado real de no ser? Es más, ¿deberíamos preguntar una y otra vez, y deberíamos decirnos a nosotros mismos y decirles a otros, si es imposible incluso por un centímetro o así que exista lo que generalmente llamamos «suelo» dentro de la gran orden? ¿Es el estado real los tacones tocando el suelo, o es el estado real los tacones no pisando el suelo? ¿Qué situación lleva a [Gensha] a decir «no han pisado el suelo»? Cuando la Tierra no tiene ni un centímetro de suelo,[123] [las palabras] «tocando el suelo» pueden ser inmaduras[124] y [las palabras] «no habiendo pisado el suelo» pueden ser inmaduras. Siendo esto así, «los tacones del Anciano sin haber tocado el suelo» es la exhalación e inhalación [misma] del Anciano: el instante [mismo] de sus tacones.[125]

[174] Al Maestro Zen Koto[126] del templo Kokutai-in en Kinkazan, en el distrito Bushu,[127] según cuenta la historia, le pregunta un monje: «¿Cómo es el espejo eterno antes de que se pula?».[128]

El maestro dice: «El espejo eterno».

El monje dice: «¿Cómo es después de que se pula?».

El maestro dice: «El espejo eterno».[129]

[174] Recuerda, el espejo eterno que se comenta ahora tiene un momento de ser pulido, un momento antes de ser pulido y [un momento] después de ser pulido, pero es completamente el espejo eterno. Siendo esto así, cuando estamos puliendo, estamos puliendo el espejo eterno en su integridad. No pulimos, mezclando con mercurio o algo más, otro que el espejo eterno.

Esto no es ni pulir el sí mismo ni el sí mismo puliendo: es pulir el espejo eterno. Antes de pulirse, el espejo eterno no es opaco. Incluso si [la gente] lo llama negro, nunca puede ser opaco: es el espejo eterno en su estado vívido. En general, pulimos un espejo para convertirlo en un espejo, pulimos una teja para convertirla en un espejo, pulimos una teja para convertirla en una teja y pulimos un espejo para convertirlo en una teja.[130] Hay [veces que] pulimos sin hacer nada y hay [veces que] sería posible hacer algo, pero somos incapaces de pulir.[131] Todos son, por igual, el trabajo tradicional de los patriarcas budistas.

[175] Cuando Baso[132] de Kozei,[133] en los días antiguos, estaba aprendiendo en la práctica bajo Nangaku,[134] Nangaku en una ocasión transmite íntimamente a Baso el sello de la mente. Este es el comienzo del comienzo de «pulir una teja».[135] Baso ha estado viviendo en el templo Denpoin, sentándose constantemente en zazen durante diez años aproximadamente. Podemos imaginar cómo debe de estar en su choza de paja en una noche lluviosa. No hay ninguna mención de que se detenga en un frío suelo sellado por la nieve. Un día Nangaku va a la choza de Baso, donde Baso está esperando de pie. Nangaku pregunta, «¿qué estás haciendo estos días?».

Baso dice: «Estos días Doitsu simplemente se sienta».

Nangaku dice: «¿Cuál es la meta de sentarse en zazen?».

Baso dice: «La meta de sentarse en zazen es convertirse en un *buddha*».[136]

Nangaku inmediatamente busca una teja y la pule sobre una roca cerca de la choza de Baso.

Baso, viendo esto, pregunta: «¿Qué está haciendo el maestro?».

Nangaku dice: «Pulir una teja».

Baso dice: «¿Qué utilidad tiene pulir una teja?».

Nangaku dice: «Estoy puliéndola para convertirla en un espejo».[137]

Baso dice: «¿Cómo puede al pulirse convertirse una teja en un espejo?».[138]

Nangaku dice: «¿Cómo puedes hacerte un *buddha* sentándote en zazen?».[139]

[178] Durante varios cientos de años, desde los tiempos antiguos, la mayoría de la gente que interpreta esta historia –siendo un gran asunto– ha pensado que Nangaku simplemente estaba estimulando a Baso. Esto no es necesariamente así. Las acciones de los grandes santos trascendieron por mucho los estados de la gente común. Sin el Dharma de pulir una teja, ¿cómo podrían los grandes santos tener algún método hábil de enseñar a la gente? El poder de enseñar a la gente es los huesos y la médula de un patriarca budista. Aunque [Nangaku] lo haya ideado, este [método de enseñanza] es una herramienta común. [Los métodos de enseñanza] distintos a las herramientas comunes y los utensilios de cada día no se transmiten en la casa del Buddha. Además, la impresión de Baso es inmediata. Claramente, la virtud auténticamente transmitida por los patriarcas budistas es la franqueza. Claramente, en verdad, cuando al pulirse una teja se convierte en un espejo, Baso se convierte en un *buddha*. Cuando Baso se convierte en un *buddha*, Baso inmediatamente se convierte en Baso. Cuando Baso se convierte en Baso, zazen inmediatamente se convierte en zazen. Esto es por lo que el fabricar espejos a través de pulir tejas ha permanecido y ha sido conservado en los huesos y la médula de *buddhas* eternos y, siendo esto así, el espejo eterno existe habiendo sido hecho de una teja. Mientras hemos estado puliendo este espejo –en el pasado también–, nunca ha sido manchado. Las tejas no están sucias, simplemente pulimos una teja como una teja. En este estado, la virtud de hacer un espejo se realiza, y este es justamente el esfuerzo de los patriarcas budistas. Si pulir una teja no hace un espejo, pulir un espejo no puede tampoco hacer un espejo.[140] ¿Quién puede suponer que en este «hacer» haya [tanto] «convertirse» en un *buddha* como «hacer» un espejo?[141] Además, para plantear una duda, ¿es posible, al pulir el espejo eterno, el pensar equivocadamente que el pulir es hacer una teja? El estado real en el instante de pulir está, en otras ocasiones, más allá de la comprensión. Sin embargo, puesto que las palabras de Nangaku deben expresar exactamente la expresión de la verdad, puede simplemente ser, en conclusión, que pulir una teja haga un espejo. La gente de hoy debería también intentar tomar las tejas del presente y pulirlas, y ciertamente se convertirían en espejos. Si las tejas no se convirtieran en espejos, la gente no podría convertirse en *buddhas*. Si menospreciamos las tejas como terrones de barro, entonces podríamos también menospreciar a la gente como terrones de barro. Si la gente tiene mente, las tejas también deben de tener mente. ¿Quién puede reconocer que hay espejos en los que, [cuando] las tejas llegan, las tejas aparecen? Y ¿quién puede reconocer que hay espejos en los que, [cuando] los espejos llegan, los espejos aparecen?

SHOBOGENZO KOKYO

Proclamado a la asamblea en Kannondorikoshohorinji, en el noveno día del noveno mes lunar en el segundo año de Ninji.[142]

NOTAS

1. Los patriarcas budistas y el espejo eterno.
2. *Zo*, como la palabra «imagen» en castellano, incluye dos significados: una forma fenoménica, y una escultura o estatua (es decir, una reproducción que ha sido sacada de un molde).
3. En la época del Maestro Dogen, los espejos no estaban hechos de cristal, sino que se fabricaban de cobre y tenían que pulirse constantemente.
4. Uzuran es la representación fonética del nombre original en caracteres chinos. La procedencia de los caracteres chinos *tengai*, «pabellón celestial», y *hosho*, «exacto y sagrado», es incierta.
5. *Enkan towa enkyo nari*. El Maestro Dogen explicó el carácter menos conocido *kan* con el carácter más común *kyo*.
6. *Dosho* literalmente significa «vivido con» o «nacido con». El Maestro Dogen clarificó que el sentido aquí es «vivido con».
7. La consecuencia es que después de convertirse en un monje budista ya tenía el criterio para comportarse de manera natural.
8. «Árboles y rocas» alude a la historia del joven «niño de los Himalayas». Véase la nota 14 del capítulo 8, «Raihai-tokuzui».
9. *Nyakuden-nyakuri ni rufu suru chishiki ari*. Véase SL 3.72-74. *Chishiki*, literalmente «conocimiento» o «conocido», representa al término sánscrito *kalyāṇamitra*. Véase el Glosario de términos en sánscrito.
10. Papel amarillo en una caña roja quiere decir un sutra budista.
11. El décimo séptimo patriarca de la India. Véase el capítulo 15, «Busso».
12. Literalmente «[eso que] tienes en las manos, ¿tiene la expresión de qué?». El Maestro Saṃghanandi invitaba al Maestro Geyāśata a expresar su estado.
13. «¿Qué?» sugiere la realidad inefable.
14. En el poema está escrito *ryonin*, «dos personas», y aquí *ryoko*, «dos individuos», o «dos cosas concretas». *Ko* es un contador para objetos inanimados.
15. El Tercer Patriarca de China era llamado Kanchi, «Espejo Sabiduría», y el Sexto Patriarca de China era llamado Daikan, «Gran Espejo». Ambos nombres contienen el carácter *kan*, «espejo».
16. En otras palabras, el punto de vista budista realizado tal y como es.
17. El Maestro Daiman Konin (688-761), el trigésimo segundo patriarca (el Quinto Patriarca de China). Véase el capítulo 15, «Busso».
18. Era la costumbre de un templo que un monje que quisiera expresar una idea dejara colgadas unas palabras en el muro del corredor sur. A medianoche, Ācārya Jinshu, el miembro más inteligente de la orden, tomó en secreto una linterna y colgó el siguiente poema: «El cuerpo es el árbol del *bodhi*,/la mente es como el pedestal de un espejo claro./A cada momento trabajamos limpiándolo y puliéndolo/para mantenerlo limpio de polvo y suciedad». Un chico del templo recitó el poema de Jinshu cuando pasaba por la cabaña del sirviente del templo, donde el Maestro Daikan Eno vivía y trabajaba machacando arroz para los monjes. Al escuchar el poema, el Maestro Daikan Eno pensó que comparar la práctica budista con

mantener un espejo limpio era demasiado intelectual o artificial, así que permitió a alguien que colgara su propio poema. Todos los monjes estaban asombrados con la excelencia del poema del trabajador. La historia está contenida en el *Rokusodaishihobodangyo* (Sutra del Estrado del Tesoro del Dharma del Sexto Patriarca).

19. El Maestro Engo Kokugon (1063-1135), un sucesor del Maestro Goso Hoen y descendiente de décimo primera generación del Maestro Rinzai. Recibió el título de Maestro Zen Bukka del emperador Song Kiso (regente entre los años 1101 y 1126) y el título de Maestro Zen Engo del emperador Koso de la dinastía Song del Sur (regente entre los años 1127 y 1163). Entre sus sucesores se incluye el Maestro Daie Soko.
20. El Maestro Daikan Eno. Sokei era el nombre de la montaña donde vivía.
21. También citado en el capítulo 44 (volumen 3), «Kobusshin».
22. *Mei-mei,* literalmente «claro-claro», proviene de *mei-mei* [*taru*] *hyaku-so-to,* literalmente «cientos de malas hierbas en el claro-claro estado». Estas son las palabras del Maestro Chinshu Fuke citadas en el capítulo 22 (volumen 2), «Bussho», que sugieren el estado en el que cada grupo de cosas concretas es manifiestamente claro tal y como es. El Maestro Chinshu Fuke tenía el apodo de Hotei o «Bolsa de Tela», puesto que vagaba libremente de templo en templo llevando todas sus pertenencias en un saco. En Japón al risueño monje gordo representado en las estatuas del «Buddha Feliz» se le llama Hotei.
23. También las palabras del Maestro Chinshu Fuke u Hotei, el Buddha Feliz. Véase *Shinji-shobogenzo,* parte 1, nº 22.
24. «Cualquier lugar» es *izure no tokoro,* palabras japonesas que representan los caracteres *doko,* «dónde» o «en qué lugar», en el último verso del poema.
25. *Jinsetsu* o «tierras tan numerosas como partículas de polvo».
26. El Maestro Nangaku Ejo (677-744), un sucesor del Maestro Daikan Eno. Maestro Zen Daie es su título póstumo.
27. De nuevo, debería recordarse que en aquellos días los espejos eran hechos de cobre, que también se utilizaba para fabricar estatuas.
28. *Shinji-shobogenzo,* parte 2, nº 16.
29. *Bansho* se traduce como «miríada de fenómenos». Aquí «imágenes» quiere decir fenómenos, pero en el resto del párrafo «imagen» significa estatua. Véase la nota 2.
30. El Maestro Dogen elogia el punto de vista del monje.
31. «Posibilidad» se expresa mediante los caracteres *nyo or* [*ga*] *goto* [*ki*], traducidos en la historia como «si...».
32. La pregunta del monje no es solo una especulación abstracta, sino que incluye el reconocimiento de posibilidades tal y como son, de cosas concretas tal y como son y del estado de la acción que hace todas las cosas posibles.
33. La pregunta del monje era filosófica, así que el Maestro Nangaku recondujo la discusión hacia la propia experiencia del monje.
34. *Men-men* significa literalmente «rostro-rostro».
35. Esto es así porque si el mar se seca, lo que antes se consideraba el fondo del mar ahora es tierra. Que aunque el mar se seque no mostrará el fondo del mar era una frase que expresaba realismo en China.

36. *Man-man ten-ten* significa literalmente «ilusión-ilusión, punto-punto». Los caracteres *man* y *ten* aparecen en las palabras del Maestro Nangaku.
37. «Brillantes reflejos de un espejo» es *kansho*, literalmente «espejo-brillo». Estos caracteres también aparecen en la historia («Brillar como un espejo»). La última frase sugiere la realidad concreta que es diferente del pensamiento abstracto.
38. El Maestro Seppo Gison (822-907), un sucesor del Maestro Tokusan Senkan. Gran Maestro Seppo Shinkaku es el título que recibió del emperador Iso (regente entre los años 860 y 874).
39. *Kono ji*, o «el asunto de esto», «el estado de la realidad».
40. El Maestro Gensha Shibi (835-907). El *Shinji-shobogenzo* contiene muchas conversaciones entre el Maestro Seppo y el Maestro Gensha, de entre las cuales esta es típica (con el Maestro Seppo hablando con sinceridad y el Maestro Gensha siendo algo cínico).
41. *Ko*[*re*] *nan*[*no*] *ji* alude a las palabras del Maestro Daikan Eno *ko*[*re*] *shimo-butsu* [*ka*] *inmo-rai*, «¿qué es eso que llega así?» o «esto es algo [inefable] que llega así». Véase el capítulo 29 (volumen 2), «Inmo», y el capítulo 62 (volumen 3), «Hensan».
42. Una perla girando en un cuenco simboliza el movimiento constante (véase por ejemplo el capítulo 66 [volumen 3], «Shunju», párrafo 135) o, en este contexto, la ocupada vida diaria.
43. Para la gente de China, los «barbas rojas» eran los extranjeros. Véase por ejemplo el capítulo 76 (volumen 4), «Dai-shugyo».
44. *Konton* es el estado del caos que existía antes de que las fuerzas del yin y el yang se distinguieran.
45. Banko aparece en el libro taoísta *Sangoryakuki* (Historia de los tres [elementos] y los cinco [elementos]). Era el emperador que gobernaba al comienzo de la creación.
46. Los cielos, la tierra y los seres humanos; la madera, el fuego, la tierra, el metal y el agua.
47. Las comillas en «el chino aparece» indican que el texto original está escrito en chino, mientras que en «un chino» se refieren tanto a que el texto está en chino como a que «un chino» es una idea.
48. El Emperador Amarillo (fechas aproximadas 2697-2597 a. de C.) fue el tercer emperador en la legendaria época de los cinco gobernantes (2852-2205 a. de C.). El volumen 8 del libro chino *Jibutsugenki* (Crónica del origen de las cosas) dice: «De acuerdo con el informe confidencial del Emperador Amarillo, cuando el emperador se encontró con su madre en el palacio real, hizo doce grandes espejos, utilizando uno para cada mes».
49. La leyenda taoísta dice que el Emperador Amarillo visitó a Kosei en su cueva de Kodozan para preguntarle por el secreto de la inmortalidad. Véase el capítulo 14, «Sansuigyo».
50. En el Lejano Oriente, la utilización de un espejo representa la función de decidir o hacer algo como criterio.
51. La idea del pasado y el presente está subordinada a las doce horas del día que, como tiempo común de la vida diaria concreta, tiene una sustancia real (en el

capítulo 11, «Uji», el Maestro Dogen nos urge a aprender el tiempo real como las doce horas del día).

52. Kenen es la pronunciación japonesa del nombre del Emperador Amarillo.
53. De nuevo debe recordarse que en el Lejano Oriente un espejo representaba un patrón de actuación o criterio. En este contexto, por ejemplo, los criterios de la astrología, la geografía y la economía podrían llamarse espejos.
54. Son intuitivos.
55. Cita resumida del volumen 4 del texto taoísta *Soshi.*
56. El *Jokanseiyo* ([Tratado] sobre la esencia del gobierno de la era Jokan).
57. El segundo emperador de la dinastía Tang (regente entre los años 627 y 650).
58. Gicho y Bogenrei eran dos altos oficiales durante el gobierno del emperador Taiso.
59. *Gogyo*. Madera, fuego, tierra, metal y agua.
60. *Gojo*. Estas virtudes son rectitud paterna, benevolencia materna, amistad como un hermano mayor, respeto como un hermano pequeño y piedad filial.
61. Es decir, la realidad de los hombres tal y como son es un criterio.
62. De nuevo, el punto es que los hechos concretos son un criterio universal.
63. Los cinco picos son cinco montañas de China. Los cuatro grandes ríos son el río Amarillo, el río Yangzi, el río Waisui y el río Saisui. Los cuatro océanos son los océanos del norte, sur este y oeste. Esta parte sugiere el optimismo del Maestro Dogen sobre el progreso de la sociedad humana.
64. Se refiere a los tres tesoros sagrados de Japón: los espejos, las joyas sagradas y «la espada de la siega de la hierba».
65. El Santuario Interior de Ise, considerado la morada de Amaterasu (la Diosa del Sol), todavía conserva uno de los espejos sagrados.
66. Kii-no-kuni es la prefectura de Wakayama de hoy en día, donde el Santuario de Hinokuma todavía conserva el segundo de los tres espejos.
67. El tercero de los tres espejos, llamado *Yata-no-kagami,* aún se conserva en el Palacio Imperial de Tokio. El texto original está escrito en el estilo de una cita (solo en caracteres chinos).
68. Es simplemente una sustancia física.
69. La historia original es citada solo en caracteres chinos. Aquí el Maestro Dogen representa las palabras del Maestro Gensha en japonés.
70. *Nimai*. Es decir, dos espejos (el espejo eterno y el espejo claro).
71. *Shichitsu-hattatsu* significa literalmente «atravesando las siete direcciones y llegando a los ocho destinos».
72. *Hachimen-reiro*. El significado original de *reiro* es el sonido de las campanas de oro y, por tanto, quiere decir algo claro, brillante y sereno.
73. Las palabras del Maestro Daikan Eno al Maestro Nangaku Ejo. Véanse *Shinji-shobogenzo,* parte 2, nº 1, y el capítulo 7, «Senjo».
74. Véanse las dos historias citadas al final de este capítulo.
75. Las imágenes del extranjero y el chino ya no son relevantes.
76. El Maestro Seppo no solo confirmó el espejo eterno (los dos maestros confirmaron ambos lados).

77. El símil del espejo claro no niega el símil del extranjero ni al chino apareciendo en el espejo eterno. Ambos símiles pueden coexistir independientemente.
78. *Inmonin*. Véase el capítulo 29 (volumen 2), «Inmo».
79. «Haya comprendido ya» es *nyaku-e su*. *Nyaku* expresa originalmente posibilidad, pero este uso refleja la identificación del Maestro Dogen de lo que es posible y lo que ya está ahí. El Maestro Dogen explica que *nyaku* significa «ya» en el capítulo 22 (volumen 2), «Bussho».
80. *Ji, toki* significa tiempo o instante. En la pregunta original del Maestro Gensha es traducido como «entonces».
81. *Koshun no itsu*. *Itsu*, «uno» o «unidad», sugiere la realidad como una, en contraste con la expresión del Maestro Gensha que sugiere la realidad como diversidad de cosas y fenómenos en sus propias formas concretas. *Koshun* expresa el aspecto mental (soledad) y el aspecto concreto (lo empinado) del estado real.
82. *Ichitengo* significa literalmente «palabras de una vuelta», es decir, palabras que pueden cambiar una situación completamente. El Maestro Dogen esperaba la respuesta «tanto al espejo eterno como al espejo claro».
83. El Maestro Sansho Enen (fechas desconocidas), un sucesor del Maestro Rinzai.
84. Las palabras del Maestro Seppo son *ichimen no kokyo o hai se ri*, literalmente «con una cara (o rostro) del espejo eterno a la espalda», donde *men* es «cara», utilizado como contador. Véase *Shinji-shobogenzo* parte 3, nº 95. También *Hekiganroku*, nº 68. En los siguientes párrafos el resto de la historia se cita línea a línea.
85. El Maestro Dogen explicó los relativamente poco comunes caracteres que aparecen en la historia, *miko*, con la palabra familiar japonesa *saru*.
86. La pregunta está escrita en caracteres chinos solamente, pero no se ha localizado una fuente anterior a la del Maestro Dogen.
87. El comentario del Maestro Dogen sugiere que todas las cosas particulares tienen una realidad en común.
88. La última vez que en esta frase aparece «los *kalpas* sucesivos» entre comillas, se refiere tanto a que está escrito originalmente en chino como a que es un pensamiento abstracto (lo mismo ocurre la segunda vez de «los *kalpas* sucesivos» en la frase siguiente). Las restantes tres expresiones de la frase se colocan entre comillas solamente para indicar que están en chino. Así pues, el Maestro Dogen destacó que la idea de «los *kalpas* sucesivos» no son los *kalpas* sucesivos concretos.
89. El Maestro Dogen primero ratificó las palabras del Maestro Sansho porque indicaban que el espejo eterno nunca es un concepto, pero no quedó impresionado por el Maestro Sansho al llamar este al espejo eterno «innombrable durante *kalpas* sucesivos».
90. El Maestro Dogen explicó el significado del carácter chino *ka, kizu*, con el japonés *kana* (*kizu*).
91. «Historia» es *wato*. *Wa* quiere decir «historia». *To*, «cabeza», se añade para hacer la expresión más concreta. En la secta Rinzai, las historias (o los llamados koanes) tales como las registradas en el *Shinji-shobogenzo* por el Maestro Dogen, se llaman *wato*.
92. Deberíamos aprender si, en realidad, hay algo por lo que inquietarse.

93. El Buddha dijo que cuando realizó la verdad, la Tierra y todos los seres sintientes realizaron la verdad al mismo tiempo. Véase por ejemplo el capítulo 69 (volumen 3), «Hotsu-mujoshin». El Maestro Dogen enfatizó que la historia no son solo palabras abstractas, sino la representación de algo real.
94. La historia no es para escandalizarse ni preocuparse.
95. Cuando el Maestro Bodhidharma llegó a China desde la India, fue presentado al emperador Wu de la dinastía Liang. El emperador le dijo: «¿Quién es el hombre que está delante de la persona regia?». El Maestro Bodhidharma respondió: «No lo sé». Véase el *Hekiganroku,* nº 1. En la historia del emperador Wu, «no lo sé» o «no soy consciente [de mí mismo]» o «no me comprendo [a mí mismo intelectualmente]» es *fushiki,* como en las palabras del Maestro Sansho. En el párrafo, suenan como una queja, sugiriendo que el Maestro Seppo no le estaba escuchando. Sin embargo, el Maestro Dogen interpretó la palabra *fushiki* como un elogio irónico al estado del Maestro Seppo.
96. *Jojo no sekishin.* Esto es una variación de la expresión común del Maestro Dogen *sekishin-henpen,* o «la mente desnuda en todo instante».
97. *Meimei no fuken* significa literalmente «claro-claro no-viendo».
98. Esto es, su propio maestro, el maestro de sí mismo.
99. *Ichijaku* se refiere a la colocación de una piedra en el juego del *go,* sugiriendo una acción en un tiempo y lugar.
100. Sansho le pregunta a Seppo: «El pez de las escamas doradas que pasa a través de la red, ¿de qué se alimenta?». Seppo dice: «Cuando te liberes de la red te lo diré». Sansho dice: «El buen consejero de mil quinientas personas ¡no es consciente de la historia!». El Maestro Seppo dice: «Los trabajos del viejo monje como maestro del templo son abundantes». Véase *Shinji-shobogenzo,* parte 1, nº 52.
101. *Ikkaku* significa literalmente «un cuerno».
102. *Jinsoku* significa literalmente «pie místico», del sánscrito *ṛddhipāda.* Véanse el Glosario de términos en sánscrito y el capítulo 8, «Raihai-tokuzui», nota 34.
103. El Maestro Seigen Gyoshi (660-740) y el Maestro Nangaku Ejo (677-744) fueron ambos discípulos del Maestro Daikan Eno.
104. *Kikyo* significa literalmente «espejo de tortuga». Los adivinos chinos solían calentar la concha de una tortuga y utilizar las posiciones de las grietas producidas para adivinar el futuro curso de una acción.
105. *Ichijo.* Un *jo* son unos tres metros.
106. *Issahaku.* Un *shaku* equivale a unos treinta centímetros, y diez *shaku* son un *jo.*
107. Véase *Shinji-shobogenzo,* parte 2, nº 9.
108. Algunas personas piensan sobre el espejo eterno de una manera demasiado abstracta; otros puede que solo lo conciban como algo material.
109. En el ejemplo del Maestro Seppo, el espejo eterno y el mundo son una unidad dentro de los tres metros. El Maestro Dogen preguntaba si esto sería verdad si el mundo fuera ilimitado.
110. La expresión de la verdad del Maestro Gensha. Véase el capítulo 4, «Ikka-no-myoju».
111. *Reiro* sugiere el universo en sí mismo. Véase la nota 72.

112. «Cosa» es *mai,* el cual se usa como contador de objetos finos y planos tales como hojas de papel, capas de ropa, espejos, etcétera, y a veces como contador de generaciones de patriarcas budistas.
113. Esta frase puede contrarrestarse con la primera del párrafo. En este caso, el Maestro Dogen cambió el elemento final en la frase de *ichijo,* «una unidad de tres metros», a *ichimai,* «una cosa», enfatizando que el espejo eterno es concreto.
114. *Tare hito.* Una persona que ha perdido la conciencia de sí mismo o cuyo estado está más allá de las palabras o el entendimiento.
115. *Ko*[*re*] *shimo-butsu* [*ka*] *inmo-rai.* El Maestro Daikan Eno dijo estas palabras al Maestro Nangaku Ejo cuando el Maestro Nangaku entró en su orden. Véase también la nota 41.
116. El Maestro Gensha dijo *hiroki koto tasho,* o *katsu-tasho.* En chino, *tasho,* literalmente «largo-pequeño», es la manera común de preguntar cómo de grande es algo, cómo de expresivo es algo, etcétera. Sin embargo, el Maestro Dogen entendió sus palabras no solo como una pregunta común, sino también como una afirmación de que el horno en sí era una cantidad real.
117. El Maestro Seppo dijo *nyo-kokyo-katsu.* El Maestro Dogen consideró el significado real de los tres elementos independientemente. Como adverbio o adjetivo, *nyo* quiere decir «como» o «similar», pero como sustantivo significa «estado real» o «realidad» (por ejemplo, en la palabra compuesta *ichinyo,* «unicidad» o «una realidad»). Aquí el Maestro Dogen repite el carácter, *nyo nyo,* para dar énfasis: realidad.
118. Las palabras del Maestro Kyogen Chikan. Véase el capítulo 9, «Keisei-sanshiki».
119. En la historia «suelo» es *chi,* «suelo» o «tierra». «La Tierra» es *daichi,* «gran suelo» o «gran tierra».
120. En general, los tacones son símbolos de lo concreto.
121. *Chi* significa «suelo» o «tierra». Al mismo tiempo quiere decir «lo concreto» o «estado concreto».
122. *Fuchigi-gedatsu-homon,* las palabras de Vimalakīrti, un estudiante laico del Buddha.
123. Cuando la Tierra se realiza tal y como es.
124. «Inmaduro» es *imadashi,* literalmente «todavía no». Esta es la negación utilizada en la frase original del Maestro Gensha.
125. En este párrafo, el Maestro Dogen nos urge a considerar lo que cada palabra del Maestro Gensha expresa realmente. En conclusión, las palabras del Maestro Gensha describen el estado real del Maestro Seppo (su existencia concreta).
126. El Maestro Kokutai Koto, un sucesor del Maestro Gensha Shibi (fechas desconocidas).
127. Un distrito de la provincia de Chekiang, al este de China.
128. Puesto que, como se ha dicho anteriormente, en aquellos días los espejos estaban hechos de cobre, era natural pensar que un espejo necesitaba pulirse.
129. Véase *Shinji-shobogenzo,* parte 2, nº 17.

130. A veces nuestro idealismo es como intentar pulir un espejo para hacerlo perfecto; a veces nuestro comportamiento tiene tan poco sentido como intentar pulir una teja con el fin de convertirla en un espejo; a veces realizamos cosas concretas a través de la práctica budista, y a veces nuestra acción trasciende el idealismo completamente.
131. Dos ejemplos de situaciones reales de la vida diaria.
132. El Maestro Baso Doitsu (709-788). Tras recibir el Dharma del Maestro Nangaku Ejo, vivió en Basozan en el distrito de Jiangxi, donde enseñó a más de ciento treinta discípulos, entre ellos a Hyakujo Ekai, Seido Chizo, Nansen Fugan y Daibai Hojo.
133. Jiangxi, una provincia al sureste de China.
134. El Maestro Nangaku Ejo (677-744).
135. *Masen*. Los caracteres aparecen por primera vez en la historia del Maestro Nangaku y el Maestro Baso en el volumen 5 del *Keitokudentoroku*. Véase también el *Shinji-shobogenzo*, parte 1, nº 8.
136. *Sabutsu*. *Sa, tsukuru,* [*to*] *nasu* significa «producir», «hacer», «convertir en» o «actuar como algo».
137. *Ma-sa-kyo*, o *mashi te kagami to nasu*. «En» se representa con *sa,* [*to*] *nasu*, como en la nota anterior.
138. *Jokyo* o *kagami* [*to*] *nasu*. «Convertirse» es en este caso representado por el carácter *jo, nasu*, literalmente «lograr», «realizar» o «hacer».
139. «Hacerte un *buddha*» es *sabutsu*, traducido previamente como «convertirse en un *buddha*».
140. Si el pulir hace el espejo, que el objeto sea una teja o un espejo no es relevante.
141. «Hacer» y «convertirse» son el mismo carácter, *sa*.
142. Es decir, 1241.

Capítulo 21

Kankin

La lectura de los sutras

Comentario: *kan* quiere decir «leer» y *kin*, «sutras». Muchas sectas budistas creen que tan solo leyendo los sutras podemos entender el budismo, ya que para ellas la verdad es una teoría que puede comprenderse a través del pensamiento abstracto. Al mismo tiempo, otras niegan su valor argumentando que la realidad budista no es un sistema teórico. El Maestro Dogen tomó el camino intermedio a través de una visión realista: sin negar la importancia de los sutras, consideraba que son una forma de encontrar qué es la práctica budista, pero no opinaba, en cambio, que pudiéramos realizar la verdad leyéndolos, ni pensaba que recitarlos pudiera ejercer algún tipo de influencia mística sobre la vida religiosa. Asimismo, para él dicha lectura no se limitaba a los sutras escritos. Afirmaba, por ejemplo, que el universo y cada una de sus partes (la hierba, los árboles, las montañas, la luna, el sol, etcétera), así como el caminar alrededor de la silla del maestro en la sala de zazen, eran también sutras budistas que podían leerse al ser observados. Por tanto, el Maestro Dogen, compartiendo su punto de vista con el del budismo en sí, amplía en este capítulo el significado de la lectura de los sutras.

****

[183] La práctica-y-experiencia de *anuttara samyaksaṃbodhi* a veces reside en [buenos] consejeros y a veces reside en los sutras. «[Buenos] consejeros»[1] quiere decir los patriarcas budistas que son completamente ellos mismos. «Sutras» quiere decir los sutras que son completamente ellos mismos. Puesto que el sí mismo es completamente un patriarca budista y puesto que el sí mismo es completamente un sutra, eso es así.[2] Incluso aunque lo llamemos sí mismo, no está restringido por «tú y yo». Es los ojos vívidos y un puño vívido.

[184][3] Al mismo tiempo, está la consideración de los sutras, la lectura de los sutras,[4] el recitar los sutras, el copiar los sutras, el recibir los sutras y el conservar los sutras: todos son la práctica-y-experiencia de los patriarcas budistas. A pesar de todo, no es fácil encontrar los sutras del Buddha: «A lo largo de innumerables reinos, ni siquiera el nombre puede escucharse».[5] Entre los patriarcas budistas, «ni siquiera el nombre puede escucharse». En medio del elemento vital, «ni siquiera el nombre puede escucharse». A menos que seamos patriarcas budistas, no vemos, escuchamos, leemos, recitamos o comprendemos el significado de los sutras. Después de aprender en la práctica como los patriarcas budistas, apenas somos capaces de aprender los sutras en la práctica. En este momento, la realidad de escuchar [sutras], conservar [sutras], recibir [sutras], proclamar sutras, etcétera, existe en los oídos, ojos, lengua, nariz y órganos del cuerpo y la mente,[6] y en los lugares a donde vamos, escuchamos y hablamos. La especie que «puesto que busca la fama, proclama doctrinas no-budistas»,[7] no puede practicar los sutras budistas. La razón es que los sutras se transmiten y conservan en árboles y rocas, y son extendidos a lo largo de campos y pueblos, son expuestos por tierras de polvo y proclamados por el vacío.

[186] El Gran Maestro Kodo,[8] el patriarca ancestral de la montaña Yakusan, no ha subido [a su asiento en] la sala [del Dharma] durante mucho tiempo. El prior del templo[9] dice: «Los monjes han estado esperando mucho tiempo tu instrucción compasiva, maestro».

[Yaku]san, dice: «¡Golpea la campana!».

El prior del templo golpea la campana y se reúnen unos pocos monjes.

[Yaku]san sube [al asiento en] la sala [del Dharma] y pasa un tiempo. Después baja del asiento y vuelve a los aposentos del abad. El prior del templo le sigue detrás y dice: «Justo antes, el maestro estaba de acuerdo en proclamar el Dharma para los monjes. ¿Por qué no nos ha otorgado una sola palabra?».

Yakusan dice: «Para los sutras hay profesores de los sutras. Para los comentarios hay profesores de los comentarios. ¿Cómo podrías dudar del viejo monje?».[10]

[188] La instrucción compasiva del patriarca ancestral es que para el puño hay un maestro de puños y para los ojos hay un maestro de ojos. Al mismo tiempo, con el debido respeto, me gustaría ahora preguntarle al patriarca ancestral esto: no niego [sus palabras] «¿cómo puede dudarse del viejo monje?», pero todavía no comprendo. El maestro es un profesor de qué.[11]

[188] La orden del Patriarca Fundador Daikan[12] está en Sokeizan, en el distrito de Shoshu. Hotatsu,[13] un monje que recita el Sutra de la Flor del Dharma,[14] va ahí a practicar. El Patriarca Fundador proclama a Hotatsu el siguiente poema:

Cuando la mente está en la ilusión, la Flor del Dharma gira.
Cuando la mente está en la realización, giramos la Flor del Dharma.
A menos que nos clarifiquemos a nosotros mismos, cualquiera que sea el tiempo que recitemos [el sutra],
se volverá un enemigo debido a sus significados.
Sin intención, la mente está correcta.
Con intención, la mente se vuelve equivocada.
Cuando trascendemos tanto «con» como «sin»,
montamos eternamente en el carro del buey blanco.[15]

[189] Así que cuando la mente está en la ilusión, somos girados por la Flor del Dharma; cuando la mente está en la realización, giramos la Flor del Dharma. Además, cuando brotamos libres de la ilusión y la realización, la

Flor del Dharma gira la Flor del Dharma. Al escuchar este poema, Hotatsu salta de alegría y lo elogia con el siguiente poema:

Tres mil recitaciones del sutra
con una frase de Sokei, olvidadas.
Antes de clarificar el sentido de la aparición [de los buddhas] en el mundo,
¿cómo podríamos detener las periódicas vidas de locura?
[El sutra] explica la cabra, el ciervo y el buey como un medio,
[pero] proclama que el comienzo, la mitad y el final son buenos.
¿Quién sabe que [incluso] dentro de la casa en llamas,
originalmente somos reyes en el Dharma?

Después, el Patriarca Fundador dice: «Desde ahora, serás apropiadamente llamado el Monje que lee el Sutra». Deberíamos saber que hay monjes lectores de sutras en el budismo: eso es la enseñanza directa del *buddha* eterno de Sokei. «Lee», en esta [frase] «Monje que lee el Sutra», está más allá de «tener ideas», «estar sin ideas», etcétera.[16] Es la «trascendencia de tanto "con" como "sin"». El hecho es solo que «de *kalpa* a *kalpa* las manos nunca dejan el sutra y de mediodía a la noche no hay momento en el que no se lea».[17] El hecho es solo que de sutra a sutra nunca se deja de experimentar.[18]

[191] El vigésimo séptimo patriarca es el Venerable Prajñātara[19] del este de la India. Un rey del este de la India, según cuenta la historia, invita al Venerable a una comida del mediodía, en cuyo momento el rey pregunta: «Todo el mundo recita[20] sutras. ¿Por qué es, Venerable, que solo tú no recitas?».

El patriarca dice:

Mi[21] espiración no sigue las circunstancias,
la inspiración no reside en el mundo de los agregados.[22]
Estoy constantemente recitando los sutras así.[23]
Cien mil miríadas de koṭis *de rollos.*
Nunca solamente un rollo o dos rollos.[24]

[192] El Venerable Prajñātara es un nativo del territorio del este de la India. Es el vigésimo séptimo legítimo sucesor del Venerable Mahākāśyapa,[25] habiendo recibido la auténtica transmisión de todas las herramientas de la casa del Buddha: allí ha morado y conservado los cerebros, los ojos, el puño y los agujeros de la nariz; el bastón, el *pātra*, el manto y el Dharma, los huesos y la médula, etcétera. Es nuestro patriarca ancestral y nosotros somos sus descendientes lejanos.[26] Las palabras en las que el Venerable ha puesto ahora todo su empeño [significan] no solo que la espiración no sigue a las circunstancias, sino que las circunstancias tampoco siguen a la espiración. Las circunstancias pueden ser los cerebros y los ojos, las circunstancias pueden ser el cuerpo entero, las circunstancias pueden ser toda la mente, pero en traer aquí, tomar ahí y traer aquí de vuelta, el estado es simplemente «no seguir las circunstancias». «No seguir» significa seguir completamente; por tanto es un estado de bullicio y empujones. La espiración es las circunstancias en sí mismas. Incluso así, «no sigue las circunstancias». Durante incontables *kalpas* no hemos nunca reconocido la situación de espirar e inspirar, pero justamente ahora ha llegado el momento en el que podemos reconocerla por primera vez, y así escuchamos «no reside en el mundo de los agregados» y «no sigue las circunstancias». Este es el instante en el que las circunstancias estudian por primera vez tales cosas como «la inspiración». Este instante no ha sucedido antes y nunca volverá a suceder: solo existe en el presente. «El mundo de los agregados» quiere decir los cinco agregados: materia, percepción, pensamiento, volición y conciencia. La razón por la que no reside en estos cinco agregados es que está en el mundo donde «los cinco agregados» nunca han llegado. Puesto que ha asido este punto de inflexión, los sutras que recita nunca son uno o dos rollos: está «constantemente recitando cien mil miríadas de *koṭis* de rollos». Aunque digamos que «cien mil miríadas de *koṭis* de rollos» simplemente cite, por ahora, un ejemplo de número grande, está más allá de solamente una cantidad numérica: asigna la cantidad de «cien mil miríadas de *koṭis* de rollos» al «no residir en el mundo de los agregados» de una espiración. Al mismo tiempo, [el estado] no se mide por la sabiduría manchada o la impecable[27] y está más allá del mundo de los *dharmas* manchados y los impecables.[28] Por tanto, está más allá del cálculo de la inteligencia sabia, está más allá de la estimación de la sabiduría inteligente, está más allá de la consideración de la inteligencia no-sabia y está más allá de alcanzar la sabiduría no-inteligente. Es la práctica-y-experiencia de los *buddhas* y los patriarcas; es su piel, carne, huesos y médula, sus ojos, puños, cerebros y agujeros de la nariz, y sus bastones y espantamoscas, brotando del instante.

[196] El Gran Maestro Shinsai[29] del templo Kannon-in, en Joshu, según cuenta la historia, recibe una donación de una anciana que le pide al Gran Maestro recitar todos los sutras. El maestro desciende de la silla de zazen, camina alrededor de esta una vez y le dice al mensajero: «He acabado de recitar los sutras». El mensajero regresa e informa de esto a la anciana. La anciana dice: «Le pedí antes que recitara todos los sutras. ¿Por qué el maestro solo recitó la mitad de los sutras?».[30]

[197] Evidentemente, la recitación de todos los sutras o la mitad de los sutras suma tres rollos de sutras en el caso de la anciana.[31] «He acabado de recitar los sutras» es el sutra completo de Joshu. En resumen, la situación de su recitación de todos los sutras es la siguiente: está Joshu caminando alrededor de la silla de zazen, está la silla de zazen caminando alrededor de Joshu, está Joshu caminando alrededor de Joshu y está la silla de zazen caminando alrededor de la silla de zazen. Al mismo tiempo, todos los ejemplos de recitar los sutras no se limitan ni a caminar alrededor de la silla de zazen ni se limitan a que la silla de zazen camine alrededor.

[198] El Gran Maestro Shinsho[32] de Daizuizan en Ekishu, cuyo nombre original del Dharma era Hoshin,[33] sucedió al Maestro Zen Daian[34] de Chokeiji. En la historia, una anciana le envía una donación y le pide al maestro que recite todos los sutras. El maestro desciende de la silla de zazen, camina alrededor de esta una vez y le dice al mensajero: «Ya he recitado todos los sutras». El mensajero regresa e informa de esto a la anciana. La anciana dice: «Le pedí antes que recitara todos los sutras. ¿Por qué el maestro solo recitó la mitad de los sutras?».[35]

[199] Ahora bien, no estudies que Daizui camina alrededor de la silla de zazen, y no estudies que la silla de zazen camina alrededor de Daizui. No es solamente el agrupar puños y ojos: su hacer un círculo es la «enacción» de un círculo. ¿Tiene la anciana los ojos, o no los tiene [para verlo]? Incluso aunque tenga la expresión de «solo recito la mitad de los sutras» en la auténtica transmisión de un puño,[36] la anciana debería también decir: «Le pedí antes que recitara todos los sutras. ¿Por qué el maestro solo se preocupaba por su alma?».[37] Si hablara así, incluso por accidente, sería una anciana con ojos.

[200] [En la orden] del Patriarca Fundador, el Gran Maestro Tozan Gohon,[38] según cuenta la historia, hay un oficial del gobierno que prepara la comida del mediodía, ofrece una donación y solicita al maestro que lea y recite todos los sutras. El Gran Maestro desciende de su silla de zazen y se inclina[39] ante el oficial. El oficial se inclina ante el Gran Maestro, quien conduce al oficial a que camine una vez alrededor de la silla de zazen, para después inclinarse [de nuevo] ante el oficial. Después de un rato, le dice al oficial: «¿Comprendes?». El oficial dice: «No comprendo». El Gran Maestro dice: «Tú y yo hemos leído y recitado todos los sutras. ¿Cómo podrías no entenderlo?».

[201] Que «tú y yo hemos leído y recitado todos los sutras» es evidente. No aprendemos que caminar alrededor de la silla de zazen sea leer y recitar todos los sutras, y no comprendemos que leer y recitar todos los sutras sea caminar alrededor de la silla de zazen. De todos modos, deberíamos escuchar la compasiva instrucción del Patriarca Fundador. Mi difunto maestro, el *buddha* eterno, citaba esta historia, mientras estaba residiendo [como maestro] en Tendozan, de un donante de Corea que penetró en la montaña, hizo una donación para que los monjes leyeran los sutras y solicitó que mi difunto maestro subiera al asiento de la lectura. Cuando había citado [la historia], mi difunto maestro hacía un gran círculo con su espantamoscas y decía: «Tendo hoy ha leído y recitado para vosotros todos los sutras». Después soltaba el espantamoscas y descendía del asiento. Deberíamos ahora leer y recitar las palabras dichas por el difunto maestro, sin compararlas con [las palabras de] otros. A pesar de todo, ¿deberíamos pensar que [el Maestro Tendo], al leer y recitar todos los sutras, utiliza un ojo completo o utiliza medio ojo? ¿Confían las palabras del Patriarca Fundador y las palabras de mi difunto maestro en los ojos o confían en las lenguas? ¿Cuántos [ojos y lenguas] han utilizado? Mira si puedes llegar hasta el fondo de ello.

[203] El patriarca ancestral, el Gran Maestro Kodo[40] de la montaña Yakusan, habitualmente no deja que la gente lea los sutras. Un día él mismo está leyendo un sutra. Un monje le pregunta: «El maestro no deja habitualmente que otros lean sutras. ¿Por qué tú mismo estás leyendo?».

El maestro dice: «Simplemente necesito oscurecer mis ojos».

El monje dice: «¿Podría copiar al maestro?».

El maestro dice: «¡Si fueras a leer seguramente perforarías agujeros incluso en la piel del buey!».

[203] Las palabras «simplemente necesito oscurecer mis ojos» dichas ahora son palabras habladas de manera natural por los ojos oscurecidos[41] mismos. «Oscurecer los ojos» describe deshacerse de los ojos y deshacerse de los sutras, describe el total oscurecimiento de los ojos y los ojos oscurecidos completamente. «Oscurecer los ojos» significa abrir los ojos en el estado oscurecido, vigorizando los ojos dentro de la oscuridad, vigorizando la oscuridad dentro de los ojos, añadiendo un párpado más, utilizando los ojos dentro de la oscuridad y los ojos mismos utilizando la oscuridad. Siendo esto así, la virtud de «oscurecer los ojos» nunca se [menciona] en ningún [sutra] distinto de los ojo-sutras. «Seguramente perforarías agujeros incluso en la piel del buey» describe a la piel completa del buey y a un buey de piel completa, lo cual describe utilizar al buey para que se convierta en una piel.[42] Esto es por lo que [la posesión de] la piel, la carne, los huesos y la médula, y los cuernos en la cabeza, y los agujeros de la nariz, se han visto como la actividad vigorosa de toros y vacas.[43] En «copiar al maestro», el buey se convierte en el ojo –esto se describe como «oscureciendo los ojos»–. Es el ojo convirtiéndose en el buey.

[205] El Maestro Zen Yafu Dosen[44] dice:

Realizar ofrendas a buddhas cien millones de miles de veces es una alegría ilimitada,
[pero] ¿cómo puede compararse con la lectura diaria de las antiguas enseñanzas?
En la cara del papel blanco los caracteres están escritos con tinta negra.
Abre tus ojos, te lo ruego, y mira ante ti.[45]

[206] Recuerda, realizar ofrendas a antiguos *buddhas* y leer las antiguas enseñanzas pueden ser iguales en dicha y buena fortuna, y pueden ir más allá de la felicidad y la buena fortuna. «Las antiguas enseñanzas» significa caracteres escritos en tinta negra sobre el papel blanco, [pero] ¿quién puede reconocer las antiguas enseñanzas como tales? Debemos justamente dominar este principio.

[206] [En la orden de] el Gran Maestro Kokaku[46] de Ungozan, según cuenta la historia, hay un monje que lee un sutra en sus aposentos. El Gran Maestro pregunta por fuera de la ventana: «*Ācārya*, ¿qué sutra estás leyendo?».

El monje contesta: «El Sutra de Vimalakīrti».

El maestro dice: «No te estoy preguntando si es el Sutra de Vimalakīrti. Eso que estás leyendo es un sutra ¿qué?».[47]

En ese instante el monje puede penetrar.[48]

[207] Las palabras del Gran Maestro «eso que estás leyendo es un sutra ¿qué?» significan que el «estado de leer»[49] en una línea es antiguo, profundo y eterno, y no es deseable representarlo como «leer». En el camino encontramos serpientes mortales. Esto es por lo que la pregunta «sutra ¿qué?» se ha realizado. Al encontrarnos en calidad de seres humanos, no tergiversamos nada. Esto es por lo que [el monje responde] «el Sutra de Vimalakīrti». En resumen, leer sutras significa leer sutras con los ojos dentro de los cuales hemos retratado juntos a todos los patriarcas budistas. Justo en este instante, los patriarcas budistas se convierten en *buddhas* instantáneamente, proclaman el Dharma, proclaman el *buddha* y realizan acciones búdicas.[50] Sin este instante de leer los sutras, los cerebros y rostros de los patriarcas budistas no podrían nunca existir.[51]

[209] Actualmente, en las órdenes de los patriarcas budistas, las formas de leer los sutras son muchas y variadas: para cuando un donante[52] penetra en la montaña y solicita a toda la *sangha* que lea sutras, para cuando se solicita a los monjes que lean los sutras regularmente,[53] para cuando los monjes leen los sutras por voluntad propia, etcétera. Además de estas, hay una lectura de sutra por toda la *sangha* para cuando fallece un monje.

[209] Cuando un donante penetra en la montaña y solicita a los monjes que lean los sutras, desde el desayuno del día [de la lectura] el supervisor de la sala[54] cuelga un aviso de la lectura del sutra delante de la sala de los monjes[55] y en todos los aposentos. Después del desayuno, la esterilla de las postraciones se coloca ante [la imagen del] Monje Sagrado.[56] Cuando llega el momento [de la lectura], la campana que está delante de la sala de los monjes se golpea tres veces, o se golpea una –de acuerdo con las instrucciones del abad–. Después del sonido de la campana, el monje principal[57] y todos los monjes se colocan el *kaṣāya* y entran en la sala de la nube.[58] Se colocan en su sitio[59] y se sientan mirando hacia delante. Entonces el abad entra en la sala, se dirije al Monje Sagrado, se postra con las manos juntas, quema incienso y después se sienta en el lugar [del abad]. Luego, a los niños ayudantes[60] se les dice que distribuyan los sutras. Estos sutras están preparados antes en la sala de la cocina, colocados en orden y listos para darse cuando llegue su momento. Los sutras son repartidos desde la caja de los sutras, o bien colocados en una bandeja y luego se reparten. Una vez que los monjes han solicitado un sutra, lo abren y lo leen inmediatamente. Durante este tiempo, en el instante [apropiado], el supervisor de los invitados[61] lleva al donante a la sala de la nube. El donante toma un incensario de mano justo delante de la sala de la nube y entra en la sala sosteniéndolo en lo alto con las dos manos. El incensario de mano se [queda] en la zona común de la entrada de la sala de la cocina.[62] Se prepara anteriormente con incienso, y [se instruye a] un ayudante[63] para que lo mantenga listo delante de la sala de la nube. Cuando el donante va a entrar en la sala, [el ayudante], siguiendo las instrucciones, entrega [el incensario] al donante. El supervisor de los invitados da las órdenes respecto al incensario. Cuando entran en la sala, el supervisor de los invitados conduce al donante y hace que le siga, y entran por la parte sur de la entrada frontal de la sala de la nube. El donante va ante el Monje Sagrado, quema una barra de incienso y hace tres postraciones, sosteniendo el incensario mientras hace las postraciones. Durante las postraciones, el supervisor de los invitados, con las manos juntas,[64] se mantiene de pie al norte de la esterilla de las postraciones, de cara al sur pero girado ligeramente hacia el donante.[65] Después de las postraciones del donante, el donante se gira a la derecha, va hacia el abad y saluda al abad con una gran inclinación, manteniendo el incensario en alto con ambas manos. El abad se queda en la silla para recibir el saludo, sosteniendo en lo alto un sutra con las palmas de las manos juntas.[66] El donante entonces se inclina hacia el norte. Habiéndose inclinado, [el donante] comienza a rodear la sala desde delante del monje principal. Durante el caminar alrededor de la sala, [el donante] es conducido por el supervisor de los invitados. Habiendo dado una vuelta a la sala y llegado [de nuevo] delante del Monje Sagrado, [el donante] se encara al Monje Sagrado una vez más y se inclina, sosteniendo el incensario con ambas manos en lo alto. En este momento el supervisor de los invitados está justamente dentro de la entrada de la sala de la nube, de pie con las manos juntas hacia el sur de la esterilla de las postraciones y de cara al norte.[67] Después de saludar al Monje Sagrado, el donante, siguiendo al supervisor de los invitados, sale a la parte frontal de la sala de la nube, rodea la sala frontal,[68] regresa apropiadamente dentro de la sala de la nube y realiza tres postraciones al Monje Sagrado. Tras las postraciones, [el donante] se sienta en una silla plegable para presenciar la lectura del sutra. La silla plegable está situada, mirando al sur, cerca de la columna a la izquierda del Monje Sagrado, o pudiera situarse de cara al norte cerca de la columna del sur. Cuando el donante esté sentado, el supervisor de los invitados debería girarse para saludar al donante, y luego irse a su propio sitio. A veces tenemos un coro en sánscrito mientras el donante da la vuelta alrededor de la sala. El lugar para el coro en sánscrito puede ser a la derecha del Monje Sagrado o a la izquierda del Monje Sagrado, de acuerdo con la conveniencia. En el incensario de mano introducimos y quemamos valioso incienso, como *jinko* o *sanko*.[69] Este incienso es suministrado por el donante. Mientras el donante camina alrededor de la sala, los monjes juntan las palmas. Después está la distribución de las donaciones por la lectura del sutra. La cantidad de la donación es a discreción del donante. A veces se distribuyen cosas como tela de algodón o abanicos. Puede repartirlos el donante personalmente, o pueden repartirlos los oficiales principales, o pueden repartirlos los ayudantes. El método de distribución es el siguiente: [la donación] se coloca delante de [cada] monje, no se coloca en las manos de los monjes. Cada monje junta las manos para recibir la donación tal y como es repartida delante de ellos. Las donaciones a veces se distribuyen en la comida del mediodía, en el día [de la lectura del sutra]. Si [las donaciones] se distribuyen durante el almuerzo, el monje principal, después de ofrecer la comida,[70] golpea el mazo[71] una vez más y luego el monje principal reparte las donaciones. El donante tendrá escrita en una hoja de papel la finalidad con la que [la lectura del sutra] ha de dirigirse, y [este papel] se pega a la columna a la derecha del Monje Sagrado. Cuando se leen los sutras en la sala de la nube, no los leemos a voces: los leemos en voz baja. O a veces abrimos un sutra y solo miramos sus caracteres, no leyendo en voz alta las frases sino simplemente leyendo el sutra [silenciosamente]. Hay cientos o miles de rollos proporcionados en el almacén común[72] para este tipo de lectura de sutras –principalmente del Sutra del Diamante del *Prajñā*, el capítulo de «La puerta universal» y el capítulo de la «Práctica tranquila y feliz» del Sutra del Loto, el Sutra de la Luz Dorada,[73] etcétera–. Cada monje toma un rollo. Cuando la lectura del sutra está finalizada, [los niños ayudantes] pasan por delante de los asientos [de los monjes], llevando la bandeja o caja original, y cada uno de los monjes deposita un sutra. Tanto cuando tomamos [el sutra] como cuando lo devolvemos, juntamos las manos. Cuando lo tomamos, primero juntamos las manos y luego lo tomamos. Cuando lo devolvemos, primero depositamos el sutra y luego juntamos las manos. Después de eso, cada persona, con las palmas de las manos juntas, hace la dedicatoria en voz baja. Para las lecturas de sutras en la zona común,[74] el primer oficial, o el prior, quema incienso, hace postraciones, da la vuelta a la sala y reparte las donaciones, todo de la misma manera que el donante, y sostiene en alto el incensario también de la misma manera que el donante. Si uno de los monjes es el donante y solicita la lectura de un sutra a toda la *sangha*, es lo mismo que para un donante laico:[75] hay la quema de incienso, las postraciones, el dar la vuelta a la sala, la distribución de las donaciones, etcétera. El supervisor de los invitados lo dirige, como en el caso del donante laico.

[216] Está la costumbre de leer sutras por el cumpleaños del emperador. De manera que si la celebración del cumpleaños del emperador regente es el décimo quinto día del primer mes lunar, la lectura de los sutras por el cumpleaños del emperador comienza el décimo quinto día del décimo segundo mes lunar. En este día no hay enseñanza formal en la sala del Dharma. Dos filas de estrados se extienden enfrente de [la imagen del] Buddha Śākyamuni en la sala del Buddha. Eso quiere decir que [las filas] se disponen una frente a la otra, al este y el oeste, yendo cada una desde el sur al norte. Las mesas se colocan frente a la fila del este y la fila del oeste, y sobre ellas se colocan los sutras: el Sutra del Diamante del *Prajñā*, el Sutra Rey Benevolente, el Sutra del Loto, el Sutra Rey Supremo,[76] El Sutra de la Luz Dorada, etcétera. Varios monjes, de entre los monjes de la sala [de zazen], son invitados cada día a tomar unos refrigerios antes de la comida del mediodía. A veces se sirve a cada monje un bol de tallarines y una taza de sopa, y otras veces se sirve a cada monje seis o siete bolas guisadas con un cazo de sopa. Las bolas guisadas también se sirven en un bol, [pero en este caso] se proporcionan palillos. No se proporcionan cucharas. No cambiamos nuestros sitios para comer, sino que permanecemos en nuestro lugar para la lectura del sutra. Los refrigerios se colocan en la mesa sobre la que están los sutras. No hay necesidad de traer otra mesa. Mientras se comen los refrigerios, los sutras se dejan en la mesa. Después de terminar los refrigerios, cada monje se levanta de su asiento para [ir a] enjuagarse la boca, luego regresa al asiento y reanuda la lectura del sutra de inmediato. La lectura del sutra dura desde después del desayuno hasta el momento de la comida del mediodía. Cuando el tambor del almuerzo suena tres veces, nos levantamos de nuestros asientos: la lectura del sutra del día está limitada a antes de la comida del mediodía. Desde el primer día, un tablón que dice «Establecido como lugar de la práctica para la celebración del cumpleaños del emperador» está colgado delante de la sala del Buddha, bajo el ala este. El tablón es amarillo. Además, el aviso de la celebración del cumpleaños del emperador está escrito en un cartel *shoji*,[77] que está también colgado en la columna frontal del este, dentro de la sala del

Buddha. Este cartel [también] es amarillo. El nombre[78] del abad está escrito en papel rojo o papel blanco. Los dos caracteres [del nombre] están escritos en una pequeña hoja de papel que está pegada sobre la parte frontal del cartel, debajo de la fecha. La lectura del sutra continúa como se ha resumido arriba hasta el día del descenso y nacimiento imperiales, cuando el abad da la enseñanza formal en la sala del Dharma y felicita al emperador. Esta es una convención antigua que hasta hoy no está obsoleta. Hay otro caso en el que los monjes deciden por su propia voluntad leer sutras. Los templos tradicionalmente tienen una sala común de lectura de sutras. [Los monjes] van a esta sala a leer los sutras. Las reglas para su uso son como en nuestros presentes puros criterios.[79]

[219] El Patriarca Fundador, el Gran Maestro Kodo[80] de la montaña Yakusan, le pregunta a Śrāmaṇera Ko:[81] «¿Lo lograste leyendo sutras, o lo lograste solicitando el beneficio [de la enseñanza]?».[82]

Śrāmaṇera Ko dice: «No lo logré leyendo sutras y no lo logré solicitando el beneficio».

El maestro dice: «Hay mucha gente que no lee sutras y no solicita el beneficio. ¿Por qué ellos no lo logran?».

Śrāmaṇera Ko dice: «No digo que no lo tengan. Simplemente que no se atreven a experimentarlo directamente».[83]

[220] En la casa de los patriarcas budistas, algunos lo experimentan directamente y algunos no lo experimentan directamente, pero leer los sutras y solicitar el beneficio [de la enseñanza] son la herramienta común de la vida diaria.

Shobogenzo Kankin

Proclamado a la asamblea en Koshohorinji en el distrito Uji de Yoshu,[84] en el décimo quinto día del noveno mes lunar en el otoño del segundo año de Ninji.[85]

NOTAS

1. *Chishiki* es la abreviatura de *zen-chishiki,* que proviene del sánscrito *kalyāṇamitra* y quiere decir «buen amigo». Véase el Glosario de términos en sánscrito.
2. *Kakunogotoku,* «así», describe la situación aquí y ahora.
3. En el párrafo introductorio, el Maestro Dogen explicaba los sutras, de manera general, en relación con el sí mismo. Este párrafo, en cambio, es una transformación en el punto de vista dirigido hacia la fase concreta.
4. *Kankin* (como en el título del capítulo). El significado original de *kan* es «ver» o «mirar».
5. Esta cita proviene de un sutra cuya fuente no ha sido localizada. Las dos siguientes frases fueron muy probablemente redactadas por el Maestro Dogen, sustituyendo «innumerables reinos» por «patriarcas budistas» y «elemento vital» con el fin de enfatizar la dificultad de encontrarse con los sutras budistas.
6. *Shinjin-jinsho* quiere decir los dos últimos de los seis órganos sensoriales. El cuerpo como órgano sensorial se refiere al sentido del tacto, y la mente, al lugar del pensamiento. Clasificando este último como uno de los seis sentidos, el Maestro Dogen enfatiza que está subordinado a la verdadera sabiduría. Véase, por ejemplo, SL 3.122: «Aunque no haya todavía realizado la impecable verdadera sabiduría, su mente-órgano es pura así».
7. La fuente de esta cita de un sutra no ha sido localizada.
8. El Maestro Yakusan Igen (745-828), sucesor del Maestro Sekito Kisen. Gran Maestro Kodo es su título póstumo.
9. *Inshu* o «prior». También llamado *kansu* y *kanin*: uno de los seis *chiji* u oficiales principales de un templo. Véase la nota 54.
10. *Shinji-shobogenzo,* parte 1, nº 79. También es la historia nº 7 del *Wanshijuko.*
11. «Un profesor de qué» es *nan no shi,* es decir, un profesor de lo inefable. Un profesor cuyo estado y cuya enseñanza no pueden comprenderse intelectualmente.
12. El Maestro Daikan Eno (638-713).
13. La historia del Maestro Hotatsu se explica en profundidad en el capítulo 17, «*Hokke-ten-hokke*».
14. *Hokkekyo* (Sutra del Loto). Véase el capítulo 17, «Hokke-ten-hokke»
15. El poema es exactamente el mismo que el citado en el capítulo 17, «Hokke-ten-hokke».
16. «Leer» e «ideas» son el mismo carácter chino, *nen*. En *nenkinso,* «el Monje que lee el Sutra», *nen* es el verbo «leer», y sugiere la acción de leer el sutra. *Nen,* como sustantivo, significa «ideas». *Unen,* «tener ideas», describe la presencia de ideas, imágenes o intención, y *munen,* «estar sin ideas», se refiere a la ausencia o negación de las anteriores.
17. Cita de las palabras del Maestro Daikan Eno a Hotatsu del *Rokusodaishihobodangyo* (Sutra del Estrado del Tesoro del Dharma del Sexto Patriarca). La siguiente frase es un añadido del Maestro Dogen.

18. «Sutra» y «experimentar» son el mismo carácter chino, *kyo, kin* o *kei. Kyo* significa «sutra», como en el título de este capítulo, y «atravesar», «experiencia», «el paso del tiempo» (véase la nota 18 del capítulo 11, «Uji»). El Maestro Dogen identificó leer sutras y experimentar la realidad.
19. El Maestro Prajñātara (fallecido en el año 457) fue un sucesor del Maestro Puṇyamitra y el profesor del Maestro Bodhidharma.
20. *Tenzu* significa literalmente «girar», lo que quiere decir girar un rollo en el que un sutra está escrito. Véase el capítulo 17, «Hokke-ten-hokke».
21. *Hindo* significa literalmente «pobre vía»: una forma de modestia utilizada por un monje budista.
22. *Unkai. Un* representa la palabra sánscrita *skandha*. Los cinco *skandhas* (agregados) son la materia, la percepción, el pensamiento, la volición y la conciencia, que representan todos los fenómenos del mundo. Aunque «circunstancias», *shu-en,* sea plural y «el mundo de los agregados» singular, ambos sugieren el mundo en general. Estas dos primeras líneas enfatizan la independencia del maestro.
23. *Nyoze-kyo* significa «sutras así», «sutras tal y como son» o «sutras como la realidad».
24. También citado en el capítulo 52 (volumen 3), «Bukkyo».
25. El sucesor del Buddha, contado como el primer patriarca de la India.
26. *Unson* quiere decir, literalmente, «nube-nieto», una variación poética de la expresión común *enson,* que significa «nieto lejano».
27. *Uro, muro-chi,* o «sabiduría con y sin exceso», representa los términos sánscritos *sāsrava-jñāna* y *anāsrava-jñāna.*
28. *Uro, muro-ho,* o «*dharmas* con exceso o sin exceso», representa los términos sánscritos *sāsrava-dharma* y *anāsrava-dharma.* Véase el Glosario de términos en sánscrito.
29. El Maestro Joshu Jushin (778-897), un sucesor del Maestro Nansen Fugan. Fue especialmente admirado por el Maestro Dogen (véase por ejemplo el capítulo 35 [volumen 2], «Hakujushi»). Gran Maestro Shinsai es su título póstumo.
30. *Shinji-shobogenzo,* parte 1, nº 24.
31. «Tres rollos de sutras» quiere decir sutras limitados por una consideración de números relativa.
32. El Maestro Daizui Hoshin (fechas desconocidas), un sucesor del Maestro Chokei Daian. El emperador envió a sus emisarios una y otra vez para invitarle a la corte, pero él siempre lo rechazó. Gran Maestro Shinsho es su título póstumo.
33. Hoshin es el *hoki* del Maestro Shinsho, es decir, el nombre que fue utilizado durante su vida de monje y evitado tras su muerte. Véanse las notas del capítulo 16, «Shisho».
34. El Maestro Fukushu Daian (793-883), un sucesor del Maestro Hyakujo Ekai. Su título póstumo es Gran Maestro Enju. Citado en el *Shinji-shobogenzo,* parte 2, nº 57.
35. *Rentoeyo,* volumen 10.
36. Un maestro budista práctico.

37. *Rozeikon* significa literalmente «jugar con el alma». Esta expresión sugiere normalmente la práctica misma de zazen («hacer un deporte con el alma». Véase, por ejemplo, el capítulo 68 [volumen 3], «Udonge»), pero en este caso el Maestro Dogen sugirió que la anciana debería haber dicho: «¡El maestro no necesita preocuparse por nada!».
38. El Maestro Tozan Ryokai (807-869), un sucesor del Maestro Ungan Donjo. Gran Maestro Gohon es su título póstumo. Véase el capítulo 15, «Busso».
39. *Iu su* significa inclinar la cabeza suavemente con las manos en *shashu*. Véase la nota 64. En lo sucesivo en este capítulo, «inclinarse» indica esta forma de saludo para distinguirlo de la postración.
40. El Maestro Yakusan Igen. Véase la nota 8.
41. *Shagan*, «ojos oscurecidos», sugiere el estado tranquilo y equilibrado de la acción diferente del punto de vista idealista.
42. Interpretadas de una manera simple, las palabras del Maestro Yakusan quieren decir «¡leer sutras tan solo hará tu mente más perspicaz!», pero el Maestro Dogen interpretó que también implicaban una afirmación irónica sobre el estado del monje. «Convertirse en una piel» sugiere la realización de lo concreto.
43. Los bueyes simbolizan a veces los practicantes budistas. En el Sutra del Loto, por ejemplo, el carro del buey blanco es el símbolo de la vía del *bodhisattva*.
44. El Maestro Yafu Dosen. Realizó la verdad escuchando la enseñanza de un monje principal llamado Ken de Tosai, después de lo cual cambió su nombre por el de Tekisan de Dosen. Hizo comentarios sobre el Sutra del Diamante y fue considerado una de las diecisiete autoridades de la época en él. Enseñó en Yafuzan durante la era Ryuko (1163-1164) de la dinastía Song del Sur.
45. Citado del comentario del Maestro Yafu Dosen sobre el Sutra del Diamante.
46. El Maestro Ungo Doyo (835?-902), un sucesor del Maestro Tozan Ryokai. Gran Maestro Kokaku es su título póstumo. Véase el capítulo 15, «Busso».
47. El Maestro Ungo repitió las palabras que había dicho antes para que sonaran como una simple pregunta, pero estas implicaban que el sutra en sí mismo era inefable.
48. *Keitokudentoroku*, capítulo 17.
49. *Nentei*. En las palabras del Maestro Ungo, *nentei* significa «aquello que estás leyendo», pero aquí *tei*, literalmente «fondo», quiere decir «estado». Un uso posterior aparece en la frase *fushiyotei*, «el estado más allá del pensamiento», del *Fukanzazengi*.
50. *Sabutsu su*, «convertirse en un *buddha*», y *seppo su*, «proclamar el Dharma», son palabras compuestas comunes. *Setsubutsu su*, «proclamar el *buddha*», y *butsusa su*, «realizar acciones búdicas», son variaciones del Maestro Dogen. En la última expresión, *butsusa* no es un término convencional, puesto que «buddhar» no se utiliza normalmente como verbo. El efecto creado por el Maestro Dogen sirve para clarificar que no se trata del concepto idealista de «convertirse en un *buddha*».
51. En otras palabras, si los sutras budistas no pudieran leerse intuitivamente, el budismo real no existiría.
52. *Seshu* representa al término sánscrito *dānapati*. Véase el Glosario de términos en sánscrito.

53. Por ejemplo, cuando un donante laico lega una suma de dinero a un monasterio y los monjes le dedican la lectura matutina de los sutras.
54. *Dosu* es el cuarto de los seis oficiales principales. Estos son *tsusu*, primer oficial, principal de la oficina del templo, interventor; *kansu*, prior; *fusu*, prior asistente; *dosu* o *ino*, supervisor de los monjes en la sala de zazen, rector; *tenzo*, cocinero principal, y *shishuo*, vigilante.
55. *Sodo*. La sala de zazen.
56. *Shoso* es la imagen central de la sala de zazen (en Japón casi siempre la del Bodhisattva Mañjuśrī). En China algunas salas tienen una imagen de Hotei, el Buddha Feliz.
57. *Shuso*, o «asiento principal». Uno de los oficiales asistentes que se hallan por debajo de los oficiales principales.
58. *Undo* es otro nombre para la sala de zazen.
59. *Hi-i* significa literalmente «el lugar de su ropa [de dormir]», es decir, el lugar en la sala de zazen donde duermen.
60. *Zunnan*, o «aprendices», son los niños o jóvenes que, generalmente, intentarán ser monjes en un futuro.
61. *Shika*, o «prefecto de los invitados», es el oficial asistente a cargo de supervisar a estos.
62. *Inmon*. En general *in* representa la palabra sánscrita *saṃghārāma*, que significa «templo». En este caso, sin embargo, sugiere *ku-in*, la sala de la cocina o la despensa.
63. *Anja* o sirvientes del templo. Trabajaban como ayudantes del templo, sin necesariamente intentar hacerse monjes.
64. *Shashu*. Las manos levantadas horizontalmente sobre el pecho, con la mano izquierda en forma de puño (el pulgar dentro) y la mano derecha cubriendo la izquierda.
65. Si imaginamos la escena desde la entrada principal, la esterilla de postraciones está directamente delante de nosotros y el donante de cara a la esterilla con la espalda hacia nosotros. El supervisor de los invitados se encuentra a la derecha de la esterilla, de cara a ella pero girado ligeramente hacia el donante y hacia nosotros.
66. *Gassho*. Las palmas juntas y las yemas de los dedos apuntando a los agujeros de la nariz.
67. De nuevo, imaginando la escena desde la entrada principal, el donante está de pie entre la esterilla de las postraciones y la imagen sagrada, con la espalda hacia nosotros. El supervisor de los invitados se encuentra ahora justo delante de nosotros, a la izquierda de la esterilla y con la cara hacia la derecha para poder mirar al donante.
68. *Dozen*, literalmente «sala frontal», probablemente quiera decir el *zentan*, la sala más pequeña que acomoda a los oficiales del templo y a otros transeúntes para que no molesten al cuerpo principal de los monjes que se encuentren en la sala de zazen. También podría indicar la zona exterior de la sala de zazen.
69. *Jinko* significa aloe. *Sanko* era un tipo de incienso que se obtenía en la zona del sureste de China que ahora es Camboya y Vietnam.

70. *Sejiki*. El método se explica detalladamente en el *Fushukuhanho* (Método de Tomar las comidas) del Maestro Dogen.
71. El *tsui* es un pequeño bloque de madera utilizado para golpear una columna de madera octogonal.
72. *Joju*, abreviatura de *joju-motsu*, quiere decir las herramientas, utensilios, etcétera, disponibles para que los monjes de un templo las usen en cualquier momento.
73. El *Konkomyokyo*. En sánscrito, *Suvarṇaprabhāsa-sūtra*.
74. *Joju-kugai*. Los grandes templos tenían una sala común para recitar los sutras.
75. En la época del Maestro Dogen había monjes que venían de familias adineradas y mantenían sus riquezas privadas.
76. *Saishookyo*. El nombre completo del Sutra de la Luz Dorada es *Konkomyosaishookyo*, «Sutra de la Luz Dorada del Rey Supremo» (proveniente del sánscrito *Suvarṇaprabhāsottamarāja-sūtra*). De manera que el Sutra Rey Supremo y el Sutra de la Luz Dorada parecen ser el mismo.
77. Un cartel de papel pegado a un marco de madera, construido como las puertas *shoji* (puertas correderas típicas de las casas japonesas).
78. *Myoji* normalmente significa apellido, pero aquí indica el nombre común de un monje. En el caso del Maestro Dogen, por ejemplo, sería Dogen.
79. *Shingi*, «puros criterios», significa las reglas y regulaciones de un templo.
80. El Maestro Yakusan Igen. Véase la nota 8.
81. Ko-shami. Después de suceder al Maestro Yakusan, construyó una choza de paja al borde de un camino y allí enseñó el budismo a los transeúntes que pasaban. *Shami* representa la palabra sánscrita *śrāmaṇera*, que significa «novicio».
82. *Shin-eki* significa escuchar la proclamación del Dharma y solicitar a un profesor la enseñanza personal.
83. *Keitokudentoroku*, capítulo 14.
84. Corresponde a la prefectura de Kioto de hoy en día.
85. Es decir, 1241.

Apéndice I

Maestros chinos

Japonés	Pinyin
Baso Doitsu	Mazu Daoyi
Bukko Nyoman	Foguang Ruman
Bussho Tokko	Fozhao Deguang
Butsuin Ryogen	Foyin Liaoyuan
Choka Dorin	Niaowo Daolin
Chorei (Fukushu) Shutaku	Changqing Daan
Chosha Keishin	Changsha Jingcen
Daibai Hojo	Damei Fachang
Daie Soko	Dahui Zonggao
Daii Doshin	Dayi Daoxin
Daikan Eno	Dajian Huineng
Daiman Konin	Daman Hongren
Daizui Hoshin	Taisui Fazhen

Japonés	Pinyin
Doan Dohi	Tongan Daopi
Doan Kanshi	Tongan Guanzhi
Engo Kokugon	Yuanwu Keqin
Fuketsu Ensho	Fengxue Yanzhao
Fukushu (Chokei) Daian	Chanqing Daan
Fun`yo Zensho	Fenyang Shanzhao
Fuyo Dokai	Furong Daokai
Gensha Shibi	Xuansha Shibei
Genshi	Yuancai
Goso Hoen	Wuzu Fayan
Gozu Hoyu	Niutou Fayong
Hogen Bun`eki	Fayan Wenyi
Hotatsu	Foda
Iichi	Weiyi
Isan Reiyu	Guishan Lingyou
Jimyo (Sekiso) Soen	Shishuang Chuyuan
Joshu Jushin	Zhaozhou Congshen
Kaie (Hakuun) Shutan	Haihui Shoudan
Kanchi Sosan	Jianzhi Sengcan
Kankei Shikan	Guanxi Zhixian
Koan Daigu	Gaoan Daiyu
Koke Sonsho	Xinghua Congjiang
Kokutai Koto	Guotai Hongdao
Kyogen Chikan	Xiangyan Zhixian
Kyozan Ejaku	Yangshan Huiji
Massan Ryonen	Moshan Liaoran

Japonés	Pinyin
Mayoku Hotetsu	Magu Baoche
Musai Ryoha	Wuji Liaopai
Myoshin	Miaoxin
Nan`in Egyo	Nanyuan Huiyong
Nan`yo Echu	Nanyang Huizhong
Nangaku Ejo	Nanyue Huairang
Nansen Fugan	Nanquan Puyuan
Obaku Kiun	Huangbo Xiyun
Oryu Enan	Huanglong Huinan
Reiun Shigon	Lingyun Zhiqin
Rinzai Gigen	Linji Yixuan
Roya Ekaku	Langye Huijiao
Ryozan Enkan	Liangshan Yuanguan
Ryuge Kodon	Longya Judun
Ryumon Butsugen	Longmen Foyan
Ryutan Soshin	Longtan Chongxin
Sansho Enen	Sansheng Huiran
Seigen Gyoshi	Quingyuan Xingsi
Sekito Kisen	Shitou Xiqian
Sensu Tokujo	Chuanzi Decheng
Seppo Gison	Xuefeng Yicun
Setcho Chikan	Xuedou Zhijian
Setcho Juken	Xuedou Chongxian
Shinketsu Seiryo	Zhenxie Qingliao
Shokaku (Torin) Joso	Donglin Changzong
Shoken Kisho	Yexian Guisheng

Japonés	Pinyin
Shuzan Shonen	Shoushan Shengnian
Taiso Eka	Dazu Huike
Taiyo Kyogen	Dayang Jingxuan
Tanka Shijun	Danxia Zichun
Tendo Nyojo	Tiantong Rujing
Tendo Sokaku	Tiantong Zongjue
Tokusan Senkan	Deshan Xuanjian
Tosu Gisei	Touzi Yiqing
Tozan Ryokai	Dongshan Liangjie
Ungan Donjo	Yunyan Tansheng
Ungo Doyo	Yunju Daoying
Unmon Bun`en	Yunmen Wenyan
Yafu Dosen	Yefu Daochuan
Yakusan Igen	Yueshan Weiyan
Yogi Hoe	Yangqi Fanghui

Apéndice II

Fukanzazengi

Guía universal para el método estándar de zazen [*Rufubon* –la edición popular][1]

Ahora, cuando la investigamos, la verdad originalmente nos rodea por todas partes: ¿por qué deberíamos apoyarnos en la práctica y experiencia? El vehículo real existe de manera natural: ¿por qué deberíamos proponer un gran esfuerzo? Además, el cuerpo entero trasciende por mucho el polvo y la suciedad: ¿quién podría confiar en los medios de barrer y pulir?[2] En general, no nos extraviamos del estado correcto: ¿qué utilidad, pues, tienen las puntas de los pies de la práctica?[3]

Sin embargo, si hay una milésima o centésima de separación, la brecha es tan grande como aquella entre el cielo y la tierra,[4] y si el rastro del desacuerdo surge, perdemos la mente en la confusión. Orgullosos de nuestra comprensión y ricamente dotados con la realización, obtenemos estados especiales de intuición, realizamos la verdad, clarificamos la mente, adquirimos el entusiasmo que atraviesa el cielo, divagamos por esferas intelectuales, entrando con la cabeza, y a pesar de todo hemos perdido casi completamente el camino vigoroso de liberarnos del cuerpo.

Por otra parte, [todavía] podemos ver las huellas de los seis años sentado erguido del sabio natural del parque Jetavana.[5] Podemos todavía escuchar los rumores de los nueve años de cara al muro del transmisor del sello de la mente [del templo] Shaolin.[6] Los antiguos santos ya eran así: ¿cómo podría la gente no hacer hoy el esfuerzo?

Por tanto, deberíamos cesar el trabajo intelectual de estudiar los dichos y perseguir las palabras. Deberíamos aprender el paso atrás de hacer retroceder la luz y reflejar. El cuerpo y la mente de manera natural caerán, y las características originales se manifestarán ante nosotros. Si quisiéramos realizar la materia de lo inefable, deberíamos practicar la materia de lo inefable inmediatamente.[7]

En general, una habitación tranquila es buena para practicar [za]zen, y la comida y la bebida deben ingerirse con moderación. Deja a un lado todas las distracciones. Dale un descanso a la miríada de cosas. No pienses en lo bueno ni en lo malo. No consideres lo correcto ni lo incorrecto. Deja de guiar el movimiento de la mente, la voluntad, la conciencia. Cesa la consideración intelectual a través de imágenes, pensamientos y reflexiones. No tengas por meta el convertirte en un *buddha*. ¿Cómo podría [esto] estar relacionado con sentarse o tumbarse?[8]

Habitualmente desplegamos una esterilla gruesa en el lugar donde nos sentamos y utilizamos un cojín redondo encima de ella. Siéntate bien en la postura del loto o en la postura del medio loto. Para sentarte en la postura del loto, primero coloca el pie derecho sobre el muslo izquierdo, luego coloca el pie izquierdo sobre el muslo derecho. Para sentarte en la postura del medio loto, simplemente coloca el pie izquierdo sobre el muslo derecho.[9]

Extiende la ropa holgadamente y colócala con cuidado.[10] Luego coloca la mano derecha encima del pie izquierdo y coloca la mano izquierda sobre la palma derecha. Junta los pulgares y mantenlos el uno contra el otro. Simplemente coloca tu cuerpo verticalmente y siéntate erguido. No te inclines a la izquierda, ni a la derecha, ni hacia delante ni hacia atrás. Las orejas deben estar alineadas con los hombros y la nariz alineada con el ombligo. Sostén la lengua contra el paladar, mantén los labios y los dientes cerrados y mantén los ojos abiertos. Respira por la nariz suavemente.

Cuando la postura física ya esté establecida, haz una exhalación completa y balancéate a izquierda y derecha. Sentado inmóvil en estado de la montaña tranquila, «piensa sobre este estado concreto más allá del pensamiento». «¿Cómo puede pensarse sobre el estado que está más allá del pensamiento?». «Es distinto del pensar».[11] Esto es justamente el núcleo de zazen.

Este sentarse en zazen no es aprender la concentración zen.[12] Es simplemente la tranquila y feliz puerta del Dharma. Es la práctica-y-experiencia que realiza perfectamente el estado del *bodhi*. El universo está manifiestamente realizado, y las restricciones y los obstáculos[13] nunca lo alcanzan. Asir este significado es ser como un dragón que ha encontrado agua o como un tigre en su fortaleza de la montaña. Recuerda, el Dharma correcto está manifestándose de manera natural ante nosotros, y la oscuridad y la distracción[14] ya han desaparecido.

Cuando nos levantemos de habernos sentado, deberíamos mover el cuerpo lentamente y levantarnos con calma. No deberíamos tener prisa ni hacerlo violentamente. Vemos en el pasado que aquellos que trascendieron lo común y trascendieron lo sagrado, y aquellos que murieron mientras se sentaban o mientras estaban de pie,[15] confiaron totalmente en este poder. Además, el cambio del instante, por medio de un dedo,[16] un poste,[17] una aguja o un mazo de madera,[18] y la experiencia del estado,[19] a través de la manifestación de un espantamoscas,[20] un puño, un bastón o un grito,[21] nunca pueden comprenderse a través del pensamiento ni la discriminación.[22] ¿Cómo podrían conocerse a través de poderes místicos o la práctica y la experiencia? Podrían ser el digno comportamiento más allá del sonido y la forma.[23] ¿Cómo podrían ser otra cosa distinta de los criterios que preceden al saber y al ver?

Por tanto, no discutimos sobre si la inteligencia es superior y la ignorancia inferior. No elegimos entre la gente inteligente y los tontos. Si con determinación hacemos el esfuerzo [en zazen], eso es verdaderamente la búsqueda de la verdad. La práctica-y-experiencia está de manera natural sin mancha.[24] Las acciones son más equilibradas y constantes.[25]

En general, [los patriarcas] de este mundo y de otras direcciones, de los Cielos del Oeste y las Tierras del Este, mantienen todos similarmente la postura del Buddha, y solamente consienten la costumbre de nuestra religión. Simplemente se entregan a sentarse y son atrapados por el estado de la calma.

Aunque haya miríadas de distinciones y miles de diferencias, deberíamos simplemente practicar [za]zen y buscar la verdad. ¿Por qué deberíamos abandonar nuestro propio asiento en el suelo para ir y venir sin propósito a través de las fronteras polvorientas de tierras extranjeras?[26] Si extraviamos un paso, pasamos por alto el instante presente. Ya hemos recibido el núcleo principal[27] que es el cuerpo humano: nunca debemos pasar tiempo en vano.[28] Estamos manteniendo y confiando en la esencia del núcleo[29] que es la verdad del Buddha: ¿quién desearía ociosamente disfrutar de las chispas [que saltan] del pedernal? Es más, el cuerpo es como una gota de rocío en una hoja de hierba. La vida pasa como un destello de luz. De repente se ha ido. En un instante se ha perdido.

Os ruego, nobles amigos en el aprendizaje a través de la experiencia, que no os acostumbréis tanto a las imágenes, porque seréis abatidos por el dragón verdadero.[30] Dedicad esfuerzo a la verdad que es directamente accesible y honesta. Venerad a la gente que está más allá del estudio y sin intención,[31] de acuerdo con el *bodhi* de los *buddhas*. Convertíos en un legítimo sucesor del *samādhi* de los patriarcas. Si practicáis el estado como este durante mucho tiempo, con seguridad os convertiréis en el estado como este en sí mismo. La casa-tesoro se abrirá de manera natural, y seréis libres de recibir y usar [sus contenidos] como gustéis.

Fin del *Fukanzazengi*

Apéndice II

NOTAS

1. Hay dos versiones principales del *Fukanzazengi*: el *Shinpitsubon*, la edición original (literalmente «la edición escrita de mano del propio autor»), y el *Rufubon*, la edición popular. El Maestro Dogen escribió el *Shinpitsubon* poco después de regresar a Japón desde China, en el año 1227. Más tarde revisó esta edición antes de establecer el *Rufubon*. Mientras redactaba el *Shobogenzo* en japonés, escribía el *Fukanzazengi* solo en caracteres chinos. Originalmente es un largo pasaje, que aquí se ha dividido en párrafos para facilitar la lectura.
2. Las palabras «polvo y suciedad» (*jinnai*) y «barrer y pulir» (*hosshiki*) aluden a la historia del Maestro Daikan Eno y un monje llamado Jinshu. Este último comparaba la práctica budista con limpiar un espejo, pero el Maestro Daikan Eno le sugirió que originalmente no hay impureza. Véase el capítulo 20, «Kokyo».
3. Esta expresión quiere decir aprender a comportarse como el Buddha. Véase la nota número 7 del capítulo 8, «Raihai-tokuzui».
4. Estas palabras provienen del poema *Shinjinmei*, del Maestro Kanchi Sosan. Aquí, el Maestro Dogen nos previene de caer en el estado en el que pensamos demasiado.
5. Jetavana significa literalmente «el parque del príncipe Jeta». Un discípulo laico del Buddha llamado Sudatta o Anāthapiṇḍada le compró dicho terreno al príncipe que le daba su nombre (el príncipe Jeta era un hijo del rey Prasenajit de Kośala). Más tarde Sudatta lo donaría al Buddha como lugar para el retiro de las lluvias en Śrāvastī (al noreste del Lucknow de hoy en día).
6. *Shin-in*, «mente-sello» es una abreviatura de *Butsu-shin-in*, «Buddha-mente-sello». *In* viene de la palabra sánscrita *mudrā*, que significa «sello». En el *Shobogenzo*, el Maestro Dogen identifica *butsu-shin-in* con la postura del loto. Shaolin es el nombre del templo en el que el Maestro Bodhidharma introdujo zazen en China.
7. «La materia de lo inefable» es *inmo* [*no*] *ji*. El Maestro Tozan proclamó a la asamblea: «Si queréis realizar la materia de lo inefable, debéis convertiros en alguien inefable. Ahora que ya sois alguien inefable, ¿por qué preocuparos de realizar la materia de lo inefable?». Véase el capítulo 29 (volumen 2), «Inmo».
8. Sentarse y tumbarse representan dos de las cuatro clases de conducta: sentarse, estar de pie, caminar y tumbarse. El Maestro Dogen sugirió que zazen trasciende las acciones ordinarias de la vida diaria.
9. El Maestro Dogen pone como ejemplo el pie izquierdo sobre el muslo derecho. El pie derecho colocado sobre el muslo izquierdo también es correcto.
10. Esto se refiere específicamente a la costumbre de no extender el *kaṣāya* de manera tirante sobre las rodillas.
11. Estas líneas provienen de una conversación mantenida entre el Maestro Yakusan Igen y un monje. Se comentan detalladamente en el capítulo 27 (volumen 2), «Zazenshin».
12. El *Sekimonrinkanroku* relata cómo los historiadores incluyeron al Maestro Bodhidharma entre la gente que estaba aprendiendo la concentración zen (*shuzen*). Véase el capítulo 30 (volumen 2), «Gyoji», párrafo 193. En su comentario, el

Maestro Dogen dice: «[El Maestro Bodhidharma] se sentó inmóvil de cara al muro, pero no estaba aprendiendo la concentración zen».

13. «Restricciones y obstáculos» es *raro*, redes de seda y cajas de bambú usadas en China para capturar pájaros y peces.
14. *Konsan*, «la oscuridad y la distracción», son ejemplos representativos de condiciones no naturales o desequilibradas de cuerpo y mente. *Kon* y *san* representan los términos sánscritos *styāna* y *vikṣepa* respectivamente: dos de las muchas impurezas enumeradas en los comentarios sánscritos.
15. El Maestro Mahākāśyapa, por ejemplo, se dice que murió mientras estaba sentado en la montaña Kukkuṭapāda, y el Maestro Kankei Shikan mientras estaba de pie (véase el capítulo 8, «Raihai-tokuzui»).
16. El Maestro Gutei solía levantar un dedo para contestar una pregunta que no podría responderse con palabras.
17. El Maestro Ānanda realizó la verdad cuando el asta de la bandera de un templo cayó al suelo.
18. *Tsui*, un pequeño bloque de madera utilizado para golpear una columna de madera octogonal. Se dice, por ejemplo, que el Bodhisattva Mañjuśrī proclamaba la verdad utilizando el *tsui*.
19. *Shokai*, literalmente «experiencia-acuerdo», significa experimentar el mismo estado que el Buddha Gautama. Véanse las notas del capítulo 16, «Shisho».
20. El *hossu* es un espantamoscas ceremonial con una empuñadura de madera y un penacho de pelo animal u otro material.
21. El Maestro Baso Doitsu, por ejemplo, era conocido por utilizar fuertes gritos.
22. Alude al capítulo «Hoben» («Los medios hábiles») del Sutra del Loto. Véase SL 1.88-90.
23. *Shoshikino hoka no iigi*. Los mismos caracteres aparecen en un poema del Maestro Kyogen Chikan citados en el capítulo 9, «Keisei-sanshiki».
24. Alude a la conversación entre el Maestro Daikan Eno y el Maestro Nangaku Ejo sobre la unicidad de la práctica y la experiencia. Véase el capítulo 7, «Senjo».
25. *Byojo*. *Byo*, *hei* significa «equilibrado» o «pacífico» y *jo*, «constante». Como el compuesto *byojo*, *heijo*, quiere decir «normal». Aparece en la expresión *byojoshin*, *heijoshin*, «mente constante y equilibrada» o «mente normal». Véase el capítulo 28 (volumen 9), «Butsu-kojo-no-ji».
26. Alude a una parábola del capítulo «Shinge» («Confianza y comprensión»), del Sutra del Loto, en la cual un hijo vaga en la pobreza por tierras extranjeras, sin saber que es el heredero de la fortuna de su padre. Véase SL 1.236.
27. *Kiyo*.
28. *Koin munashiku wataru koto nakare*. Los mismos caracteres aparecen al final del poema *Sandokai* del Maestro Sekito Kisen.
29. *Yoki*. Las palabras *kiyo* y *yoki* aparecen prominentemente en el capítulo 27 (volumen 2), «Zazenshin». *Ki* significa mecanismo o, a veces, el estado en el instante presente. *Yo* quiere decir el punto principal, la parte importante o el núcleo.

30. Se refiere a la historia de Shoko, que adoraba imágenes de dragones pero estaba aterrorizado por haberse encontrado con uno verdadero. El «verdadero dragón» significa zazen.
31. *Zetsu-gaku-mu-i* [*no*] *hito*. El poema *Shodoka,* del Maestro Yoka Gengaku, comienza con las palabras: «Caballeros, ¿no ven? Una persona más allá del estudio y sin intención, que se encuentra en paz en la verdad, no intenta deshacerse de la ilusión y no quiere obtener la realidad».

Apéndice III

Busso

Los patriarcas budistas

La recitación en japonés de los nombres de los patriarcas budistas, desde los siete antiguos *buddhas* hasta el Maestro Dogen, es la siguiente:[1]

(1)	Bibashibutsu Daiosho
(2)	Shikibutsu Daiosho
(3)	Bishafubutsu Daiosho
(4)	Kurusonbutsu Daiosho
(5)	Kunagonmunibutsu Daiosho
(6)	Kashobutsu Daiosho
(7)	Shakamunibutsu Daiosho
[1]	Makakasho Daiosho
[2]	Ananda Daiosho
[3]	Shonawasu Daiosho
[4]	Ubakikuta Daiosho
[5]	Daitaka Daiosho

[6]	Mishaka Daiosho
[7]	Basumitta Daiosho
[8]	Buddanandai Daiosho
[9]	Fudamitta Daiosho
[10]	Barishiba Daiosho
[11]	Funayasha Daiosho
[12]	Memyo Daiosho
[13]	Kapimara Daiosho
[14]	Nagarajuna Daiosho
[15]	Kanadaiba Daiosho
[16]	Ragorata Daiosho
[17]	Sogyanandai Daiosho
[18]	Gayashata Daiosho
[19]	Kumorata Daiosho
[20]	Shayata Daiosho
[21]	Bashubanzu Daiosho
[22]	Manura Daiosho
[23]	Kakurokuna Daiosho
[24]	Shishibodai Daiosho
[25]	Bashashita Daiosho
[26]	Funyomitta Daiosho
[27]	Hannyatara Daiosho
[28] [1]	Bodaidaruma Daiosho
[29] [2]	Taiso Eka Daiosho
[30] [3]	Kanchi Sosan Daiosho
[31] [4]	Daii Doshin Daiosho
[32] [5]	Daiman Konin Daiosho

[33] [6]	Daikan Eno Daiosho
[34] [7]	Seigen Gyoshi Daiosho
[35] [8]	Sekito Kisen Daiosho
[36] [9]	Yakusan Igen Daiosho
[37] [10]	Ungan Donjo Daiosho
[38] [11]	Tozan Ryokai Daiosho
[39] [12]	Ungo Doyo Daiosho
[40] [13]	Doan Dohi Daiosho
[41] [14]	Doan Kanshi Daiosho
[42] [15]	Ryozan Enkan Daiosho
[43] [16]	Taiyo Kyogen Daiosho
[44] [17]	Tosu Gisei Daiosho
[45] [18]	Fuyo Dokai Daiosho
[46] [19]	Tanka Shijun Daiosho
[47] [20]	Shinketsu Seiryo Daiosho
[48] [21]	Tendo Sokaku Daiosho
[49] [22]	Setcho Chikan Daiosho
[50] [23]	Tendo Nyojo Daiosho
[51] [24]	Eihei Dogen Daiosho

NOTAS

1. Al igual que en el capítulo 15, «Busso», a partir de los primeros corchetes se enumeran los patriarcas de la India, y desde los segundos, lo patriarcas chinos. El Maestro Dogen, último nombre de la lista, es aquí considerado el Primer Patriarca de Japón.

Apéndice IV

El *kaṣāya*

Este es un manto *saṃghāṭi* compuesto por nueve bandas verticales de tela, con dos segmentos largos y un segmento corto en cada banda. A este estilo de manto se lo llama en japonés *kassetsu-e*.

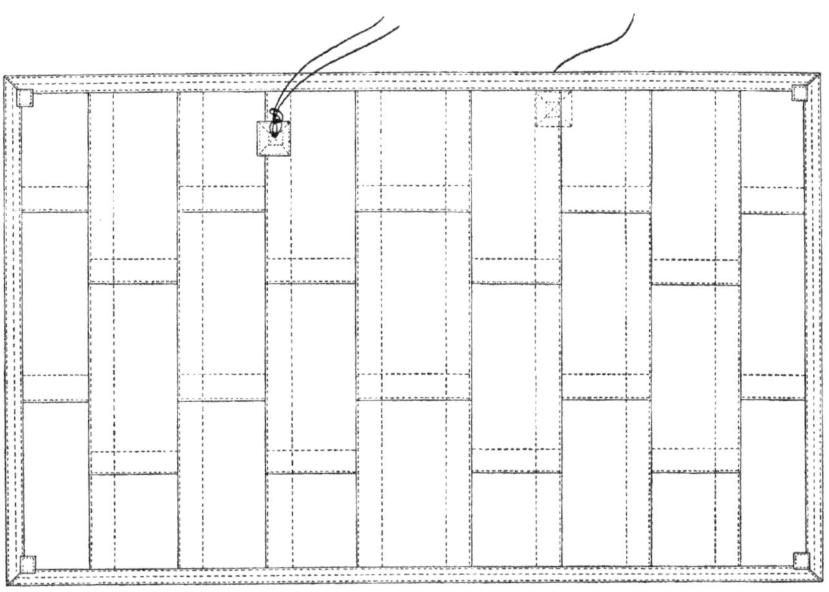

Apéndice V

Distribución de un templo budista tradicional

La planta de Hokuzankeitokuryoonji, en la provincia actual de Hangzhou, junto con una lista de las instalaciones de los principales monasterios budistas durante la época de la dinastía Song del Sur, fue obtenida por Nishijima Roshi hace varios años en una conferencia de la Academia Americana de las Religiones. Desafortunadamente, el nombre del recopilador original, a quien se debe un agradecimiento, es desconocido.

Los siete edificios principales del templo

Los siete edificios principales del templo son la sala del Buddha, la sala del Dharma, la sala de zazen, la sala de la cocina, la entrada, la casa de baños y el servicio.

Antiguamente, el servicio estaba situado al oeste y era llamado *saichin*, «lavabo del oeste», pero más tarde se ubicó en el este y tomó el nombre de *tosu*, «oficina del este». En la planta original de Hokuzankeitokuryoonji, ambos servicios, el del este y el del oeste, están indicados como *tosu*.

La distribución básica del templo puede representarse de la siguiente manera:

		(Norte)		
		Sala del Dharma		
(Oeste)	Sala de zazen	Sala del Buddha	Sala de la cocina	(Este)
	Servicio	Entrada	Casa de baños	

Instalaciones de los principales monasterios budistas durante la época de la dinastía Song del Sur

1.	*Butsuden*	Sala del Buddha
2.	*Tochido*	«Sala de las Tierras»; Sala de las deidades locales
3.	*Shindo*	«Sala de la Sinceridad»; Sala para las imágenes de los patriarcas
	Sodo	Sala de los patriarcas
4.	*Rakando*	Sala de los *arhats*
5.	*Shomon*	Entrada principal
6.	*Suirikudo*	Sala de Todos los Seres
7.	*Kannondo*	Pabellón del Contemplador de los Sonidos
		Pabellón del Bodhisattva Avalokiteśvara
8.	*Rushanaden*	Sala de Vairocana
9.	*Danna*	[Sala de los] donantes
10.	*Hatto*	Sala del Dharma; Sala de conferencias
11.	*Zoden*	«Sala de Almacenamiento»; Biblioteca de sutras
	Rinzo	«Biblioteca del Círculo» (alude a una gran tabla circular que está en el centro de la biblioteca)
12.	*Kankindo*	Sala de lectura de los sutras
	Kyodo	Sala de los sutras
13.	*Shindo*	Sala de recepción del abad
	Zen-hojo	«Fachada de los aposentos del abad»
	Daikomyo-zo	«Tesoro de la Gran Luminosidad»
14.	*Shuryo*	Aposentos comunes; Dormitorios de los monjes

15.	*Sodo*	Sala de los monjes; Sala de la Sangha
	Undo	Sala de la nube
	Zazendo	Sala de zazen
16.	*Gosodo*	Sala trasera de los monjes
17.	*Niryo*	Aposentos de las monjas
18.	*Hojo*	«Tres Metros Cuadrados»; Aposentos del abad
	Docho	El abad
19.	*Jisharyo*	Aposentos de los monjes encargados
20.	*Anjado*	Sala de los sirvientes del templo
	Sensodo	Sala de los monjes novicios
21.	*Kuge-anja-ryo*	Aposentos de los sirvientes en la sala de la cocina
22.	*Tangaryo*	Alojamientos para la noche
	Unsuido	«Sala de las Nubes y el Agua»; Aposentos de los monjes transeúntes
23.	*Kaku-i*	Habitaciones de invitados
24.	*Kansu*	«Oficina del prior» (en general, *kansu* sugiere el monje mismo, y puede sugerir también sus aposentos. Sin embargo, en la presente planta, el número 24 puede entenderse como la oficina del prior y el número 26 como los aposentos del prior).
25.	*Tsusu*	Primer oficial
26.	*Kansu*	Prior
27.	*Fusu*	Prior asistente
28.	*Sho-choshu-ryo*	Aposentos de los oficiales asistentes
29.	*Shika*	Supervisor de los invitados
30.	*Yokusu*	Encargado del baño
31.	*Chiden*	Supervisor de la sala del Buddha
32.	*Shissui*	Responsable de mantenimiento

33.	*Kajuryo*	Aposentos de los encargados de los fogones; Aposentos de los encargados de los hornos
34.	*Inosu*	*Ino*; Supervisor de los monjes en la sala de zazen
	Dosu	Supervisor de la sala
35.	*Shuso*	Monje principal
36.	*Modo*	«Sala del Crepúsculo»; Aposentos de los oficiales principales retirados
37.	*Zenshiryo*	Aposentos de antiguos oficiales; Aposentos de los oficiales retirados
38.	*Sonchoryo*	Aposentos de los abades retirados
	Roshuku	«El Viejo Patriarca»
39.	*Ninriki*	Trabajadores
40.	*Sanmon*	«Tres Puertas» (hace referencia a la puerta principal y a las entradas laterales a cada lado de ella)
	Sanmon	«Puerta de la Montaña» (escrito originalmente con caracteres distintos a la referencia anterior, reproduce poéticamente su pronunciación)
41.	*Gai-sanmon*	«Puerta Exterior de la Montaña»; Puerta exterior
42.	*Chumon*	Puerta interior
43.	*Kudo*	«Sala de la Despensa»; Sala de la cocina; Sala de administración
	Ku-in	«Despensa»
44.	*Koshaku-chu*	«Oficina de Acopio de Fragancia»; Cocina
45.	*Enjudo*	«Sala de la Prolongación de la Vida»; Enfermería
	Nehando	Sala del Nirvana
	Shogyodo	«Sala de la Reflexión de la Conducta»
46.	*Jubyokaku*	Pabellón para los enfermos graves
47.	*Yakushitsu*	Casa de baños
	Senmyo	«Promulgación de la Luminosidad»

48.	*Senmenjo*	Aseo; Lavabo
	Suige	«Oficina del Agua»
	Koka	Lavabo trasero
49.	*Tosu*	«Oficina del este»; Edificio de aseo (servicio)
	Saichin	«Lavabo del oeste»; Edificio de aseo (servicio)
50.	*Shiryo*	Urinario
	Shokenjo	Urinario
51.	*Hashinjo*	Sala de bordado; Sala de costura
52.	*Sen-e-jo*	Lavandería
53.	*Daisho*	Gran Campana
	Shoro	Torre de la campana
54.	*To*	Estupas
55.	*Robu*	Corredores
56.	*Koso*	Establo
57.	*Shodo*	Sala Iluminada
58.	*Chi*	Estanque

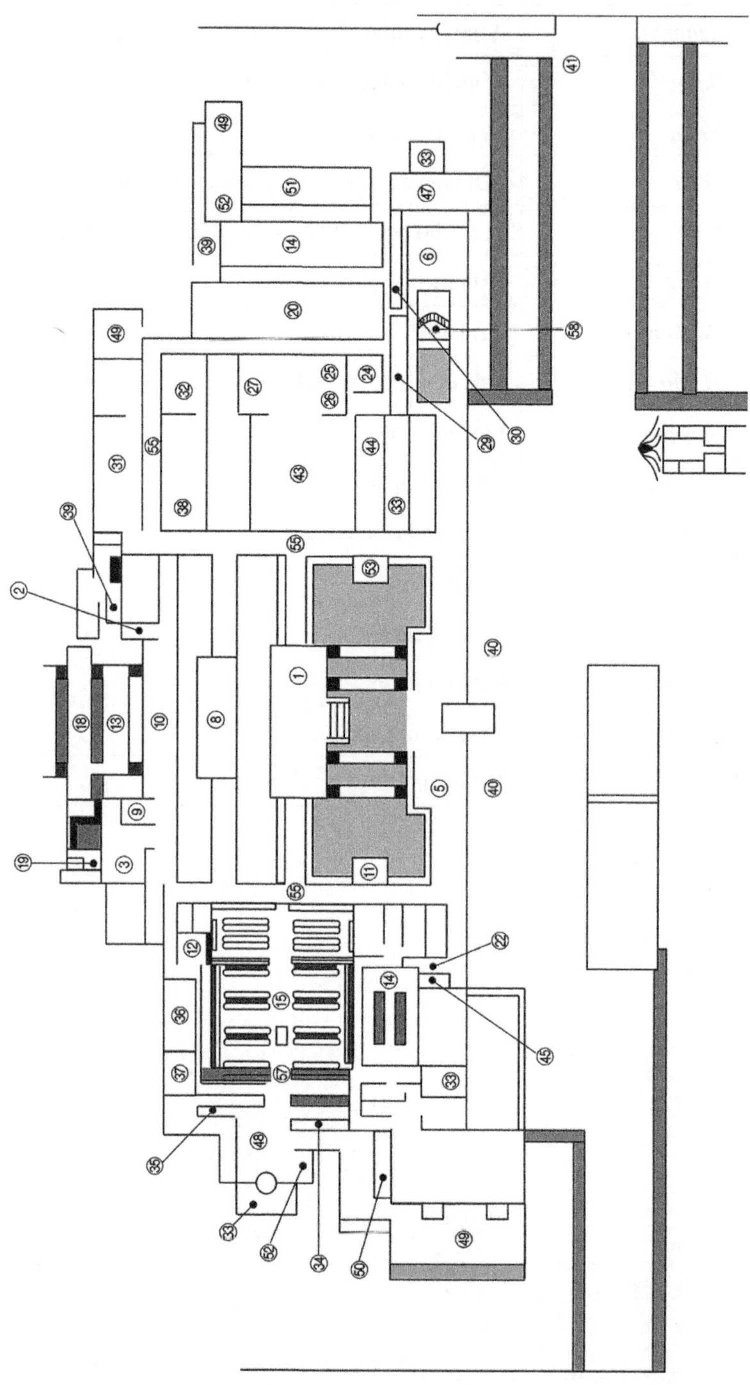

Planta de Hokuzankeitokuryoonji, en la provincia actual de Hangzhou

Apéndice VI

Referencias al Sutra del Loto

El *Saddharmapuṇḍarīka-sūtra* (Sutra de la Flor del Loto del Maravilloso Dharma) fue traducido del sánscrito al chino por Kumārajīva en el año 406. La referencia más utilizada en Japón, y citada por el Maestro Dogen en el *Shobogenzo*, es dicha traducción: el *Myohorengekyo*.

Los números del Sutra del Loto en las notas a pie de página hacen referencia a la edición chino/japonesa publicada en tres partes por Iwanami Bunko (por ejemplo, SL 1.68 quiere decir parte 1, página 68, de la edición de Iwanami). Las citas relativas al *Shobogenzo* están indicadas por las iniciales *SBGZ*, seguidas del número del capítulo (o capítulos) y los números de los párrafos, donde proceda, entre corchetes.

La edición china de Kumārajīva fue traducida al inglés por Bunno Kato y William Soothill y publicada en 1930 como *The Sutra of the Lotus Flower of the Wonderful Law*. Este, revisado por Wilhelm Schiffer y Yoshiro Tamura, forma el núcleo del *The Threefold Lotus Sutra* (Triple Sutra del Loto), publicado por Weatherhill/Kosei en 1975. Los extractos siguientes básicamente son revisiones de la versión Weatherhill/Kosei.

Capítulo 1: «Jo» (Introducción)

- SL 1.8 *SBGZ* capítulo 17 (volumen 1); capítulo 34 (volumen 2) [83]
  Así he oído. Una vez el Buddha estaba viviendo en Rājagṛha. En el monte Gṛdhrakūṭa estaba con doce mil grandes *bhikṣus*. Todos ellos eran *arhats* que habían finalizado todos los excesos, que estaban sin aflicciones, serenos, que realizaban todos los vínculos de la existencia y estaban liberados en la mente.

- SL 1.14 *SBGZ* capítulo 72 (volumen 3) [237]
  En ese momento [estaba] Śakra-devānām-indra con su séquito de veinte mil hijos celestiales [...] Estaban los ocho reyes dragones [...] cada uno con algunos cientos o miles de seguidores.

- SL 1.18 *SBGZ* capítulo 17
  En aquel momento, el Buddha radiaba luz desde el círculo de pelo blanco de entre sus cejas, iluminando la región del este.

- SL 1.26-28 *SBGZ* capítulo 40 (volumen 2) [216]
  Hay algunos que dan limosnas
  de oro, plata y coral,
  perlas y joyas,
  piedras lunares y ágatas.

- SL 1.38 *SBGZ* capítulo 17
  En aquel momento Mañjuśrī dijo al Bodhisattva Mahāsattva-Maitreya y a todos los otros grandes seres: «¡Buenos hijos! De acuerdo con mi consideración, ahora el Buddha, el Honrado por el Mundo, va a proclamar el gran Dharma».

- SL 1.40 *SBGZ* capítulo 11 [21]; capítulo 17; capítulo 50 (volumen 3) [203]
  Él proclamó el Dharma correcto, el cual es bueno al comienzo, bueno a la mitad y bueno al final.

- SL 1.42 *SBGZ* capítulo 17

  El Dharma que deberían proclamar es bueno al comienzo, a la mitad y al final.

- SL 1.42, SL 1.44 *SBGZ* capítulo 86 (volumen 4) [83]

  Antes de que los últimos de aquellos *buddhas* de [Luz del Sol y la Luna] abandonaran el hogar, él tuvo ocho hijos regios [...]. Cada uno de estos ocho príncipes, sin restricciones en su majestuosidad, gobernaba cuatro continentes. Estos príncipes, escuchando que su padre había abandonado el hogar y realizado [la verdad de] *anuttara samyaksaṃbodhi*, renunciaron todos al trono y, siguiéndole, también abandonaron el hogar y establecieron la mente del Gran Vehículo. Constantemente practicaron la pura conducta, y todos se convirtieron en profesores del Dharma. Bajo miles de miríadas de *buddhas*, habían plantado muchas raíces de bondad.

- SL 1.46 *SBGZ* capítulo 17

  Los oyentes de esa orden permanecieron también sentados en un lugar, durante sesenta *kalpas* menores, inmóviles en cuerpo y mente.

- SL 1.52 *SBGZ* capítulo 17; capítulo 52 (volumen 3) [21]

  Así pues, considero que el Tathāgata proclamará hoy el sutra del Gran Vehículo, el cual es llamado la Flor del Loto del Maravilloso Dharma, el método de enseñar a los *bodhisattvas*, el cual los *buddhas* protegen y recuerdan.

- SL 1.54 *SBGZ* capítulo 36 (volumen 2) [126]

  Esta luz iluminaba la región del este
  de dieciocho mil tierras búdicas.

- SL 1.58 *SBGZ* capítulo 50 (volumen 3) [214]

  Cuando el Buddha [Luz del Sol y la Luna]
  había proclamado esta Flor del Dharma
  y causado el regocijo de la asamblea,
  entonces, en ese mismo día,

proclamó a la asamblea de dioses y gente:
«La verdad de que todos los *dharmas* son la forma real
ha sido proclamada para todos vosotros [...]».

- SL 1.62 *SBGZ* capítulo 17
Este profesor del Dharma, Luz Mística,
en aquel momento tenía un discípulo
cuya mente era siempre perezosa,
que estaba codiciosamente apegado a la fama y el provecho,
que buscaba la fama y el provecho incansablemente,
que a menudo encontraba la diversión en los hogares de las familias aristocráticas,
que abandonaba lo que había aprendido de memoria,
olvidando todo antes de que lo hubiera comprendido claramente,
y que por estos motivos
era llamado Buscador de Fama.
También, al practicar buenas acciones
fue capaz de encontrarse con incontables *buddhas*,
realizar ofrendas a *buddhas*,
seguirlos en la práctica de la gran verdad,
y perfeccionar las seis *pāramitās*.
Ahora ha visto al león Śākyamuni.
Más tarde se convertirá en un *buddha*
y será llamado Maitreya.

- SL 1.64 *SBGZ* capítulo 17
Ahora el Buddha irradia luminosidad
para ayudar a revelar el significado de la forma real.
¡Gente, ahora debéis ser conscientes!
¡Juntad las palmas y esperad incondicionalmente!

Capítulo 2: «Hoben» (Los medios hábiles)

- SL 1.66 *SBGZ* capítulo 17

En aquel momento, el Honrado por el Mundo se levantó calmada y claramente desde el *samādhi* y se dirigió a Śāriputra: «La sabiduría de los *buddhas* es profunda e insondable. Su linaje de sabiduría es difícil de comprender y difícil de penetrar. Ni todos los *śrāvakas* ni los *pratyekabuddhas* pueden conocerlo. ¿Por qué? [Porque] un *buddha* ha experimentado la familiaridad con incontables cientos de miles de miríadas de *koṭis* de *buddhas*, y ha practicado completamente la insondable verdad y realidad de los *buddhas* perseverando valientemente, [permitiendo a los] nombres [de los *buddhas*] ser universalmente escuchados, realizando el profundo Dharma sin precedentes y proclamando, como la conveniencia permita, el significado que es difícil de comprender».

- SL 1.68 *SBGZ* capítulo 17
  El Tathāgata está provisto perfectamente de la conveniencia y la *pāramitā* de la sabiduría. ¡Śāriputra! La sabiduría del Tathāgata es extensa, grande, profunda y eterna.

- SL 1.68 *SBGZ* capítulo 10 [21]; capítulo 17; capítulo 50 (volumen 3) [203]; capítulo 54 (volumen 3) [98]; capítulo 91 (volumen 4) [71]
  Los *buddhas* solos, junto con los *buddhas*, son directamente capaces de realizar perfectamente que todos los *dharmas* son la forma real. Lo que se llama «todos los *dharmas*» es la forma tal y como es, la naturaleza tal y como es, el cuerpo tal y como es, la energía tal y como es, la acción tal y como es, las causas tal y como son, las condiciones tal y como son, los efectos tal y como son, los resultados tal y como son y el estado último de igualdad entre sustancia y detalle tal y como es.

- SL 1.70 *SBGZ* capítulo 17; capítulo 50 (volumen 3) [210]
  Yo, y los *buddhas* en las diez direcciones,
  somos directamente capaces de saber estas cosas.

- SL 1.72 *SBGZ* capítulo 17
  Incluso si el mundo estuviera lleno
  de seres como Śāriputra

que juntos cansaran sus intelectos en medirla,
no podrían profundizar en la sabiduría búdica.

- SL 1.72 *SBGZ* frase recurrente
Tan [abundante como] el arroz, el cáñamo, el bambú y las cañas.

- SL 1.74 *SBGZ* capítulo 17; capítulo 60 (volumen 3) [7]
Solo yo conozco la forma concreta,
y los *buddhas* de las diez direcciones
son también así.

- SL 1.74 *SBGZ* capítulo 79 (volumen 4) [169]
En aquel momento, en la gran asamblea estaban *śrāvakas*, el *arhat* que había finalizado los excesos, Ajñāta-Kauṇḍinya y otros. [En total] mil doscientas personas.

- SL 1.80 *SBGZ* capítulo 17
Los hijos nacidos de la boca del Buddha,
con las palmas juntas, mirando hacia arriba, esperamos.
Por favor, envía el hermoso sonido
y proclama ahora para nosotros [la verdad] como realmente es.

- SL 1.82-84 *SBGZ* capítulo 17
Detente, detente, no necesita explicación.
Mi Dharma es demasiado sutil como para pensarlo.
La gente arrogante,
si escucha, con seguridad no confiará en él respetuosamente.

- SL 1.86 *SBGZ* capítulo 1 [27]; capítulo 17
Cuando proclamó estas palabras, cinco mil *bhikṣus*, *bhikṣuṇīs*, *upāsakas* y *upāsikās* de la asamblea se levantaron inmediatamente de sus asientos, se inclinaron ante el Buddha y se retiraron.

- SL 1.86 *SBGZ* capítulo 23 (volumen 2) [117]
  Las raíces de la equivocación de estos individuos eran profundas y fuertes.

- SL 1.86-88 *SBGZ* capítulo 1 [11]; capítulo 68 (volumen 3)
  Acto seguido el Buddha se dirigió a Śāriputra: «Ahora en esta asamblea estoy libre de ramas y hojas, y solo lo verdadero y real permanece. ¡Śāriputra! Que la gente arrogante como esta se retire, también es correcto. Ahora escucha bien y te enseñaré». Śāriputra dijo: «Por favor, hazlo, Honrado por el Mundo. Deseo escuchar jubiloso». El Buddha se dirigió a Śāriputra: «Solo ocasionalmente los *buddha-tathāgatas* proclaman un maravilloso Dharma como este, justo como la flor de *uḍumbara* aparece una vez cada era».

- SL 1.88-90 *SBGZ* capítulo 17; *Fukanzazengi*
  Este Dharma no puede comprenderse pensando ni discriminando. Solo los *buddhas* son directamente capaces de conocerlo. ¿Por qué? Los *buddhas*, Honrados por el Mundo, aparecen en el mundo solo por la razón del único gran asunto. Śāriputra, ¿por qué digo que los *buddhas*, Honrados por el Mundo, aparecen en el mundo solo por la razón del único gran asunto? Los *buddhas*, Honrados por el Mundo, aparecen en el mundo porque desean hacer que los seres vivos revelen la sabiduría del Buddha que les hará poder volverse puros. Aparecen en el mundo debido a su deseo de mostrar a los seres vivos la sabiduría del Buddha. Aparecen en el mundo debido a su deseo de hacer que los seres vivos realicen la sabiduría del Buddha. Aparecen en el mundo porque desean hacer que los seres vivos penetren en el estado de la verdad que es la sabiduría del Buddha. Śāriputra, esto es por lo que los *buddhas* aparecen en el mundo solo por la razón del único gran asunto.

- SL 1.90 *SBGZ* capítulo 17
  Śāriputra, el Tathāgata solo mediante el Único Vehículo del Buddha proclama el Dharma para los seres vivos. No hay otro vehículo, ni un segundo ni un tercero. Śāriputra, el Dharma de todos los *buddhas* de las diez direcciones es también así.

- SL 1.98-100 *SBGZ* capítulo 34 (volumen 2) [87], [91]
¡Śāriputra! Si cualquiera de mis discípulos, llamándose a sí mismos *arhats* o *pratyekabuddhas*, ni escuchan ni reconocen el hecho de que los *buddha-tathāgatas* enseñan solo a *bodhisattvas*, no son discípulos del Buddha, ni *arhats*, ni *pratyekabuddhas*. ¡De nuevo Śāriputra! Si estos *bhikṣus* y *bhikṣuṇīs* pensaran para sí «he realizado ya el estado del *arhat*. Esta es mi última vida, el nirvana definitivo» y entonces no quisieran buscar más [la verdad de] *anuttara samyaksaṃbodhi*, deberías saber que todos estos son gente de encumbrada arrogancia. ¿Por qué? [Porque] no hay tal cosa como un *bhikṣu* realmente realizando el estado del *arhat* sin confiar en esta enseñanza.

- SL 1.104 *SBGZ* capítulo 24 (volumen 2) [177]
Este Dharma mío de nueve partes,
proclamado como corresponde a los seres vivos,
es la base para entrar en el Gran Vehículo.
Por eso, proclamo este sutra.

- SL 1.106 *SBGZ* capítulo 17; capítulo 29 (volumen 2) [99]; capítulo 50 (volumen 3) [210]; capítulo 60 (volumen 3) [4]
En las tierras búdicas de las diez direcciones,
tan solo existe el Único Vehículo del Dharma.
No hay un segundo ni un tercero.

- SL 1.108 *SBGZ* capítulo 50 (volumen 3) [213]
Yo, cuerpo adornado con signos,
y luminosidad iluminando el mundo,
soy honrado por incontables multitudes
para las que proclamo el sello de la forma real.

- SL 1.116 *SBGZ* capítulo 87 (volumen 4) [150]
Si la gente, a estupas y santuarios,
a imágenes preciosas e imágenes pintadas,
con flores, incienso, banderas y baldaquinos

sirven reverentemente ofrendas,
[o] si hacen que otros hagan música,
golpeen tambores, soplen cuernos y caracolas,
[toquen] flautas de Pan, flautas, laúdes, liras,
harpas, gongs y timbales,
y muchos hermosos sonidos como estos
realizan continuamente como ofrendas,
o [si] con corazones jubilosos
cantan las alabanzas a la virtud del Buddha,
incluso en un pequeño sonido,
todos ellos han realizado la verdad del Buddha.
Si la gente cuya mente está distraída,
incluso con una simple flor,
realiza ofrendas a una imagen [búdica] pintada,
gradualmente verá innumerables *buddhas*.
Además, la gente que hace postraciones
o que simplemente junta las palmas,
incluso aquellos que alzan una mano
o levemente agachan la cabeza,
y por tanto realizan una ofrenda a una imagen,
gradualmente verá incontables *buddhas*,
de manera natural realizará la verdad suprema,
y extensamente salvará a innumerables multitudes.

- SL 1.120 *SBGZ* capítulo 17; capítulo 29 (volumen 2) [99]; capítulo 50 (volumen 3) [215]
  El Dharma se mantiene en su sitio en el Dharma,
  y la forma del mundo se mantiene constantemente.
  Habiendo reconocido esto en un lugar de la verdad,
  los profesores guías lo enseñan por los medios hábiles.

- SL 1.124 *SBGZ* capítulo 69 (volumen 3) [181]
  En el momento de esta consideración,
  todos los *buddhas* de las diez direcciones aparecen.

- SL 1.128 *SBGZ* capítulo 10 [14]; capítulo 17; capítulo 53 (volumen 3) [57]
  De la misma manera que
  los *buddhas* de los tres tiempos
  proclaman el Dharma,
  así ahora también yo
  proclamo el Dharma que no tiene distinción.
  Las apariciones de los *buddhas* en el mundo
  están muy lejos y son difíciles de encontrar.
  Incluso cuando aparecen en el mundo,
  todavía es difícil que se proclame este Dharma.

Capítulo 3: «Hiyu» (Una parábola)

- SL 1.134 *SBGZ* capítulo 17
  En aquel momento, Śāriputra, saltando de alegría, se levantó inmediatamente y juntó las palmas de sus manos.

- SL 1.134 *SBGZ* capítulo 17
  En el pasado escuché tal Dharma del Buddha y vi a *bodhisattvas* recibiendo la confirmación y convirtiéndose en *buddhas*.

- SL 1.140-142
  En mi mente había una gran alarma y duda.
  ¿No era un demonio actuando como el Buddha,
  angustiando y confundiendo mi mente?

- SL 1.146 *SBGZ* capítulo 17
  La tierra [del Tathāgata Flor-Luz] es equilibrada e igualada, pura y magnificente, tranquila y próspera.

- SL 1.160 *SBGZ* capítulo 17
  Aunque puedo abandonar con seguridad esta puerta en llamas, los niños de la casa en llamas están absortos en su juego, sin sentir ni reconocer, ni estar alarmados ni asustados.

- SL 1.162 *SBGZ* capítulo 17

  Esta casa tan solo tiene una puerta. Además, es estrecha y pequeña. Los niños son jóvenes y todavía no poseen conocimiento. Les gustan los lugares donde juegan. Pudieran caer en el fuego y quemarse. Debo explicarles el temor de este asunto.

- SL 1.164 *SBGZ* capítulo 17

  Muchos tipos de tales carros de cabras, carros de ciervos y carros de bueyes están ahora fuera para que juguéis con ellos. Salid rápidamente de esta casa en llamas y os daré todo lo que queráis.

- SL 1.166 *SBGZ* capítulo 17

  Después, el hombre rico ve que sus hijos han salido sanos y salvos, y están todos sentados en el campo abierto en el cruce de caminos sin que nada les estorbe. Su mente está aliviada y salta de alegría. Después, cada uno de los hijos le dice al padre: «Padre, por favor, danos ahora aquellas cosas para jugar que nos prometiste antes: los carros de cabras, los carros de ciervos y los carros del bueyes». ¡Śāriputra! En ese momento el hombre rico le da por igual un gran carro a cada niño. El carro es alto y ancho, adornado con todo tipo de tesoros [...] y tirado por bueyes blancos.

- SL 1.176 *SBGZ* capítulo 17

  Rápidamente sal del triple mundo y realizarás los tres vehículos, los vehículos de *śrāvaka*, *pratyekabuddha* y Buddha. Te garantizo ahora esto, y al final no será falso. Todos vosotros debéis tan solo ser diligentes y perseverar.

- SL 1.186-88 *SBGZ* capítulo 31 (volumen 2) [8]

  Después de lo cual, la casa
  repentinamente se incendia.
  En las cuatro direcciones, de inmediato,
  sus llamas se encuentran en pleno resplandor.

- SL 1.198 *SBGZ* capítulo 47 (volumen 3) [112]
  Todos los seres vivos
  son mis hijos,
  [pero], profundamente apegados a los placeres mundanos,
  no tienen sabiduría [...]
  El Tathāgata, habiéndose ya liberado de
  la casa en llamas del triple mundo,
  vive serenamente retirado
  permaneciendo en paz en los bosques y los campos.
  Ahora este triple mundo
  es toda mi posesión,
  y los seres vivos en él
  todos son mis hijos.

- SL 1.202 *SBGZ* capítulo 38 (volumen 2) [175]
  Montados en este carro precioso,
  llegamos directamente al lugar de la verdad.

Capítulo 4: «Shinge» (Confianza y comprensión)

- SL 1.222 *SBGZ* capítulo 1 [62]
  Luego se levantaron de sus asientos y, arreglando sus ropas, tan solo descubrieron sus hombros derechos.

- SL 1.224 *SBGZ* capítulo 17
  Sin expectación, ahora repentinamente podemos escuchar el Dharma raramente encontrado. Profundamente nos agradecemos a nosotros mismos el haber adquirido un gran beneficio, por haber conseguido para nosotros, sin buscarlo, un inconmensurable tesoro.

- SL 1.224 *SBGZ* capítulo 61 (volumen 3) [26]; capítulo 73 (volumen 4) [66]
  Es como una persona que, mientras todavía es joven, abandona al padre y huye.

- SL 1.236 *SBGZ* capítulo 25 (volumen 2) [211]
  Este es el hijo engendrado por mí. [Desde que] en una ciudad me abandonó y huyó, ha estado vagando y sufriendo infortunios durante casi cincuenta años.

- SL 1.260 *SBGZ* capítulo 34 (volumen 2) [86]
  Ahora somos
  verdaderos escuchadores de voces,
  la voz de la verdad del Buddha
  hacemos a todos que escuchen.
  Ahora somos
  verdaderos *arhats*.

Capítulo 5: «Yakuso-yu» (Parábola de las hierbas)

- SL 1.272 *SBGZ* capítulo 29 (volumen 2) [99]
  El Rey del Dharma que rompe la «existencia»
  se manifiesta en el mundo
  y, de acuerdo con los deseos de los seres vivos,
  proclama el Dharma de muchas maneras [...]
  Los sabios, si lo escuchan,
  son capaces de confiar y comprender inmediatamente.
  Los ignorantes dudan y se afligen,
  perdiéndolo por tanto para siempre.

- SL 1.274 *SBGZ* capítulo 17
  Las plantas, los arbustos y las hierbas,
  grandes y pequeños árboles,
  cereales de todo tipo y plantas de semillero,
  caña de azúcar y vides
  están humedecidos por la lluvia
  suficientemente.
  El suelo está empapado por completo,
  hierbas y árboles florecen juntos.

- SL 1.286 *SBGZ* capítulo 17
  Tus acciones
  son el camino mismo del *bodhisattva*.
  Mediante la práctica gradual y el aprendizaje,
  todos os convertiréis en *buddhas*.

Capítulo 6: «Juki» (Confirmación)

- SL 1.300 *SBGZ* capítulo 17
  Este discípulo mío Mahākāśyapa, en una época futura, podrá servir a trescientas miríadas de *koṭis* de *buddhas* honrados por el mundo, servirles ofrendas, venerarlos, honrarlos y alabarlos, y proclamar extensamente el ilimitado gran Dharma de los *buddhas*.

- SL 1.322 *SBGZ* capítulo 17
  Mis discípulos,
  quinientos en número,
  dotados perfectamente de dignas virtudes,
  recibirán todos la confirmación,
  y en una época futura,
  podrán todos convertirse en un *buddha*.

Capítulo 7: «Kejo-yu» (Parábola de la ciudad mágica)

- SL 2.12-14 *SBGZ* capítulo 17
  Imagina a una persona que, con [su] poder,
  pulveriza un mundo de tres mil grandes miles de mundos,
  y cada pedazo de tierra en él,
  completamente en tinta
  y pasando a través de mil tierras,
  deja caer una gota.
  Dejándolas caer así a medida que [el viaje] continúa,
  [la persona] agota todas las manchas de tinta.
  Todas las tierras por tanto descritas,

manchadas y sin mancha igualmente,
están de nuevo conectadas al polvo,
y una pequeña mancha es un *kalpa*.

- SL 2.30
Dejando la profunda alegría del inamovible estado de *dhyāna*
para servir al Buddha.

- SL 2.36
Gobernante sagrado, ¡dios entre los dioses!
Con la voz de un *kalaviṅka*.[1]

- SL 2.56 *SBGZ* capítulo 1 [32]
Dijo: «Esto es el sufrimiento, esto es la acumulación del sufrimiento, esto es el cese del sufrimiento, esta es la manera de cesar el sufrimiento». Y proclamó extensamente la ley de las doce conexiones causales: «La ignorancia lleva a la acción. La acción lleva a la conciencia. La conciencia lleva al nombre y la forma. El nombre y la forma llevan a los seis órganos de los sentidos. Los seis órganos de los sentidos llevan al contacto. El contacto lleva al sentir. El sentir lleva al querer. El querer lleva al poseer. El poseer lleva a una [nueva] existencia. La [nueva] existencia lleva a la vida. La vida lleva a envejecimiento y la muerte, la pena, el dolor, el sufrimiento y la angustia. Si la ignorancia cesa, entonces la acción cesa. Si la acción cesa, entonces el nombre y la forma cesan. Si el nombre y la forma cesan, entonces los seis órganos de los sentidos cesan. Si los seis órganos de los sentidos cesan, entonces el contacto cesa. Si el contacto cesa, entonces el sentir cesa. Si el sentir cesa, entonces el querer cesa. Si el querer cesa, entonces el poseer cesa. Si el poseer cesa, entonces la [nueva] existencia cesa. Si la [nueva] existencia cesa, entonces la vida cesa. Si la vida cesa, entonces cesan el envejecimiento y la muerte, la pena, el dolor, el sufrimiento y la angustia».

- SL 2.58 *SBGZ* capítulo 86 (volumen 4) [83]
  Los dieciséis hijos regios, siendo todos jóvenes, abandonaron el hogar y se hicieron *śrāmaṇeras*.

- SL 2.60 *SBGZ* capítulo 86 (volumen 4) [83]
  En aquel momento, ocho miríadas de *koṭis* de gente conducida entre las masas por el sagrado rey que gira la rueda, viendo que los dieciséis hijos regios habían abandonado el hogar, también buscó abandonar el hogar, después de lo cual el rey se lo permitió.

- SL 2.62 capítulo 86 (volumen 4) [83]
  El Buddha [Incomparable Sabiduría Universal] proclamó este sutra durante ocho mil *kalpas* sin cesación. Cuando acabó de proclamar este sutra, inmediatamente entró en una habitación silenciosa y permaneció en el inamovible estado de *dhyāna* durante ochenta y cuatro mil *kalpas*. Durante este tiempo, los dieciséis *bodhisattva śrāmaṇeras*, sabiendo que el Buddha había entrado en la habitación y estaba serenamente en *dhyāna*, ascendieron cada uno a un asiento del Dharma y durante otros ochenta y cuatro mil *kalpas* extensamente proclamaron y discriminaron a los cuatro grupos el Sutra de la Flor [del Loto] del Maravilloso Dharma.

- SL 2.66 *SBGZ* capítulo 46 (volumen 3) [90]
  Dos de estos *śrāmaṇeras* se convirtieron en *buddhas* en la región del este: el primero llamado Akṣobhya, que vivía en la Tierra de la Alegría, el segundo llamado Pico Sumeru.

Capítulo 8: «Gohyaku-deshi-juki» (Confirmación de quinientos discípulos)

- SL 2.96 *SBGZ* capítulo 17
  ¡*Bhikṣus*! Pūrṇa fue capaz de convertirse en el más importante de los proclamadores del Dharma bajo los Siete Buddhas. Ahora también es el más importante entre los proclamadores del Dharma en mi orden. Será de nuevo el más importante entre los proclamadores del Dharma bajo futuros

buddhas en [este] *kalpa* virtuoso (*bhadrakalpa*), y custodiará, mantendrá, asistirá y proclamará por completo el Dharma del Buddha.

- SL 2.112 *SBGZ* capítulo 32 (volumen 2) [45]
  Quinientos *bhikṣus*,
  uno a uno, se convertirán en un *buddha*,
  con el mismo título, «Luz Universal»,
  y uno tras otro, darán la confirmación.

- SL 2.114 *SBGZ* capítulo 4 [105]; capítulo 12 [74]
  ¡Honrado por el Mundo! Es como si alguna persona fuera a la casa de un amigo cercano, se pusiera ebria y se tumbara. Mientras tanto, el amigo cercano, habiendo salido a sus asuntos, anuda como regalo una perla preciosa a la prenda [de esa persona] y se marcha.

- SL 2.118 *SBGZ* capítulo 17
  Eso es como una persona pobre
  yendo a la casa de un amigo cercano
  cuya familia es muy rica.
  [El amigo] le sirve muchos buenos platos
  y una perla preciosa
  ata dentro de la ropa interior [del pobre].

- SL 2.120 *SBGZ* capítulo 32 (volumen 2) [47]
  Ahora, escuchando del Buddha
  el maravilloso hecho de la confirmación,
  y la consecutiva recepción de la confirmación,
  cuerpo y mente están llenos de alegría.

Capítulo 9: «Ju-gaku-mugaku-nin-ki» (Confirmación de los estudiantes y la gente más allá del estudio)

- SL 2.128-30 *SBGZ* capítulo 73 (volumen 4) [27]

He practicado constantemente la diligencia y por esta razón ya he realizado *anuttara samyaksaṃbodhi*.

Capítulo 10: «Hosshi» (Un profesor del Dharma)

- SL 2.140 *SBGZ* capítulo 32 (volumen 2) [50], [52]
En aquella época, el Honrado por el Mundo se dirigió a ochenta mil grandes seres a través del Bodhisattva Rey de la Medicina: «¡Rey de la Medicina! Tú ves entre esta gran asamblea a incontables dioses (*devas*), reyes dragón (*nāgas*), *yakṣas*, *gandharvas*, *asuras*, *garuḍas*, *kiṃnaras*, *mahoragas*, humanos y no-humanos, tanto como a *bhikṣus*, *bhikṣuṇīs*, *upāsakas* y *upāsikās*, a aquellos que buscan ser *śrāvakas*, a aquellos que buscan ser *pratyekabuddhas* y a aquellos que buscan la verdad del Buddha. Cuando tales seres como estos están todos ante el Buddha, y escuchan un solo poema o una simple palabra del Sutra de la Flor [del Loto] del Maravilloso Dharma y se regocijan en él incluso por un solo instante de conciencia, les confirmo a todos ellos: "Realizaréis *anuttara samyaksaṃbodhi*"». El Buddha se dirige a Rey de la Medicina: «Además, después de la extinción del Tathāgata, si hay alguna persona que escucha incluso un simple poema o una sola palabra del Sutra de la Flor [del Loto] del Maravilloso Dharma y se regocija en él por un solo instante de conciencia, de nuevo, yo le doy la confirmación de *anuttara samyaksaṃbodhi*».

- SL 2.152 *SBGZ* capítulo 9 [222]
Este sutra, incluso mientras el Tathāgata está vivo, [despierta] mucho odio y envidia. ¡Cuánto más tras su extinción!

- SL 2.154 *SBGZ* capítulo 17; capítulo 71 (volumen 3) [221]
¡Rey de la Medicina! En cada sitio donde [este Sutra del Loto] se proclame, o lea, o recite, o copie, o donde se mantengan volúmenes del sutra, deberíamos erigir una estupa de los siete tesoros, haciéndola más alta, ancha y ornamentada. [Pero] no hay necesidad de colocar huesos en ella. ¿Por qué? [Porque] en ella ya está el cuerpo entero del Tathāgata. Esta

estupa debería atenderse, venerarse, honrarse y ensalzarse con todo tipo de flores, fragancias, collares de perlas, baldaquinos de seda, estandartes, banderas, música y canciones de alabanza. Si cualquier persona que fuera capaz de ver esta estupa le hiciera postraciones y le realizara ofrendas, sabría que está totalmente cerca de *anuttara samyaksaṃbodhi*.

- SL 2.156 *SBGZ* capítulo 17, capítulo 50 (volumen 3) [215]

Por ejemplo, algunas personas están sedientas y necesitan agua, por lo que buscan cavando en una meseta. Tan pronto como ven la tierra seca, saben que el agua todavía está lejos. Esforzándose incesantemente, en su momento ven tierra húmeda y gradualmente encuentran lodo. Sus mentes están preparadas. Saben que el agua debe de estar cerca. Los *bodhisattvas* son también así. Si no han escuchado, ni comprendido, ni son capaces de practicar este Sutra de la Flor del Dharma, deberíamos saber que están todavía lejos [de la verdad de] *anuttara samyaksaṃbodhi*.

Si son capaces de escucharlo, comprenderlo, considerarlo y practicarlo, sabemos seguro que están cerca de *anuttara samyaksaṃbodhi*. ¿Por qué? [Porque] el *anuttara samyaksaṃbodhi* de todos los *bodhisattvas* pertenece completamente a este sutra. Este sutra abre la puerta de los medios hábiles y revela la verdadera forma real.

- SL 2.156-158 *SBGZ* capítulo 17

¡Rey de la Medicina! Si un *bodhisattva*, al escuchar este Sutra de la Flor del Dharma, se alarmara, dudara o temiera, deberíamos saber que este es un *bodhisattva* con la intención recientemente establecida. Si un *śrāvaka*, al escuchar este Sutra de la Flor del Dharma, se alarmara, dudara o temiera, deberíamos saber que esta es una persona arrogante.

- SL 2.162

Si, cuando proclaman este sutra,
alguno abusa de ellos con una boca maligna,
o se impone con espadas, palos, tejas o piedras,
puesto que han prestado atención al Buddha, resistirán.

- SL 2.166 *SBGZ* capítulo 61 (volumen 3) [31]
  Si estamos cerca de un profesor del Dharma,
  inmediatamente logramos la vía del *bodhisattva*.
  Y si aprendemos siguiendo a este profesor,
  somos capaces de encontrarnos con *buddhas* [tan numerosos] como las arenas del Ganges.

Capítulo 11: «Ken-hoto» (Visión de la estupa preciosa)

- SL 2.168 *SBGZ* capítulo 17
  En aquella época, antes del Buddha, una estupa de los siete tesoros, de quinientos *yojanas* de alto y doscientos cincuenta *yojanas* de largo y ancho, brotó de la tierra y permaneció en el cielo.

- SL 2.172 *SBGZ* capítulo 17; capítulo 87 (volumen 4) [160]
  Cuando aquel Buddha [Abundantes Tesoros] estaba practicando la vía del *bodhisattva* en el pasado, había hecho un gran voto: «Después de que realice [el estado de] *buddha* y muera, si en las tierras de las diez direcciones hay algún lugar donde el Sutra de la Flor del Dharma es proclamado, mi estupa brotará y se manifestará ante ese lugar para que pueda escuchar el Sutra...».

- SL 2.176 *SBGZ* capítulo 17
  [El Bodhisattva] Gran Elocuencia dijo al Buddha: «¡Honrado por el Mundo! También nos gustaría ver a los muchos *buddhas* que son vástagos del Honrado por el Mundo, para realizarles postraciones y ofrendas». Luego el Buddha lanzó un rayo de luz desde [su círculo de] pelo blanco.

- SL 2.186-188 *SBGZ* capítulo 17; capítulo 51 (volumen 3) [9]
  Entonces toda la asamblea vio al Tathāgata Abundantes Tesoros sentado en el asiento del león de la estupa preciosa, con todo su cuerpo sin desaparecer, como si hubiera penetrado en el estado de equilibrio de *dhyāna* [...]. Luego el Buddha Abundantes Tesoros, en la estupa preciosa, compartió la mitad de su asiento con el Buddha Śākyamuni y dijo: «Buddha Śākyamuni, por favor, toma este asiento». Acto seguido, el Buddha

Śākyamuni entró dentro de la estupa y se sentó en la mitad del asiento en la postura del loto.

- SL 2.190 *SBGZ* capítulo 17
  Un señor sagrado honrado por el mundo,
  aunque extinguido hace mucho
  dentro de la estupa preciosa,
  todavía viene por el Dharma.

- SL 2.194 *SBGZ* capítulo 61 (volumen 3) [44]
  Si proclaman este sutra
  entonces se encontrarán conmigo,
  con el Tathāgata Abundantes Tesoros
  y con muchos *buddhas* transformados.

- SL 2.196-198 *SBGZ* capítulo 17
  Tomar la gran tierra,
  ponerla en una uña del pie,
  y ascender al cielo de Brahmā:
  eso tampoco es difícil.
  [Pero] después de la muerte del Buddha,
  en una época corrupta,
  leer este sutra incluso por un instante:
  eso, en efecto, será difícil.

- SL 2.198 *SBGZ* capítulo 23 (volumen 2) [135]
  Después de mi extinción,
  conservar este sutra,
  y proclamarlo [incluso] a una sola persona:
  eso, en efecto, será difícil [...]
  Después de mi extinción,
  escuchar y aceptar este sutra,
  e indagar dentro de su significado:
  eso, en efecto, será difícil.

Capítulo 12: «Daibadatta» («Devadatta»)

- SL 2.208 *SBGZ* capítulo 45 (volumen 3)
  A través del buen consejo de Devadatta obtuve las seis *pāramitās*, bondad, compasión, alegría y desapego, los treinta y dos signos, los ochenta tipos de excelencia, una tez dorada con un lustre púrpura, los diez poderes, los cuatro tipos de audacia, los cuatro métodos sociales, las dieciséis [características] poco comunes, las habilidades místicas y los poderes del *bodhi*. Realicé el estado equilibrado y correcto de la conciencia y extensamente salvé a seres vivos. Todo debido al buen consejo de Devadatta.

- SL 2.208 *SBGZ* capítulo 17; capítulo 73 (volumen 4) [16]
  Devadatta también, en el futuro, después de que incontables *kalpas* hayan pasado, podrá convertirse en un *buddha*.

- SL 2.212-214 *SBGZ* capítulo 17
  Acto seguido, Mañjuśrī, sentándose en un loto de mil pétalos tan grande como la rueda de un carro, con los *bodhisattvas* que le acompañaban también sentados en flores de loto preciosas, de manera natural surgió del gran océano, fuera del palacio del Dragón Sāgara, y permaneció en el vacío.

- SL 2.216
  [El Bodhisattva Acumulación de Sabiduría le dice a Mañjuśrī:]
  «¡Oh sabio, virtuoso, valiente y vigoroso!
  Has convertido y salvado a innumerables seres.
  Ahora esta gran orden
  y yo hemos visto todos
  [tu] exposición de la enseñanza de la forma real,
  revelación del Único Vehículo del Dharma
  y guía universal de los seres vivos,
  a quienes rápidamente causas la realización del *bodhi*».

- SL 2.218 *SBGZ* capítulo 17

Mañjuśrī dijo: «Yo, en el mar, estoy constantemente proclamando solo el Sutra de la Flor [del Loto] del Maravilloso Dharma [...]».

- SL 2.218 *SBGZ* capítulo 17

Mañjuśrī dijo: «Ahí está la hija del Rey Dragón Sāgara [...]. Ella ha entrado profundamente en el estado equilibrado de *dhyāna* y ha penetrado todos los *dharmas*. En un *kṣāṇa* estableció la mente del *bodhi* y realizó el estado de no regresar ni desviarse».

- SL 2.218-20 *SBGZ* capítulo 71 (volumen 3) [277]

El Bodhisattva Acumulación de Sabiduría dijo: «He visto [cómo] el Tathāgata Śākyamuni, durante incontables *kalpas* de dura práctica y dolorosa práctica, acumulando mérito y amontonando virtud, ha buscado la vía del *bodhisattva* y nunca se ha detenido. He observado que en el mundo de tres mil grandes miles de mundos, no hay lugar incluso del tamaño de una semilla de mostaza donde no haya abandonado su cuerpo y vida como un *bodhisattva* en aras de los seres vivos. Tras actuar así, pudo entonces realizar la verdad del *bodhi*».

- SL 2.224 *SBGZ* capítulo 8 [187]; capítulo 17

Todos vieron a la hija del dragón convertirse repentinamente en un varón, dotado con todas las prácticas de un *bodhisattva*. Fue inmediatamente a la región del sur, el mundo que está libre de impureza, [donde] se sentó en una flor de loto preciosa, realizando el equilibrado y correcto estado de la verdad, con los treinta y dos signos y las ochenta clases de excelencia, y proclamando el maravilloso Dharma para todos los seres vivos a lo largo de las diez direcciones. Luego, el mundo *sahā* de los *bodhisattvas*, *śrāvakas*, los ocho grupos de dioses y dragones, y los seres humanos y no-humanos, viendo todos de lejos a la hija del dragón convirtiéndose en un *buddha* y universalmente proclamando el Dharma para los seres humanos y los dioses de esa orden, se regocijaron enormemente en sus corazones y todos se inclinaron de lejos para venerarla.

Capítulo 13 «Kan-ji» (Exhortación a mantenerse firme)
Capítulo 14: «Anrakugyo» (Práctica tranquila y feliz)

- SL 2.244 *SBGZ* capítulo 9 [230]
  Un *bodhisattva-mahāsattva* no debería acercarse a reyes, príncipes, ministros ni administradores.

- SL 2.258 *SBGZ* capítulo 56 (volumen 3) [121]
  [El *bodhisattva*] se aplica aceite en el cuerpo,
  habiéndo[se] limpiado el polvo y la suciedad,
  y se pone un manto nuevo y limpio:
  completamente limpio por dentro y por fuera.

- SL 2.266-268 *SBGZ* capítulo 56 (volumen 3) [122]
  Aunque esa gente ni escuche, ni comprenda, ni confíe en este sutra, cuando yo obtenga [la verdad de] *anuttara samyaksaṃbodhi*, dondequiera que esté, a través del poder místico y el poder de la sabiduría, los conduciré y haré que puedan permanecer en este Dharma.

- SL 2.276-278 *SBGZ* capítulo 4 [105]; capítulo 17; capítulo 76 (volumen 4) [115]
  Si hay una persona valiente y vigorosa,
  capaz de realizar difíciles hazañas,
  el rey desata por dentro de su moño
  la perla luminosa, y la da [...].
  Es como si el rey liberara de su moño
  la perla luminosa y la diera.
  Este sutra es venerado
  como el supremo entre todos los sutras.
  Siempre lo he custodiado
  y no lo he revelado arbitrariamente.
  Ahora es justamente el momento
  de proclamarlo para todos vosotros.

- SL 2.282 *SBGZ* capítulo 61 (volumen 3) [34]
  Habiendo entrado profundamente en el estado equilibrado de *dhyāna*,
  nos encontramos con los *buddhas* de las diez direcciones.

- SL 2.282 *SBGZ* capítulo 38 (volumen 2) [187]; capítulo 69 (volumen 3) [175]; capítulo 72 (volumen 3) [237]
  Los cuerpos de los *buddhas*, de color oro,
  adornados con cien signos de felicidad:
  al escuchar el Dharma y proclamarlo para otros,
  este sueño placentero existe para siempre,
  y en el sueño-acción, el rey de una nación
  abandona su palacio, a sus seguidores,
  y a los cinco deseos de lo superior y hermoso,
  y va al lugar de la verdad.
  Al pie del árbol del *bodhi*,
  se sienta en el asiento del león,
  busca la verdad durante siete días
  y realiza la sabiduría de los *buddhas*.
  Habiendo realizado la verdad suprema,
  surge y gira la rueda del Dharma,
  proclamando el Dharma a los cuatro grupos
  durante miles de miríadas de *koṭis* de *kalpas*.
  Proclama el impecable maravilloso Dharma
  y salva a incontables seres vivos,
  después de lo cual de manera natural entra en el nirvana
  como una lámpara apagándose cuando su humo se acaba.
  Si [alguien] en las futuras épocas corruptas
  proclama este Dharma supremo,
  esa persona obtendrá grandes beneficios
  tales como los virtuosos efectos [descritos] arriba.

Capítulo 15: «Ju-chi-yushutsu» (Brotar de la tierra)

- SL 2.286 *SBGZ* capítulo 17

Cuando el Buddha había proclamado esto, toda la tierra de tres mil grandes miles de mundos del mundo *sahā* tembló y se dividió, y del medio incontables miles de miríadas de *koṭis* de *bodhisattva-mahāsattvas* brotaron juntos. Estos *bodhisattvas*, con sus cuerpos completamente dorados, con los treinta y dos signos e inconmensurable luminosidad, habían estado todos previamente debajo del mundo *sahā*, viviendo allí en el vacío.

- SL 2.310 *SBGZ* capítulo 17; capítulo 62 (volumen 3) [62]

Ajita, deberías saber que
todos estos grandes *bodhisattvas*,
durante innumerables *kalpas*,
han practicado la sabiduría del Buddha.
Todos ellos son mis conversos.
He hecho que establezcan
la voluntad hacia la gran verdad:
son mis hijos.
Permanecen en este mundo
siempre practicando las hazañas del *dhūta*.
Esperan disfrutar de lugares silenciosos,
evitando el clamor de multitudes,
sin obtener satisfacción en dar muchas explicaciones.
Hijos como estos
aprenden el método que es mi verdad.
Siempre son diligentes, día y noche,
porque quieren realizar la verdad del Buddha.
En el mundo *sahā*,
abajo, viven en el vacío.

- SL 2.318 *SBGZ* capítulo 17; capítulo 47 (volumen 3) [112]

Es como si un hombre fuerte y joven,
de solamente veinticinco años de edad,
señalara a otros hijos centenarios,
con canas y rostros arrugados,
[diciendo]: «Estos son mi descendencia»,

y los hijos también dijeran: «Este es nuestro padre»
–siendo el padre joven y los hijos viejos–.
Nadie en todo el mundo lo cree.
Así pasa con el Honrado por el Mundo:
ha realizado la verdad muy recientemente.
Todos estos *bodhisattvas*,
son firmes en la voluntad, e intrépidos,
y durante incontables eras
han practicado la vía del *bodhisattva*.

Capítulo 16: «Nyorai-juryo» (La vida del Tathāgata)

- SL 3.12-14 *SBGZ* capítulo 71 (volumen 3) [226]

  ¡Buenos hijos! Han pasado incontables e infinitos cientos de miles de *koṭis* de *nayutas* de *kalpas* desde que realmente realicé el estado de *buddha*. Por ejemplo, supón que hay quinientas mil miríadas de *koṭis* de *nayutas* de tres mil grandes miles de mundos *asaṃkheya*. Dejemos que alguien los pulverice en átomos, vaya hacia el este a través de quinientas mil miríadas de *koṭis* de *nayutas* de tierras *asaṃkheya* y deje caer un átomo. [Supón que la persona] avanza hacia el este así [hasta] que todos esos átomos se agoten. Buenos hijos, ¿qué pensáis? ¿Es posible, o no lo es, concebir y contar todos esos mundos para conocer su número?

- SL 3.16 *SBGZ* capítulo 83 (volumen 4) [21]

  ¡Buenos hijos! Viendo a los seres vivos que encuentran placer en pequeñas cosas, cuya virtud es escasa y cuya inmundicia está acumulada, el Tathāgata manifiesta a esta gente: «En mi juventud trascendí la vida familiar y realicé *anuttara samyaksaṃbodhi*». Y de hecho desde que yo realicé [el estado de] *buddha*, [mi] eternidad ha sido tal como es. Solo para enseñar y transformar a los seres vivos, por los medios hábiles, de manera que penetren en la verdad budista, hago afirmaciones así.

- SL 3.18 *SBGZ* capítulo 17; capítulo 43 (volumen 3) [44]; capítulo 47 (volumen 3) [110]
  Todo lo que dice es real, no está vacío. ¿Por qué? [Porque] el Tathāgata conoce y ve la forma del triple mundo como realmente es, sin vida ni muerte, ni desaparición ni aparición, sin existencia en el mundo ni extinción, ni real ni vacía, ni así ni lo contrario. Es mejor ver el triple mundo como el triple mundo.

- SL 3.18-20 *SBGZ* capítulo 17; capítulo 23 (volumen 2) [101]; capítulo 50 (volumen 3) [215]; capítulo 71 (volumen 3) [226]
  Por tanto, hace ya mucho, desde el pasado lejano, que realicé [el estado de] *buddha*. [Mi] vida son incontables *kalpas asaṃkheya*, existiendo eternamente y no pereciendo. ¡Buenos hijos! La vida que he realizado mediante mi práctica original de la vía del *bodhisattva* no solo no está ahora agotada, sino que todavía será dos veces el número anterior [de *kalpas*].

- SL 3.30 *SBGZ* capítulo 17 [54]; capítulo 61 (volumen 3) [43] y [44]
  Para salvar a los seres vivos,
  como un método hábil yo manifiesto el nirvana.
  A pesar de todo, todavía no he fallecido.
  Permaneciendo constantemente aquí proclamando el Dharma,
  siempre vivo en este lugar.
  Con poderes místicos,
  hago que los seres vivos que estén perturbados
  no me vean aunque esté cerca.
  Muchos ven que he fallecido,
  y a lo largo y ancho realizan ofrendas a mis huesos,
  manteniendo todos anhelos románticos
  y llevando sed en sus corazones.
  Cuando los seres vivos han confiado y se han entregado,
  siendo simples y rectos, y flexibles de mente,
  e incondicionalmente quieren encontrarse con el Buddha,
  sin escatimar sus propios cuerpos y vidas,

entonces yo y otros monjes,
aparecemos juntos en el pico del Buitre.

- SL 3.32 *SBGZ* capítulo 17; capítulo 61 (volumen 3) [48]; capítulo 88 (volumen 4) [188]
[Estoy] eternamente presente en el pico del Buitre
y en otras moradas.
Incluso cuando los seres vivos ven al final de un *kalpa*
que van a quemarse en un gran fuego,
esta tierra en la que estoy está tranquila,
siempre repleta de dioses y seres humanos.
Sus parques y diversos palacios
están adornados con todas las clases de tesoros.
Los árboles preciosos tienen flores abundantes y frutos:
es un lugar donde los seres vivos disfrutan.
Los dioses golpean tambores celestiales,
y hacen constantemente teatro y música,
dejando caer flores de *mandārava*
sobre el Buddha y la gran asamblea.
Mi Tierra Pura es inmortal,
a pesar de que muchos la vean como para estar enfurecidos
y por tanto enteramente llena
de dolor, horror y agonías.
Estos seres vivos de muchas faltas,
con su mala conducta como causas directas e indirectas,
incluso si pasan *kalpas asaṃkheya*
no escuchan el nombre de los Tres Tesoros.
Los seres que practican la virtud
y que son gentiles, simples y rectos,
ven todos mi cuerpo
existiendo aquí y proclamando el Dharma.

- SL 3.36 *SBGZ* capítulo 70 (volumen 3) [201]
Haciendo constantemente este mi pensamiento:

«¿Cómo puedo hacer que los seres vivos
sean capaces de penetrar en la verdad suprema,
y rápidamente realicen un cuerpo de *buddha*?»

Capítulo 17: «Funbetsu-kudoku» (Discriminación de las virtudes)

- SL 3.56 *SBGZ* capítulo 61 (volumen 3) [39]
  Si los buenos hijos y las buenas hijas, escuchando mi proclamación de la eternidad de [mi] vida, confían en ella y la comprenden con una mente profunda, verán al Buddha permaneciendo constantemente en el monte Gṛdhrakūṭa rodeado de una asamblea de grandes *bodhisattvas* y muchos *śrāvakas*, y proclamando el Dharma, y verán este mundo *sahā* con su tierra de lapislázuli, equilibrada, normal y correcta.

Capítulo 18: «Zuiki-kudoku» (Las virtudes de la aceptación jubilosa)

- SL 3.72-74 *SBGZ* capítulo 8 [70]; capítulo 13 [127]; capítulo 14 [200]; capítulo 20 [125]
  Entonces el Buddha se dirigió al Bodhisattva-Mahāsattva Maitreya: «Ajita, si después de la muerte del Tathāgata, *bhikṣus*, *bhikṣuṇīs*, *upāsakas* y *upāsikās*, u otra gente sabia, vieja o joven, habiendo escuchado y aceptado este sutra con júbilo, abandona la orden del Dharma y marcha a donde sea para permanecer en monasterios o lugares desiertos, o en ciudades, calles, aldeas, campos y pueblos, para exponer [este sutra] tal y como lo han escuchado, de acuerdo con su habilidad, a sus padres y madres, parientes, buenos amigos y conocidos, y toda esta gente, habiéndolo escuchado, lo aceptan con júbilo y de nuevo continúan transmitiendo la enseñanza, [entonces] otra gente, habiéndolo escuchado, también lo aceptará con júbilo y transmitirá la enseñanza, la cual se propaga así a la quincuagésima [generación] [...]».

- SL 3.88
  Cuánto más, si escuchamos [el sutra] con una mente no-dividida,
  dilucidamos su significado

y practicamos de acuerdo a la enseñanza:
esa felicidad está más allá de todo límite.

- SL 3.90

  Luego el Buddha se dirigió al Bodhisattva-Mahāsattva Siempre Celoso: «Si cualquier buen hijo o buena hija recibe y conserva este Sutra de la Flor del Dharma o lo lee o lo recita o lo explica o lo copia, esa persona obtendrá las ochocientas virtudes del ojo, las mil doscientas virtudes del oído, las ochocientas virtudes de la nariz, las mil doscientas virtudes de la lengua, las ochocientas virtudes del cuerpo y las mil doscientas virtudes de la mente: estas virtudes adornarán los seis órganos haciéndolos a todos puros [...]»

Capítulo 19: «Hosshi-kudoku» (Las virtudes de un profesor del Dharma)

- SL 3.122 *SBGZ* capítulo 21 [184]

  Aunque [él o ella] no haya todavía realizado la impecable verdadera sabiduría, su mente-órgano es pura así.

Capítulo 20: «Jofugyo-bosatsu» (El Bodhisattva Nunca Despreciar)

- SL 3.128 *SBGZ* capítulo 37 (volumen 2) [161]; capítulo 52 (volumen 3) [23]

  En el pasado eterno, hace incontables, infinitos, inconcebibles *kalpas asaṃkheya*, había un *buddha* llamado Rey de Voz Majestuosa.

- SL 3.130 *SBGZ* capítulo 17

  El Dharma correcto permaneció en el mundo durante un número de *kalpas* igual a los átomos en un Jambudvīpa. El Dharma imitativo permaneció en el mundo durante un número de *kalpas* igual al de átomos en los cuatro continentes.

- SL 3.134-136

  Así pasó muchos años, insultado constantemente, sin enfadarse nunca, diciendo siempre: «Vosotros os convertiréis en *buddhas*». Cuando decía estas palabras, la gente a veces le golpeaba con porras, palos, ladrillos y piedras. Él huía y, manteniendo la distancia, todavía decía a gritos: «No me atrevo a despreciaros. Todos vosotros os convertiréis en *buddhas*». Puesto que siempre decía estas palabras, *bhikṣus*, *bhikṣuṇīs*, *upāsakas* y *upāsikās* arrogantes le llamaron «Nunca Despreciar».

Capítulo 21: «Nyorai-jinriki» (El poder místico del Tathāgata)

- SL 3.158 *SBGZ* capítulo 17; capítulo 25 (volumen 2) [183]

  Acto seguido, los mundos de las diez direcciones se realizaron sin obstáculos como una tierra búdica. Luego el Buddha se dirigió a Conducta Eminente y a los otros *bodhisattvas* de la gran asamblea: «Los poderes místicos de los *buddhas* son así: incontables, infinitos e impensables [...]».

- SL 3.162 *SBGZ* capítulo 61 (volumen 3) [45]

  Uno que es capaz de conservar este sutra
ya se está encontrando conmigo,
y también se está encontrando con el Buddha Abundantes Tesoros
y aquellos [*buddhas*] que son [mis] vástagos.

Capítulo 22: «Zoku-rui» (La comisión)

Capítulo 23: «Yaku-o-bosatsu-honji» (La historia del Bodhisattva Rey de la Medicina)

- SL 3.200 *SBGZ* capítulo 73 (volumen 4) [35]

  Como el Buddha es el rey de todos los *dharmas*, así es también este sutra. Es el rey de los sutras. ¡Rey de la Constelación de la Flor de las Estrellas! Este sutra puede salvar a todos los seres vivos. Este sutra puede liberar a todos los seres vivos del dolor y el sufrimiento. Este sutra puede beneficiar enormemente a todos los seres vivos y realizar sus deseos. Como un frío y claro estanque que puede satisfacer a todos aquellos que estén sedientos, como el frío que obtiene fuego, como el desnudo que obtiene ropa, como [una caravana de] mercaderes que obtiene cuero, como un niño que obtiene a su madre, como una travesía que obtiene un ferry, como un enfermo que obtiene un médico, como [aquellos en] la oscuridad que obtienen una luz, como el pobre que obtiene un tesoro, como un pueblo que obtiene un rey, como los comerciantes que obtienen el mar, como una antorcha alejando la oscuridad, así es también este Sutra de la Flor del Dharma. Puede liberar a los seres vivos de todo el sufrimiento y todas las enfermedades, y puede desatar todas las cadenas de la vida y la muerte.

- SL 3.210 *SBGZ* capítulo 17
  Has realizado la virtud impensable, pudiendo preguntar al Buddha Śākyamuni cosas tales como estas y beneficiando a todos los incontables seres vivos.

Capítulo 24: «Myo-on-bosatsu» (El Bodhisattva Sonido Maravilloso)

- SL 3.214 *SBGZ* capítulo 17
  [El Bodhisattva Sonido Maravilloso] había realizado el *samādhi* con la forma de un maravilloso estandarte, el *samādhi* como la Flor del Dharma, el *samādhi* como pura virtud, el *samādhi* como el juego de Rey de la Constelación, el *samādhi* como el estado sin distracciones, el *samādhi* como el sello de la sabiduría, el *samādhi* como el estado de comprensión de las palabras de todos los seres vivos, el *samādhi* como la acumulación de todas las virtudes, el *samādhi* como el estado de la pureza, el *samādhi* como el juego de poderes místicos, el *samādhi* como la antorcha de la sabiduría, el *samādhi* como el rey de los ornamentos, el *samādhi* como pura luminosidad, el *samādhi* como el puro tesoro, el *samādhi* como un estado singular y el *samādhi* como la función del sol. Había realizado cien mil miríadas de *koṭis* de grandes estados del *samādhi* como estos, iguales a las arenas del Ganges.

Capítulo 25: «Kanzeon-bosatsu-fumon» (La puerta universal del Bodhisattva Contemplador los Sonidos del Mundo)

- SL 3.242 *SBGZ* capítulo 33 (volumen 2)

  ¡Buen hijo! Si hay incontables cien mil miríadas de *koṭis* de seres vivos que, padeciendo diversas agonías, oyen hablar de este *bodhisattva* Contemplador de los Sonidos del Mundo, y con la mente no-dividida pronuncian el nombre [del *bodhisattva*], el Bodhisattva Contemplador de los Sonidos del Mundo instantáneamente estará atento a sus gritos, y todos serán liberados.

- SL 3.252 *SBGZ* capítulo 17; alusiones en diversos capítulos

  ¡Buen hijo! Si los seres vivos de cualquier tierra deben ser salvados a través del cuerpo de un *buddha*, el Bodhisattva Contemplador de los Sonidos del Mundo manifiesta inmediatamente el cuerpo de un *buddha* y proclama para ellos el Dharma. A aquellos que deben salvarse a través del cuerpo de un *pratyekabuddha*, [el *bodhisattva*] manifiesta inmediatamente el cuerpo de un *pratyekabuddha* y proclama para ellos el Dharma. A aquellos que deben salvarse a través del cuerpo de un *śrāvaka*, [el *bodhisattva*] manifiesta inmediatamente el cuerpo de un *śrāvaka* y proclama para ellos el Dharma. A aquellos que deben salvarse a través del cuerpo del rey Brahmā, [el *bodhisattva*] manifiesta inmediatamente el cuerpo del rey Brahmā y proclama para ellos el Dharma. A aquellos que deben salvarse a través del cuerpo del dios-rey Śakra, [el *bodhisattva*] manifiesta inmediatamente el cuerpo del dios-rey Śakra y proclama para ellos el Dharma. A aquellos que deben salvarse a través del cuerpo de Īśvara, [el *bodhisattva*] manifiesta inmediatamente el cuerpo de Īśvara y proclama para ellos el Dharma. A aquellos que deben salvarse a través del cuerpo de Maheśvara, [el *bodhisattva*] manifiesta inmediatamente el cuerpo de Maheśvara y proclama para ellos el Dharma. A aquellos que deben salvarse a través del cuerpo de un gran general celestial, [el *bodhisattva*] manifiesta inmediatamente el cuerpo de un gran general celestial y proclama para ellos el Dharma. A aquellos que deben salvarse a través del cuerpo de Vaiśravaṇa, [el *bodhisattva*] manifiesta inmediatamente el cuerpo de Vaiśravaṇa y proclama para ellos el Dharma. A aquellos que deben salvarse a través del cuerpo de un rey menor, [el *bodhisattva*] manifiesta inmediatamente el cuerpo de un rey menor y proclama para ellos el Dharma. A aquellos que deben salvarse a través del cuerpo de un hombre rico, [el *bodhisattva*] manifiesta inmediatamente el cuerpo de un hombre rico y proclama para ellos el Dharma. A aquellos que deben salvarse a través del cuerpo de un cabeza de familia, [el *bodhisattva*] manifiesta inmediatamente el cuerpo de un cabeza de familia y proclama para ellos el Dharma. A aquellos que deben salvarse a través del cuerpo de un oficial del gobierno, [el *bodhisattva*] manifiesta inmediatamente el cuerpo de un oficial del gobierno y proclama para ellos el Dharma. A aquellos que deben salvarse a través del cuerpo de un brahmán, [el *bodhisattva*] manifiesta inmediatamente el cuerpo de un brahmán y proclama para ellos el Dharma. A aquellos que deben salvarse a través del cuerpo de un *bhikṣu*, *bhikṣuṇī*, *upāsaka* o *upāsikā*, [el *bodhisattva*] manifiesta inmediatamente el cuerpo de un *bhikṣu*, *bhikṣuṇī*, *upāsaka* o *upāsikā* y proclama para ellos el Dharma. A aquellos que deben salvarse a través del cuerpo de la mujer de un hombre rico, un cabeza de familia, un oficial o un brahmán, [el *bodhisattva*] manifiesta súbitamente el cuerpo de una mujer y proclama para ellos el Dharma. A aquellos que deben salvarse a través del cuerpo de un chico o una chica, [el *bodhisattva*] manifiesta inmediatamente el cuerpo de un chico o una chica y proclama para ellos el Dharma. A aquellos que deben salvarse a través del cuerpo de un dios, dragón, *yakṣa*, *gandharva*, *asura*, *garuḍa*, *kiṃnara*, o *mahoraga*, un ser humano o un ser no-humano, [el *bodhisattva*], en todos los casos, manifiesta inmediatamente este [cuerpo] y proclama para ellos el Dharma. A aquellos que deben salvarse a través del cuerpo de un dios que sostiene el *vajra*, [el *bodhisattva*] manifiesta inmediatamente el cuerpo de un dios que sostiene el *vajra* y proclama para ellos el Dharma. ¡Pensamiento Infinito! Este *bodhisattva* Contemplador de los Sonidos del Mundo, realizando buenos efectos como estos, utilizando todos los tipos de formas, deambula por muchas tierras para salvar seres vivos. Por tanto, todos vosotros debéis incondicionalmente realizar ofrendas al *bodhisattva* Contemplador de los Sonidos del Mundo. Este *bodhisattva* Contemplador de los Sonidos del Mundo, en medio del miedo y la angustia, es capaz de proporcionar audacia. Por esta razón, en este mundo *sahā*, todos llamamos a este [*bodhisattva*] «Dador de Audacia».

- SL 3.270 *SBGZ* capítulo 1 [20]
Mientras el Buddha proclamaba este capítulo «Puerta Universal», los ochenta y cuatro mil seres vivos de la asamblea establecieron todos la voluntad para el inigualable estado de equilibrio que es *anuttara samyaksaṃbodhi*.

Capítulo 26: «Darani» (Dhāraṇī)

- SL 3.282-284 *SBGZ* capítulo 17
Si alguien no presta atención a nuestro hechizo,
y causa problemas a un proclamador del Dharma,
podría su cabeza partirse en siete partes
como un brote de *arjaka*.[2]
Su crimen es como matar a un padre,
como el error de prensar aceite,
o mentir a la gente con [falsos] pesos y medidas,
o el crimen de Devadatta de dividir la *sangha*.
La gente que ofende a tal profesor del Dharma,
obtendrá un mal similar.

Capítulo 27: «Myo-shogon-o-honji» (La historia del Rey Resplandeciente)

- SL 3.288-290 *SBGZ* capítulo 73 (volumen 4) [3]
Estos dos hijos poseyeron un gran poder místico, felicidad y sabiduría. Habían cultivado extensamente las maneras practicadas por los *bodhisattvas*. Es decir, *dāna-pāramitā*, *śīla-pāramitā*, *kṣānti-pāramitā*, *vīrya-pāramitā*, *dhyāna-pāramitā*, *prajñā-pāramitā* y la conveniencia *pāramitā*, la benevolencia, la compasión, la caridad y los treinta y siete métodos auxiliares del *bodhi* –todos estos habían claramente realizado.
- SL 3.292-294 *SBGZ* capítulo 25 (volumen 2) [186]

Acto seguido, los dos hijos, puesto que se preocupaban por su padre, surgieron del vacío, hasta una altura de siete árboles *tāla*, y manifestaron muchas clases de transformación mística, caminar, levantarse, sentarse y tumbarse en el vacío. La parte superior del cuerpo emanando agua, la parte inferior del cuerpo emanando fuego [o] la parte inferior del cuerpo emanando agua y la parte superior del cuerpo emanando fuego.

- SL 3.202 *SBGZ* capítulo 86 (volumen 4) [83]
  Ese rey inmediatamente dio su reino a su hermano menor. [Después,] el rey junto con su reina, dos hijos y muchos seguidores, en el Dharma del Buddha, abandonaron el hogar para practicar la verdad.

- SL 3.304
  Estos dos hijos míos ya han realizado hazañas de *buddhas*. Con transformaciones [realizadas a través] de poderes místicos, han cambiado mi mente confusa, permitiéndome permanecer pacíficamente en el Dharma del Buddha y encontrar al Honrado por el Mundo. Estos dos hijos son mis amigos en la virtud.

- SL 3.306 *SBGZ* capítulo 61 (volumen 3) [47]
  ¡Recuerda, gran rey! Un amigo virtuoso es la gran causa que nos lleva a poder encontrarse con el Buddha y establecer la voluntad para [la suprema verdad de] *anuttara samyaksaṃbodhi*.

Capítulo 28: «Fugen-bosatsu-kanpotsu» (Aliento del Bodhisattva Virtud Universal)

- SL 3.326 *SBGZ* capítulo 17
  Mientras el Sutra de la Flor del Dharma continúe su curso a través de Jambudvīpa, cualquiera que lo reciba y mantenga debería reflexionar de la siguiente manera: «Esto se debe al majestuoso poder místico de Virtud Universal». Si alguno lo recibiera y lo conservase, lo leyese y lo recitase, correctamente lo recordase, comprendiese su significado y lo practicase

como lo proclamara, deberíamos saber que esta persona está haciendo la labor de Virtud Universal.

- SL 3.328-330 *SBGZ* capítulo 17
  [El Bodhisattva Virtud Universal dijo:] «¡Honrado por el Mundo! Ahora, mediante mi poder místico custodiaré y protegeré este sutra. Tras la muerte del Tathāgata, haré que se extienda extensamente por todo Jambudvīpa y nunca permitiré que deje de existir». Acto seguido, el Buddha Śākyamuni le alabó diciendo: «Qué excelente, qué excelente, Virtud Universal, que seas capaz de proteger y promover este sutra, causando paz, júbilo y beneficio a muchos seres vivos. Has realizado la virtud impensable y la profunda compasión. Desde el pasado lejano, has establecido la voluntad para [la verdad de] *anuttara samyaksaṃbodhi* y has sido capaz de realizar este voto de poder místico para custodiar y proteger este sutra [...]».

- SL 3.330 *SBGZ* capítulo 61 (volumen 3) [37]
  ¡Virtud Universal! Si hay alguien que reciba y mantenga, lea y recite, recuerde correctamente, practique y copie este Sutra de la Flor del Dharma, debes saber que esta persona está encontrándose con el Buddha Śākyamuni y escuchando este sutra como si viniera de la boca del Buddha.

NOTAS

1. En la mitología india el *kalaviṅka* es el ave de la inmortalidad, con rostro femenino y dotado de una dulce voz, que vive en la Tierra Pura. Popularmente se cree que habita en los Himalayas.
2. Véase el Glosario de términos en sánscrito.

Glosario de términos en sánscrito

Este glosario presenta breves definiciones de términos en sánscrito, a los cuales las notas a pie de página hacen referencia en el presente volumen. En general, dichas definiciones provienen del libro *A Sanskrit-English Dictionary*, de Sir Monier Monier-Williams [MW], pero también se utiliza *A Practical Sanskrit Dictionary,* de A. A. Macdonell [MAC], el *Japanese-English Buddhist Dictionary* [*JEBD*] y *The Historical Buddha* [*HB*], de H. Schumann.

Las indicaciones de los capítulos, y los párrafos cuando corresponda, se refieren al *Shobogenzo* a menos que se indique lo contrario.

Abhidharma («sobre el Dharma», como prefijo para los nombres de los comentarios budistas). Representado por *ron*, «doctrina, discusión, disputa». [MW] Los dogmas de la filosofía budista o la metafísica. *Abhi*: (prefijo de verbos y sustantivos) a, hacia, en, sobre, encima. El significado literal de *abhidharma* es, por tanto, «lo que se dirige hacia (o adicional al) Dharma. Una de las «tres cestas», o Tripiṭaka (q.v.).

Abhidharmakośa-bhāṣya (nombre de un comentario). Representado fonéticamente. [MW] *Kośa*: un tonel; un cubo; una caja; el interior de un carruaje; una despensa; un tesoro; un diccionario, léxico o vocabulario; una colección poética, colección de frases, etcétera. *Bhāṣya*: comentario. Ref.: Bibliografía; capítulo 87 (volumen 4); capítulo 88 (volumen 4).

Abhidharmamahāvibhāṣa-śāstra (nombre de un comentario). Representado fonéticamente. [MW] *Vibhāṣā*: gran comentario. Ref.: Bibliografía; capítulo 70 (volumen 3); capítulo 84 (volumen 4), capítulo 86 (volumen 4).

Abhijñā (poder místico, facultad sobrenatural). Representado por *jinzu*, «poder místico». [MW] Saber, hábil, inteligente; comprensión, al corriente de; recuerdo, recolección; ciencia sobrenatural o la facultad de un *buddha* (cinco de las cuales se enumeran, a saber, tomar cualquier forma a voluntad, escuchar a cualquier distancia, ver a cualquier distancia, penetrar los pensamientos de los hombres y conocer su estado y antecedentes). Ref.: capítulo 12 [87]; capítulo 25 (volumen 2); Sutra del Loto, capítulo 24.

Abhimāna (soberbia). Representado por *zojoman*, «arrogancia elevada». [MW] Alta opinión de uno mismo, vanidad, orgullo, soberbia. Una de las siete categorías de *māna* (arrogancia). Ref.: Sutra del Loto, capítulo 2.

Ācārya. Representado fonéticamente. [MW] «Saber o enseñar las *ācāra* o normas (de buena conducta)», un guía o maestro espiritual. Ref.: capítulo 21 [206].

Acintya (impensable). Representado por *fukashigi*, «impensable». [MW] Inconcebible, que supera el pensamiento. Ref.: capítulo 17; Sutra del Loto, capítulo 21.

Adbhuta-dharma (maravillas). Representado por *kiho*, «raros sucesos, maravillas», y por *mi-zo-u-ho*, «acontecimientos sin precedentes». [MW] «Un sistema o una serie de maravillas o prodigios». Una de las doce divisiones de las enseñanzas. Véase *aṅga*. Ref.: capítulo 11 [40].

Āgama (nombre de un grupo de sutras). Representado fonéticamente. [MW] Una doctrina tradicional o precepto, colección de tales doctrinas, obra sagrada; cualquier cosa dictada y fijada por la tradición. Ref.: capítulo 12; Bibliografía.

Aguru (aloe). Representado por *jinko*, «aloe». [MW] La madera y el árbol con olor a aloe, *Aquilaria agallocha*. Ref.: capítulo 12 [78].

Ajita (epíteto de Maitreya). Representado fonéticamente. [MW] No conquistado, no subyugado, insuperable, invencible, irresistible; nombre de Viṣṇu; Śiva; Maitreya o un *buddha* futuro. Ref.: Sutra del Loto, capítulo 15.

Ākāśa (vacío). Representado por *koku*, «vacío». [MW] Un espacio libre o abierto, vacuidad; el éter, el cielo, o la atmósfera. Ref.: capítulo 17 [62]; Sutra del Loto, capítulos 12 y 15.

Akṣa-sūtra (rosario). Representado por *juzu*, «cuentas de rosario», «rosario». [MW] *Akṣa*: un dado para los juegos de azar; un cubo; una semilla de la cual se hacen rosarios (el *Eleocarpus ganitrus* produce esas semillas). *Sūtra* (q.v.): un hilo. Ref.: capítulo 5.

Akṣobhya (nombre de un mítico *buddha*). Representado fonéticamente. [MW] Inamovible, imperturbable; nombre de un *buddha*; nombre de un número inmenso. Ref.: capítulo 46 (volumen 3) [90]; Sutra del Loto, capítulo 7.

Amitābha (nombre de un mítico *buddha*). Representado fonéticamente. [MW] «De inconmensurable esplendor», nombre de un *dhyāni-buddha*. Ref.: capítulo 12 [80].

Amṛta (néctar). Representado por *kanro*, «dulce rocío, néctar». [MW] Inmortal, un inmortal, un dios; una diosa; un licor espirituoso; el mundo de la inmortalidad, el cielo, la eternidad; el néctar (que confiere la inmortalidad, producido en la agitación del océano), ambrosía. Ref.: capítulo 1 [62]; capítulo 8 [198].

Anāgāmin (el estado que no está sujeto a retorno). Representado fonéticamente y por *fugen-ka*, «el efecto de no retorno». [MW] Sin venir, sin llegar, sin futuro, no sujeto a retorno. Ref.: capítulo 2.

Ānanda (nombre del hermanastro del Buddha y el segundo patriarca de la India). Representado fonéticamente y por *reiki*, «alegría». [MW] Felicidad, alegría, disfrute. Ref.: capítulo 15.

Anāsrava (sin exceso, sin defecto, impecable). Representado por *muro*, «sin fugas». [MW] *A* (antes de vocal *an*): un prefijo que corresponde a «sin» y que tiene un sentido negativo o contrario. *Āsrava* (q.v.): exceso, angustia. Ref.: capítulo 21 [192].

Anāthapiṇḍada o Anāthapiṇḍika (un nombre de Sudatta [q.v.]). [MW] «El que da pasteles o comida a los pobres» Ref.: *Fukanzazengi*.

Anavatapta (nombre de un rey dragón y de un lago). Representado fonéticamente y por Munetsu-chi, «Lago sin calor». [MW] Nombre de un rey serpiente; de un lago (= Rāvaṇahrada). Ref.: capítulo 12 [71].

Aṅga (división). Representado por *bun*[*kyo*], «las divisiones [de la enseñanza]». [MW] Un miembro del cuerpo; una división subordinada o departamento. Las doce divisiones de las enseñanzas son: *sūtra*, *geya*, *vyākaraṇa*, *gāthā*, *udāna*, *nidāna*, *avadāna*, *itivṛttaka*, *jātaka*, *vaipulya*, *adbhuta-dharma* y *upadeśa* (q.v). Ref.: capítulo 11 [40]; Sutra del Loto, capítulo 2.

Anitya (inconstante). Representado por *mujo*, «inconstante». [MW] Perecedero, transitorio, ocasional, accidental, irregular, inusual; inestable, incierto. Ref.: capítulo 17 [39]; capítulo 22 (volumen 2).

Añjali (saludo con las manos juntas). Representado por *gassho*, «unión de las palmas de las manos». [MW] Las manos abiertas colocadas palma con palma y ligeramente ahuecadas (como por un mendigo para recibir alimentos; por tanto cuando se levantan hasta la frente, es una señal de súplica), reverencia, saludo. Ref.: capítulo 17 [62]; Sutra del Loto, capítulo 3.

Antarā-bhava (la etapa intermedia de la existencia, la existencia media). Representada por *chu-u*, «existencia media». [MW] *Antarā*: en el centro, en el interior, dentro, entre; en el camino. *Bhava*: llegar a la existencia; ser, estado del ser, existencia, vida. *Antarā-bhava-sattva*: el alma en su existencia media entre la muerte y la regeneración. Ref.: capítulo 12 [74].

Antarvāsa (ropa interior). Representado fonéticamente y por *ge-e*, «manto inferior»; por *nai-e*, «manto interior»; por *gojo-e* «manto de cinco bandas»; por *sho-e*, «manto pequeño», y por *gyodosamu-e*, «manto de práctica y trabajo». [MW] Ropa interior. Ref.: capítulo 12 [95].

Anuttara samyaksaṃbodhi (el supremo correcto y equilibrado estado de la verdad completa). Representado fonéticamente y por *mujo-shoto-kaku*, «supremo correcto y equilibrado estado de la verdad», o por *mujo-tosho-kaku*, «supremo equilibrado y correcto estado de la verdad». [MW] *Anuttara*: jefe, principal, mejor, excelente. [Supremo.] *Samyak*: en los compuestos para *samyañc*. *Samyañc*: ir junto con o junto a, poner juntos o en una dirección, combinados, unidos; volver uno hacia otro, enfrentar; correcto, preciso, apropiado, verdadero, bueno; uniforme, igual, idéntico. [Correcto y equilibrado]. *Sam*: un prefijo que expresa conjunción, unión, rigurosidad, intensidad, exhaustividad. [Completitud]. *Bodhi*: perfecto conocimiento o sabiduría (por el cual una persona se convierte en un *buddha*); el intelecto iluminado. [Estado de la verdad.] Nota: en el *Shobogenzo*, *bodhi* no es un conocimiento intelectual, sino un estado del cuerpo-y-mente. Ref.: capítulo 1; capítulo 2; Sutra del Loto, capítulo 1.

Araṇya (bosque). Representado fonéticamente. [MW] Un país extranjero o lejano, un desierto solitario, bosque. Ref.: capítulo 12 [115].

Arhat. Representado fonéticamente y por *shika*, «cuarto efecto». [MW] Capaz, que se le permite; digno, venerable, respetable; alabado, celebrado, el más alto rango en la jerarquía budista. Ref.: capítulo 1 [62]; capítulo 2; Sutra del Loto, capítulo 1.

Arjaka (nombre de una planta). Representado fonéticamente. [MW] El *Ocimum gratissimum*. El Triple Sutra del Loto señala: «Se dice que si se toca una flor de *arjaka* sus pétalos se abren y se dividen en siete partes. Kern identifica la planta como

Symplocos racemosa, mientras que el Diccionario de Monier-Williams la identifica como *Ocinum* [sic.] *gratissimum*». Ref.: Sutra del Loto, capítulo 26.

Aśaikṣa (aquellos más allá del estudio). Representado por *mugaku*, «sin estudio». [MW] «Que ya no es un alumno», un *arhat*. Ref.: Sutra del Loto, capítulo 9.

Asamasama (el estado de equilibrio sin igual). Representado por *mutoto*, «la igualdad sin igual». [MW] Inigualable. Ref.: capítulo 1 [20]; Sutra del Loto, capítulo 25.

Asaṃjñi-sattvāḥ (el cielo impensable). Representado por *musoten*, «el cielo impensable». [MW] *Asaṃjña*: inconsciente, que no tiene plena conciencia. Ref.: capítulo 14 [195].

Asaṃkheya (innumerables). Representado fonéticamente. [MW] Innumerables, muy numerosos. Ref.: capítulo 12 [80]; Sutra del Loto, capítulo 16.

Asaṃskṛta (sin adornos, sin elaboración). Representado por *mui*, «sin artificialidad, natural». [MW] No preparado, no consagrado; sin adornos, sin pulir, rudo (del habla). Ref.: capítulo 1 [11]; capítulo 12 [64].

Aśoka (nombre de un gran emperador indio que gobernó en el siglo III a. de C.). Representado fonéticamente. [MW] Que no causa dolor, que no siente dolor. Ref.: capítulo 15; capítulo 45 (volumen 3) [73]; Bibliografía.

Āsrava (lo superfluo, exceso). Representado por *ro*, «fuga». [MW] La espuma del arroz hervido; una entrada abierta que permite a una corriente de agua descender a través de ella; (para los jainistas) la acción de los sentidos que impulsa al alma hacia los objetos externos; angustia, aflicción, dolor. Ref.: Sutra del Loto, capítulos 1 y 10.

Asura (demonio). Representado fonéticamente y por *hiten*, «antidios». [MW] Un espíritu maligno, demonio, fantasma, rival de los dioses. Ref.: capítulo 12 [80]; Sutra del Loto, capítulo 10.

Aśvaghoṣa (nombre de un patriarca budista). Representado por Memyo, «Relincho de Caballo». [MW] *Aśva*: caballo, semental. *Ghoṣa*: cualquier grito o sonido, el rugido de los animales. Ref.: capítulo 15.

Avadāna (parábola). Representado por *hiyu*, «metáfora, parábola». [MW] Un acto grande y glorioso, logro (objeto de una leyenda, literatura budista). Una de las doce divisiones de las enseñanzas. Véase *aṅga*. Ref.: capítulo 11 [40]; Sutra del Loto, capítulo 3.

Avadāta-vāsana (vestido de blanco, laico). Representado por *byaku-e*, «manto blanco». [MW] *Avadāta*: limpiado, limpio, claro; puro, sin mancha, excelente; de esplendor blanco; un blanco deslumbrante; color blanco. *Vāsana*: abrigo, ropa, prendas de vestir, vestido. Ref.: capítulo 12 [107].

Avalokiteśvara (Escuchador de los Sonidos del Mundo). Representado por Kannon, «Escuchador de los Sonidos», y por Kanjizai, «Libre de Reflejo». [MW] Nombre de un *bodhisattva* venerado por los budistas del norte. *Avalokita*: visto, mirado, observado. Ref.: capítulo 2; capítulo 33 (volumen 2); Sutra del Loto, capítulo 25.

Avataṃsaka (nombre de un sutra). Representado por *kegon*, «flor-solemnidad». [MW] *Avataṃsa*: guirnalda. Ref.: capítulo 1 [32]; capítulo 7 [141]; Bibliografía.

Avīci (nombre de un infierno particular). Representado fonéticamente y por *mugen-jigoku*, «infierno incesante». [MW] Sin olas; un infierno particular. Ref.: capítulo 14 [195].

Avidyā (ignorancia). Representado por *mumyo*, «ignorancia, oscuridad». [MW] Analfabeto, ignorante; ignorancia, ilusión. Ref.: capítulo 2; Sutra del Loto, capítulo 7.

Avyākṛta (indiferente, no-diferenciado). Representado por *muki*, «sin escritura», «en blanco». [MW] Sin desarrollar, no-expuesto; sustancia elemental a partir de la cual todas las cosas fueron creadas. Ref.: capítulo 10.

Āyatana (asiento [de la percepción de los sentidos]). Representado por *sho*, «lugar», o *nyu*, «entrada». [MW] Lugar de descanso, apoyo, asiento, lugar, casa, hogar, residencia; (para los budistas) los cinco sentidos y *manas* (considerados los asientos interiores o *āyatanas*) y las cualidades percibidas por lo anterior (los *āyatanas* exteriores). Ref.: capítulo 2.

Āyuṣmat (monje venerable). Representado por *gu-ju*, «que posee longevidad», y por *choro*, «experimentado en edad» o «veterano». [MW] Poseedor de poder vital, saludable, de larga duración; vivo, viviente; viejo, anciano; «poseedor de vida», a menudo aplicado como una especie de título honorífico (especialmente para personajes de la realeza y monjes budistas). Ref.: capítulo 1 [52]; capítulo 2.

Bhadanta (el virtuoso). Representado por *daitoku*, «gran virtud». [MW] Término de respeto aplicado a un budista, un mendigo budista. Ref.: capítulo 2.

Bhadrakalpa (buen *kalpa*, *kalpa* virtuoso). Representado por *kengo*, «*kalpa* de los sabios», «*kalpa* de los sensatos». [MW] «El buen y hermoso *kalpa*», nombre de la época actual. *Bhadra*: bendito, afortunado, auspicioso, próspero, feliz; bueno, lleno de gracia, simpático, amable; excelente, justo, bello, hermoso, agradable, querido. *Kalpa*: eón (q.v.). Ref.: Sutra del Loto, capítulo 8.

Bhadrapāla («Buen Guardián», nombre de un *bodhisattva*). Representado fonéticamente. [MW] Nombre de un *bodhisattva*. *Bhadra*: bueno. *Pāla*: un guardia, protector, guardián; un estanque alargado (¿como «receptáculo» de agua?). Ref.: capítulo 12 [49].

Bhagavat. Representado fonéticamente y por *seson*, «Honrado por el Mundo». [MW] Glorioso, ilustre, divino, adorable, venerable; sagrado (aplicado a dioses, semidioses y santos como un término de tratamiento; para los budistas a menudo se antepone a los títulos de sus escritos sagrados); «el divino o adorable», nombre de un *buddha* o un *bodhisattva*. Ref.: capítulo 2; Sutra del Loto, capítulo 2.

Bhikṣu (monje). Representado fonéticamente. [MW] Un pobre, mendigo, mendigo religioso; un mendigo budista o monje. Ref.: Sutra del Loto, capítulo 1.

Bhikṣuṇī (monja). Representado fonéticamente. [MW] Una mujer mendiga budista o monja. Ref.: Sutra del Loto, capítulo 2.

Bhīṣmagarjitasvararāja (nombre de un *buddha* legendario). Representado por I-on-o, «Rey de Voz Majestuosa», y por Ku-o, «Rey de la Vacuidad». [MW] Nombre de una serie de *buddhas*. Ref.: capítulo 14 [176]; Sutra del Loto, capítulo 20.

Bodhi (verdad, estado de la verdad). Representado fonéticamente y por *do*, «vía». Véase *anuttara samyaksaṃbodhi*.

Bodhichitta (mente del *bodhi*, la voluntad para la verdad). Representado por *bodaishin*, «mente del *bodhi*», y por *doshin*, «voluntad para la verdad». [MW] *Citta* (q.v.): inteligencia, mente. Ref.: capítulo 5 [111]; capítulo 69 (volumen 3); capítulo 70 (volumen 3); Sutra del Loto, capítulo 12.

Bodhimaṇḍa (lugar de practicar la verdad, lugar de la práctica, sede de la verdad). Representado por *dojo*, «verdad-lugar», «vía-lugar», «sala de ejercicio», «gimnasio». [MW] Sede de la sabiduría (nombre de los asientos que se decía que habían salido de la tierra bajo cuatro árboles consecutivos donde el Buddha Gautama alcanzó la perfecta sabiduría). *Maṇḍa*: la espuma del arroz hervido (o cualquier otro grano); ornamento, decoración. Ref.: capítulo 1 [20]; Sutra del Loto, capítulo 2.

Bodhisattva (practicante budista). Representado fonéticamente. [MW] «Aquel cuya esencia es el conocimiento perfecto [*bodhi*, q.v.]». *Sattva*: ser, existencia, entidad, realidad; verdadera esencia, naturaleza, disposición de la mente, carácter. Ref.: Sutra del Loto.

Brahmā (moral, puro). Representado fonéticamente. [MW] En relación con Brahmā, santo, sagrado, divino; en relación con el conocimiento sagrado. Ref.: capítulo 1 [51]; Sutra del Loto, capítulo 1.

Brahmā (nombre de la deidad creadora en la tríada hindú). Representado fonéticamente. [MW] El espíritu universal impersonal, que se manifiesta como un creador personal y como el primero de la tríada de dioses personales. Ref.: capítulo 10 [19]; Sutra del Loto, capítulos 11 y 25.

Brahmacarya (pura conducta). Representado por *bongyo*, «*brahma*-conducta». [MW] Estudio de los Vedas, el estado de un estudiante religioso soltero, un estado de continencia y castidad; el estado de soltería, continencia, castidad; que lleva la vida de un estudiante religioso soltero, la práctica de la castidad. *Brahma*: en los compuestos para *brahman* (los Vedas, unos textos sagrados, conocimiento religioso o espiritual; vida sagrada). *Carya*: para ser practicado o realizado; conducción (de un carro); caminar o vagar; procedimiento, comportamiento, conducta; la vida religiosa de un mendigo; practicar, realizar. Ref.: capítulo 1 [51]; Sutra del Loto, capítulo 1.

Brahman (*brāhmaṇa*). Representado fonéticamente. [MW] El que tiene el conocimiento divino, un brahmán (generalmente un sacerdote, pero a menudo hoy en día un laico, aunque el nombre es estrictamente aplicable solo a uno que sabe y repite los Vedas). Ref.: capítulo 1 [37]; Sutra del Loto, capítulo 25.

Buddha. Representado por *butsu*, *hotoke*, «*buddha*». [MW] Despierto, alerta; consciente, inteligente, listo, sabio; aprendido, conocido, comprendido; un hombre sabio; el *buddha* principal de la época actual (nació en Kapilavastu alrededor del año 500 a. de C., su padre, Śuddhodana, de la tribu o familia Śakya, era el *rāja* de ese distrito, y su madre, Māyādevī, era la hija del *rāja* Suprabuddha. Por tanto, pertenecía a la casta *kṣatriya* y su nombre original Śākyamuni o Śakyasiṃha era realmente su apellido, mientras que Gautama fue tomado de la estirpe a la que su familia pertenecía). Nota: en el *Shobogenzo*, «*buddha*» hace referencia a «despierto» y al Buddha Gautama principalmente, pero también se utiliza para otros *buddhas* y, muy especialmente, para el estado concreto de zazen.

Buddha-śāsana (la enseñanza del Buddha). Representado por *bukkyo*, «enseñanza búdica». [MW] *Śāsana*: castigar; enseñar, instruir, un instructor; gobierno, dominio, gobernar; una orden, mandato, edicto; un escrito; cualquier libro escrito o una obra de autoridad, escritura; enseñanza, instrucción, disciplina, doctrina. Ref.: capítulo 1 [68]; capítulo 24 (volumen 2).

Caitya (tumba). Representado por *to*, «torre». [MW] Relativo a una pila funeraria o túmulo; un monumento funerario, estupa o columna piramidal que contiene las cenizas de personas difuntas. Ref.: capítulo 87 (volumen 4) [160]; Sutra del Loto, capítulo 10.

Cakra (rueda). Representado por *rin*, «rueda». [MW] La rueda (de un carro, del carro del sol, del tiempo); un disco o arma blanca circular; una serie de pueblos, provincia, distrito; la rueda del carro de un monarca girando sobre sus dominios, soberanía, reino.

Cakravarti-rāja (rey que gira la rueda). Representado por *ten-rin-jo*, «rey que gira la rueda». [MW] *Cakravartin*: que gira por todas partes sin obstrucción; un gobernante cuyas ruedas de su carro giran por todas partes sin obstrucción; emperador; soberano del mundo, gobernante de un *cakra* (o un país descrito como con la extensión de un mar a otro mar). *Rāja*: rey. Ref.: capítulo 10 [19]; Sutra del Loto, capítulo 7.

Cakṣus (ver, ojos). Representado por *gen*, «ojos». [MW] Véase; el acto de ver, facultad de ver, vista; el ojo. Ref.: capítulo 2.

Caṇḍala (paria). Representado fonéticamente. [MW] Una persona sin casta, una persona de las más bajas y despreciadas de las tribus mixtas (nacida de un padre *śūdra* y una madre brahmán). Ref.: capítulo 8; capítulo 84 (volumen 4) [26].

Candana (sándalo [madera]). Representado fonéticamente. [MW] Sándalo (*Sirium myrtifolium*, árbol, madera o preparación untuosa muy apreciada como perfume; por tanto, un término para todo lo que sea lo más destacado de su clase). Ref.: capítulo 12 [78].

Caṅkrama (pasear). Representado por *kinhin*, «pasear». [MW] Marchar, un paseo; un lugar para pasear. Ref.: capítulo 30 (volumen 2) [119].

Cārin (practicante). Representado fonéticamente y por *gyoja*, «practicante». [MW] Que sigue la práctica establecida. Ref.: capítulo 12 [64].

Catvāro yonayaḥ (cuatro clases de nacimiento). Representado por *shisho*, «cuatro [modos de] nacimiento». [MW] *Catur*: cuatro. *Yoni*: el útero; lugar de nacimiento, fuente, origen, manantial, fuente. Los cuatro son *jarāyuja* (nacimiento de una matriz), *aṇḍaja* (nacimiento de un huevo); *saṃsvedaja* (nacimiento de la humedad) y *upapāduka* (metamorfosis). Ref.: capítulo 9 [222].

Cintāmaṇi (nombre de una gema preciosa). Representado por *nyo-i-ju*, «la gema de hacer lo que a uno le plazca». [MW] «La gema del pensamiento», una joya preciosa que supuestamente concede a su poseedor todos sus deseos. Ref.: capítulo 14 [189].

Citta (inteligencia). Representado fonéticamente y por *shinshiki*, «conciencia mental/intelectual», o por *ryo-chi-shin*, «mente que considera y reconoce». [MW] Asistir, observar; pensar, reflexionar, imaginar, pensamiento; intención, propósito, deseo; memoria; inteligencia, razón. Uno de los tres tipos de mente; los otros son *hṛdaya* y *vṛddha* (q.v.). Ref.: capítulo 1 [27]; capítulo 70 (volumen 3).

Citta-manas-vijñāna (mente, voluntad, conciencia). Representado por *shin-i-shiki*, «mente, voluntad, conciencia». [MW] *Citta* (q.v.): pensamiento, inteligencia. *Manas* (q.v.): mente, voluntad. *Vijñāna* (q.v.): conciencia. [*JEBD*] En el Hinayana, los tres términos son considerados como sinónimos de mente. Ref.: *Fukanzazengi*.

Dāna (generosidad). Representado fonéticamente y por *fuse*, «limosna, caridad, dar». [MW] El acto de dar; generosidad en el matrimonio; abandono; comunicación, impartir, enseñar; reembolsar, restaurar; añadir, adición, donación, regalo. Una de las seis *pāramitās* (q.v.). Ref.: capítulo 2; capítulo 45 (volumen 3); Sutra del Loto, capítulo 27.

Dānapati (donante). Representado fonéticamente y por *seshu*, «señor de la limosna». [MW] «Señor de la generosidad», persona generosa. *Dāna*: generosidad. *Pati*: un maestro, propietario, poseedor, señor, gobernador, soberano. Ref.: capítulo 5 [118].

Daśa-diś (diez direcciones). Representado por *juppo*, «diez direcciones.» [MW] *Diś*: una zona o región señalada, dirección, punto cardinal. Ref.: capítulo 60 (volumen 3); Sutra del Loto, capítulo 2.

Deva (dios). Representado por *ten*, «dios». [MW] Celestial, divino; una deidad, dios. Ref.: Sutra del Loto, capítulo 1.

Dhāraṇī (encantamiento, hechizo). Representado fonéticamente y por *ju*, «conjuro, encantamiento». [MW] Un poema místico o encanto utilizado como una especie de oración para aliviar el dolor, etcétera. Nota: en el *Shobogenzo*, *dhāraṇī* se equipara con «saludos personales», es decir, postraciones, con los que un practicante solicita a un maestro la enseñanza budista. Ref.: capítulo 2; capítulo 55 (volumen 3); Sutra del Loto, capítulo 26.

Dharma (Dharma, *dharmas*, realidad, método, práctica, los *dharmas* reales, cosas y fenómenos). Representado por *ho*, «ley, método». [MW] Lo que está establecido o firme, decreto firme, estatuto, ordenanza, ley; uso, práctica, cumplimiento habitual o conducta prescrita, deber; derecho, justicia (a menudo como sinónimo de castigo); virtud, moralidad, religión, mérito religioso, buenas obras; la ley o doctrina del budismo; naturaleza, condición peculiar o cualidad esencial, propiedad, marca, peculiaridad.

Dharmacakra (rueda del Dharma). Representado por *horin*, «rueda del Dharma». [MW] La rueda o el alcance de la ley; un arma mítica particular, «tener o girar la rueda de la ley», un *buddha*. Ref.: capítulo 3 [87]; capítulo 74 (volumen 4); Sutra del Loto, capítulo 14.

Dharmagupta (nombre de una escuela budista). Representado por *hozo-bu*, «escuela de almacenamiento del Dharma». [MW] *Gupta*: protegido, custodiado, conservado; escondido, oculto, mantenido en secreto. Una de las veinte escuelas Hinayana. Ref.: Bibliografía.

Dharmakāya (cuerpo del Dharma). Representado por *hosshin*, «cuerpo del Dharma». [MW] «Cuerpo de la Ley», nombre de uno de los tres cuerpos de un *buddha*. Ref.: capítulo 10 [11].

Dhātu (elementos). Representado por *dai*, «elementos», o por *kai*, «esferas». [MW] Capas, estratos; componente, ingrediente; elemento, materia primitiva (por lo general contados como cinco, a saber, *kha* o *ākāśa* [espacio], *anila* [aire], *tejas* [fuego], *jala* [agua], y *bhū* [tierra], a los que los budistas añaden *vijñāna* [conciencia]); un elemento constitutivo o ingrediente esencial del cuerpo (distinto de los cinco mencionados anteriormente... para los budistas del sur, *dhātu* significa los seis elementos o las dieciocho esferas elementales [*dhātuloka*, q.v.]). Ref.: capítulo 2.

Dhātuloka ([dieciocho] esferas elementales). Representado por *juhachi-kai*, «dieciocho esferas». [MW] *Dhātu*: elementos. *Loka*: mundo, esfera [q.v.]. Las dieciocho esferas elementales son los seis *indriyas* (órganos de los sentidos): *cakṣur-indriya* (órgano de la vista, ojos), *śrotrendriya* (órgano de la audición, oídos), *ghrāṇendriya* (órgano del olfato, nariz), *jihvendriya* (la lengua como un órgano de los sentidos), *kāyendriya* (el cuerpo como órgano de los sentidos, el sentido del tacto), y *manendriya* (la mente como centro de los sentidos, inteligencia); los seis *viṣayas* (objetos): *rūpa* (formas o colores), *śabda* (sonidos), *gandha* (olores), *rasa* (gustos), *sparśa* (sensaciones), *dharma* (propiedades); y los seis *vijñānas* (conciencia): *cakṣur-vijñāna* (conciencia visual), śrotra-*vijñāna* (conciencia auditiva), *ghrāṇa-vijñāna* (conciencia olfativa), *jihvā-vijñāna* (conciencia del gusto), *kāya-vijñāna* (conciencia del cuerpo) y *mano-vijñāna* (conciencia de la mente). Ref.: capítulo 2.

Dhūta (dura práctica, austeridad). Representado fonéticamente. [MW] *Dhūta*: la moralidad. *Dhūtaguṇa*: práctica ascética o precepto. Ref.: capítulo 4; capítulo 30 (volumen 2); Sutra del Loto, capítulo 15.

Dhyāna (zen, concentración, meditación). Representado fonéticamente por *zen* o *zenna*; representado también por *jo-ryo*, «meditación silenciosa». [MW] Meditación, pensamiento, reflexión (específicamente) profunda y abstracta meditación religiosa. Una de las seis *pāramitās* (q.v.). Ref.: capítulo 2 [71]; Sutra del Loto, capítulos 7 y 27.

Dhyāni-buddha. [MW] Un *buddha* o un *bodhisattva* espiritual (no material).

Dignāga (nombre de un especialista en lógica). [*JEBD*] Nacido en el sur de la India, vivió desde finales del siglo V hasta mediados del VI y pertenecía a la escuela de Vasubandhu. Creó una nueva escuela de lógica utilizando el razonamiento deductivo.

Dīpaṃkara (nombre de un *buddha*). Representado por Nento-butsu, «Buddha de la Lámpara Encendida». [MW] «Causante de la Luz», el nombre de un mítico *buddha*. Ref.: capítulo 9.

Duḥkha (sufrimiento). Representado por *ku*, «sufrimiento». [MW] Inquieto, incómodo, desagradable, difícil; malestar, dolor, tristeza, angustia, dificultad. La primera de las cuatro nobles verdades. Ref.: capítulo 2; Sutra del Loto, capítulo 7.

Duṣkṛta (una clase de faltas). Representado fonéticamente. [MW] Por error o mal hecho, mal organizado o aplicado; una clase particular de falta, una mala acción, debilidad. Ref.: capítulo 7 [158].

Dvādaśāṅga-pratītyasamutpāda (cadena de las doce veces de la causalidad). Representado por *juni-innen*, «[cadena de] las doce veces de la causalidad», o por *juni-rinden*, «ciclo de las doce veces». Véase *pratītyasamutpāda*. Ref.: capítulo 1 [32]; Sutra del Loto, capítulo 7.

Dvādaśāyatanāni (doce asientos). Representado por *juni-nyu*, «doce entradas», o *juni-sho*, «doce lugares». Véase *āyatana*. Ref.: capítulo 2.

Ekottarāgama (nombre de un sutra). Representado por *Zoichiagonkyo*, «Sutras Āgama Incrementados en Uno». [MW] Nombre del cuarto Āgama o libro sagrado de los budistas. *Ekottara*: mayor o más de uno, que aumenta en uno. Āgama [q.v.]: una doctrina tradicional o precepto. Ref.: capítulo 45 (volumen 3); capítulo 88 (volumen 4); Bibliografía.

Gandha (olor). Representado por *ko*, «fragancia, olor». [MW] Olor; sustancia fragante, aroma, esencia, sustancia, fragancia, aroma, perfume; el mero olor de algo, pequeña cantidad. Ref.: capítulo 2.

Gandhāra (nombre de un lugar). Representado fonéticamente. [*JEBD*] Un antiguo país del norte de la India, ubicado al norte de Punjab y al noreste de Cachemira. La capital fue Puruṣapura, hoy en día Peshawar. Ref.: capítulo 15.

Gandharva (músicos celestiales devoradores de fragancias). Representado fonéticamente. [MW] *Gandha*: olor; una sustancia fragante, fragancia, aroma, perfume. *Gandharva*: en la poesía épica, los *gandharvas* son los músicos celestiales o cantantes celestiales que forman la orquesta en los banquetes de los dioses, persiguen a las mujeres y desean mantener relaciones sexuales con ellas; también se temen como seres malignos. Ref.: Sutra del Loto, capítulo 10.

Garuḍa (rey de las aves, ave devoradora de dragones). Representado fonéticamente y por *kin-shi-cho-o*, «rey de las aves de alas doradas». [MW] Nombre de un ave mítica (jefe de la raza de las aves, enemigo de la raza de las serpientes). Ref.: capítulo 12 [107]; Sutra del Loto, capítulo 10.

Gāthā (poema, poema independiente). Representado fonéticamente y por *ge*, «poema», o por *fuju*, «elogio poético». [MW] Una canción; poema, estrofa, la parte métrica de un sutra. Una de las doce divisiones de las enseñanzas. Véase *aṅga*. Ref.: capítulo 11 [40]; capítulo 24 (volumen 2); Sutra del Loto, capítulo 10.

Geya (poema, poema resumen). Representado por *oju*, «elogio adaptativo» o «elogio adicional». [MW] Que se canta o se elogia [en una canción]. Una de las doce divisiones de las enseñanzas. Véase *aṅga*. Ref.: capítulo 11 [40]; capítulo 24 (volumen 2).

Ghrāṇa (nariz, oler). Representado por *bi*, «nariz». [MW] Oler, la percepción del olor; olfato; la nariz. Ref.: capítulo 2.

Gṛdhrakūṭa (pico del Buitre). Representado fonéticamente y por *jusen*, «pico de buitre»; *ryozen*, «montaña sagrada», o *ryojusen*, «pico de buitre sagrado». [MW] «Pico del Buitre», el nombre de una montaña cercana a Rājagṛha. Ref.: capítulo 17 [54]; Sutra del Loto, capítulo 1.

Gṛhapati (cabeza de familia). Representado por *koji*, «caballero laico». [MW] El dueño de una casa, cabeza de familia; cabeza de familia de un mérito peculiar. Ref.: capítulo 8 [187]; Sutra del Loto, capítulo 25.

Guṇa (virtud, mérito). Representado por *kudoku*. [MW] Cualidad, singularidad, atributo o propiedad; buena calidad, virtud, mérito, excelencia. Ref.: capítulo 12 [54]; Sutra del Loto, capítulos 17 y 18.

Hasta (codo). Representado por *chu*, «codo». [MW] Un antebrazo (una medida de longitud desde el codo hasta la punta del dedo anular, equivalente a veinticuatro *āngulas* o medio metro aproximadamente). Ref.: capítulo 12 [95].

Hetu-pratyaya (causas y condiciones). Representado fonéticamente y por *innen*, «causas y condiciones». [MW] *Hetu*: «impulso», motivo, causa, causa de, razón por la que. *Pratyaya* (q.v.): una causa cooperante. Ref.: capítulo 1 [32]; Sutra del Loto, capítulo 2.

Himālaya (los Himalayas). Representado por *setsuzan*, «montañas nevadas». [MW] «Morada de la nieve», la cadena de montañas del Himalaya. Ref.: capítulo 12; capítulo 69 (volumen 3).

Hinayana (Pequeño Vehículo). Representado por *shojo*, «pequeño vehículo». [MW] «Vehículo más simple o menor», nombre del primer sistema de la doctrina budista (opuesto al Mahayana) [q.v.]. Ref.: capítulo 13 [155].

Hṛdaya (corazón). Representado por *shin*, «corazón», y por *somoku-shin*, «la mente de la hierba y los árboles». [MW] El corazón, alma, mente; el corazón o el interior del cuerpo; el corazón, el centro, el núcleo, la esencia o la parte mejor o más secreta de cualquier cosa. Uno de los tres tipos de mente; los otros son *citta* y *vṛddha* (q.v.). Ref.: capítulo 2; capítulo 70 (volumen 3).

Indriya (órgano de los sentidos). Representado por *kon*, «raíz». [MW] Apropiado para, que pertenece o de acuerdo con Indra; poder, fuerza, la cualidad que pertenece especialmente al poderoso Indra; exhibición de poder; acto de gran alcance; poder físico, poder de los sentidos; facultad de sentir, sentido, órgano de los sentidos; el número cinco como símbolo de los cinco sentidos. Ref.: capítulo 2.

Īśvara («Todopoderoso», un nombre de Śiva). Representado por Jizaiten, «Dios del Libre Albedrío». [MW] Capaz de hacer, apto para; maestro, señor, príncipe, rey, señora, reina; Dios, el Ser Supremo, el alma suprema (*ātman*); Śiva. Ref.: capítulo 10 [19]; Sutra del Loto, capítulo 25.

Itivṛttaka (historias de sucesos pasados). Representado por *honji*, «sucesos pasados». [MW] *Iti*: de esta forma, así (en su significado original, *iti* se refiere a algo que se ha dicho o pensado). *Vṛt*: realizar, producir. Una de las doce divisiones de las enseñanzas. Véase *aṅga*. Ref.: capítulo 11 [40].

Jambudvīpa (el continente del sur). Representado fonéticamente. [MW] El continente central de los siete que rodean la montaña Meru (India; llamado así por los árboles *jambu* que abundan en ella, o por un enorme árbol *jambu* del monte Meru visible desde todo el continente). *Jambu*: manzano rosa. *Dvīpa*: una isla, península, banco de arena; una división del mundo terrestre (ya sea en siete, cuatro, trece o dieciocho partes. Cada parte está situada alrededor de la montaña Meru y separada una de otra por distintos océanos concéntricos circundantes). Ref.: Sutra del Loto, capítulo 20.

Jantu (seres vivos). Representado por *shujo*, «seres vivos», y por *gunsho*, «varios seres». [MW] Hijo, vástago, criatura, ser vivo. Ref.: Sutra del Loto, capítulo 2.

Jātaka (vidas pasadas). Representado por *honsho*, «vidas pasadas». [MW] Engendrado por, nacido bajo; la historia de una vida pasada del Buddha Gautama. Una de las doce divisiones de las enseñanzas. Véase *aṅga*. Ref.: capítulo 11 [40]; Bibliografía.

Jāti-maraṇa (nacimiento y muerte). Representado por *shoji*, «nacimiento y muerte», «vida y muerte», «vivir-y-morir». [MW] *Jāti*: nacimiento, producción; renacimiento; la forma de la existencia (como la humana, la animal, etcétera). *Maraṇa*: el acto de morir. Ref.: capítulo 19 [95]; capítulo 92 (volumen 4); Sutra del Loto, capítulo 16.

Jetavana («El parque de Jetṛi», el nombre de un bosque cerca de Śrāvastī). Representado fonéticamente. [MW] Jeta: en los compuestos para «*Jetṛi*» («Victorioso»), el nombre de un hijo del rey Prasenajit de Kośala. *Vana*: madera, arboleda. Ref.: *Fukanzazengi*.

Jihvā (lengua). Representado por *zetsu*, «lengua». [MW] La lengua. Ref.: capítulo 2.

Jñāna (conocimiento). Representado por *chi*, «sabiduría». [MW] Conocer, familiarizarse con, conocimiento, (especialmente) conocimiento superior (derivado de la meditación sobre un espíritu universal). Ref.: capítulo 21 [192].

Kalpa (eón). Representado fonéticamente. [MW] Un periodo de tiempo enorme (al final de un *kalpa* el mundo es aniquilado). Ref.: Sutra del Loto, capítulo 1.

Kalyāṇamitra (buen amigo, buen consejero). Representado por *zen-chishiki*, «buen conocido». [MW] Un amigo virtuoso; un amigo de buenos deseos; un buen consejero. *Kalyāṇa*: hermoso, agradable; ilustre, noble, generoso; sobresaliente, virtuoso, bueno. *Mitra*: amigo, compañero, socio. Ref.: capítulo 21 [183]; Sutra del Loto, capítulos 12, 18 y 27.

Kāṇa (de un solo ojo). Representado fonéticamente. [MW] Tuerto, de un solo ojo. Ref.: capítulo 15.

Kaniṣka (nombre de un rey). Representado fonéticamente. [*JEBD*] Un gobernante del norte de la India y Asia central. Se dice que fue el tercer rey importante de la dinastía Kuśāṇa, que vivió en la segunda mitad del siglo I o la primera mitad del II. Fundó un país llamado Gandhāra. Convertido por el Maestro Aśvaghoṣa, se convirtió en un gran mecenas del budismo. Ref.: capítulo 15.

Kapilavastu (nombre de una ciudad y un país). [*JEBD*] La capital del país del mismo nombre. El Buddha nació en Lumbinī, en las afueras de la ciudad. Su padre, Śuddhodana, era el rey del país. Ref.: capítulo 15.

Karman (acción, forma de comportamiento). Representado por *go*. [MW] Acto, acción, ejecución, asunto. Ref.: capítulo 1 [20]; capítulo 84 (volumen 4).

Karuṇā (compasión). Representado por *hi*, «tristeza, compasión». [MW] Triste, miserable, que lamenta; compasivo. Ref.: capítulo 12, [64]; Sutra del Loto, capítulo 12.

Karuṇāpuṇḍarīka-sūtra (Sutra de la Flor de la Compasión). Representado por *Higekyo* (Sutra de la Flor de la Compasión). [MW] *Karuṇā*: triste, miserable, que lamenta;

compasivo. *Puṇḍarīka*: una flor de loto (especialmente un loto blanco, expresión de la belleza). Ref.: capítulo 12 [80]; Bibliografía.

Kaṣāya (manto). Representado fonéticamente y por *ejiki*, «color quebrado». [MW] Rojo, rojo pálido, rojo amarillento (como el atuendo de un *bhikṣu* budista); un color rojo amarillento; una ropa o manto pálido o rojo amarillento. Ref.: capítulo 12 [107].

Kauśika. Representado fonéticamente. [MW] En relación con Kuśika [el padre de Viśvāmitra]; nombre de Indra (originalmente, tal vez perteneciente a los Kuśikas [descendientes de Kuśika] o amigo de ellos). Ref.: capítulo 2.

Kāya (cuerpo). Representado por *shin*, «cuerpo». [MW] El cuerpo; el tronco de un árbol, el cuerpo de un laúd (todo excepto las cuerdas). Ref.: capítulo 2.

Kiṃnara (mitad caballo, mitad hombre). Representado fonéticamente. [MW] Un ser mítico con figura humana y cabeza de caballo (o con cuerpo de caballo y cabeza de hombre. En tiempos posteriores se cuentan entre los *gandharvas* o coristas celestiales, y son célebres como músicos). Ref.: Sutra del Loto, capítulo 10.

Kleśa (aflicción, problema). Representado por *bonno*, «aflicción, problema, obstáculo». [MW] Dolor, aflicción, angustia, dolor de una enfermedad, ira, rabia; ocupación mundana, preocupación, problema. Ref.: capítulo 12 [54]; Sutra del Loto, capítulo 1.

Kośala (nombre de un lugar) [*HB*] Nombre de un reino de la antigua India situado al norte del río Ganges que contiene las ciudades de Śrāvastī y Vārāṇasī (actual Benarés). Uno de los dos reinos principales (junto con Magadha [q.v.]) que determinan la escena política en las zonas recorridas por el Buddha en sus viajes.

Koṭi (decenas de millones). Representado por *oku*, «cien millones». [MW] El extremo curvo de un arco o unas garras, el final o la parte superior de cualquier cosa, borde o punto; el número más alto en el antiguo sistema de numeración (es decir, un crore o diez millones). Ref.: Sutra del Loto, capítulo 2.

Krośa (una medida de distancia). Representado fonéticamente. [MW] Un grito, chillido, exclamación, griterío; «el alcance de la voz al llamar o grito», una medida de distancia (equivalente a un cuarto de *yojana*, de acuerdo con otros equivalente a ocho mil *hastas*).

Kṣama (confesión). Representado por *sange*, «*kṣama*-arrepentimiento». [MW] Paciencia, autodominio, indulgencia. Ref.: capítulo 9 [236].

Kṣāṇa (momento, instante, instantáneo). Representado fonéticamente. [MW] Cualquier punto instantáneo del tiempo, instante, abrir y cerrar de ojos, momento. Ref.: capítulo 1 [134]; capítulo 12 [64]; Sutra del Loto, capítulo 12.

Kṣānti (paciencia, tolerancia, autodominio). Representado por *annin*, «resistencia calmada» o «soportar pacientemente». [MW] Esperar pacientemente cualquier cosa; paciencia, tolerancia, resistencia, indulgencia. Una de las seis *pāramitās* (q.v.). Ref.: capítulo 2; Sutra del Loto, capítulo 27.

Kṣatriya (clase dominante). Representado fonéticamente. [MW] Gobernante, dotado de soberanía; un miembro militar o de una orden reinante (que en los últimos tiempos constituyó la segunda casta). Ref.: capítulo 8.

Kṣaya (agotamiento, final). Representado por *jin*, «agotar». [MW] Pérdida, residuo, disminución, merma, destrucción, deterioro, pérdida o desgaste; eliminación; final, terminación; consumación; la destrucción del universo. Ref.: Sutra del Loto, capítulo 1.

Kṣetra (países, tierras, templo). Representado fonéticamente y por *setsudo*, «*kṣetra*-tierra». [MW] Propiedad de la tierra, tierra, suelo; lugar, región, país; una casa;

una ciudad; departamento, esfera de acción; un lugar sagrado o distrito, lugar de peregrinación; una parcela de tierra, porción de espacio. Ref.: capítulo 1 [62].

Kṣudrakāgama (nombre de un sutra). Representado por *Shoagonkyo*, «Pequeños Sutras Āgama». [MW] *Kṣudraka*: pequeño, diminuto. Āgama [q.v.]: una doctrina tradicional o precepto. Ref.: Bibliografía.

Kukkuṭapāda (nombre de una montaña). Representado por *keisoku*, «pie de gallo». [MW] «Pie de Gallo», nombre de una montaña. [*JEBD*] El nombre de una montaña en Magadha, en el centro de la India, donde murió Mahākāśyapa. Hoy en día Kurkeihar, a dieciséis kilómetros al noreste de Gayā. Ref.: capítulo 1 [66]; capítulo 15.

Kulaputra (buenos hijos). Representado por *zen-nanshi*, «buenos hijos». [MW] Un hijo de una familia noble, juventud respetable. *Kulaputrī*: la hija de una buena familia, chica respetable. Ref.: capítulo 12 [80]; Sutra del Loto, capítulo 1.

Kumārajīva (nombre de un traductor). Representado fonéticamente. [MW] La planta *putraṃ-jīva*. Ref.: Sutra del Loto.

Kumbhāṇḍa (nombre de una clase de demonios). Representado fonéticamente. [MW] «Que tiene los testículos con forma de *kumbha*», una clase de demonios. *Kumbha*: tarro, jarra, olla de agua. Ref.: capítulo 12 [80].

Lalitavistara-sūtra (nombre de un sutra). Representado por *Fuyokyo* (Sutra de la Difusión de la Brillante [Naturalidad]). [MW] Nombre de un sutra que da cuenta detallada de los actos ingenuos y naturales de la vida del Buddha. *Lalita*: ingenuo, inocente; hermoso. *Vistara*: difusión, extensión, prolijidad. Ref.: capítulo 12 [98]; Bibliografía.

Loka (mundo). Representado por *kai*, «mundo, esfera». [MW] Espacio abierto, sala, lugar, ámbito, movimiento libre; una zona, región, distrito, país, provincia; el amplio espacio o el mundo (ya sea «el universo» o «cualquier división del mismo»); la tierra o mundo de los seres humanos; los habitantes del mundo, la humanidad, el pueblo, personas; la vida ordinaria, asuntos mundanos. Ref.: capítulo 2.

Madhyamāgama (nombre de un sutra). Representado por *Chuagonkyo*, «Sutra Āgama Medio». [MW] *Madhyama*: medio. Āgama [q.v.]: una doctrina tradicional o precepto. Ref.: capítulo 12 [115].

Madhyamaka (nombre de una escuela). Representado por *chugan-ha*, «la escuela de la visión media» («la Escuela de la Vía Media»). [MW] En relación con la región media; nombre de una escuela budista. [*JEBD*] Una de las dos grandes escuelas Mahayana de la India (junto con la Yogācāra). Las afirmaciones básicas de las doctrina de esta escuela se encuentran en el *Madhyamaka-kārikā*, del Maestro Nāgārjuna. Ref.: capítulo 15.

Madhyamaka-kārikā (nombre de la obra fundamental del maestro Nāgārjuna). [MW] *Madhyamaka*: relativo a la región media. *Kārikā*: concisa declaración en verso de doctrinas (especialmente filosóficas y gramaticales). Ref.: capítulo 15.

Magadha (nombre de un lugar). [*HB*] Un antiguo estado en el centro de la India que se extiende a lo largo del sur de las orillas del Ganges, con su capital en Rājagṛha. Uno de los dos reinos principales (junto con Kośala, q.v.) que determinaban la escena política en el centro de la planicie del Ganges en el siglo VI a. de C. Fue en Magadha donde el Buddha realizó la verdad y giró por primera vez la rueda del Dharma. Ref.: capítulo 20 [125].

Mahāratnakūṭa-sūtra (nombre de un sutra). Representado por *Daihoshakkyo* (Sutra de la Acumulación del Gran Tesoro). [MW] *Ratna*: tesoro. *Kūṭa*: acumulación. Ref.: capítulo 12; capítulo 14; capítulo 84 (volumen 4); Bibliografía.

Mahāsaṃghika («De la Gran Sangha», nombre de una escuela budista). Representado fonéticamente y por *daishubu*, «gran escuela de la *sangha*». Junto con la escuela Theravāda, una de las dos principales escuelas del budismo Hinayana. Ref.: capítulo 7 [165].

Mahāsaṃnipāta-sūtra (nombre de un sutra). Representado por *Daishukyo*, «Sutra de la Gran Colección». [MW] *Saṃnipāta*: caer en o abajo, colapso, reunión, encuentro, conjunción, agregación, combinación, mezcla. Ref.: capítulo 86 (volumen 4); capítulo 88 (volumen 4); Bibliografía.

Mahāsattva (gran ser). Representado fonéticamente. [MW] *Mahāsattva*: una gran criatura, gran animal; que tiene una gran o noble esencia; noble, buena (de personas); nombre del Buddha Gautama como heredero al trono. *Mahā*: gran. *Sattva*: ser. Ref.: capítulo 2; Sutra del Loto, capítulo 1.

Mahayana (Gran Vehículo). Representado por *daijo*, «gran vehículo». [MW] Gran Vehículo. Ref.: capítulo 8 [198]; Sutra del Loto, capítulo 1.

Maheśvara (nombre de Śiva). Representado por Daijizaiten, «Gran Dios del Libre Albedrío». [MW] Un gran arquero; el nombre de Śiva (q.v.). Ref.: capítulo 10 [19]; Sutra del Loto, capítulo 25.

Mahoraga (serpiente). Representado fonéticamente. [MW] Una gran serpiente (para los budistas, una clase de demonios). Ref.: Sutra del Loto, capítulo 10.

Maitreya (benevolencia). Representado fonéticamente y por *zu*, *ji*, «amor, afecto, piedad». [MW] Amable, benevolente; nombre de un *bodhisattva* y futuro *buddha* (el quinto de la época actual). Ref.: capítulo 12 [64]; Sutra del Loto, capítulo 1.

Manas (mente, voluntad). Representado por *i*, «intención». [MW] *Manas*: mente (en el más amplio sentido, tal y como se aplica a todos los poderes mentales), intelecto, inteligencia, comprensión, percepción, sentido, conciencia, voluntad. Ref.: capítulo 2; capítulo 10.

Maṇḍala (círculo). Véase *pañca-maṇḍalaka*.

Mandārava (nombre de un árbol y de sus flores). Representado fonéticamente. [MW] El árbol del coral. Ref.: capítulo 42 (volumen 3); Sutra del Loto, capítulo 16.

Maṇi (joya, gema). Representado fonéticamente. [MW] Joya, gema, perla. Véase también *cintāmaṇi*. Ref.: capítulo 14 [189].

Mañjuśrī (nombre de un *bodhisattva*). Representado fonéticamente. [MW] Nombre de uno de los *bodhisattvas* más célebres entre los budistas del norte. Ref.: capítulo 17 [39]; Sutra del Loto, capítulo 12.

Mantra (mantra). Representado por *shingon*, «verdad-palabra». [MW] «Instrumento del pensamiento», discurso, texto sagrado o discurso, una oración o canción de alabanza; un himno védico o fórmula de sacrificio; una fórmula sagrada dirigida a cualquier deidad particular; un verso místico o fórmula mágica, conjuro, encanto, hechizo. Ref.: capítulo 1 [51].

Māra-pāpīyas (demonios mortales, demonios de la muerte). Representado fonéticamente y por *shima*, «demonios de la muerte». [MW] *Māra*: el mundo de la muerte, asesinato, los habitantes del infierno. *Pāpīyas*: peor, más bajo, más pobre, el más perverso o miserable; (para los budistas) *māraḥ-pāpīyān*, el espíritu maligno, el diablo. Ref.: capítulo 9 [232]; capítulo 70 (volumen 3) [216]; Sutra del Loto, capítulo 3.

Mārga (camino, vía). Representado por *do*, «la Vía». [MW] Buscar, investigar, rastrear, cazar; la pista de un animal salvaje, cualquier pista, carretera, camino, camino hacia o a través de (en compuestos), curso (también del viento y las estrellas); una vía, forma, método, costumbre, uso; la manera correcta, rumbo apropiado. La última de las cuatro nobles verdades. Ref.: capítulo 2; Sutra del Loto, capítulo 7.

Maudgalyāyana (nombre de un discípulo del Buddha). Representado fonéticamente. [MW] Nombre de un discípulo del Buddha Gautama. Ref.: capítulo 12 [98].

Moha (engaño, ignorancia). Representado por *chi* o *guchi*, «necedad». [MW] Pérdida de la conciencia, desconcierto, perplejidad, distracción, amor ciego, engaño, error, locura; (en filosofía) oscuridad o ilusión de la mente; (para los budistas) ignorancia (una de las tres raíces del vicio). Ref.: capítulo 8 [194].

Mudrā (sello, estampa). Representado por *in*, «sello». [MW] Un sello o cualquier otro instrumento utilizado para sellar o estampar, anillo de sellar, sortija de sellar, cualquier anillo; cualquier sello, marca, impresión o estampa; una imagen, signo, emblema, símbolo; nombre de las posiciones particulares o entrelazamientos de los dedos (veinticuatro en total, una práctica común en el culto de la vida religiosa, y que supuestamente poseen un significado oculto y una eficacia mágica). Ref.: capítulo 19 [90]; capítulo 31 (volumen 2); Sutra del Loto, capítulo 2.

Muhūrta (instante, espacio corto de tiempo). Representado fonéticamente. [MW] Un momento, instante, un espacio corto de tiempo; una división particular del tiempo, la trigésima parte de un día, un periodo de cuarenta y ocho minutos. Ref.: capítulo 12 [64].

Muktāhāra. Representado por *yoraku*, «collar-adorno». [MW] Un collar de perlas. Ref.: capítulo 3 [90]; Sutra del Loto, capítulo 10.

Mūla (raíz, fundamental). Representado por *kon*, «raíz». [MW] «Fijado firmemente», una raíz; base, fundamento, causa, origen, inicio, principio.

Mūlasarvāstivāda (nombre de una escuela). Representado por *konpon-setsu-issai-i-bu*, «Escuela original de la proclamación de que todas las cosas existen». [MW] *Mūla* (q.v.): fundamental. Sarvāstivāda (q.v.): la doctrina de que todas las cosas son reales. El prefijo «*mūla*» fue más tarde añadido porque muchas escuelas derivaron de los *sarvāstivādines*. Ref.: capítulo 1.

Nāga (dragón). Representado por *ryu*, «Dragón». [MW] Una serpiente; un demonio-serpiente (que se supone tiene un rostro humano y la parte inferior con forma de serpiente; para los budistas también son representados como hombres comunes). Ref.: Sutra del Loto, capítulo 10.

Nāgārjuna (nombre de un patriarca budista). Representado fonéticamente y por *ryuju*, «árbol dragón». [MW] *Nāga*: serpiente; un demonio serpiente. *Arjuna*: el árbol *Terminalia arjuna*. Ref.: capítulo 12; capítulo 15.

Naraka (infierno). Representado fonéticamente y por *jigoku*, «infierno». [MW] El infierno, lugar de tormento. Ref.: capítulo 12 [87].

Nayuta (unidad numérica, equivalente a cien *ayuta*). Representado fonéticamente. [MW] *Ayuta*: «separado, ilimitado», diez mil, una miríada; en los compuestos, un término de alabanza. Ref.: Sutra del Loto, capítulo 16.

Nidāna (relatos históricos [de causas y condiciones]). Representado por *innen*, «causas y condiciones». [MW] Una correa, cuerda, soga; una causa primera o primaria; forma original o esencia; cualquier causa o motivo; patología. Una de las doce divisiones de las enseñanzas. Véase *aṅga*. Ref.: capítulo 11 [40].

Nirodha (disolución, suspensión). Representado por *metsu*, «muerte, destrucción, aniquilación». [MW] Encierro, confinamiento, encarcelamiento; envolver, cubrir; contención, control, chequeo, represión, destrucción; (para los budistas) supresión o aniquilación del dolor. Nota: en el *Shobogenzo*, la tercera fase del sistema de cuatro fases del Maestro Dogen es la negación de los puntos de vista intelectuales de las dos primeras, es decir, el idealismo y el materialismo. Sobre esta base, *nirodha* puede ser interpretado no como la supresión del dolor, sino más bien como una disolución o liberación de las limitaciones intelectuales del idealismo y el materialismo. Ref.: capítulo 2; Sutra del Loto, capítulo 7.

Nirvāṇa (extinción). Representado fonéticamente y por *jakumetsu*, «muerte, aniquilación, extinción, nirvana». [MW] Extinguido o apagado, apagado (como una lámpara o un incendio), calmado, tranquilizado, domesticado, muerto, fallecido (literalmente, con el fuego de la vida apagado). Ref.: capítulo 1 [45]; Sutra del Loto, capítulo 2.

Niṣīdana (esterilla de sentarse, tela de postraciones). Representado por *zagu*, «bártulo de sentarse». [MW] *Niṣadana*: sentarse. Ref.: capítulo 2 [104].

Nitya (eterno). Representado por *joju*, «constante permanencia», «eterno». [MW] Innato, natural; continuo, perpetuo, eterno; que habita o se involucra constantemente, decidido a, dedicado a, utilizado para; ordinario, común, invariable; siempre, constantemente, con regularidad. Ref.: capítulo 1 [45]; capítulo 14; Sutra del Loto, capítulo 2.

Pāda (frase). Representado por *ku*, «frase». [MW] Un paso, ritmo de paso, zancada; el pie; una parte, porción, división; una parcela de tierra; el pie como una medida de longitud; una parte de un poema, una cuarta parte o línea de una estrofa. Ref.: capítulo 1 [9]; Sutra del Loto, capítulo 10.

Pāṃsu-kūla (montón de polvo, trapos). Representado por *funzo*, «basura barrida». [MW] Un montón de polvo, (especialmente) harapos de un montón de deshechos utilizados por los monjes budistas como ropa. Ref.: capítulo 12 [71].

Pañca dṛṣṭayaḥ (cinco visiones [equivocadas]). Representado por *goken*, «cinco visiones». [MW] *Pañca*: cinco. *Dṛṣṭi*: ver, mirar, contemplar; visión, noción; (para los budistas) una visión equivocada; teoría, doctrina, sistema. Las cinco son *satkāya-dṛṣṭi*, *shinken*: la visión de la personalidad; *antagrāha-dṛṣṭi*, *henken*: extremismo; *mithyā-dṛṣṭi*, *jaken*: ateísmo; *dṛṣṭi-parāmarśa*, *ken ju-ken*: dogmatismo; *śilavrata-parāmarśa*, *kaigonju-ken*: el apego a los preceptos y cumplimientos. Ref.: capítulo 12 [107].

Pañca maṇḍalaka (cinco círculos). Representado por *gorin*, «cinco círculos, cinco ruedas». [MW] *Pañca*: cinco. *Maṇḍala*: circular, redondo, un disco; cualquier cosa redonda; un círculo, globo, balón, anillo, circunferencia, pelota, rueda. Ref.: capítulo 14 [189].

Pañca viṣaya (cinco objetos [de deseo]). Representado por *goyoku*, «cinco deseos». [MW] *Pañca*: cinco. *Viṣaya* (q.v.): objeto. Ref.: capítulo 12 [107].

Pārājika (violación de los preceptos que garantiza la expulsión de la comunidad). Representado fonéticamente. [MW] *Pāra*: distante, lejano, más allá de, extremo, superior. *Aj*: conducir, impulsar, lanzar, echar. *Ka*: sufijo añadido a los nombres para expresar disminución, deterioro o semejanza. Ref.: capítulo 8 [192].

Paramāṇu (átomo). Representado por *mijin*, «partícula». [MW] Una partícula infinitesimal o átomo. Ref.: capítulo 17 [54]; Sutra del Loto, capítulo 16.

Pāramitā (virtud). Representado fonéticamente y por *do*, que significa «cruzar» o «atravesar». [MW] Ir a la orilla opuesta; cruzado, atravesado, trascendente, que viene o se dirige a la orilla opuesta, realización completa, perfección en (compuestos); virtud trascendente, realización (hay seis o diez, a saber, *dāna*, *śīla*, *kṣānti*, *vīrya*, *dhyāna*, *prajñā*, a las que se añaden a veces *satya*, *adhiṣṭhāna*, *maitra* y *upekśā*). Ref.: capítulo 2; Sutra del Loto, capítulo 27.

Pariṇāma (dedicatoria). Representado por *eko*, «giro», «[virtud]-transferencia», «dedicatoria». [MW] Cambio, alteración, transformación en, desarrollo, evolución; madurez; alteración de los alimentos, digestión; resultado, consecuencia, cuestión, final. Ref.: capítulo 21 [209].

Parinirvāṇa (extinción completa). Representado fonéticamente. [MW] Completamente extinguido o terminado. Ref.: capítulo 24 (volumen 2).

Parivāra (seguidores). Representado por *kenzoku*, «familiares». [MW] Circundantes, séquito, comitiva, dependientes, seguidores. Ref.: capítulo 72 (volumen 3); Sutra del Loto, capítulo 1.

Parṣad (seguidores). Representado por *kenzoku*, «familiares». [MW] Asamblea, audiencia, empresa. Ref.: capítulo 72 (volumen 3); Sutra del Loto, capítulo 1.

Pātra (bol). Representado por *hatsu-u*, *pātra*-bol. [MW] Un recipiente para beber, copa, cuenco, taza, plato, vasija, platillo, utensilio, etcétera; cualquier recipiente o receptáculo. Ref.: capítulo 5 [122]; capítulo 78 (volumen 4).

Piṇḍavana (monasterio). Representado por *sorin*, «sotobosque» o «matorral del bosque». [MW] *Piṇḍa*: masa redonda o redondeada. *Vana*: bosque, madera, alameda, matorral, cantidad de lotos y otras plantas que crecen en una zona espesa. Ref.: capítulo 1 [65]; capítulo 5 [122].

Piśāca (nombre de una clase de demonios). Representado fonéticamente. [MW] Nombre de una clase de los demonios (posiblemente llamados así por su afición a la carne [*piśa* de *piśita*] o por su aspecto amarillento). *Piśita*: carne que no ha sido cortada o preparada, cualquier carne. Ref.: capítulo 12 [80].

Prabhūtaratna (nombre de un *buddha*). Representado por Taho, «Abundantes Tesoros». [MW] Nombre de un *buddha*. *Prabhūta*: abundantes, numerosos, mucho. *Ratna*: un regalo, presente, bienes, riqueza, riquezas; una joya, gema, tesoro. Ref.: capítulo 12 [95]; Sutra del Loto, capítulo 11.

Prajñā (verdadera sabiduría). Representado fonéticamente y por *chiken*, «conocimiento», o *e*, «sabiduría». [MW] Sabiduría, inteligencia, conocimiento, discriminación, juicio; (para los budistas) verdad o sabiduría trascendental. Una de las seis *pāramitās* (q.v.). Ref.: capítulo 2; Sutra del Loto, capítulos 2 y 27.

Prasenajit (nombre de un rey). Representado fonéticamente. [*HB*] El rey de Kośala que residía en Śrāvastī (q.v.) y se convirtió en un seguidor laico del Buddha y promotor de la orden budista. Ref.: *Fukanzazengi*; capítulo 59 (volumen 3).

Pratītyasamutpāda (origen dependiente). Representado por *engi*, «derivado de las condiciones, origen, creación», y por *innen*, «causas y condiciones». [MW]. *Pratīti*: ir hacia, acercarse; lo siguiente a cualquier cosa (como resultado necesario), ser claro o inteligible por sí mismo. *Samutpāda*: nacimiento, origen, producción. Ref.: capítulo 1 [32]; Sutra del Loto, capítulo 7.

Pratyaya (causa cooperante). Representado por *en*, «relación, conexión, circunstancia, condición». [MW] Creencia, fuerte convicción, confianza, fe, seguridad de certeza; prueba, determinación; (para los budistas) noción fundamental o idea; conciencia, comprensión, inteligencia, intelecto; análisis, solución, explicación, definición; base, fundamento, motivo o causa de cualquier cosa; (para los budistas) una causa cooperante; el acontecimiento concurrente de un suceso a diferencia de su causa próxima.

Pratyekabuddha (budista sensorial). Representado fonéticamente y por *doku-kaku*, «realización independiente», y *engaku*, «realizador de las condiciones». [MAC] Buddha solitario que trabaja solamente para la salvación individual. Ref.: Sutra del Loto, capítulo 2.

Preta (fantasma hambriento). Representado por *gaki*, «fantasma hambriento». [MW] Que ha partido, fallecido, muerto, una persona muerta; el espíritu de una persona muerta (especialmente antes de que los rituales de obsequios se lleven a cabo), un fantasma, un ser maligno. Ref.: capítulo 12, [80].

Pṛthagjana (persona común). Representado por *bonbu*, «persona común». [MW] Una persona de casta inferior, carácter o profesión. Ref.: capítulo 19.

Puṇya-kṣetra (campo de la virtud). Representado por *fukuden*, «campo de la buena fortuna», «campo de la felicidad». [MW] Un lugar sagrado, un lugar de peregrinación; un nombre para Buddha. *Puṇya*: auspicioso, propicio, justo, agradable, bueno, correcto, virtuoso, meritorio, santo, puro, sagrado; lo bueno o correcto, virtud, pureza, buena obra, acto meritorio, mérito moral o religioso. *Kṣetra* (q.v.): lugar, esfera de acción; parcela de tierra. Ref.: capítulo 12 [120]; capítulo 13; capítulo 84 (volumen 4) [37].

Puruṣa (ser humano). Representado por *nin*, «persona, ser humano», y por *jobu*, «buen individuo». [MW] Un hombre, masculino, ser humano; una persona; un amigo; el principio personal y de animación en los seres humanos y otros seres, el alma o espíritu. Ref.: capítulo 8 [169].

Rāgarāja (Rey del Amor). Representado por Aizenmyoo, «Rey con el Matiz del Amor». [MW] *Rāga*: el acto de colorear o teñir; color, tono, matiz, tinte, (especialmente) color rojo, enrojecimiento; inflamación; cualquier sentimiento o pasión, (especialmente) amor, afecto o simpatía por algo, deseo vehemente de algo. *Rāja*: rey. Ref.: capítulo 11 [29].

Rāhula (nombre de un hijo y discípulo del Buddha). Representado fonéticamente. Ref.: capítulo 7 [163].

Rājagṛha (nombre de una ciudad). Representado por Oshajo, «Ciudad de los Palacios Reales». [*HB*] Capital del antiguo reino indio de Magadha, donde el Buddha realizó la verdad por primera vez, y el lugar del Primer Consejo tras la muerte del Buddha. Ref.: Sutra del Loto, capítulo 1.

Rasa (gusto, sabor). Representado por *mi*, «gusto». [MW] La savia o jugo de las plantas, el jugo de frutas, cualquier líquido o fluido, la parte mejor o más pura de cualquier cosa; gusto, sabor (como la cualidad principal de los líquidos, de la cual hay seis clases originales); cualquier objeto de gusto, condimento, salsa, especia, aderezo; la lengua (como órgano del gusto); el gusto, la afición o la inclinación por algo; el sabor o el carácter de una obra. Ref.: capítulo 2.

Ratnagarbha (nombre de un *buddha*). Representado por Hozo, «Tesoro de Joyas». [MW] Lleno de piedras preciosas, que contiene joyas, enjoyado; nombre de un *bodhisattva*. *Ratna*: una joya, gema, tesoro. *Garbha*: el útero; el interior, medio, interior de algo; un apartamento interior, alcoba; cualquier cámara interior, *adytum* o santuario de un templo. Ref.: capítulo 12 [80].

Ṛddhipāda (base del poder místico, discípulo excelente). Representado por *jin-soku*, «pie místico». [MW] Uno de los cuatro elementos constitutivos del poder sobrenatural. *Ṛddhi*: éxito; realización, perfección, poder sobrenatural. *Pāda* (q.v.): pie. Ref.: capítulo 8 [178]; capítulo 20 [163].

Ṛṣi (ermitaño, sabio). Representado por *sen*, «ermitaño, mago». [MW] Un cantor de himnos sagrados, un inspirado poeta o sabio, cualquier persona que solo, o con otros, invoca a los dioses en un discurso rítmico o canción de carácter sagrado; fueron considerados por generaciones posteriores sabios o santos patriarcales, ocupando la misma posición en la historia de la India que los héroes y los patriarcas de otros países, y constituyen una peculiar clase de seres en el antiguo sistema mítico: son los autores, o más bien profetas, de los himnos védicos. Ref.: capítulo 14; capítulo 15.

Rūpa (materia, forma). Representado por *shiki*, «color, forma». [MW] Cualquier aspecto exterior, fenómeno o color, forma, contorno, silueta; (para los budistas) forma material. Uno de los cinco *skandhas* (q.v.). Ref.: capítulo 2.

Śabda (sonido). Representado por *sho*, «sonido, voz». [MW] Sonido, ruido, voz, tono, nota; una palabra; discurso, lenguaje; la palabra correcta, expresión correcta. Ref.: capítulo 2.

Saddharma (maravilloso Dharma, Dharma correcto). Representado por *myoho*, «maravilloso/hermoso Dharma», y por *shobo*, «Dharma correcto/verdadero». [MW] La buena ley, justicia verdadera; (para los budistas) la designación de las doctrinas budistas. *Sat*: ser, existir; real, actual, como alguien o algo debería ser, verdadero, bueno, correcto, hermoso, sabio, venerable, honesto. Ref.: capítulo 1[11]; capítulo 17; Sutra del Loto, capítulo 1.

Saddharma-pratirūpaka ([la edad de] la imitación del Dharma correcto). Representado por *zobo*, «Dharma imitativo». [MW] *Saddharma*: Dharma correcto (q.v.). *Pratirūpaka*: una imagen, un cuadro; falsificación; similar, correspondiente, que tiene la apariencia de cualquier cosa; una persona falsa, un charlatán. Ref.: capítulo 1; Sutra del Loto, capítulo 20.

Saddharmapuṇḍarīka-sūtra (Sutra de la Flor de Loto del Maravilloso Dharma). Representado por *Myohorengekyo*, «Sutra de la Flor de Loto del Maravilloso Dharma». [MW] *Saddharma*: maravilloso Dharma (q.v.). *Puṇḍarīka*: una flor de loto (especialmente una flor de loto blanco, expresión de la belleza). Ref.: capítulo 17; Sutra del Loto, capítulo 1; Bibliografía.

Saddharma-vipralopa ([la edad] de la aniquilación del Dharma correcto). Representado por *mappo*, «el fin del Dharma», «el último Dharma». [MW] *Saddharma*: Dharma correcto (q.v.). *Vipralopa*: destrucción, aniquilación. Ref.: capítulo 1.

Sādhu (bueno). Representado por *zenzai*, «¡qué bueno!». [MW] Recto, correcto, que conduce directamente a una meta, que llega a la marca, infalible (como una flecha o un rayo); enderezado, no curvado; bien dispuesto, amable, voluntarioso, obediente; exitoso, eficaz, eficiente; pacífico, seguro; potente, excelente; en forma, adecuado, correcto; bueno, virtuoso. Ref.: capítulo 12 [80]; Sutra del Loto, capítulo 28.

Sāgara (océano). Representado fonéticamente. [MW] El océano; (plural) los hijos de Sāgara (una leyenda afirma que el lecho del océano fue excavado por los hijos de Sāgara [que era un rey de la dinastía solar]). Ref.: Sutra del Loto, capítulo 12.

Sahālokadhātu (el mundo humano). Representado por *shaba-sekai*, «mundo *sahā*». [MW] *Sahā*: (para los budistas) el nombre de una división del mundo. *Loka*: mundo. *Dhātu*: capa, estrato; parte. Ref.: capítulo 4; Sutra del Loto, capítulo 12.

Śakra-devānām-indra (el dios Indra). Representado fonéticamente y por Tentai-shaku, «el dios-emperador Śakra». [MW] *Śakra*: fuerte, poderoso, grande, (aplicado a los diversos dioses, pero especialmente a Indra). *Deva*: celestial, divino; un dios, dios; los dioses como los celestiales o los dioses brillantes; el nombre de Indra como el dios del cielo y dador de la lluvia. Indra: el dios de la atmósfera y el cielo; el indio Júpiter Pluvius o señor de lluvia (que en la mitología védica reina sobre la deidad de la región intermedia o atmósfera; lucha y conquista con su rayo [*vajra*] a los demonios de las tinieblas y es, en general, un símbolo de heroísmo generoso; Indra no era originalmente el señor de los dioses del cielo, pero sus hazañas fueron muy útiles para la humanidad y, por ello, era solicitado en las oraciones y los himnos más que cualquier otra deidad; en la mitología posterior, Indra está subordinado a la tríada Brahmā, Visnú y Śiva, pero continuó siendo el principal de entre el resto de los dioses en la mente de la gente común). Ref.: capítulo 2; Sutra del Loto, capítulo 1.

Sakṛdāgāmin (el estado de regresar solo una vez más). Representado fonéticamente y por *ichi-rai-ka*, «el efecto [que está sujeto a] un regreso». [MW] «Regresar solo una vez más». Ref.: capítulo 2.

Śākyamuni (el nombre del Buddha). Representado fonéticamente o por Shakuson, «Honorable Śakya». [MW] Śakya: el nombre de la familia del Buddha. *Muni*: un santo, sabio, vidente, asceta, monje, devoto, ermitaño (especialmente uno que ha hecho voto de silencio). Ref.: Sutra del Loto, capítulo 1.

Samādhi (el estado de equilibrio, el estado). Representado fonéticamente o por *jo*, «definido, fijo, constante, regular». [MW] Establecimiento de lo correcto, ajuste, arreglo. Ref.: capítulo 1 [11]; Sutra del Loto, capítulos 2 y 24.

Samantabhadra (nombre de un *bodhisattva*). Representado por Fugen, «Sabiduría Universal» o «Virtud Universal». [MW] Totalmente auspicioso; el nombre de un *bodhisattva*. Ref.: capítulo 17 [39]; Sutra del Loto, capítulo 28.

Samantamukha (puerta universal, toda la parcialidad). Representado por *fumon*, «puerta universal» o «toda la parcialidad». [MW] *Samanta*: «con los extremos juntos», contiguo, vecino, adyacente; «estar en todos los lados», universal, completo, entero, todo. *Mukha*: la boca, cara, rostro; una dirección, zona; la boca o el tubo de salida de un recipiente, apertura, abertura, entrada o salida de algo. Ref.: capítulo 17 [54]; Sutra del Loto, capítulo 25.

Śamatha (quietud). Representado por *shi*, «aquietar, calmar». [MW] Quietud, tranquilidad, ausencia de pasión. Nota: *shikan*, «quietud y reflexión», que representa respectivamente *śamatha* y *vipaśyanā* (q.v.) en sánscrito, es una práctica fundamental de la secta Tendai. Ref.: capítulo 1 [51].

Saṃgha (*sangha*, la comunidad). Representado por *so*, «monjes», y *shu*, «multitud». [MW] «Contacto cercano o combinación», cualquier colección o conjunto, montón, gentío, cantidad, multitud, hueste, número; cualquier número de personas que viven juntas para un fin determinado, una sociedad, asociación, empresa, comunidad; una comunidad clerical, congregación, iglesia; (especialmente) toda la comunidad, entidad colectiva o hermandad de los monjes. Ref.: capítulo 2 [74]; Sutra del Loto, capítulo 26.

Saṃghārāma (templo). Representado fonéticamente y por *in*, «templo». [MW] «Lugar de reposo para una congregación (de monjes)», un convento o monasterio budista. Ref.: capítulo 21 [209]; capítulo 84 (volumen 4).

Saṃghāṭi (gran manto). Representado fonéticamente y por *dai-e*, «gran manto». [MW] Un tipo de prenda de vestir, un manto de un monje. *Saṃghāṭa*: montaje y unión de la madera, carpintería. Ref.: capítulo 12 [80], [95].

Saṃjña (pensamiento). Representado por *so*, «idea, pensamiento.» [MW] Acuerdo, comprensión mutua, armonía; conciencia, conocimiento o comprensión clara o una noción o concepción. Uno de los cinco *skandhas* (q.v.). Ref.: capítulo 2.

Saṃsāra (vagar). Representado por *ruten*, «vagar, cambio constante»; por *rinden*, «giro de la rueda», «giratorio», o por *rinne*, «transmigración». [MW] Ir o vagar por, sometido a la transmigración; curso, paso, paso por una sucesión de estados, ciclo de la existencia mundana, transmigración, el mundo, la vida secular, ilusión mundana. Ref.: capítulo 6 [125]; capítulo 8 [198]; capítulo 17 [54].

Saṃskāra (volición, «enacción»). Representado por *gyo*, «hacer, actuar, llevar a cabo». [MW] Juntar, formar bien, hacer perfectamente, realización, adorno, preparación, refinamiento, pulido, erigir; limpieza del cuerpo; formación de la mente, entrenamiento, educación; corrección, la correcta formación o el uso de una palabra; la facultad de la memoria, impresión mental o recuerdo; (para los budistas) una conformación mental o creación de la mente. Sin embargo, *saṃskāra* no siempre tiene que limitarse a la esfera mental. *Saṃskāra* es el segundo eslabón de la cadena de las doce veces de la causalidad, y uno de los cinco *skandhas* (q.v.). Ref.: capítulo 2; Sutra del Loto, capítulo 7.

Saṃskṛta (junto, artificial). Representado por *u-i*, «presencia del devenir», «hecho», «artificial» (lo contrario de *mu-i*; véase *asaṃskṛta*). [MW] Junto, construido, bien o completamente formado, perfeccionado; preparado, completo, terminado; vestido, cocinado; purificado, consagrado; refinado, adornado, ornamentado, pulido, muy elaborado (especialmente aplicado a un discurso muy trabajado). Ref.: capítulo 1 [62]; capítulo 19 [118].

Samudaya (acumulación). Representado por *shu*, «recolección, acumulación». La segunda de las cuatro nobles verdades. Ref.: capítulo 1; Sutra del Loto, capítulo 7.

Saṃyuktāgama (nombre de un sutra). Representado por *Zoagonkyo*, «Colección de Sutras Āgama». [MW] *Sam*: conjunción que expresa «unión». *Saṃyukta*: juntado, unido, conectado, combinado, siguiendo una sucesión. Āgama [q.v.]: una doctrina tradicional o precepto. Ref.: capítulo 85 (volumen 4); Bibliografía.

Śāṇavāsa (nombre del tercer patriarca). Representado fonéticamente. [MW] *Śāṇa*: hecho de cáñamo o lino de Bengala, cáñamo, lino, etcétera. *Vāsa*: una prenda de vestir, vestido, ropa. Ref.: capítulo 12 [74]; capítulo 15.

Śāriputra (nombre de un discípulo del Buddha). Representado fonéticamente. [MW] Śāri: de Rūpaśārī, el nombre de la madre de Śāriputra. *Putra*: hijo, niño. Ref.: capítulo 2; Sutra del Loto, capítulo 2.

Śarīra (huesos). Representado fonéticamente. [MW] El cuerpo, estructura corporal, las partes sólidas del cuerpo (huesos); un cuerpo muerto. Ref.: capítulo 71 (volumen 3); Sutra del Loto, capítulo 10.

Sarvāstivāda (la doctrina de que todo es real). Representado por *setsu-issasi-u-bu*, «la escuela que predica que todas las cosas existen». [MW] *Sarva*: todo. *Asti*: existente, presente. *Vāda*: hablar de o sobre algo; habla, discurso, dicho, pronunciación, declaración; una tesis, propuesta, argumento, doctrina. Sarvāstivāda: la doctrina de que todas las cosas son reales (nombre de una de las cuatro divisiones del sistema Vaibhāṣika del budismo, la cual se dice que fue fundada por Rāhula, hijo del gran Buddha). *Sarvāstivādin*: un adepto de la doctrina explicada. Ref.: capítulo 1 [45]; capítulo 87 (volumen 4) [171].

Sāsrava (tener aquello que es superfluo, manchado). Representado por *uro*, «con fugas». [MW] (Para los jainistas) relacionado con el acto llamado *āsrava* (q.v.). Ref.: capítulo 21 [192].

Śāstra (comentario). Representado por *ron*, «doctrina, discusión, disputa». [MW] Una orden, mando, precepto, regla; enseñanza, instrucción, dirección, asesoramiento, buen consejo; cualquier instrumento de enseñanza, cualquier escrito o compendio de normas, cualquier libro o tratado.

Satya (verdad). Representado por *tai*, «claridad, iluminación, verdad», como en *shitai*, «las cuatro [nobles] verdades». [MW] Verdad, realidad; decir la verdad, sinceridad, veracidad; una solemne aseveración, promesa, voto, juramento; conclusión demostrada, dogma; la cualidad de la bondad, la pureza o el conocimiento. Ref.: capítulo 2.

Senika (nombre de una persona). Representado fonéticamente. Un no budista que cuestiona al Buddha en el Sutra de la Guirnalda. Ref.: capítulo 1 [45]; capítulo 6.

Śikṣā (formación, aprendizaje). Véase *tisraḥ śikṣāḥ*.

Śīla (conducta moral). Representado por *jokai*, «puro [cumplimiento de los preceptos]». [MW] Hábito, costumbre, uso, forma natural o adquirida de vivir o de actuar, práctica, conducta, disposición, tendencia, carácter, naturaleza; buena disposición o carácter, conducta moral, integridad, moralidad, piedad, virtud; un precepto moral. Una de las seis *pāramitās* (q.v.). Ref.: capítulo 2; Sutra del Loto, capítulo 27.

Sīmā-bandha (santuario). Representado por *kekkai*, «zona delimitada». [MW] Un depositario de reglas de moralidad. Ref.: capítulo 8 [198].

Śiva (nombre de la deidad de la destrucción de la tríada hindú). Representado por Jizaiten, «Dios del Libre Albedrío». [MW] «El Auspicioso». Nombre de la deidad de la desintegración o destrucción y la reproducción (que constituye el tercer dios de la tríada hindú; los otros dos son Brahmā «el creador» y Viṣṇu «el preservador»); en los Vedas el único nombre para la deidad de la destrucción era Rudra, «el dios terrible», pero en tiempos posteriores se convirtió en habitual darle a ese dios el eufemístico nombre de Śiva, «el auspicioso». Ref.: capítulo 10 [19]; Sutra del Loto, capítulo 25.

Skandha (agregado). Representado por *un*, «acumulaciones», o por *shu*, «multitudes». [MW] El hombro; el tallo o tronco de un árbol; una rama grande o tallo; una tropa, multitud, cantidad, agregado; una parte, división; (para los budistas) los cinco elementos constituyentes del ser (es decir, *rūpa*, *vedanā*, *saṃjña*, *saṃskāra* y *vijñāna* [q.v.]). Ref.: capítulo 2.

Smṛti (atención plena). Representado por *nen*, «idea, sentimiento, deseo, atención». [MW] Recuerdo, reminiscencia, pensar en o sobre algo, que viene a la mente, memoria; todo el cuerpo de la tradición sagrada o lo que es recordado por los profesores; todo el cuerpo de los códigos de la ley tal y como son dictados por la memoria o por la tradición; deseo, ruego. Ref.: capítulo 2 [74]; capítulo 73 (volumen 4); Sutra del Loto, capítulo 1; capítulo 10; capítulo 16; capítulo 27.

Sparśa (tacto, tangibilidad, sensación). Representado por *soku*, «tacto». [MW] Toque, tacto, sentido del tacto, contacto; la calidad de la tangibilidad (lo que constituye la piel del *viṣaya*, q.v.), cualquier cualidad que se percibe al tocar un objeto (por ejemplo, calor, frío, suavidad, etcétera); percepción, sensación. Ref.: capítulo 2.

Śramaṇa (luchador, monje). Representado fonéticamente. [MW] Esfuerzo o esfuerzo excesivo, trabajar duro, hacer labores; uno que realiza actos de mortificación o austeridad, un asceta, monje, devoto, mendigo religioso; un monje budista o mendigo (también se aplica al propio Buddha). Ref.: capítulo 1 [68].

Śrāmaṇera (novicio). Representado fonéticamente. [MW] (Para los budistas) un alumno o discípulo admitido en el primer grado de monje, un novicio. Ref.: capítulo 7 [163]; Sutra del Loto, capítulo 7.

Śrāvaka (budista intelectual). Representado por *shomon*, «escuchador de voces». [MW] Oír, escuchar; audible desde lejos; un discípulo, alumno; un discípulo del Buddha (los discípulos de la escuela Hinayana a veces se llaman así en contraposición a los de la escuela Mahayana; propiamente dicho solo los que oyeron la ley del Buddha de sus propios labios tienen el nombre de *śrāvaka*). Ref.: capítulo 1 [11]; Sutra del Loto, capítulo 2.

Śrāvastī (nombre de una ciudad). [*JEBD*] La capital de Kośala, a veces tratada como un país independiente. Es el Sāhetmātet actual, en Gonda, India. Ref.: capítulo 15.

Śrīmalā (nombre de un distrito, de una reina y de un sutra dirigido a la reina). Representado fonéticamente. [MW] Nombre de un distrito y la ciudad situada en él. *Śrīmālādevīsiṃhanāda-sūtra*: nombre de un sutra budista, el Sutra del Rugido del León de la Reina Śrīmalā. [*JEBD*] Śrīmalā: la hija del rey Prasenajit de Kośala (q.v.). Se casó con el rey de Ayodhyā y participó activamente en la propagación del budismo en ese reino. Ref.: capítulo 12 [100].

Srotāpanna (el que entra en la corriente). Representado fonéticamente y por *yoru-ka*, «el efecto que es haber sido recibido de antemano por la corriente». [MW] Aquel que ha entrado en el río (que conduce al nirvana). Ref.: capítulo 2.

Śrotra (oído, escucha). Representado por *ni*, «oreja». [MW] El órgano de la audición, el oído, oreja; el acto de oír o escuchar; conocimiento de los Vedas o el conocimiento sagrado en sí mismo. Ref.: capítulo 2.

Sthavira (anciano). Representado por *joza*, «asiento principal», y por *choro*, «veterano». [MW] Antiguo, viejo, venerable; un hombre viejo; un «anciano» (nombre del más antiguo y venerable de los *bhikṣus*). Ref.: capítulo 16 [15]; capítulo 84 (volumen 4).

Stūpa (estupa, torre). Representado fonéticamente y por *to*, «torre». [MW] Un moño o mechón del cabello, la parte superior de la cabeza, cresta, cumbre, cima; un montón o pila de tierra o ladrillos, etcétera, (especialmente) un monumento budista, dagoba (generalmente de forma piramidal o de domo y erigida sobre reliquias sagradas del gran Buddha o en lugares consagrados como las escenas de sus actos); cualquier reliquia o santuario; cualquier montón, pila, montículo. Nota: el Triple Sutra del Loto destaca que desde el capítulo «Hosshi» («Un profesor del Dharma») en adelante, el Sutra del Loto hace hincapié en la erección de *caityas* (pagodas para los sutras) como opuestas a las estupas (pagodas para las reliquias). El Maestro Dogen explica la distinción en capítulo 87 (volumen 4). Pero el MW no discrimina entre estupas y *caityas*. Ref.: capítulo 71 (volumen 3); capítulo 87 (volumen 4) [160]; Sutra del Loto, capítulo 10.

Styāna (pereza). Representado fonéticamente y por *kon*, «oscuridad, estupefacción», y por *konjin*, «depresión». [MW] Denso, coagulado; rígido, vuelto rígido; suave, blando; voluminoso, espeso, grueso; densidad, espesor, grosor; ociosidad, pereza, apatía. Ref.: *Fukanzazengi*.

Sudatta (nombre de una persona). [*HB*] Un comerciante de oro y banquero rico de Śrāvastī que se convirtió en un seguidor laico del Buddha y compró el parque Jetavana para que este y su *sangha* pudieran pasar el retiro de las lluvias cerca de Śrāvastī. Ref.: *Fukanzazengi*.

Śūdra (sirviente). Representado fonéticamente. [MW] Una persona de la cuarta o más baja de las cuatro clases o castas originales (cuyo único propósito era servir a las tres clases superiores). Ref.: capítulo 8; capítulo 82 (volumen 4).

Śukra (nombre de una monja). Representado por Senbyaku, «Pura-Resplandeciente». [MW] Luminoso, resplandeciente; claro, puro; de color claro, blanco; puro, sin mancha. Ref.: capítulo 12 [74].

Sumeru (también Meru, nombre de una montaña). Representado fonéticamente. [MW] Nombre de una montaña (considerada el Olimpo de la mitología hindú y de la que se dice que forma el punto central de Jambudvīpa [q.v.]; todos los planetas giran a su alrededor y se compara con el pericarpio o copa de un loto, cuyas hojas están formadas por los diferentes *dvīpas*). Ref.: capítulo 14 [183]; Sutra del Loto, capítulo 7.

Śūnyatā (vacuidad, vacío). Representado por *ku*, «vacío», «el cielo», «vacuidad». [MW] Vacío, soledad, desolación; ausencia de la mente, distracción; ausencia (de mirada); ausencia o falta de; nada, inexistencia, no realidad, la naturaleza ilusoria de todos los fenómenos del mundo. Nota: el último conjunto de definiciones refleja el pensamiento idealista. El significado filosófico de *śūnyatā* que surge en el *Shobogenzo* es la vacuidad; estado puro, desnudo, crudo, o transparente, es decir, el estado en el que la realidad es justamente tal y como es. Al mismo tiempo, *ku* a menudo puede ser interpretado como el vacío concreto. Ref.: capítulo 1 [45]; capítulo 2; capítulo 43 (volumen 3); Sutra del Loto, capítulo 15.

Śūraṃgamasamādhinirdeśa (nombre de un sutra). Representado fonéticamente. [MW] *Śūraṃgama*: un *samādhi* particular; el nombre de un *bodhisattva*. Ref.: capítulo 43 (volumen 3); capítulo 74 (volumen 4); Bibliografía.

Sūtra (textos originales, los sutras). Representado por *kyo*, «sutras», o por *kyogan*, «sutras o volúmenes del Sutra». [MW] Un hilo, hilado, cuerda, cordón, cable, alambre; aquello que, como un hilo, va a través de algo o mantiene algo unido, regla, dirección; una frase corta o regla aforística y cualquier trabajo o escrito que consista en grupos de esas reglas para mantenerlas unidas como hilos (estos sutras sirven como manuales en la enseñanza de los rituales, la filosofía, la gramática, etcétera; para los budistas, el término «sutra» se aplica a textos originales como opuestos a los textos explicativos). Una de las «tres cestas», o Tripiṭaka (q.v.), y una de las doce divisiones de las enseñanzas. Véase *aṅga*.

Suvarṇaprabhāsottamarāja-sūtra (Sutra de la Luz Dorada del Rey Supremo). Representado por *Konkomyosaisho-o-kyo*, (Sutra Rey Supremo de la Luz Dorada). [MW] *Suvarṇa*: de un buen color o hermoso, de color luminoso, con brillo, dorado, amarillo, oro, hecho de oro. *Prabhāsa*: «esplendor», «belleza», nombre de un *vasu* (uno que es excelente, bueno, benéfico). *Uttama*: el más elevado, el más alto, jefe; sublime; mejor. *Rāja*: rey. Ref.: capítulo 21 [216]; Bibliografía.

Svāgata (buena llegada, bienvenido). Representado por *zenrai*, «buena llegada, bienvenido». [MW] Buena llegada; bienvenido; saludo, felicitación. Ref.: capítulo 12 [74].

Tāla (hoja de palma). Representado fonéticamente. [MW] El árbol de Palmira o palmito (*Borassus flabelliformis*), el cual produce una especie de aguardiente; considerado una medida de altura. Ref.: Sutra del Loto, capítulo 27.

Tathāgata («el que ha llegado al estado de la realidad», epíteto del Buddha). Representado por *nyorai*, «así venido» o «llegado a la realidad». [MW] Estar en un estado o condición de tal calidad o naturaleza; el que va y viene de la misma manera (que los *buddhas* que le precedieron). *Tathā*: de esta manera, así, por tanto. *Gata*: llegado. Ref.: capítulo 1 [11]; Sutra del Loto, capítulo 1.

Tathatā (realidad). Representado por *nyo*, «realidad». [MW] Verdadero estado de las cosas, verdadera naturaleza. Aparece, por ejemplo, en el compuesto *ichi-nyo*, «la unicidad de la realidad». Ref.: capítulo 1 [11].

Tisraḥ śikṣāḥ (tres tipos de formación, tres clases de aprendizaje). Representado por *sangaku*, «tres clases de aprendizaje». [MW] *Tisraḥ*: tres. *Śikṣā*: deseo de poder efectuar algo, deseo de realizar; aprendizaje, estudio, conocimiento, arte, habilidad en algo; enseñanza, formación (para los budistas, las tres clases son *adhicitta-śikṣā*, la formación en el pensamiento superior; *adhiśīla-śikṣa*, la formación en la moral más alta, y *adhiprajñā-śikṣā*, la formación en la sabiduría superior). Sin embargo, en Japón las tres son interpretadas tradicionalmente como *ritsu*, *jo*, *e*, «preceptos, estado de equilibrio, sabiduría», es decir, *śīla*, *samādhi* y *prajñā*. Ref.: capítulo 1 [37].

Tisro vidyāh (tres tipos de conocimiento). Representado por *sanmyo*, «tres tipos de claridad». [MW] *Tisro*: tres. *Vidyāh*: conocimiento, ciencia, aprendizaje, erudición, filosofía. Ref.: capítulo 12 [90].

Tripiṭaka (tres cestas). Representado por *sanzo*, «tres almacenes». [MW] Las tres cestas o colecciones de escritos sagrados (Sutra-*piṭaka*, el Vinaya-*piṭaka* y Abhidharma-*piṭaka* [q.v.]). Ref.: capítulo 2 [136].

Tuṣita (nombre de un mundo celestial). Representado fonéticamente. [MW] Una clase de seres celestiales. Ref.: capítulo 4 [117].

Udāna (enseñanza espontánea). Representado por *jisetsu*, «enseñanza espontánea». [MW] Respiración hacia arriba; uno de los cinco aires vitales del cuerpo humano (el que está en la garganta y se eleva hacia arriba); un tipo de serpiente; alegría, alegría del corazón (para los budistas). Una de las doce divisiones de las enseñanzas. Véase *aṅga*. Ref.: capítulo 11 [40].

Uḍumbara. Representado fonéticamente. [MW] El árbol *Ficus glomerata*; el fruto del árbol. Ref.: capítulo 68 (volumen 3); Sutra del Loto, capítulo 2.

Upadeśa (discurso teórico). Representado por *rongi*, «debate, discusión». [MW] Señalar a, referencia a; especificación, instrucción, enseñanza, información, consejo, prescripción; nombre de una clase de escritos (literatura budista). Una de las doce divisiones de las enseñanzas. Véase *aṅga*. Ref.: capítulo 11 [40].

Upādhyāya (maestro). Representado por *osho*, «maestro». [MW] Un profesor, preceptor. Ref.: capítulo 15.

Upāli. Representado fonéticamente. [MW] Nombre de uno de los más eminentes alumnos del Buddha (mencionado como el primer proponente de la ley budista y que anteriormente había sido barbero). Ref.: capítulo 12 [95].

Upāsaka (laico). Representado fonéticamente. [MW] Siervo, sirviente; adoración, un devoto, seguidor; un adorador laico budista. Ref.: Sutra del Loto, capítulo 2.

Upasaṃpadā (ordenación). Representado por *gusoku-kai*, «estar provisto de los preceptos» (acatar los preceptos). [MW] El acto de entrar en la orden de los monjes. *Upasaṃpad*: llegar a, venir de, alcanzar, obtener; acercarse a, llevar cerca de, procurar, dar; ser recibido en la orden de los monjes, ordenarse. Ref.: capítulo 86 (volumen 4) [69].

Upāsikā (laica). Representado fonéticamente. [MW] Una devota laica del Buddha. Ref.: Sutra del Loto, capítulo 2.

Upāya-kauśalya (medios hábiles). Representado por *zengo-hoben*, «recursos hábiles, medios hábiles». [MW] *Upāya*: llegar cerca de, acercarse, llegada; aquello por lo cual se llega a la meta de uno, vía, estratagema, oficio, artificio. *Kauśalya*: inteligencia, habilidad, experiencia. Ref.: Sutra del Loto, capítulo 2.

Ūrṇā (círculo de pelo). Representado por *byaku-go*, «pelo blanco». [MW] Lana, un hilo de lana; un círculo de pelo entre las cejas. Ref.: capítulo 17 [39]; Sutra del Loto, capítulo 2.

Utpala (loto azul). Representado fonéticamente. [MW] La flor del loto azul (*Nympaea caerulea*); cualquier lirio de agua; cualquier flor. Ref.: capítulo 12 [90]; capítulo 43 (volumen 3).

Utpalavarṇā (nombre de una monja). Representado fonéticamente y por Renge-shiki, «Color de la Flor de Loto». Ref.: capítulo 12 [87].

Uttarasaṃghāṭi (manto exterior). Representado fonéticamente y por *jo-e*, «manto superior», *shichi-jo-e*; «manto de siete bandas», *chu-e*, «manto mediano», y *nyushu-e*, «manto para ir con la *sangha*». [MW] Una prenda para el exterior. Ref.: capítulo 12 [95].

Vaiḍūrya (lapislázuli). Representado fonéticamente. [MW] Una joya de ojo de gato. Ref.: capítulo 20 [125]; Sutra del Loto, capítulo 17.

Vaipulya (extensiones [de la filosofía budista]). Representado por *hoko*, «cuadrado y extenso» o «exacto y extenso». [MW] Grandeza, amplitud, anchura, grosor; un sutra de gran extensión, literatura budista. Una de las doce divisiones de las enseñanzas. Véase *aṅga*. Ref.: capítulo 11 [40]; Bibliografía.

Vairambhaka (nombre de un viento) [*JEBD*] Un viento que lo destruye todo y que ocurre entre *kalpas*. Ref.: capítulo 10 [14].

Vairocana (Buddha del Sol). Representado fonéticamente y por Dainichi-nyorai, «Tathāgata del Gran Sol». [MW] Que viene de o pertenece al sol, solar; un hijo del sol; nombre de un *dhyāni-buddha* (q.v.). Ref.: capítulo 1 [32]; capítulo 17 [54].

Vaiśravaṇa (patronímico). Representado fonéticamente. [MW] Un patronímico (especialmente de Kubera y Rāvana). Ref.: Sutra del Loto, capítulo 25.

Vaiśya (clase trabajadora). Representado fonéticamente. [MW] «Un hombre que está en la tierra», un campesino, u «hombre trabajador», agricultor, persona de la tercera clase o casta (cuyo negocio era el comercio, así como la agricultura). Ref.: capítulo 8; capítulo 82 (volumen 4).

Vajracchedikāprajñāpāramitā-sūtra (nombre de un sutra). Representado por *Kongokyo*, «Sutra del Diamante». [MW] *Vajra*: diamante. *Chedaka*: cortar. Ref.: capítulo 18; capítulo 19; capítulo 61 (volumen 3); Bibliografía.

Vajrasattva (Buddha del Diamante). Representado por *Kongo-satta*, «diamante-*sattva*». [MW] Vajrasattva: «tener un alma o corazón de diamante», nombre de un *dhyānibuddha*. *Vajra*: «el fuerte o poderoso», un rayo (en especial el de Indra. En los países budistas del norte, tiene la forma de una mancuerna y se llama *dorje*); un diamante (se cree que tan duro como un rayo o de la misma esencia). Ref.: capítulo 1 [32].

Vandana (adoración, postración). Representado por *raihai*, «adoración», «postración»; por *keirai*, «inclinación de veneración», y por *keishu*, «golpearse la cabeza». [MW] Alabanza, adoración, veneración; (para los budistas) uno de los siete tipos de *anuttara-pūja* o la más alta alabanza; una marca o símbolo impreso en el cuerpo (con cenizas, etcétera); el acto de alabar, alabanza; reverencia (especialmente reverencia a un superior tocándole los pies, etcétera), culto, adoración. Ref.: capítulo 2 [74]; capítulo 8.

Vārṣika (retiro de las lluvias). Representado por *ango*, «retiro». [MW] Perteneciente a la época de lluvias, lluvioso; que crece en la temporada de lluvias o es adecuado o apto para ella; cada año, anual. Ref.: capítulo 2 [80]; capítulo 79 (volumen 4).

Vedanā (percepción, sensación). Representado por *ju*, «aceptación, sentimiento». [MW] Anunciar, proclamar; percepción, conocimiento; dolor, tortura, agonía; sentimiento, sensación. Uno de los cinco *skandhas* (q.v.). Ref.: capítulo 2.

Vidyā (conocimiento). Véase también *tisro vidyāh*.

Vihāra (templo). Representado por *shoja*, «edificio espiritual». [MW] Distribución; disposición; caminar por placer o diversión, errar, deambular; deporte, juego, pasatiempo, diversión, disfrute, placer; un lugar de recreo, parque de diversiones; (para los budistas) un monasterio o templo (originalmente un salón donde los monjes se reunían o caminaban. Más tarde estas salas fueron utilizadas como templos). Ref.: capítulo 7 [166].

Vijñāna (conciencia). Representado por *shiki*, «conciencia». [MW] El acto de distinguir o discernir, comprensión, entendimiento, reconocimiento, inteligencia, saber; (para los budistas) conciencia o facultad del pensamiento. Uno de los cinco *skandhas* (agregados), uno de los seis *dhātus* (elementos) y uno de los doce eslabones de la cadena de la causalidad. Ref.: capítulo 2; Sutra del Loto, capítulo 7.

Vikṣepa (distracción). Representado por *sanran* o *san*, «distracción». [MW] El acto de tirar o lanzar pedazos sobre algo, esparcir, dispersar; arrojar, lanzar, descargar; mover, ondular, agitar; dejar suelto, dar rienda suelta; dejar escapar, dejar de lado; falta de atención, distracción, confusión, perplejidad. Ref.: *Fukanzazengi*.

Vimalakīrti (nombre de un estudiante laico del Buddha). Representado fonéticamente y por Jomyo, «Nombre Puro». [MW] «De fama impecable», nombre de un erudito budista. Ref.: capítulo 6 [56]; capítulo 73 (volumen 4).

Vimalakīrtinirdeśa (nombre de un sutra). Representado por *Yuimagyo*, «Sutra de Vimalakīrti». [MW] *Nīrdeśa*: señalar, indicar, dirección, orden, mandato, instrucción; descripción, especificación, mención especial, detalles o indicaciones. Ref.: capítulo 32 (volumen 2); capítulo 85 (volumen 4); Bibliografía.

Vimukti (liberación, salvación). Representado por *gedatsu*, «salvación, emancipación». [MW] Disyunción; abandonar, liberar, salvar, liberación; liberación de las ataduras de la existencia, emancipación final. Ref.: capítulo 2 [74]; capítulo 12; Sutra del Loto, capítulo 25.

Vinaya (disciplina, preceptos). Representado por *ritsu*, «reglas, leyes, reglamento». [MW] Liderar, guiar, formar (especialmente formación moral), educación, disciplina, control, (para el budismo) las reglas de disciplina de los monjes. Una de las «tres cestas», o Tripiṭaka (q.v.). Ref.: capítulo 94 (volumen 4) [107]; Bibliografía.

Vindhyavana (monasterio). Representado por *sorin*, «soto-bosque» o «matorral del bosque»; véase también *piṇḍavana*. [MW] Un bosque en el Vindhya, el nombre de una cordillera baja de colinas que conecta los extremos del norte de los Ghauts occidentales y los orientales, y que separa Indostán del Decán. *Vana*: bosque, madera. Ref.: capítulo 5 [122].

Vipāka-phala (maduración de los efectos). Representado por *ijuku-ka*, «efectos de maduración diferente». [MW] *Vipāka*: listo, maduro; cocinado, aliñado; maduración (especialmente del fruto de las acciones), efecto, resultado, consecuencia. *Phala*: fruto, consecuencia, efecto, resultado, retribución (buena o mala), ganancia o pérdida, recompensa o castigo. Ref.: capítulo 10 [21]; capítulo 84 (volumen 4).

Vipaśyanā (intuición, reflexión). Representado por *kan*, «reflexión». [MW] El conocimiento correcto. *Vipaś*: ver en diferentes lugares o detalladamente, discernir, distinguir; observar, percibir, aprender, conocer. Ref.: capítulo 1 [51]; capítulo 22 [14]; capítulo 73 (volumen 4).

Vipaśyin (nombre de un *buddha*). Representado fonéticamente y por Kosetsu, «Proclamación Universal». [MW] Nombre de un *buddha* (a veces mencionado como el primero de los siete Tathāgatas o *buddhas* principales; los otros seis son Śikhin, Viśvabhū, Krakucchanda, Kanakamuni, Kāśyapa y Śakyasiṃha). Ref.: capítulo 15.

Vīrya (diligencia, esfuerzo, fortaleza). Representado por *shojin*, «diligencia». [MW] *Vīrya*: hombría, valor, fuerza, potencia, energía; heroísmo, gesta heroica; viril, vigor, energía, virilidad. *Vīrya pāramitā*: el grado más alto de fortaleza o energía. Una de las seis *pāramitās* (q.v.). Ref.: capítulo 2; Sutra del Loto, capítulo 27.

Viṣaya (objeto). Representado por *kyo*, «límite, esfera, circunstancias», o por *kyogai*, «límite, entorno». [MW] Esfera (de influencia o actividad), dominio, reino; ámbito, alcance (de los ojos, los oídos, la mente, etcétera); un objeto de los sentidos (son cinco, los cinco *indriyas* u órganos de los sentidos, cada uno con su propio *viṣaya* u objeto, a saber, 1) śabda, «sonido», para el oído; 2) *sparśa*, «lo tangible», para la piel, 3) *rūpa*, «forma» o «color», para el ojo, 4) *rasa*, «sabor», para la lengua; 5) *gandha*, «olor», para la nariz; y estos cinco *viṣayas* a veces se llaman *guṇas* o «propiedades» de los cinco elementos: éter, aire, fuego, agua y tierra, respectivamente) Ref.: capítulo 2.

Viṣṇu (nombre del dios conservador de la tríada hindú) [MW] Nombre de una de las principales deidades hindúes (en la mitología posterior considerado «el preservador»). Ref.: capítulo 10 [19].

Vitarka (reflexión). Representado por *kaku*, «conciencia». [MW] Conjetura, suposición, estimación, fantasía, imaginación, opinión; duda, incertidumbre; razonamiento, deliberación, consideración; propósito, intención. *Vitark*: reflexionar. Ref.: capítulo 6 [129].

Vṛddha (experimentado). Representado fonéticamente y por *shakuju-shoyo-shin*, «mente experimentada y concentrada». [MW] Cultivado, que se hace más grande o más fuerte, mayor, aumentado, grande, largo; adulto, crecido, de edad avanzada, mayor de edad; con experiencia, sabio, docto. Uno de los tres tipos de mente; los otros son *citta* y *hṛdaya* (q.v.). Ref.: capítulo 70 (volumen 3).

Vyajana (espantamoscas). Representado por *hossu*, «espantamoscas». [MW] Abanicar; una hoja de palma o artículo de otra índole que se utiliza para abanicarse, abanico, espantamoscas. Ref.: capítulo 16 [9]; *Fukanzazengi*.

Vyākaraṇa (predicción, confirmación). Representado por *kibetsu*, «certificación-discriminación», y por *juki*, «confirmación» o «dar la confirmación». [MW] Separación, distinción, discriminación; explicación, descripción detallada; manifestación, revelación; (para los budistas) predicción, profecía. Una de las doce divisiones de las enseñanzas. Véase *aṅga*. Ref.: capítulo 11 [40]; capítulo 32 (volumen 2); Sutra del Loto, capítulo 3.

Yakṣa (demonios, diablos). Representado fonéticamente. [MW] Un ser sobrenatural, aparición espiritual, fantasma, espíritu. Ref.: capítulo 70 (volumen 3) [207]; Sutra del Loto, capítulo 10.

Yaṣṭi (poste, asta de bandera [como símbolo de templo budista]). Representado fonéticamente. [MW] «Cualquier apoyo», un bastón, palo, vara, varilla, maza, porra, garrote; poste, pilar, percha; un asta de bandera. Ref.: capítulo 1 [61]; capítulo 16 [15].

Yogācāra (nombre de una escuela). [MW] La práctica del yoga; un *samādhi* particular; un seguidor de una secta o escuela budista particular; los discípulos de esa escuela. *Yoga*: el acto de uncir, unir; un medio, método, recurso; empresa, asunto, trabajo; cualquier unión, junta, combinación; encajar, conveniencia; esfuerzo, empeño, diligencia. [*JEBD*] Una de las dos grandes escuelas Mahayana de la India (junto con la Madhyamika). Ref.: capítulo 15.

Yojana (una medida de distancia). Representado fonéticamente. [MW] Unir, uncir, enganchar; curso, recorrido; una etapa o *yojana* (es decir, una distancia recorrida con un arnés o sin desunir. Especialmente una medida particular de distancia, a veces considerada el equivalente a entre seis u ocho kilómetros, pero más correctamente cuatro *krośas* o catorce kilómetros y medio aproximadamente). Ref.: capítulo 17 [62]; Sutra del Loto, capítulo 11.

Bibliografía

Principales fuentes chinas citadas por el Maestro Dogen en el Shobogenzo

A. Sutras

Las traducciones de los títulos de los sutras son provisionales y proporcionadas siempre solo como referencias.

Agonkyo (Sutras Āgama). En la traducción china, hay cuatro:

- *Choagonkyo* (Sutra Āgama Largo; pali: *Dīgha-nikāya*).
- *Chuagonkyo* (Sutra Āgama Medio; sct.: *Madhyamāgama*; pali: *Majjhima-nikāya*).
- *Zoagonkyo* (Colección de Sutras Āgama; sct.: *Saṃyuktāgama*; pali: *Samyutta-nikāya*).
- *Zoichiagonkyo* (Sutras Āgama Incrementados en Uno; sct.: *Ekottarāgama*; pali: *Aṅguttara-nikāya*).

Estos sutras se complementan con el *Shoagonkyo* (Pequeños Sutras Āgama; sct.: *Kṣudra-kāgama*; pali: *Khuddaka-nikāya*). En el Canon Pali, el *Khuddaka-nikāya* es el quinto de los cinco Nikāyas y comprende quince libros cortos.

Aikuokyo (Sutra de Aśoka).

Butsuhongyojikkyo (Sutra de la Recopilación de Hazañas Pasadas del Buddha).

Daibontenomonbutsuketsugikyo (Sutra de Preguntas y Respuestas entre Mahābrahman y el Buddha).

Daihannyakyo (Sutra del Gran *Prajñā*), abreviatura de *Daihannyaharamittakyo* (Sutra de la Gran *Prajñāpāramitā*; sct.: *Mahāprajñāpāramitā-sūtra;* también llamado Sutra del Corazón).

Daihatsunehankyo (Sutra de la Gran Desaparición; sct.: *Mahāparinirvāṇa-sūtra*).
Daihokohokyogyo (Sutra Mahāvaipulya del Cofre del Tesoro).
Daihoshakkyo (Sutra de la Acumulación del Gran Tesoro; sct.: *Mahāratnakūṭa-sūtra*).
Daijohonshoshinchikankyo (Sutra Mahayana sobre la Reflexión del Estado Mental en las Vidas Pasadas).
Daishukyo (Sutra de la Gran Colección; sct.: *Mahāsaṃnipāta-sūtra*).
Engakukyo (Sutra de la Redonda Realización).
Fuyokyo (Sutra de la Difusión de la Brillante Naturalidad; sct.: *Lalitavistara-sūtra*).
Higekyo (Sutra de la Flor de la Compasión; sct.: *Karuṇāpuṇḍarīka-sūtra*).
Hokkekyo (Sutra del Loto, el Sutra de la Flor del Dharma), abreviatura de *Myohorengekyo* (Sutra de la Flor del Loto del Maravilloso Dharma, sct.: *Saddharmapuṇḍarīka-sūtra*).
Hokukyo (Sutra de las Frases del Dharma; pali: *Dhammapada*).
Honshokyo (Sutra de las Vidas Pasadas; sct.: *Jātaka-sūtra*).
Juokyo (Sutra de los Diez Reyes).
Kanfugenbosatsugyobokyo (Sutra de la Reflexión en la Práctica del Dharma por el Bodhisattva Virtud Universal).
Kegonkyo (Sutra de la Guirnalda; sct.: *Avataṃsaka-sūtra*).
Kengukyo (Sutra del Sabio y el Ignorante).
Keukoryokudokukyo (Sutra de la Comparación de las Virtudes de los Sucesos Excepcionales).
Kongokyo (Sutra del Diamante), abreviatura de *Kongohannyaharamitsukyo* (Sutra del Diamante *Prajñāpāramitā*; sct.: *Vajracchedikāprajñāpāramitā-sūtra*).
Konkomyokyo (Sutra de la Luz Dorada), abreviatura de *Konkomyosaishookyo* (Sutra de la Luz Dorada del Rey Supremo; sct.: *Suvarṇaprabhāsottamarāja-sūtra*).
Mirokujoshokyo (Sutra de la Ascensión y Nacimiento de Maitreya en el Cielo Tuṣita).
Mizouinnenkyo (Sutra de los Episodios Sin Precedentes).
Ninnogyo (Sutra Rey Benevolente), abreviatura de *Ninnohannyaharamitsugyo* (Sutra *Prajñāpāramitā* del Rey Benevolente).
Senjuhyakuenkyo (Sutra de las Cien Historias Recopiladas).
Shakubukurakankyo (Sutra de la Derrota del *Arhat*).
Shobutsuyoshukyo (Sutra de la Colección de Fundamentos de los Buddhas).
Shugyohongikyo (Sutra de los Sucesos Pasados de la Práctica).
Shuryogonkyo (Sutra Śūraṃgama; sct.: *Śūraṃgamasamādhinirdeśa-sūtra*).
Śrīmālādevīsiṃhanāda-sūtra (Sutra del Rugido del León de la Reina Śrīmalā).
Yorakuhongyokyo (Sutra de Hazañas Pasadas como un Collar de Perlas).
Yuimagyo (Sutra de Vimalakīrti; sct.: *Vimalakīrtinirdeśa-sūtra*).
Zuiohongikyo (Sutra de los Auspiciosos Sucesos Pasados).

B. Preceptos

Bonmokyo (Sutra de la Red Pura).
Daibikusanzenyuigikyo (Sutra de las Tres Mil Formas Dignas para los Monjes Ordenados).
Jujuritsu (Preceptos en diez partes), una traducción de sesenta y un fascículos del Vinaya de la escuela Sarvāstivāda.
Konponissaiubuhyakuichikatsuma (Ciento una costumbres de la escuela Mūlasarvāstivāda).

Makasogiritsu (Preceptos para la Gran Sangha), una traducción de cuarenta fascículos del Vinaya de la escuela Mahāsaṃghika del budismo Hinayana.
Shibunritsu (Preceptos en cuatro divisiones), una traducción de sesenta fascículos del Vinaya de la escuela Dharmagupta.
Zenenshingi (Puros criterios para monasterios zen).

C. Comentarios

Bosatsuchijikyo (Sutra de Mantener el Estado del Bodhisattva).
Daibibasharon (sct.: *Abhidharmamahāvibhāṣā-śāstra*).
Daichidoron (Comentario sobre la realización que es la Gran Sabiduría; sct.: *Mahāprajñāpāramitopadeśa*).
Daijogisho (Escritos sobre las enseñanzas Mahayana).
Hokkezanmaisengi (Una humilde expresión de la forma del *Samādhi* de la Flor del Dharma).
Kusharon (*Abhidharmakośa-śāstra*).
Makashikan (Gran tranquilidad y reflexión), una crónica de las conferencias del Maestro Tendai Chigi, fundador de la secta Tendai.
Makashikanhogyodenguketsu (Extensas decisiones transmitidas para apoyar la gran tranquilidad y reflexión), un comentario chino sobre el *Makashikan*, del Maestro Keikei Tannen.

D. Escritos budistas chinos generales

Daitosaiikiki (Crónicas del Gran Tang de las Tierras del Oeste).
Gotoroku (Cinco crónicas de la antorcha), cinco colecciones independientes pero complementarias recopiladas durante la época de la dinastía Song (960-1279). Están representadas en forma de resumen en el *Gotoegen* (Colección de los fundamentos de las cinco antorchas), y son:

- *Kataifutoroku* (Crónicas de la antorcha universal de la era Katai).
- *Keitokudentoroku* (Crónicas de la transmisión de la antorcha de la era Keitoku).
- *Rentoeyo* (Colección de fundamentos para la continuación de la antorcha).
- *Tenshokotoroku* (Crónicas de la amplia expansión de la antorcha de la era Tensho).
- *Zokutoroku* (Crónica complementaria de la antorcha).

Hekiganroku (Crónicas del Acantilado Azul).
Hoenshurin (Bosque de perlas en el jardín del Dharma), una especie de enciclopedia budista de un centenar de volúmenes.
Kaigenshakkyoroku (Crónicas de la enseñanza de Śākyamuni de la era Kaigen).
Kosonshukugoroku (Crónicas de las palabras de los venerables patriarcas del pasado).
Rinkanroku (Crónica del bosque), abreviatura de *Sekimonrinkanroku* (Crónica del bosque de Sekimon).
Sokosoden (Biografías de los nobles monjes de la era Song).
Zenmonshososhigeju (Versos y elogios de los maestros ancestrales de los linajes Zen).
Zenrinhokun (Instrucción preciosa desde el bosque zen).

Zenshujukorenjutsushu (Colección completa del collar de perlas de elogios a maestros pasados de la secta Zen).
Zokudentoroku (Continuación de la crónica de la transmisión de la antorcha), publicado en China, en 1635, como una secuela del *Keitokudentoroku*.
Zokukankosonshukugoyo (Colección resumida de las palabras de los venerables patriarcas del pasado).

E. Crónicas y trabajos independientes de maestros chinos

Basodoitsuzenjigoroku (Crónica de las palabras del Maestro Zen Baso Doitsu).
Bukkagekisetsuroku (Crónica de los ataques de Bukka sobre problemas complicados [Bukka es un alias del Maestro Setcho Juken]).
Choreishutakuzenjigoroku (Crónica de las palabras del Maestro Zen Chorei Shutaku).
Daiefugakuzenjishumonbuko (Cofre de guerra de la escuela del Maestro Zen Daie Fugaku [Daie Soko]).
Daiegoroku (Crónica de las palabras de Daie Soko).
Daiezenjitomei (Inscripciones sobre la estupa del Maestro Zen Daie Soko).
Engozenjigoroku (Crónica de las palabras del Maestro Zen Engo Kokugon).
Hoezenjigoroku (Crónica de las palabras del Maestro Zen Yogi Hoe).
Hokyozanmai (*Samādhi*, el estado de un espejo precioso), por el Maestro Tozan Ryokai.
Honeininyuzenjigoroku (Crónica de las palabras del Maestro Zen Honei Ninyu).
Hyakujoroku (Crónica de Hyakujo Ekai).
Joshuroku (Crónicas de Joshu Jushin).
Jugendan (Discusión de las diez clases de profundidad), por el Maestro Doan Josatsu.
Kidoshu (Colección Kido), una colección de las palabras del Maestro Tanka Shijun, recopiladas por Rinsen Jurin.
Kokezenjigoroku (Crónica de las palabras del Maestro Zen Koke Sonsho).
Koshingi (Puros criterios antiguos), por el Maestro Hyakujo.
Nyojooshogoroku (Crónica de las palabras del Maestro Tendo Nyojo).
Oandongezenjigoroku (Crónica de las palabras del Maestro Zen Oan Donge).
Rinzaizenjigoroku (Crónica de las palabras del Maestro Zen Rinzai Gigen).
Rokusodaishihobodangyo (Sutra del Estrado del Tesoro del Dharma del Sexto Patriarca), atribuido al Maestro Daikan Eno.
Sandokai (Experimentar el estado), por el Maestro Sekito Kisen.
Sekitosoan-no-uta (Canciones de la choza de paja de Sekito), por el Maestro Sekito Kisen.
Setchomyokakuzenjigoroku (Crónica de las palabras del Maestro Zen Setcho Myokaku [Setcho Juken]).
Shinjinmei (Inscripción sobre la mente que confía), por el Maestro Kanchi Sosan.
Shodoka (Canción sobre experimentar la verdad), por el Maestro Yoka Genkaku.
Sotairoku (Crónica de respuestas a un emperador), por el Maestro Bussho Tokko.
Tozangoroku (Crónica de las palabras de Tozan Ryokai).
Unmonkoroku (Extensa crónica de Unmon Bun`en).
Wanshijuko (Elogios de Wanshi a maestros pasados), también conocido como el *Shoyoroku* (Crónica de la relajación).
Wanshikoroku (Extensa crónica de Wanshi Shogaku).

Wanshizenjigoroku (Crónica de las palabras de Wanshi Shogaku).
Yafudosenkongokyo (Sutra del Diamante de Yafu Dosen).

F. Obras chinas no budistas y seculares

Confucionistas:

Kokyo (Libro de la piedad filial).
Rongo (Discursos de Confucio).

Taoístas:

Bunshi, del chino *Wenzi*, el nombre del autor a quien se atribuye el texto.
Inzui (Rimas de buena fortuna).
Kanshi, del chino *Guanzi*, el nombre del supuesto autor.
Rikuto (Seis estrategias).
Sangoryakuki (Historia de los tres [elementos] y los cinco [elementos]).
Shishi, del chino *Shizi*, el nombre del supuesto autor.
Soji, del chino *Zhuangzi*, el nombre de un discípulo de Laozi (el antiguo filósofo chino considerado el fundador del taoísmo).

Varios:

Jibutsugenki (Crónica del origen de las cosas).
Jiruisenshu (Colección de asuntos y ejemplos).
Jokanseiyo ([Tratado] sobre la esencia del gobierno de la era Jokan).
Meihoki (Crónicas del inframundo).
Taiheikoki (Crónica ampliamente extendida de la era Taihei).

Otros trabajos del Maestro Dogen

Eiheikoroku (Crónica extensa de Eihei).
Eiheishingi (Puros criterios de Eihei), que incluye: *Bendoho* (Métodos de la búsqueda de la verdad), *Fushukuhanho* (Método de tomar las comidas), *Tenzokyokun* (Instrucciones para el cocinero), etcétera.
Fukanzazengi (Guía universal para el método estándar de zazen).
Gakudoyojinshu (Colección de asuntos sobre el aprendizaje de la verdad).
Hogyoki (Crónica de la era Hogyo).
Shinji-shobogenzo (Tesoro del Verdadero Ojo del Dharma, en caracteres chinos originales).
Shobogenzo Zuimonki (Tesoro del Verdadero Ojo del Dharma fácil de entender para los oídos).

Referencias en japonés

Akiyama, Hanji. *Dogen-no-kenkyu*. Tokio: Iwanami Shoten, 1935.

Eto, Soku-o. *Shobogenzo-ji-i*. Tokio: Iwanami Shoten, 1965.
Hakuju, Ui, ed. *Bukkyo-jiten*. Tokio: Daito Shuppansha, 1935.
Hashida, Kunihiko. *Shobogenzo-shaku-i*. 4 vols. Tokio: Sankibo Busshorin, 1939-1950.
Hokkekyo. Tokio: Iwanami Shoten, 1964-1967.
Jinbo, Nyoten y Bunei Ando, eds. *Shobogenzo-chukai-zensho*. 10 vols. Tokio: Shobo Genzo Chukai Zensho Kankokai, 1965-1968.
——. *Zengaku-jiten*. Kioto: Heirakuji Shoten, 1976.
Jingde chuan deng lu (*Keitokudentoroku*). Taipéi: Zhenshan mei chu ban she, 1967.
Kindaichi, Kyosuke, ed. *Jikai*. Tokio: Sanseido, 1970.
Koyanagi, Shikita. *Shinshu-kanwa-daijiten*. Tokyo: Jakubunkan, 1937.
Morohashi, Tetsuji. *Dai-kanwa-jiten*. 13 vols. Tokio: Taishukan Shoten, 1955-1960.
Mujaku, Kosen. *Shobo Genzo Shoten-zoku-cho*. Tokio: Komeisha, 1896.
Nakajima, Kenzo, ed. *Sogo-rekishi-nenpyo*. Tokio: Nitchi Shuppan, 1951.
Nakamura, Hajime, ed. *Bukkyogo-daijiten*. 3 vols. Tokio: Shoseki, 1975.
——. *Shin-bukkyo-jiten*. Tokio: Seishin Shobo, 1962.
Nishiari, Bokuzan. *Shobogenzo-keiteki*. Tokio: Daihorinkaku, 1979-1980.
Nishijima, Gudo. *Gendaigo-yaku-shobogenzo* (*Shobogenzo* en japonés moderno). 12 vols., además de un apéndice en un solo vol. Tokio: Kanazawa Bunko, 1970-1981.
——. *Shobogenzo-teishoroku* (Registro de conferencias sobre el *Shobogenzo*). 34 vols. Tokio: Kanazawa Bunko, 1982-1986.
Okubo, Doshu. *Dogen-zenji-den-no-kenkyu*. Tokio: Chikuma Shobo, 1966.
Satomi, Ton. *Dogen-zenji-no-hanashi*. Tokio: Iwanami Shoten, 1953.
Sawaki, Kodo. *Sawaki kodo-zenshu*. 19 vols. Tokio: Daihorinkaku, 1962-1967.
Shinshu-taiso-daizokyo. Daizo Shuppansha, 1932-1934.
Shobogenzo. Comentarios de Minoru Nishio, Genryu Kagamishima, Tokugen Sakai y Yaoko Mizuno. Tokio: Iwanami Shoten, sin fecha.
Taisho-shinshu-daizokyo. Tokio: Taisho Issaikyo Kankokai, 1924-1932.
Tetsugaku-jiten. Tokio: Hibonsha, 1971.
Tetsugaku-shojiten. Tokio: Iwanami Shoten, 1938.
Watsuji, Tetsuro. *Watsuji-tetsuro-zenshu*. Vols. 4, 5. Tokio: Iwanami Shoten, 1961-1963.
Zengaku-daijiten. Editado por eruditos de la Universidad de Komazawa. Tokio: Taishukan Shoten, 1985.
Zokuzokyo. Colección de sutras budistas no incluido en el *Taisho-shinshu-daizokyo*. Taipéi: Xin Wen Feng chu ban gong si, 1976-1977.

Referencias en inglés

Japanese-English Buddhist Dictionary. Tokio: Daito Shuppansha, 1979.
Macdonell, A. A. *A Practical Sanskrit Dictionary*. Londres: Oxford University Press, 1954-1958.
Masuda, Koh, ed. *Kenkyusha`s New Japanese-English Dictionary*. Tokio: Kenkyusha, 1974.
Monier-Williams, Sir Monier. *A Sanskrit-English Dictionary*. Oxford: Oxford University Press, 1899.
Nelson, Andrew. *Japanese-English Character Dictionary*. Rutland, VT: Charles Tuttle, 1974.

Schiffer, Wilhelm y Yoshiro Tamura. *The Threefold Lotus Sutra*. Nueva York: Weatherhill, 1975. Una versión revisada de *The Sutra of the Lotus Flower of the Wonderful Law* (1930), de Bunno Kato y William Soothill.

Schumann, H. W. *The Historical Buddha*. Nueva York: Arkana, 1989.

Spahn, Mark y Wolfgang Hadamitzky. *Japanese Character Dictionary*. Tokio: Nichigai Associates, 1989.

Referencias de consulta en castellano

AA.VV., *Collins Gem, Diccionario de Japonés*. Barcelona: Random House Mondadori, 2011.

AA.VV., *Collins Universal, Diccionario de Inglés*. Barcelona: Editorial Grijalbo Mondadori, 2009.

AA.VV., *Diccionario Japonés-Español, Español-Japonés*. Barcelona: Ediciones Librería Universitaria, 2005.

AA.VV., *Diccionario Pali-Español*, 2009 (traducción del inglés del *Concise Pali-English Dictionary* de A.P. Buddhadatta Mahathera. Delhi, Motilal Banarsidass Publishers pvt. ltd., 1994).

Biedermann, Hans. *Diccionario de Símbolos*. Barcelona: Ediciones Paidós Ibérica, 1989.

Moliner, María. *Diccionario de Uso del Español* (3.ª ed.). Madrid: Editorial Gredos, 2007.

Índice temático

C

D

E

F

N

Q

T

U

V

W

Índice